파이썬 네트워크 자동화

파이썬 네트워크 자동화

가상화 랩 만들기를 통한

최병철 지음

i!i
에이콘

지은이 소개

최병철 brendanchoi@gmail.com

현재 호주 IT 시스템 통합 서비스 기업에서 라우팅 및 스위칭, 통합 커뮤니케이션, 데이터센터, 가상화 및 네트워크 자동화 솔루션 지원 등을 다양한 고객들에게 지원하는 업무를 맡고 있다. 시스코사에서 4년, 호주 내 유수 네트워크 및 시스템즈 인티그레이션 회사에서 12년 경력을 바탕으로 네트워크 자동화 솔루션 업무, 비용 절감 및 효율성 증대 관련 기술을 다루는 일을 중점적으로 하고 있다.

2018년 초 〈파이썬 3 네트워크 자동화 가이드〉라는 영문 사내 교육용 자료를 만들어 100명 이상을 대상으로 사내 교육을 진행했다. 사내 교육용으로 쓰여진 실습랩 내용을 더 많은 분들과 나누고자 출판하게 됐다. 현재 사내에서 네트워크 자동화 및 효율성 증대와 관련된 기술들을 사용해 제한된 인원으로 최대의 효율성을 낼 수 있는 자동화 툴 개발에 노력을 기울이고 있다. 회사에서 가장 촉망 받는 네트워크 및 시스템 자동화 전문가로 인정 받고 있으며 미래 네트워크 및 IT 자동화 엔지니어가 되는 것을 목표로 열심히 일하고 있다. 모든 IT 분야에 관심이 있으나 특히 대규모 기업용Enterprise IT 기술에 더 관심을 가지고 있다. 공부하고 배우는 내용은 https://italchemy.wordpress.com과 https://pyworm.wordpress.com을 통해 정보를 공유하고 있다. 혹시, 접속이 안될 경우 구글 검색엔진을 이용해 italchemy wordpress로 검색하면 된다.

지은이의 말

한 권의 책을 완성한다는 것이 그리 쉬운 일은 아니라 생각합니다. 책의 내용은 저의 업무를 통해 기존에 작성한 기술 자료, 개인 블로그에 공유한 내용, 다른 엔지니어의 블로그에서 공유한 내용 그리고 사내 교육용으로 사용된 교육용 랩 가이드 등과 같이 직접 시험하고 입증된 자료 등을 바탕으로 준비하기 시작했습니다. 이에 예상보다 빠른 시간 내에 완성할 수 있었지만, 완성된 책으로 편찬하기까지 많은 분들의 도움을 받았으며 도움을 주신 모든 분들께 감사드립니다.

먼저, 업무용으로 작성된 나의 기술 문서를 하나의 완성된 책으로 편찬할 수 있도록 용기를 준 아내 성희씨, 항상 저에게 행복 바이러스를 전해주는 아들 최대영, 딸 정민이와 화운이에게 먼저 고마운 마음을 전하고 싶습니다. 책을 집필하는 동안 가족 여행도 제대로 못가 아내와 아이들에게 미안한 마음이 앞섭니다.

교육자료를 책으로 출판해 보라고 독려해 주시고 에이콘출판사와 함께 일을 할 수 있도록 도움을 주신 『시스코 라우팅 완전 분석』(에이콘, 2013)의 저자, 정철윤님께도 감사의 마음을 전합니다. 마지막으로 이 책이 출판될 수 있도록 매번 도움을 주신 에이콘출판사 관계자분들께도 감사의 말씀을 전합니다. 마지막으로 이 책을 구입하고 읽어주신 독자들께 진심으로 감사드립니다.

목차

1장   기술력 비교 및 자동화에 필요한 조건   25

2장   VMware 워크스테이션 GNS3 설치 및 구성   59

3장   파이썬 설치 및 텍스트 에디터 소개   255

4장　리눅스와 파이썬 따라잡기 　　　　　　　　　　　　　　　　　373

5장 파이썬 자동화 실습랩   571

에이콘출판의 기틀을 마련하신 故 정완재 선생님 (1935-2004)

네트워크 엔지니어가 프로그래밍을 공부해야 하는 이유...

프로그래머와 애플리케이션(앱) 개발자들이 프로그램을 만드는 것은 당연합니다. 프로그래머들이 프로그램을 쓰는 행위를 "프로그래밍^{programming}, 프로그램 작성$^{writing\ a\ program}$ 또는 코딩^{coding}을 한다"라고 말합니다. 이 행위를 조금 더 가까이 다가서서 보면 프로그래밍과 코딩은 같은 말 같지만 근소한 차이가 있습니다. 코딩은 프로그램을 쓰는 작업을 뜻하며 프로그래밍은 코딩을 포함한 프로그램을 만드는 데 연관된 모든 행위를 말합니다.

이 책에서 프로그래밍이라는 단어를 사용할 경우 코딩의 의미도 함께 내포돼 있으며 만약 코딩이라는 단어만 사용했을 경우 프로그램을 쓰는 행위만을 뜻합니다. 그렇다면 현 IT 업계에서 프로그래밍과는 별도의 기술로 분류됐던 네트워킹 분야에서 왜 프로그래밍이라는 단어가 빈번히 사용돼 왔으며 코딩을 하지 않는 엔지니어는 5년 이내에 직장을 잃을 것이라는 전망이 나오고 있을까요?

흥미로운 사실은 약 5년 전만 하더라도 네트워크 엔지니어가 프로그래밍을 다룰 줄 알아야 한다는 생각을 가진 회사나 사람들은 그리 많지 않았습니다. 그 이유는 네트워크 엔지니어가 할 일, 프로그래머가 할 일 그리고 시스템즈 엔지니어가 할 일들이 어느 정도 명확하게 구별돼고, 세분화돼 있었습니다. 최근까지 네트워크 엔지니어에게 요구되는 네트워크 자동화 코딩은 단지 시스코[1] IOS 제품에 탑재된 티클[2]을 사용한 간단한 티클 스크립팅 만들기 정도를 뜻했습니다.

---

1   시스코 - Cisco Systems, 대기업 및 중소기업을 상대로 한 글로벌(미국) 네트워크 관련 장비 판매회사
2   티클 - tcl(Tool Command Language), 발음은 티클(tickle)로 한다. 시스코 IOS 지원 스크립팅 툴

네트워크 엔지니어들 중, 특히 시스코사의 기술을 바탕으로 공부하고 취업한 대다수의 엔지니어 가운데 아직도 많은 엔지니어들은 매우 보수적인 생각을 가지고 업무를 보는 경향이 있는 것은 사실입니다. 기존 엔지니어들은 OSI[3] 레이어 1단계에서 4단계까지만 잘 이해하더라도 업무를 보는 데 전혀 지장이 없으며, OSI 5단계에서 7단계까지 관련된 네트워킹 및 컴퓨팅 기술은 보안 또는 음성 서비스를 다루는 소수의 엔지니어들의 몫이라는 생각이 만연했었던 것도 사실입니다.

그리고 모든 시스코 네트워크, 보안, 음성, 데이터센터 엔지니어들은 심도 깊은 프로그래밍은 프로그래머들 또는 개발자만이 가질 수 있는 특권이라고 믿고 싶어했었습니다. 즉, 한 동안 시스코 엔지니어들은 자기 개발과 새 기술의 습득 없이도 회사 내에서 좋은 대우를 받으며, 사내 기득권을 가지고 일을 하는 데 별 어려움이 없었습니다.

이와 같은 현상은, 시스코사의 발전과도 일치하는 부분이 있으며 시스코사는 몇 십년 동안 대기업은 물론 중소기업들의 네트워킹, 보안, 음성 서비스, 서버 장비 관련 사업 및 판매 업체인 동시에 소위 말하는 One stop shop[4]의 형식을 가진 세계 최대 네트워킹 장비 생산업체로 30년 이상 군림해 왔기 때문입니다.

One stop shop이라는 의미는 한 IT 벤더에게서 고객이 원하는 모든 통합 솔루션을 일괄적인 구매가 가능하다는 말이며, 시스코 스마트넷 지원 계약을 통해 최상의 AS 또한 시스코사에서 365일, 하루 24시간, 즉 Follow-the-sun model로 고객에게 기술 지원을 해 준다는 것을 의미합니다. 동네 구멍가게가 아닌 큰 백화점, 즉 시스코는 세계적인 최고의 네트워킹 장비 백화점이라고 이해하면 도움이 될 것입니다.

다시 말해, 몇 년 전까지만 하더라도 시스코사에서 주력하고 있는 기술력만으로도 네트워크 엔지니어로서의 임무를 다 했었고, 시스코 기술 이외의 별도 기술을 습득하지 않고도 좋은 대우를 받았던 황금시대가 있었습니다. 아직까지도 신규 네트워크

---

3 OSI – Open Systems Interconnection model(OSI model) 7계층, https://en.wikipedia.org/wiki/OSI_model
4 One Stop Shop – 모든 것을 해결할 수 있는 가게, https://en.wikipedia.org/wiki/One_stop_shop

엔지니어를 채용할 때 시스코 자격증을 소지하고 있는지 여부가 엔지니어의 기술력을 가늠하는 기준이 됩니다. 당연히 실무에서는 실제 경험 유무가 더 중요하지만, 아직도 회사에서 네트워크 엔지니어를 채용하는 서류전형 과정에서 시스코 자격증의 유무가 중요한 요소로 작용하고 있습니다.

시스코는 90년대 초부터 현재까지 기업형 네트워크 장비 업계의 독보적인 벤더로 군림해 왔으며 아직까지도 전 세계 네트워킹 장비 관련 사업계를 좌지우지하고 있지만, 2007년경부터 시작된 파괴적인 가상화^{virtualization} 및 소프트웨어 정의 네트워킹(SDN) 기술과 최근 불기 시작한 네트워크 자동화^{Network Automation} 기술의 바람은 시스코의 현재 사업 모델을 완전히 파괴시킬 수 있을 만큼 큰 위협으로 다가오고 있습니다(현업에서 일하는 시스코 네트워크 엔지니어들은 이미 불안감을 체감하고 있습니다).

사실 자동화 개념은 전혀 새로운 개념이 아니며 그 뿌리는 1900년대 일어난 근대 산업화에서 찾아볼 수 있습니다. 또한 20년 전에도 전자 단말기(컴퓨터)를 사용하는 업계에는 자동화 바람이 불었었습니다. 그럼 왜 또 다시 이 자동화라는 단어가 현재 네트워킹을 포함한 IT 업계를 강타하고 있는 것일까요? 그 배경을 조금 더 상세히 살펴보면, 컴퓨터 부품의 고성능화와 그에 따른 급속한 소프트웨어의 개발로 인해 몇 십대, 몇 백대의 하드웨어를 필요로 했던 기존 하드웨어 중심적 인프라 아키텍처에서 소수 정예화된 장비로 수백 대의 가상화 서버, 라우터, 스위치, 방화벽, 클라이언트 등을 가상화해 클라우드 환경에서의 구동이 현실화됐습니다.

기존에 사용됐던 비대하고 저성능의 하드웨어 위주의 서버와 네트워킹 장비들이 아닌 고성능으로 이뤄진 소수 서버를 사용한 신 가상화 기술과 그 연류 솔루션들은 기존 하드웨어에 설치됐던 IT 장비들을 모두 파일로 만들어 사용할 수 있게 했으며, 고성능의 하드웨어와 빠른 인터넷 및 네트워크 연결을 기반으로 한 소프트웨어 중심적 솔루션들은 현재 IT 업계에서 대세를 이루고 있습니다. 하드웨어 개발로 인한 소프트웨어의 현실화로 IT 인프라의 설치, 관리 및 제어를 하는 데 있어 훨씬 더 강력하고 안정적인 IT 서비스를 제공할 수 있기 때문입니다. 현재 IT 트렌드를 기반으로 가장 인기있는 IT 기술은 클라우딩 컴퓨팅과 IT 자동화라고 할 수 있습니다.

이러한 환경들은 기존 낙후된 사고방식을 가진 네트워크 엔지니어들에게는 이미 힘든 현실이 됐습니다. 자기개발에 게으른 네트워크 엔지니어에게는 불안한 미래만 있을 뿐, 누구에게도 도움을 줄 수도, 받을 수도 없는 상황이 된 것입니다. 최근 10년 사이 가상화된 장비들은 프로그래밍 언어를 이용해 더 간편하고 보편화됐으며 또한 엔지니어 입장에서는 적은 인원으로 더 효율적으로 관리 및 제어를 할 수 있게 됐다는 것이 현 IT 업계에서 보는 일반적 견해입니다. 한마디로 네트워크, 시스템즈 그리고 프로그래밍 엔지니어들이 맞부딪히는 세상이 찾아왔다고 봐도 무난할 것 같습니다.

저는 9년 전부터 가상화 공부를 시작했고 지금은 네트워크 자동화 공부를 하면서 느낀 점들이 많지만 한 사람의 네트워크 엔지니어의 시선으로 전 세계적인 현 IT 업계의 추세를 바라봤을 때 부인할 수 없는 현실은 노력하지 않는 네트워크 엔지니어들은 프로그래머들이 "갑"(甲)의 위치에 서는 것만 보고 있는 꼴입니다. 이 말은 곧 네트워크 엔지니어들이 "을"(乙)의 입장에 서는 꼴이며 결국 본인의 자리에서 쫓겨나야 하는 무용지물 신세가 될 것이라는 비관적인 생각을 가지고 있다는 것입니다.

단연 이것은 저의 생각만은 아닐 것이라 생각하며, 현업에 종사하고 있는 네트워크 엔지니어들은 이런 업계의 분위기를 매일 직접 체감하고 일하고 있을 것이라 짐작해 봅니다. 하지만 몇 년 이내에 하나 이상의 프로그래밍 언어를 배우고, 코딩을 하고 네트워크 자동화를 배우기 시작하면 회사 내에서의 엔지니어로서의 수명이 늘어날 것으로 확신합니다. 이젠 왜 네트워크 엔지니어가 프로그래밍 언어를 배워 네트워킹 자동화를 공부해야 하는지 조금은 이해했으리라 믿습니다.

대상 독자

이 책은 다음과 같은 독자들을 대상으로 하고 있습니다.

1. 현재 파이썬 및 네트워크 자동화를 공부하는 분
2. 파이썬 코딩을 이용해 네트워크 자동화 실현을 꿈꾸는 엔지니어

3. 현재 시스코 CCNA/CCNP/CCIE 자격증을 공부하는 분
4. 사내 네트워크 자동화 교육을 진행하는 교육 담당자
5. 네트워크 자동화 입문 교육자료로 사용할 분

이 책은 독자 여러분의 사전 지식을 많이 고려해 구성했습니다. 책 이름에서도 알 수 있듯이 이 책은 『파이썬 네트워크 자동화』입니다. 다시 말해서, 기본 파이썬 입문서도 아니고 기본 네트워크 입문서도 아니며 네트워크 엔지니어가 파이썬을 사용해 자동화를 배울 수 있도록 그리고 쉽게 자동화에 입문할 수 있도록 도움을 주는 입문서입니다. 만약 여러분이 파이썬만을 배우고 싶다면 네트워크 자동화 내용은 별도로 다룰 필요가 없으며, 파이썬 개념과 파이썬 내용만을 연습하면 될 것입니다.

기본 파이썬 개념을 다루는 책들은 현재 서점에서 쉽게 구할 수 있습니다. 또한 네트워크 개념만 공부하길 원한다면 시스코사의 네트워킹 책을 구입해 공부하면 될 것입니다. 하지만, 이 책은 파이썬을 이용한 네트워크 자동화 입문과 그 이외에 필요한 리눅스와 가상화 기술 등에 초점을 맞추고 있으므로 독자 여러분의 사전지식을 좀 더 많이 요구한다고 볼 수 있습니다. 따라서, 독자층이 좁아질 수도 있겠지만 결국 **"네트워크 자동화를 제대로 배우려면 리눅스, 파이썬, 네트워킹 기본 기술들은 모두 다 다룰 수 있어야 한다."**는 말입니다. 달리 말해, 이 책은 누구를 위해 왜 쓰여졌는지 명확해 대상 독자층이 뚜렷하다고 할 수 있습니다. 또한 네트워크 자동화 입문자뿐만 아니라 유경험자라고 하더라도 책의 부분적인 내용, 특히 기술적인 부분에서 네트워크 자동화에 실질적인 도움을 줄 수 있을 것입니다.

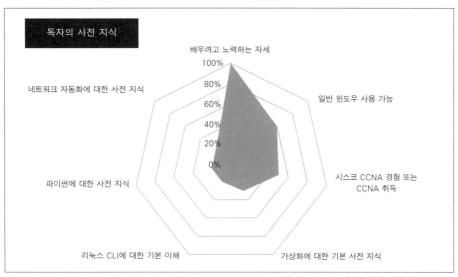

그래프 1 독자의 사전 지식 1

그래프 1과 그래프 2는 같은 내용입니다. 하지만 독자의 사전 지식을 더 상세하게 비교 분석하기 위해 두 가지 그래프로 표시해 봤습니다. 어떠한 사전 지식이 필수이며 혹은 어떠한 필수 지식 없이도 이 책을 잘 소화해낼 수 있을지 그래프를 통해 알아보도록 하겠습니다.

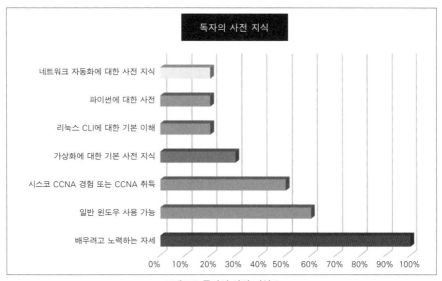

그래프 2 독자의 사전 지식 2

먼저 그래프 1에서 여러분의 사전 지식이 물방울 모양 안 또는 근처에 접근해 있다면 당신은 이 책의 독자 조건에 합당합니다. 그렇다고 독자의 지식이 꼭 모두가 물방울 내에 또는 근접해 있어야만 한다는 것은 아닙니다. 그리고 그래프 2를 보면 이 책에서 독자들에게 어떤 지식을 원하고 있는지 정확하게 알 수 있습니다. **네트워크 자동화에 대한 사전 지식**은 약 20% 수준이며, 그 의미는 이 분야의 기술에 대한 이야기를 들어 본 적이 있고 관심이 있는 분들을 말합니다.

다음 **파이썬에 대한 사전 지식** 역시 약 30% 정도만 가지고 있기를 희망합니다. 하지만 이 책에서는 네트워크 자동화를 위한 파이썬 설치 과정들이 하나하나 상세하게 설명돼 있으므로 잘 모른다고 하더라도 별 문제가 없을 것으로 보여집니다.

리눅스 CLI에 대한 기본 이해, 리눅스 설치와 설정을 할 수 있는 기본기는 그림일기처럼 일일이 스크린샷을 통해 설명합니다. 물론 더 많은 사전 지식을 가지고 있다면 쉽게 이해할 수 있을 것입니다.

다음 사항은 **가상화에 대한 기본 사전 지식**입니다. 이 부분도 완벽한 이해보다는 가상 기계가 어떻게 수행되는지? 기본적으로 type-1 하이퍼바이저와 type-2 하이퍼바이저의 차이가 무엇인가 정도만 이해하고 있으면 될 것 같습니다.

다음 사전 지식 사항인 **시스코 CCNA 경험 또는 CCNA 취득**입니다. 이 책에서 다루는 내용이 네트워킹 자동화이므로 네트워킹 및 스위칭 기본기를 가지고 있으면 왜 이 책의 내용이 중요한지 이해하고 더 재미있게 학습할 수 있으리라 믿습니다.

다음은 **일반 윈도우 사용 가능**입니다. 모든 개발 랩 환경 구성이 윈도우 10에서 이뤄지므로 윈도우 사용에 문제가 없을 정도면 될 것 같습니다. 이 책을 읽는 독자라면 대부분 일반 윈도우 운용체제 사용자 능력이 중급 이상은 될 것으로 믿습니다. 랩을 호스팅하는 서버는 윈도우 10 운영체제이며 랩을 더 정확하게 꾸미려면 중급 정도의 윈도우 사용자 능력을 희망하고 있습니다. 이 책의 내용은 macOS와 리눅스에서도 가능하나 이 책에서는 다루지 않습니다. 만약 macOS 또는 리눅스 사용자라면 본인 운영체제에 필요한 프로그램들을 찾아서 직접 구성하기 바랍니다.

이 책의 가장 큰 장점은 여러 가지 기술들을 여러 각도에서 한꺼번에 공략해 배운다는 점이며 배우려고 하는 자세만 있다면 이 책에 나와 있는 예제들을 완벽하게 수행해 이 책을 마무리할 때쯤 자신의 시스템 관리 능력이 한 단계 더 향상됐다는 것과 파이썬 3를 이용한 네트워크 자동화를 현실화할 준비를 마쳤다고 느끼게 될 것입니다.

이 책의 구성

우리가 네트워크 자동화에 첫 걸음을 내딛고 자동화에 다가간다는 의미에서 이 책은 크게 다섯 발걸음_five steps_으로 나눌 수 있을 것 같습니다.

첫 번째 발걸음은 1장이며 현재 IT 엔지니어들의 능력과 본인의 능력을 비교 분석해 봄으로서 어떻게 파이썬을 이용한 네트워크 자동화 공부를 시작해야 할지 함께 고민해 봅니다. 또한 이 책에서 다룰 전체적인 내용들과 네트워크 자동화 공부에 도움이 될 만한 사전 지식들과 랩 구성에 필요한 요구사항들을 간단히 둘러봅니다.

두 번째 발걸음은 2장에 속하며, VMware 워크스테이션 설치와 구성 그리고 기본 사용법 익히기, 가상 서버 설치해보기 등을 통해 실질적인 사용 방법을 익혀 봅니다. 그리고 GNS3를 사용한 가상화된 네트워크 랩 환경도 소개합니다. GNS3 설치와 설정 그리고 간단한 IOS 가상 랩 만들기를 통해 GNS3에서 사용되는 필수 기술들을 익힙니다. VMware 워크스테이션, GNS3 VM, GNS3에 시스코 IOS 이미지를 사용해 네트워크 자동화 랩 환경이 제대로 동작하는지 실행하면서 배워봅니다. VMware 워크스테이션과 GNS3의 설치는 곧 멀티 용도의 랩을 만드는 초석이 됩니다. 차후 여러 벤더 기술 및 시스코 자격증 랩으로 사용할 수 있습니다.

세 번째 발걸음인 3장에서는 이 책에서 사용될 파이썬을 리눅스와 윈도우 환경에 설치한 후 5장 랩에서 사용될 paramiko와 netmiko 파이썬 라이브러리를 설치하는 상세한 과정들을 둘러봅니다. 처음으로 파이썬을 접하는 네트워크 엔지니어들은 파이썬과 파이썬 네트워킹 모듈과 관련된 설치 과정을 이해하지 못하므로 하나에서 열까지 상세하게 설치 방법을 알려줍니다. 그리고 파이썬 코드 개발에 도움이 되는 텍스트 에디터들을 차례로 소개해 사용자가 본인 코딩 스타일에 맞는 텍스트 에디터 프로그램을 선택할 수 있도록 선택권을 줍니다.

네 번째 발걸음에 속하는 4장에서는 네트워킹 자동화 기술에 필수인 기본 리눅스 사용법을 배워 중요 네트워크 서비스인 FTP, SFTP, TFTP와 NTP 서버를 CentOS 7.5 리눅스 서버에 직접 구축해봅니다. 미래 여러 가지 시나리오의 랩을 실험할 때 이러한 올-인-원(All-in-one) 서버는 유용하게 사용될 수 있으며 POC^Proof-of-concept 랩에서 꼭 필요한 요소입니다. 그리고 4장에서는 직접 파이썬 따라잡기를 통해 파이썬 기초 문법과 사용 방법을 간단히 익힐 수 있습니다. 4장을 통해 5장 네트워크 자동화 랩에서 필요한 여러 가지 리눅스 및 파이썬 기초 기술들을 습득합니다.

마지막으로 다섯 번째 발걸음은 5장으로 실습 네트워크 자동화 랩을 통해 이 책의 클라이맥스를 장식합니다. VMware 워크스테이션에서 만든 CentOS 리눅스 서버, GNS3 VM, GNS3에 시스코 L2 스위치 및 L3 라우터 이미지를 통합시켜 네트워크 자동화 랩 환경 만들기를 완성합니다. 2장에서 완성한 통합 랩 환경을 사용해 직접 사용자가 파이썬 3를 이용해 네트워크 자동화 스크립트를 손수 코딩하고 파이썬 코드를 사용해 직접 네트워킹 기기들을 제어 및 관리하게 됩니다.

코딩을 사용한 강력한 기술력을 직접 체험할 수 있으며 지금까지 궁금했던 텔넷과 ssh 접속을 이용한 시스코 네트워킹 장비 제어 및 관리 기술을 직접 손과 눈으로 그리고 머리로 배우면서 네트워크 자동화에 자연스럽게 입문하게 됩니다. 추가로 리눅스 작업 스케줄러인 크론(cron) 사용법을 익혀 직접 만든 파이썬 코드를 사용자 없이 실행해 봅니다. 또한, SNMP 개요를 통해 SNMP를 사용한 SNMP 파이썬 모니터링 코드 사용법도 간략하게 배웁니다. 마지막으로 파이썬 네트워크 자동화 코딩을 하면서 회사 내에서 도움이 되는 선택적 정보 공유를 설명합니다.

이 책은 체계적으로 구성됐으며, 궁극적으로 교육하기 위한 목적으로 집필했습니다.

상반부는 독자들의 이해를 돕기 위해 필자가 2년 동안 파이썬을 공부하면서 느끼고 생각했던 것을 정리했습니다. 중반부는 한 발 더 다아가 직접 랩 설치 및 구성 후 기본기 다지기를 설명하며 특히 VMware 워크스테이션 가상화 랩을 사용해 네트워크 자동화에 필요한 리눅스 및 파이썬 기본기를 직접 키보드를 통해 연습합니다. 마지막으로, GNS3 설치와 랩 환경을 완성시킨 후, 직접 코딩을 하고 완성한 파이썬 3 스크립트로 네트워킹 장비 자동화의 핵심인 telnet, SSH와 SNMP를 통한 시스코 IOS 기기 제어 방법의 기본기들을 배웁니다.

이 책에서 학습한 기본 내용들은 실전에서 바로 사용 가능하지만, 사내 ITIL[5] 프레임워크를 기반으로 한 사내 체인지 컨트롤[6]에 따라 DevOps 개발 단계를 거친 후 실전에 사용하길 부탁드립니다.

예제 코드 다운로드

이 책에 사용된 예제 코드는 저자의 깃허브 페이지 https://github.com/pynetauto와 에이콘출판사 도서 정보 페이지 http://www.acornpub.co.kr/book/python-network-automation에서 다운로드할 수 있습니다.

---

5 ITIL – 2000년 닷컴 크래쉬 후 영국 정부기관에서 소개한 IT 관리 프레임워크
6 체인지 컨트롤 – change control, 엔지니어가 시스템/네트워크를 변경하기 전 따라야 하는 사내 정책

기술력 비교 및 자동화에 필요한 조건

우리는 태어나 자라면서 형제는 물론 친구와도 경쟁하고 학교 동기들끼리 학업과 운동으로 경쟁하고 사회와 일터로 진출한 후 다양한 사람들과 경쟁과 협력을 하며 살아가야 합니다. IT 업계에서도 한 명의 능력있는 엔지니어로 살아남기 위해서는 항상 경쟁사와 때로는 동료들과 끊임 없는 경쟁을 합니다. 이 현실적 경쟁에서 살아남기 위해선 주기적으로 본인 기술력의 냉철한 분석과 본인보다 기술력이 더 높은 경지의 경쟁자들과의 객관적인 비교를 통해 숙련되고 성공적인 IT 엔지니어로 살아갈 수 있습니다. 1장을 통해 본인의 기술력을 한 번 점검해 봅니다.

1.1 나는 IT 엔지니어입니다. 한번도 틀린 적이 없습니다.

그림 1-1 IT 엔지니어 로고 예

이 책에 관심이 있어 책을 읽고 있다면 현재 IT 업계에 종사하고 있던지 미래에 IT 업계에서 일을 하고 싶어하는 분일 것으로 짐작해 봅니다. IT 업계에 이미 종사하고 있다면 그림 1-1 또는 비슷한 내용의 로고가 담긴 그림을 한두번쯤 접했을 것입니다. 그림 1-1은 IT 엔지니어에 대해 잘못된 인식을 유발시킬 수 있는 로고 중 하나지만 많은 IT 엔지니어의 잘못된 업무태도에 대한 경종을 울리는 좋은 지적이기도 합니다. 위의 로고에 적힌 글은 **"난 IT 엔지니어야, 한번도 틀린 적이 없지."** 정도로 직역이 가능할 것 같습니다.

나는 이런 자만심에 빠져 살아온 IT 엔지니어가 아닐까 걱정하며 이 책의 첫 장을 열도록 조금은 우스꽝스러운 글귀로 시작했습니다. 매우 정교하게 만들어진 자동 기계 장치 생산라인에서도 일정량의 불량품을 만들 확률이 있으며 고대 신화의 여러 신들만 보아도 실수를 연발하는데 일개 IT 엔지니어가 뭐라고 항상 옳다는 것은 말이 안 됩니다.

물론 한 기업이 잘 돌아가도록 중추적인 역할을 하는 IT 부서의 엔지니어로서 자부심과 확신을 가지고 업무를 보는 것은 좋은 현상이지만 자만심에 빠진 엔지니어는 본인의 잘못된 실력을 거짓으로 포장하고 있을 확률이 매우 높습니다. 개인적으로 저는 위의 글을 이렇게 바꾸고 싶습니다.

"저는 수많은 IT 엔지니어 중 한 명이며, 저의 실수를 통해 훌륭한 엔지니어로 거듭나길 진정으로 원합니다."

영문으로는 "I am only one of many IT Engineers. I genuinely wish I can become a competent IT Engineer as the result of my mistakes." 입니다.

혹은 더 나은 해석을 하면 **"저는 언제나 실수를 겸허히 받아 드릴 준비가 되어 있으며, 저의 실수를 통해 새로운 것들을 깨닫고 공부하며 항상 기술적으로 앞서 나갈 준비가 돼 있습니다."**라고 원문과 상반된 해석을 해보고 싶습니다. 영문으로 번역하면 "I gracefully accept the consequences of all my actions, I study and learn new things through my mistakes and ready to grow my technical knowledge."입니다.

1.2 당신은 어떤 IT 엔지니어입니까?

많은 IT 엔지니어들은 엔지니어로 살아가면서 본인 자신에게 주기적으로 "나는 어떤 IT 엔지니어일까?"라는 질문을 던질 것입니다. 혹시 독자 여러분들도 본인에게 "나는 어떤 IT 엔지니어지?" 또는 "미래에 나는 어떤 엔지니어의 모습으로 살아갈까?"라고 여러 번 물어본 적이 있을 것입니다. 이 질문을 수십 번 아니, 수백 번 본인에게 물어 봤을지도 모릅니다. 혹시 이 업계의 빠른 퇴출로 인해 조그마한 치킨집을 운영하고 있을 자신의 미래를 그리고 있진 않습니까? 저도 연식이 좀 있는 엔지니어지만 IT 분야에서 끊임없이 새로운 기술을 계속 공부하며 성장하는 엔지니어로 살아가는 것을 꿈꾸고 있습니다.

하지만 이상과 현실에는 큰 차이가 있다는 것 또한 오래전에 이해했습니다. 이상적으로는 모든 엔지니어들이 신 IT 기술들을 습득하고 본인이 몸담고 있는 업계에서 최고가 돼 살아가는 모습을 꿈꾸지만 혹독한 현실은 새로운 IT 기술은 질주하듯 발전하고 그 기술을 습득하지 못해 낙오된 엔지니어들도 있을 것입니다. 웃고 싶지만 눈물나는 현실은 아마 우리들은 기술적 낙오자가 되지 않기 위해 발버둥치며 신 IT 기술에 끌려다니는 그런 모습일 것입니다. 따라서, 저희는 이 현실의 차이를 조금이나마 더 효과적으로 좁히고 IT 엔지니어로서의 생명선을 늘리기 위해 매일 본인이 맡은 업무에 미쳐서 살아가야 합니다.

영어로 **미쳤다**라는 단어 중 **크레이지**^{crazy}라는 단어를 가장 흔히 사용합니다. 크레이지란 영어 단어는 좋은 의미보다는 나쁜 의미를 더 내포하고 있지만 어떤 경우에 사용하냐에 따라 그 반대로 해석될 수 있습니다. 여기서 제가 **미쳤다**라는 단어를 꺼낸 것은 나쁜 의미보다는 좋은 의미로 사용 예를 들기 위해서입니다. **"앞뒤 안 가리고 즐긴다"** 또는 영어로 crazy about으로 해석해 보려고 합니다. 많은 현실도피자들은 "나는 아무런 노력 없이도 다 잘될꺼야."라고 잘못된 체면을 걸며 살아가고 있을 것입니다. 이와 같은 자아체면에 걸린 현실도피자들은 낙오자가 될 뿐입니다. 제 경험상 한 가지 분명한 건 성공하기 위해서는 우리의 이상과 현실의 큰 차이를 좁혀가며 우리가 하는 일에 모든 열정을 퍼붓고 노력하며 본인이 하는 일을 즐겨야 한다는 것입니다.

지금까지 제가 만나왔던 수많은 IT 엔지니어들 가운데 IT 엔지니어로 대성한 경우 외향적인 사람들보다는 내향적인 사람들의 수가 훨씬 더 많았습니다. 그 이유는 IT 엔지니어들은 사람들과도 소통을 하지만 장시간 컴퓨터 앞에 앉아 컴퓨터와 대화를 끊임없이 하며 일하기 때문에 내향적인 성격이 더 적합한 면이 있습니다. 시스템즈 엔지니어는 운영체제와 대화하고, 네트워크 엔지니어는 라우터와 스위치와 대화하고, 보안 엔지니어는 방화벽과 대화하고, 프로그래머들은 컴퓨터에서 사용되는 여러 기계 언어로 된 프로그램들과 소통합니다. 이런 측면에서 볼 때 IT 엔지니어들이 컴퓨터와 소통하는 것은 다른 외국어를 배워 외국인과 소통하는 것과 닮은 부분들이 많다고 할 수 있습니다.

다만 상대가 사람들이 아닌 컴퓨터와 기계언어 즉 이진수[binary]로 소통한다는 것이 다른 점입니다. 영어로 **외향적이다**를 extrovert라고 하고, **내향적이다**는 introvert라고 말합니다. 일반적으로 기술적인 능력을 계속 높이는 엔지니어들은 대부분 내향적 성향을 가진 엔지니어일 확률이 매우 높으며, 반대로 외향적인 엔지니어들은 기술력보다는 팀의 관리직으로 옮겨서 일을 하게 되는 경우가 많습니다. 어느 쪽이 더 성공한 엔지니어인가에 대한 질문은 개인의 차이에 있겠지만 저는 기술력을 가진 내향적인 엔지니어에게 한 표 던집니다. 외국에서는 나이가 50~60이 돼서도 능력있는 IT 엔지니어로 살아가는 분들을 많이 만날 수 있습니다. 한국 IT 업계에서도 그런 날이 꼭 오길 기원합니다.

1.2.1 전통적인 IT 엔지니어 그룹의 능력 요구 비교 분석

이 책에서는 전통적인 IT 엔지니어들의 그룹을 편리상 크게 세 가지 부류로 나눈 후, 각 그룹의 공통적이고 일반적인 기술력을 놓고 각각 다른 그룹들과 비교 분석해 보고, 앞으로 10년 동안 IT 업계를 이끌 수 있는 미래형 엔지니어로 살아가려면 어떤 부분의 기술력(능력)을 더 보완하며 앞으로 나아갈지에 대해 함께 고민해 보겠습니다.

이 책에서 기업내 IT 엔지니어 그룹은 일반적으로 팀 관리 업무를 보는 매니저들을 제외한 그룹 등을 뜻하며, 첫 번째 그룹은 이 책에서 초점을 맞추고 있는 **네트워크 엔지니어 그룹**(RS, 보안, DC, 클라우드 및 VoIP 엔지니어 모두 포함), 두 번째 그룹은 운영체제를 자유자재로 다루는 **시스템즈 엔지니어 그룹**(윈도우와 리눅스 엔지니어 모두 포함) 그리고 세 번째는 **프로그래밍 엔지니어 그룹**(소프트웨어 및 프로그래밍 엔지니어)으로, 프로그래밍 언어를 사용해서 소프트웨어 및 애플리케이션을 개발하는 엔지니어들을 포함합니다. 각 그룹에서 요구되는 필수 능력들을 비교해 봄으로써 각 그룹들 사이의 강점과 약점을 더 쉽게 파악할 수 있을 것입니다. 이 책에서 차후 네트워크 엔지니어 그룹이라 함은 시스코, 아리스타, 주니퍼, 체크포인트 등 네트워킹 및 보안, DC, 클라우드 장비를 다루는 엔지니어들과 VoIP를 다루는 음성 엔지니어들도 포괄적으로 포함합니다.

먼저 세 그룹 사이에 어떤 기술적인 능력 차이가 있을지를 비교해 봅니다. 각 그룹별 필수 능력 비교에 이해력을 높이기 위해 거미줄 그래프를 사용해 비교분석해보겠습니다. 저희 주위엔 모든 분야에 능통한 1% 미만의 미래형(팔방미인형) IT 엔지니어들이 존재한다는 가정 하에, 먼저 이 1%의 엔지니어들을 제외한 99% 대다수의 엔지니어들을 대상으로 각 그룹간의 능력을 비교해 봅니다. 즉 그래프 1-1에서는 이 99%의 엔지니어들이 그래프 대상의 100%를 나타냅니다. 뒷부분에서는 별도로 1% 미만의 미래형 엔지니어와 전통적(일반) 네트워크 엔지니어 사이의 능력을 비교한 후 네트워크 엔지니어들이 미래형 엔지니어로 나아갈 방향을 제시해 이 책 내용의 향방을 결정하도록 하겠습니다.

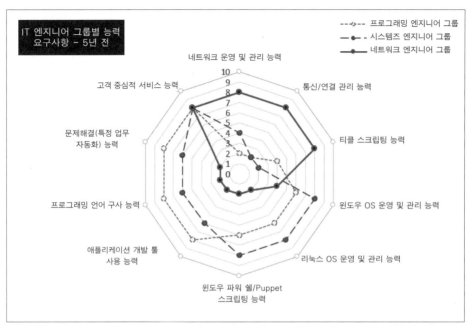

그래프 1-1 IT 엔지니어 그룹별 능력 요구사항 – 5년 전

먼저 그래프 1-1을 자세히 보도록 하겠습니다. 그래프 1-1은 약 5년 전 각 엔지니어 그룹별로 요구되던 능력 및 기술을 나타냅니다. 이 그래프를 분석하고 이해한다면 네트워크 엔지니어로써 자동화 프로그래밍을 구현하기 위해 어떤 분야의 기술을 더 보강해야 하며, 효과적인 공부 방법을 찾기 위한 명확한 진단이 나올 것입니다. 이 그래프에서 나타내는 능력 요구사항들은 제가 5~7년 전에 저희 회사에 입사할 당시 요구됐던 각 엔지니어 그룹간의 핵심적 기술 요구사항들과 정확히 일치합니다. 그래프를 상세히 보지 않더라도 어떤 그룹이 어느 분야에서 강점과 약점을 보이고 있는지 쉽게 이해할 수 있습니다.

네트워크 엔지니어 그룹은 네트워크 운영 및 관리 기술이 많이 요구되는 네트워킹에 관련한 일을 잘 다룰 수 있으며, 시스템 운영과 프로그래밍의 기술 요구사항 수치가 낮으므로 그 분야는 취약할 것이라고 추측할 수 있습니다. 반면 **시스템즈 엔지니어 그룹**은 네트워킹에 대한 기술이 많이 요구되지 않으므로, 윈도우 OS 운영에 필요한 쉘

스크립팅 및 프로그래밍 언어 구사 능력과 같은 기술이 필요하므로 프로그래밍에 대한 기술이 네트워크 엔지니어보다 높을 것이라는 것을 추측할 수 있습니다. **프로그래밍 엔지니어 그룹**은 네트워킹의 상위 레벨인 애플리케이션, 프레젠테이션 및 세션층에 대한 폭넓은 이해가 요구되므로 시스템즈 엔지니어보다 네트워크 기술에 대한 이해가 더 요구되며, 시스템즈 엔지니어 분야에도 일정 수준의 이해와 기술력을 가지고 있을 것이라 짐작해 볼 수 있습니다.

조금 더 유심히 그래프의 구성을 살펴보면 **긴 점선**으로 표시돼 있는 **시스템즈 엔지니어**에게 필요한 능력은 전반적으로 **네트워크 및 프로그래밍 엔지니어 그룹**들과 교차하고 있는 부분이 큽니다. 달리 해석하면, 만약 본인이 시스템즈 엔지니어쪽에 가까운 기술자라면 네트워크와 프로그래밍 분야를 조금 더 쉽게 배울 수 있다고 해석할 수 있을 것입니다. 그래서 많은 엔지니어들이 처음 IT에 입문할 때 시스템즈 엔지니어로 커리어를 시작하는 경우가 가장 흔합니다. 그리고 **짧은 점선**으로 표시된 **프로그래밍 엔지니어**는 소프트웨어 즉 스크립팅쪽에 확실히 강세를 보이지만 네트워크 엔지니어 그룹에서 요구되는 능력과는 많이 일치하지 않는 모양새를 볼 수 있습니다.

마지막으로 **굵은 실선**으로 표시돼 있는 **네트워크 엔지니어**의 능력 요구사항은 한쪽으로만 많이 치우쳐 있는 경향을 가지고 있는 것이 특징입니다. 다시 말해, 각 네트워크 엔지니어들 사이의 개인적 능력 차이는 있겠지만 그만큼 네트워크 엔지니어는 전문화돼 있으며 네트워킹 분야에 대한 능력은 좋을 수 있으나 네트워킹 이외의 IT 분야를 이해하고 새로운 기술을 습득하는 데 있어 다른 그룹의 엔지니어들에 비해 더 많은 어려움을 겪을 수 있다고 해석할 수 있다는 말입니다.

그렇다고 모든 시스템즈 혹은 프로그래밍 엔지니어가 네트워킹 기술들을 아주 쉽게 이해할 수 있다는 말은 아닙니다. 대체적으로 시스템즈와 프로그래밍 엔지니어 그룹이 다른 그룹의 주요 기술을 공부해 받아들여야 할 경우, 네트워크 엔지니어 그룹보다는 훨씬 더 순조롭게 받아들일 수 있을 것이라고 유추해볼 수 있습니다.

1.2.2 현재 및 10년 후 네트워크 엔지니어의 능력 요구 비교 분석

이 책의 대부분의 독자층은 현업에서 실제로 네트워크 엔지니어로 실무를 보는 분들 또는 미래 네트워크 엔지니어로 취업하기를 원하는 분들입니다. 앞서 기존의 네트워크 엔지니어 그룹은 다른 그룹에 비해 주요 기술을 습득해야 할 경우 순조롭지 않을 수 있다는 것을 짐작해 봤습니다. 그렇다면 현업에 종사하고 있는 네트워크 그룹의 일원으로서 코딩을 하고 네트워크 프로그램을 만들 수 있는 능력을 키우기 위해서는 어떤 능력들을 더 향상시켜야 할지 그래프 1-2에서 기존 프로그래밍 및 시스템즈 엔지니어 그룹들 점선 위에 실선으로 그려진 현재 및 10년 향후 네트워크 엔지니어 그룹에게 요구되는 능력과 한번 비교해 보겠습니다.

이해를 돕기 위해 그래프 1-2에서는 시스템즈 및 프로그래밍 엔지니어의 능력 요구 사항은 5년 전과 동일한 그래프를 사용하며, 네트워크 엔지니어 능력 요구사항은 현재 및 향후 10년 동안 요구되는 능력들로 가정해 현 IT 업계의 네트워크 엔지니어 채용공고를 바탕으로 해 요구되는 능력 항목들을 제가 직접 가상으로 그래프를 만들어 봤습니다. 그렇다면 네트워크 엔지니어들에게 요구되는 미래의 요구사항들은 어떻게 예측될 지 그래프 1-2를 통해 더 자세히 알아보겠습니다.

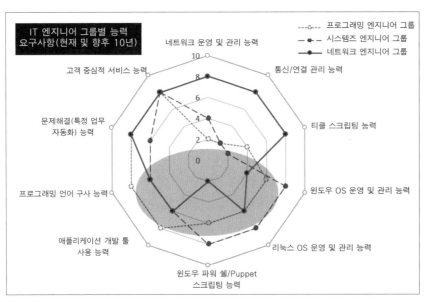

그래프 1-2 네트워크 엔지니어 능력 요구사항 및 비교(현재 및 향후 10년)

그래프 1-2는 현재 및 향후 10년 동안 네트워크 엔지니어들에게 요구되는 능력 및 기술을 5년 전 프로그래밍 및 시스템즈 엔지니어들의 능력 그래프와 비교해 나타내고 있습니다. **굵은 실선의 내부**가 현재 및 향후 10년 동안 네트워크 엔지니어 그룹에게 요구되고 있는 능력이며 그래프 1-1과는 달리 훨씬 원만한 원형에 가까운 모양으로 나타나는 것이 특징이라 할 수 있습니다. 그리고 **색칠이 돼 있는 타원형 모양**을 눈여겨 보면, 향후 10년 동안 네트워크 엔지니어에게 더 요구되는 능력들을 잘 나타내고 있습니다. 이 부분들은 기존 시스템즈 및 프로그래밍 엔지니어들이 수행해 오던 기술 분야라는 것을 한눈에 알 수 있습니다.

따라서 이 책에서는 이 타원형 영역 부분에 속하는 기술적 이야기를 다루고 네트워크 엔지니어들이 조금이나마 더 앞으로 나아갈 수 있도록 파이썬을 이용한 네트워크 자동화와 간단한 리눅스 설치 및 사용법과 파이썬 3 기본 사용법 등을 먼저 다뤄보고자 합니다. 광범위한 네트워크의 개념 및 전문 기술을 상세히 다룰 수는 없지만 앞에서 언급했듯이 이 책의 독자 사전 지식 수준은 적어도 CCNA RS 수준의 지식을 갖추고 있다는 가정 하에 네트워크 기술 부분과 네트워크 개념을 언급하기보다는 필요한 기술적인 요소들만 랩 구동 시 그때그때 추가적인 설명을 하겠습니다. 또한 리눅스^{Linux}와 파이썬^{Python} 3의 이론적인 지식보다는 네트워트 엔지니어들이 파이썬을 이용해 네트워크 자동화를 손수 공부해 실무 능력을 키우는 데 중점을 두고 책을 썼습니다.

현재 본인이 가지고 있지 않은 기술들을 어떤 방법으로 쉽게 습득할 수 있을지, 그리고 없는 기술들을 습득하기 위해 어떻게 공략할 것인지에 대해 그래프 1-2와 표 1-1을 함께 보면서 분석해 보겠습니다. 그래프 1-2에 나타나 있는 색칠돼 있는 타원형 모양에서 네트워크 엔지니어 그룹이 향상시켜야 할 능력은 **첫째, 운영체제 관리, 패치, 업그레이드, 문제해결 및 환경 설정 능력, 둘째, 리눅스 운영체제 관리 능력, 셋째, 애플리케이션 개발 및 수립, 넷째, 파이썬 스크립팅 능력** 그리고 마지막으로 **다섯째, 프로그래밍 코드를 사용해 특정 업무를 자동화할 수 있는 능력** 등이라 할 수 있습니다.

그렇다면 이러한 기술적인 부분들은 표 1-1에서 제시하는 방법들을 습득함으로써 보완할 수 있을 것입니다. 앞서 언급한 바와 같이 이 책은 네트워크 핵심 개념과 기술을 다루는 책이 아니며 일부 독자들에게 아직도 생소할 수 있는 파이썬, 리눅스 및 가상화 기술과 개념에만 핵심을 둔 기술 서적도 아니지만 한 사람의 네트워크 엔지니어가 네트워크 자동화를 시작하기 위해 필요한 일련의 기술들을 습득할 수 있도록 균형있게 쓰여진 자동화 입문서입니다. 전체적으로 필요한 부분들을 조금씩 다루다 보면 네트워킹 자동화에 한 발 더 가까이 다가갈 수 있을 것입니다. 표 1-1에 나와 있는 기술적 접근 방식의 내용을 보면 **가상 머신 설치하기, 네트워크 서비스 설치해보기, 리눅스 및 파이썬 기본기 배워보기, 파이썬 설치하기, 파이썬 스크립트로 네트워킹 장비 제어해보기 등 완벽하게 실습 위주로 구성**된 것을 알 수 있습니다.

표 1-1 책의 기술적 접근 방식

네트워크 엔지니어에게 요구되는 능력 요구사항	책의 기술적 접근 방식
운영체제 관리, 패치, 업그레이드, 문제 해결 및 환경 설정 능력	Ubuntu18.04 가상 서버 1대 설치하기
	CentOS7 가상 서버 1대 설치하기
	GNS3 VM 서버 설치하기
	파이썬 설치 가이드 및 설치 시 문제점 해결하기
	환경설정 팁 소개
리눅스 운영체제 관리능력	리눅스 디렉터리에 대한 자세한 소개 및 설명
	리눅스 파일 관리 및 실습
	리눅스용 노트패드 사용법 소개 및 실습
	리눅스 SSH 환경설정 및 실습
	FTP, SFTP, TFTP와 NTP 서버 설치하기
애플리케이션 개발 및 수립	파이썬 3 설치하기
	파이썬 텔넷 및 SSH 모듈 설치하기
	파이썬 스크립트로 네트워크 자동화에 필요한 애플리케이션 개발 예제
	애플리케이션 기본 이해 및 관리법 소개
파이썬 스크립팅 능력	가상 랩에서 파이썬 스크립팅 실습하기
	파이썬 스크립트로 가상 라우터 및 스위치 설치 및 설정하기
프로그래밍 코드를 사용해 특정 업무를 자동화할 수 있는 능력	파이썬을 사용한 특정 업무 자동화 이해하기

1.2.3 당신은 팔방미인 IT 엔지니어가 될 수 있을까요?

그림 1-2 팔각형 자전거 바퀴

그림 1-2는 매우 재미있게 생긴 자전거입니다. 자전거의 바퀴가 원이 아닌 팔각형 모양을 하고 있습니다. 참신한 발명품일까요? 흥미롭지만 아마도 참신하지도 않고 실용성도 많이 떨어지는 그런 발명품일 것입니다. 여기서 저는 위 그림 속 자전거에 대해 말하고 싶은 것이 아닙니다. 앞서 설명했던 상위 1%에 해당하는 IT 엔지니어 그룹에 대한 것을 설명하고자 합니다. 상위 1% 또는 0.01에 속하는 엔지니어 그룹은 제가 책을 쓰면서 가장 이상적인 엔지니어를 벤치마킹하기 위해 가상으로 만든 팔방미인(또는 미래형) 엔지니어 그룹입니다.

애석하게도 이 세상에 존재하지 않는 인물들로 현 IT 업계에서 진정으로 원하는 최고의 기술력과 최대의 능력을 지니고 있는 인물들을 바탕으로 **현존하지 않는 가상의 인물**입니다. 즉, 이 엔지니어 그룹에 속하는 사람들은 IT계의 아인슈타인보다 더 명석한 두뇌를 가지고 있으며 어떤 새로운 고난이 IT 기술이라 하더라도 그들의 뛰어난 두뇌로 신기술과 새로운 정보를 받아들여 자신만의 지식으로 만들어 사용할 수 있으며 더 나아가 다른 여러 분야와 IT 기술들을 접목 융화시켜 자유자재로 활용할 수 있는 사람들을 말합니다. 또한 이들은 앞으로의 5~10년 사이에 IT 업계의 흐름을 예측할 수 있다는 점이 특별하다 할 수 있습니다.

다행히 이 세상에 이렇게 이상적인 인물들은 매우 찾기 힘들고, 일반적인 사람이 습득한 기술들을 잘못 접목시키면 그림 1-2와 같이 실용성 없는 팔각형 바퀴 자전거와 같은 IT 솔루션이 나올 수 있다고 생각합니다. 그런데 매우 흥미로운 사실은, 최근 IT 업계에서는 픽션 소설에서나 나올법한 이런 가상 인물들을 설정해 놓고 구인 광고를 내는 회사들이 매년 크게 늘어나는 추세에 관심을 가져야 할 것입니다.

현재 가장 유명한 미국계 IT 업계 회사들의 엔지니어 구인 광고를 살펴보면 제가 여기서 설명하고자 하는 것을 이해할 수 있을 것입니다. 한 좋은 예로, 최근 제가 인터뷰를 봤던 AWS^{Amazon Web Services}의 경우가 여기의 좋은 예가 아닐까 생각합니다. 평소 알고 지내던 지인의 소개로 AWS 시드니 지사의 시니어 네트워크/클라우드 엔지니어^{Senior Network/Cloud Engineer} 자리를 덜컥 지원하게 됐습니다. 저도 평소 AWS사와 AWS사의 기술에 대한 관심을 조금은 가져야겠다는 생각에 아무런 준비 없이 지원을 했습니다. 네트워크 엔지니어^{Network Engineer} 인터뷰를 본다는 느낌보다 네트워크를 잘 이해하고 있는 프로그래머를 뽑는다는 인상을 받았습니다.

이 말은 곧 하드웨어보다는 소프트웨어적으로 이해력이 뛰어난 네트워크 엔지니어를 찾는다는 그런 느낌이었습니다. 매일매일 코딩을 밥먹듯이 하는 네트워크 엔지니어라? 저는 아직 하드웨어 위주의 네트워크 엔지니어라 인터뷰 결과는 물론 좋지 않았지만 지원 경험을 통해 더욱 더 잡 마켓에서 뭘 원하는지 더 많은 것을 배울 수 있었습니다. 조금 더 코딩을 배워 다시 기회가 된다면 한번 더 지원해 볼 생각입니다.

저는 여기서 재미있게 현 업계에서 찾고 있는, 구인광고에 자주 묘사되고 있는 완벽에 가까운 기술력을 보유한 IT 엔지니어와 가장 근접해 있는 엔지니어를 **미래형** 또는 **팔방미인 엔지니어**라 이름 붙였습니다. 실무를 보면서 완벽한 엔지니어는 없어도 정말 가끔씩 (5년에 한 번 정도) 진짜 팔방미인 엔지니어에 가까운 기술력을 가진 IT 엔지니어들을 만나 함께 일할 때마다 그들의 뛰어난 기술력에 깜짝 놀라곤 합니다. 그렇다면 팔방미인 IT 엔지니어와 대부분의 일반 IT 엔지니어들(저를 포함한)과 처음부터 DNA가 달랐을까요? 우리도 팔방미인 IT 엔지니어에 근접할 정도의 기술력을 가진 엔지니어가 될 수 있을까요?

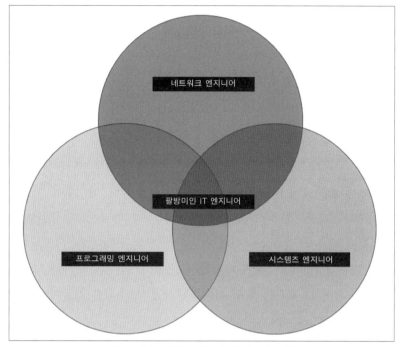

그래프 1-3 현 IT 엔지니어 그룹 간의 기술 교집합

그래프 1-3을 보면 제가 이 책의 편의상 이름 붙여본 팔방미인 IT 엔지니어는 네트워크, 시스템 및 프로그래밍 엔지니어 그룹에 모두 속해 있는 교집합 중앙에 위치하고 있는 엔지니어라고 볼 수 있을 것입니다. 앞에서 이미 위의 그래프의 정 중앙에 위치한 기술력을 지닌 엔지니어는 없다고 말했습니다. 하지만 중앙 근처쯤 기술력이 올라와 있는 엔지니어는 가끔씩 만나 볼 수 있습니다. 먼저 제 경험상 이렇게 다방면으로 기술력을 가진 IT 엔지니어들은 일단 시간 관리를 철저히 한다는 것과 자기가 하는 일에 미친 듯 열광한다는 것을 알 수 있었습니다.

그들은 일에 대한 집착력과 끈기 또한 남다르며 앞으로 더 나아가 그들은 다른 엔지니어들과 비교해 적은 시간을 투자하고도 몇 배의 업무 능률을 낸다는 그들만의 공통점을 가지고 있습니다. 그렇다면 그들은 어떻게 더 적은 시간, 더 적은 노력을 투자하고도 몇 십 배 아니 몇 백 배의 업무능률을 낼 수 있을까요? 그것은 바로 업무 자동화에 있지 않을까요? 그들의 업무 처리 내용을 상세히 살펴보면 본인만의 자동화 시스템이 이미 구축돼 있습니다. 자동화 업무에 사용되는 툴과 하나 이상의 프로그래밍 언어 사용법 등을 업무에 접목시켜 자동화를 이뤄내고 있습니다. 또한 시간 절약을 위해 이미 다른 사람들이 만든 솔루션 및 코드 활용도 크다는 것을 볼 수 있습니다. 그들은 이미 사용되고 있는 기술들을 습득한 후 업무에 맞게 변형시켜 본인의 솔루션으로 융화시키는 방법을 터득했다고 봐도 좋을 것입니다.

한 예로, 만약 둥근 바퀴를 가진 일반 자전거를 여러 명의 엔지니어들에게 나눠주고 3만킬로미터 완복 경주를 시켰다고 가정해 보겠습니다. 열심히 일하는 일반 엔지니어들이 바로 자전거를 타고 출발해 완주를 하는 동안 팔방미인 엔지니어는 모터 및 부품과 정유을 구해서 자신의 자전거에 모터를 장착한 후 모터바이크 즉 오토바이로 만들어 완주하는 것과 비교할 수 있을 것입니다. 여기서 더 나아가 반복적인 업무일 경우 그 효과는 더욱 최대화된다는 데 주의를 기울여야 합니다. 이 예는 컴퓨터를 기반으로 하는 시스템(세상에서 사용되고 있는 모든 전자 기기가 컴퓨터의 한 종류라고 가정했을 경우)을 다루는 모든 IT 엔지니어들에게 유효하다고 볼 수 있습니다. 컴퓨터는 반복적인 작업수행을 하는 데 최적화돼 있는 사물이며 인간이 할 수 없는 복잡하고 반복적인 작업들도 월등히 잘 한다는 것은 이미 일반상식으로 자리잡은지 오래입니다.

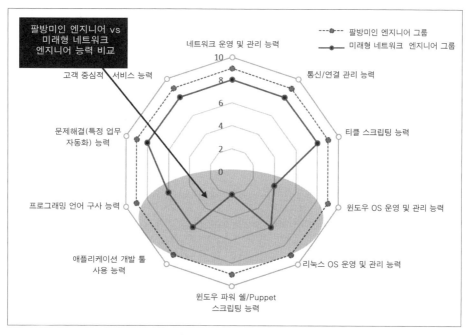

그래프 1-4 팔방미인 vs 네트워크 엔지니어 능력 비교 분석

그렇다면 저희가 앞에서 언급했던 미래형 네트워크 엔지니어와 위에서 말한 팔방미인 IT 엔지니어를 그래프 1-4와 같이 함께 놓고 한번 비교해 보기로 하겠습니다. **내부에 위치한 굵은 실선**이 미래에서 원하는 네트워크 엔지니어 그룹의 능력이며 **외각에 위치한 점선**이 팔방미인 엔지니어 그룹의 능력을 표시하고 있습니다. 위에 색칠된 타원형 부분이 미래형 네트워크 엔지니어로부터 추가적으로 요구되는 능력이며, 이 부분은 리눅스 및 윈도우 OS 운영 및 관리 능력, 파워쉘 및 Puppet 스크립팅 능력, 애플리케이션 개발 툴 사용 능력과 프로그래밍 언어 구사 능력 등을 포함하고 있습니다. 이것은 곧 모든 기술적인 분야를 포괄적으로 모두 다룰 수 있어야 한다는 의미이며, 팔방미인의 그래프와 많이 닮아가는 형상으로 나타내고 있습니다.

벌써 엔지니어들 그룹들간의 기술의 장벽이 허물어지고 있는 게 현실이며 아마 20~30년 후에는 자동화에 힘입어 소수 정예의 IT 엔지니어들이 좀 더 포괄적인 소프트웨어적 기술을 바탕으로 다양한 시스템을 모두 다뤄야 할 것이라 예상해 볼 수 있는 부분입니다. 그리고 우리는 이 소수정예의 IT 엔지니어가 되기 위해 끊임없이 노력해야 할 것입니다.

1.3 어디서부터 네트워크 자동화 공부를 시작할까요?

그럼 제가 다시 되묻겠습니다. 당신은 왜 파이썬 네트워크 자동화를 공부하려 합니까? 이 질문은 조금 난해한 질문일 수도 있습니다. 답은 개인마다 차이가 있을 수 있겠지만 아마도 네트워크 자동화 공부를 하려고 하는 공통점은 현재 하고 있는 업무의 능률을 끌어 올려서 지금보다 더 좋은 환경에서 업무를 하기 위해서가 아닐까요? 그렇다면, 일의 능률을 끌어 올린다는 말은 무엇일까요? 아마도 본인이 하고 있는 일을 더 효과적으로, 그리고 체계적이고 빠르게 처리하는 것을 말할 것입니다.

그 반대의 의미로, '당신과 사내 동료들이 현재 하는 일은 비효율적이고 느리고 체계적이지 못하다'로 해석할 수 있을까요? 아마 그럴지도 모릅니다. 만약 그렇다면, 현재 본인과 본인의 팀에서 수행하는 업무들을 먼저 차근차근 재검토해 보기 바랍니다. 어떤 업무들은 사람들보다 컴퓨터가 대신해 주면 더욱 편리하고 정확하고 신속하게 처리할 수 있는 업무들이 눈에 보이기 시작할 것입니다. 그런 일들을 발견하고 그것을 자동화해야겠다는 의욕이 생겼다는 것은, 아마 당신은 필요한 프로그래밍 언어를 배우고 해당 업무를 자동화시켜야겠다는 의지를 이미 가지고 있는 것입니다. 달리 표현하면, 프로그래밍 언어를 이용해 현재 하고 있는 업무의 일부를 자동화하고 싶다는 것은, 어떤 한 가지의 문제를 컴퓨터가 이해하는 프로그래밍 언어를 사용해 해결하겠다라는 말과 일치합니다. 컴퓨터가 사람이 해야 할 반복적인 업무를 맡아주면 사람들은 컴퓨터로는 할 수 없는 더 많은 창의적인 생각들을 할 수 있는 시간적 여유를 가지고 살아갈 것입니다.

'파이썬을 공부하고 싶다'와 '파이썬 네트워크 자동화를 공부하고 싶다'는 똑같은 말일까요? 먼저 파이썬을 공부하고 싶다는 말에는 두 가지 의미가 있을 것으로 짐작해 봅니다. 첫째는 '파이썬을 하나의 프로그래밍 언어로 문법적인 공부를 하고 싶다'는 말로 두 번째는 '파이썬 문법을 공부해 프로그램을 만들어보고 싶다'는 말로 해석할 수 있을 것입니다. 그렇다면, 파이썬 네트워크 자동화를 공부하고 싶다라는 말은 두 번째 해석처럼 파이썬 문법을 공부하고 네크워크 자동화 프로그램을 만들고 싶다라는 의미에 더 가까운 것으로 보입니다. 이 말을 다시 풀이해 보면, 파이썬이라는 프로그래밍 언어를 사용해 네트워크 상에 존재하는 업무들을 컴퓨터로 더욱 효율적으로 해결해 보겠다로 풀이할 수 있습니다. 단지 책에 적힌 파이썬 문법을 공부하는 것이 아니라 우리가 현재 직면해 있는 업무와 관련된 문제를 파이썬 프로그램을 사용해 해결하겠다는 말입니다.

이 책의 제목은 『파이썬 네트워크 자동화』입니다. 네트워크상 사람이 직접 수행해야 하는 업무를 효율적으로 처리하기 위한 즉, 네트워크 자동화를 위해 파이썬으로 네트워크 자동화 코딩을 배워 보자는 내용입니다. 실용적인 리눅스 관리법과 실용적인 파이썬 문법을 배우고, 직접 파이썬 코드를 작성해 시스코 라우터와 스위치 관리법을 배우게 될 것입니다. 모든 IT 엔지니어들은 자동화에 대한 생각을 가지고 살아갑니다. 하지만 모든 엔지니어가 생각을 실행으로 옮기는 것은 아닙니다. 본인이 가지고 있는 생각을 실행에 옮기기 위해서는 각자의 굳건한 의지와 끈기가 필요하며 목표를 이루기 위해서는 개인적인 희생을 필요로 합니다. 곧 네트워크 자동화를 공부하기 전에 본인의 의지와 끈기가 어느 정도인지 확인하고 포기하지 않고 지속적으로 공부해 나갈 준비가 돼 있어야 기술적으로 한 발 더 앞서 나갈 수 있는 네트워크 엔지니어가 될 수 있을 것이라는 생각을 해봅니다.

1.4에서는 이 책에서 요구되는 파이썬 네트워크 자동화 공부를 위해 어떤 준비물이 필요한지 알아보겠습니다.

자동화의 과거, 현재 그리고 미래

미국 보스톤 대학의 경제학자인 제임스 베센^{James Bessen} 교수에 의하면 미국 은행에 첫 자동 인출기가 도입된 것은 약 45년 전이며, 2000년쯤부터 본격적으로 자동 현금 인출기가 도입되기 시작됐다고 합니다. 그 당시 미국 전역의 은행 지점에서 일하던 은행 직원의 수는 약 25만 명 정도였으며 2015년에 다시 연구한 결과, 25만 명이 더 늘어난 약 50만 명이 은행 지점일을 하고 있었다고 합니다. 이게 어떻게 된 일일까요? 이 흥미로운 결과에 엉뚱한 질문을 던지게 만드는데요. **"그 많은 은행 직원들은 도대체 무슨 일을 할까요?"**라는 질문이었다고 합니다. 왜 자동 인출기는 은행원들을 대체하지 못했을까요? 생각해보면 지난 2백 년 동안 나왔던 세기의 발명품들은 사람들의 일을 대체하기 위해 나온 것들이 많았습니다.

농사 짓는 경운기와 트랙터의 개발은 농사를 짓는 인력을 자동화로 대체하려는 노력에서 나왔으며, 공장에서도 기계적 자동화를 통해 사람들의 비능률적인 업무를 기계로 대체하려고 끊임없이 노력해 왔습니다. 20세기에 들어오면서 개발된 컴퓨터는 인간의 머리로는 불가능한 계산들을 신속 정확하게 처리하기 위해 개발됐으며 우리는 더 이상 손으로 밭을 일구고, 공장 생산라인에 서서 일일이 스펜너를 돌려 나사를 조이고 용접하고, 종이 장부를 이용해 회계를 하지 않아도 되는 컴퓨터와 로봇에 의존하는 사회로 변화해 왔습니다. 한 조사에 의하면, 1890년과 현재 미국 실직률을 비교해보면, 1890년대보다 현재가 현저히 낮은 수치를 보이고 있습니다. 기계가 인간이 하던 일을 대신해 주면 실직률이 높아져야 하는데 어떻게 일자리 공급이 더 늘었을까라는 질문을 일괄적으로 던져 볼 수 있습니다.

다시 미국의 은행 예로 돌아가, 처음 은행 자동인출기 도입 당시, 은행 직원들의 일자리가 60% 줄었지만, 자동인출기로 인해 모든 은행들은 은행 지점 운영 비용 절감이 현실화되면서 예전보다 더 많은 지역에 은행 지점을 열게 됐다고 합니다. 그 결과 더 많은 직원들을 채용하는 효과를 가져온 것으로 알려져 있습니다. 또한 은행 직원들은 은행 창구에서 현금만 취급하던 단순 업무는 줄고, 신용카드, 집 융자 및 보험 등과 같은 상품 판매, 고객의 문제를 해결하는 고객 서비스 등 다양한 업무로 전환해 더 많은 일자리가 필요하게 됐다고 합니다.

이 예는 자동화의 매우 좋은 예입니다. 자동화 도입은 기존 업무를 보던 직원들의 자리를 위협한 것이 아니라 그들의 능력과 가치를 한층 더 높였다고 볼 수 있을 것입니다. 또 다른 예로, 1900년에는 미국 인구의 40% 이상이 농업에 종사했었지만, 현재는 약 2% 미만의 미국 인구만이 농업에 종사하는 것으로 알려져 있습니다. 농업기기와 산업 자동화로 인해, 약 7백만 명의 미국 농부들이 미국의 3억5천 명 인구가 소비하는 농산품들을 만들거나 농산품을 수출하는 일에 종사한다고 합니다. 이렇듯 산업 자동화는 우리에게 생각할 수 있는 충분한 시간을 줌으로써, 창의적인 아이디어를 생각해내고, 기술을 향상시키고, 여러 가지 기발하고 새로운 아이디어들을 다양한 공상품으로 만들어 상품화함으로써 우리 생활의 윤택함을 더해주고 있습니다.

IT 업계에서도 이미 와해성 기술disruptive technology 기반의 여러 자동화 솔루션들이 하나둘씩 그 모습을 들어내고 있으며 이 기술들은 기존 엔지니어들의 업무를 더 빠르고 효과적으로 자동화시키며 회사 내 인력 대체 방안으로 크게 각광받고 있습니다. 현재 자동화가 각광받고 있는 IT 기술 분야는 머신 러닝Machine Learning, 인공 지능Artificial Intelligence, 클라우드 컴퓨팅과 데브옵스Cloud Computing&DevOps, 빅 데이터 분석Big Data Analytics 및 자동 복구 네트워크Self-healing Network 등을 포함하고 있습니다. 지금 추세만 보면 5~10년 이내에 파이썬 스크립트로 만들어진 프로그램이 많은 부분의 네트워크 엔지니어 업무를 대체할 것으로 예상해 볼 수 있습니다. 파이썬, 자바스크립트, 루비, 펄, 야멀 및 야클과 같은 프로그래밍 언어를 기반으로 하는 자동화 프로그램들이 활발하게 개발돼 실제 네트워크에 사용되면 네트워크에서 장애가 발생해도 자동화 프로그램이 스크립트에 이미 작성돼 있는 트래블슈팅 스크립트 순서상 컴퓨터가 알아서 장애를 일시적으로 처리해 네트워크를 복구합니다. 네트워크 엔지니어는 문제가 생긴 로그를 재검토한 후 왜 장애가 생겼는지 또 다음 번에는 더 빠르게 장애에 대한 대처를 할 수 있도록 네트워크를 디자인하는 데 시간을 더 투자하면 됩니다.

만약 장애 처리가 안될 경우는 동시간대에 관리 엔지니어에게 메시지 또는 이메일을 보내 빠른 대처를 할 수 있도록 도움을 주게 됩니다. 사실 이런 자동화 기술들은 미래의 기술이 아니라 현재 진행형으로 실제로 저희 회사에서도 개발돼 사용하고 있는 기술입니다. 따라서, 프로그래밍을 꼭 배워야 하는 이유를 하나 더 추가하자면, 미래 트렌드를 따라가기 위해 자동화 프로그래밍이 필요하기 때문입니다.

(자료- https://papers.ssrn.com/sol3/papers.cfm?abstract_id=2690435)

1.4 네트워크 자동화 공부에 무엇이 필요할까요?

네트워크 자동화를 한 번이라도 공부해본 사람이라면 대부분 **제대로 된 개발 및 실습 환경**을 갖춰야 프로그래밍 능력을 키울 수 있고, 현재 관리하고 있는 네트워크 인프라를 자유롭게 자동화할 수 있다고 생각할 것입니다. 그러한 환경은 여러 형태로 구성할 수 있습니다. 첫째, 100퍼센트 하드웨어로 구성하거나 둘째, 50대 50의 하이브리드 구성 또는 셋째, 100퍼센트 모두 가상화로 구성할 수 있습니다. 그리고 세 가지 중, 어떠한 환경을 선택하든지 네트워크 자동화를 위해서는 **코드의 개발과 실습을 간편하게 할 수 있는 환경**은 필수며 모든 개발은 실습 환경에서 개발한 후 이차적으로 실무에 적용해야 안전하다는 것은 모두 이해하고 동의하는 부분일 것입니다.

또한 이러한 환경과 함께 또 필요한 것이 무엇이 있을까요? 여기서 예를 하나 들어 보겠습니다. 만약 당신이 스페인어를 3년 동안 책을 통해 독학으로만 공부했다고 한 번 가정해 보겠습니다. 책으로만 배운 스페인어는 분명 현지에서 몸으로 부딪쳐 배운 스페인어와 많은 차이가 있다는 것을 짐작할 수 있을 것입니다. 물론 개개인의 능력 차이는 있겠지만 일반적으로 책으로만 공부한 지식은 다급한 상황에서 무용지물이 되기 쉽습니다.

이와 같이, 회사에서 네트워크 자동화 실현을 위해 책으로만 열심히 3년을 공부했다고 가정해 보겠습니다. 3년의 공부를 마친 후, 눈으로만 배운 지식들을 바로 업무에 사용할 수 있을까요? 아마도 답은 "No"일 것입니다. 한국 속담 중에 '**당구풍월**堂狗風月, 서당 개 3년이면 풍월을 읊는다'라는 말이 있지만, IT 업계에서 책으로만 3년 공부하면 정말 풍월만 읊을 뿐 그 이상의 것은 못합니다.

자동화 기술을 갖춘 네트워크 엔지니어가 되기 위해서는, **반드시 직접 랩**Lab**을 손수 만들어 수행해 본 경험이 꼭 필요합니다.** 책에서 배운 개념, 아이디어 혹은 일련의 기술들을, 현재 관리하고 있는 네트워크 관리 업무에 바로 적용하기 위해서는 시간과 열정을 많이 투자해 만든 좋은 랩을 직접 구동해보고 또 여러 형태의 시나리오를 바탕으로 수행해 보는 것이 필수적입니다.

훌륭한 네트워크 엔지니어는 기술력 좋은 엔지니어이며 거기에 다양한 경험까지 두루 겸비했다면 최고의 엔지니어로서 대우를 받을 수 있습니다. 즉, 최고의 엔지니어가 되려면 다른 엔지니어들보다 더 공부하고, 실전에서 더 많은 문제들을 해결해 보고, 문제가 해결 안될 경우 실험랩에서 같은 시나리오를 수십 번 반복해보며 이론 상의 내용들을 랩을 통해 직접 시험해 보는 노력과 열정이 필요합니다.

덧붙여 제 경험으로, 현장에서 유능한 엔지니어와 무능한 엔지니어의 가장 큰 차이는 현실에서 나타나는 네트워크 장애들을 얼마만큼 빨리 이해하고, 신속한 해결 방법을 세워 네트워크 장애를 해결하고, 그 해결 방법이 다른 시스템과 네트워크 환경에 나쁜 영향을 미치지 않도록, 그리고 만약 실제 네트워크에서 장애가 해결되지 않을 경우, 얼마나 유사한 랩 환경을 잘 구축해 같은 문제를 재연할 수 있으며 장애의 해결점을 찾을 수 있는가? 등이 유능한 엔지니어가 되는 가장 중요한 한 가지 요소로 생각하고 있습니다.

개인적인 견해는 능력 있는 최고의 엔지니어는 말이 아닌 행동으로 보여줘야 한다는 것입니다. 그리고 최고의 네트워크 엔지니어의 자리를 지키기 위해서는 끊임없는 자아고찰을 통해 본인의 부족한 기술력을 파악하고, 그 부족한 부분을 차근차근 채워나가야 한다는 것입니다.

그런데 모든 기술을 실무에서 직접 경험하고 기술력을 얻는 것은 현실적으로 거의 불가능하다고 볼 수 있습니다. 만약, 책을 통해 공부한 것, 실무에서는 직접 경험하기 힘든 기술들과 문제점들을 실제 네트워크와 유사하게 꾸며진 개발 환경 랩을 사용해 간접적으로 경험하고 기술을 익힐 수 있다면, 엔지니어들 개개인에게 엄청난 가치가 있다고 할 수 있습니다. 다만 회사가 엔지니어들이 커나갈 수 있도록 얼마만큼 지원해줄 것이냐는 문제는 각 회사마다 차이가 있을 것입니다.

1.5 하드웨어 – 랩톱 최소 사양

이 책에서 소개하는 모든 기술을 구성하고 실습하려면 표 1-2에 나온 기본 랩톱^{Laptop}

사양 이상의 컴퓨터를 사용해야 합니다. 그리고 윈도우 10이 미리 설치돼 있는 랩톱 또는 PC를 사용하면 윈도우 8.1이나 7보다는 더 편리하게 설치할 수 있을 것입니다.

사실 CPU와 시스템 쿨링이 최적화돼 있는 데스크톱용 PC를 사용하면 구동은 훨씬 더 잘 되지만 유동성이 많이 떨어지는 이유로 랩톱을 사용하는 것을 권장합니다.

이 책의 절반 이상의 내용이 하나의 랩톱에 실습랩 만들기 과정과 랩 구동에 필요한 기술에 초점을 맞추고 있으므로 다음 명시한 랩톱 또는 PC 최소 사양 이상의 컴퓨터를 사용하기를 권장합니다.

표 1-2 랩톱 또는 PC 최소 사양

부품	최소 사양
CPU(중앙처리장치)	인텔 CPU i5 Gen4 이상(64비트 지원) 또는 인텔 CPU i7 Gen3 이상(최신 CPU 사용 추천)(64비트 지원)
메모리(RAM – Random Access Memory)	12GB 또는 이상(16GB 추천)(DDR3 또는 DDR4 호환)
하드디스크(HDD or SSD)	120GB 이상 SSD(최소 사양 250GB HDD@7200rpm) 사용공간 20% 이상(애플리케이션 페이징 사용)
운영체제(OS – Operating System)	Microsoft 윈도우 10, 64비트 OS

참고로 이 책에서 사용한 환경은 낮은 사양에서도 잘 실행되는 것을 보여주기 위해 조금 낮은 사양의 랩톱을 사용했습니다. 개인 랩톱은 2012년식 ASUS사의 K53D 모델이며 CPU 사양은 인텔 Sandy Bridge(32nm) i7- 2620QM이며 DDR3 8GB(4GB x2) 램, 웨스턴 디지털 500GB SSD를 장착하고 있으며 운영체제는 윈도우 10으로 업그레이드한 후 사용했습니다. 제 랩톱보다 신형이라면 모든 랩을 만들어 구동하는 데 문제가 전혀 없을 것으로 예상됩니다. 만약 운영체제가 오래되고 불안정하다면 윈도우 10으로 재설치한 후 랩 환경 꾸미기를 추천합니다. 제 경험상 AMD사의 CPU를 장착한 랩톱보다 인텔사의 최신 CPU를 장착한 랩톱을 사용하기를 권장합니다. 가장 최신 AMD CPU에는 문제가 없어 보였지만, 만약 AMD CPU를 사용할 경우 랩 구동과 호환성의 문제가 발생할 경우 CPU와 관련된 문제를 해결하는 데 많은 시간을 낭비할 수도 있습니다.

하나의 랩톱에 파이썬, 가상화, 리눅스, 네트워킹, 그리고 네트워크 자동화를 모두 공부할 수 있는 실습랩을 직접 만들 수 있도록 하는 것이 이 책에 숨겨진 목적입니다. 차후 상세히 설명하겠지만, 이 책에서 구성된 랩은 파이썬 자동화 랩뿐만 아니라 시스코 CCNA/CCNP/CCIE, Checkpoint, Juniper 쥬노스 등 여러 가지 자격증 취득을 위해 공부를 하는 분들에게도 큰 도움이 될 수 있으며, 한번 구성된 랩은 차후 현업에서도 여러 가지 네트워크 및 시스템 개념을 실험하고 이해하는 데 많은 도움이 되리라 믿습니다.

1.6 소프트웨어 소개

그림 1-3은 이 책에서 사용되는 여러 소프트웨어 벤더들의 아이콘을 보여주고 있습니다. 이 여러 가지 벤더들의 기술을 접목시켜 유동성이 높은 통합적 랩을 하나의 랩톱에 구성해보도록 하겠습니다. 먼저, 표 1-3과 표 1-4에 명시돼 있는 소프트웨어와 사용 용도 및 다운로드 사이트를 자세히 둘러보기 바랍니다. 여러 가지 데스크톱 가상화 프로그램들을 이용해 기존 하드웨어 장비들을 가상화해 네트워크 자동화 가상랩을 만들고 기본 파이썬, 리눅스, 네트워킹 등을 배우며 랩 환경을 완성한 후, 파이썬 3를 이용해 텔넷과 SSH 프로토콜을 이용한 간단한 스크립트를 만들어 실행해 보겠습니다. 이 책에 소개되는 랩은 여러 가지 소프트웨어로 구성됩니다.

그림 1-3 필수 소프트웨어

모든 프로그램을 일시적으로 다운로드 받은 후 실습을 진행하거나 차후 나오는 내용들을 차근차근 따라가고 프로그램을 하나하나 다운로드 받아가며 랩을 작성해도 상관없습니다. 여기서 주의해야 할 부분은 VMware사의 워크스테이션 12 프로와 시스코사의 VIRL 소프트웨어는 유료이며 본인이 직접 구입을 해야 한다는 점입니다. 표 1-3과 표 1-4에 열거된 소프트웨어와 사용법은 랩을 진행하며 더 상세히 설명하겠습니다. 그리고 다음 표에서는 파이썬 상에 설치해 사용될 여러 가지의 파이썬 패키지(모듈)의 이름이 포함돼 있지 않으며 이 패키지에 대한 리스트와 설명은 4장의 사용 예에 포함돼 있습니다.

표 1-3 필수 소프트웨어

소프트웨어(필수)	사용 용도	다운로드 사이트 및 구입 방법
VMware 워크스테이션 12(Demo)	VMware 데스크톱용 가상화 설치 프로그램	https://my.vmware.com/web/vmware/info?slug=desktop_end_user_computing/vmware_workstation_pro/12_0
GNS3-2-1-11-all-in-one (For Windows)	네트워킹, 스위치, 방화벽, 서버, 클라이언트 가상화 이뮬레이터	https://www.gns3.com/software/download
GNS3.VM.Vmware.Workstation.2.1.11.zip	VMware 워크스테이션에서 서버로 구동될 ova 이미지	https://github.com/GNS3/gns3-server/releases
IOSv-L3-15.6(2)T.qcow2	시스코 바이럴 L3 라우터 이미지	https://learningnetworkstore.cisco.com/virtual-internet-routing-lab-virl/cisco-personal-edition-pe-20-nodes-virl-20 또는 인터넷 개인 공유 파일 사이트
IOSv_startup_config.img	시스코 바이럴 L3 라우터 부팅 이미지	http://sourceforge.net/projects/gns-3/files/Qemu%20Appliances/IOSv_startup_config.img/download 또는 인터넷 개인 공유 파일 사이트
IOSvL215.2.4055.qcow2	시스코 바이럴 L2 스위치 이미지	https://learningnetworkstore.cisco.com/virtual-internet-routing-lab-virl/cisco-personal-edition-pe-20-nodes-virl-20 또는 인터넷 개인 공유 파일 사이트
python-3.6.5.amd64.exe	윈도우용 파이썬 3.6 설치 프로그램	https://www.python.org/ftp/python/3.6.5/python-3.6.5-amd64.exe
Notepad++ 64bit, v.7.5.9	윈도우용 노트패드	https://notepad-plus-plus.org/download/v7.5.9.html
PluginManager_v1.4.11_x64	노트패드에 필요한 플러그인	https://github.com/bruderstein/nppPluginManager/releases
Putty.exe(64-bit)	윈도우용 SSH/Telnet 프로그램	https://the.earth.li/~sgtatham/putty/latest/w64/putty.exe
ubuntu-18.04.1-live-server-amd64 (812MB)	우분투 서버 설치 이미지	https://www.ubuntu.com/download/server 또는 https://linuxclub.cs.byu.edu/downloads/isos/ubuntu/
CentOS-7-x86_64-DVD-1804.iso (4.16GB)	CentOS 서버 설치 이미지	http://centos.mirror.omnilance.com/7.5.1804/isos/x86_64/ 또는 https://linuxclub.cs.byu.edu/downloads/isos/centos/

표 1-4 선택적 소프트웨어

소프트웨어(선택적)	사용 용도	다운로드 사이트 및 구입 방법
python-2.7.15.amd64.msi	윈도우용 파이썬 2.7 설치 프로그램	https://www.python.org/ftp/python/2.7.15/python-2.7.15.amd64.msi
VCForPython27.msi (Microsoft Visual C 9.0 for Python 2.7)	파이썬 2.7의 PIP 지원 프로그램(없으면 pip 설치 불가)	https://www.microsoft.com/en-au/download/details.aspx?id=44266
c3745-adventerprisek9-mz.124-15.T14d.bin	시스코 3745 시리즈 IOS	https://www.cisco.com 또는 인터넷 개인 공유 파일 사이트
VMWare-converter-en-6.1.1-3533064.exe	VMware 컨버터, v2v 또는 p2v에 사용	https://linuxclub.cs.byu.edu/downloads/tools/virtualization/

1.7 네트워크 자동화 개발환경이란?

네트워크 자동화 개발환경은 실무 환경과 흡사하게 꾸며진 네트워크 개발 환경을 말합니다. 다시 말해 **통합개발환경**Integrated Development Environment이라고도 부르며, 일반 엔지니어가 여러 시나리오를 가상으로 실험해 볼 수 있는 랩이라고 생각하면 됩니다. 이 책에서는 앞으로 편의상 통합개발환경이라는 말 대신 **랩**이라는 단어를 사용하겠습니다. 앞서 네트워크 자동화 공부를 위한 랩 만들기는 여러 가지 방법이 있다고 설명했습니다. 첫째, 본인의 PC 또는 랩톱에 구성하는 방법, 둘째, VMware, 오라클 Virtual Box 및 마이크로소프트 하이퍼-V 등 가상 솔루션을 사용하는 방법, 셋째, 하드웨어 장비를 사용하는 방법, 넷째 하드웨어와 가상 솔루션을 혼합 사용하는 방법 등이 있습니다.

15년 전, 제가 시스코 CCNA를 공부할 때는 하드웨어 위주로 랩 공부를 했었고, 시뮬레이터 소프트웨어인 시스코 패킷 트레이서Packet Tracer도 많이 사용했었던 것으로 기억합니다. 그리고 시스코 CCNP를 공부할 때는, 무료 에뮬레이터인 다이나밉스Dynamips를 많이 사용했었습니다. 다이나밉스는 GNS3라는 GUI 애플리케이션이 나오기 이전의 네트워크 가상화 랩 프로그램이며, 닷넷(.net) 파일을 노트패드로 만든 후, 다이나밉스 서버에서 구동해 사용했었습니다. 다이나밉스의 장점은 시스코 IOS를 직접 사용한다는 것이며 단점은 프로그램 버그가 많은 점과 네트워크 구성의 토폴로지가 없어 번거롭게 머리에 토폴로지를 생각해가며 공부를 했었던 것으로 기억합니다. 여기서 시뮬레이터simulator는 시스코 IOS를 사용하지 않고 소프트웨어적으로 모방한 것을 말하고, 에뮬레이터emulator는 시스코 IOS를 사용한 가상화를 시킨 소프트웨어를 말합니다. 그 다음에 나온 무료 제품 GNS는, 사용자들이 쉽게 사용할 수 있도록 다이나밉스에 그래픽 사용자 인터페이스(GUI)를 제공하는 프로그램이었습니다. 초창기 GNS3는 오류도 많고 시스코 IOS 12.x 버전과도 구동이 잘 안됐으며, 사용 중 CPU 사용점유율이 100%로 증가하는 현상들과 크고 작은 호환성 문제점들로 인해 공부하는 데 크고 작은 어려움이 많았습니다. 최근 10년 사이 눈에 띄게 발전한 CPU, 램 및 하드디스크 성능과 하드웨어의 가격 인하와 최신 GNS3의 호환성 문제 보안 등을 통해 GNS3를 랩에서 사용할 경우 무료로 매우 안정적인 랩을 구동할 수 있으므로 현업에서 많은 네트워크 엔지니어들이 업무와 공부에 사용하고 있습니다.

현재의 GNS3는 많은 발전을 거듭해 시스코 IOU뿐만 아니라 VIRL IOS 등도 지원하며 스위치와 라우터 가상 이미지를 함께 지원해 시스코사의 L2 및 L3 가상 장비들을 모두 체험할 수 있습니다. 제 경험으로 당연히 시뮬레이터보다는 에뮬레이터로 공부하는 것이 좋고 에뮬레이터보다는 실제 장비로 공부하는 것이 더 좋습니다. 만약 돈, 시간 그리고 공간이 모두 허락된다면 실제 장비로 공부하는 것이 최상이라 말할 수 있습니다. 하지만 이 세 가지를 다 가지고 랩을 꾸미는 엔지니어와 학생들은 몇 퍼센트에 불가할 것입니다. 독자들의 가상화된 랩에서 네트워크 개념의 이해를 돕기 위해 제 경험에서 얻은 가상 네트워크 프로그램들에 대한 정보와 장단점들을 표 1-5로 정리했습니다. 2장으로 넘어가기 전에 표 1-5를 통해 사용 가능한 네트워크 가상화 프로그램들을 잠시 비교해 보면 좋을 것 같습니다.

표 1-5 네트워크 가상화 프로그램 비교

네트워크 가상화 소프트웨어	시뮬레이터/ 에뮬레이터	무료/유료/ 전매 특허	장점 및 단점
Cisco Packet Tracer	시뮬레이터	전매 특허	장점 – 쉬운 사용법, 네트워킹 입문자용, 저성능 PC/랩톱 사양 요구, 인터넷 개인 사이트에서 무료 다운로드 가능
			단점 – 시스코 네트워크 아카데미 수료자에 한해 사용 가능, IOS가 아닌 시뮬레이터 소프트웨어 사용
Dynamips	에뮬레이터	무료(IOS 별도 구입)	장점 – 무료, 쉬운 사용법, 구 IOS 지원, 외부 하드웨어와 사용 가능, 윈도우 및 리눅스 운영체제 지원, 저 성능 PC/랩톱 사양 요구
			단점 – 단종, IOS 별도 구입, 옛 IOS 라우터만 지원, L2 스위치 지원 불가
GNS3	에뮬레이터	무료(IOS/VIRL 이미지 별도 구입)	장점 – 무료, 쉬운 사용법, 구 IOS 지원, IOU 및 VIRL IOS 이미지 지원 가능, 윈도우, macOS 및 리눅스 운영체제 지원, L2 스위칭 지원 가능, Docker 지원 가능
			단점 – IOS/VIRL 별도 구입, 옛 IOS 라우터만 지원
Cisco IOU	에뮬레이터	전매 특허	장점 – 중·상급 사용자용, 최신 L2와 L3 IOU 유닉스에서 지원, 유닉스 최상화
			단점 – 시스코 내부 사용자만 사용 가능, 고성능 PC/랩톱/서버 사양 요구
Cisco VIRL	에뮬레이터	유료	장점 – L2 및 L3 시스코 VIRL 이미지 지원, 새로운 소프트웨어 지원 및 개발 유지, 시스코 라우팅 스위칭 공부에 최상, 윈도우 및 리눅스 지원
			단점 – 유료, 고성능 PC/랩톱 사양 요구
UNL Lite (EVE-NG)	에뮬레이터	유료	장점 – L2 및 L3 시스코 IOS 이미지 지원, 편리한 사용법, 시스코 라우팅 스위칭 공부에 최상, 새로운 소프트웨어 지원 및 개발
			단점 – 유료, 고성능 PC/랩톱 사양 요구

최근 10년 사이에 소개된 다른 에뮬레이터로는 **Unified Networking Lab사**의 UNL Lite(EVE-NG로 최근 이름 변경), **시스코사**의 IOU[IOS On Unix](아이오유로 발음), **시스코**의 VIRL[Virtual Internet Routing Lab](바이럴로 발음) 등이 있습니다. 여기서 시스코 제품들은 사실상 모두 유료라고 보면 됩니다. 페킷트레이스 같은 경우 시스코사에서 제공하는 네트워크 아카데미 교육 수료 이후에 사용 가능하며, 시스코 IOU 같은 경우는 시스코

TAC^Technical Assistant Centre 내에서만 실험용으로 사용한 소프트웨어라 시스코 이외의 회사나 개인용으로 사용할 수 없는 제약적 한계가 많았습니다. 그래도 네트워크 공부를 하는 사람들이라면 이 소프트웨어들을 어렵지 않게 구해 사용하곤 했었습니다. 일반적으로 네트워킹을 공부하면서 느끼겠지만, 조금 더 유연성 있는 네트워킹 랩 구성은 아마도 GNS3를 이용해 시스코의 IOS를 접목시키는 것이 네트워킹 입문자에게는 가장 손쉬운 방법일 것입니다. GNS3와 시스코 IOS의 사용법은 다른 여러 책에 이미 나와 있으며 네트워킹에 관심이 있는 분이라면 특별한 교육 없이도 바로 사용 가능합니다. 이 책에서도 GNS3 설치 방법과 IOS 랩 사용 방법을 간단히 설명하도록 하겠습니다.

가장 이상적인 랩은 언제 어디서나 편리하게 구동할 수 있으며 장시간 사용해도 경제적 부담을 덜어주는 전기소모량이 최적화된 랩일 것입니다. 따라서, 한 대의 랩톱에서 모든 랩을 꾸미고, 수행할 수 있는 준비과정을 꼼꼼히 정리했습니다. 만약 랩톱이 없다면 데스크톱(PC) 상에서 구동해도 큰 문제는 없습니다. 그리고 소프트웨어는 새로운 버전을 사용해도 되겠지만 GNS3와 VMware 워크스테이션 호환상의 문제로 VMware 워크스테이션 버전은 반드시 12 Pro 버전을 사용하기를 부탁드립니다.

독학으로 시스코 네트워크 자동화 공부를 할 목적으로 이 책을 구입한 경우는, 본인 랩톱을 사용해 각 장을 읽으면서 따라잡기 식으로 공부하기를 추천하며 만약 교육자료 목적으로 이 책을 구입한 경우는 윈도우 10 운영체제를 ESXi 6.5에서 가상 머신으로 먼저 만들고 클로닝을 통해 복수의 가상 머신으로 만든 후, 각 사용자들에게 하나씩의 윈도우 10 가상 머신을 할당하고 교육을 진행한다면 더욱 더 편리하게 여러 명을 교육시킬 수 있을 것입니다. 그림 1-4에서는 ESXi 6.5 서버 한 대에 여러 대의 가상 머신을 만들고 클로닝을 사용해 교육용으로 여러 대의 가상 PC를 만들어 구동하는 모습을 보여주고 있습니다.

저는 이와 동일한 방법으로 파이썬 3 네트워크 자동화 사내 교육을 효과적으로 진행한 적이 있습니다. 만약, 사내 교육용으로 각자의 랩톱에서 랩 준비과정을 제외한 네트워크 자동화 랩만 중점적으로 다루고 싶다면 VMware 워크스테이션을 사용해 윈도우 가상 머신을 완성시키고 ova 가상 이미지를 파일로 만든 후 교육생들과 이미지를 공유해 교육생들 각자 랩톱에서 랩을 실행해 자동화 랩 교육을 진행해도 효과적일 것입니다.

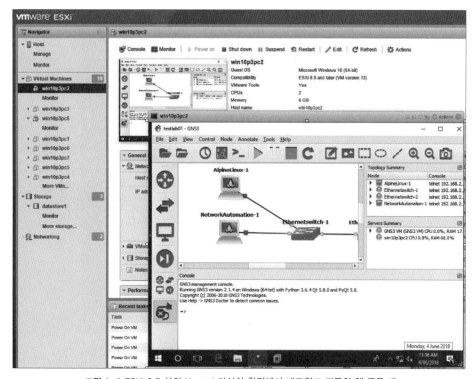

그림 1-4 ESXi 6.5 상의 Nested 가상화 환경에서 네트워크 자동화 랩 구동 예

최초 기계 대 인간의 대결

그림 1-5 기차 터널

위키피디아에 의하면 이미 전설이 돼 버린 첫 기계와 인간의 경합은 1870~ 1872년경에 있었던 흑인 노예 출신의 광부 존 헨리^{John Henry}와 미국 철도 터 널 건설에 사용됐던 자동 스팀 드릴과의 대결로 잘 알려져 있습니다. 그 당 시 그림 1-5와 같은 철도 터널을 뚫기 위해, 철도청 광부들이 직접 망치와 송곳으로 구멍을 뚫은 후, 구멍에 다이나마이트를 넣은 후 폭파시키는 방법 을 사용했다고 전해집니다. 이 세기의 기계 대 인간의 대결은 미국사의 하 나의 전설로 남아 있으며, 철길을 놓을 수 있도록 터널 뚫기 경합은 하루 반 정도 진행됐다고 전해지고 있습니다. 이 최초의 기계와 인간의 경합의 승리는 목숨을 바쳐 최선을 다한 존 헨리에게로 돌아갔으며 미국 동요로도 전해 내려오고 있습니다. 하지만 안타깝게도 존 헨리는 경합 직후 피로와 겹친 심한 스트레스로 인한 심장마비로 생명을 잃고 말았다고 전해 내려오고 있습니다. 물론 스팀 드릴은 그 다음 날에도 구멍을 뚫었고 또 그 다음 날에도 구멍을 뚫었을 것입니다. 여기서 분명한 것은 존 헨리와 그의 동료들은 자동화를 당하는 을의 입장이었고, 스팀 드릴을 사용한 미국 철도청은 존 헨리의 일을 대체할 자동화 기계를 도입하는 갑의 입장이었다는 사실입니다.

위키피디아에서 말하는 자동화라는 단어를 백과사전적인 의미로 찾아보면 '사람의 직접적인 개입 없이 기구, 과정 또는 시스템 운용체계를 만드는 기술'이라고 설명돼 있습니다. 자동화는 우리들의 삶의 질을 향상시키기도 하지만 이건 어느 쪽에 서서 바라보는가에 따라 호불호가 갈릴 수 있는 문제인 것 같습니다. 평생 땅굴만 파던 존 헨리가 망치와 송곳을 손에서 내려놓고, 그 당시 교육을 받은 엘리트 기술자들도 배우기 힘든 최신 스팀 드릴 조작법을 배워 자신의 일을 지킨다는 것은 당시 현실적으로 불가능한 일이었을 것입니다.

이 예는 현재 시각에서 바라보더라도 자동화는 우리에게 꼭 필요하지만 자동화로 인해 우리 사회의 일원을 벼랑 끝으로 내밀 수 있는 비정한 기술이 될 수도 있다는 말입니다. 만약 본인의 일이 자동화됐을 때, 일자리를 잃는다는 비참한 생각이 들지 않을까 생각해 봅니다. 한 가지 쓸쓸하지만 분명한 것은 우리도 자동화를 시키려는 갑의 입장에 서기 위해 파이썬 네트워크 자동화를 공부하는 것은 아닐까 하는 것입니다.

(자료: https://en.wikipedia.org/wiki/John_Henry_(folklore)

VMware 워크스테이션과 GNS3 설치 및 구성

2장에서는 대부분의 소프트웨어를 구성하고 설정해 랩이 구동될 수 있도록 하는 데 중점을 두고 있습니다. 소프트웨어를 다운받고, 설치하고 설정하는 과정을 차근차근 따라해보겠습니다.

2.1 VMware 워크스테이션 소개

VMware 워크스테이션 12 프로 설치에 앞서 몇 가지 주의사항들을 먼저 확인합니다.

우리는 지금 랩톱 한 대를 사용해 멀티 IT 벤더 소프트웨어를 지원할 수 있는 개발환경 랩을 꾸며보려 합니다. 윈도우 10이 설치된 랩톱 한 대에 VMware 워크스테이션 12 프로, GNS3, 파이썬 3 및 추가적 윈도우 프로그램들을 설치한 후 파이썬 네트워크 자동화뿐만 아니라 다른 여러 가지 용도 사용이 가능한 IT 실험랩을 만들어 보겠습니다. 시스템 상에 랩을 구성할 때 그것이 업무용인지 학업용인지를 떠나 함께 사용하는 소프트웨어와 하드웨어 간의 호환성을 먼저 검토한 후 소프트웨어를 설치해야 합니다.

따라서 이 책에 사용되는 소프트웨어는 최상의 호환성을 위해 이전 버전을 포함하고 있습니다. 한 예로, 최신 버전이 아닌 워크스테이션 12 프로를 사용한 것은 이 책에서 구성하려는 랩의 특정 요구사항들을 모두 충족시켜 주는 소프트웨어가 워크스테이션 12 프로이기 때문입니다. VMware 워크스테이션 12 프로는 VMware사에서 만든 가장 대표적인 멀티 운영체제를 지원하는 데스크톱용 유료 가상화 프로그램으로 윈도우와 리눅스 운영체제를 모두 지원합니다. macOS 운영체제의 경우 VMware Fusion을 사용하면 같은 기능을 사용할 수 있습니다.

무료 버전용으로 VMware 워크스테이션 플레이어가 있지만 이 책에서 구성하려는 기능들을 모두 충족시키지 못하므로 워크스테이션 12 프로 버전을 설치해 사용하기를 부탁드립니다. 일반 컴퓨터 사용자 수가 가장 많은 마이크로소프트 윈도우 10 운영체제 사용자들을 위해 윈도우 10 상에 모든 소프트웨어를 각각 설치해 다기능 랩 만들기를 진행할 것입니다.

윈도우용 워크스테이션 12 프로 다운로드는 VMware 홈페이지에서 사용자 계정을 등록한 후 다운로드할 수 있으며 설치 후 30일간 무료로 사용할 수 있습니다. 30일 이후에는 12.5 버전 라이선스를 구입한 후 지속적으로 사용할 수 있습니다. 이 책 집필 당시 2019년 초를 기준으로 한 워크스테이션 윈도우용 최신 12 버전은 12.5.9였습니다. 윈도우 버전 12.5.0 이후에 출시된 소프트웨어 라이선스를 구입하면 버전 14.x 또는 15.x 버전으로 무료 업그레이드 혜택을 차후에 누릴 수 있습니다. 집필 당시 최신 VMware 워크스테이션 15 프로 버전은 15.0.4였으며 앞서 언급한 것과 같이 버전 15는 GNS3와의 호환성 문제로 아직까지는 최신 버전을 사용할 수 없습니다. 참고로 VMware 워크스테이션 13 버전은 출시되지 않았으며 12 버전 이후 14 버전이 출시됐습니다.

이 책에 나오는 소프트웨어와 같은 버전들을 사용해 따라잡기를 하면 랩 동작 시 크고 작은 호환성의 문제는 없을 것으로 예상합니다. 1장에 명시돼 있던 모든 소프트웨어는 앞서 필자가 직접 호환성을 입증했으며, 사내에서도 같은 메인 버전의 소프트웨어를 사용해 교육을 성공적으로 진행했었습니다. VMware 워크스테이션을 제외한 모든 소프트웨어는 가장 최신 버전으로 변경해 사용해도 문제가 없을 것으로 예상됩니다.

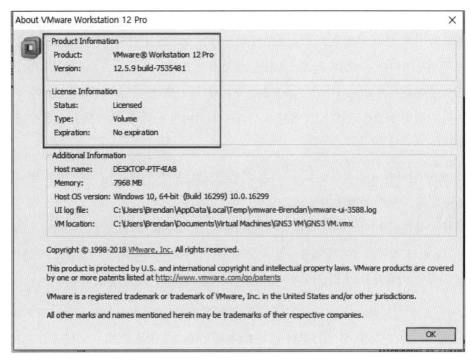

그림 2-1 VMware 워크스테이션 12 프로에 대한 제품 정보

그림 2-1에서는 이 책에 사용됐던 VMware 워크스테이션 12 프로에 대한 제품 정보를 보여주고 있습니다. 특별히 VMware사의 가상화 프로그램이 아니더라도 대다수가 가상화 프로그램에 관심을 가지고 여러 가지 가상화 프로그램들을 사용해 본적이 많을 것입니다. 아직 가상화 개념에 익숙지 않더라도 괜찮습니다. 가상화 프로그램과 친숙하지 않은 분들을 위해 현재 가장 흔히 사용되고 있는 가상화 프로그램의 종류와 제품들을 잠시 소개하겠습니다. 만약 본인이 가상화 전문가 수준의 경험을 가진 분들은 2장의 '2.3 VMware 워크스테이션 설치에 사용할 파일 다운로드'로 넘어가 다운로드한 후에 설치합니다.

2.1.1 하이퍼바이저의 종류와 차이점

가상화 소프트웨어에서 가장 먼저 이해해야 할 부분은 Type-1(유형 1)과 Type-2(유형 2) 하이퍼바이저hypervisor의 종류와 그 차이점입니다. 간단히 설명하면 가상화를 구현하기 위해 현재 사용하고 있는 호스트 하드웨어 장비에 운영체제가 별도로 필요한가의 여부입니다. 즉, 별도의 호스트 운영체제가 필요 없다면 Type-1로 분류되며 호스트 운영체제가 필요하다면 Type-2로 구분됩니다. 또한, 기업용 실무용도인가, 개인업무용 및 실험용도인가, 그 용도 또한 하이퍼바이저 선택에 큰 영향을 미칠 수 있습니다.

더 쉽게 말하면 일반적으로 Type-1은 기업용도로, 보통 Type-2는 개인업무 및 실험용도 목적으로 설계돼 사용되고 있습니다. 그렇다고 Type-2를 기업용 용도로 실무에 사용해서는 안된다는 법은 없으나 안정성, 고가용성 및 확장성이 뛰어난 고성능 Type-1 하이퍼바이저 제품들을 두고 Type-2 하이퍼바이저를 기업용으로 선택해 사용할 이유가 군이 없습니다.

Type-1 하이퍼바이저 제품군은 베어메탈Bare Metal이라고도 불리며 탑재된 소프트웨어 없이 출시된 서버용 하드웨어를 뜻합니다. VMware사의 ESXi, 마이크로소프트사의 Hyper-V for Servers, Citrix사의 XenServer와 오라클 VM 등이 대표적인 Type-1 하이퍼바이저 제품들입니다. 반대로 데스크톱용 애플리케이션으로 개발되고 있는 Type-2 하이퍼바이저의 대표적인 예로는 VMware사의 Workstation/Fusion/Player, 오라클사의 VM Virtualbox(구 썬마이크로사 제품), 마이크로소프트사의 VirtualPC 그리고 레드햇사의 Enterprise Virtualization 등을 들 수 있으며, 그냥 '데스크톱용 하이퍼바이저'라고도 불립니다. 이 책에서 사용하는 VMware사의 워크스테이션 12 프로는 호스트 머신의 윈도우 10에서 작동되니 Type-2 하이퍼바이저로 구분됩니다.

2.1.2 Type-2 하이퍼바이저 제품군

VMware 워크스테이션 12 프로는 VMware사를 대표하는 데스크톱용 가상화 프로그램입니다. 1999년 버전 1을 시작으로 현재 버전 15까지 출시된 가장 인기있는 가상화 프로그램입니다. 프로그램의 설치와 사용법이 직감적이며 별도의 사용자 교육 없이도 설치 후 바로 사용 가능하며 윈도우와 리눅스 운영체제 둘다 지원합니다. VMware 워크스테이션과 같이 운영체제 위에서 돌아가는 가상프로그램을 실험용 가상화 프로그램이라고도 부르며, 최신 소프트웨어 버전은 VMware 홈페이지에서 직접 무료로 다운로드할 수 있습니다.

기본 설치는 몇 번의 [다음] 버튼만 클릭해주면 설치가 완료될 정도로 매우 간단하며 설치한 프로그램은 라이선스 없이도 30일간 무료로 사용 가능합니다. 30일 이후의 사용은 라이선스를 구입한 후 지속적으로 사용이 가능합니다. 앞서 설명했듯이 이 책에서는 소프트웨어의 호환성을 고려해 이전 버전인 VMware 워크스테이션 12.5 프로 사용을 권장합니다. 물론 사업적 용도가 아닌 개인적 용도의 랩톱 또는 PC를 사용할 경우 무료 배포 Type-2 하이퍼바이저인 오라클의 Virtualbox와 마이크로소프트사의 Virtual PC의 사용도 고려를 해 봤으나 시스코 VIRL 이미지와의 호환성 문제로 둘 다 제외됐습니다. 또한 VMware의 기업형 가상화 프로그램인 ESXi와 마이크로소프트사의 Hyper-V 서버 역시 Type-1 하이퍼바이저 전용 하드웨어(베어메탈) 서버 위에서 구동시켜야 한다는 번거로움과 베어메탈 서버 이외에도 네트워크를 통해 접속할 수 있는 별도의 서버와 접속 가능한 클라이언트 컴퓨터가 필요하다는 조건이 붙어 제외됐습니다.

2.2 VMware 워크스테이션 설치 전 준비사항

vSphere(ESXi) 6.5와 같은 Type-1 하이퍼바이저를 설치할 경우, 설치 전에 요구되는 기본 하드웨어 요구사항이 많지만 데스크톱 전용인 VMware 워크스테이션 12 프로의 경우 특별한 하드웨어 요구사항이 없다는 것이 큰 장점입니다. 컴퓨터의 CPU와 메인보드에서 가상화만 지원해 주면 바로 설치한 후에 사용이 가능합니다.

컴퓨터 BIOS 상에서 CPU의 인텔 VT(AMD CPU 경우는 AMD-V) 세팅을 [Enabled]

로 변경만 하면 대부분의 운영체제에서 잘 동작합니다.

단지, VMware의 가상화 제품들은 인텔사의 CPU를 AMD사의 CPU보다 조금 더 선호하는 경향이 있다는 점에 유의하기 바랍니다. 그리고 제 경험상 CPU의 성능, 호환성 그리고 효율성 면에서도 인텔사의 CPU를 탑재한 제품들이 AMD사의 CPU를 장착한 제품들보다 훨씬 뛰어나다는 것이 사실로 입증됐습니다. 물론 최근 AMD사도 개발에 많은 투자와 심여를 기울이고 있지만, AMD사 제품은 예전부터 개인용 게임을 위한 개인 사용자를 겨냥한 CPU 제품들이 주류를 이루고 있는 것이 사실입니다.

제가 랩에서 실험한 결과 최신 AMD사의 CPU를 장착한 랩톱이나 PC에서도 예전보다는 자연스럽게 구동되는 것으로 보이지만 만약 문제가 생겼을 경우 문제해결에 많은 시간을 소비해야 하므로 성능, 호환성과 효율성이 더 높고 안정성까지도 한 단계 위인 인텔사 CPU가 장착된 랩톱을 사용하기를 권장합니다. 이후 모든 내용은 윈도우 10에서 VMware 워크스테이션 12 프로 버전 사용을 전제로 합니다.

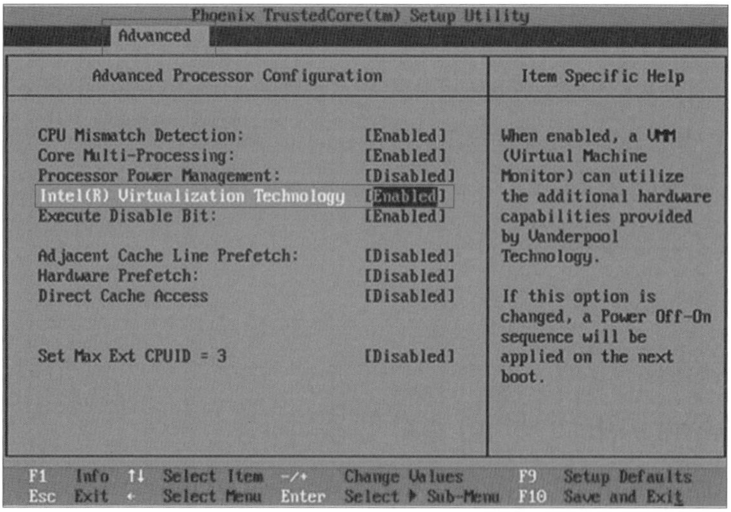

그림 2-2 인텔 CPU 메인보드 가상화 지원 설정 확인 및 변경

VMware 워크스테이션을 설치하기 전에 그림 2-2와 같이 랩톱 메인보드의 BIOS로 진입한 후 가상화 지원에 대한 설정이 [Enabled]로 돼 있는지 반드시 확인해야 합

니다. 만약 BIOS상에서 인텔 VT(또는 AMD-V)의 사용이 [Disabled]로 설정돼 있다면 [Enabled]로 변경한 후 **F10** 키를 사용해 변경사항을 저장하고 정상적으로 윈도우 10으로 로그인해 주면 됩니다.

표 2-1과 표 2-2에 각 제조사의 BIOS 진입 키들을 간단히 정리했습니다. 본인의 랩톱 BIOS 키를 사용해 재부팅한 후 한 번 진입해 확인해 보기 바랍니다. BIOS로 진입하는 키 또는 키 조합은 랩톱 또는 메인보드 제조사들마다 조금씩 차이가 있으며 아래에 가장 보편적인 제조사의 키들만 모아 참고 테이블을 만들어 봤습니다. 표 2-1에서 본인 랩톱 제조사를 찾을 수 없다면 제조사 웹사이트를 참고한 후 BIOS로 진입해 BIOS 세팅을 변경하면 됩니다.

표 2-1 BIOS 설정 진입 키 - 랩톱 제조사별

제조사	BIOS 진입 키/키콤보
Acer	F2/Del(신형) F1/CTRL+ALT+ESC(구형)
Asus	F2/F10/Del/Insert/ALT+F10
Compaq	F1/F2/F10/Del
Dell	F1/Del/F12/F3(신형)(Dell 로고가 보일 때 키를 클릭) CTRL+ALT+ENTER/Fn+ESC or Fn+F1/CTRL+F11(구형)
eMachines	F2/Del
Fujitsu	F2
Gateway	F1/F2
HP	F1/F2/F6/F9/F10/F11/ESC 태블릿 PC - F10/F12
Lenovo	F1/F2/F11(신형) CTRL+ALT+F3/CTRL+ALT+INS/Fn+F1(구형)
LG	F10/F11/F12
Samsung	F2/F4
Sony	F1/F2/F3/ASSIST
Toshiba	F2/F1/ESC/F12
한성랩톱	F7
Other	각 제조사 웹사이트 참고

표 2-2 BIOS 설정 진입 키 – 메인보드별

제조사	BIOS 진입 키/키콤보
ASROCK	F11
ASUS	F12/F2/F8/F9
BIOSTAR	F7/F9
Compaq	F10
EMTec	F9
FOXCONN	F7/ESC
GIGABYTE	F12
HP	F9
Intel	F10
LG	F12
MSI	F11
Pegatron	F11
Samsung	ESC
Other	각 제조사 웹사이트 참고

주의

이 책 출간 당시 최신 VMware 워크스테이션 프로 버전은 15.0.4였으나 버전 14와 버전 15는 실험 결과 이 책에 소개된 소프트웨어들 사이에 호환성의 문제가 있는 것으로 확인됐습니다. 문제점은 GNS3의 Docker 프로그램 다운로드 과정에 필요한 보안 파일과 VIRL 연동과 관련된 문제로 확인됐습니다. 이 책에서는 GNS3와의 호환성이 입증된 12.5.9 버전을 사용합니다. 그리고12.5 버전의 최신 버전인 12.5.9 버전을 사용합니다. 책 출간 이후 14 또는 15 버전과 GNS3간의 호환성 문제가 완전히 해결된다면 최신 15.x 버전으로 업그레이드해 사용해도 무관할 것입니다. 호환성 문제 해결이 될 때까지는 자동 업데이트 기능을 끄고 모든 랩을 가장 최근 출시된 12.5 버전을 계속 사용해 주길 권장합니다.

2.3 VMware 워크스테이션 설치 파일 다운로드 및 설치하기

VMware 워크스테이션을 다운로드하기 위해서는 먼저 VMware사의 사용자 등록 사이트로 이동해 사용자 등록을 마친 후 해당 프로그램을 다운로드할 수 있습니다. 이미 VMware 워크스테이션 12 프로의 12.5 이상 버전을 사용하고 있다면 그대로 사용해도 무관합니다. 만약 현재 최신 14, 15 또는 이전 10 또는 11.5 버전을 사용하고 있다면 프로그램을 완전히 삭제한 후 최신 12.5 버전을 다시 다운로드해 설치하길 부탁드립니다.

> **주의**
>
> 만약 기존 사용자라면 소프트웨어를 업그레이드 또는 다운그레이드하기 전에 반드시 이전에 사용하던 가상 머신 파일들을 안전하게 백업한 후 설치해 주기 바랍니다. 가장 이상적인 설치환경은 새로 설치한 윈도우 10 운영체제에 최신 VMware 워크스테이션 12.5 프로를 설치한 컴퓨터 환경입니다.

2.3.1 VMware 사용자 등록하기

VMware사 사용자 등록 과정은 다음과 같습니다. 혹시 사용자 등록을 하지 않고 VMware 워크스테이션 12.5를 다운로드하기 원한다면 구글에서 원하는 버전 정보를 입력한 후 윈도우 버전을 개인들이 공유하는 사이트를 방문해 소프트웨어 버전을 다운로드할 수도 있습니다. 개인적으로 사용자 등록을 마치고 VMware사에서 정식으로 다운로드하는 것을 추천합니다. 사용자 등록 과정은 다음과 같습니다.

01 웹 브라우저에서 VMware 사용자 등록 페이지로 이동합니다.

https://my.vmware.com/web/vmware/registration

02 페이지 상에서 요구하는 본인의 정보, 패스워드, CAPTCHA 코드를 입력한 후 사용자 약관에 동의함을 클릭하고 **[계속하기]** 버튼을 클릭합니다.

03 사용자등록에 사용된 본인 이메일 계정으로 메일 주소를 체크하고 그림 2-3과 같이 VMware사 페이지로 다시 이동한 후 [Activate Now] 버튼을 클릭합니다.

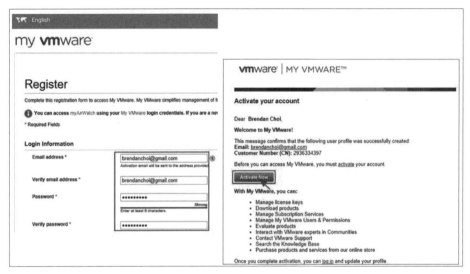

그림 2-3 VMware 사용자 등록 예

2.3.2 VMware 워크스테이션 12.5.9 설치 파일 다운로드

사용자 등록을 마친 후 정상적으로 다운로드 웹사이트에 로그인이 됐다면 VMware 워크스테이션 12 프로 다운로드 과정은 다음과 같습니다.

참고

랩톱이 인터넷과 통신이 원활하게 잘 되는지 확인한 후 설치 파일 다운로드를 시작합니다.

---

01 웹 브라우저에서 다음 VMware 워크스테이션 12 프로 다운로드 페이지로 이동 합니다.

VMware official URL: https://my.vmware.com/web/vmware/info?slug=desktop_
end_user_computing/vmware_workstation_pro/12_0

---

02 VMware Workstaion Pro 12.5.9 for Windows를 선택한 후 다운로드를 시작 합니다. 예상 파일 사이즈는 약 400MB 정도로 예상됩니다.

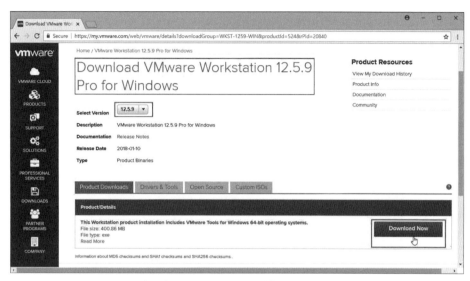

그림 2-4 VMware 12.5.9 다운로드 페이지

다운로드가 정상적으로 완료되면, 바로 이어 다운로드 받은 VMware 워크스테이션 12.5의 설치를 시작합니다.

2.3.3 VMware 워크스테이션 12.5.9 설치하기

VMware 워크스테이션 12.5.9 설치를 시작하겠습니다. 앞서 설명한 바와 같이 설치 과정은 매우 간단하며 다음과 같습니다. 설치 시 절차 **05**번에 나와 있는 선택 해제 하기를 주의하며 설치를 완료합니다.

01 먼저 다운로드 폴더로 이동합니다.

02 VMware Workstation 12.exe 파일 위에 마우스 오른쪽 버튼을 클릭해 Administrator 권한으로 설치하기(Run as administrator)로 설치를 실행합니다.

그림 2-5 VMware 워크스테이션 12 프로 어드민 계정으로 설치 시작

03 설치가 시작되면 프로그램 사용권한에 먼저 동의하고 프로그램 설치의 [Next] 버튼을 클릭합니다. 설치가 시작되면 다음과 같이 첫화면이 나옵니다.

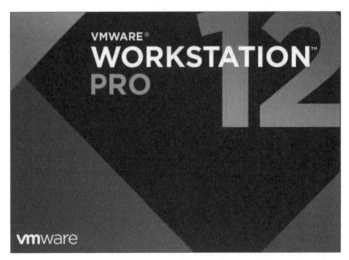

그림 2-6 VMware 워크스테이션 설치 첫 화면

04 Enhanced Keyboard Driver 체크박스를 클릭한 후 [Next] 버튼을 클릭합니다. 설치 후 랩톱을 한번 재부팅해줘야 합니다.

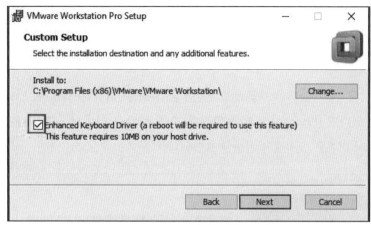

그림 2-7 VMware 워크스테이션 셋업 – 추가 선택

05 프로그램이 실수로 업그레이드되는 것을 막고 시스템의 안정성을 높이기 위해 다음 그림과 같이 '자동 업데이트'와 '익명 사용자 데이터 보내기 서비스 사용' 선택은 해제합니다.

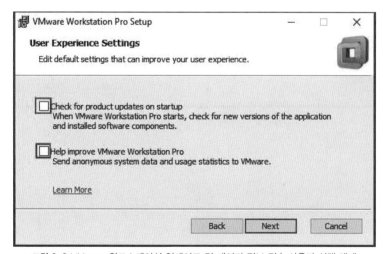

그림 2-8 VMware 워크스테이션 업데이트 및 데이터 정보 전송 사용자 선택 해제

06 자, 이제 나머지 세팅 부분은 기본 설정으로 설치를 계속합니다. 만약 라이선
스가 있다면 [License] 버튼을 클릭한 후 입력하고 라이선스가 없다면 그대로
[Finish] 버튼을 클릭해 설치를 완료합니다.

그림 2-9 VMware 워크스테이션 설치 완료 화면

07 이제 설치가 완료됐습니다. 재부팅을 하라는 경고 메시지가 나타나면 현재 실행 중인 프로그램들을 모두 정상적으로 닫고 랩톱을 한번 재부팅해 줍니다.

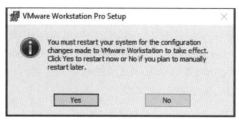

그림 2-10 VMware 워크스테이션 완료 후 시스템 재부팅 요구 화면

08 이제 재부팅한 후 처음으로 VMware Workstation 12.5를 실행시켜 보면 다음 과 같이 창이 나타납니다. 여러 종류의 운영체제를 가진 가상 머신을 설치할 준 비가 완료됐습니다.

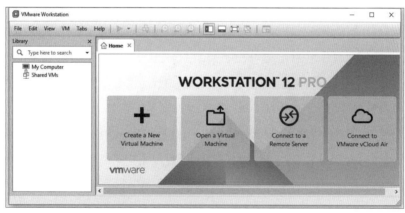

그림 2-11 재부팅 후 VMware 워크스테이션 윈도우 첫 화면

2.4 VMware 워크스테이션 12.5 둘러보기

데스크톱용 가상 프로그램 중 가장 많이 사용되고 있는 VMware 워크스테이션 설치를 해봤습니다. 많은 독자들이 이 프로그램과 이미 친숙해 있을 것이라 짐작하지만 혹시 이 프로그램을 처음 접하는 분들을 위해 설치한 프로그램을 어떻게 사용하며 어떤 기능들이 메뉴에 숨겨져 있는지 설명하겠습니다. VMware 워크스테이션을 사용해 가상 머신 설정 경험이 10번 이상 있는 독자라면 2장의 앞부분을 생략하고 바로 가상 머신 만들기 부분으로 넘어가도 됩니다. VM(가상 머신)은 호스트 컴퓨터의 운영체제에서 동작하고 있는 또 하나의 독립적인 컴퓨터라고 생각하면 가상화를 이해하는 데 도움이 됩니다. 일반적으로 사용자는 워크스테이션 12 프로의 메인 사용자 윈도우를 통해 가상 머신과 소통할 수 있으며 여러 종류의 부팅이 가능한 운영체제 설치 이미지 파일들을 사용해 VM을 설치, 구성, 불러오기, 내보내기, 제어 및 관리 등을 편리하게 할 수 있습니다.

이미 VMware 워크스테이션 12 프로의 메인 윈도우를 위에서 봤겠지만 사용자의 GUI^Graphical User Interface가 간결하고 직감적으로 만들어졌다고 느꼈을 것입니다. 하지만 VM , 즉 가상 머신의 동작은 사용자 인터페이스 상에서 눈으로만 보여지는 것보다는 훨씬 더 정교하게 구동됩니다. 수많은 기능들을 가진 소프트웨어지만 실질적으로 파이썬 네트워크 자동화 랩을 꾸미기 위해 일부분의 기능만 사용하므로 지금 당장 완벽한 사용법을 터득할 필요는 없습니다. 워크스테이션 12 프로의 사용법을 가장 효과적으로 배우려면 직접 사용하면서 배우는 것이 가장 확실한 방법이며 별도의 사전교육 없이도 사용 가능하도록 디자인돼 있다는 것이 이 프로그램의 가장 큰 장점 중 하나입니다.

VMware 워크스테이션 12 프로 사용에 앞서 먼저 사용자 윈도우, 메뉴 그리고 가장 중요한 가상 네트워크 에디터를 둘러보겠습니다. 그리고 가상 머신도 2~3대 정도 함께 만들어 보겠습니다. 정확히 말하자면 2대는 직접 설치를 하고 1대는 이미 만들어져 있는 .ova 파일을 다운로드해 GNS3에 사용될 서버를 준비해 보겠습니다. 저희가 지금 만들 가상 머신들은 책 후반부에 나오는 실험랩에 직접 사용되므로 반드시 따라서 만들어 주기 바랍니다.

또한 이 VM들은 VMware Converter라는 프로그램을 사용해 VMware사의 vSphere 6.5 등과 같은 서버용 가상 머신으로도 변환 가능하며 또한 여러 가지 IP 네트워크 서비스들을 서버에 별도로 설치해 네트워크 장비들을 지원할 수 있습니다. 네트워킹 장비를 능숙하게 다루려면 보편적으로 사용되는 네트워크 상의 여러 가지 IP 서비스들과도 친숙해야 합니다. 참고로 3장의 후반부에서는 CentOS 7.5를 이용한 FTP, SFTP, TFTP 및 NTP 올-인-원all-in-one 서버를 설치하는 방법을 배워보도록 하겠습니다. 그럼 먼저 워크스테이션 12 프로의 메인 사용자 윈도우를 둘러보겠습니다.

2.4.1 메인 사용자 윈도우 둘러보기

워크스테이션 12 프로 윈도우를 통해 여러 종류의 VM을 설치, 제어 및 관리할 수 있습니다. 그림 2-12에서는 VMWare 워크스테이션 12 프로의 메인 사용자 인터페이스와 사용자 기본 버튼들을 설명하고 있습니다. 이 프로그램을 사용하기 위해서는 특별한 기술은 요구되지 않으며 설치 후 편리하게 VM을 만들어 사용할 수 있도록 만들어져 있습니다. 다음 기본 버튼 설명을 둘러본 후 프로그램 사용 기본 동작과 메뉴 기능들을 살펴보겠습니다.

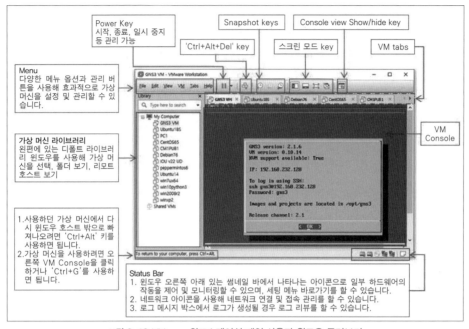

그림 2-12 VMware 워크스테이션 메인 사용자 윈도우 둘러보기

2.4.2 프로그램 사용 기본 동작

다음은 VMware 워크스테이션에서 가장 많이 사용하는 사용자 기본 동작만 간단히 짚어보겠습니다.

01 프로그램 시작하기

프로그램 시작은 윈도우 바탕화면에 있는 바로 가기 아이콘을 사용하거나 윈도우 메뉴에서 [시작] > [프로그램] > [VMware] > [VMware 워크스테이션] 순으로 들어가 프로그램을 실행합니다.

02 VM 켜기/끄기/중지시키기

왼편에 있는 가상 머신 라이브러리 아래에서 원하는 가상 머신을 선택한 후 메뉴의 [VM] 〉 [Power]로 들어가 파워를 켭니다. 여기서 중지 및 끄기도 가능합니다. 윈도우 상에 있는 파워 키를 사용해도 같은 기능을 사용할 수 있습니다.

03 프로그램 창 종료하기 [Ctrl + Alt] 키

가상 머신 사용 중, 마우스 커서를 윈도우 호스트로 복귀시키려면 [Ctrl + Alt] 키를 눌러 호스트로 커서를 복귀시킵니다.

04 가상 머신 사용하기 [Ctrl + G] 키

구동되고 있는 VM을 사용하려면, 오른편에 있는 [VM Console]에 마우스를 클릭하거나 [Ctrl + G] 키를 사용합니다.

더 자세한 사용자 설명은 다음 링크를 참조하기 바랍니다.

https://docs.vmware.com/en/VMware-Workstation-Pro/12.0/workstation-pro-12-user-guide.pdf

2.4.3 메뉴 둘러보기

다음 메뉴와 기능들을 그림으로 한눈에 잘 볼 수 있도록 정리했습니다. 일반적으로 가장 많이 사용하는 기능들은 [*]와 **밑줄긋기**로 표시했습니다. 어떤 기능들이 있는지 한두번 훑어보고 가상 머신 만들기 부분으로 넘어가면 더 도움이 될 것입니다.

메뉴 스크린 캡처	메뉴 기능
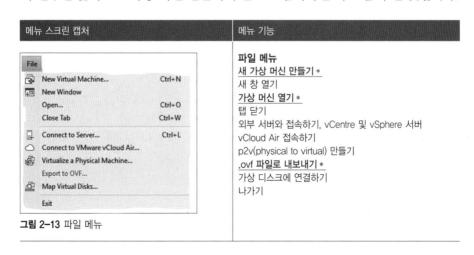 그림 2-13 파일 메뉴	**파일 메뉴** **새 가상 머신 만들기** * 새 창 열기 **가상 머신 열기** * 탭 닫기 외부 서버와 접속하기, vCentre 및 vSphere 서버 vCloud Air 접속하기 p2v(physical to virtual) 만들기 **.ovf 파일로 내보내기** * 가상 디스크에 연결하기 나가기

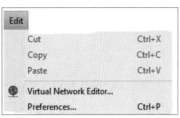

그림 2-14 편집 메뉴

편집 메뉴
잘라내기
복사하기
붙여넣기
가상 네트워크 에디터 *
사용자 선호도 *

그림 2-15 뷰 메뉴

뷰 메뉴
전체 화면으로 보기 *
유니티 모드
게스트 OS에 화면 맞추기
윈도우에 화면 맞추기
자동 사이즈
사용자 맞춤 뷰

그림 2-16 VM 메뉴

VM(가상 머신)
파워 *
이동식 장치
일시 정지
Ctrl+Alt+Del 키 보내기 *
입력 잡기
스냅샷 관리 *
스크린 캡처
관리하기
VMware 툴 설치 *
설정 *

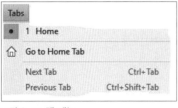

그림 2-17 탭 메뉴

탭 메뉴
홈
홈 탭으로 이동
다음 탭
이전 탭

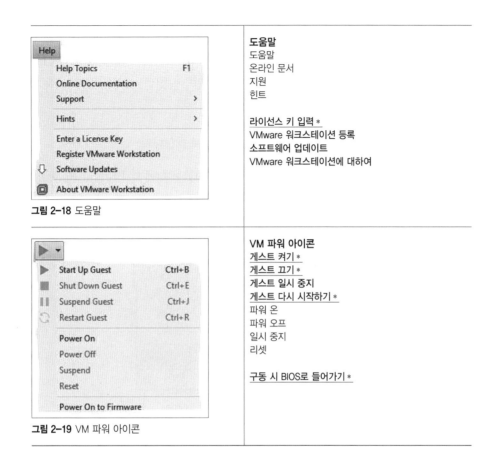

도움말
도움말
온라인 문서
지원
힌트

라이선스 키 입력 *
VMware 워크스테이션 등록
소프트웨어 업데이트
VMware 워크스테이션에 대하여

그림 2-18 도움말

VM 파워 아이콘
게스트 켜기 *
게스트 끄기 *
게스트 일시 중지
게스트 다시 시작하기 *
파워 온
파워 오프
일시 중지
리셋

구동 시 BIOS로 들어가기 *

그림 2-19 VM 파워 아이콘

2.4.4 가상 네트워크 어댑터 둘러보기

VMware 워크스테이션을 사용하면서 초보자들이 가장 많이 질문하는 부분이 가상 네트워크 어댑터의 정의와 설정 부분입니다. 사실 VMware 워크스테이션 어댑터 세팅에 대한 정보를 인터넷에서 검색해보면 명확한 설명과 사용 예를 들어 설명하는 정보를 찾기 힘든 것이 사실입니다. 이 말은 곧 가상 네트워크 어댑터의 사용은 보기에는 쉽지만 사용자들이 직접 사용해보면 완벽한 이해를 하고 사용하기가 힘듭니다. 이 말은 특히 GNS3와 같은 또하나의 가상 프로그램이 사용돼 VMware 워크스테이션과 연동됐을 경우 더욱 VM의 가상 네트워크 어댑터 사용 용도가 불투명해집니다.

가상화를 처음 접하는 분들은 "가상 머신에 무슨 3개로 분리된 가상 네트워크 어댑터야?"라고 질문할 수 있습니다. 그리고 그 사용 용도를 완벽하게 이해하는 데 시간이 필요할 것입니다. VMware의 가상 네트워크 어댑터에 대한 이해는 모든 사용자들이 완벽하게 이해하고 넘어가길 부탁드립니다.

먼저 다음과 같이 가상 네트워크 어댑터 메뉴를 살펴보겠습니다.

01 가상 네트워크 어댑터를 보기 위해 먼저 [Edit] 메뉴에서 [Virtual Network Editor...]를 클릭합니다.

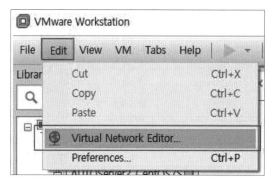

그림 2-20 워크스테이션 가상 네트워크 에디터

02 다음 그림에서 화살표로 표시된 부분을 보면 가상 네트워크 인터페이스 종류가 세 가지인 것을 확인할 수 있습니다. 이 세 가지 종류의 네트워크 인터페이스는 어떤 용도로 사용되는지 다음 부분에서 알아보겠습니다.

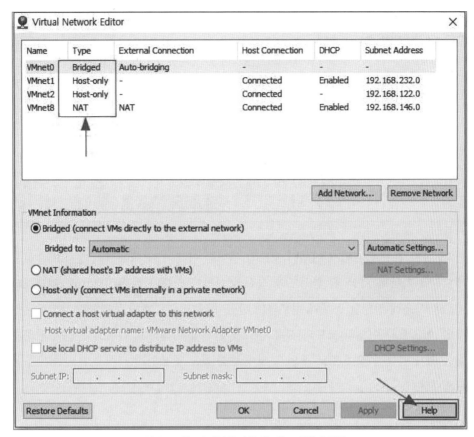

그림 2-21 워크스테이션 가상 네트워크 어댑터 종류

참고

가상 네트워크 에디터 아래에 있는 [Help] 버튼을 클릭하면 VMware 사이트의 도움 문서로 바로 연결됩니다. VMware 사이트에서 더 자세한 사용법을 찾을 수 있습니다.

2.4.4.1 가상 네트워크 인터페이스 설명

표 2-3에는 가상 네트워크 에디터와 가상 머신에서 설정 가능한 네트워크 모드를 간단히 정리했습니다. 먼저 어떤 모드가 있는지 둘러본 후 그림으로 어떤 설정이 가능한지 예를 들어 설명하겠습니다.

표 2-3 가상 네트워크 어댑터 모드

가상 네트워크 어댑터 모드	설명
Bridged 모드	VMnet0 네트워크로 연결되며, 호스트 PC와 같은 네트워크 서브넷 상에서 별개의 컴퓨터로 동작을 합니다. 호스트와 마찬가지로 같은 게이트웨이와 DHCP를 사용해 인터넷과 통신을 합니다.
Host-only 모드	VMnet1 네트워크로 연결되며, 어댑터는 호스트 PC의 운영체제 내에서 동작하는 네트워크와 연결할 수 있습니다. 실험용으로 사용하기에 적합한 네트워크 어댑터 동작 모드입니다.
NAT 모드	디폴터로 VMnet8 네트워크를 통해 연결되며, NAT(Network Address Translation)를 한국말로 직역하면 '네트워크 주소 변환'이란 뜻으로 가상 머신에서 사용하는 내부 IP 주소와 호스트에서 사용되는 외부 IP 주소가 서로 다르다는 말입니다. 외부 네트워크에서는 호스트의 서브넷 주소만 볼 수 있습니다. NAT를 사용했을 경우 호스트가 인터넷과 연결돼 있다면 가상 머신도 NAT를 통해 인터넷과 통신이 가능해집니다.

이 세 가지 가상 네트워크 어댑터 모드의 완벽한 이해는 이 책에서 구성하고자 하는 네트워크 자동화 가상 랩 완성도와 직접적 연관이 있으며 차후 VMware 워크스테이션을 사용해 진행할 공부와 실무와도 관련이 있습니다. 개념 증명[Proof of Concept] 랩을 꾸밀 때도 모든 어댑터 모드와 사용 용도를 완벽히 이해하고 있어야 본인이 원하는 랩을 쉽게 만들 수 있으므로 주의 깊게 공부해 반드시 본인의 지식으로 만들기 부탁 드립니다.

참고

실무에서 Proof of Concept는 약자로 POC('폭'으로 밝음)라고 하며 어떤 IT 개념 또는 문제를 랩 실험을 통해 증명하는 업무를 뜻합니다. 저희가 이렇게 가상 랩에 많은 공을 들여 공부하려는 이유도 여러 가지의 IT 및 네트워킹 개념을 가상 랩을 통해 구축하고 입증해 더 확실하게 이해함으로서 한 단계 더 높은 기술력을 습득할 수 있기 때문입니다.

2.4.4.2 가상 네트워크 인터페이스의 사용 예

- Host-only 모드

호스트와 가상 머신 사이에 전용망을 함께 공유할 수 있습니다. 또한 이 모드에서는 가상 머신들간 통신이 원활하므로 가상 랩 등을 실행할 때 매우 유용하게 사용할 수 있습니다. 그림 2-22에서는 Host-only 모드 예를 보여주고 있습니다. 네트워크 어댑터의 설정은 Host-only로 구성됐으며 IP 주소는 **가상 DHCP 서버**에서 192.168.232.0/24 상의 주소를 할당받아 사용합니다. 가상 머신을 열어 직접 ipconfig 명령어를 입력해 보면 192.168.232.130/24를 사용하는 것을 볼 수 있습니다.

만약 두 번째 가상 머신을 같은 네트워크에 구성했을 경우 아마도 192.168.232. 131/24를 할당 받아 사용될 것이며 특별한 구성 없이도 가상 머신들 사이의 통신이 원활하게 잘 이뤄질 것입니다. 혹시라도 왜 192.168.232.130부터 주소 할당을 받는지가 궁금하면 [DHCP Setting] 버튼을 클릭해보면 그 해답이 나올 것입니다. 사용되는 서브넷은 사용자 컴퓨터 설정에 따라 변경될 수 있습니다.

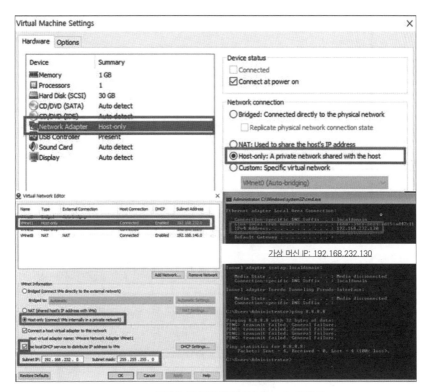

그림 2-22 가상 머신 호스트-only 설정 예

- Bridged 모드

가상 머신이 호스트와 같은 네트워크 상에서 또다른 하나의 컴퓨터로 동작하므로 호스트가 있는 **실제 네트워크** 상에서 **실제 DHCP 서버**로부터 IP 주소를 할당 받습니다. 그림 2-23에서는 Bridged 모드 예를 보여주고 있습니다. 호스트(랩톱)는 192.168.0.23/24의 IP 주소를 로컬 랜에 위치한 실제 DHCP 서버에서 할당 받았고 가상 머신 또한 실제 네트워크에서 192.168.0.21/24 IP 주소를 할당 받았습니다. 이 모드는 여러 개의 가상 머신들을 한 대의 호스트로 현재 사용하고 있는 네트워크에 별개의 컴퓨터로 인식시켜 실제 네트워크에서 사용할 수 있으므로 가상 머신을 인터넷과 바로 연결시킬 때 유용하게 사용될 수 있습니다.

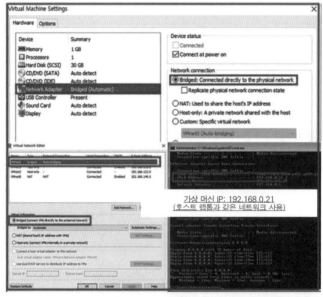

그림 2-23 가상 머신 브릿지 모드 설정 예

- NAT 모드

네트워크 주소 변환을 사용해 내부와 외부에서 사용되는 주소의 네트워크(서브넷)가 다릅니다. 일반적으로 내부에서 사용되는 IP 주소가 외부로 노출되지 않게 하기 위해 NAT를 사용합니다. NAT는 CCNA RS에서 배운 내용과 흡사하며 다만 여기서 시스코의 IOS 라우터가 아닌 VMware의 소프트웨어가 NAT를 대체해 주고 있다고 생각하면 됩니다.

그림 2-24를 참고하면 이 가상 머신은 NAT 네트워크로 구성돼 있으며 **가상 DHCP 서버**에서 192.168.146.136/24 IP 주소를 할당 받아 사용하고 있습니다. 실제 호스트의 네트워크는 위에서 본 192.168.0.0/24 네트워크입니다. 이 모드는 가상 머신의 네트워크를 숨기고 외부 네트워크, 즉 호스트가 사용하는 실제 네트워크와 통신을 하기 위한 기능을 제공하고 있습니다.

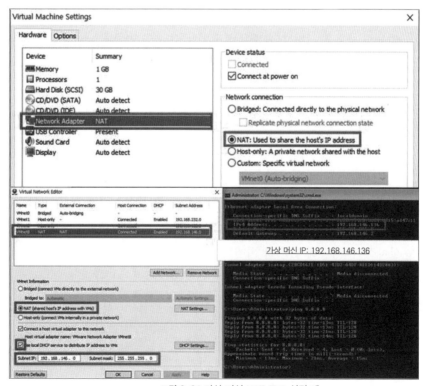

그림 2-24 가상 머신 NAT 모드 설정 예

위의 세 가지 예에서는 편의상 자동으로 IP 주소를 할당 받는 DHCP 서버를 사용해 봤습니다. 만약 IP 주소를 수동으로 할당 받아 더 정교한 실험을 진행해야 한다면 위에 있는 'Use local DHCP Service to distribute IP address to VMs' 체크박스를 해제시킨 후 본인이 직접 가상 머신에서 원하는 IP 주소를 할당해 사용하는 방법도 있습니다. 가상 네트워크 어댑터 종류의 사용 예를 살펴봤으니 위의 세 가지 VM 네트워크 어댑터 종류와 사용법을 완벽하게 숙지했으리라 믿고 다음은 본격적으로 가상 머신 만들기를 해보겠습니다.

2.5 가상 머신 만들기

VMware 워크스테이션에서는 여러 가지 운영체제의 부팅 이미지 파일들을 사용해 가상 머신도 만들 수 있고, 사전에 누가 만들어 공유한 가상 머신 이미지를 불러들여 단 몇 분만에도 새로운 서버를 랩톱에서 구동할 수도 있습니다. 이러한 가상 머신 프로비저닝 기법들은 현재 구글이나 AWS 클라우드 서비스에서도 똑같은 방법으로 상용화돼 사용되고 있습니다. 사람들이 말하는 일명 클라우드 서비스는 고성능의 서버들을 데이터센터에 모아두고 구동해 사용자들에게 온디맨드식의 플러그인 서비스를 제공하는 것을 일컫는 말입니다. 가상화를 이해하면 그만큼 클라우드 서비스에 대한 이해도 한 발짝 더 가까이 다가갈 수 있다는 말입니다.

VMware 워크스테이션 12.5의 설치가 정상적으로 완료되면 먼저 가상 머신 만들기에 필요한 리눅스 서버용 부팅 이미지 파일을 인터넷에서 다운로드해야 합니다. 리눅스를 설치한 후 사용해 봤다면 이미 알고 있겠지만 리눅스는 하나의 운영체제지만, 제 의견으로는 그 기반을 크게 두 가지 종류의 리눅스 시스템으로 나눌 수 있다고 봅니다.

이 책에서 두 가지 무료 배포판 리눅스 시스템을 설치하는 이유는 첫째, 우분투Ubuntu 는 데비안Debian 기반의 가장 많은 사용자를 가지고 있는 대표 리눅스 서버이며, 둘째, CentOS는 가장 널리 사용되는 레드햇Red Hat 기반의 무료 배포 버전의 대표 리눅스 서버이기 때문입니다. 리눅스 시스템에 대한 더 포괄적인 이해를 돕기 위해 2장에서는 우분투 서버와 CentOS 서버 설치를 고민 끝에 모두 포함시키기로 했습니다. 그리고, 이 두 가지 리눅스 운영체제 사이에는 사용자들이 직접 사용해보기 전에는 배울 수 없는 크고 작은 여러 가지의 차이점들이 존재하므로 두 운영체제를 설치해 실험용으로 사용할 수 있다면 그것은 분명히 실무에서도 큰 도움이 되리라는 생각입니다.

리눅스 설치는 아래 내용에 상세히 나와 있으며 설명대로 우분투 서버 한 대와 CentOS 서버 한 대씩을 구성했습니다. 그 다음, 이미 만들어져 있는 'GNS3 VM.ova'라는 가상 머신 템플릿 파일을 이용해 GNS3에 사용될 세 번째 가상 머신을 VMware 워크스테이션에 설치해보겠습니다. 2장에서 만든 서버들은 리눅스 따라잡기 예제, 파이썬 따라잡기 예제 및 랩에서 모두 활용됩니다.

참고

여기서 최신 우분투 18.04.1 LTS와 CentOS 7.5 리눅스 무료 배포판을 사용하지만 실무에서는 자동화 사용 용도에 따라 이전 버전을 사용해야 할 경우도 간혹 발생합니다. 첫 번째 이유는 무료 배포판용 최신 리눅스 운영체제는 최신 버전과 호환 가능한 파이썬 및 서비스 패키지들을 일시에 출시하기가 현실적으로 힘들며 많은 패키지들이 IT 커뮤니티를 기반으로 해 개발 및 공유가 진행되므로 최신 운영체제에 사용 가능한 업데이트된 패키지를 설치하려면 많은 시간을 기다려야 공유될 수 있다는 악조건이 붙습니다.

이 책의 랩에서 우분투 18.0.4.1 LTS를 실험해본 결과 아직까지도 우분투 16.04 LTS에서 지원되는 많은 파이썬 관련 패키지들이 지원되지 않는 것을 알 수 있었으며 한 예로 레드햇사의 Ansible과 스택스톰(Stackstorm)의 Sackstorm과 같은 경우도, 소프트웨어 패키지 개발자들 또한 우분투 16.04 LTS 버전 또는 CentOS 7 사용을 추천하고 있습니다. 이 역시 호환성과 안정성을 염두에 둔 선택일 것입니다.

경험이 많은 시스템 및 네트워크 엔지니어들은 실무환경에서도 최신 소프트웨어 버전 사용을 많이 자제하는 경향이 있습니다. 그 이유는 새 운영체제 또는 소프트웨어의 버그로 인해 시스템의 안정성과 호환성을 100% 보장 받을 수 없기 때문입니다. 기업용 서버와 라우팅 및 스위칭 장비들은 안정성과 호환성 그리고 보안성을 0 순위로 놓고 지원하는 것을 원칙으로 합니다. 제 경험상 항상 한 버전을 낮춰 사용한다면 엔지니어로서 부딪쳐야 할 많은 불리한 상황들을 피해갈 수 있을 것이라 생각합니다. 어떤 소프트웨어 프로그램과 버전을 선택할 때는 항상 충분한 시간을 가지고 사전에 꼼꼼히 검토한 후 실무에 사용해야 합니다.

2.5.1 우분투 18.04 서버 이미지 다운로드 및 설치하기

우분투 설치를 위해서는 먼저 부팅이 가능한 우분투 서버 이미지(.iso) 파일을 다운로드해야 합니다. 랩톱에서 인터넷과 통신이 잘 되는지 확인한 후, 설치 파일 다운로드를 시작합니다. 먼저 우분투 18.04 다운로드 과정은 다음과 같습니다.

2.5.1.1 우분투 18.04.1 LTS 이미지 다운로드

01 웹 브라우저에서 다음에 명시돼 있는 우분투 다운로드 페이지로 이동합니다. 다운로드 파일 사이즈는 812MB 정도입니다.

https://www.ubuntu.com/download/server

서버 버전인 ubuntu-18.04.1-live-server-amd64.iso 또는 가장 최신 우분투 서버 버전으로 다운로드합니다.

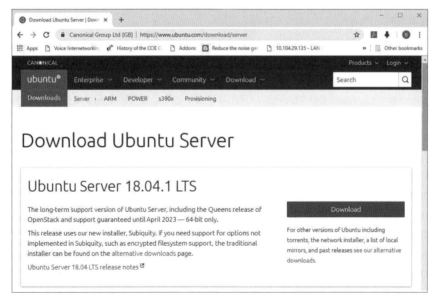

그림 2-25 우분투 18.04.1 LTS 서버 이미지 다운로드 페이지

02 다운로드한 이미지 파일이 정상적으로 받아졌는지 확인하기 위해 WinMD5 툴을 사용해 MD5 값을 우분투 공식 사이트 값과 확인한 후 사용합니다. 다운로드 중 파일이 정상적으로 다운로드가 안될 경우 MD5 값이 변합니다. 어떤 프로그램 또는 이미지 파일을 설치 시 항상 MD5 값을 비교한 후 설치를 시작합니다.

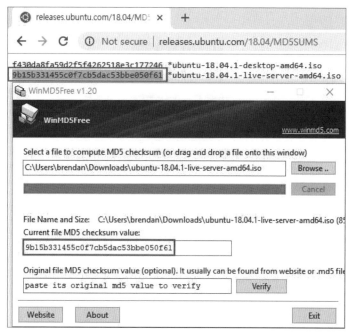

그림 2-26 우분투 부팅 이미지 MD5 체크섬 확인 예

참고

Ubuntu 18.04 LTS MD5 값은 다음 링크에서 확인할 수 있습니다.

http://releases.ubuntu.com

WinMD5는 다음 링크에서 무료로 다운로드할 수 있습니다.

http://www.winmd5.com

2.5.1.2 Ubuntu 18.04.1 LTS 서버 설치하기

이제 다운로드 받은 부팅 이미지 파일로 우분투 18.04.1 LTS 서버 설치를 시작합니다. 첫 번째 서버 설치 과정은 다음과 같습니다.

01 호스트 윈도우 랩톱 바탕화면에 있는 [VMware Workstation 12 Pro] 바로가기 아이콘을 사용해 프로그램을 시작합니다.

그림 2-27 VMware 워크스테이션 바로가기 아이콘

02 다음 그림과 같이 [File] 메뉴를 열어 [New Virtual Machine...]을 클릭합니다.

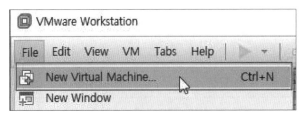

그림 2-28 새 가상 머신 클릭

03 New Virtual Machine Wizard 창이 나타나면 [Typical(recommended)]를 클릭한 후 [Next >] 버튼을 클릭합니다.

그림 2-29 새 가상 머신 위저드

04 다음 창에서 [Installer disk image file (iso)]를 선택한 후, 오른편에 있는 [Browse..] 버튼을 클릭합니다.

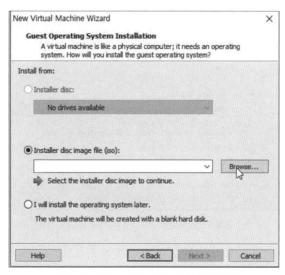

그림 2-30 우분투 설치 – 설치 디스크/매체 선택

05 Browse for ISO image 창이 나타나면 앞에서 다운로드한 우분투 이미지 파일이 저장돼 있는 다운로드 폴더로 이동한 후 ubuntu-18.04.1-live-server-amd64 이미지 파일을 선택합니다. [**열기(O)**] 버튼을 클릭합니다.

그림 2-31 우분투 설치 – 설치 이미지 선택

06 이전 설치화면으로 다시 되돌아오면 [Next 〉] 버튼을 클릭합니다.

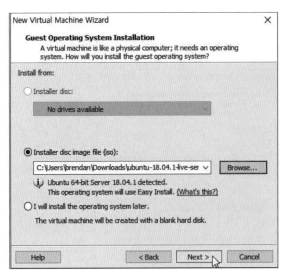

그림 2-32 우분투 설치 – 이미지 선택 완료

07 본인의 이름과 본인의 사용자 아이디 및 패스워드를 입력한 후 다음과 같이 [Next 〉] 버튼을 클릭합니다. 참고로 서버를 만들 때 여기서 입력한 본인의 사용자 아이디 와 패스워드는 반드시 기억하고 있어야 합니다.

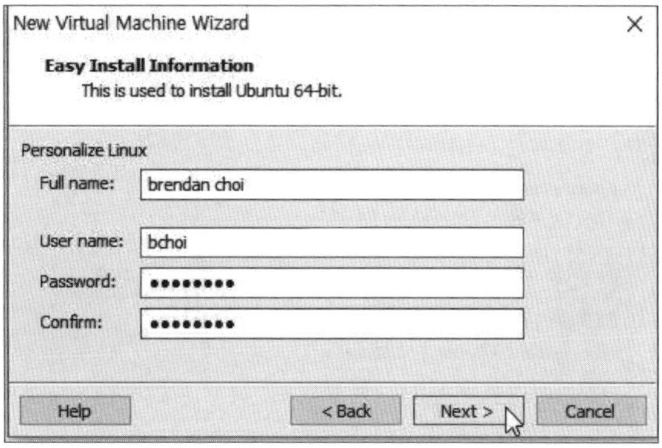

그림 2-33 우분투 설치 – 사용자 계정 정보 입력하기

08 본인에게 의미있는 가상 머신 이름을 정한 후 가상 머신 파일 저장 위치를 선택 합니다. 만약 파티션이 하나일 경우 그대로 프로그램의 디폴터 저장 위치를 유 지한 채로 [Next 〉] 버튼을 클릭합니다. 저는 C: 파티션은 시스템 파티션으로, 그리고 D: 파티션은 데이터 드라이브로 사용하므로, D: 드라이브 안에 Virtual Machines on D라는 폴더를 만든 후 ubuntu18s1이라는 폴더를 만들어 이 가상 서버의 파일들을 저장하겠습니다.

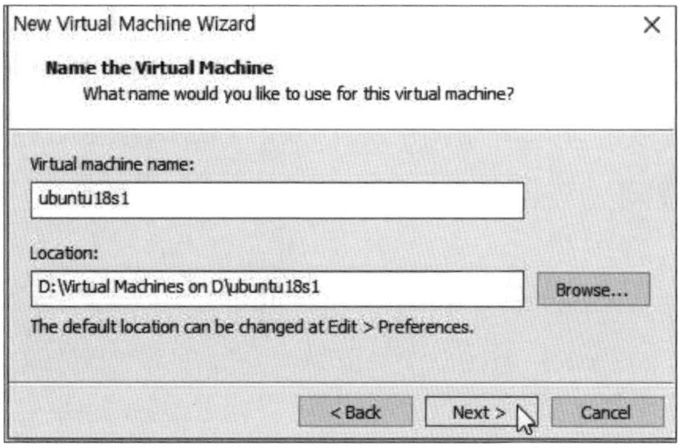

그림 2-34 우분투 설치 – 이름 및 파일 저장 위치 정하기

09 다음 화면에서는 사용할 디스크 공간을 할당합니다. 테스트용이므로 디폴트 용량인 20GB를 사용해도 괜찮지만 저는 설치 후, 초보 사용자들이 사용하기 쉬운 GUI를 별도로 설치할 예정이므로 용량을 30GB로 변경한 후 [Store virtual disk as a single file]을 클릭했습니다. 하나의 파일로 저장하기를 설정하면 차후 파일 관리 작업이 훨씬 수월해집니다. [Next 〉] 버튼을 클릭합니다.

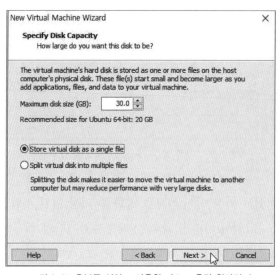

그림 2-35 우분투 설치 – 사용할 디스크 용량 할당하기

VMwarestation에서는 thin provisioning(씬 프로비저닝)을 디폴트로 사용하므로 곧바로 30GB의 전체 디스크 용량을 사용하는 것이 아니라 설치되는 용량만큼만 사용하고 최대 30GB까지의 디스크 공간을 호스트 서버에서 필요할 때 늘려가며 사용합니다. 그리고 이 공간은 호스트에 사용할 수 있는 디스크의 공간이 확보돼 있다면 언제라도 사용자가 원하는 만큼 조정이 가능합니다.

10 다음 화면에서는 기본 설정인 [Power on this virtual machine after creation]의 체크박스를 선택한 후 [Finish] 버튼을 클릭합니다.

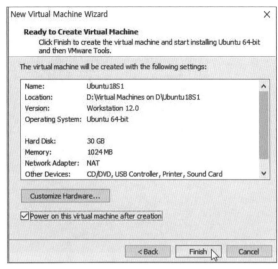

그림 2-36 우분투 설치 – 설치 위저드 끝내기

11 다음 화면과 같이 우분투 부팅 이미지를 사용해 새 가상 머신이 부팅을 시작해 우분투 서버 설치가 바로 이어집니다.

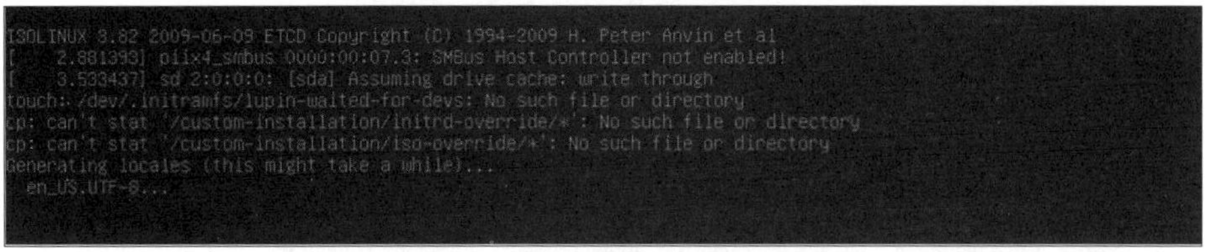

그림 2-37 우분투 설치 – 서버 설치 시작

12 먼저 언어 선택을 해야 합니다. 저는 기본 언어인 영어를 선택했습니다. 만약 한국어를 설치하고 싶다면 여기서 한국어를 선택하면 됩니다.

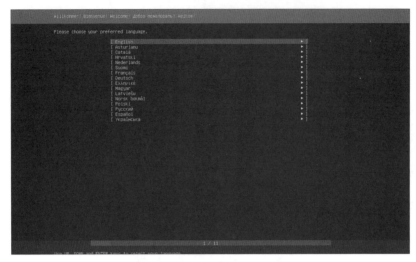

그림 2-38 우분투 설치 – 설치 언어 선택

13 키보드 구성은 그대로 디폴트로 놓아두고 [Done]으로 이동한 후 [Enter] 키를 누릅니다.

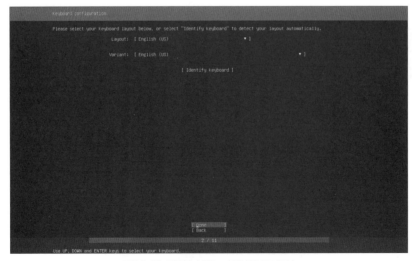

그림 2-39 우분투 설치 – 설치 키보드 구성

14 설치 선택 옵션에서는 [Install Ubuntu]를 선택한 후 [Enter] 키를 누릅니다.

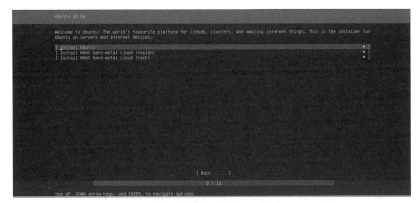

그림 2-40 우분투 설치 – 설치 옵션

15 네트워크 연결에 아무런 이상이 없다면 IPv4 주소를 NAT의 DHCP 서버에서 할당 받습니다. 네트워크 어댑터 이름이 [ens33]이며 DHCP 서버에서 벌써 IPv4 주소인 192.168.146.140을 받아온 것을 확인할 수 있습니다. IPv6는 '사용 안함'으로 설정돼 있습니다. DHCP 서버가 작동하고 있는 192.168.146.0/24 서브넷을 사용하기로 설정돼 있으므로 이 서브넷에서 주소를 할당 받습니다. 만약 NAT 서브넷을 다른 서브넷 주소를 사용한다면 다른 서브넷 상에 있는 주소를 할당 받을 것입니다. 만약 본인의 서버 IP 주소가 그림과 동일하지 않더라도 큰 문제는 없으니 그대로 설치를 진행하면 됩니다.

그림 2-41 우분투 설치 – 네트워크 연결

16 프록시 설정 창이 나타나면 기본 설정인 빈칸을 그대로 비워 둔 채 [Done]으로 이동한 후 [Enter] 키를 누릅니다.

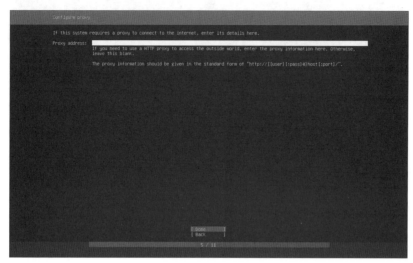

그림 2-42 우분투 설치 − 프록시 서버 설정

17 다음은 [Configure Ubuntu archieve mirror]로 기본 설정을 그대로 두고 [Done] 으로 이동한 후 [Enter] 키를 누릅니다.

그림 2-43 우분투 설치 − 파일 시스템 설정 1

18 [파일 시스템 설정]에서는 기본 설정인 [Use An Entire Disk]를 선택합니다. 이 설
정은 앞에서 설정한 가상 디스크 공간인 30GB를 한 파티션으로 모두 사용하겠
다는 뜻입니다.

그림 2-44 우분투 설치 – 파일 시스템 설정 2

19 30.00GB를 사용하는 [/dev/sda]는 필수 선택입니다. [/dev/sda]를 선택한 후 [Enter] 키를 누릅니다.

그림 2-45 우분투 설치 – 파일 시스템 구성 3

20 다음 그림에서는 설치 전 파티션 정보를 자세히 보여주고 있습니다. [Done]을 선택한 후 [Enter] 키를 눌러 설치를 시작합니다.

그림 2-46 우분투 설치 – 파일 시스템 구성 4

21 새 가상 머신이므로 주저없이 [Continue]를 선택한 후 [Enter] 키를 한 번 더 누릅니다.

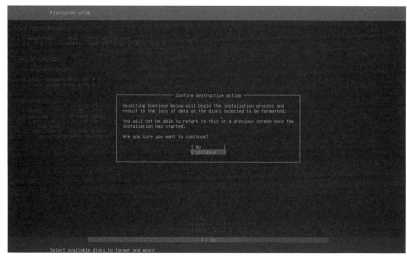

그림 2-47 우분투 설치 – 파일 시스템 구성 5

22 앞에서 입력한 것과 같이 본인의 이름과 서버 이름, 사용자 아이디 및 패스워드를 입력합니다.

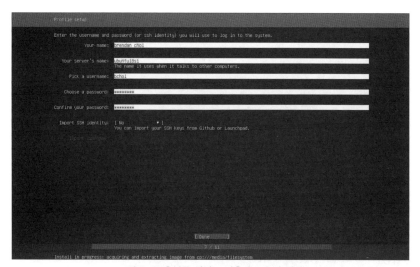

그림 2-48 우분투 설치 – 사용자 프로필 설정

23 다음 그림에서는 운영체제 이외의 소프트웨어를 설치할 것인지를 선택할 수 있도록 사용자에게 선택권을 주고 있습니다. 저희는 이 시점에서는 추가적으로 필요한 소프트웨어가 없으므로 그대로 [Done]을 선택해 설치를 계속 진행합니다.

그림 2-49 우분투 설치 – 피처 서버 스냅

24 다음과 같이 시스템 설치 중이라는 메시지가 나타납니다. 우분투 서버 설치 소요 시간은 호스트 랩톱의 성능에 따라 차이가 있겠지만 이제 잠시만 기다리면 곧 바로 사용 가능한 가상 우분투 서버가 완성됩니다.

그림 2-50 우분투 설치 – 설치 중

25 서버 설치가 완료됐다는 메시지와 함께 재부팅 옵션이 나타나면 [Reboot Now]를 선택해 서버를 가볍게 한 번 재부팅해 줍니다.

그림 2-51 우분투 설치 - 설치 완료 재부팅 클릭

26 재부팅이 끝나고 [Enter] 키를 한 번 눌러주면 서버 로그인 메시지가 다음 그림과 같이 보일 것입니다.

그림 2-52 우분투 설치 - 설치 완료

27 본인이 설정한 아이디와 패스워드를 입력해 처음으로 서버에 로그인합니다. 리눅스 서버는 일반적으로 GUI를 지원하지 않지만 필요하다면 차후 GUI를 설치해 사용할 수 있습니다.

```
Ubuntu 18.04.1 LTS ubuntu18s1 tty1

ubuntu18s1 login: bchoi
Password:
Welcome to Ubuntu 18.04.1 LTS (GNU/Linux 4.15.0-38-generic x86_64)

 * Documentation:  https://help.ubuntu.com
 * Management:      https://landscape.canonical.com
 * Support:         https://ubuntu.com/advantage

  System information as of Mon Nov  5 05:20:41 UTC 2018

  System load:  0.22               Processes:              180
  Usage of /:   13.1% of 29.40GB   Users logged in:        0
  Memory usage: 23%                IP address for ens33: 192.168.4.142
  Swap usage:   0%

96 packages can be updated.
36 updates are security updates.



The programs included with the Ubuntu system are free software;
the exact distribution terms for each program are described in the
individual files in /usr/share/doc/*/copyright.

Ubuntu comes with ABSOLUTELY NO WARRANTY, to the extent permitted by
applicable law.

To run a command as administrator (user "root"), use "sudo <command>".
See "man sudo_root" for details.

bchoi@ubuntu18s1:~$
```

그림 2-53 우분투 설치 – 로그인 확인

28 리눅스의 ifconfig 명령어를 사용해 서버 IP를 다신 확인한 후, 인터넷 통신을 시험하기 위해 가장 많이 사용되는 구글사의 공개 DNS 서버 IP인 8.8.8.8 또는 8.8.4.4로 핑ping을 실행합니다. 외부로 통신이 가능하다면 여기서 우분투 서버 설치는 완료됐습니다.

```
bchoi@ubuntu18s1:~$ ifconfig
ens33: flags=4163<UP,BROADCAST,RUNNING,MULTICAST>  mtu 1500
        inet 192.168.4.142  netmask 255.255.255.0  broadcast 192.168.4.255
        inet6 fe80::20c:29ff:fe8f:eb53  prefixlen 64  scopeid 0x20<link>
        ether 00:0c:29:8f:eb:53  txqueuelen 1000  (Ethernet)
        RX packets 910  bytes 779619 (779.6 KB)
        RX errors 0  dropped 0  overruns 0  frame 0
        TX packets 320  bytes 29762 (29.7 KB)
        TX errors 0  dropped 0 overruns 0  carrier 0  collisions 0

lo: flags=73<UP,LOOPBACK,RUNNING>  mtu 65536
        inet 127.0.0.1  netmask 255.0.0.0
        inet6 ::1  prefixlen 128  scopeid 0x10<host>
        loop  txqueuelen 1000  (Local Loopback)
        RX packets 200  bytes 15916 (15.9 KB)
        RX errors 0  dropped 0  overruns 0  frame 0
        TX packets 200  bytes 15916 (15.9 KB)
        TX errors 0  dropped 0 overruns 0  carrier 0  collisions 0

bchoi@ubuntu18s1:~$ ping 8.8.8.8
PING 8.8.8.8 (8.8.8.8) 56(84) bytes of data.
64 bytes from 8.8.8.8: icmp_seq=1 ttl=128 time=62.7 ms
64 bytes from 8.8.8.8: icmp_seq=2 ttl=128 time=13.4 ms
64 bytes from 8.8.8.8: icmp_seq=3 ttl=128 time=20.0 ms
64 bytes from 8.8.8.8: icmp_seq=4 ttl=128 time=29.1 ms
^C
--- 8.8.8.8 ping statistics ---
4 packets transmitted, 4 received, 0% packet loss, time 3007ms
rtt min/avg/max/mdev = 13.497/31.344/62.721/18.949 ms
bchoi@ubuntu18s1:~$ ping www.google.com
PING www.google.com (216.58.199.68) 56(84) bytes of data.
64 bytes from syd15s01-in-f4.1e100.net (216.58.199.68): icmp_seq=1 ttl=128 time=28.1 ms
64 bytes from syd15s01-in-f4.1e100.net (216.58.199.68): icmp_seq=2 ttl=128 time=13.4 ms
64 bytes from syd15s01-in-f4.1e100.net (216.58.199.68): icmp_seq=3 ttl=128 time=26.0 ms
64 bytes from syd15s01-in-f4.1e100.net (216.58.199.68): icmp_seq=4 ttl=128 time=13.6 ms
^C
--- www.google.com ping statistics ---
4 packets transmitted, 4 received, 0% packet loss, time 3009ms
rtt min/avg/max/mdev = 13.412/20.304/28.165/6.837 ms
bchoi@ubuntu18s1:~$
```

그림 2-54 우분투 설치 완료 - 인터넷 통신 확인

2.5.1.3 Ubuntu 18.04.1 LTS 서버 랩 최적화 후 스냅샷 생성하기

이제 우분투 18.04.1 설치를 마치고 인터넷과의 통신도 확인했습니다. CentOS 7.5 서버 설치에 앞서 먼저 설치한 ubuntu18s1 서버와 현재 호스트(랩톱)와 서로 통신이 되는지 확인한 후 SSH 접속을 확인합니다. 이 가상 머신을 더 편리하게 랩에서 사용할 수 있도록 root 패스워드를 설정해 root 사용자 계정으로 VMware 콘솔 로그인도 하고 네트워크를 이용해 SSH로도 접속 가능하도록 설정합니다. 더 나아가 우분투 18.04.1 서버에 GUI를 설치해 데스크톱용 컴퓨터와 같이 GUI를 통해 로그인할 수 있도록 설정합니다. 마지막으로 설치한 VM의 설정 상태에 만족한다면 VMware 워크스테이션의 스냅샷 기능을 사용해 현재 VM 상태의 인증샷을 찍어 차후 리눅스 시스템에 문제가 생겼을 경우 다시 스냅샷 지점으로 돌아와 정상적으로 서버를 사용할 수 있도록 스냅샷을 생성합니다.

우분투 서버는 기본적으로 일반 사용자의 콘솔 로그인과 네트워크를 통한 SSH 로그인만 허용하며 root 사용자 계정으로는 콘솔 또는 SSH를 통한 접속은 제한돼 있습니다. 그렇지만 랩에서 사용될 우분투 서버에는 root 사용자의 VM 콘솔 및 SSH 로그인을 설정해야 훨씬 더 자유롭고 유연성있게 리눅스 서버를 관리할 수 있습니다. 다음 절차에 따라 우분투 서버 랩 최적화를 진행합니다.

01 호스트 랩톱에서 명령창을 열고 ubuntu18s1 서버의 주소로 핑ping을 실행해 봅니다. 다음 그림과 같이 성공적으로 통신이 된다면 그 다음 윈도우 호스트에서 사용되고 있는 PuTTY를 사용해 SSH 로그인을 시도해봅니다. PuTTY 프로그램이 없다면 PuTTY 웹사이트(https://www.putty.org/)에서 다운로드받아 사용합니다.

```
C:₩windows₩system32₩cmd.exe
C:\Users\brendan>ping 192.168.4.142

Pinging 192.168.4.142 with 32 bytes of data:
Reply from 192.168.4.142: bytes=32 time<1ms TTL=64
Reply from 192.168.4.142: bytes=32 time<1ms TTL=64
Reply from 192.168.4.142: bytes=32 time<1ms TTL=64
Reply from 192.168.4.142: bytes=32 time<1ms TTL=64

Ping statistics for 192.168.4.142:
    Packets: Sent = 4, Received = 4, Lost = 0 (0% loss),
Approximate round trip times in milli-seconds:
    Minimum = 0ms, Maximum = 0ms, Average = 0ms

C:\Users\brendan>
C:\Users\brendan>
```

그림 2-55 호스트와 우분투 가상 머신 통신

02 PuTTY를 사용해 서버에 SSH로 접근을 시도합니다. 서버 IP 주소를 입력한 후 'SSH' 연결 선택을 그대로 사용해 [Open] 버튼을 클릭합니다.

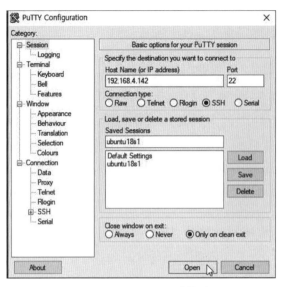

그림 2-56 PuTTY – 로그인 창 예

03 ssh-rsa 보안 경고 메시지가 나타나면 [예(Y)] 버튼을 클릭합니다.

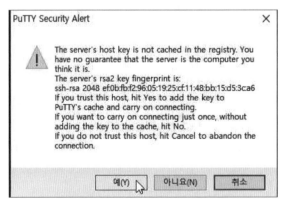

그림 2-57 PuTTY – ssh-rsa 보안 경고 메시지

04 본인이 지정한 사용자의 이름과 패스워드를 입력한 후 정상적으로 로그인되는
지 확인합니다. 본인의 사용자 이름이 나타나고 로그인됐다면 정상적인 SSH 접
속이 된 것입니다.

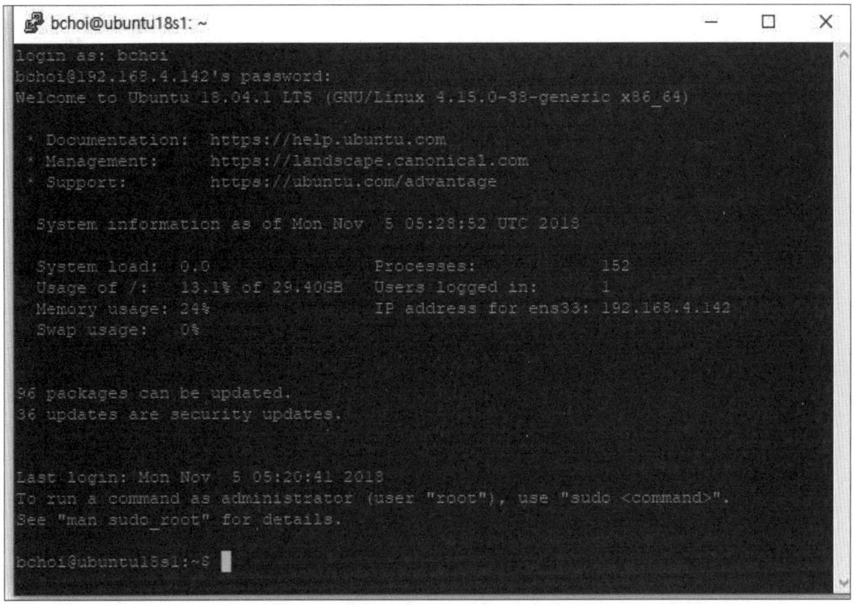

그림 2-58 PuTTY – 사용자 SSH 로그인 확인

05 일반적으로 최근 나온 우분투 서버는 root 사용자의 패스워드 설정이 돼 있지
않습니다. root 사용자의 패스워드를 별도로 활성화해줘야 VMware 창에서 VM
콘솔 로그인이 가능해집니다. 다음 방법을 사용해 VM 콘솔 로그인을 활성화시
킬 패스워드를 설정합니다.

사용자 이름으로 먼저 VMware 콘솔을 접속한 후 **sudo passwd** 명령어를 사용
해 root 사용자의 패스워드를 설정합니다. 여기서 ########는 사용자의 패스워
드이고 ********는 root 사용자가 사용할 새 패스워드입니다.

```
bchoi@ubuntu18s1:~$ sudo passwd
[sudo] password for bchoi: ########
```

```
Enter new UNIX password:********
Retype new UNIX password:********
passwd: password updated successfully
```

06 이제 VMware 워크스테이션 상의 우분투 서버 콘솔을 통해 root 사용자로 로그
인을 시도합니다.

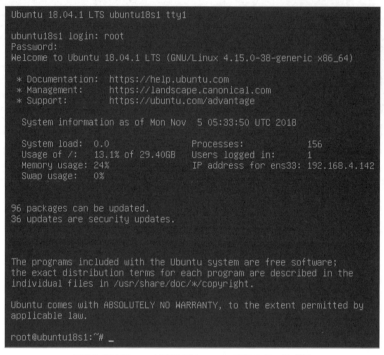

```
Ubuntu 18.04.1 LTS ubuntu18s1 tty1

ubuntu18s1 login: root
Password:
Welcome to Ubuntu 18.04.1 LTS (GNU/Linux 4.15.0-38-generic x86_64)

 * Documentation:  https://help.ubuntu.com
 * Management:     https://landscape.canonical.com
 * Support:        https://ubuntu.com/advantage

  System information as of Mon Nov  5 05:33:50 UTC 2018

  System load:  0.0              Processes:             156
  Usage of /:   13.1% of 29.40GB  Users logged in:       1
  Memory usage: 24%              IP address for ens33:  192.168.4.142
  Swap usage:   0%


96 packages can be updated.
36 updates are security updates.




The programs included with the Ubuntu system are free software;
the exact distribution terms for each program are described in the
individual files in /usr/share/doc/*/copyright.

Ubuntu comes with ABSOLUTELY NO WARRANTY, to the extent permitted by
applicable law.

root@ubuntu18s1:~# _
```

그림 2-59 VMware 사용자 콘솔 – root 사용자 로그인 확인

07 우분투에서는 또한 root 사용자로 SSH 접속을 못하도록 기본 설정이 돼 있습니
다. 사용자 콘솔에서 다음 명령어를 실행해 root 사용자의 SSH 접속 또한 허용
합니다.

bchoi@ubuntu18s1:~$ sudo sed -i 's/#PermitRootLogin prohibit-password/
PermitRootLogin yes/' /etc/ssh/sshd_config
```
[sudo] password for bchoi:########
```

다음 SSH 서버 서비스를 다시 시작합니다.

---

bchoi@ubuntu18s1:~$ **sudo service ssh restart**

---

08 이번에도 윈도우 호스트에서 PuTTY 프로그램을 엽니다. root 사용자 이름 및
패스워드를 사용해 우분투 서버로 SSH로 접속을 시도해 봅니다. 서버의 리모트
사용자 허용 설정이 정상적으로 변경됐다면 다음 그림과 같이 성공적으로 SSH
접속한 후에 로그인합니다.

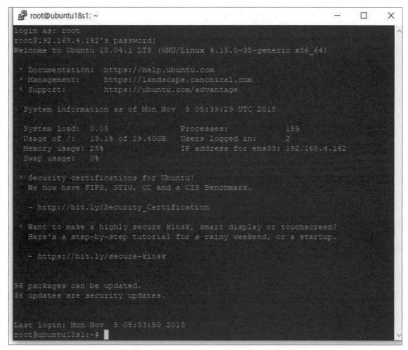

그림 2-60 PuTTY – root 사용자 SSH 로그인 확인

09 실제 실무용 리눅스 서버에는 GUI를 설치하지 않고 사용하는 것이 기본이지만 랩 사용자의 편의를 위해 unbuntu18s1 서버에 GUI를 설치해 보겠습니다. 먼저 **sudo apt-get install tasksel** 명령어를 사용해 tasksel을 설치해야 합니다.

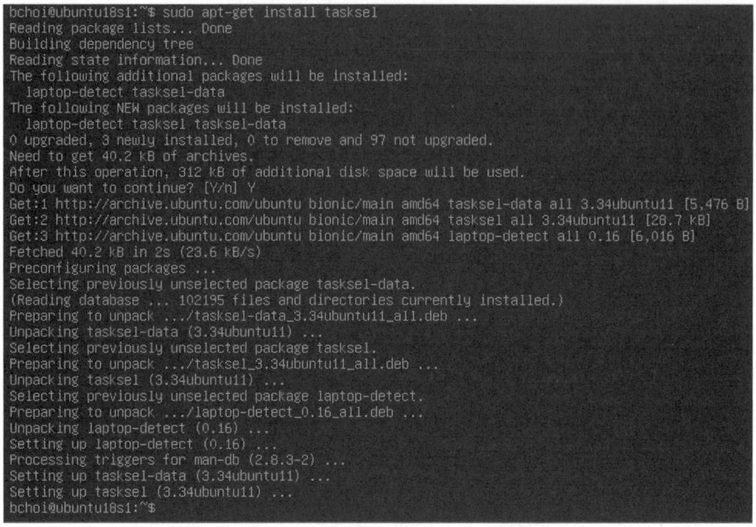

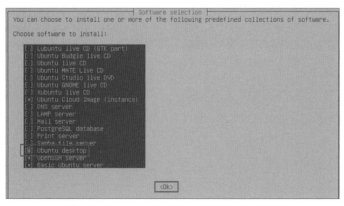

그림 2-61 VMware 사용자 콘솔 – tasksel 설치 예

10 다음 **sudo tasksel** 명령어를 사용해 소프트웨어 설치 창을 띄운 후 Unbuntu Desktop을 스페이스바를 사용해 선택하고 [OK]를 선택합니다. [Enter] 키를 누릅니다.

그림 2-62 VMware 사용자 콘솔 – 우분투 데스크톱 선택

11 먼저 인터넷에 접속해 필요한 패키지들을 다운로드합니다. 컴퓨터와 인터넷 속
도에 따라 설치가 완료되기 전까지 조금의 시간이 소요될 수 있습니다.

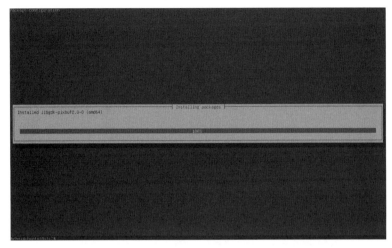

그림 2-63 VMware 사용자 콘솔 – 우분투 데스크톱 설치 완료

12 설치가 끝나면 **reboot** 명령어를 사용해 우분투 서버를 재부팅한 후 GUI를 통해
사용자 콘솔 로그인이 가능해집니다.

13 재부팅한 후 다음과 같이 GUI로 사용자 로그인 인터페이스가 나타납니다. 사용
자 아이디와 패스워드를 입력한 후 로그인합니다.

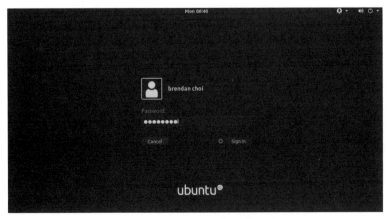

그림 2-64 VMware 사용자 콘솔 – 우분투 데스크톱 로그인 스크린

14 이제 우분투 서버로도 GUI를 사용해 VM 콘솔 로그인이 가능해졌습니다. GUI는 VM 콘솔 로그인때 사용합니다. SSH로의 로그인은 계속해서 커맨드라인 콘솔 로그인을 사용합니다.

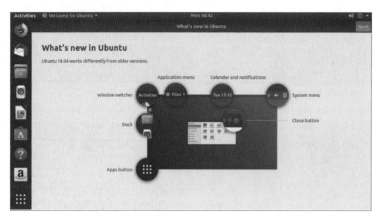

그림 2-65 VMware 사용자 콘솔 – 우분투 데스크톱 로그인 후 첫 스크린

15 만약 현재 우분투 서버의 동작 상태에 만족한다면, 마지막 단계로 VMware 워크스테이션의 스냅샷 기능을 사용해 서버의 현재 상태를 저장해 보겠습니다. VMware의 스냅샷^{Snapshot} 기능은 마치 사진을 찍 듯이 현재 서버 설정을 그대로 저장해 차후 사용자가 원할 때 언제든지 그 이전의 스냅샷 상태로 되돌아갈 수 있게 해줍니다. 서버 구성과 상태가 완벽하다고 생각하면 스냅샷을 찍습니다.

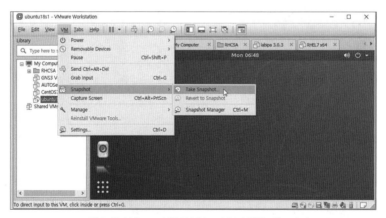

그림 2-66 VMware 사용자 콘솔 – VM 스냅샷 메뉴 가기

16 본인이 원하는 이름과 설명을 입력한 후 [Take Snapshot] 버튼을 클릭해 스냅샷을 생성합니다.

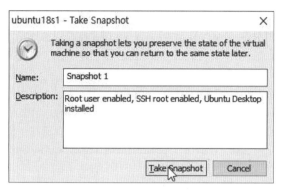

그림 2-67 VMware 사용자 콘솔 – VM 스냅샷 생성하기

랩에서 사용하기 편리한 설정들을 Ubuntu 18.04.1 LTS 서버에 간단하게 설정해 봤습니다. 스냅샷은 차후 랩에서 가상 머신을 사용하다 시스템상의 문제가 발생할 경우 또는 실험을 한 후 다시 Snapshot 1 시점으로 되돌려 백지화시킬 때 사용할 수 있습니다. CentOS 7.5 가상 머신도 한번 설치해 보도록 하겠습니다.

2.5.2 CentOS 7.5 서버 이미지 다운로드 및 설치하기

우분투 서버 가상 머신 설치와 마찬가지로 먼저 부팅 가능한 CentOS 7.5 설치 iso 파일을 다운로드해야 합니다. 랩톱이 인터넷과 통신이 잘 되는지 확인한 후 설치 파일을 다운로드합니다. CentOS 7.5 다운로드 과정은 다음과 같습니다.

2.5.2.1 CentOS 7.5 서버 이미지 다운로드

01 웹 브라우저에서 다음 CentOS 다운로드 페이지로 이동합니다. 예상 파일 크기는 약 4.16GB 정도입니다.

https://www.CentOS.org/download/mirrors/

02 본인의 위치와 가장 가까운 CentOS 이미지 FTP 서버에서 가장 최신 CentOS 7.5 버전 iso 이미지를 다운로드합니다. 제 위치는 호주의 시드니이므로 위의 사이트에서 다운로드를 받았습니다. 한국 또는 다른 지역에서 다운로드한다면 본인의 위치와 가까운 웹사이트로 이동한 후 다운로드받으면 됩니다.

```
KAIST        - http://ftp.kaist.ac.kr/CentOS/
Kakao Corp.  - http://mirror.kakao.com/CentOS/
Moack Data Center - http://CentOS.mirror.moack.net/CentOS/
NAVER Business Platform - http://mirror.navercorp.com/CentOS/
AoneNetworks Co.,Ltd. - http://data.aonenetworks.kr/os/CentOS/

Digital Pacific - http://CentOS.mirror.digitalpacific.com.au/7.5.1804/isos/
x86_64/
```

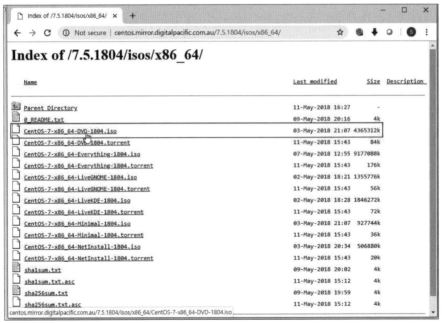

그림 2-68 CentOS 7.5 – 공식 다운로드 페이지

2.5.2.2 CentOS 7.5 서버 설치하기

CentOS 7.5 서버 가상 머신 설치 과정 또한 위에서 설치했던 우분투 서버 설치 과
정과 크게 다르지 않습니다. 여기서 설치된 가상 서버는 차후 랩에서 많이 사용되니
절차에 따라 차근차근 설치하기 바랍니다. CentOS 서버는 반드시 설치해야 책 후반
부에 나오는 내용들을 배울 수 있습니다.

01 그림과 같이 VMware 워크스테이션 사용자 창에서 [File] 메뉴를 클릭한 후 [New
Virtual Machine...]을 클릭합니다.

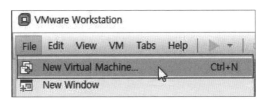

그림 2-69 새 가상 머신 만들기 선택

02 이번에도 그대로 [Typicial(recommended)]를 선택한 상태에서 [Next >] 버튼을
클릭합니다.

그림 2-70 CentOS 7.5 설치 – 새 가상 머신 위저드 시작

03 다음은 [Browse...] 버튼을 클릭해 다운로드 폴더에서 CentOS 7.5 서버 설치 디
스크 이미지 파일을 찾습니다.

그림 2-71 CentOS 7.5 설치 - 설치 디스크 이미지 파일 찾기

04 다운로드 폴더에 저장해 뒀던 설치 디스크 이미지 파일을 찾아 선택한 후 [**열기
(O)**] 버튼을 클릭합니다.

그림 2-72 CentOS 7.5 설치 - CentOS 7.5 설치 iso 파일 선택

05 다시 새 가상 머신 위저드 창으로 돌아오면 클릭한 설치 파일을 재확인한 후 [Next] 버튼을 클릭합니다.

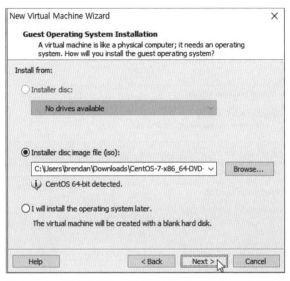

그림 2-73 CentOS 7.5 설치 – 새 가상 머신 CentOS 7 이미지 클릭 완료

06 상상력을 좀 발휘해 본인에게 의미있는 서버 이름을 붙여봅니다. 저는 CentOS 7.5 Server 1에서 따온 CentOS75s1로 이름을 붙여봤습니다. [Next 〉] 버튼을 클릭합니다.

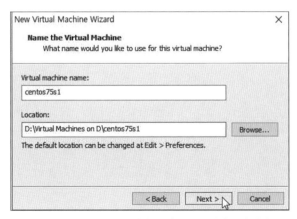

그림 2-74 CentOS 7.5 설치 – 서버 이름, 저장 폴더 설정

07 사용 가능한 디스크 용량을 할당해 줍니다. 저는 GUI 설치에 필요한 디스크 사용량을 감안해 30GB로 할당했습니다. 디스크는 디폴트로 씬 프로비저닝^{thin} ^{provisioning}으로 설정되므로 30GB 전체를 바로 사용하는 것이 아니라 사용하는 용량만큼 최대 30GB까지 호스트의 디스크 사용량이 늘어납니다. 여기서도 편의상 Store virtual disk as a single file을 클릭합니다.

그림 2-75 CentOS 7.5 설치 – 사용할 디스크 용량 할당

08 가상 서버 설정이 끝나면 설치가 바로 시작되도록 [Power on this virtual machine after creation]을 선택한 후 [Finish] 버튼을 클릭합니다.

그림 2-76 CentOS 7.5 설치 – 설정 끝내기

09 다음 그림과 같이 Install CentOS 7 옵션을 선택하면 새 CentOS 7.5 리눅스 서버 설치가 시작됩니다.

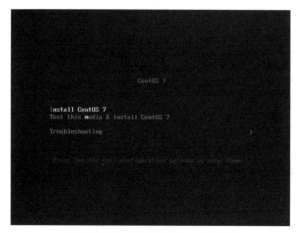

그림 2-77 CentOS 7.5 설치 – 설치 옵션

10 다음 창에서는 [Enter] 키를 한 번 눌러 설치를 실행시킵니다.

그림 2-78 CentOS 7.5 설치 - [Enter] 키 입력

11 기본 언어인 영어로 선택한 후 [Continue] 버튼을 클릭합니다.

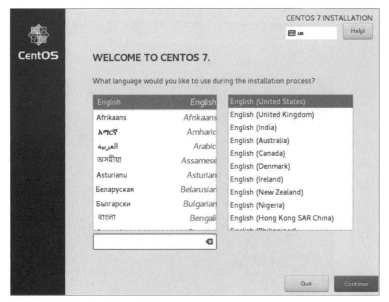

그림 2-79 CentOS 7.5 설치 - 언어 선택

12 **옵션**에서 만약 한국어로 설치를 원한다면 다음과 같이 한국어를 선택해 설치합니다.

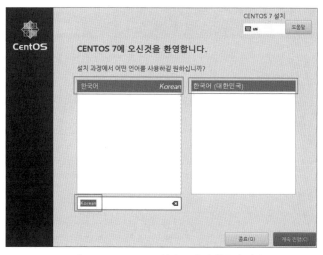

그림 2-80 CentOS 7.5 설치 - 옵션 한국어 선택

13 지금까지 설정한 서버 설치 요약입니다. 여기서 [System] 아래 [INSTALLATION DESTINATION]을 클릭한 후 운영체제를 설치할 미디어를 선택할 수 있습니다.

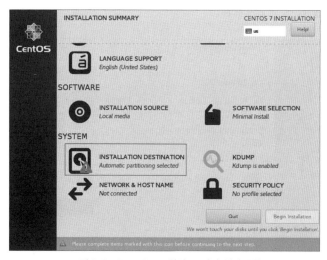

그림 2-81 CentOS 7.5 설치 - 서버 설정 요약

14 로컬 일반 디스크 30GiB를 하이라이트 표시한 후 [Done] 버튼을 클릭하면 이전 설치 화면으로 되돌아 갑니다.

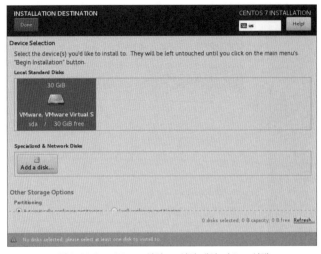

그림 2-82 CentOS 7.5 설치 – 설치 대상 디스크 선택

15 우분투 설치 때와는 달리 여기서 CentOS에서 사용할 VM 콘솔용 데스크톱 설치를 [SOFTWARE SELECTION]을 선택해 설치해 보겠습니다. [SOFTWARE SELECTION]을 클릭합니다.

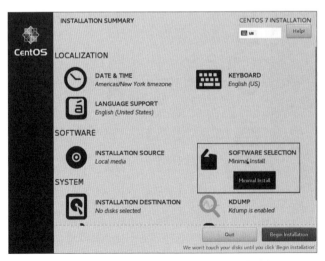

그림 2-83 CentOS 7.5 설치 – 추가 소프트웨어 선택

16 소프트웨어 선택 창에서는 [GNOME Desktop]과 추가로 [GNOME Application]을 선택한 후 [Done] 버튼을 클릭합니다.

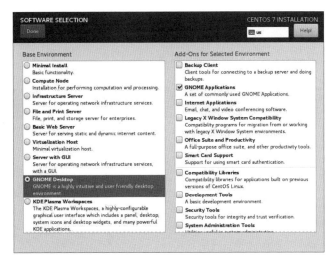

그림 2-84 CentOS 7.5 설치 - GNOME Desktop 선택

17 [NETWORK & HOSTNAME]을 클릭합니다.

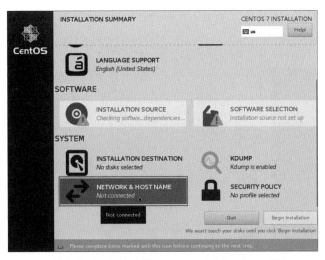

그림 2-85 CentOS 7.5 설치 - Network & Hostname 선택

18 CentOS 서버의 네트워크 어댑터는 디폴트로 꺼져 있습니다. 다음 그림과 같이 [ON] 버튼을 선택해 켜 줍니다. 정상적으로 네트워크가 작동하면 다음과 같이 NAT 서브넷에서 IP 주소를 할당 받습니다. 이 서버의 경우 192.168.4.143의 IP 주소를 할당 받았습니다. 본인 서버의 IP 주소 또는 서브넷이 동일하지 않더라도 문제가 되지 않으니 그대로 설치를 진행합니다.

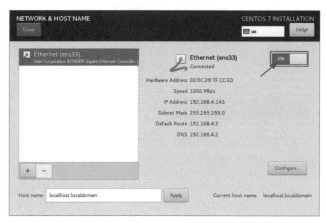

그림 2-86 CentOS 7.5 설치 – Ethernet(ens33) 네트워크 연결하기

19 다시 설정 요약 윈도우로 돌아오면 [Begin Installation] 버튼이 활성화된 것을 확인할 수 있습니다. 이 버튼을 클릭해 설치를 실행시킵니다.

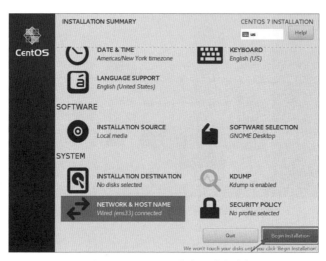

그림 2-87 CentOS 7.5 설치 – 설치 시작

20 설치에 앞서 전에 root 사용자의 패스워드를 설정해야 합니다. [ROOT PASSWORD]를 클릭합니다.

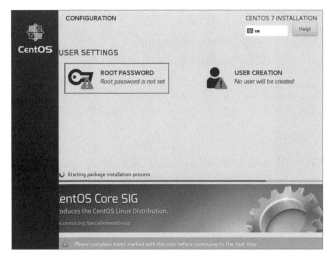

그림 2-88 CentOS 7.5 설치 - root 사용자 패스워드 설정

21 Root 사용자 패스워드를 두 번 입력한 후 [Done] 버튼을 클릭합니다.

그림 2-89 CentOS 7.5 설치 - root 사용자 패스워드 입력

22 이전 설치창으로 돌아오면 CentOS 7 서버 설치가 동시에 진행됩니다.

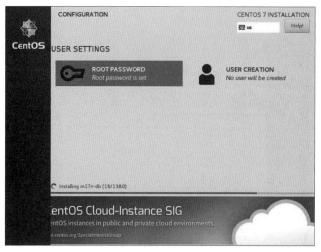

그림 2-90 CentOS 7.5 설치 - 서버 설치중

23 성공적으로 설치가 완료됐다는 메시지가 나타나면 역시 [Reboot] 버튼을 클릭해 새 서버를 가볍게 한 번만 재부팅해줍니다.

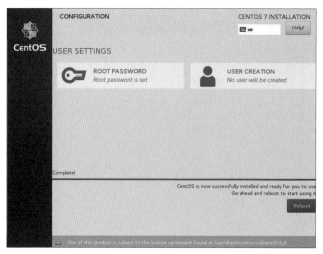

그림 2-91 CentOS 7.5 설치 - 설치 완료, 서버 재부팅

24 서버를 재부팅하고 다음과 같은 초기 설정 화면이 보이면 최종 사용자 라이선스 협정 동의를 한 후에 사용이 가능합니다. [LICENSE INFORMATION]을 클릭합니다.

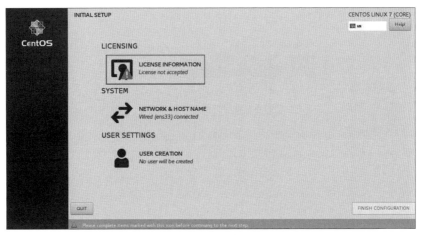

그림 2-92 CentOS 7.5 설치 - 초기 설정 창

25 [I accept the licence agreement.] 체크 박스에 표시한 후 [Done] 버튼을 클릭합니다.

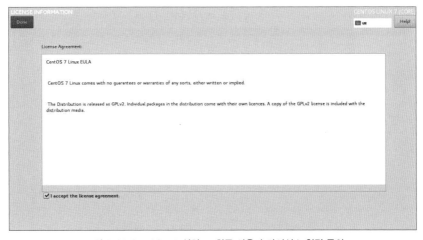

그림 2-93 CentOS 7.5 설치 - 최종 사용자 라이선스 협정 동의

26 초기 설정 창으로 다시 되돌아오면 라이선스 정보란에 경고 표시가 사라진 것을 확인할 수 있습니다. 아래에 있는 [FINISH CONFIGURATION] 버튼을 클릭해 설정을 완료합니다.

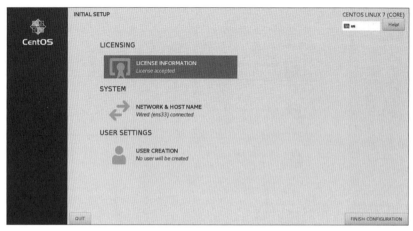

그림 2-94 CentOS 7.5 설치 - 초기 설정 완료

27 그대로 [Next] 버튼을 클릭합니다. 현재 보고 있는 사용자 바탕화면은 GNOM 데스크톱입니다. 만약 이 데스크톱이 마음에 들지 않는다면 다른 종류의 데스크톱을 설치해 사용할 수도 있습니다.

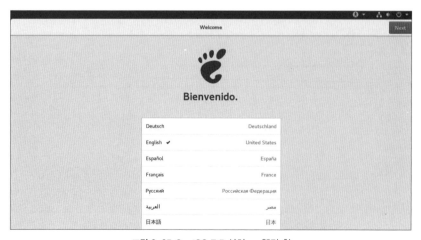

그림 2-95 CentOS 7.5 설치 - 웰컴 창

28 한번 더 [Next] 버튼을 클릭합니다.

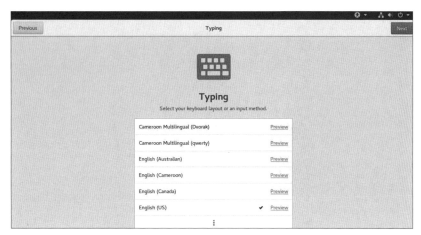

그림 2-96 CentOS 7.5 설치 - 키보드 설정 창

29 위치 서비스 사용 및 위치 공유 확인을 위해 On을 그대로 선택한 채 [Next] 버튼을 클릭합니다.

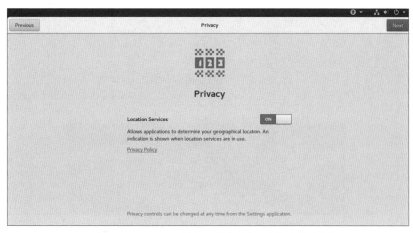

그림 2-97 CentOS 7.5 설치 - 위치 서비스 사용 및 위치 공유

30 그대로 [Grant Access]를 클릭합니다.

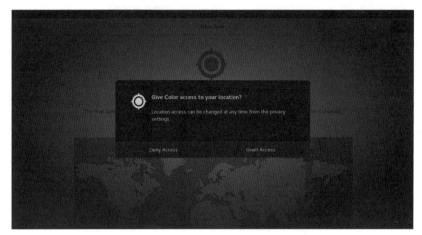

그림 2-98 CentOS 7.5 설치 - 사용자 위치 컬러 추적 허용

31 시간대 설정은 변경하지 않습니다. [Next] 버튼을 클릭합니다.

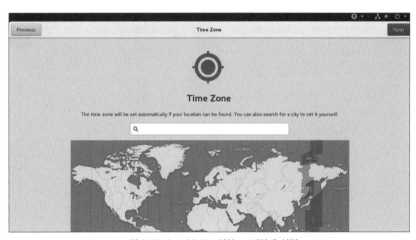

그림 2-99 CentOS 7.5 설치 - 시간대 설정

32 옵션으로 본인이 사용하는 계정을 연결할 수 있습니다. 바로 [Skip] 버튼을 클릭합니다.

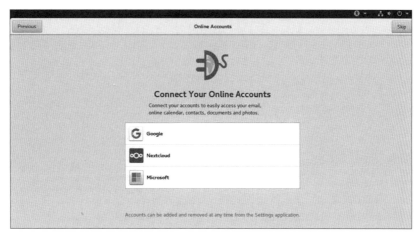

그림 2-100 CentOS 7.5 설치 – 온라인 어카운트 연결하기 옵션

33 사용자의 이름과 아이디를 입력한 후 [Next] 버튼을 클릭합니다.

그림 2-101 CentOS 7.5 설치 – 실명 및 사용자 이름 입력

34 패스워드를 설정합니다.

그림 2-102 CentOS 7.5 설치 - 패스워드 설정

35 설정 완료 창이 다음과 같이 나타나면 [Start using CentOS Linux] 버튼을 클릭합니다.

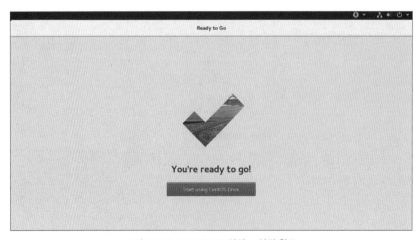

그림 2-103 CentOS 7.5 설치 - 설정 완료

36 다음과 같이 시작하기 GUI 페이지가 나타나면 곧 바로 창을 닫습니다.

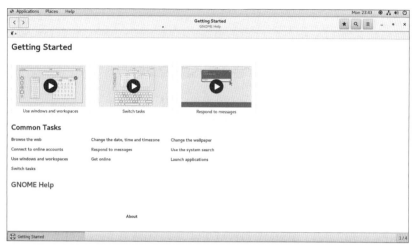

그림 2-104 CentOS 7.5 설치 – 시작하기 창

37 데스크톱이 열리면 마우스 오른쪽 마우스를 사용해 **Open Terminal**을 열어 IP 주소와 인터넷 통신이 정상적으로 동작하는지부터 확인합니다.

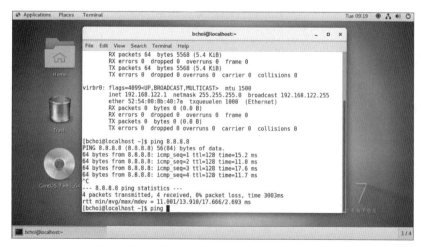

그림 2-105 CentOS 7.5 설치 – IP 주소 및 인터넷 통신 확인

이로써 CentOS 7.5 설치와 초기 설정을 완벽하게 마쳤습니다. 다음은 CentOS 7.5 서버에 root 사용자 로그인을 확인합니다.

2.5.3 CentOS 7.5 root 사용자로 콘솔 및 SSH 로그인

우분투와 달리 CentOS 서버는 root 사용자의 콘솔 로그인과 SSH root 사용자 접속이 별도의 설정 없이 디폴트로 허용되고 있습니다. 그림 2-106과 그림 2-107과 같이 설치한 후, 곧바로 root 사용자로 VM 콘솔과 네트워크를 통한 SSH로 로그인해서 사용할 수 있습니다.

01 다음 root 사용자 계정을 사용해 VMware 워크스테이션 상의 콘솔로 바로 로그인한 화면입니다. 설치 과정에 사용된 **root** 사용자의 패스워드를 사용해 로그인할 수 있습니다.

그림 2-106 CentOS 디폴터 설정 – root 사용자 콘솔 로그인 허용

02 다음 그림은 root 사용자로 PuTTY를 사용해 SSH로 접속한 화면입니다. 별도의 설정 없이 바로 SSH 접속이 가능합니다.

그림 2-107 CentOS 디폴터 설정 − root 사용자 SSH 로그인 허용

참고

CentOS 서버에서 IP 주소를 고정 주소로 바꾸려면 nmtui 명령어를 사용해 간단하게 변경할 수 있습니다. 또한 설치 초기에 네트워크 어댑터를 켜지 않았다면 nmtui 툴을 사용해 변경할 수도 있습니다. nmtui는 명령어 창에서 시작합니다. Network Management Text User Insterface(nmtui)의 사용 방법은 다음과 같으며 화면에서는 DHCP를 사용한 자동 IP 주소의 사용 예을 보여주고 있습니다.

01 먼저 CentOS의 터미널 콘솔 창을 열어 nmtui라고 입력한 후 [Enter] 키를 누릅니다.

```
[root@localhost ~]#nmtui
```

02 CentOS의 네트워크 TUI가 나타나면 [Edit a connection]을 선택합니다.

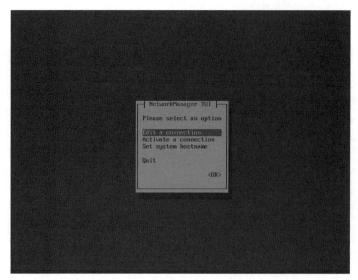

그림 2-108 CentOS 7.5 – Network Manager TUI

03 [ens33]에 하이라이트하고 [⟨Edit⋯⟩]를 선택합니다.

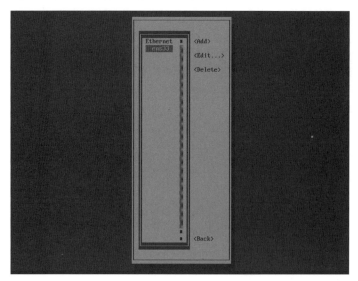

그림 2-109 CentOS 7.5 – 네트워크 어댑터 선택

04 [Edit Connection] 창이 나타나면 프로필 이름과 맥어드레스(Device)를 확인합니다. 다음과 같이 [Automatically connect] 선택이 비활성화돼 있습니다.

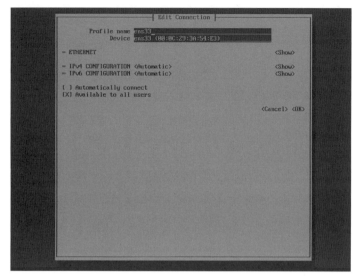

그림 2-110 CentOS 7.5 – 네트워크 어댑터 설정

05 [Automatically connect]를 선택한 후 [〈OK〉]를 선택해 이전 화면으로 되돌아갑니다.

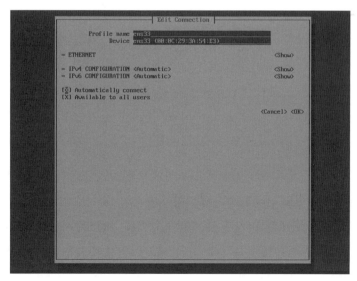

그림 2-111 CentOS 7.5 설치 – 자동 연결 선택(DHCP 사용)

06 [Quit]을 선택해서 변경한 내용을 저장합니다.

그림 2-112 CentOS 7.5 설치 – 네트워크 매니저 TUI Quit 선택

2.6 GNS3 VM 다운로드 및 설치하기

이 파일은 GNS3 커뮤니티에서 만들어 놓은 GNS3 서버이며 하이퍼바이저에 설치해 구동할 수 있도록 만들어 놓았습니다. **GNS3 VM**은 GNS3 커뮤니티가 라우터, 스위치, 방화벽, 서버들과 같은 통신, 서버 및 보안제품들을 가상화 환경의 서버 상에서 쉽게 구동할 수 있도록 사전에 만들어 놓은 가상 서버라고 이해하면 됩니다.

이 GNS3 VM은 GNS3와 마찬가지로 무료이며 어떤 버전의 GNS3를 사용하느냐에 따라 GNS3 VM 버전도 달라지므로, 본인이 사용하는 GNS3 버전에 맞춰 GNS3 VM도 다운로드해 설치합니다. 여기서 저는 GNS3 2.1.11 버전을 사용하므로 GNS3 VM 또한 2.1.11 버전을 사용해야 합니다. 이 버전보다 최신 버전을 다음과 같이 동일한 방법으로 다운로드 받아 사용해도 큰 문제는 없으니 가장 최신 GNS3 버전과 그 버전에 맞는 GNS3 VM.ova 파일을 다운로드받아 사용하기 바랍니다.

2.6.1 GNS3 VM.ova 파일 다운로드 및 설치

GNS3 VM.ova 파일을 다운로드하는 과정은 다음과 같습니다.

01 웹 브라우저에서 먼저 다음 다운로드 사이트로 이동한 후 가장 최신 GNS3와 GNS3 VM을 다운로드합니다.

https://github.com/GNS3/gns3-gui/releases

02 최신 GNS3는 공식 웹사이트인 https://www.gns3.com/software/download에서 사용자 등록한 후 다운로드할 수 있습니다. 이 책에서는 **GNS3와 GNS3 VM.ova**를 한꺼번에 다운로드할 수 있는 **github 사이트**를 이용해 다운로드합니다.

그림 2-113 GNS3와 GNS3 VM Github 다운로드 사이트

03 파일 다운로드가 완료되면 그 위치에서 zip 파일을 풀고 GNS3 VM.ova 파일의
위치를 잘 기억해 둡니다.

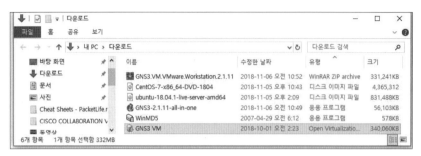

그림 2-114 파일 다운로드 후 zip 파일 풀기

04 다음은 VMware 워크스테이션으로 이동한 후 **Open** 메뉴를 사용해 .ova 파일을
불러오기를 합니다.

그림 2-115 VMware 워크스테이션 – Open 메뉴 선택

05 이미 앞축을 풀어뒀던 **GNS3 VM** 파일을 찾아 선택한 후 **[열기(O)]** 버튼을 클릭합니다.

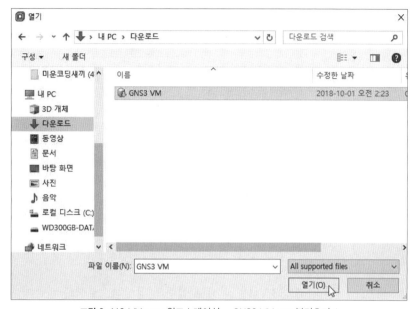

그림 2-116 VMware 워크스테이션 – GNS3 VM.ova 불러오기 1

06 [Import] 버튼을 클릭해 불러오기를 실행합니다.

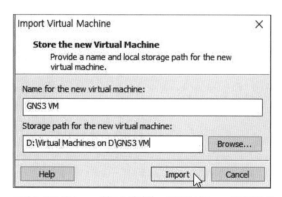

그림 2-117 VMware 워크스테이션 – GNS3 VM.ova 불러오기 2

07 가상 머신 불러오기가 완료되면 다음과 같이 **GNS3 VM**이라는 가상 머신이 워크 스테이션 왼편 창에 다른 서버들 아래로 설치됩니다.

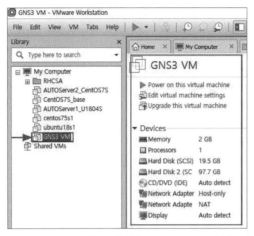

그림 2-118 VMware 워크스테이션 – GNS3 VM.ova 불러오기 3

08 마지막으로, 설치된 **GNS3 VM**을 임시로 실행해 정상적으로 작동하는지 확인해 봅니다. 확인이 끝난 후 **GNS3 VM**을 다시 파워 오프해 놓습니다.

그림 2-119 VMware 워크스테이션 – GNS3 VM 실행 및 확인

이로써 GNS3에서 사용할 GNS3 VM 불러오기 및 설치를 완료했습니다. 다음은 GNS3의 설치와 구성을 알아보겠습니다.

하이퍼바이저의 기원

앞에서 가상화 프로그램들은 일반적으로 Type-1 하이퍼바이저와 Type-2 하이퍼바이저 둘 중 하나로 나눠진다고 설명했습니다. 여기서 영어단어 hypervisor라는 단어를 이해하면 가상화의 뜻을 유추할 수 있을 것입니다. 하이퍼바이저라는 단어는 **하이퍼**와 **바이저**라는 두 단어로 만들어진 합성어입니다. 그리스어에서 유래된 단어 Hyper 즉 **위의, 위에서**와 프랑스어에서 유래된 viser 라는 단어, 즉 **가리다**가 합성된 데서 기원을 찾을 수 있습니다. 굳이 한국말로 풀어서 설명하면 **위에 것을 완전히 가린다** 정도로 해석할 수 있습니다.

또 위키피디아닷컴에서는 컴퓨터 분야와 관련된 hypervisor라는 단어를 검색해 보면 supervisor라는 단어의 변형형이라고 나와 있습니다. hypervisor 라는 단어는 supervisor의 supervisor라는 뜻을 가진다고 합니다. hyper는 super보다 한 단계 더 강력한 표현법 단어로 사용돼야 합니다. 그럼 우리 모두의 영웅 슈퍼맨보다 더 강력한 DC코믹스 인물이 나타난다면 하이퍼맨이 라고 불러야 할까요?

현실에 비유해 가상화 개념을 좀 더 현실적으로 접근한다면 hypervisor는 자 동차의 엔진 또는 트랜스미션에 사용되는 **윤활유**와 같다라고 생각할 수 있습 니다. 자동차에는 엔진과 트랜스미션과 같이 큰 부품들이 있고 이 큰 부품들 안에는 다수의 움직이는 더 작은 부속품들로 이뤄져 있습니다. 하이퍼바이저 는 큰 부품 안에 움직이는 여러 개의 작은 부품들의 마찰과 마모를 막아주기 위해 사용되는 윤활유 같은 역할을 한다라고 생각하면 쉽지 않을까요?

그러니까 여기서는 컴퓨터 하드웨어와 가상화 머신 사이에 가상 머신이 원활 이 작동할 수 있도록 윤활유 같은 역할을 해 줍니다. 그래서 하이퍼바이저를 Fabrication(조작, 거짓)이라는 단어와도 많이 연관지어 사용합니다. 가상 머 신은 자신의 출생의 비밀을 숨긴 채 하드웨어인줄만 알고 열심히 돌아가고 있지만 사실 그냥 여러 개의 파일들로 이뤄진 소프트웨어적 몇 가지 종류의 파일에 불과했던 것입니다.

사실상 **시스코 네트워크에서의 가상화**는 시스코 장비의 개발 과정을 보면 전혀 새로운 개념이 아니라고 말할 수 있습니다. 제가 지원하는 고객사의 장비 중에는 아직도 시스코 구형 장비를 사용하는 고객님들이 많습니다. 여러분들 중 아직도 시스코사의 6500/4500 시리즈 엔터프라이즈 스위치를 관리하는 분들이 있는지도 궁금합니다. 만약 CCNA를 공부하고 있다면 직접 보지는 못했어도 그 이름은 한 번쯤 들어봤을 법합니다. 이 스위치들은 커다란 본체에 수퍼바이저라는 모듈(들)을 장착해서 3계층 라우터들처럼 구동되는 라우터 겸 스위치 장비입니다. 어떤 엔지니어는 2계층과 3계층을 다 지원한다고 해서 Srouter(스라우터)라고도 부릅니다.

요즘 나오는 시스코 넥서스 장비의 시조로 볼 수 있습니다. 요즘 사용되는 가상화와 비교해 본다면, **옛 시스코 6500/4500 시리즈 스위치에서 본체는 운영체제에 속하고 슈퍼바이저는 하드웨어적 가상 머신이라고 비교할 수 있을 것입니다.** 시스코사는 이미 몇 년을 앞서 가상화 프로그램들이 나오기 이전부터 하드웨어를 사용해 하드웨어적인 가상화를 시작했습니다. 그리고 참고로 요즘 나오는 넥서스 3K/5K/6K/7K 스위치 등은 몇 년 전부터 Python API를 지원하고 있으며 디폴트로 Python 2.7 버전을 탑재해 출시됐습니다. 현재 **시스코 넥서스 3048**을 사용해 시스코 스위치에서도 제대로 된 파이썬 네트워크 자동화 솔루션이 가능한가를 공부하고 있습니다. 지금까지의 시험 결과는 실망스럽지만 정말 뭔가 특별한게 있지 않을까 궁금해서 계속 실험하며 열심히 파헤쳐 볼 생각입니다. 혹시 시스코 넥서스 3K 스위치에 더 관심이 있다면 다음 주소를 참조하세요.

https://www.cisco.com/c/en/us/products/collateral/switches/nexus-3000-series-switches/data_sheet_c78-685363.html

2.7 GNS3 설치와 구성

GNS3는 2008년에 처음 소개된 **멀티벤더 지원이 가능한 네트워크 소프트웨어 에뮬레이터 프로그램**입니다. 또한, 윈도우, 리눅스와 macOS를 모두 지원하는 크로스 플랫폼 네트워크 가상 프로그램입니다. 처음 출시 당시 GNS3는 GUI 다이나밉스로 알려졌었습니다. GNS3의 그래픽 사용자 인터페이스는 dynamips를 기반으로 동작합니다. GNS3는 커뮤니티 기반으로 개발 및 지원이 되고 있으며 GNS3.org 홈페이지에서 사용자 등록 후 무료로 다운로드 받아 사용할 수 있습니다.

최신 GNS3에서는 VMware 워크스테이션, VMware ESXi vSphere와 오라클[Oracle] VirtualBox와 같은 가상 프로그램과 연동이 가능해져 기존 로컬 GNS3 서버만 사용했을 때 큰 문제가 됐던 CPU 및 하드디스크 병목현상으로 인한 성능저하 문제들이 대부분 해결됐습니다. 로컬 서버로만 구동할 경우 사용할 수 있는 가상 기기들의 수가 한정되며 시스템의 성능 저하와 안전성이 GNS3 VM을 연동시켜 사용할 때보다 많이 떨어질 수 있습니다. 또한 로컬 서버와 GNS3 VM 서버를 함께 연동해 사용할 수도 있습니다. 이 프로그램의 사용 용도는 일반적으로 네트워크를 공부하기 위한 학습용 또는 업무상의 기술적인 개념을 시험할 때 랩으로 만들어 활용하므로 엔지니어들에게는 활용도가 꽤 높은 프로그램이라고 말할 수 있습니다.

윈도우용 GNS3를 설치할 경우 필요한 파일은 GNS3, Wireshark와 WinPcap 세 가지뿐이지만 라우터, 스위치 및 방화벽 등 여러 가지 실제 장비의 운영체제의 실험을 위해서 실제 장비에 사용되는 운영체제 이미지들이 별도로 요구됩니다. GNS3를 로컬 서버 모드로 랩을 꾸밀 경우 모든 시스코 라우터 IOS를 지원하지 않으며 대부분 옛 라우터 모델 IOS만 사용할 수 있습니다. 한 가지 예외로 시스코 7200 IOS 15 버전을 지원하지만 로컬 서버모드에서 사용했을 경우 CPU 리소스를 많이 사용해 호스트 PC에 CPU 부하의 원인이 됩니다. 그리고 시스코 switch IOS는 지원이 안되므로 라우터 상에 설치되는 NM-16ESW 이더스위치 모듈로 스위치 기능을 대체해서 사용해야 하는 약점이 있습니다.

최근 GNS3와 가상화 프로그램들의 연동이 가능해지면서 자연스럽게 지원하는 기능들이 더 많아졌습니다. IOU 이미지 지원, Quemu를 이용한 VIRL 이미지 지원, Docker 지원 기능 등은 GNS3를 사용해 공부 또는 업무와 관련된 랩을 만들어 사용할 수 있는 새로운 기능들입니다. 즉, GNS3에서도 가상 프로그램과 연동됐을 때 가상화 프로그램을 사용해 리눅스와 같은 가상 머신 기능을 수행할 수 있습니다. 또한 VIRL L2 IOSv의 사용으로 라우팅뿐만 아니라 L2 스위칭 기능도 사용이 가능해졌습니다. 만약 시스코 CCNA RS 개념만 공부하길 원한다면 시스코 VIRL PE 프로그램 또는 EVE-GN을 사용해서 랩 꾸미기를 추천합니다.

이 책에서는 GNS3에 어플라이언스^{Appliance}로 이미 만들어져 있는 **시스코 VIRL L2와 L3 IOSv를 접목시켜 사용하며 앞서 설치했던 가상 리눅스 서버와 이 책에서 배울 자료들을 바탕으로 파이썬 코드를 이용해 시스코 라우터 및 스위치를 설정 및 제어**할 것입니다. 2장에서는 먼저 GNS3를 설치한 후 로컬 및 GNS3 VM 서버를 설치해 사용자의 랩 용도에 맞게 설정합니다.

2.7.1 GNS3 설치 파일 다운로드 받기

GNS3 설치 파일을 다운로드하려면 두 가지 방법이 있습니다. 일반적으로 공식 사이트에서 다운로드하는 방법과 Github 사이트에서 다운로드하는 방법입니다. 공식 사이트에서 다운로드를 받으려면 먼저 사용자 등록을 마친 후 다운로드할 수 있습니다. 또한 등록한 사용자들은 GNS3에서 제공하는 어플라이언스도 함께 다운로드받아 사용할 수 있습니다. 다른 한 가지 방법은 Github 사이트롤 통해 GNS3 설치 파일과 GNS3 VM.ova 파일도 같은 페이지에서 다운로드 받을 수 있습니다. 다음 Github 사이트나 GNS3 공식 사이트를 통해 이 두 가지 파일을 먼저 다운로드를 받아 다운로드 폴더에 저장합니다.

2.7.1.1 깃허브에서 GNS3 설치 파일 다운로드 받기

먼저 깃허브를 통해 GNS3 설치 파일과 GNS3 VM.ova 파일을 다운로드하는 과정은 다음과 같습니다.

01 웹 브라우저에서 먼저 다음 Github 사이트로 이동합니다.

https://github.com/GNS3/gns3-gui/releases

02 GNS3-2-1-11-all-in-one.exe와 GNS3.VM.VMware.Workstation.2.1.11.zip 두 가지 파일을 다운로드 받습니다. 만약 더 새로운 버전의 GNS3 소프트웨어가 출시됐다면 가장 최신 GNS3 설치 파일과 GNS3 VM 이미지 파일을 다운로드받아 사용하면 됩니다.

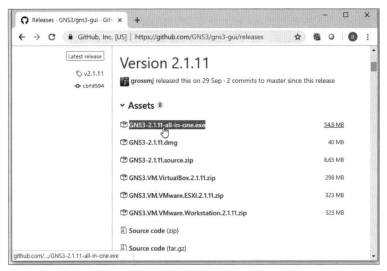

그림 2-120 깃허브 - GNS3.exe와 GNS3 VM.ova 파일 다운로드 페이지

2.7.1.2 GNS3.org에서 GNS3 설치 파일 다운로드 받기

다음은 GNS3 설치 파일을 공식 사이트에서 다운로드하는 방법입니다.

01 웹 브라우저에서 다음 명시돼 있는 GNS3 공식 사이트로 이동합니다. 필요한 GNS3 소프트웨어를 다운로드하기 위해서 먼저 사용자 등록을 합니다.

https://www.gns3.com/

02 신규 사용자일 경우 사용자 계정 등록을 합니다. 기존 사용자는 본인 아이디와 패스워드를 사용해 로그인합니다. 등록이 완료되면 로그인을 합니다.

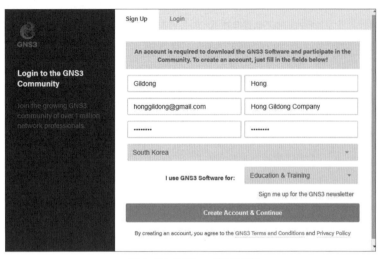

그림 2-121 GNS3 - 사용자 등록

03 GNS3 홈페이지 창에서 [Download]를 클릭하면 다음과 같이 소프트웨어 다운 로드 버튼이 보이는 팝업Pop-up 창이 나타납니다. [Download] 버튼을 클릭해 소 프트웨어를 다운로드 받습니다. 또한 다운로드 첫 화면 [Download] 버튼 아래 를 보면 Download VM for GNS3 링크가 걸려있습니다. 이 링크를 클릭해 GNS3 VM.ova 파일도 다운로드받습니다.

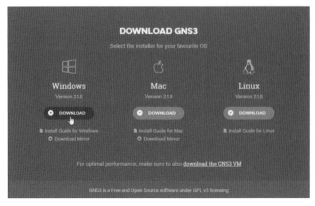

그림 2-122 GNS3 - 다운로드 옵션

그림 2-123 GNS3 – VM 다운로드 옵션

2.7.2 GNS3 설치에 앞서

2.7.2.1 Wireshark와 WinPcap 먼저 설치하기

GNS3의 설치는 정말 간단하지만 매번 Wireshark 설치 부분에 걸려 완벽하게 설치되지 않는 경우가 종종 발생합니다. GNS3에서도 Wireshark는 네트워크 패킷을 캡처하는 툴로 사용됩니다. Wireshark를 이용해 네트워크 토폴로지 상에서 통신하고 있는 네트워크 장비들의 패킷을 GNS3 GUI에서 바로 캡처해 분석 및 에러들을 쉽고 빠르게 진단해 문제해결을 할 수 있습니다.

그림 2-124에서는 Wireshark를 이용해 GNS3에서 패킷 캡처하는 모습을 볼 수 있습니다. 그리고 화살표로 표시된 부분들이 Wireshark가 패킷을 캡처할 수 있는 캡처 포인트입니다. Wireshark 설치를 완벽하게 하지 않으면 차후 GNS3 사용 중 오작동들이 빈번히 발생하므로 이 부분을 미리 방지하기 위해 GNS3 설치에 앞서 Wireshark를 먼저 설치합니다. GNS3 2.1.11 설치 과정에서 요구되는 Wireshark의 버전은 2.6.3(64비트)입니다. Wireshark 설치 과정에서 WinPcap 4.1.3도 함께 설치

됩니다. WinPcap은 산업 표준 윈도우 패킷 캡처 라이브러리이며 Wireshark에서 네트워크 패킷 캡처에 필요한 모듈들을 제공합니다. Wireshark 다운로드 사이트로 이동한 후 설치할 버전을 먼저 다운로드 받습니다.

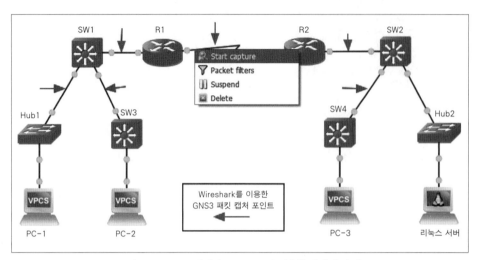

그림 2-124 GNS3 상에서 Wireshark를 이용한 패킷 캡처 예

참고

italchemy.wordpress.com 사이트는 제가 운영하고 있는 개인 블로그이며, 더 자세한 내용은 다음 웹사이트에 포스팅한 글(영문)을 참조할 수 있습니다. 제 블로그 사이트는 이 글 이외에도 시스코, 마이크로소프트, 파이썬 및 리눅스 랩과 팁들을 포함하고 있습니다.

https://italchemy.wordpress.com/2016/04/07/chasing-packets-in-gns3-production-environment-part-1-capturing-packets-using-built-in-live-wireshark-capture-in-gns3-1-4-4/ 또는 https://italchemy.wordpress.com

---

2.7.2.1.1 Wireshark 2.6.3 다운로드하기

Wireshark 2.6.3 64비트용 다운로드 과정은 다음과 같습니다.

01 웹 브라우저에서 다음 명시돼 있는 사이트로 이동합니다.

https://www.wireshark.org/download/win64/all-versions/

02 페이지 중하단부쯤을 보면 Wireshark-win64-2.6.3.exe 파일을 찾을 수 있습니다. 이 파일이 GNS3 2.1.11에서 사용되는 Wireshark 버전입니다. 이 파일을 클릭해 다운로드를 완료합니다. 이어서 바로 설치를 시작합니다.

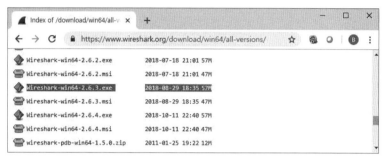

그림 2-125 GNS3에 맞는 Wireshark 다운로드

2.7.2.1.2 Wireshark 2.6.3 설치하기(WinPcap 설치 포함)

Wireshark 2.6.3 버전 설치를 시작하기 전에 만약 이전 버전의 Wireshark와 Winpcap이 설치돼 있다면 호스트 랩톱에서 완전히 삭제한 후 재설치하는 것을 추천합니다.

01 다운로드 폴더로 이동한 후 Wireshark-win64-2.6.3.exe 파일을 더블클릭해 설치를 시작합니다. 다음과 같이 사용자 계정 컨트롤 메시지가 나타나면 [예] 버튼을 클릭합니다.

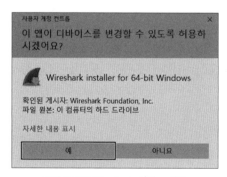

그림 2-126 Wireshark 설치 – 실행

02 웰컴 창이 나타나면 그대로 [Next >] 버튼을 클릭합니다.

03 라이선스 동의창이 나타나면 [I Agree]를 클릭해 다음으로 넘어갑니다.

04 컴포넌트 선택에서도 기본 설정으로 하고 [Next >]를 클릭합니다.

05 Additional Tasks 선택에서도 그대로 [Next >]를 클릭합니다. 만약 Wireshark 바로가기를 데스크톱에 만들고 싶다면 **Wireshark Desktop Icon** 체크박스를 선택합니다.

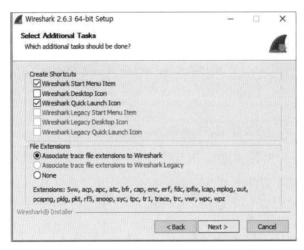

그림 2-127 Wireshark 설치 – Additional tasks 선택

06 프로그램이 설치될 폴더가 나타나면 디폴트 폴더 C:\Program Files\Wireshark 를 사용해 [Next] 버튼을 클릭합니다.

07 Packet Capture 팝업창이 나타나면 **Install WinPcap 4.1.3**이 선택돼 있는지 확인한 후 [Next >] 버튼을 클릭합니다.

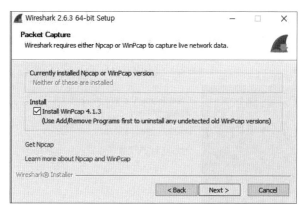

그림 2-128 Wireshark 설치 – Packet Capture WinPcap 선택

08 다음 USB Capture 팝업이 나타나면 그대로 [Install] 버튼을 클릭하면 Wireshark 설치가 실행되면서 **WinPcap 4.1.3**도 함께 설치됩니다.

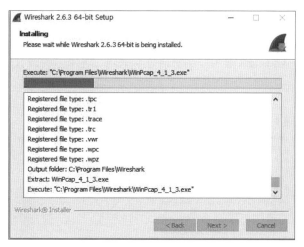

그림 2-129 Wireshark 설치 – 설치 시작

09 WinPcap 4.1.3 설치 웰컴 팝업창이 나타나면 [Next 〉] 버튼을 클릭합니다.

10 WinPcap 4.1.3의 라이선스 동의 메시지가 나타나면 [I Agree] 버튼을 클릭합니다.

11 다음 설치 옵션 팝업창에서는 변경사항 없이 [Install] 버튼을 클릭합니다.

12 WinPcap 4.1.3 설치가 완료되면 [Finish] 버튼을 클릭합니다. Wireshark 2.6.3 설치가 계속 진행됩니다.

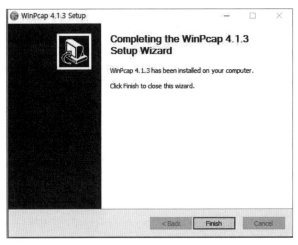

그림 2-130 WinPcap 설치 – 설치 완료

13 정상적으로 Wireshark 설치가 완료되면 다음과 그림과 같이 나타납니다. [Next >] 를 클릭합니다.

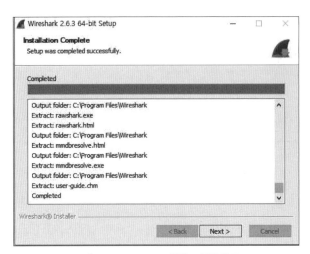

그림 2-131 Wireshark 설치 – 설치 완료

14 마지막 팝업창이 나타나면 Wireshark를 실행하지 말고 그대로 [Finsh] 버튼을 클릭해 설치를 종료합니다.

이로써 GNS3에 필요한 Wireshark와 WinPcap 설치가 완료됐으며 계속해서 GNS3 설치를 해보겠습니다.

2.7.3 GNS3 설치하기

GNS3는 꾸준히 업데이트되고 있습니다. 만약 새로 출시된 버전을 설치할 경우 Wireshark와 WinPcap 버전도 새로운 GNS3 버전에 맞춰 업데이트되니 호환이 되는 소프트웨어 버전인지 확인한 후 설치하기 바랍니다.

01 다운로드 폴더로 이동한 후 GNS3-2.1.11-all-in-one.exe 파일을 더블클릭해 설치를 시작합니다.

02 다음과 같이 **사용자 계정 컨트롤** 팝업창이 나타나면 [예] 버튼을 클릭합니다.

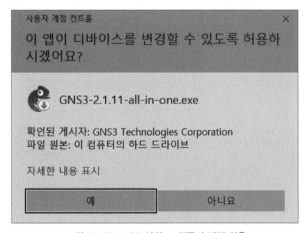

그림 2-132 GNS3 설치 - 컴퓨터 변경 허용

03 환영 메시지가 나타나면 [Next ⟩] 버튼을 클릭합니다.

그림 2-133 GNS3 설치 - 웰컴 메시지 창

04 **사용자 사용 동의 라이선스** 창이 나타나면 [I Agree] 버튼을 클릭합니다.

05 시작 메뉴 폴더 설정은 기본 세팅 그대로 두고 [Next⟩] 버튼을 클릭합니다.

06 여기서 두 가지 체크 마크를 해제해줘야 합니다. 앞에서 이미 설치를 한 WinPCAP 4.1.3과 WireShark 2.4.6은 체크를 해제합니다. [Next⟩] 버튼을 클릭해 프로그램 설치를 계속 이어갑니다.

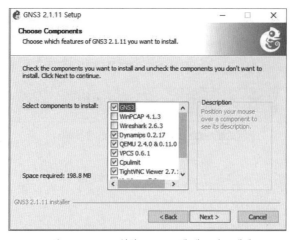

그림 2-134 GNS3 설치 - 프로그램 체크 마크 해제

07 다음 **설치 폴더 선택 팝업**창이 나타나면 [Install] 버튼을 클릭합니다.

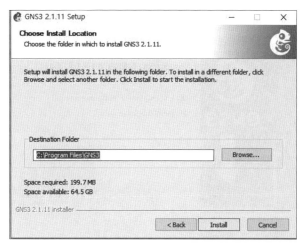

그림 2-135 GNS3 설치 - 설치 폴더 설정

08 설치가 완료되면 다음과 같이 성공적으로 설치를 끝마쳤다는 메시지가 나타납니다. [Next] 버튼을 클릭합니다.

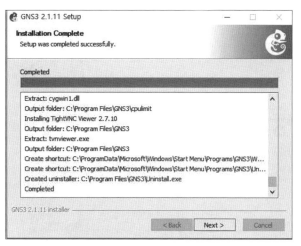

그림 2-136 GNS3 설치 - 설치 완료

09 **Solarwind 툴셋 무료 라이선스** 창이 나타나면 확실하게 [No]를 클릭합니다. 이 책에서는 Solarwind 툴셋은 사용하지 않습니다.

10 마지막 GNS3 설치 창이 나타나면 Start GNS3 체크박스를 선택한 채 [Finish] 버튼을 클릭해 GNS3를 바로 실행시킵니다.

그림 2-137 GNS3 설치 – 프로그램 시작

11 GNS3가 실행되면서 초기 설정 창이 나타납니다. 아래 Don't show this again 체크박스를 선택하고 [Next >] 버튼을 클릭합니다.

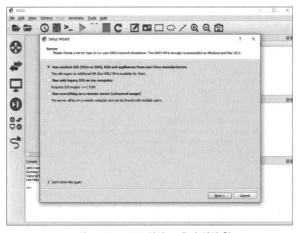

그림 2-138 GNS3 설치 – 초기 설정 창

12 다음 창은 GNS3를 local 즉 호스트 PC 상에서 사용할 수 있도록 설정합니다. Host binding을 127.0.0.1로 설정한 후 [Next〉] 버튼을 클릭합니다.

그림 2-139 GNS3 설치 - 로컬 서버 설정

13 Local 서버 설정이 끝나면 다시 [Next 〉] 버튼을 클릭합니다.

14 앞서 GNS3 VM.ova 불러오기를 통해 이미 GNS3 VM을 설치했습니다. GNS3는 미리 설치된 가상 머신을 자동으로 인식해 다음과 같이 설정창이 나타납니다. 변경사항 없이 그대로 [Next〉] 버튼을 클릭합니다. 만약 16GB 이상의 메모리를 가지고 있는 강력한 랩톱을 사용한다면 GNS3 VM 램의 값과 vCPU 값도 조금 변경해도 됩니다. 만약 저와 같이 옛날 랩톱을 사용한다면 디폴트 설정을 그대로 사용합니다.

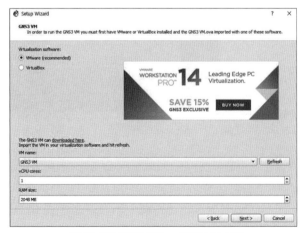

그림 2-140 GNS3 설치 - GNS3 VM 설정

15 GNS3 VM 요약창이 나타나면 [Finish] 버튼을 클릭합니다.

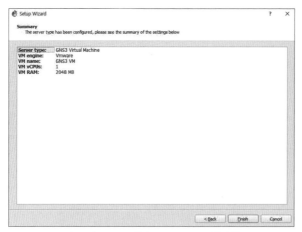

그림 2-141 GNS3 설치 - GNS3 VM 설정 완료

16 VMWare 워크스테이션 12 프로가 실행되면서 설치돼 있던 GNS3 VM이 **자동으로**
실행됩니다.

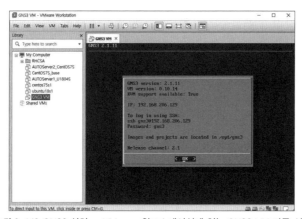

그림 2-142 GNS3 설치 - VMware 워크스테이션에 있는 GNS3 VM 자동 시작

17 새 어플라이언스 템플릿 팝업(New application template) 창이 나타나면 [Cancel]을 선택해 창을 닫습니다.

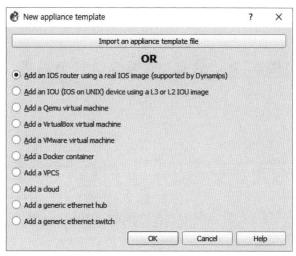

그림 2-143 GNS3 설치 - 새 어플아이언스 템플릿 취소

18 프로젝트 창이 열리면 본인이 원하는 프로젝트의 이름을 붙이고 [OK] 버튼을 클릭합니다. 아래에서는 pythonlab1이라고 프로젝트 이름을 설정했습니다. 이 책에서 사용되는 프로젝트 이름 또는 가상 머신의 사용자 이름 및 패스워드는 이 책에서 사용하는 것과 꼭 동일할 필요는 없습니다. 본인이 좋아하는 프로젝트 이름과 사용자 이름 및 패스워드를 사용하기 바랍니다.

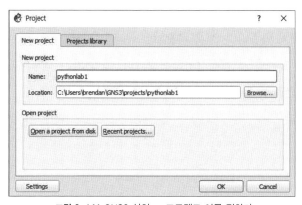

그림 2-144 GNS3 설치 - 프로젝트 이름 정하기

19 이제 모든 설치가 끝나고 방금 만든 프로젝트가 GNS3 메인창에서 열립니다. GNS3창 오른편에 위치한 서버 요약란에 녹색불이 들어와 있으면 모든 설치가 정상적으로 완료됐다는 신호입니다.

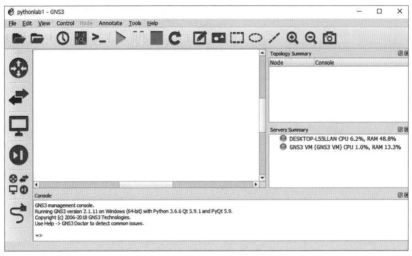

그림 2-145 GNS3 설치 – GNS3 첫 실행 후 화면 예

이로써 GNS3 설치를 모두 끝마쳤습니다. 이어서 GNS3를 사용하기 전에 GNS3 메뉴와 환경 설정 창을 한번 둘러보도록 하겠습니다.

2.7.3.1 GNS3 둘러보기

다음과 같이 GNS3 역시 VMware 워크스테이션만큼 사용자 인터페이스가 사용하기 편리하게 만들어져 있습니다. 처음 사용하는 분들을 위해 그래픽 사용자 인터페이스에 어떤 메뉴가 있는지 간단히 설명하겠습니다. 만약 기존 사용자라면 다음 페이지로 넘어가도 무관할 듯 합니다.

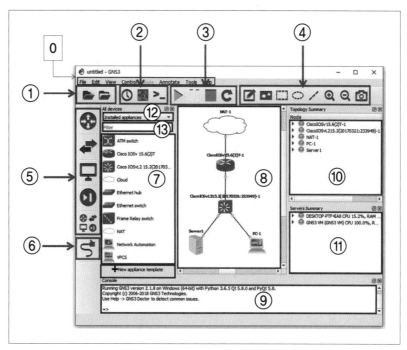

그림 2-146 GNS3 그래픽 사용자 인터페이스

① **파일 옵션**: 프로젝트를 띄우고 저장할 수 있습니다.

② **장비 및 토폴로지 옵션**: 스냅샷 관리, 컨넥터 표시하기/숨기기와 모든 장비에 콘솔 접속하기 기능 등을 사용할 수 있습니다.

③ **시뮬레이션 옵션**: 버튼들을 이용해 장비를 켜고, 끄고, 일시 정지, 재부팅을 할 수 있습니다. 시스코 패킷 트레이서와 달리 GNS3 장비들은 파워가 꺼져있는 상태에서 시작합니다.

④ **그리기 툴**: 그리기 툴을 사용해 토폴로지를 더 멋있게 꾸밀 수 있습니다.

⑤ **장비 리스트 유형**: 장비들을 유형별로 볼 수 있습니다. 가장 밑에 있는 종합 카테고리를 선택하면 모든 장비들을 한 눈에 볼 수 있습니다.

⑥ **연결하기 툴**: 연결하기 툴을 사용해 여러 장비들을 연결할 수 있습니다.

⑦ **장비 목록**: 사용 및 설치 가능한 장비들을 보여줍니다. ⑫를 사용하면 설치된 장비와 설치 가능한 장비들을 선택적으로 볼 수 있으며, ⑬을 이용해 장비 이름으로

검색해 찾고자 하는 장비를 찾을 수 있습니다.

⑧ **토폴로지 캔버스**: 장비를 선택한 후 캔버스와 분리해 토폴로지를 만들 수 있습니다.

⑨ **로그 윈도우**: GNS3가 어떻게 작동하고 있는지 보여주는 창입니다. 이 창을 이용해 일부 장비에 명령어를 보낼 수 있는 기능도 있습니다.

⑩ **토폴로지 요약, 노드**: 현재 사용하고 있는 장비들의 상태를 요약해서 보여줍니다.

⑪ **서버 요약**: 로컬 서버와 GNS3 VM 서버의 작동 상태를 보여줍니다. CPU 사용률과 메모리 사용률도 함께 보여줍니다.

2.7.3.2 GNS3로 어플라이언스 서버 불러오기

최신 GNS3 버전은 VMware 워크스테이션의 가상 머신들과 연동해 여러 가지 장비들을 어플라이언스로 구동할 수 있도록 디자인돼 있습니다. 여기서 간단하게 GNS3에서 어플라이언스 서버 불러오기를 해 어떻게 사용하는지 간단하게 설명하겠습니다.

GNS3에 설치되는 어플라이언스들은 Docker를 이용해 사전에 다른 개발자들이 하나의 가상 머신으로 만들어 놓은 일종의 장비 템플릿이라고 보면 됩니다. VMware 워크스테이션의 가상 템플릿 파일인 .ova 파일과 같이 GNS3 어플라이언스들도 일종의 템플릿 파일입니다. 예를 들어, GNS3에 인터넷을 통해 Network-Automation이라는 어플라이언스 서버를 설치하면 서버를 구동하기 위한 파일들을 인터넷 상으로 다운로드 받아 하나의 서버로 설치되며 설치 후 곧바로 리눅스 서버로 사용할 수 있습니다. 이 Network Automation 서버는 우분투 16.04 LTS 서버로 네트워크 자동화 연습을 하기 위해 사전에 다른 개발자가 파이썬을 미리 설치해 놓은 서버입니다. 다음은 어플라이언스 서버 불러오기를 해 보겠습니다.

위에서 만든 **pythonlab1** 프로젝트 창에서 작업해 보겠습니다.

01 가장 먼저 **장비 리스트 유형**에서 All devices를 선택하고 Installed & Available appliances 드롭다운 메뉴를 선택한 후 Network Automation 서버 아이콘을 찾아 GNS3 토폴로지 캔버스 위로 드래그 앤 드롭^{Drag-and-Drop}합니다. 다음 그림과 같이 Add appliance 창이 나타나면 [Next] 버튼을 클릭합니다.

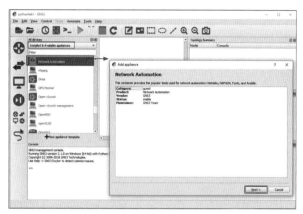

그림 2-147 GNS3 어플라이언스 - Network Automation 설치하기 1

02 Add appliance 팝업창이 나타나면 [Next 〉]를 클릭합니다.

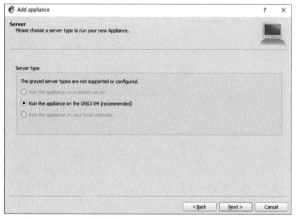

그림 2-148 GNS3 어플라이언스 - Network Automation 설치하기 2

03 Add appliance 요약 창이 나타나면 [Next >] 버튼을 클릭합니다.

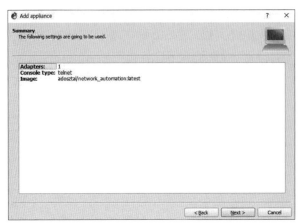

그림 2-149 GNS3 어플라이언스 - Network Automation 설치하기 3

04 Usage에서도 [Finish]를 클릭하면 다음과 같이 Network Automation installed!라는 팝업창이 나타납니다. [OK] 버튼을 클릭합니다.

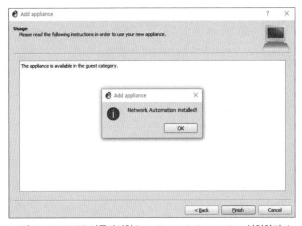

그림 2-150 GNS3 어플라이언스 - Network Automation 설치하기 4

05 다시 All Devices로 돌아와 Network Automation-1 서버의 글자색이 회색이 아닌 검정색으로 바뀌어 있는 것을 확인할 수 있습니다. 한번 더 Network Automation 서버를 드래그 앤 드롭합니다. 드롭을 하자마자 인터넷과 연결된 GNS3는 이 서

버 이미지를 자동으로 다운로드받기 시작합니다. 이 서버는 Docker를 사용해
이미 개발자가 네트워크 자동화에 맞춰 우분투 16.0.4 서버를 GNS3에서 사용
할 수 있도록 사전에 만들어 놓은 커스텀 리눅스 서버입니다.

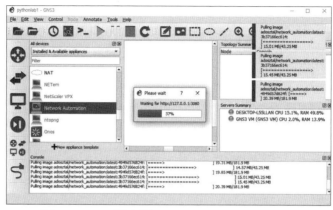

그림 2-151 GNS3 어플라이언스 - Network Automation 설치하기 5

06 어플라이언스 Network Automation-1 서버가 GNS3에 다운로드돼 설치가 완료
되면 다음과 같이 서버를 사용할 수 있게 됩니다.

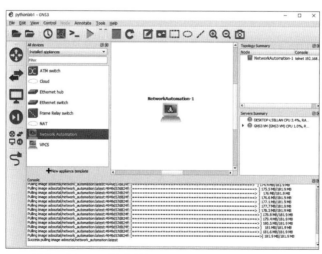

그림 2-152 GNS3 어플라이언스 - Network Automation 설치하기 6

07 만약 Network Automation-1 서버 설치가 정상적으로 되지 않는다면 Edit 〉 Preference로 이동한 후 Preference 팝업창을 열어 Server 메뉴를 클릭합니다. Main Server 아래 Port::를 보면 Protect server with password(recommended)의 활성화 유무를 확인해야 합니다. 이 체크박스의 선택을 해제한 후 [OK]를 클릭해 설정을 저장합니다. 다시 Network Automation-1 서버 다운로드를 시도해봅니다. 한 가지 주의 사항은 만약 이 서버를 방화벽이 설치돼 있는 회사 네트워크 상에서 다운로드를 시도할 경우 정상적인 설치가 안될 수 있습니다. 그럴 경우 본인의 전화기의 핫스팟 또는 집 네트워크 상에서 설치를 시도하면 됩니다.

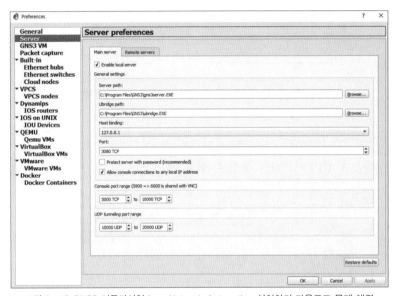

그림 2-153 GNS3 어플라이언스 - Network Automation 설치하기 다운로드 문제 해결

어플라이언스 서버 불러오기를 완료했습니다. 다음은 이어서 Network Automation-1 서버를 인터넷과 통신할 수 있도록 한번 설정해 보겠습니다.

참고

Q NetworkAutomation-1 서버가 우분투 리눅스 서버라고 설명했습니다. 이 서버의 버전과 파이썬 설치 유무를 어떻게 확인할 수 있을까요?

A 우분투/데비안 리눅스의 경우 lsb_release -a를 사용해 서버 버전을 확인할 수 있습니다. 다음 그림과 같이 python -V와 python3 -V 명령어를 사용해 파이썬 설치 유무를 확인합니다.

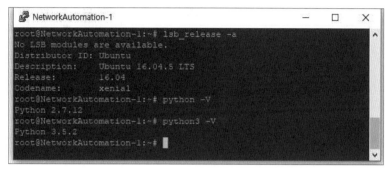

그림 2-154 NetworkAutomation-1 우분투 서버 및 파이썬 버전 확인

2.7.3.3 GNS3 네트워크 인터넷에 연결하기

이제 VMware 워크스테이션의 NAT 네트워크를 이용해 이 서버를 인터넷과 통신할 수 있도록 설정합니다.

01 먼저 장비유형 창에서 다음과 같이 찾기를 이용해 **NAT;**라는 단어를 입력하면 흰구름 아이콘을 가진 NAT 오브젝트가 나타납니다. **NAT** 아이콘을 캔버스로 끌고 당겨오면 어떤 서버에 설치할지의 여부를 묻습니다. 일단 **GNS3 VM (GNS3 VM)**을 선택합니다. 참고로 GNS3 VM을 선택할 경우 GNS3 디폴터 NAT 서브넷인 192.168.122.0/24 네트워크로 연결됩니다.

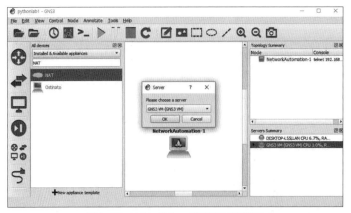

그림 2-155 GNS3 서버 - 인터넷에 연결하기 1

02 NetworkAutomation-1 서버와 NAT를 부드럽게 연결하기 위해 GNS3에 설치
돼 있는 Ethernetswitch 하나를 캔버스에 드래그 앤 드롭합니다. GNS3에서
Ethernetswitch는 장비와 장비 사이를 장애없이 연결해 주는 매우 중요한 역
할을 담당합니다. 만약 장비와 장비 사이에 직접적인 연결이 되지 않을 경우
Ethernetswitch를 사용해 연결하면 여러 가지 연결문제를 해결할 수 있습니다.
GNS3에서는 장비를 연결해 주는 비관리형 스위치 또는 커넥터 정도라고 생각
하면서 사용하면 됩니다.

그림 2-156 GNS3 서버 - 인터넷에 연결하기 2

03 Add a link 컨넥터 툴을 사용해 NAT과 Ethernetswitch-1 그리고 NetworkAutomation-1 순으로 다음과 같이 일렬로 연결합니다.

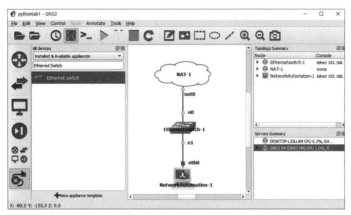

그림 2-157 GNS3 서버 – 인터넷에 연결하기 3

04 NetworkAutomation-1 서버를 시작하기 전에 서버의 네트워크 어댑터 설정을 변경해 DHCP 서버를 통해 자동으로 IP 주소를 할당 받을 수 있도록 config 파일을 변경합니다. 먼저 NetworkAutomation-1 서버 아이콘 위에 마우스를 올려 놓고 마우스 오른쪽 버튼을 클릭한 후 Edit config를 클릭합니다.

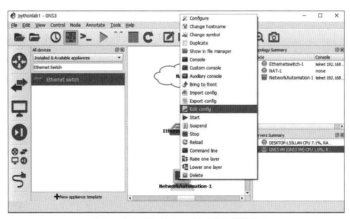

그림 2-158 GNS3 서버 – 인터넷에 연결하기 4

05 NetworkAutomation-1 interface 팝업창이 열리면 **#auto eth0**와 **#iface eth0 inet dhcp** 앞에 붙은 우물 정자 표(#)를 삭제한 후 **[Save]** 버튼을 클릭합니다. 자동으로 GNS3 NAT 네트워크 DHCP 서버에서 IP 주소를 받을 수 있도록 하는 설정입니다.

그림 2-159 GNS3 서버 – 인터넷에 연결하기 5

06 NetworkAutomation-1 서버에서 마우스 오른쪽 버튼을 클릭해 **Start** 메뉴를 선택해 시작합니다.

07 다시 Console 메뉴를 클릭하면 콘솔이 열리면서 다음과 같이 DHCP 서버에서 주소를 받아옵니다. DHCP에서 **192.168.122.0/24** 서브넷 상에 속하는 하나의 IP 주소를 할당 받습니다. 다음 예에서는 **192.168.122.245**를 배정받았습니다. 각 사용자의 컴퓨터 설정값에 따라 이 주소는 같을 수도 있고 다를 수도 있습니다. DHCP 서버를 사용하므로 서버를 다시 시작하면 매번 다른 IP 주소를 할당 받게 됩니다.

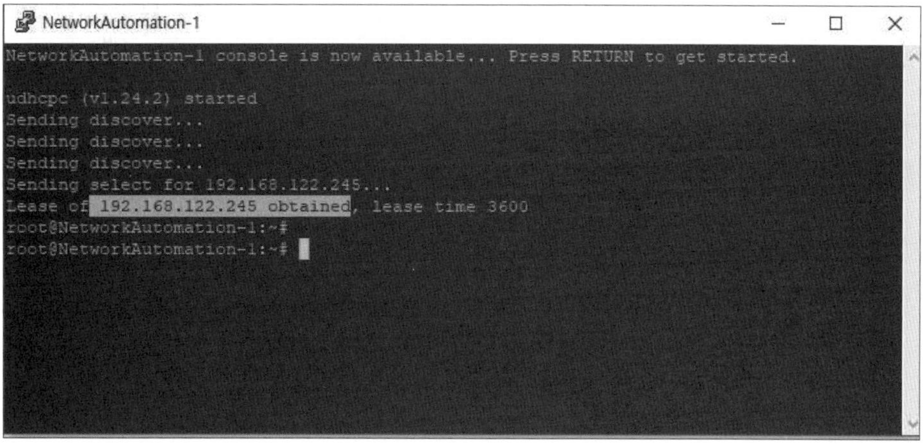

그림 2-160 GNS3 서버 - 인터넷에 연결하기 6

08 Network Automation-1 서버에서 내부 게이터웨이 주소인 192.168.122.1, 구글 공개 DNS 8.8.8.8 또는 8.8.4.4 그리고 www.google.com으로 핑ping을 실행해 인터넷 통신이 성공적으로 되는지 확인합니다.

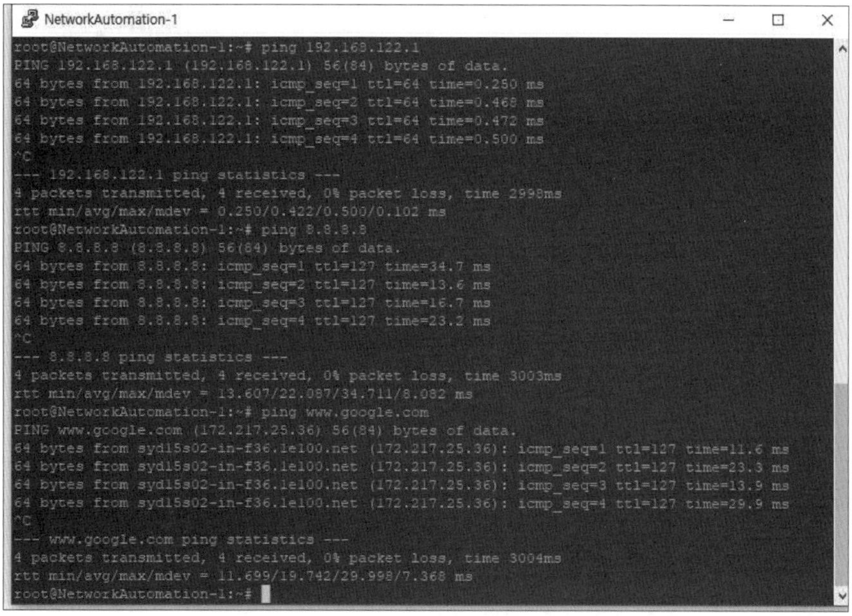

그림 2-161 GNS3 어플라이언스 - 네트워크에 연결하기 7

위와 같이 모든 ICMP 메시지가 인터넷으로 통신이 되면 어플라이언스 서버와 인터넷 사이에 통신이 원활이 이뤄지고 있다는 것을 확인할 수 있습니다. IT 랩을 구성하는 데 있어 GNS3 어플라이언스 장비들은 많은 설치 시간을 본인이 투자하지 않더라도 필요에 따라 사용할 수 있으므로 경우에 따라 매우 유용하게 사용될 수 있습니다.

참고

Q GNS3에서 사용하고 있는 모든 IP 주소들은 다 어디서 튀쳐나온 것일까요?

A 192.168.122.0/24 서브넷은 제 랩톱의 VMware 워크스테이션의 VMnet2 (Host-only) 네트워크 IP 서브넷입니다. 192.168.222.0/24는 NAT VMware 워크스테이션의 VMnet8 디폴트 서브넷이며 192.168.222.0 서브넷을 사용합니다. 이 주소는 사용자가 설정을 어떻게 하느냐에 따라 변경될 수 있습니다. 다음 화면을 보면 192.168.4.0/24를 사용하는 VMnet8 세팅과 192.168.122.0/24를 사용하는 GNS3 NAT 서브넷의 예를 보여주고 있습니다.

서브넷 주소는 이 책에 나오는 서브넷을 사용하지 않아도 되며 본인 랩톱 설정에 맞춰 사용하면 됩니다.

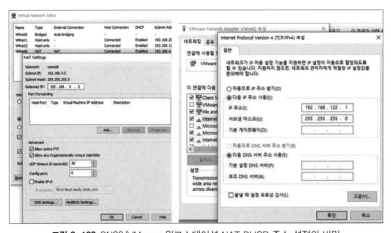

그림 2-162 GNS3/VMware 워크스테이션 NAT DHCP 주소 설정의 비밀

참고

Q 서버에서 핑을 실행하면 왜 핑이 정상적으로 작동하지 않을까요?

A 아마 여러분들의 컴퓨터도 기본 설정에 인바운드 **파일 및 프린터 공유(에코 요청)**를 사용 못하게 설정돼 있어 그럴 것입니다. 다음 설명에 따라 윈도우 파일 및 프린터 공유(에코 요청) 설정을 변경해 줘야 랩에서 핑(ping)이 정상적으로 동작합니다. 이 책에 나오는 서브넷을 사용하지 않아도 되며 본인 랩톱 설정에 맞춰 사용하면 됩니다.

01 먼저 윈도우 검색기에서 Windows Defender라는 단어를 입력해 **고급 보안이 포함된** Windows Defender **방화벽** 세팅 윈도우를 엽니다.

그림 2-163 호스트 윈도우 디펜더 방화벽 찾기

02 왼편 상단에 있는 **인바운드 규칙**을 선택합니다.

03 오른편 창에서 **파일 및 프린터 공유 (에코 요청 – ICMPv4–In)**를 찾습니다. 프로필은 **개인, 공용**입니다.

04 마우스 오른쪽 버튼을 클릭해 **규칙 사용(E)**을 선택합니다.

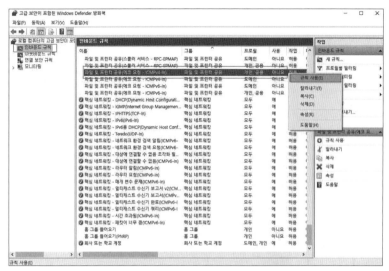

그림 2-164 호스트 윈도우 인바운드 규칙 변경

05 위와 같이 변경한 후 ICMP 핑(ping)을 실행하면 다음과 같이 통신이 원활해집니다.

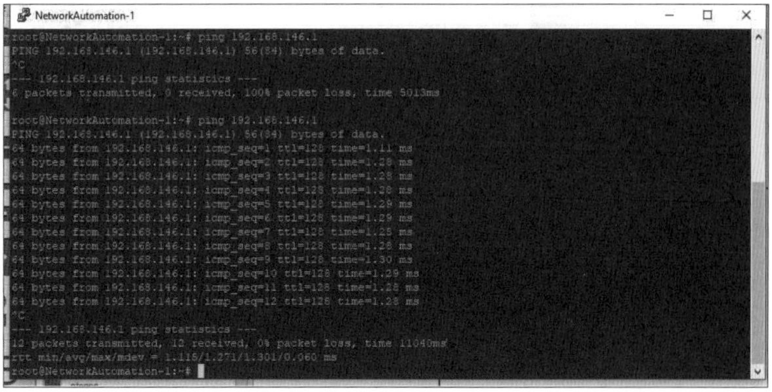

그림 2-165 ICMP 핑 테스트

2.7.3.4 GNS3 정상적으로 종료하기

GNS3와 시스코 가상 머신을 랩에서 사용하다 갑자기 프로그램을 종료시킬 경우 진행하고 있던 프로젝트가 정상적으로 저장이 안되고 여러 가지 에러로 인해 GNS3에 오작동을 유발할 수 있습니다. GNS3에서는 항상 모든 노드(장비)를 완벽하게 정지한 후 GNS3 오른편 위에 있는 X 표시를 사용해 종료시킵니다. 갑자기 GNS3 프로그램을 종료시키면 프로그램 또는 프로젝트에 장애가 발생할 확률이 높으므로 모든 설정을 처음부터 다시해야 될 수도 있습니다.

GNS3를 정상적으로 종료하는 방법은 다음과 같습니다.

01 [Stop all nodes] 버튼을 이용해 모든 노드를 끕니다.

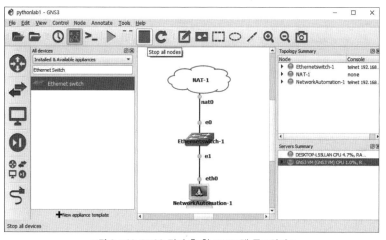

그림 2-166 GNS3 정지 후 창 프로그램 종료하기 1

02 GNS3에서 구동하고 있는 모든 장비를 정지시킨 후 사용자 창의 오른편 위에 있는 '×' 표시를 이용해 프로그램을 정상적으로 종료시킵니다. GNS3를 끄자마자 VMware 워크스테이션 상에서 구동되고 있는 GNS3 VM이 함께 종료됩니다.

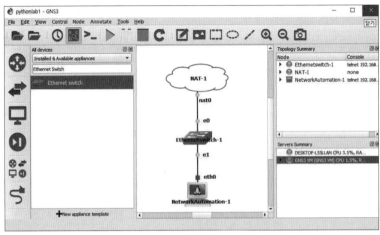

그림 2-167 GNS3 정지 후 창 프로그램 종료하기 2

03 Confirm Exit 팝업창이 다음과 같이 나타나면 [Yes] 버튼을 클릭해 GNS3를 정상적으로 종료합니다. 이때 GNS3 VM만 VMware 워크스테이션 12 프로에 실행되고 있다면 워크스테이션도 함께 종료합니다. 하지만 만약 다른 가상 머신이 아직 워크스테이션에 동작하고 있다면 GNS3 VM만 정지하고 나머지 가상 머신들은 계속 정상적으로 동작합니다.

그림 2-168 GNS3 정지 후 창 프로그램 종료하기 3

이로써 GNS3 설치와 간단한 사용 방법에 대해 알아봤습니다. 3장에서는 옛 시스코 IOS를 이용한 GNS3 랩을 간단히 설치해 랩의 완성도를 조금 더 높여보도록 하겠습니다.

2.8 GNS3 IOS 랩 만들기

시스코 IOU와 VIRL이 출시되기 전까지만 해도 네트워킹을 공부했던 사람들이라면 GNS3에서 제한적으로 지원됐던 옛 시스코 라우터의 IOS를 사용해 랩을 구성해 공부했었습니다. 아직도 많은 사람들은 이와 같은 방식으로 공부를 하고 있을지도 모릅니다. VIRL과 IOU를 이용하면 훨씬 더 효과적으로 시스코 네트워킹 개념을 공부할 수 있으며 예전 IOS를 사용했을 때보다 훨씬 더 안정적으로 여러 가지 라우팅 및 스위칭 기술들을 랩을 통해 체험할 수 있습니다.

그리고 옛 IOS로 구성된 가상 랩의 경우 크게 두 가지의 문제점을 가지고 있습니다. 첫째, 지원되는 대부분의 시스코 라우터 IOS 버전이 12.4 또는 이전 버전이며 둘째, L2 스위칭은 라우터에서 구동하는 NM-16ESW 모듈을 통해서만 제한적으로 지원이 된다는 점입니다. 현재 시스코 IOS 버전은 15.x 버전이며 NM-16ESW 모듈이 지원하는 스위칭 기술은 현재 일반적으로 사용되고 있는 스위칭 기술과는 크게 연관성이 없다고 볼 수 있습니다. 물론 네트워킹의 기본 개념 자체는 변하지 않으므로 전혀 배울 점이 없는 것은 아닙니다. 이미 앞서 GNS3와 GNS3 VM을 다운로드해 간단히 설치 및 설정을 해봤습니다.

그리고 GNS3 사용법에 대해 설명한 후 인터넷에서 Docker 기반으로 만들어져 있는 우분투 서버를 다운로드해 pythonlab1 프로젝트를 만든 후 인터넷에 연결시켜 통신해 봤습니다. 이 부분에서는 아직까지 GNS3 상에서 IOS를 이용해 랩을 구성해 보지 못한 분들을 위해 간단한 IOS 라우터 설치 과정과 호스트 및 인터넷에 연결하는 기술들을 소개하겠습니다. VIRL 또는 IOU에서는 사실상 IOS만 대체해 사용하므로 기본적인 GNS3 사용 과정은 동일하다고 볼 수 있습니다. 한두 대의 장비만 랩에 설정해 새로운 사용자가 랩 꾸미기를 좀 더 쉽게 이해할 수 있도록 도움을 주는 데 목적을 두고 있습니다. 시스코 IOS와 GNS3를 사용해 랩 꾸미기를 하는 데 도움이 될만한 몇 가지 GNS3 기본 기술들을 소개함으로서 랩을 더 효과적이고 유연하게 사용할 수 있도록 도와드립니다.

2.8.1 시스코 IOS 소프트웨어 사용권한 및 시스코 IOS 다운로드

가장 먼저 시스코 IOS로 랩을 구성하려면 옛 시스코 IOS 장비의 IOS 이미지(소프트웨어)를 다운로드해 사용해야 합니다. 이미 이 책의 소개 부분에서 설명한 바와 같이 이 책을 읽고 있는 독자라면 이미 시스코 CCNA R&S 자격증을 준비 중이던 아니면 이미 자격증을 취득한 분들이 대다수라고 생각하고 이 책을 집필했습니다. 한번이라도 시스코사가 어떻게 이익을 창출하는지 자세하게 들여다 봤다면 이미 알겠지만 시스코사는 네트워킹 장비를 판매한 후 기술지원 계약서를 판매함으로서 고객으로부터 더 많은 이익을 창출합니다.

이 기술지원 계약서에 시스코 소프트웨어의 사용권한도 함께 포함돼 있습니다. 즉, 정상적인 루트로 시스코 파트너사에서 장비를 구입했을 경우 고객들은 장비에 딸려오는 소프트웨어와 차후 나올 소프트웨어에 대한 사용권한을 계약기간 내에서는 최상의 지원을 받을 수 있다는 말입니다. 한 가지 예로 주의해야 할 점은 만약 IOS 12 버전의 장비를 구입했을 경우 IOS 15로는 소프트웨어 업그레이드 계약권 없이는 사용하는 플랫폼이 IOS 15를 지원한다고 하더라도 계약상 소프트웨어 업그레이드 계약서가 없이는 IOS 15로 업그레이드하지 못하도록 명시해 두고 있습니다. 더 나아가 아무리 오래된 시스코 IOS 이미지라고 하더라도 개인적으로 구입해 무료로 배포할 수 없습니다.

시스코 IOS뿐만 아니라 대부분의 시스코사의 소프트웨어는 시스코사의 고유 지적자산으로 간주되므로 개인이 자유자재로 배포할 수 없도록 등록돼 있으며 사용권한에 대한 여러 가지 제약을 걸어 놓았습니다. 시스코 장비를 채널 파트너사를 통해 구입한 후 기술지원 서비스 계약 또한 구입을 한 고객들에 한해서만 다운로드 및 소프트웨어 사용과 기술지원을 허용합니다. 만약 시스코 또는 시스코 파트너사에서 일한다면 큰 어려움 없이 옛 IOS 또는 신규 IOS를 구할 수 있을 것입니다. 옛 IOS를 구하는 또다른 좋은 방법은 시스코 중고 장비를 중고 옥션 사이트에서 구입하는 방법입니다. 시스코 장비의 플래시 메모리에 있는 IOS를 본인의 컴퓨터에 저장한 후 GNS3에서 사용할 수 있습니다. 통상적으로 시스코 장비 지원계약 상 옛 라우터 또는 스위치의 하드웨어 지원이 중단되는 시점에서 IOS 다운로드와 기술지원도 함께 중단됩니다. 시스코 사이트에서 다운로드할 수 있는 권한을 가지고 있다 해도 옛 IOS를 시스코 공식사이트에서 찾는 것은 어려움이 뒤따를 수 있습니다. 그리고 만약 네트워크 엔지니어로 취직하기 위해 공부하는 취업 준비생이라면 IOS를 정상적인 채널로 구하는 것은 더욱 싶지 않을 수 있습니다. 이 경우 최후의 방법으로 구글 검색 엔진을 잘 활용하는 방법이 있을 것입니다.

먼저 GNS3에서 지원되는 옛 시스코 IOS 플랫폼을 둘러보면, 먼저 라우팅에 사용 가능한 C1700, C2600, C2691, C3600, C3700과 C7200 라우터 IOS와 보안에 사용가능한 옛 PIX용 ASA 이미지를 찾을 수 있습니다. 정확히 말해 여기서 사용될 이미지는 시스코 3725 라우터의 IOS 12.4.15 T14 버전으로 현재 GNS 3.11에서 지원되는 옛 시스코 IOS 버전입니다. GNS3에서는 유일하게 시스코 C7200 라우터에서만 IOS 15 버전을 지원하지만 램 요구사항이 512MB이므로 너무 과도한 컴퓨터 메모리를 소모함으로 3700 시리즈 IOS 사용을 추천합니다. 여기서 랩 구성과 설명은 **c3725-adventerprisek9-mz.124-15.T14.bin** IOS 이미지 사용을 전제하고 있습니다.

GNS3.11 추천 시스코 3700/7200 IOS 버전은 다음과 같습니다.

- c3725-adventerprisek9-mz.124-15.T14.bin (구)
- c3745-adventerprisek9-mz.124-25d.bin (구)
- c7200-adventerprisek9-mz.124-24.T5.bin (구)
- c7200-adventerprisek9-mz.152-4.M7.bin (현)

주의

GNS3에서 지원 가능한 더 많은 시스코 IOS 버전 정보는 다음 명시된 웹사이트에서 얻을 수 있습니다 .

https://docs.gns3.com/1-kBrTpIBltp9P3P-AigoMzlDO-ISyL1h3bYpOI5Q8mQ/#h.bi4322gmx9yl

---

2.8.2 IOS 랩 구성 및 연결 이해하기

지금까지 배웠던 내용들을 바탕으로 시스코 라우터의 IOS를 GNS3에 설치한 후 윈도우와 리눅스 운영체제에서 라우터로 텔넷 접속을 한 후 파이썬 코드를 사용해 간단한 설정을 변경하는 방법을 배워보겠습니다. 앞으로 배울 중요 항목은 다음과 같습니다.

1. GNS3에 시스코 IOS 12.4 설치 및 설정
2. IOS 라우터를 pythonlab1 프로젝트 네트워크에 연결해 설정 및 인터넷 통신 확인
3. 호스트 랩톱에 Microsoft Loopback 인터페이스 설치하기
4. 간단한 GNS3 토폴로지를 이용해 MS Loopback 인터페이스로 연결한 후 윈도우 호스트 랩톱에서 로그인하기
5. 간단한 텔넷 파이썬 스크립트 생성 후 시스코 IOS 라우터 한대 설정해보기
6. 가상 리눅스 서버에서 GNS3 토폴로지에 설치된 가상 시스코 IOS로 파이썬 스크립트를 사용해 라우터 한 대 설정 변경해보기
7. GNS3 프로젝트 백업 및 복사하기

주의

VMware 워크스테이션과 GNS3에서 사용하는 NAT에서 사용하는 예약주소 서브넷은?

VMware 워크스테이션과 GNS3는 NAT 주소를 사용합니다. **이 주소의 서브넷은 이미 예약돼 있는 주소지만 사용자가 원하면 얼마든지 변경해 사용할 수 있습니다.** 이 책에서는 앞부분에 나온 몇 가지 예를 제외하고는 책 내용의 대부분을 기본 서브넷 세팅을 사용합니다. 다음에 나와 있는 GNS3 웹사이트에 접속하면 NAT 예약주소에 대한 더 상세한 설명을 읽을 수 있습니다.

https://docs.gns3.com/14ynSsVUQX-Lj__qPQR_syDDGCKKtM64m2SYc5vWROT4/index.html

192.168.122.0/24 서브넷은 GNS3에서 사용하는 NAT(Network Address Translation)의 IP 주소입니다. GNS3에서 NAT-1 클라우드를 사용했을 경우 이 서브넷을 통해 호스트 및 외부 네트워

크로 통신할 수 있습니다. 만약 GNS3 NAT를 사용했을 경우 토폴로지 상에 이 NAT 네트워크에 연결되는 모든 가상 라우터와 가상 스위치는 192.168.122.0/24 서브넷을 사용하게 됩니다.

```
GNS3 NAT 예약주소: 192.168.122.0/24
```

1장에서 확인했겠지만 VMware 워크스테이션에서도 NAT를 사용합니다. VMware 워크스테이션 NAT의 디폴트 서브넷은 192.168.222.0/24입니다. VMware 워크스테이션 상에서는 하나의 NAT 주소만 설정할 수 있으므로 VMware 워크스테이션의 NAT는 디폴트로 VMnet8을 사용해 정상적인 NAT로 설정되며, GNS3 NAT의 경우 그냥 Host-only network로 다른 네트워크 상에 설정됩니다.

```
VMware Workstation NAT 예약주소: 192.168.222.0/24
```

2.8.3 GNS3에 시스코 IOS 설치 및 설정하기

GNS3에서 시스코 IOS 설정에 앞서 정상적인 방법 또는 인터넷을 통해 옛 시스코 3700 라우터의 IOS 이미지인 c3725-adventerprisek9-mz.124-15.T14.bin을 다운로드 받아 폴더에 저장했다는 가정하에 GNS3 IOS 랩 설치를 시작하겠습니다. 편의상 앞서 만들었던 pythonlab1 프로젝트를 다시 사용해 내용을 이어가겠습니다. GNS3와 VMware 워크스테이션 모두 실행되지 않고 있다는 가정하에 다음과 같이 IOS 랩 만들기를 시작합니다.

01 앞서 pythonlab1 프로젝트를 만들어 인터넷 통신을 확인한 후 GNS3와 VMware 워크스테이션을 정상적으로 종료했다면 다시 GNS3 바로가기 아이콘을 사용해 프로그램을 다시 실행시킵니다. GNS3가 실행되면 VMware 워크스테이션에 설치돼 있는 GNS3 VM도 자동으로 함께 실행됩니다.

02 GNS3 프로젝트 창이 나타나면 Open project 아래 [Recent project] 버튼을 클릭
해 pythonlab1.gns3 프로젝트를 선택한 후 [OK] 버튼을 클릭해 다시 프로젝트를
엽니다.

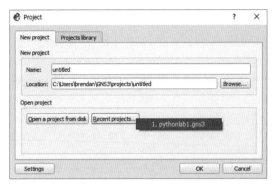

그림 2-169 GNS3 – 최근 프로젝트 열기

03 정상적으로 프로젝트가 열리면 이전에 만들어 놓았던 토폴로지인 'NAT-1---
Ethernetswitch-1---NetworkAutomation-1'로 연결돼 있는 화면이 다음과 같이
나타납니다.

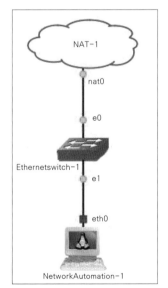

그림 2-170 GSN3 – pythonlab1 토폴로지

04 Edit 〉 Preferences... 메뉴 또는 Ctrl+Shift+P를 눌러 Preferences의 팝업창을
엽니다.

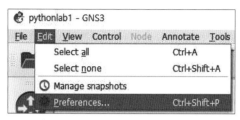

그림 2-171 GNS3 – Preferences 팝업창 열기

05 Dynamips 〉 IOS routers를 클릭하면 New IOS router template 팝업창이 나타납
니다. Run this IOS router on the GNS3 VM 서버 타입을 선택한 후 [Next 〉] 버튼
을 클릭합니다.

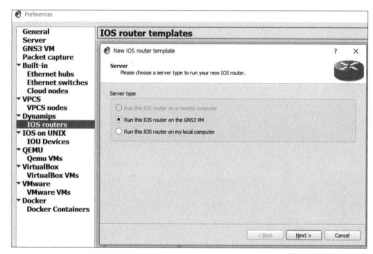

그림 2-172 GNS3 – New IOS router template 선택

06 IOS image 선택 팝업이 나타나면 **[Browse...]** 버튼을 클릭하고 시스코 3725 IOS 이미지를 다운로드한 후 저장해 놓은 폴더로 이동합니다.

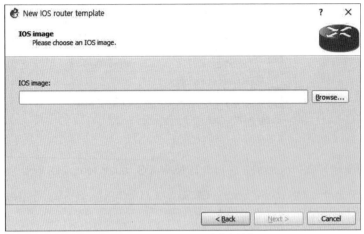

그림 2-173 GNS3 – IOS 이미지 선택 1

07 c3725–adventerprisek9–mz.124–15.T14.bin 파일을 선택한 후 **[열기(O)]** 버튼을 클릭합니다.

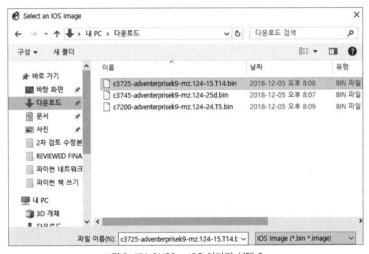

그림 2-174 GNS3 – IOS 이미지 선택 2

08 binary 파일인 IOS bin 파일 이미지의 압축 풀기를 물어보면 [Yes] 버튼을 선택
합니다.

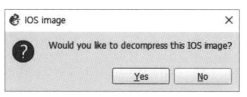

그림 2-175 GNS3 – IOS 이미지 압축 풀기 선택

09 GNS3에서 압축이 풀리면서 IOS image:란에 c3725-adventerprisek9-
mz.124-15.T14.image가 나타나면 [Next >] 버튼을 클릭해 이동합니다.

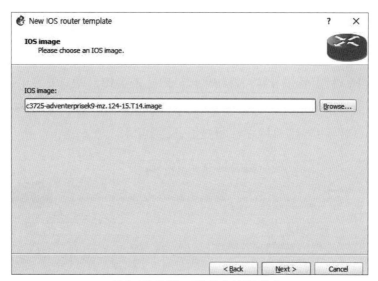

그림 2-176 GNS3 – IOS 이미지 압축 풀기

10 Name and platform 팝업창이 나타나며 한번 더 [Next >] 버튼을 클릭합니다.

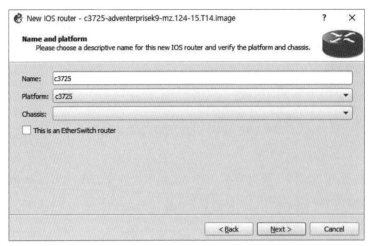

그림 2-177 GNS3 – IOS Name and Platform

11 IOS 라우터 램 설정 창이 나타나면 128MB를 256MB로 변경한 후 [Next >] 버튼을 클릭합니다. Check for minimum and maximum RAM requirement를 클릭하면 그림 2-179에 나와 있는 링크로 연결됩니다.

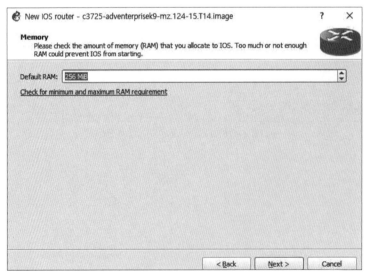

그림 2-178 GNS3 – IOS 라우터 램 설정하기

12 다음 웹사이트로 이동하면 시스코 장비의 정확한 램 요구사항을 눈으로 재확인할 수 있습니다.

---

https://cfn.cloudapps.cisco.com/ITDIT/CFN/jsp/SearchBySoftware.jsp

---

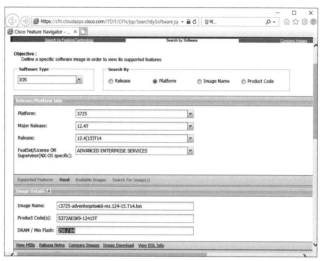

그림 2-179 GNS3 – 시스코 웹페이지에서 정확한 램 사이즈 확인하기

13 Network adapters 창이 나타나면 slot 1:과 slot 2:에는 모두 NM-1FE-TX를 선택한 후 [Next >] 버튼을 클릭해 이동합니다.

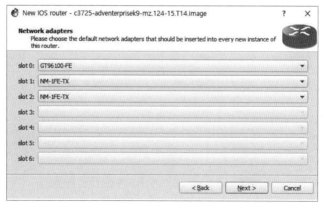

그림 2-180 GNS3 – IOS 라우터 Network adapters 선택

14 WIC modules 창에서는 wic 0:과 wic 1:에 WIC-2T를 선택한 후 [Next 〉] 버튼을 클릭합니다.

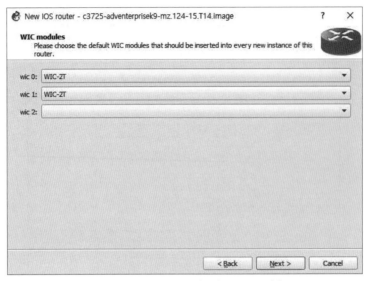

그림 2-181 GNS3 - IOS 라우터 WIC 모듈 선택

15 IOS 라우터 Idle-PC 값 창이 나타나면 [Finish] 버튼을 클릭해 설치를 완료합니다. 아래 보이는 Idle-PC 값은 라우터 종류와 IOS 버전에 따라 달라지며 그림 2-183과 같이 앞서 언급한 GNS3 사이트에서 Idle-PC 값을 재확인할 수 있습니다.

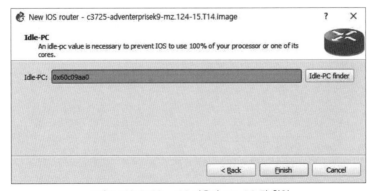

그림 2-182 GNS3 - IOS 라우터 Idle-PC 값 확인

다음 웹사이트에서 Idle-PC 값을 확인할 수 있습니다.

```
https://docs.gns3.com/1-kBrTplBltp9P3P-AigoMzlDO-
ISyL1h3bYpOl5Q8mQ/#h.2wmadzgy2ym6
```

그림 2-183 GNS3 – IOS 라우터 Idle-PC 값 GNS3 사이트에서 확인

16 다시 IOS router templates 팝업[주]이 나타나면 [Apply] 버튼을 한번 클릭한 후 [OK] 버튼을 클릭해 시스코 IOS 라우터 이미지 설치를 완료합니다.

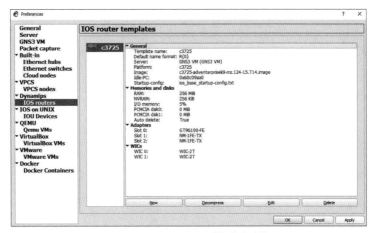

그림 2-184 GNS3 – IOS 라우터 설치 완료

17 GNS3 메인 사용자 창으로 되돌아와 왼편에 있는 **Browse Routers** 아이콘을 클릭한 후 Installed appliance를 드롭다운 메뉴에서 선택하면 방금 설치를 완료한 3725 라우터의 아이콘이 다음 그림과 같이 나타납니다. pythonlab1. py에서 NAT-1은 **GNS3 VM**에 설치했으므로 192.168.222.0/24 주소가 아닌 **192.168.122.0/24 서브넷을 사용**합니다. GNS3 NAT와 VMware 워크스테이션에서 사용하는 NAT를 잘 구분해 사용해야 합니다.

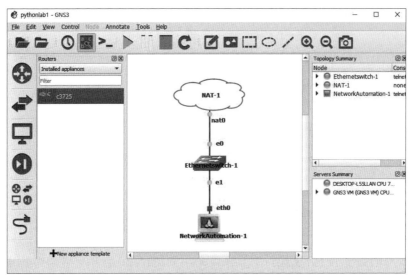

그림 2-185 GNS3 – IOS 라우터 설치 확인

18 3725 라우터 한 대를 GNS3 토폴로지 캔버스에 드래그 앤 드롭하고 다음과 같이 Ethernetswitch1의 e6에 연결한 후 시작합니다.

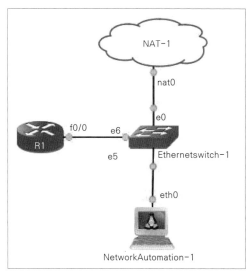

그림 2-186 GNS3 – IOS 라우터 드래그 앤 드롭

19 R1과 NetworkAutomation-1 서버가 시작하면 콘솔을 켜 장비들이 정상적으로 부팅되는지 확인합니다.

20 R1이 다른 서버와 인터넷과 통신할 수 있도록 다음에 나와 있는대로 설정합니다. R1이 DNS를 사용할 수 있도록 ip domain-lookup 명령어를 선언한 후 연결된 인터페이스의 IP 주소를 설정한 후 활성화합니다.

A. R1 라우터의 콘솔 창을 열어 아래 나와 있는 대로 라우터 설정을 합니다. '〈〈〈'로 표시된 부분은 이해를 돕기 위한 보충 설명입니다.

```
R1#configure terminal
R1(config)#ip domain-lookup <<<DNS 서버 사용을 활성화합니다.
R1(config)#ip name-server 192.168.122.1 <<<DNS 서버를 설정합니다.
R1(config)#ip route 0.0.0.0 0.0.0.0 192.168.122.1 <<<디폴트 라우트를 설정합니다.
R1(config)#interface FastEthernet0/0
R1(config-if)#ip add 192.168.122.10 255.255.255.0 <<<IP 주소를 설정합니다.
R1(config-if)#no shut
*Mar  1 00:10:20.747: %LINK-3-UPDOWN: Interface FastEthernet0/0, changed
state to up
   *Mar  1 00:10:22.747: %LINEPROTO-5-UPDOWN: Line protocol on Interface
```

```
FastEthernet0/0, changed state to up
```

B. 다음 명령 창에서 FastEthernet0/0의 활성화 메시지가 나타나면 다음과 같이 show ip interface brief 명령어를 사용해 인터페이스 상태를 확인합니다.

```
R1#show ip interface brief
Interface        IP-Address      OK? Method Status              Protocol
FastEthernet0/0  192.168.122.10  YES NVRAM  up                  up
Serial0/0        unassigned      YES NVRAM  administratively down down… [생략]
```

C. show ip route 명령어를 사용해 디폴트 라우트가 설정됐는지도 확인합니다. 모두 알겠지만 'S*'에서 별표 표시가 디폴트 라우트입니다.

```
R1#show ip route
Codes: C - connected, S - static, R - RIP, M - mobile, B - BGP
       D - EIGRP, EX - EIGRP external, O - OSPF, IA - OSPF inter area
       N1 - OSPF NSSA external type 1, N2 - OSPF NSSA external type 2
       E1 - OSPF external type 1, E2 - OSPF external type 2
       i - IS-IS, su - IS-IS summary, L1 - IS-IS level-1, L2 - IS-IS level-2
       ia - IS-IS inter area, * - candidate default, U - per-user static
route
       o - ODR, P - periodic downloaded static route

Gateway of last resort is 192.168.122.1 to network 0.0.0.0

C    192.168.122.0/24 is directly connected, FastEthernet0/0
S*   0.0.0.0/0 [1/0] via 192.168.122.1
```

D. 다시 show host를 사용해 DNS 서버가 제대로 설정됐는지도 확인합니다. 이제 호스트 랩톱의 네트워크 상에 아무런 문제가 없다면 모든 통신이 원활히 이뤄져야 합니다.

```
R1#show host
Default domain is not set
```

```
Name/address lookup uses domain service
Name servers are 192.168.122.1

Codes: UN - unknown, EX - expired, OK - OK, ?? - revalidate
       temp - temporary, perm - permanent
       NA - Not Applicable None - Not defined


Host                    Port Flags    Age Type  Address(es)
```

E. 마지막으로 네트워크 및 인터넷 상에 있는 다른 장비들과도 통신이 가능한지 확인합니다.

NetworkAutomation-1 서버는 R1과 같은 네트워크 상에 있으며 DHCP 서버로부터 192.168.122.227의 IP 주소를 할당 받았습니다. R1에서 이 주소로 핑을 사용해 통신이 되는지 확인합니다.

```
R1#ping 192.168.122.227

Type escape sequence to abort.
Sending 5, 100-byte ICMP Echos to 192.168.122.227, timeout is 2 seconds:
.!!!!
Success rate is 80 percent (4/5), round-trip min/avg/max = 8/24/36 ms
```

CentOS75s1 서버는 CentOS 7.5 리눅스 서버이며 VMware 워크스테이션의 NAT 네트워크인 192.168.222.0/24 서브넷에서 DHCP 서버로부터 192.168.222.130의 IP 주소를 할당 받아 사용하고 있습니다.

```
R1#ping 192.168.222.130

Type escape sequence to abort.
Sending 5, 100-byte ICMP Echos to 192.168.222.130, timeout is 2 seconds:
!!!!!
Success rate is 100 percent (5/5), round-trip min/avg/max = 4/10/16 ms
```

여기서 사용하는 8.8.8.8은 구글 공용 DNS 주소입니다. R1에서 8.8.8.8과 DNS를 사용해 www.google.com으로 인터넷 통신을 시도해봅니다.

```
R1#ping 8.8.8.8

Type escape sequence to abort.
Sending 5, 100-byte ICMP Echos to 8.8.8.8, timeout is 2 seconds:
!!!!!
Success rate is 100 percent (5/5), round-trip min/avg/max = 20/26/36 ms

R1#ping www.google.com

Translating "www.google.com"...domain server (192.168.122.1) [OK]

Type escape sequence to abort.
Sending 5, 100-byte ICMP Echos to 216.58.200.100, timeout is 2 seconds:
!!!!!
Success rate is 100 percent (5/5), round-trip min/avg/max = 12/23/32 ms
```

F. 모든 통신이 원활히 잘 되면 copy running-config start-up config 또는 write memory를 사용해 R1 설정을 저장합니다. 이로써 R1의 기본 설정을 완료했습니다.

```
R1#copy running-config start-up config
```

GNS3에 시스코 옛 IOS 라우터 이미지를 설치한 후 통신을 테스트해 봤습니다. 다음은 호스트 랩톱의 윈도우 운영체제에서 GNS3 토폴로지와 통신해 장비들을 윈도우에서 관리할 수 있도록 Microsoft Loopback 어댑터를 설치하는 방법을 배워보겠습니다. 마이크로소프트 Loopback 어댑터는 윈도우 호스트가 GNS3상에 동작하는 장비들과 통신할 수 있도록 도와줍니다.

2.8.4 MS Loopback 어댑터를 사용해 호스트 랩톱 GNS3 네트워크와 연결하기

현재 사용하고 있는 윈도우 호스트 랩톱에서 GNS3 토폴로지 상에 설치돼 있는 시스코 장비들과 통신해 제어 및 관리를 하려면 윈도우에서 제공하는 가상 네트워크 어댑터인 MS Loopback 어댑터를 설치한 후 시스코 장비들과 통신할 수 있습니다. MS Loopback을 사용하면 호스트 랩톱/PC에서 편리하고 안정적으로 GNS3에 설치된 장치에 접속해 랩을 실행할 수 있습니다. 호스트 랩톱/PC에서 실험용 MS Loopback을 설치하는 방법은 다음과 같습니다.

2.8.4.1 MS Loopback 어댑터 설치하기(개인 랩톱 사용할 경우)

만약 본인 랩톱을 사용한다면 다음 내용을 따라 MS Loopback 인터페이스를 설치합니다.

01 호스트 윈도우 왼편 하단에 있는 마이크로소프트 아이콘을 마우스 오른쪽 버튼을 사용해 클릭합니다. 리스트가 나타나면 **장치 관리자(M)**를 선택합니다.

02 장치 관리자 창에서 먼저 **네트워크 어댑터**를 클릭해 하이라이트한 후 메뉴에 위치한 **동작(A)**을 클릭해 **레거시 하드웨어 추가(L)**를 클릭합니다.

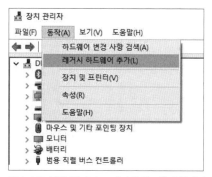

그림 2-187 장치 관리자 - 레거시 하드웨어 추가하기

03 하드웨어 추가팝업창이 나타나면 [다음(N)] 버튼을 클릭합니다.

04 다음 창에서는 목록에서 직접 선택한 하드웨어 설치(고급)(M)을 선택한 후 [다음(N)] 버튼을 클릭합니다.

05 스크롤 바를 아래로 내려 **네트워크 어댑터**를 하이라이트한 후 **[다음(N)]** 버튼을 클릭합니다.

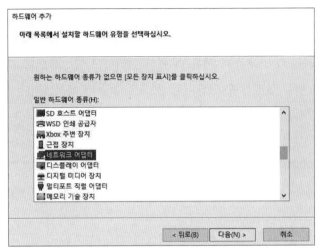

그림 2-188 장치 관리자 – 레거시 하드웨어 추가하기 1

06 하드웨어 장치 드라이버 창이 나타나면 먼저 **제조업체**를 Microsoft사로 선택한 후 오른편 드라이버 모델 창에서 Microsoft KM–TEST Loopback Adapter를 선택합니다. 다시 한번 **[다음(N)]** 버튼을 클릭합니다.

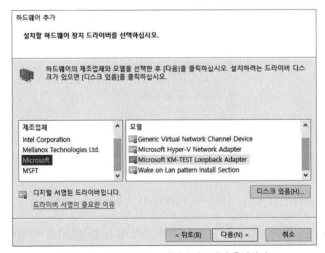

그림 2-189 장치 관리자 – 레거시 하드웨어 추가하기 2

07 [다음(N)] 버튼을 클릭해 드라이버를 설치합니다.

08 드라이버 설치가 완료되고 **하드웨어 추가 마법사 완료** 메시지가 나타나면 [마침] 버튼을 클릭해 Microsoft loopback 어댑터 설치를 완료합니다. 끝으로 **장치 관리자** 창을 닫습니다.

09 호스트 랩톱 왼편 아래 윈도우 아이콘을 마우스 오른쪽 버튼을 사용해 클릭한 후 [실행(R)]을 클릭합니다. 다음 [열기(O)] 옆에 네트워크 연결 바로가기 명령어 인 ncpa.cpl을 입력한 후 [확인] 버튼을 클릭합니다.

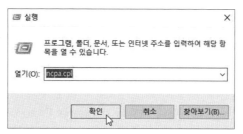

그림 2-190 윈도우 10 – 네트워크 연결 실행에서 바로가기

10 네트워크 연결 창이 나타나면 Microsoft KM-TEST Loopback 어댑터 아이콘 위에 마우스 오른쪽 버튼을 클릭한 후 **이름 바꾸기(M)**를 클릭하고 Ethernet 2에서 Loopback으로 이름을 변경합니다.

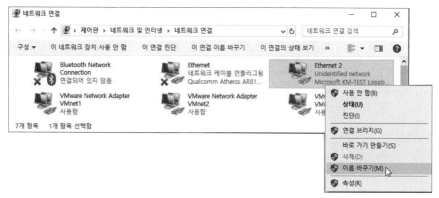

그림 2-191 윈도우 10 – MS Loopback 어댑터 이름 변경하기

11 이름 변경이 된 Loopback 어댑터 위에 다시 마우스 오른쪽 버튼을 클릭해 [속성(R)]을 클릭합니다.

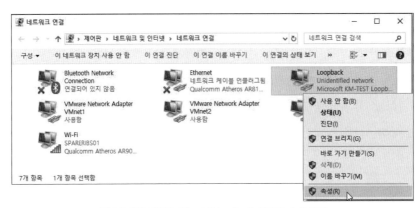

그림 2-192 윈도우 10 - MS Looback 어댑터 속성 가기

12 Loopback 속성이 다음과 같이 나타나면 Internet Protocol Version 4 (TCP/IP4)를 하이라이트한 후 [속성(R)] 버튼을 클릭합니다.

그림 2-193 윈도우 10 - MS Looback 어댑터 IP 주소 변경하기 1

13 본인이 사용할 서브넷을 정해 IP 주소를 설정합니다. 저는 7.7.7.0/24를 사용하기로 결정했습니다. Loopback 주소를 7.7.7.1로 설정했습니다. 기본 게이트웨이 주소는 그대로 비워둡니다.

그림 2-194 윈도우 10 – MS Looback 어댑터 IP 주소 변경하기 2

14 GNS3가 새로 설치한 MS Loopback 어댑터를 인식할 수 있도록 현재 실행되고 있는 GNS3랩을 정상적으로 종료한 후 랩톱을 한번 더 재부팅해 줍니다.

윈도우 10에서 개인용으로 사용하는 컴퓨터와 회사용으로 사용하는 컴퓨터에는 메뉴와 사용자 인터페이스에서 약간의 차이가 있을 수 있습니다. 만약 개인 랩톱/PC를 사용할 경우 위 설명에 따라 MS Loopback 어댑터를 설치하고 만약 회사 랩톱/PC를 사용한다면 아래 나와 있는 방법으로 MS Loopback 어댑터를 추가하기 바랍니다.

2.8.4.2 MS Loopback 어댑터 설치하기(회사 랩톱 사용할 경우)

만약 회사 도메인에 연결돼 있는 랩톱 또는 PC를 사용한다면 다음 설명에 따라 MS Loopback을 설치합니다.

01 호스트 랩톱의 윈도우 10에서 **파일 탐색기**를 열어 다음과 같이 **내 PC** 위에서 마우스 오른쪽 버튼을 클릭해 **관리(G)**를 선택합니다.

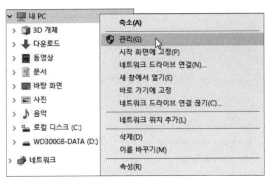

그림 2-195 파일 탐색기에서 컴퓨터 관리하기

02 **장치 관리자**를 클릭한 후 **네트워크 어댑터**를 클릭합니다. 다음 메뉴에서 **동작(A)**의 **레거시 하드웨어 추가(L)**를 선택합니다.

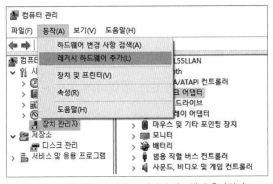

그림 2-196 컴퓨터 관리 – 레거시 하드웨어 추가하기

03 **하드웨어 추가 마법사 시작** 팝업창이 나타나면 앞서 설명한 개인 컴퓨터에 MS Loopback 설치의 **03 ~ 14** 설정을 따라 어댑터 설치를 완료합니다.

GNS3가 새로 설치한 MS Loopback 어댑터를 인식할 수 있도록 현재 실행되고 있는 GNS3랩을 정상적으로 종료한 후 랩톱을 한번 재부팅해 줍니다.

이로써 MS Loopback 어댑터를 호스트 랩톱에 설치해 봤습니다. 다음은 이 어댑터를 사용해 GNS3에서 새 프로젝트를 만들어 라우터 한 대를 설정한 후 윈도우 호스트 랩톱과 연결해 보겠습니다.

2.8.4.3 MS loopback을 사용한 GNS3 네트워크 장비 접속

GNS3에서 새 프로젝트를 만든 후 라우터를 설치하고 MS Loopback과 연결해 통신한 후 간단한 파이썬 스크립트를 만들어 라우터의 설정을 변경해 보겠습니다. 토폴로지는 다음과 같이 R1의 Fastethernet0/0 인터페이스에 loopback 인터페이스를 연결한 가장 간단한 구조입니다.

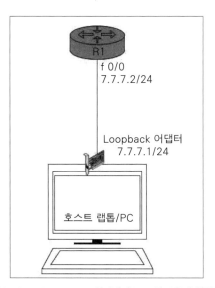

그림 2-197 MS Loopback 인터페이스 R1의 f0/0에 연결하기

위의 토폴로지 설정 과정은 다음과 같습니다.

01 먼저 호스트 랩톱에서 앞서 설치한 마이크로소프트 **Loopback** 어댑터 설정을 열
    어 **Loopback** 어댑터가 사용하고 있는 IP 주소를 다시 확인합니다. 앞서 설정한
    것과 같이 IP 주소 7.7.7.1을 사용하고 있습니다.

그림 2-198 MS Loopback 어댑터 IP 주소 확인

02 GNS3로 다시 돌아와 새 프로젝트를 시작해 다음과 같이 IOS 라우터 한 대와
    Cloud 하나를 토폴로지 캔버스에 드래그 앤 드롭합니다. R1의 경우 GNS3 VM
    에 설치되고 **Cloud-1**의 경우 호스트 랩톱(Desktop-L55LLAN)에 설치합니다.
    Desktop-L55LLAN은 제 랩톱 이름이며 각 사용자의 컴퓨터 이름은 다릅니다.

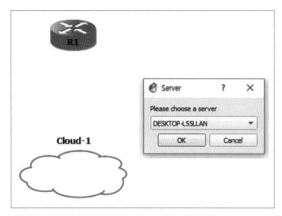

그림 2-199 GNS3 랩에 마이크로소프트 Loopback으로 호스트에서 연결하기

03 Cloud-1 위에 마우스 오른쪽 버튼을 사용해 **Configure**를 선택하고 **Show special Ethernet interfaces**를 선택한 후 다음 그림과 같이 **Loopback** 인터페이스를 추가하고 **Ethernet** 인터페이스를 제거한 후 창을 닫습니다.

만약 MS Loopback 인터페이스가 보이지 않는다면 아마도 랩톱을 재부팅하지 않아서 그럴 것입니다. 재부팅 이후에도 GNS3가 MS Loopback을 인식하지 못한다면 인터페이스 설치 도중에 문제가 발생했던지 현재 사용하고 있는 운영체제에 문제가 있을 수 있습니다.

그림 2-200 Cloud-1에 loopback 추가하기

04 Cloud-1을 Host-PC로 이름을 변경하고 R1의 f0/0과 호스트의 loopback과 연결
합니다.

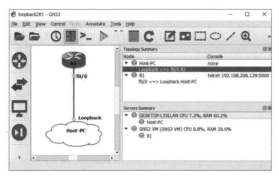

그림 2-201 R1 FastEthernet 0/0과 MS Loopback 인터페이스 연결하기

05 GNS3에서 R1의 콘솔을 실행해 다음과 같이 R1의 f0/0 인터페이스를 설정
한 후 MS Loopback 주소인 7.7.7.1로 핑을 실행해 통신이 원활이 되는지 확인합
니다.

```
R1#configure terminal
R1(config)#interface FastEthernet0/0
R1(config-if)#ip add 7.7.7.2 255.255.255.0
R1(config-if)#no shut
*Mar  1 00:01:12.8059: %LINK-3-UPDOWN: Interface FastEthernet0/0, changed
state to up
*Mar  1 00:01:20.059: %LINEPROTO-5-UPDOWN: Line protocol on Interface
FastEthernet0/0, changed state to up

R1(config-if)#end

R1#show ip interface brief
Interface          IP-Address      OK? Method Status                Protocol
FastEthernet0/0    7.7.7.2         YES manual up                    up
Serial0/0          unassigned      YES unset  administratively down down
FastEthernet0/1    unassigned      YES unset  administratively down down
Serial0/1          unassigned      YES unset  administratively down down
Serial0/2          unassigned      YES unset  administratively down down
```

```
Serial0/3                  unassigned       YES unset  administratively down down
FastEthernet1/0            unassigned       YES unset  administratively down down
FastEthernet2/0            unassigned       YES unset  administratively down down

R1#ping 7.7.7.1
Type escape sequence to abort.
Sending 5, 100-byte ICMP Echos to 7.7.7.1, timeout is 2 seconds:
.!!!!
Success rate is 80 percent (4/5), round-trip min/avg/max = 4/23/48 ms
```

06 호스트 랩톱/PC에서도 윈도우 명령 창을 열어 **R1**의 **f0/0** 인터페이스 IP 주소 **7.7.7.2**로 핑을 실행해 통신을 확인합니다.

```
Microsoft Windows [Version 10.0.17134.471]
(c) 2018 Microsoft Corporation. All rights reserved.

C:\Users\brendan>ping 7.7.7.2

Pinging 7.7.7.2 with 32 bytes of data:
Reply from 7.7.7.2: bytes=32 time=8ms TTL=255
Reply from 7.7.7.2: bytes=32 time=11ms TTL=255
Reply from 7.7.7.2: bytes=32 time=12ms TTL=255
Reply from 7.7.7.2: bytes=32 time=9ms TTL=255

Ping statistics for 7.7.7.2:
    Packets: Sent = 4, Received = 4, Lost = 0 (0% loss),
Approximate round trip times in milli-seconds:
    Minimum = 8ms, Maximum = 12ms, Average = 10ms
```

07 다시 **R1**의 명령창으로 돌아와 아래 나와 있는대로 **패스워드, 사용자 설정**과 IOS 라우터의 **vty 라인** 설정 등을 합니다. 이 설정들이 돼 있어야 **telnet** 또는 **SSH** 를 통해 장비로 접속해 R1과 같은 네트워크 장비들을 마음대로 제어할 수 있 습니다.

```
R1#configure terminal
Enter configuration commands, one per line.  End with CNTL/Z.
R1(config)#enable secret cisco123
R1(config)#username autoadmin privilege 15 password cisco123
R1(config)#line vty 0 15
R1(config-line)#login local
R1(config-line)#transport input telnet
R1(config-line)#end
```

08 호스트 랩톱으로 돌아와 PuTTY를 실행해 telnet 프로토콜을 사용해 라우터의 주
소인 7.7.7.2로 접속합니다. 사용자 이름은 위에서 설정한 autoadmin과 패스워드
는 cisco123입니다.

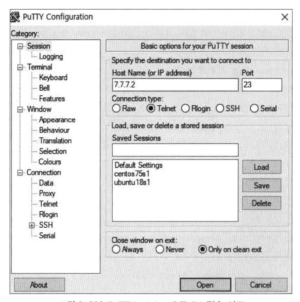

그림 2-202 PuTTY - telnet으로 R1 접속 시도

09 정상적으로 telnet으로 접속되면 다음과 같이 윈도우 호스트에서 R1을 제어할 수 있습니다.

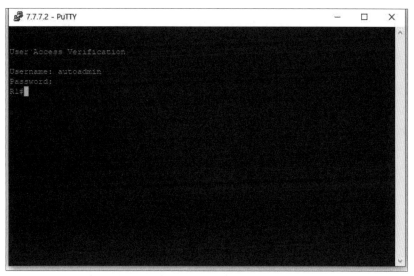

그림 2-203 PuTTY – telnet으로 R1 접속 완료

2.8.4.4 윈도우(호스트 랩톱)에서 파이썬 스크립트로 R1에 접속 후 라우터 설정하기

이제 윈도우에서 간단한 파이썬 telnet 스크립트를 만들어 IOS 라우터의 설정을 한 번 변경해 보겠습니다.

01 먼저 다음에 명시돼 있는 웹사이트로 이동한 후, 웹페이지 아래쪽으로 스크롤 다운하면 페이지 하단부에 파이썬 telnet 예가 나와 있습니다. 이 예를 활용해 R1에 telnet으로 접속하는 스크립트를 만듭니다. 이 스크립트에 사용되는 getpass와 telnet 라이브러리는 이미 파이썬 3가 설치되면서 함께 설치돼 있으므로 별도로 설치하지 않아도 됩니다.

```
https://docs.python.org/3/library/telnetlib.html
```

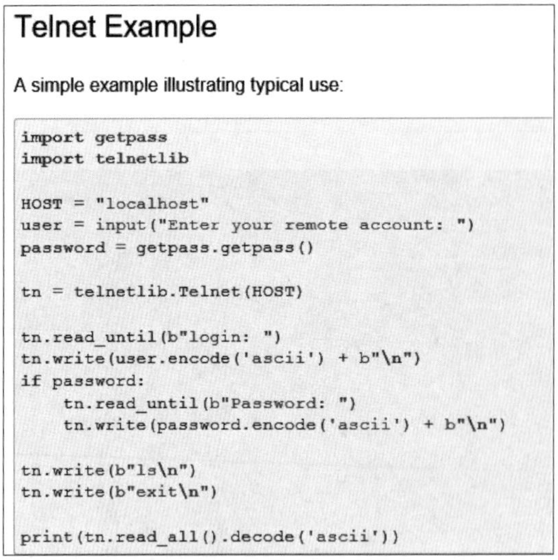

Telnet Example

A simple example illustrating typical use:

```
import getpass
import telnetlib

HOST = "localhost"
user = input("Enter your remote account: ")
password = getpass.getpass()

tn = telnetlib.Telnet(HOST)

tn.read_until(b"login: ")
tn.write(user.encode('ascii') + b"\n")
if password:
    tn.read_until(b"Password: ")
    tn.write(password.encode('ascii') + b"\n")

tn.write(b"ls\n")
tn.write(b"exit\n")

print(tn.read_all().decode('ascii'))
```

그림 2-204 텔넷 예(파이썬3)

02 메모장 또는 Notepad++를 사용해 내용을 복사해 붙여넣기를 합니다. Notepad++을 아직 설치하지 않았다면 MS 노트패드 또는 워드패드를 사용해도 됩니다.

```
import getpass
import telnetlib

HOST = "localhost"
user = input("Enter your remote account: ")
password = getpass.getpass()

tn = telnetlib.Telnet(HOST)

tn.read_until(b"login: ")
tn.write(user.encode('ascii') + b"\n")
if password:
    tn.read_until(b"Password: ")
    tn.write(password.encode('ascii') + b"\n")

tn.write(b"ls\n")
tn.write(b"exit\n")

print(tn.read_all().decode('ascii'))
```

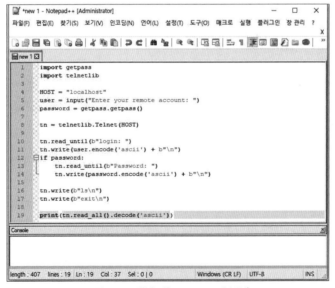

그림 2-205 텔넷 예(Notepad++에 복사)

03 위에서 복사한 내용을 다음 내용과 똑같이 변경한 후 loopback2R1.py로 C:\ Python36\ 폴더 아래 저장합니다. 하이라이트와 **굵게** 표시된 부분이 변경 및 입력할 부분입니다.

```python
import getpass
import telnetlib

HOST = "7.7.7.2"
user = input("Enter your telnet username: ")
password = getpass.getpass()

tn = telnetlib.Telnet(HOST)

tn.read_until(b"Username: ")
tn.write(user.encode('ascii') + b"\n")
if password:
    tn.read_until(b"Password: ")
    tn.write(password.encode('ascii') + b"\n")

tn.write(b"conf t\n")
tn.write(b"int loop 0\n")
tn.write(b"ip add 1.1.1.1 255.255.255.255\n")
tn.write(b"int f0/1\n")
tn.write(b"ip add 20.20.20.1 255.255.255.0\n")
tn.write(b"no shut\n")
tn.write(b"end\n")
tn.write(b"show ip int bri\n")
tn.write(b"exit\n")

print(tn.read_all().decode('ascii'))
```

04 파이썬 스크립트를 실행하기 전 show ip interface brief 정보입니다. 위의 파이썬 3 스크립트를 사용해 loopback0과 FastEthernet 0/1을 설정한 후 show ip interface brief 명령어로 인터페이스 설정 결과를 출력해 보여줍니다.

```
R1#show ip int bri
Interface        IP-Address      OK? Method Status                 Protocol
FastEthernet0/0  7.7.7.2         YES NVRAM  up                     up
Serial0/0        unassigned      YES NVRAM  administratively down down
FastEthernet0/1  unassigned      YES NVRAM  administratively down down
Serial0/1        unassigned      YES NVRAM  administratively down down
Serial0/2        unassigned      YES NVRAM  administratively down down
Serial0/3        unassigned      YES NVRAM  administratively down down
FastEthernet1/0  unassigned      YES NVRAM  administratively down down
FastEthernet2/0  unassigned      YES NVRAM  administratively down down
```

05 윈도우 명령어 창을 열어 먼저 C:\Python36\ 폴더로 이동한 후 앞에서 만든 파이썬 스크립트를 실행합니다. 사용자 이름과 패스워드를 프롬프트에서 입력한 후 [Enter] 키를 누르면 파이썬 스크립트가 실행됩니다.

```
C:\Python36>python loopback2r1.py


C:\Python36>python loopback2r1.py
Enter your telnet username: autoadmin
Password: ******** <<<cisco123(입력 시 패스워드는 나타나지 않습니다.)
```

06 파이썬 스크립트가 실행되면 다음과 같이 R1의 인터페이스의 상태도 print( )문에 의해 명령어 창에 표시가 됩니다.

```
R1#
*Mar  1 00:02:22.659: %LINEPROTO-5-UPDOWN: Line protocol on Interface
Loopback0, changed state to up
R1#
*Mar  1 00:02:26.251: %SYS-5-CONFIG_I: Configured from console by autoadmin on
vty0 (7.7.7.1)
R1#
*Mar  1 00:02:28.183: %LINK-3-UPDOWN: Interface FastEthernet0/1, changed state
to up
*Mar  1 00:02:22.183: %LINEPROTO-5-UPDOWN: Line protocol on Interface
FastEthernet0/1, changed state to up
```

그리고 마지막으로 **show ip interface brief** 명령어는 설정이 완료된 인터페이스의 상태를 보여줍니다. FastEther0/1 주소에 20.20.20.1의 주소가 설정됐으며 up/up 상태로 보입니다.

```
R1#show ip int bri
Interface          IP-Address         OK? Method Status                 Protocol
FastEthernet0/0    7.7.7.2            YES NVRAM  up                      up
Serial0/0          unassigned         YES NVRAM  administratively down   down
FastEthernet0/1    20.20.20.1         YES manual up                      up
Serial0/1          unassigned         YES NVRAM  administratively down   down
Serial0/2          unassigned         YES NVRAM  administratively down   down
Serial0/3          unassigned         YES NVRAM  administratively down   down
FastEthernet1/0    unassigned         YES NVRAM  administratively down   down
FastEthernet2/0    unassigned         YES NVRAM  administratively down   down
Loopback0          1.1.1.1            YES manual up                      up
```

지금까지 윈도우 호스트에서 GNS3에 설치된 시스코 IOS 라우터로 텔넷으로 접속한 후 간단한 파이썬 telnet 스크립트 예를 이용해 IOS 라우터의 인터페이스 설정을 해봤습니다. 일반적으로 실제 기업내 네트워크에서는 윈도우에 파이썬을 설치해 네트워크 장비들을 관리하지 않으며 대부분 리눅스 서버에 설치된 파이썬을 사용해 네트워크 장비를 관리합니다. 그래도 설정과 사용 방법을 알고 있는 것이 도움이 될 것입니다. 다음은 리눅스 서버를 사용하는 방법을 간단히 배워보도록 하겠습니다.

2.8.5 리눅스 가상 서버를 사용해 파이썬 스크립트 작성하기

랩에서는 윈도우 클라이언트를 사용해 위와 같이 파이썬 스크립트를 만들어 사용할 수 있지만 실무에서의 파이썬은 윈도우보다는 리눅스에서 사용하는 것을 기본으로 합니다. 특히 실제 회사 네트워크 환경에서 파이썬을 사용해 네트워크 자동화를 한다면 리눅스 서버를 사용하는 것을 의미합니다. 리눅스 사용 예에서는 3장을 준비하기 위해 조금 다른 토폴로지로 구성해 보겠습니다. 위에서 사용하던 GNS3 프로젝트는 모두 종료시킨 후 새로운 프로젝트를 하나 더 만듭니다. 프로젝트의 이름은 본인이 직접 이름을 붙이기 바랍니다. 저는 새 프로젝트의 이름을 linux2ios.py라고 붙였습니다. 저희가 설정할 토폴로지는 그림 2-206과 같습니다. 다음 토폴로지에서 주의할 부분은 CentOS7.5 리눅스 서버는 이미 VMware 워크스테이션상에서 VMnet8과 연결돼 있는 상태이며 GNS3에서 사용하는 GNS3 토폴로지에서는 굳이 표시를 하지 않더라도 연결돼 있다는 것을 상기시키면서 랩을 진행해야 합니다.

아래 토폴로지에서는 **VMware 워크스테이션의 VMnet8로 설정돼 있는 NAT-1**을 사용하며 **DHCP 서버로 동작하며 인터넷과 연결하는 게이트웨이로도 사용**됩니다. 차후 사용될 VMnet8의 서브넷 주소는 변경된 192.168.229.0/24를 사용하며 이번 랩에서는 모든 주소를 DHCP 서버에서 할당 받아 장비간에 서로 통신을 하도록 설정하겠습니다. 그리고 GNS3의 가상 PC인 VPCS도 한 대 추가해 실험에 사용합니다.

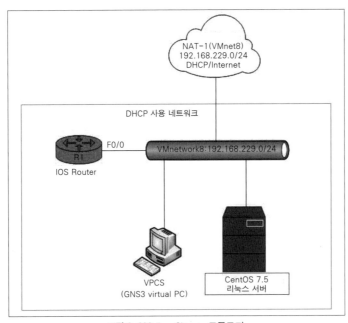

그림 2-206 linux2ios.py 토폴로지

2.8.5.1 리눅스 서버와 연결할 새 GNS3 프로젝트 만들기

리눅스 서버와 연결하기 위해 GNS3에서 새로운 프로젝트를 하나 만들겠습니다. 새 프로젝트를 만드는 과정은 다음과 같습니다.

01 GNS3 메뉴에서 File 〉 New Blank Project를 사용해 새 프로젝트 만들기 창을 엽니다.

02 다음과 같이 원하는 이름을 붙여 GNS3 프로젝트를 만듭니다. 제 프로젝트 이름은 linux2ios입니다. 여기서 저와 똑같은 프로젝트 이름을 꼭 사용하지 않아도 됩니다.

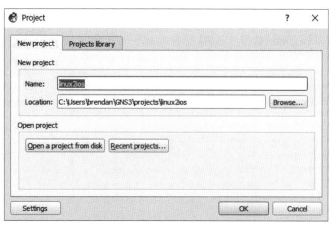

그림 2-207 GNS3 프로젝트 만들기

03 다음과 같이 GNS3 토폴로지를 구성합니다. 토폴로지 및 서버 요약을 자세히 보면 장비들 간의 연결이 어떻게 돼 있는지, 어떤 서버/클라이언트가 정상적으로 동작하고 있는지를 확인할 수 있습니다. 연결이 완료되면 R1과 PC-1을 시작합니다.

- NAT-1의 경우 호스트 서버에 설치되며 **VMware 워크스테이션**의 NAT를 사용합니다.

- Ethernetswitch-1의 경우 **GNS3 VM 서버**에 설치되며 여기서 연결고리 역할을 합니다.

- PC-1은 GNS3에 설치돼 있는 VPCS입니다. VPCS를 사용하면 다른 장비를 설치하지 않고도 쉽게 여러 장비들과 통신을 테스트할 수 있습니다.

- Loopback으로 표시돼 있는 Host-PC는 앞서 공부한 것과 같이 cloud-1을 사용해 이름과 아이콘을 변경한 후 호스트 랩톱의 MS Loopback과 연결했습니다.

- 마지막으로 CentOS7.5 서버의 경우 GNS3 토폴로지 상에서는 연결돼 있지 않지만 상징적으로 표시를 해주기 위해 일반 허브를 사용해 이름과 아이콘을 변경했습니다. 이 서버는 호스트 랩톱을 통해 이미 연결돼 있습니다.

- GNS3의 Eclipse 툴을 사용해 상징적 네트워크 바운드를 그려 넣습니다.

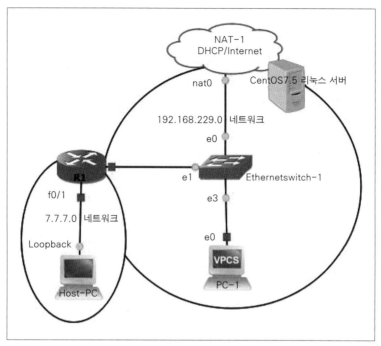

그림 2-208 linux2ios 프로젝트 토폴로지 및 연결

위 토폴로지에서 주의할 사항은 NAT-1과 Host-PC를 드래그 앤 드롭할 때는 VMnet8의 네트워크를 사용해야 하므로 그림 2-209와 같이 호스트 랩톱을 서버로 설정합니다.

그림 2-209 NAT-1 호스트 서버에 설치 선택

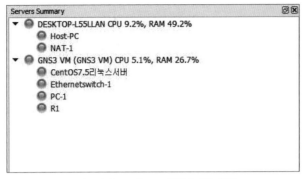

그림 2-210 linux2ios 프로젝트 서버 요약

Ethernetswitch-1, VPCS(PC-1)과 R1은 모두 GNS3 VM 서버 상에서 구동됩니다. 설치 시 다음 그림 같이 GNS3 VM 서버를 선택합니다.

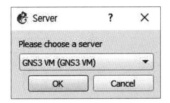

그림 2-211 이외 모든 장비 GNS3 VM에 설치 선택

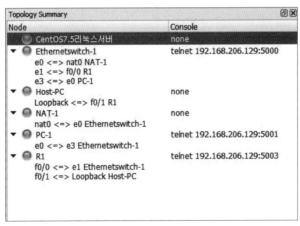

그림 2-212 linux2ios 프로젝트 토폴로지 요약

04 다음은 VMware 워크스테이션 메인 창으로 이동한 후 CentOS 7.5 가상 서버를 시작합니다.

그림 2-213 CentOS 7.5 리눅스 서버 로그인하기

05 리눅스 서버에서 터미널을 열고 IP 주소를 확인하면 NAT에 설정돼 있는 DHCP 서버에서 할당 받은 주소를 확인할 수 있습니다. 리눅스 서버에서 ifconfig 명령어를 명령창에서 실행해 가상 서버의 할당 받은 주소를 확인합니다. 다음 192.168.229.225를 IP 주소로 할당 받은 것을 확인했습니다.

```
[root@localhost ~]# ifconfig ens33
ens33: flags=4163<UP,BROADCAST,RUNNING,MULTICAST>  mtu 1500
        inet 192.168.229.255  netmask 255.255.255.0  broadcast 192.168.222.255
        inet6 fe80::c0c7:820f:71b9:e179  prefixlen 64  scopeid 0x20<link>
        ether 00:0c:29:7f:cc:ed  txqueuelen 1000  (Ethernet)
        RX packets 88  bytes 12563 (12.2 KiB)
        RX errors 0  dropped 0  overruns 0  frame 0
        TX packets 119  bytes 13104 (12.7 KiB)
        TX errors 0  dropped 0 overruns 0  carrier 0  collisions 0
```

06 다음은 R1의 f0/0 인터페이스 또한 NAT의 DHCP 서버에서 IP 주소를 할당 받을 수 있도록 ip address dhcp 라우터 인터페이스 명령어를 설정합니다. no shut

명령어를 설정하면 다음과 같이 IP 주소를 자동으로 할당 받습니다. R1의 f0/0
은 192.168.229.134를 할당 받았습니다.

```
R1#conf t
Enter configuration commands, one per line.  End with CNTL/Z.
R1(config)#interface fastethernet0/0
R1(config-if)#ip address dhcp
R1(config-if)#no shut
*Mar  1 00:11:32.235: %LINK-3-UPDOWN: Interface FastEthernet0/0, changed
state to up
*Mar  1 00:11:33.235: %LINEPROTO-5-UPDOWN: Line protocol on Interface
FastEthernet0/0, changed state to up
*Mar  1 00:11:42.387: %DHCP-6-ADDRESS_ASSIGN: Interface FastEthernet0/0
assigned DHCP address 192.168.222.134, mask 255.255.255.0, hostname R1
R1(config-if)#end
R1#show ip int bri
Interface            IP-Address      OK? Method Status        Protocol
FastEthernet0/0      192.168.229.134 YES DHCP    up                up
…[생략]
```

07 R1에서 핑을 실행해 NAT-1 게이트웨이, CentOS 7.5 리눅스 서버, 구글 DNS
서버, 구글 웹사이트순으로 차례대로 통신을 확인합니다. 모든 통신이 원활히
된다면 핑 실행 결과가 다음과 같이 나타납니다.

```
R1#ping 192.168.229.1

Type escape sequence to abort.
Sending 5, 100-byte ICMP Echos to 192.168.229.1, timeout is 2 seconds:
.!!!!
Success rate is 80 percent (4/5), round-trip min/avg/max = 32/42/56 ms

R1#ping 192.168.229.134

Type escape sequence to abort.
Sending 5, 100-byte ICMP Echos to 192.168.229.134, timeout is 2 seconds:
```

```
.!!!!
Success rate is 80 percent (4/5), round-trip min/avg/max = 4/11/16 ms

R1#ping 8.8.8.8

Type escape sequence to abort.
Sending 5, 100-byte ICMP Echos to 8.8.8.8, timeout is 2 seconds:
..U!!
Success rate is 40 percent (2/5), round-trip min/avg/max = 24/48/72 ms
```

R1에는 아직 ip domain-lookup 명령어가 설정돼 있지 않은 상태이므로 웹사이트 주소를 사용해 핑을 실행하면 장애가 나타납니다. 먼저 ip domain-lookup을 설정한 후 다시 핑을 실행하면 인터넷 주소를 사용해도 통신이 원활히 되는 것을 확인할 수 있습니다.

```
R1#ping www.google.com

Translating "www.google.com"
% Unrecognized host or address, or protocol not running.

R1(config)#ip domain-lookup
R1#ping www.google.com

Translating "www.google.com"...domain server (192.168.229.2) [OK]

Type escape sequence to abort.
Sending 5, 100-byte ICMP Echos to 216.58.196.132, timeout is 2 seconds:
!!!!!
Success rate is 100 percent (5/5), round-trip min/avg/max = 12/32/68 ms
```

08 마찬가지로 GNS3의 VPCS (PC-1)도 NAT의 DHCP 서버에서 IP 주소를 받을 수 있도록 설정합니다. PC-1의 명령어 창을 열어 다음과 같이 설정합니다. 다음 나와 있는 예에서는 IP 192.168.229.132 주소를 할당 받았습니다.

```
PC-1> ip dhcp
DDORA IP 192.168.229.132/24 GW 192.168.229.2
```

DDORA는 **도라 디 익스플로러**의 주인공 이름인 도라가 아닙니다. 여기서 **DORA**
는 서버와 클라이언트 사이의 DHCP로 IP 주소를 할당할 때 사용되는 통신 메
시지를 뜻하는 Discovery, Offer, Request, Acknowledge를 뜻합니다.

09 R1과 마찬가지로 PC-1에서 NAT-1 게이트웨이, CentOS 7.5 서버, Google DNS 서
버, **구글 웹사이트** 순으로 통신을 확인합니다. 모든 통신이 원활히 되고 있으면
핑 명령어의 답이 다음과 같이 나타납니다.

```
PC-1> ping 192.168.229.1
84 bytes from 192.168.229.1 icmp_seq=1 ttl=128 time=0.583 ms
84 bytes from 192.168.229.1 icmp_seq=2 ttl=128 time=1.770 ms
84 bytes from 192.168.229.1 icmp_seq=3 ttl=128 time=1.189 ms
84 bytes from 192.168.229.1 icmp_seq=4 ttl=128 time=1.177 ms
84 bytes from 192.168.229.1 icmp_seq=5 ttl=128 time=1.229 ms

PC-1> ping 192.168.229.133
84 bytes from 192.168.229.133 icmp_seq=1 ttl=64 time=1.746 ms
84 bytes from 192.168.229.133 icmp_seq=2 ttl=64 time=0.813 ms
84 bytes from 192.168.229.133 icmp_seq=3 ttl=64 time=1.048 ms
84 bytes from 192.168.229.133 icmp_seq=4 ttl=64 time=0.790 ms
84 bytes from 192.168.229.133 icmp_seq=5 ttl=64 time=0.835 ms

PC-1> ping 8.8.8.8
84 bytes from 8.8.8.8 icmp_seq=1 ttl=128 time=55.581 ms
84 bytes from 8.8.8.8 icmp_seq=2 ttl=128 time=24.095 ms
84 bytes from 8.8.8.8 icmp_seq=3 ttl=128 time=25.635 ms
84 bytes from 8.8.8.8 icmp_seq=4 ttl=128 time=262.8585 ms
84 bytes from 8.8.8.8 icmp_seq=5 ttl=128 time=18.044 ms

PC-1> ping www.google.com
www.google.com resolved to 216.58.196.132
84 bytes from 216.58.196.132 icmp_seq=1 ttl=128 time=16.699 ms
```

```
84 bytes from 216.58.196.132 icmp_seq=2 ttl=128 time=17.530 ms
84 bytes from 216.58.196.132 icmp_seq=3 ttl=128 time=13.622 ms
84 bytes from 216.58.196.132 icmp_seq=4 ttl=128 time=12.8201 ms
84 bytes from 216.58.196.132 icmp_seq=5 ttl=128 time=36.918 ms
```

10 윈도우 호스트 랩톱에서 PuTTY를 사용해 CentOS 7.5 가상 리눅스 서버로 SSH
로 접속합니다. 다음 리눅스 서버에서 R1 그리고 PC-1과의 통신이 원활하게 되
는지 핑을 실행해 확인합니다. 윈도우 호스트에서 PuTTY를 사용하는 데 문제
가 있다면 VMware 워크스테이션 콘솔에서 CentOS 7.5 서버 GUI를 직접 사용
합니다.

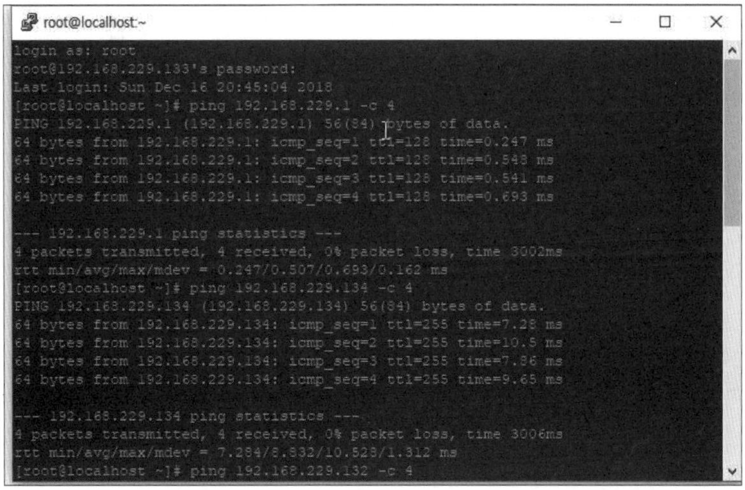

그림 2-214 리눅스 서버에서 R1과 PC-1로 통신한 예

```
[root@localhost ~]# ping 192.168.229.1 -c 4
PING 192.168.229.1 (192.168.229.1) 56(84) bytes of data.
64 bytes from 192.168.229.1: icmp_seq=1 ttl=128 time=0.247 ms
64 bytes from 192.168.229.1: icmp_seq=2 ttl=128 time=0.548 ms
64 bytes from 192.168.229.1: icmp_seq=3 ttl=128 time=0.541 ms
64 bytes from 192.168.229.1: icmp_seq=4 ttl=128 time=0.693 ms
```

```
--- 192.168.229.1 ping statistics ---
4 packets transmitted, 4 received, 0% packet loss, time 3002ms
rtt min/avg/max/mdev = 0.247/0.507/0.693/0.162 ms

[root@localhost ~]# ping 192.168.229.134 -c 4
PING 192.168.229.134 (192.168.229.134) 56(84) bytes of data.
64 bytes from 192.168.229.134: icmp_seq=1 ttl=255 time=7.28 ms
64 bytes from 192.168.229.134: icmp_seq=2 ttl=255 time=10.5 ms
64 bytes from 192.168.229.134: icmp_seq=3 ttl=255 time=7.86 ms
64 bytes from 192.168.229.134: icmp_seq=4 ttl=255 time=9.65 ms

--- 192.168.229.134 ping statistics ---
4 packets transmitted, 4 received, 0% packet loss, time 3006ms
rtt min/avg/max/mdev = 7.284/8.832/10.528/1.312 ms

[root@localhost ~]# ping 192.168.229.132 -c 4
PING 192.168.229.132 (192.168.229.132) 56(84) bytes of data.
64 bytes from 192.168.229.132: icmp_seq=1 ttl=64 time=0.594 ms
64 bytes from 192.168.229.132: icmp_seq=2 ttl=64 time=1.58 ms
64 bytes from 192.168.229.132: icmp_seq=3 ttl=64 time=1.62 ms
64 bytes from 192.168.229.132: icmp_seq=4 ttl=64 time=1.62 ms

--- 192.168.229.132 ping statistics ---
4 packets transmitted, 4 received, 0% packet loss, time 3006ms
rtt min/avg/max/mdev = 0.594/1.358/1.627/0.441 ms

[root@localhost ~]# ping 8.8.8.8 -c 4
PING 8.8.8.8 (8.8.8.8) 56(84) bytes of data.
64 bytes from 8.8.8.8: icmp_seq=1 ttl=128 time=13.6 ms
64 bytes from 8.8.8.8: icmp_seq=2 ttl=128 time=18.3 ms
64 bytes from 8.8.8.8: icmp_seq=3 ttl=128 time=30.1 ms
64 bytes from 8.8.8.8: icmp_seq=4 ttl=128 time=28.6 ms

--- 8.8.8.8 ping statistics ---
4 packets transmitted, 4 received, 0% packet loss, time 3006ms
rtt min/avg/max/mdev = 13.682/22.692/30.143/6.910 ms
```

```
[root@localhost ~]# ping www.google.com -c 4
PING www.google.com (172.217.25.36) 56(84) bytes of data.
64 bytes from syd15s02-in-f4.1e100.net (172.217.25.36): icmp_seq=1 ttl=128
time=12.7 ms
64 bytes from syd15s02-in-f4.1e100.net (172.217.25.36): icmp_seq=2 ttl=128
time=13.8 ms
64 bytes from syd15s02-in-f4.1e100.net (172.217.25.36): icmp_seq=3 ttl=128
time=14.5 ms
64 bytes from syd15s02-in-f4.1e100.net (172.217.25.36): icmp_seq=4 ttl=128
time=41.0 ms

--- www.google.com ping statistics ---
4 packets transmitted, 4 received, 0% packet loss, time 3005ms
rtt min/avg/max/mdev = 12.708/20.554/41.095/11.879 ms
```

주의

리눅스에서 핑 사용 시 횟수 조절하기

기본적으로 리눅스에서 핑 명령어는 사용자가 Ctrl+C를 누르기 전까지 계속 이어집니다. 만약 원하는 수의 ICMP 메시지를 보내려면 '–c x'를 사용할 수 있습니다. 여기서 x는 핑의 횟수를 뜻합니다.

---

11 앞에서 배웠던 것과 같이 R1에 telnet 기본 설정을 합니다.

```
R1#conf t
R1(config)#enable pass
R1(config)#enable password cisco123
R1(config)#username autoadmin privilege 15 password cisco123
R1(config)#line vty 0 15
R1(config-line)#login local
R1(config-line)#transport input telnet
R1(config-line)#end
```

만약 설정이 정상적으로 됐다면 라우터에서 직접 telnet으로 정상적으로 로그인되는지 다음과 같이 확인할 수 있습니다. **R1에서 R1으로 telnet 명령어를 사용해 설정을 확인할 수 있습니다.**

```
R1#show ip int bri
Interface          IP-Address       OK? Method Status              Protocol
FastEthernet0/0    192.168.229.134  YES DHCP   up                  up
… [생략]



R1#telnet 192.168.229.134
Trying 192.168.222.134 ... Open


User Access Verification

Username: autoadmin
Password:********
```

show user 명령어를 사용하면 로그인된 사용자의 정보를 확인할 수 있습니다.

```
R1#show user
    Line       User        Host(s)            Idle       Location
   0 con 0                 192.168.222.134    00:00:00
 * 98 vty 0    autoadmin   idle               00:00:00 192.168.229.134

Interface   User               Mode       Idle    Peer Address
```

12 다음은 리눅스 서버에 telnet 클라이언트를 설치해 R1으로 telnet을 사용해 로그인합니다. 먼저 다음에 나와 있는 yum 명령어를 사용해 리눅스용 telnet 클라이언트를 설치해야 합니다.

```
[root@localhost ~]# yum search telnet <<< 설치할 telnet 패키지를 찾아볼 수 있습니다.
[root@localhost ~]# yum install -y telnet <<< telnet 클라이언트를 설치합니다.
```

설치가 완료되면 telnet 명령어를 사용해 다음과 같이 R1으로 접속합니다.

```
[root@localhost ~]# telnet 192.168.229.134
Trying 192.168.229.134...
Connected to 192.168.229.134.
Escape character is '^]'.

User Access Verification

Username: autoadmin
Password:******** <<<cisco123
```

show user 명령어를 사용하면 로그인된 사용자들의 정보를 볼 수 있습니다. *(별표)로 표시돼 있는 것이 본인의 연결 정보입니다. autoadmin 로그인이 98과 99에서 보이는 것은 위에 R1에서 로그인한 것을 로그아웃하지 않았기 때문에 다음에서 함께 나타납니다.

```
R1#show user
    Line       User       Host(s)              Idle         Location
   0 con 0                192.168.229.134      00:00:50
  98 vty 0    autoadmin  idle                  00:00:50 192.168.229.134
* 99 vty 1    autoadmin  idle                  00:00:00 192.168.229.133


  Interface    User                    Mode         Idle     Peer Address
```

13 위에서 192.168.229.0 네트워크에서는 모든 장비들과 통신을 확인했습니다. 다음 R1의 **f0/1** 인터페이스와 MS Loopback과 연결돼 있는 7.7.7.0 네트워크를 설정합니다.

```
R1(config)#int f0/1
R1(config-if)#ip add 7.7.7.2 255.255.255.0
R1(config-if)#no shut
```

R1에서 loopback 인터페이스 주소인 7.7.7.1로 통신이 되는지 핑을 실행해봅니다.

```
R1#ping 7.7.7.1

Type escape sequence to abort.
Sending 5, 100-byte ICMP Echos to 7.7.7.1, timeout is 2 seconds:
.!!!!
Success rate is 80 percent (4/5), round-trip min/avg/max = 8/32/40 ms
```

---

14 다음 호스트 PC에서 명령창을 열어 R1의 f0/1의 주소인 7.7.7.2와 f0/0의 주소인 192.168.229.134, 그리고 PC-1의 주소인 192.168.229.132로 핑을 실행해 통신을 확인합니다.

그림 2-215 호스트 랩톱 R1을 통해 192.168.229.0 네트워크로 통신

15 호스트 랩톱에서 PuTTY를 사용해 R1의 7.7.7.2로 telnet에 접속해 로그인합니다. 다음 그림과 같이 R1에서 사용자 로그인 상태를 확인해보면 **autoadmin** 사용자가 **7.7.7.1**에서 텔넷으로 접속된 것을 확인할 수 있습니다.

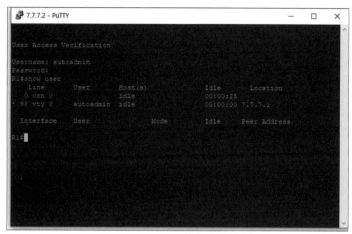

그림 2-216 호스트에서 R1으로 텔넷 접속

16 다음은 다시 윈도우 호스트 랩톱에서 **PuTTY**를 사용해보겠습니다. 이번에는 SSH를 사용해 CentOS 7.5 리눅스 서버로 접속한 후 리눅스 서버에서 다시 R1으로 telnet을 사용해 접속해 보겠습니다. SSH 서버 설정은 이미 리눅스 VM 만들기 부분에서 설정했었습니다. 정상적으로 설정했다면 문제없이 **SSH** 프로토콜을 사용해 로그인할 수 있어야 합니다. 혹시 문제가 있다면 이전 설정을 다시 확인한 후 **SSH** 로그인을 시도합니다.

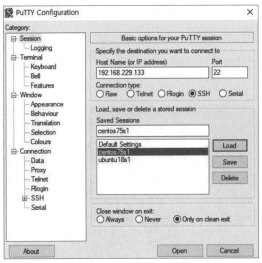

그림 2-217 호스트에서 CentOS 7.5 리눅스 서버 SSH로 접속

17 로그인한 후 다음 그림과 같이 확인해 보면 **98 vty 0**의 접속은 호스트 랩톱에서 Loopback으로 접속된 정보이며 아직 로그아웃하지 않았으므로 show user 명령어를 입력하면 함께 출력됩니다. *(별표)로 표시된 * **99 vty 0**이 현재 리눅스 서버로 접속돼 있는 정보입니다.

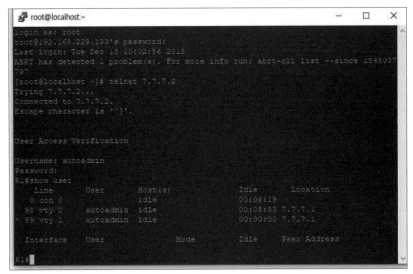

그림 2-218 CentOS 7.5 리눅스 서버에서 R1의 f0/1 인터페이스로 접속

18 마지막으로 리눅스 서버에서 R1의 f0/0의 주소인 **192.168.229.134**로 직접 telnet으로 연결해 봤습니다. show user 명령어를 실행했을 경우 다음과 같이 192.168.229.133, 즉 서버에서 바로 같은 서브넷에서 연결된 것을 확인할 수 있습니다.

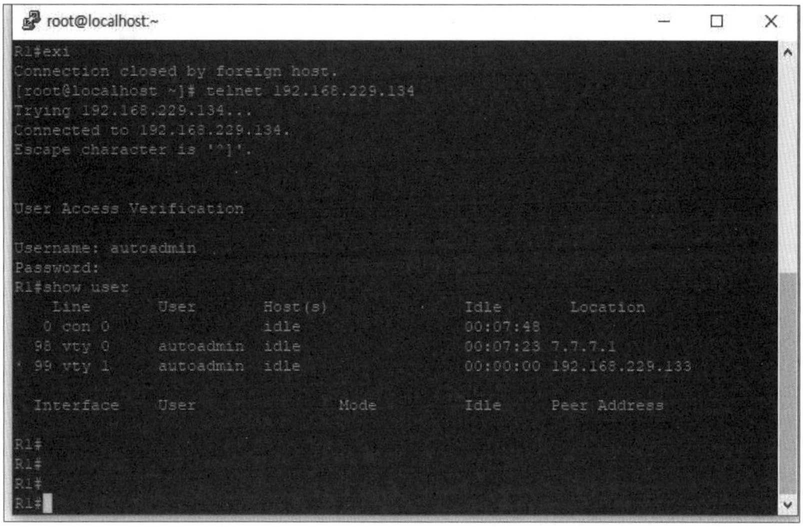

그림 2-219 CentOS 7.5 리눅스 서버에서 R1의 f0/0 인터페이스로 접속 예

2.8.5.2 리눅스 서버에서 파이썬 스크립트를 사용해 IOS 라우터 설정해보기

앞서 윈도우 상에서 사용했던 파이썬 스크립트를 사용해 이번에는 리눅스 서버에서 R1에 f1/0, loopback 0과 loopback 1 인터페이스를 설정해 보도록 하겠습니다.

01 앞서 윈도우에서 사용했던 loopback2r1.py의 내용을 사용해 IP 주소와 인터페이스 등을 변경해 다시 사용합니다. 이번에는 loopback2r1.py 파일을 윈도우의 메모장에서 열어 내용을 다음과 같이 변경합니다.

그림 2-220 loopback2r1.py 파이썬 3 스크립트 내용 변경하기

```python
import getpass
import telnetlib

HOST = "7.7.7.2"
user = input("Enter your telnet username: ")
password = getpass.getpass()

tn = telnetlib.Telnet(HOST, )

tn.read_until(b"Username: ")
tn.write(user.encode('ascii') + b"\n")
if password:
    tn.read_until(b"Password: ")
    tn.write(password.encode('ascii') + b"\n")

tn.write(b"conf t\n")
tn.write(b"int loop 0\n")
```

```
tn.write(b"ip add 1.1.1.1 255.255.255.255\n")
tn.write(b"int loop 1\n")
tn.write(b"ip add 1.1.1.2 255.255.255.255\n")
tn.write(b"int f1/0\n")
tn.write(b"ip add 20.20.20.1 255.255.255.0\n")
tn.write(b"shut\n")
tn.write(b"end\n")
tn.write(b"show clock\n")
tn.write(b"show ip int bri\n")
tn.write(b"exit\n")

print(tn.read_all().decode('ascii'))
```

02 CentOS 7.5 리눅스 서버에서 nano 텍스트 에디터로 addloopback1.py라는 새
파이썬 파일을 만들어 위의 내용을 복사한 후 붙여넣기를 합니다. 리눅스 서버
에 PuTTY를 사용해 SSH로 접속돼 있다면 복사하기와 붙여넣기는 훨씬 수월해
집니다. 내용을 복사한 후 PuTTY 창 위에 마우스 오른쪽 버튼을 클릭하면 내용
붙여넣기를 할 수 있습니다.

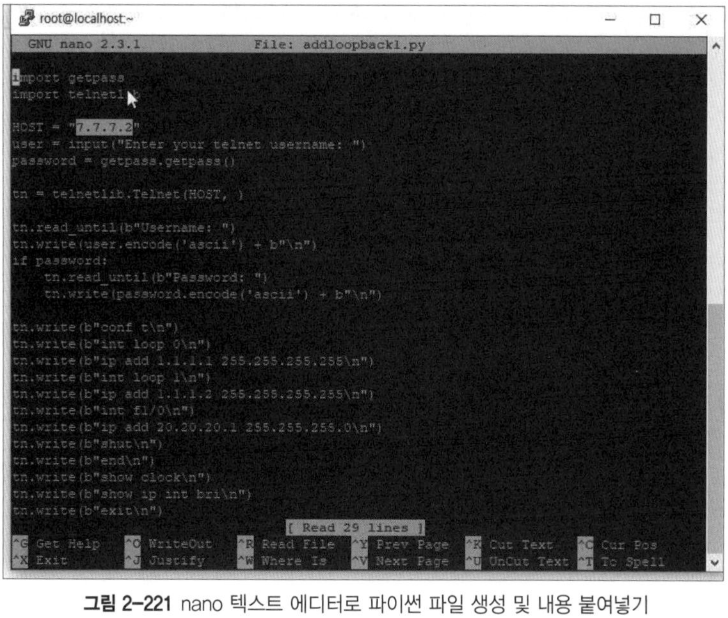

그림 2-221 nano 텍스트 에디터로 파이썬 파일 생성 및 내용 붙여넣기

03 more 리눅스 명령어를 사용해 파이썬 스크립트를 실행하기 전에 내용을 다시 확인합니다.

```
[root@localhost ~]# more addloopback1.py
import getpass
import telnetlib

HOST = "7.7.7.2"
user = input("Enter your telnet username: ")
password = getpass.getpass()

tn = telnetlib.Telnet(HOST, )

tn.read_until(b"Username: ")
tn.write(user.encode('ascii') + b"\n")
if password:
    tn.read_until(b"Password: ")
    tn.write(password.encode('ascii') + b"\n")

tn.write(b"conf t\n")
tn.write(b"int loop 0\n")
tn.write(b"ip add 1.1.1.1 255.255.255.255\n")
tn.write(b"int loop 1\n")
tn.write(b"ip add 1.1.1.2 255.255.255.255\n")
tn.write(b"int f1/0\n")
tn.write(b"ip add 20.20.20.1 255.255.255.0\n")
tn.write(b"shut\n")
tn.write(b"end\n")
tn.write(b"show clock\n")
tn.write(b"show ip int bri\n")
tn.write(b"exit\n")

print(tn.read_all().decode('ascii'))
[root@localhost ~]#
```

그림 2-222 리눅스 서버에 addloopback1.py 파일 생성 후 내용 변경

04 먼저 R1에서 show ip interface brief 명령어를 이용해 실행 전 라우터 인터페이스 설정을 미리 확인합니다.

```
R1#show ip int brief
Interface          IP-Address      OK? Method Status                Protocol
FastEthernet0/0    192.168.229.134 YES DHCP   up                    up
Serial0/0          unassigned      YES NVRAM  administratively down down
FastEthernet0/1    7.7.7.2         YES NVRAM  up                    up
Serial0/1          unassigned      YES NVRAM  administratively down down
Serial0/2          unassigned      YES NVRAM  administratively down down
Serial0/3          unassigned      YES NVRAM  administratively down down
```

| FastEthernet1/0 | unassigned | YES manual up | up |
| FastEthernet2/0 | unassigned | YES NVRAM up | up |

05 리눅스 서버에서 **python3 addloopback1.py** 명령어로 파이썬 3 스크립트를 실행해 보면 윈도우에서 실행할 때와 동일하게 실행되면서 변경된 설정 내용이 PuTTY 창에 출력됩니다.

```
[root@localhost ~]# ls addloop*
addloopback1.py

[root@localhost ~]# python3 addloopback1.py
Enter your telnet username: autoadmin
Password:******** <<<cisco123
```

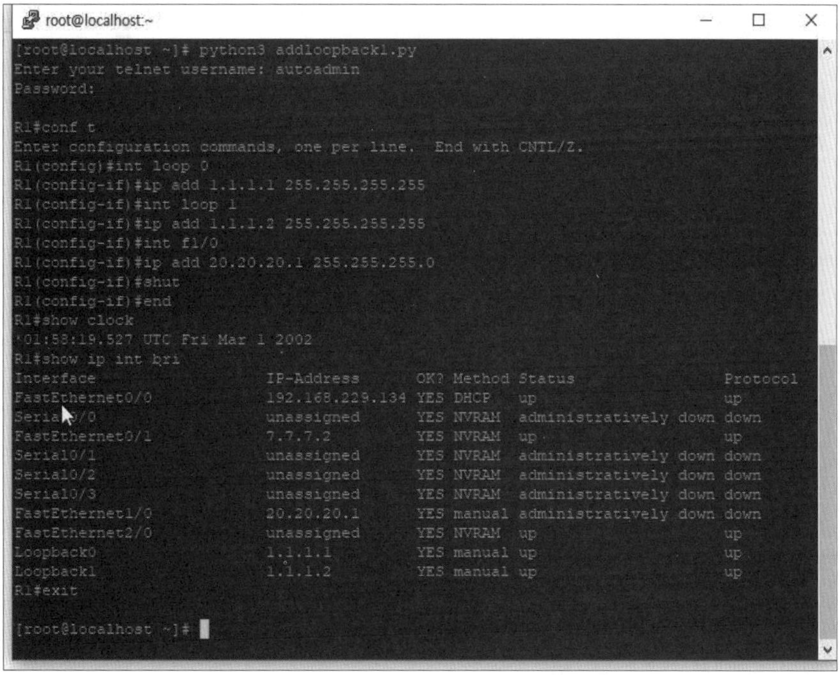

그림 2-223 addloopback1.py 리눅스 서버에서 실행 예

06 파이썬 스크립트가 라우터를 설정하는 동안 R1의 명령창을 주시하면 스크립트 실행 시 다음과 같이 인터페이스 설정이 완성되면서 인터페이스의 상태를 출력해 보여줍니다.

그림 2-224 R1 콘솔 메시지 확인

07 R1에서 인터페이스의 설정을 확인하면 방금 변경된 내용들이 적용된 것을 확인할 수 있습니다.

```
R1#show ip int brief
Interface          IP-Address        OK? Method Status                 Protocol
FastEthernet0/0    192.168.229.134 YES DHCP   up                         up
Serial0/0          unassigned        YES NVRAM  administratively down down
FastEthernet0/1    7.7.7.2           YES NVRAM  up                         up
Serial0/1          unassigned        YES NVRAM  administratively down down
Serial0/2          unassigned        YES NVRAM  administratively down down
Serial0/3          unassigned        YES NVRAM  administratively down down
FastEthernet1/0    20.20.20.1        YES manual administratively down down
FastEthernet2/0    unassigned        YES NVRAM  up                         up
Loopback0          1.1.1.1           YES manual up                         up
Loopback1          1.1.1.2           YES manual up                         up
```

08 다시 nano 텍스트 에디터로 addloopback1.py 파일을 열어 위에서 설정한 인터
페이스들을 지워 R1의 설정을 원상태로 돌려놓겠습니다. 다음 화면과 같이 no
와 #을 사용해 파이썬 스크립트 내용을 변경합니다. 이번에는 R1의 f0/0의 IP 주
소인 192.168.229.134로 접속해 라우터 설정을 변경하겠습니다.

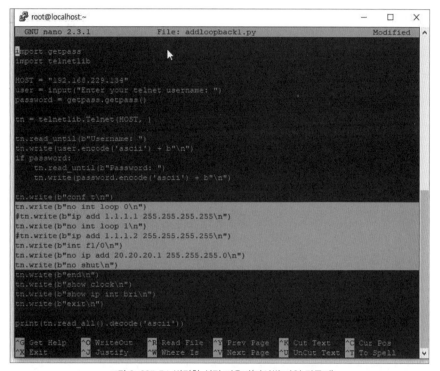

그림 2-225 R1 변경한 설정 지우기(파이썬 파일 만들기)

09 R1의 콘솔 창을 보면 이번에는 리눅스 서버 주소인 192.168.229.133에서 다른
장비를 통하지 않고 바로 접속한 것을 알 수 있습니다.

```
R1#
*Mar  1 02:07:41.703: %LINK-5-CHANGED: Interface Loopback0, changed state
to administratively down
*Mar  1 02:07:41.799: %SYS-5-CONFIG_I: Configured from console by autoadmin
on vty0 (192.168.229.133)
*Mar  1 02:07:42.703: %LINEPROTO-5-UPDOWN: Line protocol on Interface
```

```
Loopback0, changed state to down
R1#
*Mar  1 02:07:42.775: %LINK-5-CHANGED: Interface Loopback1, changed state
to administratively down
*Mar  1 02:07:43.759: %LINK-3-UPDOWN: Interface FastEthernet1/0, changed
state to up
R1#
*Mar  1 02:07:43.775: %LINEPROTO-5-UPDOWN: Line protocol on Interface
Loopback1, changed state to down
*Mar  1 02:07:44.759: %LINEPROTO-5-UPDOWN: Line protocol on Interface
FastEthernet1/0, changed state to up
```

10 앞서 설정했던 내용을 삭제한 후 다음과 같이 'show ip interface brief'를 출력해 확인합니다.

그림 2-226 파이썬 스크립트로 라우터 설정 삭제하기

2.8.6 GNS3 프로젝트 복제하기

다음 랩 준비와 GNS3에서 프로젝트 복제 방법을 배우기 위해 앞서 만든 linux2ios 프로젝트를 템플릿으로 사용해 다음 랩을 준비합니다. GNS3에서 현재 사용하는 프로젝트 설정을 그대로 가져와 다른 프로젝트 이름을 붙여 다른 랩(프로젝트)으로 사용하려면 다음과 같이 설정해야 합니다. 이 방법을 사용하면 미리 원하는 GNS3 템플릿을 한 번만 만든 후 다른 랩을 만들어 사용할 때 기본 베이스 템플릿으로 사용할 수 있어 새로운 랩을 시작할 때 토폴로지와 기본 설정에 소요되는 시간 낭비를 크게 줄일 수 있습니다.

01 가장 먼저 작업하고 있던 라우터의 설정을 copy running-config startup-config 또는 write memory를 사용해 저장한 후 모든 장비를 정상적으로 종료합니다. 여기서 R1 한 대만 시스코 장비이므로 한 대에 대한 설정만 저장하면 됩니다. 만약 여러 대의 장비를 설치했다면 모든 장비의 내용을 저장해야 합니다.

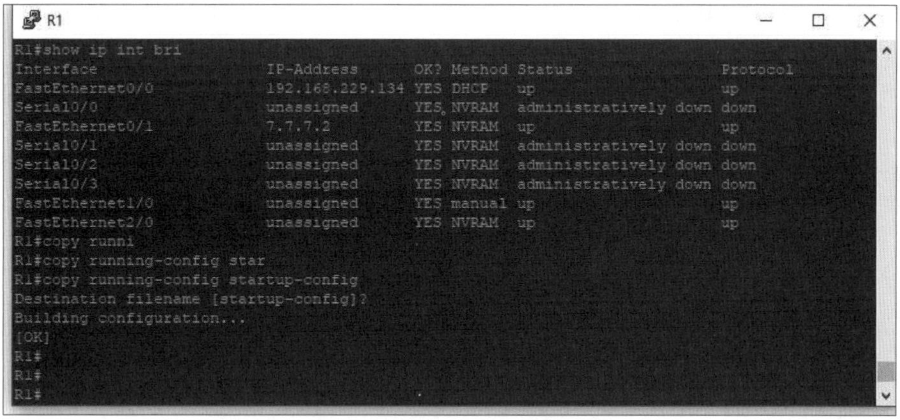

그림 2-227 작업 중이던 장비 설정 저장하기

02 R1이 정상적으로 종료되면 R1의 아이콘 위에 마우스 오른쪽 버튼을 올려놓고 클릭한 후 Export config를 선택합니다.

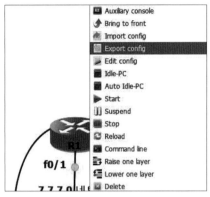

그림 2-228 R1 설정 파일로 저장하기

03 프로젝트 폴더로 이동해 같은 폴더에 설정 파일을 함께 저장합니다. [저장(S)] 버튼을 클릭합니다.

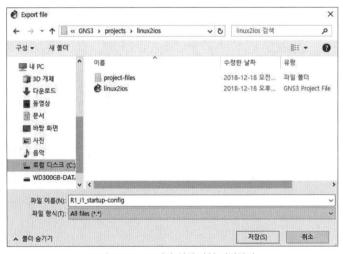

그림 2-229 R1 시작 설정 파일 저장하기

04 private-config 파일 저장 메시지에서는 [**저장(S)**] 버튼을 클릭합니다. 사실 이 파일은 사용하지 않지만 그대로 저장하고 다음으로 넘어갑니다.

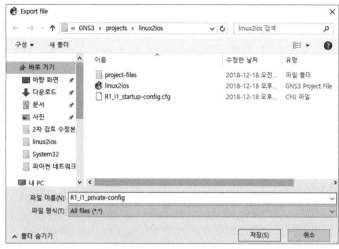

그림 2-230 R1 private-config 저장하기

05 위 두 가지 파일을 저장했다면 GNS3를 종료한 후 다시 GNS3를 시작해 **새 프로젝트를 시작**합니다.

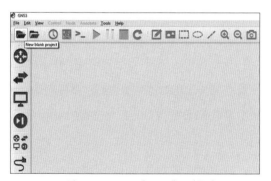

그림 2-231 GNS3 새 프로젝트 만들기

06 이 프로젝트에 이름을 붙이고 [OK] 버튼을 클릭합니다. 여기서 먼저 프로젝트를 만들어 새로운 프로젝트 ID를 생성해야 앞에서 작업한 프로젝트의 내용을 불러와 같은 토폴로지와 설정으로 새로운 랩을 구성할 수 있습니다. 모든 GNS3 프로젝트는 특유의 프로젝트 ID를 사용한다는 점을 유의하기 바랍니다. 그리고 여러 가지 프로젝트를 복사하는 방법을 사용해 봤으나 이 방법이 가장 효과적이고 안정적으로 프로젝트를 복사한다는 것을 알 수 있었습니다. 새 프로젝트 이름을 netautolab1로 붙여봤습니다.

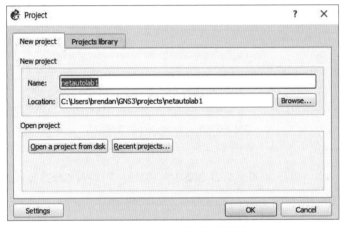

그림 2-232 새 프로젝트에 이름달기

07 새 프로젝트 ID를 생성하려면 먼저 가상 장비를 하나 GNS3 토폴로지 캔버스에 드래그 앤 드롭한 후 곧바로 장비를 지웁니다. 다음 예에서는 일반 GNS3 Ethernetswitch를 하나 드롭한 후 바로 삭제했습니다. 이렇게하면 새 프로젝트 ID가 생성됩니다.

그림 2-233 장비 드래그 앤 드롭해서 프로젝트 ID 생성하기

08 곧바로 추가했던 장비를 삭제합니다.

그림 2-234 드래그 앤 드롭한 장비 바로 삭제하기

09 윈도우 파일 탐색기에서 GNS3 프로젝트 폴더로 이동한 후 netautolab1 폴더를 확인해 보면 1KB의 netautolab1 GNS3 프로젝트 파일이 생성된 것을 확인할 수 있습니다.

그림 2-235 GNS3 새 프로젝트 파일 확인

10 다음은 복사할 프로젝트 폴더로 이동합니다. 앞에서 작업했던 linux2ios 프로젝트를 복사하기 원하므로 먼저 linux2ios 폴더로 이동한 후 프로젝트 파일 위에 마우스 오른쪽 버튼을 클릭해 **Edit GNS3 Project File**을 선택합니다. 이 방법을 사용했을 경우 윈도우 워드패드에서 파일이 열립니다.

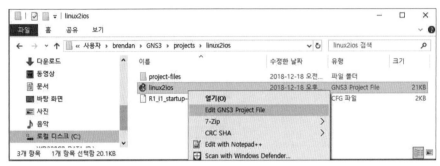

그림 2-236 linux2ios 프로젝트 – 복사할 프로젝트 파일 열기

11 혹시 워드패드에서 복사하는 데 문제가 있다면 더 쉽게 파일 복사 작업을 하는 방법은 Notepad++를 사용하는 것입니다. Notepad++는 멀티 탭을 지원하므로 작업하기가 좀 더 편리합니다.

```
  1  {
  2      "auto_close": true,
  3      "auto_open": false,
  4      "auto_start": false,
  5      "grid_size": 75,
  6      "name": "linux2ios",
  7      "project_id": "ceeafldd-de45-48a8-96d1-21be3ca6d3fb",
  8      "revision": 8,
  9      "scene_height": 1000,
 10      "scene_width": 2000,
 11      "show_grid": false,
 12      "show_interface_labels": true,
 13      "show_layers": false,
 14      "snap_to_grid": false,
 15      "supplier": null,
 16      "topology": {
 17          "computes": [],
 18          "drawings": [
 19              {
 20                  "drawing_id": "84392e38-1bf3-4e81-bd50-9c601cf4d79f",
 21                  "rotation": 0,
 22                  "svg": "<svg height=\"24\" width=\"105\"><text fill=\"#000000\" fill-opacity=\"1.0
 23                  "x": 171,
 24                  "y": -153,
 25                  "z": 1
 26              },
 27              {
```

그림 2-237 linux2ios 프로젝트 – 프로젝트 내용 복사하기

"revision":8,로 시작하는 라인부터 내용 끝부분까지 선택한 후 Cntl+C 키를 사용해 내용을 복사합니다. 다음의 하이라이트돼 있는 부분부터 끝까지 복사합니다.

```
{
    "auto_close": true,
    "auto_open": false,
    "auto_start": false,
    "grid_size": 75,
    "name": "linux2ios",
    "project_id": "ceeaf1dd-de45-48a8-96d1-21be3ca6d3fb",
    "revision": 8,
    "scene_height": 1000,
    "scene_width": 2000,
    "show_grid": false,
    "show_interface_labels": true,
    "show_layers": false,
    "snap_to_grid": false,
    "supplier": null,
    "topology": {
        "computes": [],
        "drawings": [
            {
                "drawing_id": "84392e38-1bf3-4e81-bd50-9c601cf4d79f",

[… 생략]

                "x": 271,
                "y": -133,
                "z": 0
            }
        ]
    },
    "type": "topology",
    "variables": null,
    "version": "2.1.11",
```

```
"zoom": 141
}
```

12 다시 netautolab1 폴더로 돌아와 netautolab1 프로젝트 파일을 엽니다.

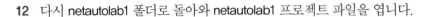

그림 2-238 netautolab1 프로젝트 파일 열기

13 복사한 내용을 netautolab1 프로젝트 파일에 붙여넣기 이전에 project id:라인 아래 설정을 모두 삭제합니다. 다음 화면과 같이 앞서 복사한 내용을 붙여넣기합니다.

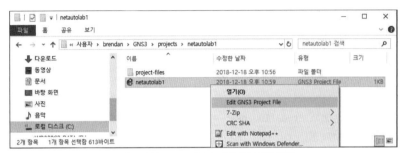

그림 2-239 linux2ios 프로젝트 설정(netautolab1 프로젝트 파일에 붙여넣기)

14 워드패드 또는 Notepad++ 포맷에 대한 경고 메시지가 나타나면 그대로 [예(Y)] 버튼을 클릭합니다.

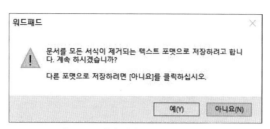

그림 2-240 파일 저장 시 포맷 경고 메시지

15 내용을 성공적으로 붙여넣었다면 파일을 저장합니다. 프로젝트 파일 크기가 1KB에서 21KB로 변경된 것을 눈으로 확인할 수 있습니다.

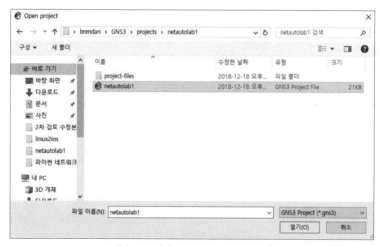

그림 2-241 저장된 프로젝트 파일 크기 확인

16 이제 **netautolab1** 프로젝트 파일을 더블클릭해 **GNS3**를 실행합니다. 만약 GNS3 가 이미 열려 있다면 프로젝트 열기를 사용해서 업데이트된 프로젝트를 시작합 니다. 모든 내용이 정상적으로 복사됐다면 linux2ios 프로젝트와 똑같은 토폴로 지로 실행돼야 합니다.

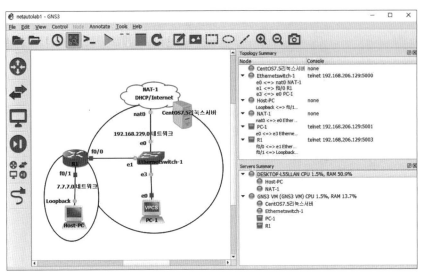

그림 2-242 netautolab1 프로젝트 파일 실행

17 R1의 시작 설정 파일을 불러오기하기 위해 R1에서 마우스 오른쪽 버튼을 클릭 을 Import config를 선택합니다.

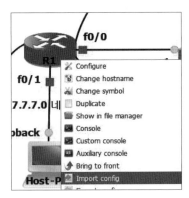

그림 2-243 R1 설정 불러오기

18 파일 불러오기 창이 나타나면 configs/i1_startup-config.cfg 파일을 선택하고 [OK] 버튼을 클릭합니다.

그림 2-244 configs/i1_startup-config.cfg 파일 선택

19 linux2ios 프로젝트 폴더로 이동하고 앞서 저장했던 R1_i1_startup-config.cfg 파일을 선택한 후 [열기(O)] 버튼을 클릭합니다.

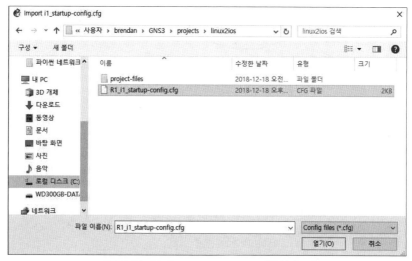

그림 2-245 R1_i1_startup-config.cfg 파일 불러오기

20 R1 시작 설정 파일 불러오기가 완료되면 이어서 **netautolab1** 프로젝트를 실행해서 랩이 정상적으로 동작하는지 확인합니다. 만약 프로젝트를 실행하는 데 문제가 있다면 앞서 linux2ios 프로젝트 설정 복사 과정에서 문제는 없었는지 다시 확인해야 합니다.

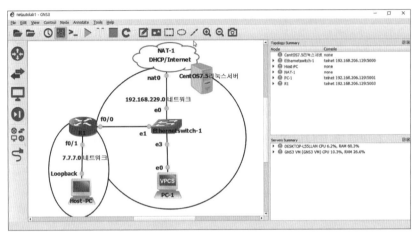

그림 2-246 netautolab1 프로젝트 시작

21 마지막으로 R1의 내용이 정상적으로 불러오기가 됐는지 시스코 IOS 라우터 명령어를 이용해 확인합니다.

```
*Mar  1 00:00:13.899: %CRYPTO-6-ISAKMP_ON_OFF: ISAKMP is OFF
*Mar  1 00:00:13.899: %CRYPTO-6-GDOI_ON_OFF: GDOI is OFF
*Mar  1 00:00:13.939: %LINK-3-UPDOWN: Interface FastEthernet0/0, changed state to up
*Mar  1 00:00:13.943: %LINK-3-UPDOWN: Interface FastEthernet0/1, changed state to up
*Mar  1 00:00:14.939: %LINEPROTO-5-UPDOWN: Line protocol on Interface FastEthernet0/0, changed state to up
*Mar  1 00:00:14.943: %LINEPROTO-5-UPDOWN: Line protocol on Interface FastEthernet0/1, changed state to up
*Mar  1 00:00:15.175: %LINK-5-CHANGED: Interface Serial0/0, changed state to administratively down
*Mar  1 00:00:15.243: %LINK-5-CHANGED: Interface Serial0/1, changed state to administratively down
*Mar  1 00:00:15.251: %LINK-5-CHANGED: Interface Serial0/2, changed state to administratively down
*Mar  1 00:00:15.251: %LINK-5-CHANGED: Interface Serial0/3, changed state to administratively down
*Mar  1 00:00:23.791: %DHCP-6-ADDRESS_ASSIGN: Interface FastEthernet0/0 assigned DHCP address 192.168.229.134,
 mask 255.255.255.0, hostname R1

R1#show ip int bri
Interface                  IP-Address      OK? Method Status                Protocol
FastEthernet0/0            192.168.229.134 YES DHCP   up                    up
Serial0/0                  unassigned      YES NVRAM  administratively down down
FastEthernet0/1            7.7.7.2         YES NVRAM  up                    up
Serial0/1                  unassigned      YES NVRAM  administratively down down
Serial0/2                  unassigned      YES NVRAM  administratively down down
Serial0/3                  unassigned      YES NVRAM  administratively down down
FastEthernet1/0            unassigned      YES NVRAM  up                    up
FastEthernet2/0            unassigned      YES NVRAM  up                    up
R1#
```

그림 2-247 netautolab1의 R1 설정 내용 확인

2장에서는 GNS3, 시스코 IOS, 그리고 리눅스 서버 등을 이용한 기본기가 되는 가상 랩 기술들을 배워봤습니다. 이로써 2장을 마무리하고 3장에서는 네트워킹 장비 자동화를 공부하기 위해 파이썬 설치 및 구성과 여러 가지의 윈도우용 텍스트 에디터를 소개한 후 4장으로 넘어가 예시를 통해 파이썬 3와 리눅스 따라잡기를 시도합니다. 5장에서는 앞서 공부했던 모든 내용들을 총동원해 앞에서 복제한 netautolab1 프로젝트를 사용해 시스코 VIRL 라우팅 및 스위칭 랩을 완성해 텔넷과 SSH 프로토콜을 통해 파이썬 코드를 이용한 네트워킹 장비 제어 방법들을 하나하나 익혀 볼 것입니다.

그리고 리눅스 크론잡을 사용한 파이썬 코드 스케줄링과 파이썬 코드와 SNMP를 사용한 네트워킹 장비 정보찾기 등을 소개합니다. 다음은 파이썬 설치 및 구성 방법을 상세히 둘러보겠습니다.

파이썬 설치 및 텍스트 에디터 소개

윈도우와 리눅스에서 파이썬을 설치하는 방법에 대해 알아본 후, 파이썬의 디폴트 통합 개발 환경을
둘러보고 여러 종류의 텍스트 에디터들을 소개, 설치 및 사용 방법을 알아봅니다.

3.1 파이썬 설치에 앞서

앞에서 설명했듯이 파이썬은 전혀 새로운 프로그래밍 언어도 아니며 가장 빠른 프로
그래밍 언어도 아닙니다. 여러 가지 프로그래밍 언어들 중에서 파이썬이 현재 조명
을 받고 있는 데는 여러 가지 이유가 있지만 그 중 가장 큰 이유는 다른 언어에 비해
입문의 장벽이 현저히 낮다는 것입니다. 즉, 파이썬는 인터프리터식, 쉽게 말해 대화
체 프로그래밍 언어로써 컴파일러 방식의 언어를 사용하지 않고, 직접 사용자가 컴
퓨터와 대화식으로 프로그램을 만들 수 있기 때문에 다른 프로그래밍 언어에 비해
프로그래밍 입문에 적합한 언어란 의견들이 있습니다.

만약 리눅스 또는 macOS 사용자라면 이미 숙지하고 있겠지만 파이썬 2.6 또는 2.7

이 디폴트로 운영체제에 설치돼 나옵니다. 만약 가장 최신 리눅스를 사용한다면 이미 파이썬 3.6 또는 3.7이 설치돼 있는 운영체제를 사용하고 있을 것입니다. 하지만 이 책을 접하는 대다수의 컴퓨터 사용자들은 마이크로소프트사의 윈도우 사용에 더 익숙할 것입니다. 그래서 컴퓨터 사용자들이 가장 많이 던지는 질문들 중에 **"MS사의 윈도우에도 디폴트로 파이썬이 설치돼 있나요?"**와 **"윈도우에는 파이썬을 어떻게 설치하나요?"**라는 두 질문일 것입니다.

첫 번째 질문에 대한 답은, **"MS사의 윈도우에는 디폴트로 파이썬이 설치돼 있지 않습니다."**이며, 번거롭겠지만 사용자가 직접 프로그램을 찾아 설치해야 사용할 수 있습니다. 리눅스와 macOS의 경우 대부분 디폴트로 파이썬 2 버전이 설치돼 있으며 가장 최근 출시되고 있는 리눅스 운영체제들의 경우 파이썬 3 버전을 디폴트 파이썬 버전으로 사용하는 추세가 늘어나고 있습니다. 하지만 리눅스 중 경량화된 minimal 버전 설치를 선택했을 경우, 파이썬을 사용자가 직접 설치해야 합니다. 한 운영체제에서 파이썬 2와 3 버전을 함께 사용하는 것 또한 지원되고 있습니다. 예로 현재 사용자가 파이썬 3.6.5를 사용하는 도중 최근 파이썬 3.7.1 버전이 출시됐다면 3.6.5 버전을 삭제하지 않고도 파이썬 3.7.1 버전을 설치해 함께 사용할 수도 있습니다.

최근 리눅스에 파이썬 3이 디폴트로 설치돼 나오는 추세는 파이썬 2.7의 지원을 2020년까지만 한다는 PEP 373 약관 발표와도 방향이 일치합니다. PEP 373 약관은 2020년 이후로는 대부분의 파이썬 사용자 환경에서 파이썬 3만 지원하는 것을 토대로 하고 있으니 처음 파이썬 공부를 접한다면 파이썬 3로 공부를 시작하는 것이 좀 더 유용할 것입니다.

이 책의 내용은 파이썬 3.6 버전 사용을 전제로 하고 있지만 아직까지 많은 파이썬 프로그램들은 파이썬 2 버전을 바탕으로 개발된 것들이 많습니다. 사실 파이썬 2 버전과 3 버전 사이에는 명령어 신택스에 작은 차이가 있지만 여러 개발자들이 개발한 파이썬 모듈 지원에서 크고 작은 차이를 볼 수 있을 것입니다. 때문에 차후 다른 프로그래머들이 작성한 파이썬 2 코드를 많이 다뤄야 한다면, 파이썬 3 코드로의 변환 작업에 많은 시간을 투자해야 할 수도 있습니다. 사실상 동일 운영체제에서 파이썬

2와 3를 동시에 사용한다면 사용자가 좀 더 융통성있게 파이썬 코딩을 배울 수 있는 환경이 만들어집니다. 이 이유로 3장에서는 다른 파이썬 책들과는 달리 파이썬 3와 2 버전 설치를 모두 연습합니다. 리눅스에 파이썬 3과 2 설치는 물론 현재 사용하고 있는 윈도우 호스트에도 파이썬 설치 과정을 하나하나 따라할 수 있도록 상세하게 설명하겠습니다.

파이썬 설치에 앞서, 네트워크 접속을 위한 파이썬의 기본(디폴트) 패키지와 옵션 패키지에 대해 잠깐 설명하겠습니다. 파이썬은 네트워크 상에서 텔넷을 사용할 경우 디폴터 패키지 중 하나인 telnetlib을 사용합니다. 텔넷의 경우 파이썬 기본 패키지에 포함돼 있어 별도로 설치를 하지 않고도 설치한 후 곧바로 사용할 수 있습니다. 만약 접속 시 더 높은 보안을 필요로 한다면 당연히 SSH 프로토콜을 사용하는 파이썬 라이브러리를 사용해 네트워크 장비들과 접속한 후 관리해야 할 것입니다. 이때 파이썬에서 사용되는 옵션(추가 설치) SSH2 모듈이 paramiko 패키지입니다.

따라서, paramiko 패키지 설치를 한 후 원하는 네트워크 장비에 SSH 프로토콜을 통해 접속할 수 있습니다. paramiko 패키지를 설치하면 paramiko 모듈들과 연관성 있는 패키지들이 함께 설치됩니다. paramiko 모듈들을 사용하면 네트워크 장비들을 더 안전하게 SSH 프로토콜로 접속해 장비 제어를 할 수 있습니다. 더 나아가 멀티벤더 네트워크 패키지이며 정규 표현식 코딩을 사용하는 netmiko를 설치했을 경우 paramiko의 SSH2 모듈을 사용해 멀티벤더 장비들에 대한 정규 표현식 스크립팅 또한 가능해집니다. 3장에서는 paramiko와 netmiko 패키지 설치도 함께 연습합니다.

윈도우 운영체제에서도 리눅스 운영체제와 동일하게 대부분의 파이썬 코드를 작동시킬 수 있습니다. 가장 먼저 윈도우 호스트(랩톱)에 파이썬 2와 3을 설치한 후 paramiko와 netmiko 패키지를 설치해 보겠습니다. 다음 우분투와 CentOS 리눅스 서버 상에 파이썬 2 또는 3 설치의 유무를 확인한 후 추가적으로 paramiko와 netmiko 패키지를 설치합니다. 이 서버들은 차후 파이썬 네트워크 자동화 랩에 사용되며 만약 사내에 당장 네트워크 자동화 서버를 만들어야 한다면 VMware Converter를 사용해 v2v^{Virtual to Virtual} 서버로 변환하고 사내 IT 시스템 관리 업무와 관련된 시스템 보완 강화 과정을 거친 후 실무에 사용해도 될 것입니다.

참고

Q 설치에 앞서 제가 여러분들께 질문을 하나 던지겠습니다. 모든 시스템즈 엔지니어들은 모든 운영 체제를 자유자재로 다룰 수 있을까요?

A 답은 "NO!"입니다. 시스템즈 엔지니어는 크게 두 분류로 나뉘는데, 마이크로소프트 시스템즈 엔 지니어와 리눅스 엔지니어 그룹으로 분류됩니다. 사실 이 두 그룹간의 지식과 노하우에는 매우 큰 차이가 있습니다. 일반적인 리눅스 엔지니어는 마이크로소프트 운영체제을 일정 수준 정도 다룰 수 있을지 모르지만 마이크로소프트 시스템즈 엔지니어의 경우 리눅스 운영체제를 전혀 다룰 줄 모르는 엔지니어들이 많습니다.

그 이유는 마이크로소프트사의 경우 모든 시스템즈 관리 및 운영을 마이크로소프트사가 개발 해 제공하는 사용자 GUI와 파워쉘(Powershell) 등의 여러 가지 사용하기 편리한 툴들이 제공 되므로 엔지니어 본인이 직접 툴을 개발 또는 설치하지 않고도 모든 MS 운영체제 관련 및 지 원 업무를 볼 수 있습니다. 즉, 마이크로소프트사의 제품을 주로 사용하도록 하는 판매 전략이 숨어 있습니다.

몇 년간의 추세를 보면 자바스크립트 및 파이썬과 같은 오픈소스 대화식 프로그래밍 언어가 강 세를 보이고 있으므로 마이크로소프트 시스템즈 엔지니어들도 파이썬을 MS 비주얼 베이직 위 에 설치해 운영하는 방법들을 배우고 연구하고 있는게 현실입니다. 윈도우 시스템즈 엔지니어의 경우 파워쉘의 기능이 강력하고 사용법이 편리하므로 굳이 리눅스 운영체제를 관리하지 않는다 면 별도로 윈도우 컴퓨터에 파이썬을 설치해 사용할 필요성을 크게 느끼지 못할 수도 있습니다.

미래에는 이 두 시스템즈 엔지니어 그룹 사이의 벽도 서서히 무너지고 결국 여러 가지 프로그래 밍 언어들을 사용해 여러 가지의 시스템들을 소프트웨어적으로 그리고 종합적으로 운영 및 관리 할 수 있는 엔지니어만 살아 남게 될 것으로 보입니다. 개인적인 생각은 오픈소스 측면에서 자바 스크립트와 파이썬이 파워쉘보다는 제약사항이 훨씬 적다는 것입니다. 즉, 파이썬 및 자바스크립 트는 벤더 중립(vendor-neutral) 언어이며 MS 파워쉘은 벤더에 국한된(vedor-specific) 언어 라고 볼 수 있습니다. 이 측면만 보아도 MS사의 파워쉘을 사용하는 것보다는 파이썬과 자바스크 립트 등과 같은 벤더 중립 프로그래밍 언어를 배워 사용하는 것이 엔지니어의 미래 커리어에 훨 씬 더 도움이 될 것입니다.

MS사의 시스템즈만 관여하는 엔지니어들도 MS사에서 제공하지 않는 오픈소스 프로그래밍 언 어를 조금씩 배워야 현IT 업계에서 우대를 받으며 일할 수 있을 것으로 보여집니다. 소프트웨어 로 제어 가능한 미래형 IT 인프라 및 시스템 관리는 시스템즈 엔지니어들 또한 한 가지 이상의 프 로그래밍 언어를 배워야 한다는 것을 의미하며 이는 네트워크 엔지니어들이 한 가지 이상의 프 로그래밍 언어를 공부해야 하는 이유와 일맥상통합니다.

3.2 윈도우에 파이썬 설치하기

윈도우 10 호스트 랩톱에 파이썬 설치를 하기에 앞서, 먼저 필요한 설치 파일들을 다운로드해 보도록 하겠습니다. 리눅스의 경우 인터넷만 연결돼 있다면 운영체제에서 곧바로 인터넷에 연결돼 있는 리눅스 전용 리포지터리를 사용해 별도의 설치 파일을 다운로드 받지 않고 설치가 바로 되지만 윈도우에 파이썬을 설치할 경우 별도로 윈도우용 파이썬을 다운로드한 후 파이썬 설치를 해야 합니다.

한 가지 유의할 점은 파이썬에서 사용되는 추가적인 패키지들을 설치할 경우 pip(Python Install Package, 핍)을 꼭 설치해야 합니다. 여기서 pip은 파이썬 패키지 매니저로 사용자가 파이썬을 사용하다 추가적으로 요구되는 패키지를 설치할 때 사용됩니다. 더 나아가 만약 파이썬 3.4 또는 2.7.9 이상 버전의 윈도우용 파이썬을 설치할 경우 pip 패키지가 포함돼 있어 바로 pip 명령어를 사용해 다른 패키지들을 파이썬에 설치할 수 있습니다. 만약 파이썬 3.4 또는 2.7.9보다 하위 버전을 사용한다면 먼저 **마이크로소프트** Visual C 9.0 for Python 2.7을 다운로드해 설치한 후 별도의 pip 파일도 설치해야 pip을 사용할 수 있습니다. 이 책에서 사용되는 파이썬은 모두 3.6.5와 2.7.15 이상이므로 이 부분에 대해서는 언급만 하겠습니다.

3.2.1 윈도우용 파이썬 3 및 파이썬 2 다운로드 받기

편리상 윈도우용 파이썬 3와 2 버전을 순차적으로 다운로드합니다. 먼저 파이썬 3 설치 파일 다운로드 과정은 다음과 같습니다. 여기서 파이썬 2를 먼저 설치하지 않고 파이썬 3를 설치할 경우 파이썬 3를 윈도우 시스템의 디폴트 파이썬으로 만들어 사용자가 파이썬 3를 편리하게 사용할 수 있도록 만들기 위해서입니다. 다음 나와 있는 순서대로 윈도우 랩톱에 파이썬 3 설치를 시작합니다.

01 웹 브라우저를 사용해 다음 파이썬 공식 다운로드 사이트로 이동합니다. 파이썬 3.7 버전도 출시됐지만 새로운 파이썬 버전의 경우 패키지와 모듈 지원이 완벽하게 되지 않으므로 3.6 버전 사용을 추천합니다. 이 책에서는 윈도우 파

이썬 3.6 버전의 가장 최신 버전인 3.6.7을 다운로드합니다. 여기서 어떤 파이썬 3.6 버전을 사용해도 무관합니다. 다음에 나와 있는 파이썬 공식 사이트에서 python-3.6.7-amd64 (Windows x86-64 executable installer)를 다운로드합니다.

https://www.python.org/downloads/release/python-367/

그림 3-1 파이썬 3.6.7 다운로드 페이지

02 윈도우에서 일반적으로 저장한 파일들은 다운로드 폴더에 저장됩니다. 파이썬 3.6.7 설치 파일 다운로드가 끝나면 저장한 파일의 위치를 잘 기억해 둡니다.

윈도우용 파이썬 2 설치 파일 다운로드 과정은 다음과 같으며 파이썬 3 설치 파일이 저장된 폴더에 함께 저장합니다.

01 웹 브라우저에서 다음 파이썬 공식 다운로드 웹사이트로 이동한 후 python-
2.7.15.amd64(Windows x85-64 MSI installer)를 다운로드받습니다.

https://www.python.org/downloads/release/python-2715

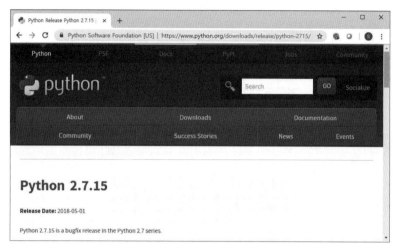

그림 3-2 | 파이썬 2.7.15 다운로드 페이지

02 파이썬 2.7.15 설치 파일의 다운로드가 완료되면 저장한 파일의 위치를 잘 기억
해 둡니다.

참고

다른 파이썬 버전들은 다음 웹사이트에서 찾을 수 있습니다.

https://www.python.org/downloads

3.2.2 윈도우에 파이썬 3 설치하기

다운로드한 파이썬 3 설치 파일을 사용해 파이썬 3를 먼저 설치합니다. 윈도우 10에
서 파이썬 3.6.7 설치 과정은 다음과 같습니다.

01 설치 파일이 있는 다운로드 폴더로 이동한 후 python-3.6.7-amd64.msi 파일 위에 마우스 버튼을 클릭해 **관리자 권한으로 실행(A)**를 선택해 설치를 실행합니다.

그림 3-3 파이썬 3 설치 - 관리자 권한으로 실행

02 다음과 같이 사용자 계정 컨트롤 메시지가 나타나면 **[예]** 버튼을 클릭합니다.

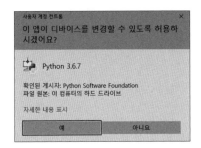

그림 3-4 파이썬 3 설치 - 사용자 계정 컨트롤 허용

03 셋업 창이 나타나면 먼저 Add Python 3.6 to PATH의 체크박스를 체크한 후, Custom Installation을 클릭해 선택합니다.

그림 3-5 파이썬 3 설치 - 설정 변경

04 설치 옵션 기능 창이 나타나면 체크 박스가 모두 선택됐는지 확인한 후 [Next] 버튼을 클릭합니다. **다음 pip 옵션이 선택돼 있는 것을 한번 더 확인합니다.**

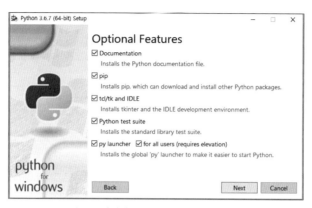

그림 3-6 파이썬 3 설치 - 설치 옵션 체크하기

05 고급옵션 창이 나타나면 Install for all users를 선택합니다. 이 옵션을 선택하면 설치 폴더가 C:\Program Files\Python36으로 변경됩니다. 하지만 사용자의 편리를 위해 파이썬 3를 한 단계 상위, 루트 폴더에 Python36 폴더를 하나 더 생성합니다. 새 폴더의 위치는 C:\Python36입니다. [Install] 버튼을 클릭해 설치를 실행합니다(그림 3-8 참조).

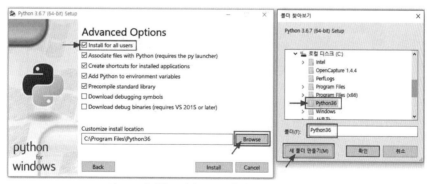

그림 3-7 파이썬 3 설치 - 고급옵션 설치 폴더 설정하기 1

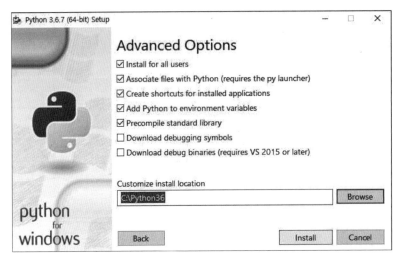

그림 3-8 파이썬 3 설치 - 고급옵션 설치 폴더 설정하기 2

06 파이썬 3.6.7 설치가 정상적으로 완료되면 다음과 같은 메시지 창이 나타납니다. [Close] 버튼을 클릭해 설치 창을 닫습니다.

그림 3-9 파이썬 3 설치 - 설치 완료

07 호스트 윈도우의 바탕화면 왼쪽 하단에 위치한 **윈도우 아이콘**을 클릭해 설치된 프로그램으로 이동하면 파이썬 3.6이 정상적으로 설치된 것을 확인할 수 있습니다. 파이썬 3.6 설치가 완료됐습니다.

그림 3-10 파이썬 3 설치 - 설치 확인

08 윈도우의 명령 프롬프트를 열어 python이라는 명령어를 입력한 후 [Enter] 키를 입력하면 방금 설치된 파이썬 3.6.7이 다음 그림과 같이 실행됩니다. 파이썬 3.6.7을 종료하려면 quit( ) 또는 exit( ) 명령어를 사용합니다.

그림 3-11 파이썬 3 설치 - 윈도우 명령 프롬프트에서 파이썬 실행

윈도우 호스트에 파이썬 3.6.7 설치를 완료했습니다. 이어서 파이썬 네트워크 자동화 연습에 사용할 SSH 패키지인 paramiko를 설치합니다. 하지만 방금 설치한 파이썬 3의 pip과 setup 툴을 이용해 paramiko와 netmiko 설치를 바로 실행할 경우 패키지 설치는 되지만 설치 시 툴을 업그레이드하라는 경고 메시지가 나타납니다. 먼저 pip과 setuptools 업그레이드를 먼저 진행합니다.

3.2.2.1 윈도우 파이썬 3 pip 및 setuptools 업그레이드하기

윈도우 환경에서 Python 3 pip과 setuptools의 업그레이드 과정은 다음과 같습니다.

01 먼저 왼편 아래 창에 있는 **찾아보기**로 가서 **cmd**를 입력한 후 마우스 오른쪽 버튼을 클릭해 **관리자 권한으로 실행**을 선택합니다.

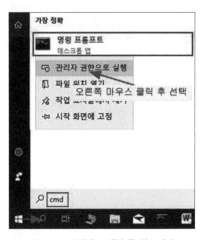

그림 3–12 파이썬 3 셋업 툴 업그레이드

02 파이썬 3에 설치돼 있는 pip 버전을 **python –m pip ––version** 명령어로 확인합니다.

```
C:\windows\system32>python -m pip --version
pip 10.0.1 from C:\Python36\lib\site-packages\pip (python 3.6)
```

03 바로 이어서 python —m pip install ––upgrade pip 명령어를 사용해 pip을 다음
과 같이 최신 버전으로 업그레이드합니다.

```
C:\windows\system32>python -m pip install --upgrade pip
Collecting pip
Using cached https://files.pythonhosted.org/packages/c2/d7/90f34cb0d83a6c56
31cf71dfe64cc1054
598c843a92b400e55675cc2ac37/pip-18.1-py2.py3-none-any.whl
Installing collected packages: pip
  Found existing installation: pip 10.0.1
    Uninstalling pip-10.0.1:
      Successfully uninstalled pip-10.0.1
Successfully installed pip-18.1
```

04 python —m pip list 명령어를 사용해 setuptools 버전을 확인합니다.

```
C:\windows\system32>python -m pip list
Package    Version
---------- -------
pip        18.1
setuptools 39.0.1
```

05 python —m pip install ––upgrade setuptools 명령어를 사용해 setuptools도 업
그레이드합니다.

```
C:\windows\system32>python -m pip install --upgrade setuptools
Collecting setuptools
  Using cached https://files.pythonhosted.org/packages/82/a1/
ba6fb41367b375f5cb653d1317d8ca
263c636cff6566e2da1b0da716069d/setuptools-40.5.0-py2.py3-none-any.whl
Installing collected packages: setuptools
  Found existing installation: setuptools 39.0.1
    Uninstalling setuptools-39.0.1:
      Successfully uninstalled setuptools-39.0.1
```

```
Successfully installed setuptools-40.5.0
```

06 정상적으로 파이썬 3의 pip과 setuptools가 최신 버전으로 업그레이드됐다면 python −m pip list 명령어를 사용해 설치 버전을 한 번 더 확인해 봅니다.

```
C:\windows\system32>python -m pip list
Package     Version
----------  -------
pip         18.1
setuptools  40.5.0
```

참고

만약 한번에 pip과 setuptools를 동시에 업그레이드하려면 다음과 같이 명령어를 한줄로 압축해 사용할 수 있습니다.

```
C:\windows\system32>python -m pip install --upgrade pip setuptools
```

하나씩 별도로 설치하길 원한다면 앞의 설치 경우와 같이 명령어를 두 번 나눠 실행합니다.

```
C:\windows\system32>python −m pip install −upgrade pip
C:\windows\system32>python −m pip install −upgrade setuptools
```

3.2.2.2 윈도우 파이썬 3에 Paramiko 설치하기

Pip과 setuptools 업그레이드를 완료했으니 이제 paramiko 패키지를 설치할 순서입니다. paramiko는 파이썬이 네트워크 장비에 SSH 프로토콜을 사용한 접속을 가능하게 해 주는 SSH2 라이브러리입니다. 사실 paramiko를 설치하면 하나의 모듈만 설치되는 것이 아니라 다른 SSH와 연관된 패키지들도 동시에 함께 설치됩니다. 윈도우 파이썬 3에 paramiko를 설치하는 과정은 다음과 같습니다.

01 설치 전, 먼저 python -m pip search paramiko 명령어를 사용해 어떤 버전이 설치될지 먼저 확인할 수 있습니다. 설치 가능한 paramiko 버전을 확인합니다.

```
C:\windows\system32>python -m pip search paramiko
… [생략]
paramiko (2.4.2)              - SSH2 protocol library
… [생략]
netmiko (2.3.0)              - Multi-vendor library to simplify Paramiko
SSH connections to network devices
… [생략]
```

02 이제 python -m pip install paramiko 명령어를 사용해 paramiko를 설치합니다.

```
C:\windows\system32>python -m pip install paramiko
Collecting paramiko
Using cached https://files.pythonhosted.org/packages/cf/ae/94e70d49044ccc2
34bfdba20114fa947d7ba6eb68a2e452d89b920e62227/paramiko-2.4.2-py2.py3-
none-any.whl
… [생략]
Successfully installed asn1crypto-0.24.0 bcrypt-3.1.4 cffi-1.11.5
cryptography-2.3.1 idna-2.7 paramiko-2.4.2 pyasn1-0.4.4 pycparser-2.19
pynacl-1.3.0 six-1.11.0
```

03 python -m pip list 명령어를 사용해 paramiko가 정상적으로 설치됐는지 확인할 수 있습니다. 이 명령어를 사용하면 pip으로 설치된 파이썬 패키지를 한눈에 볼 수 있습니다. pip과 setuptools 이외에 여러 가지 paramiko와 연관성이 있

는 cryptography와 같은 패키지도 함께 설치돼 있는 것을 확인할 수 있습니다.

```
C:\windows\system32>python -m pip list
Package       Version
------------  -------
asn1crypto    0.24.0
bcrypt        3.1.4
cffi          1.11.5
cryptography  2.3.1
idna          2.7
paramiko      2.4.2
pip           18.1
pyasn1        0.4.4
pycparser     2.19
PyNaCl        1.3.0
setuptools    40.5.0
six           1.11.0
```

04 파이썬을 실행한 후 import paramiko 명령어로 paramiko 불러오기를 시도해 봅니다. 만약 에러 없이 '>>>'만 나타난다면 정상적으로 paramiko를 사용할 수 있다는 뜻입니다.

```
C:\windows\system32>python
Python 3.6.7 (v3.6.7:6ec5cf24b7, Oct 20 2018, 13:35:33) [MSC v.1900 64 bit
(AMD64)] on win32
Type "help", "copyright", "credits" or "license" for more information.
>>> import paramiko
>>>
```

3.2.2.3 윈도우 파이썬 3에 Netmiko 설치하기

위와 같은 방법으로 netmiko를 파이썬 3.6.7에 설치합니다. netmiko는 멀티벤더 지원 패키지로 paramiko의 SSH2 라이브러리를 이용해 단순화된 **정규 표현**^{Regular} ^{Expression}**식 스크립트**를 사용해 훨씬 더 쉽게 네트워크 상의 장비들을 제어할 수 있도록 도와줍니다. 정규 표현을 사용하면 시스코 장비뿐만 아니라 대다수의 멀티벤더 장비들 또한 제어가 가능해집니다. 파이썬 3에서 netmiko 설치 과정은 다음과 같습니다.

01 설치 전, 먼저 python −m pip search netmiko 명령어를 사용해 어떤 버전이 설치될 것인지 확인합니다.

```
C:\windows\system32>python -m pip search netmiko
netmiko (2.3.0)  - Multi-vendor library to simplify Paramiko SSH
connections to network devices
… [생략]
```

02 앞서 paramiko 설치 시와 유사하게 python −m pip install netmiko 명령어를 사용해 설치를 시작합니다.

```
C:\windows\system32>python -m pip install netmiko
Collecting netmiko
Using cached https://files.pythonhosted.org/packages/83/a7/2d77f332ecf44909
e70002cb20dbabfe8bd7bb1c552b67a2a75349fe1598/netmiko-2.3.0.tar.gz
… [생략]
Successfully installed netmiko-2.3.0 pyserial-3.4 pyyaml-3.13 scp-0.12.1
textfsm-0.4.1
```

03 다시 python −m pip list 명령어를 한 번 더 이용해 설치된 파이썬 패키지를 확인합니다. netmiko, paramiko와 cryptography가 설치된 것이 눈에 띕니다. 설치 과정에서 이 패키지 이외에도 연관성이 있는 패키지도 함께 자동으로 설치된 것을 확인할 수 있습니다.

```
C:\windows\system32>python -m pip list
```

```
Package        Version
-----------    -------
asn1crypto     0.24.0
bcrypt         3.1.4
cffi           1.11.5
cryptography   2.3.1
idna           2.7
netmiko        2.3.0
paramiko       2.4.2
pip            18.1
pyasn1         0.4.4
pycparser      2.19
PyNaCl         1.3.0
pyserial       3.4
PyYAML         3.13
scp            0.12.1
setuptools     40.5.0
six            1.11.0
textfsm        0.4.1
```

이로써 윈도우 10에 파이썬 3.6.7과 pip을 활용한 paramiko와 netmiko 패키지 설치가 완료됐습니다. 이제 윈도우에서 파이썬 3 코드를 만들어 텔넷 및 SSH 접속을 통해 여러 가지 네트워크 장비의 제어를 할 수 있게 됐습니다.

참고

Q 설치된 패키지의 사용 가능한 모듈을 보고 싶다면 어떻게 확인할 수 있을까요?

A 먼저 파이썬을 실행한 후 사용하고 싶은 패키지 불러오기(import)를 실행합니다. 다음 dir(패키지 이름) 명령어를 사용하면 됩니다. 다음 그림 'dir(paramiko)' 사용 예가 보입니다. 여러 개의 모듈들이 모여 패키지가 됩니다. 모듈은 이미 다른 프로그래머들이 만들어 공유한 파이썬 코드라고 생각하면 이해가 훨씬 쉬워집니다. 그림 3-14에서는 윈도우 폴더에 저장돼 있는 모듈들을 눈으로 확인할 수 있습니다.

그림 3-13 파이썬 3 - paramiko 모듈 보기

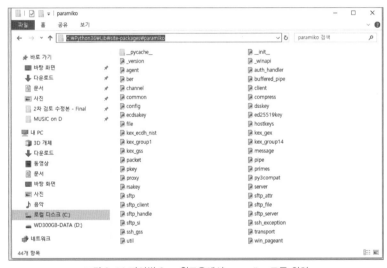

그림 3-14 파이썬 3 - 윈도우에서 paramiko 모듈 위치

3.2.3 윈도우에 파이썬 2 설치하기

파이썬 3만 설치해 사용해도 충분히 새로운 코드를 만들어 사용하는 데 큰 문제는 없습니다. 하지만 현재 사용되고 있는 많은 파이썬 프로그램들은 이미 파이썬 2를

기반으로 쓰여진 프로그램들이 많습니다. 만약 윈도우에서만 파이썬 코드를 배운다고 가정했을 때 파이썬 3만 사용해서 파이썬을 배우는 것보다는 파이썬 3와 2를 동시에 사용해 배운다면 기존에 사용됐던 파이썬 2 코드들도 공부할 수 있으므로 조금 더 유연하게 파이썬 코딩을 배울 수 있을 것입니다. 그렇다면 윈도우 10에도 파이썬 2 버전을 설치해야 합니다. 윈도우 10에 파이썬 2.7.15 설치 과정은 다음과 같습니다.

01 다운로드 폴더로 이동한 후 이미 다운로드 받은 python-2.7.15.amd64.exe 파일에서 마우스 오른쪽 버튼을 클릭해 **설치(I)**를 실행합니다.

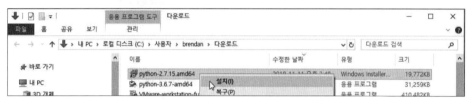

그림 3-15 파이썬 2.7 설치 - 설치 시작

02 Install for all users를 그대로 선택한 채로 [Next >] 버튼을 클릭합니다.

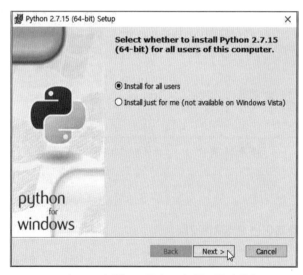

그림 3-16 파이썬 2.7 설치 - 파이썬 사용자 선택

03 기본 설치 폴더 위치가 이미 C:\Python27\로 설정돼 있을 것입니다. 기본 설정을 유지하고 설치를 시작합니다. [Next 〉] 버튼을 클릭합니다.

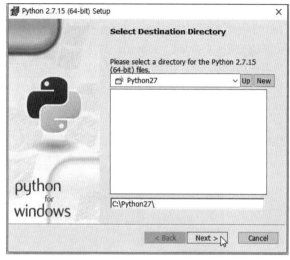

그림 3-17 파이썬 2.7 설치 - 설치 폴더 선택

04 다음 설치 창에서는 **Add python.exe to Path**를 선택하지 않은 상태 그대로 [Next 〉] 버튼을 클릭합니다.

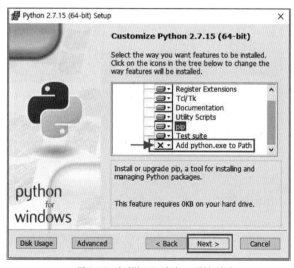

그림 3-18 파이썬 2.7 설치 - 셋업 설정

주의

위에서 만약 Add python.exe to Path 옵션을 선택하면 앞에 설치했던 파이썬 3.6.7의 Path가 지워지면서 파이썬 2.7.15의 Path로 변경됩니다. 윈도우 명령 프롬프트에서 python이라고 입력하고 파이썬을 실행했을 경우 파이썬 3.6.7이 아닌 파이썬 2.7.15가 실행됩니다. 저희는 윈도우 사용자 편리를 위해 'python'이라고 입력하고 [Enter] 키를 눌렀을 때 파이썬 3.6.7이 실행되는 것을 원합니다. 차후 파이썬 2.7.15는 python2이라고 입력하고 [Enter] 키를 누르면 실행되도록 설정하는 방법을 설명하겠습니다.

05 사용자 계정 컨트롤 허용 메시지가 나타나면 [예] 버튼을 클릭합니다.

그림 3-19 파이썬 2.7 설치 – 사용자 계정 컨트롤 허용

06 설치 완료 메시지가 다음 그림과 같이 나타나면 [Finish] 버튼을 클릭해 설치 프로그램을 종료합니다.

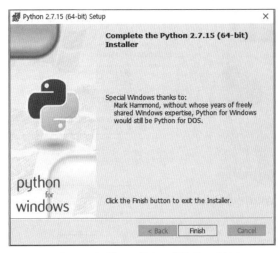

그림 3-20 파이썬 2.7 설치 – 설치 완료 메시지

07 윈도우의 명령 프롬프트를 열어 **python**이라고 입력한 후 파이썬 2.7.15을 한번 실행시켜 봅니다. 파이썬 2.7.15가 아닌 파이썬 3.6.7이 정상적으로 실행됩니다. 앞에서 의도적으로 파이썬 2.7.15에 대한 Path를 선택하지 않았기 때문에 파이썬 3.6.7이 정상적으로 실행됩니다.

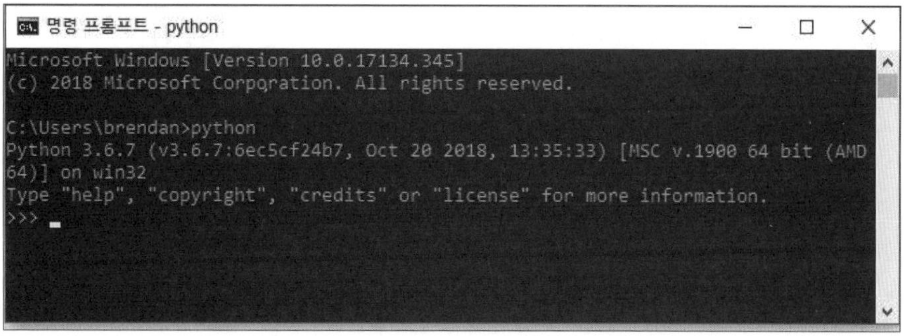

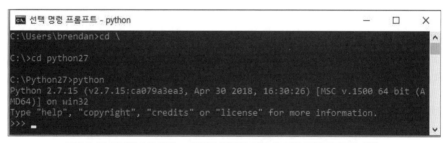

그림 3-21 파이썬 2.7 설치 - python 명령 시 파이썬 3.6.7 실행 예

만약 파이썬 2.7.15를 실행하려면 다음 그림과 같이 파이썬 2 버전이 설치돼 있는 폴더로 이동한 후 **python** 명령어를 사용해 실행할 수 있습니다.

그림 3-22 파이썬 2.7 설치 - 설치된 폴더로 이동 후 명령 프롬프트에서 실행

08 하지만 위에서 설명한 방법을 사용해 파이썬 2를 실행시켜야 한다면 사용하기가 매우 번거로워집니다. 만약 python2라고 입력하면 파이썬 2.7.15가 실행되고 그대로 python이라고 입력하면 파이썬 3.6.7이 실행하도록 만들 수는 없을까요? 그럼 그렇게 실행하도록 윈도우 환경을 변경해보겠습니다.

가장 먼저 Python 2.7.15가 설치된 폴더로 이동한 후 **python.exe** 파일을 찾아

마우스 오른쪽 버튼을 클릭해 **[이름 바꾸기 (M)]** 메뉴를 선택하고 파일 이름을 python2.exe로 변경합니다. 실행 파일이므로 .exe는 입력하지 않고 그대로 텍스트만 python에서 python2로 변경합니다.

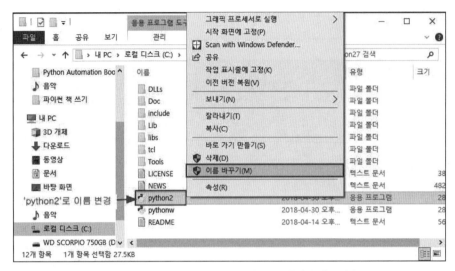

그림 3-23 파이썬 2.7 설치 – 파이썬 2.7 실행 파일 이름 변경

09 윈도우 왼편 아래 윈도우 아이콘에서 마우스 오른쪽 버튼을 클릭한 후 **실행(R)**을 선택합니다. control.exe sysdm.cpl,System,3이라고 입력한 후 **[확인]** 버튼을 클릭합니다.

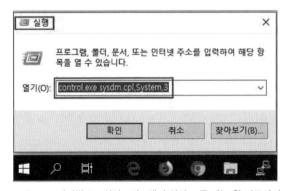

그림 3-24 파이썬 2.7 설치 –시스템 속성의 고급 메뉴 창 바로가기

278

10 다음과 같이 시스템 속성 창이 나타나면 **고급** 아래에 있는 [환경 변수(N)...] 버튼을 클릭합니다.

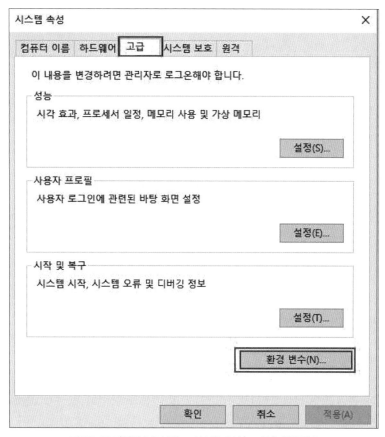

그림 3-25 파이썬 2.7 설치 – 시스템 속성 〉고급 〉환경 변수

11 **시스템 변수(S)** 란에서 'Path'를 하이라이트한 후 **[편집(I)...]** 버튼을 클릭합니다.

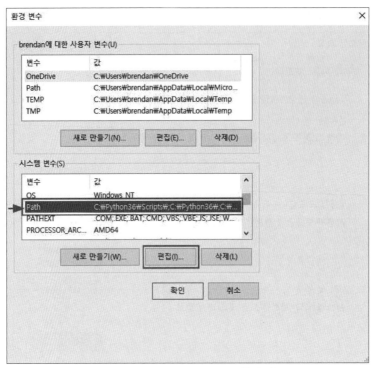

그림 3-26 파이썬 2.7 설치 – Path 환경 변수

12 Path의 **환경 변수 편집**에서 **[새로 만들기(N)]** 버튼을 클릭해 먼저 C:\Python27\이 라는 변수를 입력합니다. 다시 한번 더 **[새로 만들기(N)]** 버튼을 클릭해 C:\ Python27\Scripts\라는 변수를 하나 더 입력한 후 **[위로 이동(U)]** 버튼을 이용해 변수들의 위치를 다음 그림과 같이 이동시킵니다. **[확인]** 버튼을 클릭해 환경 변 수 편집 창을 닫습니다. 다음 창에서는 **[확인]** 버튼을 두 번 클릭해 변경된 내용 을 저장하고 편집창을 모두 닫습니다.

환경 변수 편집
C:₩Python36₩
C:₩Python36₩Scripts₩
C:₩Python27₩
C:₩Python27₩Scripts₩
%SystemRoot%₩system32
%SystemRoot%
%SystemRoot%₩System32₩Wbem
%SYSTEMROOT%₩System32₩WindowsPowerShell₩v1.0₩
%SYSTEMROOT%₩System32₩OpenSSH₩
C:₩Program Files₩nodejs₩
새로 만들기(N)
편집(E)
찾아보기(B)...
삭제(D)
위로 이동(U)
아래로 이동(O)
텍스트 편집(T)...
확인
취소

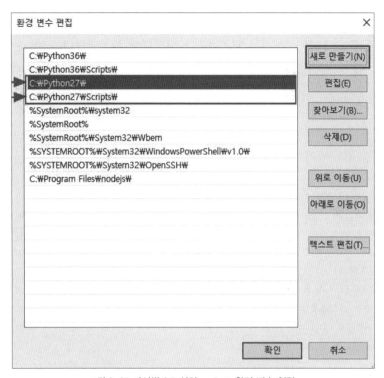

그림 3-27 파이썬 2.7 설치 - Path 환경 변수 입력

13 이제 윈도우 명령 프롬프트를 열어 **python2** 명령어를 입력해 파이썬 2.7.15를 실행시켜 봅니다. 윈도우 환경에서 파이썬 2와 파이썬 3를 편리하게 사용할 수 있도록 환경이 설정됐습니다. 다음 그림과 같이 이제 **python**을 입력하고 파이썬 3에서 **python2**를 입력하면 파이썬 2가 실행됩니다.

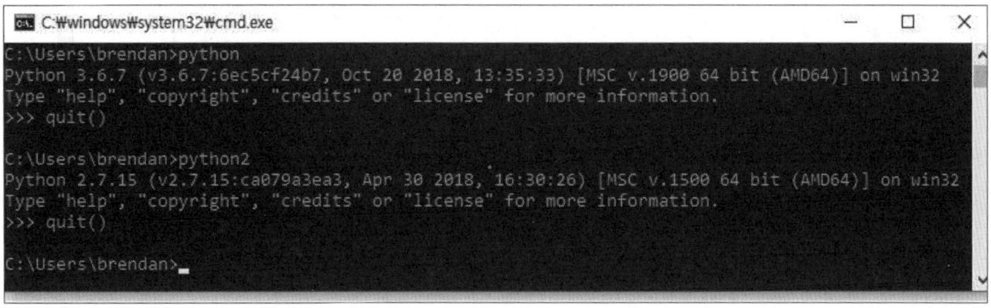

C:₩windows₩system32₩cmd.exe
C:\Users\brendan>python
Python 3.6.7 (v3.6.7:6ec5cf24b7, Oct 20 2018, 13:35:33) [MSC v.1900 64 bit (AMD64)] on win32
Type "help", "copyright", "credits" or "license" for more information.
>>> quit()
C:\Users\brendan>python2
Python 2.7.15 (v2.7.15:ca079a3ea3, Apr 30 2018, 16:30:26) [MSC v.1500 64 bit (AMD64)] on win32
Type "help", "copyright", "credits" or "license" for more information.
>>> quit()
C:\Users\brendan>

그림 3-28 윈도우 명령 프롬프트 - 파이썬2 실행 확인 예

3.2.3.1 윈도우 파이썬 2 pip 및 setuptools 업그레이드하기

앞서 파이썬 2.7.15를 설치하는 과정에서 pip도 함께 설치됐습니다. 먼저 컴퓨터에 설치됐던 pip을 확인한 후 업그레이드를 합니다. python2의 pip 업그레이드 과정은 다음과 같습니다.

01 먼저 윈도우 명령 프롬프트를 열어 파이썬 2에 설치 가능한 pip과 setuptools를 확인합니다. 여기서는 python2 —m pip list 명령어를 사용합니다.

```
C:\Users\brendan>python2 -m pip list
DEPRECATION: The default format will switch to columns in the future.
You can use --format=(legacy|columns) (or define a format=(legacy|columns)
in your pip.conf under the [list] section) to disable this warning.
pip (9.0.3)
setuptools (39.0.1)
You are using pip version 9.0.3, however version 18.1 is available.
You should consider upgrading via the 'python -m pip install --upgrade pip'
command.
```

02 다음 pip과 setuptools를 python2 —m pip install —upgrade pip setuptools 명령어를 사용해 동시에 업그레이드합니다.

```
C:\Users\brendan>python2 -m pip install --upgrade pip setuptools
Cache entry deserialization failed, entry ignored
Collecting pip
... [생략]
Successfully installed pip-18.1 setuptools-40.5.0
```

03 정상적으로 파이썬 2.7.15의 pip과 setuptools가 업그레이드됐는지 python2 —m pip list 명령어를 사용해 확인합니다.

```
C:\Users\brendan>python2 -m pip list
Package    Version
---------- -------
```

```
pip        18.1
setuptools 40.5.0
```

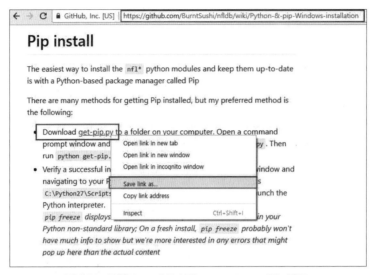

그림 3-30 파이썬 2 pip 수동 설치 – get-pip.py 파일 다운로드

02 다운로드 폴더에 get-pip.py 파일을 저장합니다.

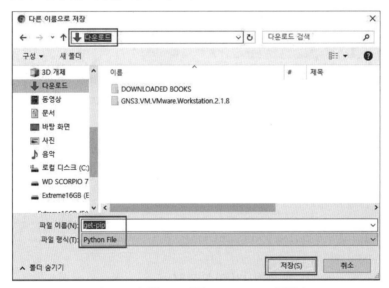

그림 3-31 파이썬 2 pip 설치 – get-pip.py 저장하기

3 다시 윈도우 명령 프롬프트를 어드민 계정으로 열어 다운로드 폴드로 이동합니다. 이제 python2 get-pip.py를 사용해 pip 설치를 시도합니다. pip 설치가 python 2에 성공적으로 설치되기 위해 선 사용하는 랩톱 또는 PC가 인터넷과 연결돼 있어야 합니다.

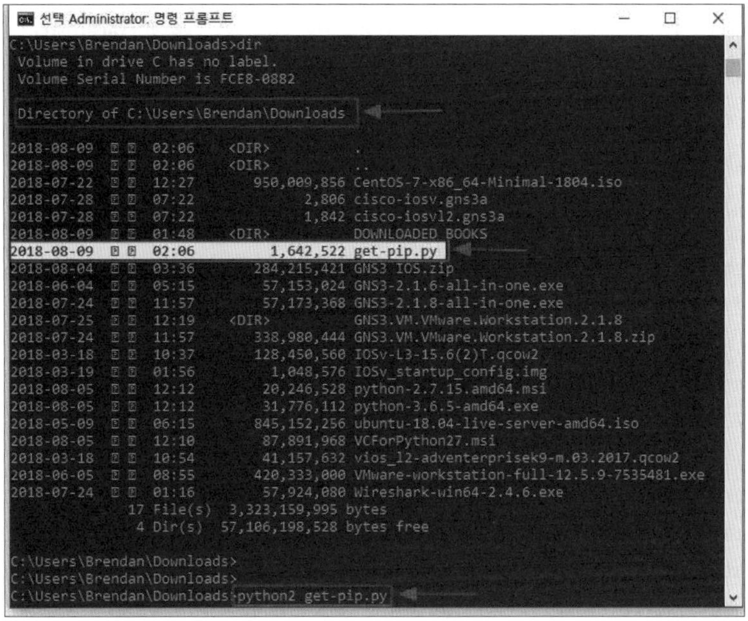

그림 3-32 파이썬 2 pip 설치 – get-pip.py 저장 폴더로 이동 및 실행

4 완료 메시지가 나타나면 이제 pip 툴을 이용해 필요한 파이썬용 패키지를 정상적으로 설치할 수 있습 니다.

그림 3-33 파이썬 2 pip 설치 – pip 설치 완료

3.2.3.2 윈도우 파이썬 2에 Paramiko와 netmiko 동시에 설치하기

윈도우의 파이썬 2.7.15에서 paramiko와 netmiko의 설치 방법은 다음과 같습니다.

01 이번에는 paramiko와 netmiko 패키지를 동시에 파이썬 2.7.15에 설치합니다.
패키지 설치에 사용되는 명령어는 python2 −m pip install paramiko netmiko입
니다. 성공적으로 설치가 완료되면 다음과 같은 메시지가 나타납니다.

```
C:\Users\brendan>python2 -m pip install paramiko netmiko
Collecting paramiko
Using cached https://files.pythonhosted.org/packages/cf/ae/
94e70d49044ccc234bfdba20114fa947d7ba6eb68a2e452d89b92
0e62227/paramiko-2.4.2-py2.py3-none-any.whl
Collecting netmiko
Using cached https://files.pythonhosted.org/packages/83/a7/
2d77f332ecf44909e70002cb20dbabfe8bd7bb1c552b67a2a7534
9fe1598/netmiko-2.3.0.tar.gz
… [생략]
Successfully installed asn1crypto-0.24.0 bcrypt-3.1.4 cffi-1.11.5
cryptography-2.3.1 enum34-1.1.6 idna-2.7 ipaddress-1.0.22 netmiko-2.3.0
paramiko-2.4.2 pyasn1-0.4.4 pycparser-2.19 pynacl-1.3.0 pyserial-3.4
pyyaml-3.13 scp-0.12.1 six-1.11.0 textfsm-0.4.1
```

02 python2 −m pip list 명령어를 사용해 설치된 패키지를 확인합니다.

```
C:\Users\brendan>python2 -m pip list
Package      Version
------------ -------
asn1crypto   0.24.0
bcrypt       3.1.4
cffi         1.11.5
cryptography 2.3.1
enum34       1.1.6
idna         2.7
ipaddress    1.0.22
netmiko      2.3.0
```

```
paramiko      2.4.2
pip           18.1
pyasn1        0.4.4
pycparser     2.19
PyNaCl        1.3.0
pyserial      3.4
PyYAML        3.13
scp           0.12.1
setuptools    40.5.0
six           1.11.0
textfsm       0.4.1
```

03 윈도우 명령 프롬프트를 열어 먼저 python2 명령어를 이용해 파이썬 2.7.15를
실행합니다. 다음 import paramiko와 import netmiko 명령어를 사용해 패키지가
정상적으로 동작하는지 확인합니다. 아무런 에러 없이 '>>>'만 다음 줄에 나타난
다면 정상적으로 패키지가 동작되고 있는 것입니다.

```
C:\Users\brendan>python2
Python 2.7.15 (v2.7.15:ca079a3ea3, Apr 30 2018, 16:30:26) [MSC v.1500 64
bit (AMD64)] on win32
Type "help", "copyright", "credits" or "license" for more information.
>>> import paramiko
>>>
>>> import netmiko
>>>
```

이로써 윈도우에 파이썬 2와 3 설치를 모두 끝냈습니다. 또한 SSH 접속에 필요한
paramiko, netmiko 및 그 외 관련 패키지들을 파이썬에 설치해 봤습니다. 이제 윈
도우 10에서도 파이썬을 자유자재로 연습할 수 있으며 파이썬 2 또는 3 스크립트를
작성해 텔넷 또는 SSH 접속을 통해 네트워킹 장비들의 제어도 가능해졌습니다. 다
음 리눅스 서버의 파이썬 설치 과정에서 살펴보겠지만 윈도우보다는 리눅스에서 파
이썬 설치와 사용이 훨씬 더 용이하다는 것을 느낄 것입니다. 지금까지의 윈도우용

설치 내용은 윈도우에서 꼭 파이썬을 사용해야겠다는 굳은 의지를 가진 분들을 위한 내용이었습니다. 하지만 개인적인 소견은 아직 이런 의지를 가진 분들이 있다면 리눅스와 조금 더 가까워지면 좋지 않을까하는 생각입니다.

이제 본격적으로 리눅스에도 앞서 윈도우에서 사용했던 유사한 방법으로 파이썬 설치와 pip과 setuptools를 업그레이드한 후 paramiko와 netmiko 설치를 해보겠습니다.

3.3 리눅스에 파이썬 설치하기

다음 나올 모든 파이썬 및 관련 패키지의 설치 과정들은 VMware 워크스테이션 12.5.9에 설치된 리눅스 가상 서버에서 진행됩니다. VMware 워크스테이션에 설치된 리눅스 서버들은 설치 때와 같이 NAT 네트워크의 서브넷을 그대로 사용하고 있으며 호스트 랩톱을 통해 인터넷과 통신하고 있습니다. 사용자는 VMware 워크스테이션 콘솔을 사용해 직접 서버 데스크톱을 통해 다음 내용들을 따라해도 되고 더 편리한 방법은 가상 리눅스 서버들을 호스트 랩톱에 부팅시킨 후 PuTTY를 사용해 SSH로 서버와 접속해 설치 과정을 수행하길 권합니다. 다음 설치 과정은 사용하는 호스트 랩톱 상의 가상 리눅스 서버들이 인터넷과 원활한 통신을 하고 있다는 가정하에 설치가 진행됩니다.

3.3.1 우분투18.04에 파이썬 설치하기 전 할 일

파이썬을 설치하기 전에 인터넷 연결 상태를 먼저 테스트합니다. 만약 인터넷 연결이 돼 있지 않다면 지금 연결합니다.

인터넷 통신 확인을 위해 구글 DNS IP 중 하나인 8.8.8.8 또는 8.8.4.4로 핑ping, icmp을 실행합니다. 두 주소 중 하나의 주소와 ICMP 메시지로 통신이 가능하다면 인터넷 접속에 문제가 없다는 것을 의미합니다. 핑ping과 ICMP 메시지는 같은 말입니다.

```
bchoi@localhost:~$ ping 8.8.8.8
PING 8.8.8.8 (8.8.8.8) 56(84) bytes of data.
64 bytes from 8.8.8.8: icmp_seq=1 ttl=128 time=12.4 ms
64 bytes from 8.8.8.8: icmp_seq=2 ttl=128 time=19.0 ms
64 bytes from 8.8.8.8: icmp_seq=3 ttl=128 time=17.0 ms
64 bytes from 8.8.8.8: icmp_seq=4 ttl=128 time=13.5 ms
^C
--- 8.8.8.8 ping statistics ---
4 packets transmitted, 4 received, 0% packet loss, time 3008ms
rtt min/avg/max/mdev = 12.443/15.514/19.040/2.640 ms
```

그림 3-34 Ubuntu 18.04 서버 - 인터넷 통신 확인

3.3.2 우분투 18.04에 파이썬 설치 유무 확인하기

먼저 파이썬 설치에 앞서 어떤 파이썬 버전이 설치돼 있는지를 확인합니다. 저희가 우분투 서버를 설치하는 데 사용한 이미지는 **ubuntu-18.04-live-server-amd64**이며 2장의 설치 과정에서 이 이미지는 이미 파이썬 3.6.6 버전이 디폴트로 설치돼 있다는 것을 알게 됐습니다. 파이썬 3.6.6은 업데이트된지 얼마 안 된 파이썬 3 버전이므로 별도의 파이썬 3 업그레이드를 필요로 하지 않습니다. 그렇다면 파이썬 2 버전이 설치돼 있는지를 확인한 후, 설치가 안돼 있다면 설치를 해보겠습니다.

일반적으로 리눅스에는 파이썬이 한 종류만 설치돼 있으므로 파이썬 2 버전을 설치해야 할 확률이 높을 것으로 짐작됩니다. 그 다음 파이썬 2 와 3에서 사용 가능한 pip과 setuptools의 설치를 한 후 paramiko와 netmiko 패키지를 설치합니다.

여기서 한 가지 주목할 점은 우분투에서는 **pip**을 이용한 파이썬 패키지의 설치를 지원하지만 우분투를 포함한 데비안 기반 리눅스 고유의 설치 명령어인 **apt-get install** 명령어를 사용해도 파이썬 패키지 설치가 가능합니다. 이 책에서는 설치 과정의 일관성을 유지하기 위해 pip툴을 사용해 paramiko와 netmiko 패키지를 설치하겠습니다. 추가로 apt-get install 설치 사용법에 대해서도 간략하게 설명하겠습니다.

먼저 디폴트로 어떤 파이썬 버전이 설치돼 있는지 확인합니다. 우분투 서버에서 파이썬 설치 유무 및 버전은 다음과 같이 확인합니다.

01 파이썬 3 설치 여부 확인은 python3 -V, python3 --version 또는 python3 명령어 실행으로 확인할 수 있습니다.

```
root@ubuntu18s1:~# python3 -V
Python 3.6.6
root@ubuntu18s1:~# python3 --version
Python 3.6.6
root@ubuntu18s1:~# python3
Python 3.6.6 (default, Sep 12 2018, 18:26:19)
[GCC 8.0.1 20180414 (experimental) [trunk revision 259383]] on linux
Type "help", "copyright", "credits" or "license" for more information.
>>>
```

> **주의**
>
> 리눅스에서 파이썬 3 실행은 python3 명령어를, 파이썬 2 실행은 python 명령어를 사용하는 것을 기본으로 하지만, 만약 여러 버전을 혼용해서 사용한다면 python3.6 또는 python2.7 등과 같이 사용할 수도 있습니다.

02 우분투 서버에 파이썬 2가 디폴트로 설치돼 있는지 확인합니다. 리눅스에서 파이썬 2 실행은 python 명령어로 실행합니다. python -V, python -version 또는 python 명령어 중 하나를 실행해 봅니다. 우분투 18.04 LTS 서버에는 다음과 같이 파이썬 2 버전이 설치돼 있지 않습니다.

```
root@ubuntu18s1:~# python -V

Command 'python' not found, but can be installed with:

apt install python3
apt install python
apt install python-minimal

You also have python3 installed, you can run 'python3' instead.
```

3.3.3 우분투 18.04에 파이썬 2, pip 설치와 paramiko, netmiko 패키지 설치하기

위에서 확인한 결과를 바탕으로 이 부분에서는 파이썬 2를 설치하고, 파이썬 2 패키지 설치에 필요한 pip을 우분투에 설치합니다. 그런 후 pip을 사용해 파이썬 2에 필요한 paramiko와 netmiko 패키지를 설치합니다.

3.3.3.1 우분투 18.04에 파이썬 2.7과 pip 설치하기

우분투 18.04에 파이썬 2 설치는 apt install python 명령어를 사용합니다. 저희는 기본 설치 사항에 모두 '네'라고 답할 것이므로 −y 핸들을 붙여 apt install −y python 명령어를 사용해 설치합니다. 리눅스에서는 **root 사용자**로 로그인합니다. root 사용자로 우분투에 로그인돼 있다면 프로그램 설치 과정에서 sudo라는 단어를 명령어 앞에 일일이 사용하지 않아도 됩니다.

01 apt install −y python 명령어를 사용해 python 2 버전을 설치합니다.

```
root@ubuntu18s1:~# apt install -y python

Reading package lists... Done
Building dependency tree
Reading state information... Done
The following additional packages will be installed:
libpython-stdlib python-minimal python2.7 python2.7-minimal
… [생략]
Setting up python2.7 (2.7.15~rc1-1) ...
Setting up libpython-stdlib:amd64 (2.7.15~rc1-1) ...
Processing triggers for man-db (2.8.3-2ubuntu0.1) ...
Processing triggers for gnome-menus (3.13.3-11ubuntu1.1) ...
Setting up python (2.7.15~rc1-1) ...
```

02 설치한 파이썬 2 버전을 **python −V** 명령어를 사용해 확인합니다. Python 2.7.15rc1이 정상적으로 설치됐습니다. 파이썬 2.7.15rc1은 가장 최신 파이썬 2 버전이므로 별도의 업그레이드 없이 바로 사용할 수 있습니다.

```
root@ubuntu18s1:~# python -V
Python 2.7.15rc1
```

03 곧 이어 python 명령어를 사용해 설치한 파이썬 2를 실행해 봅니다. 그런 후 quit( ) 또는 exit( ) 명령어를 사용해 파이썬을 종료합니다.

```
root@ubuntu18s1:~# python
Python 2.7.15rc1 (default, Apr 15 2018, 21:51:34)
[GCC 7.3.0] on linux2
Type "help", "copyright", "credits" or "license" for more information.
>>>
>>>quit( )
```

주의

만약 파이썬에 설치돼 있지 않은 패키지(라이브러리) 불러오기를 하면 그림 3-35와 그림 3-36과 같이 ModuleNotFoundError 메시지가 나타납니다. 다음은 paramiko와 netmiko를 설치하지 않은 상태에서 불러오기를 한 화면입니다.

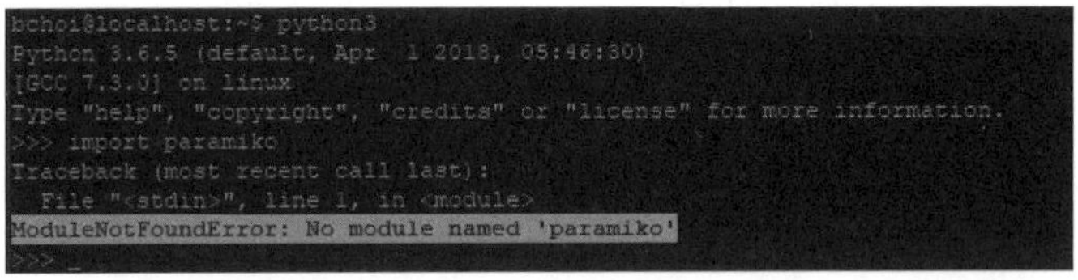

그림 3-35 파이썬 3 paramiko - ModuleNotFoundError - paramiko

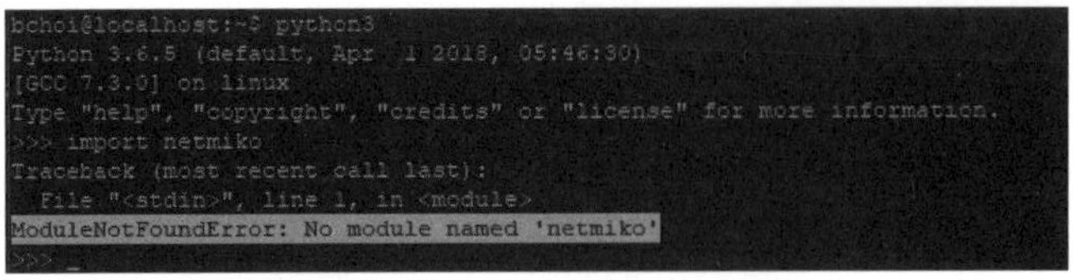

그림 3-36 파이썬 3 netmiko - ModuleNotFoundError - netmiko

3.3.3.2 우분투 18.04에 파이썬 2 pip 설치하기

여기서는 pip을 사용해 paramiko와 netmiko 패키지를 파이썬 2.7.15rc1에 설치합니다. 먼저 리눅스 서버에 파이썬 pip의 설치 유무를 **pip -h** 명령어로 확인합니다. pip은 파이썬2용 패키지 설치 시에 사용합니다. 또 pip을 설치하는 과정에 setuptools 또한 함께 설치되므로 setuptools를 별도로 설치할 필요는 없습니다. 다음과 같이 계속해서 설치를 진행합니다.

01 pip 설치 유무를 **pip -h** 명령어로 확인합니다. 현재 설치되지 않은 상태이므로 pip 설치 이후에 paramiko와 netmiko 패키지를 설치해야 합니다.

```
root@ubuntu18s1:~# pip -h
Command 'pip' not found, but can be installed with:
apt install python-pip
```

02 apt install python-pip 명령어를 사용해 설치를 시작합니다. 그런데 우분투 리포지터리 리소스 사용 불가라는 메시지가 나타나면서 설치가 안됩니다.

```
root@ubuntu18s1:~# apt install python-pip
E: Could not get lock /var/lib/dpkg/lock-frontend - open (11: Resource
temporarily unavailable)
E: Unable to acquire the dpkg frontend lock (/var/lib/dpkg/lock-frontend),
is another process using it?
```

03 여기서 우분투 서버는 왜 python-pip 패키지를 못인식하는 것일까요? 먼저 apt의 리소스 리스트를 sudoedit /etc/apt/sources.list 명령어 또는 grep ^[^#] /etc/apt/sources.list /etc/apt/sources.list.d/* 명령어를 사용해 확인해 봅니다.

```
root@ubuntu18s1:~# sudoedit /etc/apt/sources.list
```

그림 3-37 우분투 디폴트 리포지터리(Repository) 설정

```
root@ubuntu18s1:~# grep ^[^#] /etc/apt/sources.list /etc/apt/sources.list.d/*
/etc/apt/sources.list:deb http://archive.ubuntu.com/ubuntu bionic main
/etc/apt/sources.list:deb http://archive.ubuntu.com/ubuntu bionic-security main
/etc/apt/sources.list:deb http://archive.ubuntu.com/ubuntu bionic-updates main
grep: /etc/apt/sources.list.d/*: No such file or directory
```

위의 그림과 명령어 결과에서 보이듯 우분투의 **apt**의 첫 번째 줄 리포지터리^{repository}
출처 리스트에는 **main** 리포지터리밖에 설정돼 있지 않습니다. 여기서 추가로 설치하
려는 파이썬 pip과 pip3은 universe 리포지터리에 포함돼 있으므로 universe 리포지
터리를 추가해줘야 합니다. 그리고 랩 편리상과 혹시 차후 필요할지 모를 **restricted**
와 **multiverse** 리포지터리 또한 함께 추가하겠습니다.

참고

vi나 nano 에디터를 사용해 **/etc/apt/sources.list** 파일을 열어 첫 줄의 main 뒤에 universe,
restricted와 multiverse 리포지터리를 직접 입력한 후 저장하면 앞에 사용한 명령어와 동일한 효
과를 볼 수 있습니다.

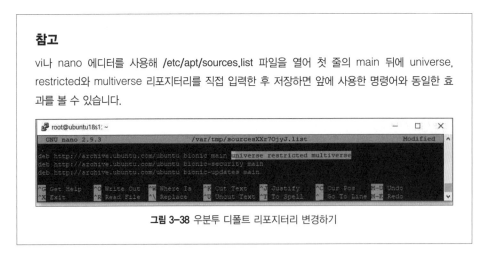

그림 3-38 우분투 디폴트 리포지터리 변경하기

---

04 그럼 add-apt-repository 명령어를 사용해 universe, restricted와 multiverse 리포지터리를 설치합니다. 사용할 명령어는 add-apt-repository "deb http:// archive.ubuntu.com/ubuntu $(lsb_release -sc) main universe restricted multiverse"입니다.

```
root@ubuntu18s1:~# add-apt-repository "deb http://archive.ubuntu.com/ubuntu
$(lsb_release -sc) main universe restricted multiverse"
Hit:1 http://archive.ubuntu.com/ubuntu bionic InRelease
… [생략]
Get:15 http://archive.ubuntu.com/ubuntu bionic/multiverse DEP-11 64x64 Icons
[225 kB]
Fetched 27.9 MB in 2min 16s (205 kB/s)
Reading package lists... Done
```

05 모범 설치 사례를 보여주기 위해 pip과 pip3 설치에 앞서 **apt update** 명령어를 사용해 apt를 업데이트해줘야 합니다. 사실 이 명령어는 사용하지 않아도 pip과 pip3 등 다른 프로그램들이 설치되는 데 크게 지장은 없지만 pip 설치 자료들을 읽어보면 꼭 업데이트를 추천합니다.

```
root@ubuntu18s1:~# apt update
Hit:1 http://archive.ubuntu.com/ubuntu bionic InRelease
Get:2 http://archive.ubuntu.com/ubuntu bionic-security InRelease [83.2 kB]
… [생략]
Get:17 http://archive.ubuntu.com/ubuntu bionic-updates/main DEP-11 64x64
Icons [89.9 kB]
Fetched 2,719 kB in 20s (138 kB/s)
Reading package lists... Done
Building dependency tree
```

06 이제 다시 **apt install python-pip** 명령어를 사용해 pip 설치를 시도합니다. 중간에 설치 계속하기를 묻는 질문에는 'y'라고 답하고 설치를 완료합니다.

```
root@ubuntu18s1:~# apt install python-pip
```

```
Reading package lists... Done
Building dependency tree
Reading state information... Done
The following additional packages will be installed:
  libpython-all-dev libpython-dev libpython2.7-dev python-all python-all-
dev
… [생략]
Setting up python-all-dev (2.7.15~rc1-1) ...
Setting up python-cryptography (2.1.4-1ubuntu1.2) ...
Setting up python-secretstorage (2.3.1-2) ...
Setting up python-keyring (10.6.0-1) ...
```

07 마지막으로 pip —V와 pip list 명령어를 사용해 설치된 라이브러리를 확인합니다.
정상적으로 pip과 setuptools가 설치됐습니다.

```
root@ubuntu18s1:~# pip -V
pip 9.0.1 from /usr/lib/python2.7/dist-packages (python 2.7)

root@ubuntu18s1:~# pip list
DEPRECATION: The default format will switch to columns in the future. You
can use --format=(legacy|columns) (or define a format=(legacy|columns) in
your pip.conf under the [list] section) to disable this warning.
asn1crypto (0.24.0)
cryptography (2.1.4)
… [생략]
pip (9.0.1)
… [생략]
setuptools (39.0.1)
six (1.11.0)
wheel (0.30.0)
```

3.3.3.3 우분투 18.04 파이썬 2에 paramiko와 netmiko 설치하기

이제 방금 설치한 pip을 사용해 파이썬 2에 paramiko와 netmiko 관련 패키지를 설
치합니다.

01 pip이 정상적으로 설치됐다면 **pip install paramiko** 명령어를 사용해 paramiko
를 파이썬 2에 설치합니다.

```
root@ubuntu18s1:~# pip install paramiko
Collecting paramiko
  Using cached https://files.pythonhosted.org/packages/cf/ae/94e70d49044ccc
234bfdba20114fa947d7ba6eb68a2e452d89b920e62227/paramiko-2.4.2-py2.py3-none-
any.whl
Requirement already satisfied: cryptography>=1.5 in /usr/lib/python2.7/dist-
packages (from paramiko)
Collecting pynacl>=1.0.1 (from paramiko)
  Downloading https://files.pythonhosted.org/packages/b3/25/e605574f24948
a8a53b497744e93f061eb1dbe7c44b6465fc1c172d591aa/PyNaCl-1.3.0-cp27-cp27mu-
manylinux1_x86_64.whl (762kB)
    100% |████████████████████████████████| 768kB 1.1MB/s
… [생략]
Collecting pycparser (from cffi>=1.4.1->pynacl>=1.0.1->paramiko)
Installing collected packages: pycparser, cffi, pynacl, pyasn1, bcrypt,
paramiko
Successfully installed bcrypt-3.1.4 cffi-1.11.5 paramiko-2.4.2 pyasn1-0.4.4
pycparser-2.19 pynacl-1.3.0
```

02 다음으로 pip install netmiko 명령어를 사용해 netmiko를 파이썬 2.7.15rc1에 설치합니다.

```
root@ubuntu18s1:~# pip install netmiko
Collecting netmiko
  Using cached https://files.pythonhosted.org/packages/83/a7/2d77f332ecf449
09e70002cb20dbabfe8bd7bb1c552b67a2a75349fe1598/netmiko-2.3.0.tar.gz
Requirement already satisfied: enum34 in /usr/lib/python2.7/dist-packages
(from netmiko)
Requirement already satisfied: ipaddress in /usr/lib/python2.7/dist-packages
(from netmiko)
Requirement already satisfied: paramiko>=2.4.1 in /usr/local/lib/python2.7/
dist-packages (from netmiko)
Collecting pyserial (from netmiko)
  Downloading https://files.pythonhosted.org/packages/0d/e4/2a744dd9e3be04
a0c0907414e2a01a7c88bb3915cbe3c8cc06e209f59c30/pyserial-3.4-py2.py3-none-
any.whl (193kB)
    100% |████████████████████████████████| 194kB 996kB/s
… [생략]
Successfully built netmiko pyyaml textfsm
Installing collected packages: pyserial, pyyaml, scp, textfsm, netmiko
Successfully installed netmiko-2.3.0 pyserial-3.4 pyyaml-3.13 scp-0.12.1
textfsm-0.4.1
```

03 python 명령어를 사용해 파이썬 2를 실행한 후, import paramiko와 import netmiko 명령어를 사용해 불러오기 동작에 장애가 없이 잘 작동하는지 확인한 후 quit( ) 또는 exit( ) 명령어를 사용해 파이썬 2를 종료합니다.

```
root@ubuntu18s1:~# python
Python 2.7.15rc1 (default, Apr 15 2018, 21:51:34)
[GCC 7.3.0] on linux2
Type "help", "copyright", "credits" or "license" for more information.
>>> import paramiko
>>>
>>> import netmiko
```

```
>>>
>>>quit()
```

3.3.3.4 우분투 18.04에 pip3 설치하기

여기서는 pip3 명령어를 사용해 paramiko와 netmiko 패키지를 파이썬 3.6.6에 설치할 예정입니다. 먼저 파이썬 pip3의 설치 유무를 pip3 -h 명령어로 확인합니다. pip3는 파이썬3용 패키지 설치 시 사용합니다. 또 pip3를 설치하는 과정에 setuptools 또한 함께 설치되므로 setuptools를 별도로 설치할 필요는 없습니다.

01 pip3 설치 유무를 pip3 -h 명령어로 확인합니다. 설치가 돼 있지 않은 상태이므로 설치를 실행해야 합니다.

```
root@ubuntu18s1:~# pip3 -h
Command 'pip3' not found, but can be installed with:
apt install python3-pip
```

02 앞서 설치한 pip 설치와 비슷하게 apt install python3-pip 명령어를 사용해 pip3를 설치합니다.

```
root@ubuntu18s1:~# apt install python3-pip
Reading package lists... Done
Building dependency tree
Reading state information... Done
The following additional packages will be installed:
… [생략]
Setting up python3-dev (3.6.5-3ubuntu1) ...
Processing triggers for libc-bin (2.27-3ubuntu1) ...
```

03 pip3의 설치가 정상적으로 완료됐다면 pip3 -V와 pip3 list 명령어를 사용해 설치를 확인합니다. pip list 명령어의 정보를 보면 pip3는 pip과 같은 버전의 pip과 setuptools를 공유한다는 것을 확인할 수 있습니다.

```
root@ubuntu18s1:~# pip3 -V
pip 9.0.1 from /usr/lib/python3/dist-packages (python 3.6)

root@ubuntu18s1:~# pip3 list
DEPRECATION: The default format will switch to columns in the future. You
can use --format=(legacy|columns) (or define a format=(legacy|columns) in
your pip.conf under the [list] section) to disable this warning.
  … [생략]
pip (9.0.1)
  … [생략]
setuptools (39.0.1)
  … [생략]
```

주의

우분투에 설치된 디폴트 파이썬 버전은 3.6.6입니다. pip3 설치 이후 위에서 보이는 것과 같이 pip3
는 현재 9.0.1 버전이며 setuptool은 39.0.1로 최신 버전은 아닙니다. 그리고 또 pip3는 pip에 의
존하는 프로그램이라는 것을 이해할 수 있습니다. 하지만 우분투 18.04 상의 파이썬 환경에서 pip3
install ─upgrade pip3를 사용해 업그레이드를 시도하면 업그레이드가 비정상적으로 완료되면서
설치한 pip3는 물론 pip과 setuptools 또한 사용을 못하게 되면서 시스템이 불안정해집니다. 우분
투 18.04 LTS 서버 상에서는 pip, pip3와 setuptools를 업그레이드하지 말고 설치된 버전을 그대
로 사용합니다.

3.3.3.5 우분투 18.04 파이썬 3에 paramiko와 netmiko 설치하기

01 pip3 설치가 정상적으로 완료됐다면 pip3 install paramiko 명령어를 사용해
paramiko를 파이썬 3.6.6에 설치합니다.

```
root@ubuntu18s1:~# pip3 install paramiko
Collecting paramiko
  Downloading https://files.pythonhosted.org/packages/cf/ae/94e70d49044ccc2
34bfdba20114fa947d7ba6eb68a2e452d89b920e62227/paramiko-2.4.2-py2.py3-none-
any.whl (193kB)
    100% |████████████████████████████████| 194kB 1.8MB/s
  … [생략]
```

```
Successfully built pycparser
Installing collected packages: pycparser, cffi, bcrypt, paramiko
Successfully installed bcrypt-3.1.4 cffi-1.11.5 paramiko-2.4.2
pycparser-2.19
```

02 이어서 pip3 install netmiko 명령어를 사용해 netmiko를 파이썬 3.6.6에 설치합
니다.

```
root@ubuntu18s1:~# pip3 install netmiko
Collecting netmiko
  Downloading https://files.pythonhosted.org/packages/83/a7/2d77f332ecf4490
9e70002cb20dbabfe8bd7bb1c552b67a2a75349fe1598/netmiko-2.3.0.tar.gz (79kB)
    100% |████████████████████████████████| 81kB 1.2MB/s
Requirement already satisfied: paramiko>=2.4.1 in /usr/local/lib/python3.6/
dist-packages (from netmiko)
  … [생략]
Successfully built netmiko textfsm
Installing collected packages: scp, textfsm, netmiko
Successfully installed netmiko-2.3.0 scp-0.12.1 textfsm-0.4.1
```

03 python3 명령어를 사용해 파이썬 3를 실행하고 import paramiko와 import
netmiko 명령어를 사용해 불러오기 동작에 장애 없이 잘 작동되는지 확인한 후
quit( ) 또는 exit( ) 명령어를 사용해 파이썬 3를 종료합니다.

다음과 같이 '>>>'만 보이고 장애가 나타나지 않으면 동작이 정상적으로 잘 되고
있다는 뜻입니다.

```
root@ubuntu18s1:~# python3
Python 3.6.6 (default, Sep 12 2018, 18:26:19)
[GCC 8.0.1 20180414 (experimental) [trunk revision 259383]] on linux
Type "help", "copyright", "credits" or "license" for more information.
>>> import paramiko
>>>
>>> import netmiko
```

```
>>>
>>> quit()
```

이로써 우분투 서버에 pip3을 설치한 후 pip3을 이용해 paramiko 및 netmiko를 성공적으로 설치해 봤습니다. 다음은 간략하게 apt-get install 명령어를 사용해 파이썬에 사용되는 paramiko와 netmiko 설치 과정을 설명하겠습니다.

3.3.3.6 우분투 18.04 파이썬 3에 apt install 명령어로 paramiko와 netmiko 설치하기

우분투 18.0.4 서버 상에서 **apt install** 명령어를 사용해 프로그램을 설치할 때 항상 /etc/apt/sources.list에 들어있는 리포지터리 리스트를 참고합니다. 우분투 18.0.4 서버의 apt main 리포지터리에는 python-paramiko와 python3-paramiko를 포함하고 있지만 python-netmiko와 python3-netmiko는 포함돼 있지 않습니다. python-netmiko와 python3-netmiko는 apt universe 리포지터리에 포함돼 있으므로 universe 리포지터리를 앞에서와 같이 활성화해줘야 설치할 수 있습니다. 참고로 pip^{python-pip}, pip3^{python3-pip}와 ansible 등도 main 리포지터리가 아닌 **universe 리포지터리**에 포함돼 있습니다. 여기서는 우분투 설치 명령어인 **apt install 리눅스 명령어**를 사용해 paramiko와 netmiko를 설치합니다.

01 우분투 서버 설치 바로 직후 **/etc/apt/sources.list**의 설정 모습은 그림 3-39와 같습니다. 우분투 리눅스의 **apt search** 명령어를 사용해 paramiko와 netmiko 패키지를 찾아보면 main 리포지터리는 python-paramiko와 python3-paramiko를 포함하고 있지만 python-netmiko와 python3-netmiko를 main에서 찾을 수 없습니다. 앞서 설명했듯이 python-netmiko와 python3-netmiko는 universe 리포지터리의 일부이므로 **universe 리포지터리를 활성화**해줘야 합니다.

그림 3-39 우분투 디폴트 리포지터리 – 서버 설치 직후

root@ubuntu18s1:~# **apt search python-paramiko**
Sorting... Done
Full Text Search... Done
python-paramiko/bionic-security,bionic-updates 2.0.0-1ubuntu1.2 all
  Make ssh v2 connections (Python 2)

root@ubuntu18s1:~# **apt search python3-paramiko**
Sorting... Done
Full Text Search... Done
python3-paramiko/bionic-security,bionic-updates 2.0.0-1ubuntu1.2 all
  Make ssh v2 connections (Python 3)

root@ubuntu18s1:~# **apt search python-netmiko**
Sorting... Done
Full Text Search... Done

root@ubuntu18s1:~# **apt search python3-netmiko**
Sorting... Done
Full Text Search... Done

02 이미 앞서 universe 리포지터리를 활성화하지 않았다면 add-apt-repository 명령어를 사용해 설치합니다. 다음은 명령어를 실행시킨 후 **/etc/apt/sources.list**를 확인한 화면입니다.

root@ubuntu18s1:~# **add-apt-repository "deb http://archive.ubuntu.com/ubuntu $(lsb_release -sc) main universe restricted multiverse"**

그림 3-40 우분투 디폴트 리포지터리의 변경된 내용 확인하기

03 위 add-apt-repository 명령어를 실행한 후, apt search python-netmiko와 apt search python3-netmiko를 실행하면 이번에는 python-netmiko와 python3-netmiko 패키지를 정상적으로 인식합니다. 다음 **apt install** 명령어를 사용해 paramiko와 netmiko를 파이썬 2와 3에 설치합니다.

```
root@ubuntu18s1:~# apt search python-netmiko
Sorting... Done
Full Text Search... Done
python-netmiko/bionic 1.4.3-1 all
  multi-vendor library for SSH connections to network devices - Python 2

root@ubuntu18s1:~# apt search python3-netmiko
Sorting... Done
Full Text Search... Done
python3-netmiko/bionic 1.4.3-1 all
multi-vendor library for SSH connections to network devices - Python 3
```

04 apt install –y python–paramiko python–netmiko 명령어를 사용해 파이썬 2에
paramiko와 netmiko를 동시에 설치합니다. 설치가 완료되면 파이썬 2에서 곧
바로 패키지를 사용할 수 있습니다.

```
root@ubuntu18s1:~# apt install -y python-paramiko python-netmiko
Reading package lists... Done
Building dependency tree
Reading state information... Done
The following additional packages will be installed:
  libpython-stdlib python python-asn1crypto python-cffi-backend
  python-cryptography python-enum34 python-idna python-ipaddress
  python-minimal python-pyasn1 python-scp python-six python-yaml python2.7
  python2.7-minimal
… [생략]
Setting up python-cryptography (2.1.4-1ubuntu1.2) ...
Setting up python-paramiko (2.0.0-1ubuntu1.2) ...
Setting up python-scp (0.10.2-1) ...
Setting up python-netmiko (1.4.3-1) ...
```

05 apt install –y python3–paramiko python3–netmiko 명령어를 사용해 파이썬 3에
paramiko와 netmiko를 동시에 설치합니다. 설치가 완료되면 파이썬 3에서 곧
바로 패키지를 사용할 수 있습니다.

```
root@ubuntu18s1:~# apt install -y python3-paramiko python3-netmiko
Reading package lists... Done
```

```
Building dependency tree
Reading state information... Done
The following additional packages will be installed:
  python3-scp
Suggested packages:
  python3-gssapi
The following NEW packages will be installed:
  python3-netmiko python3-paramiko python3-scp
… [생략]
Unpacking python3-netmiko (1.4.3-1) ...
Setting up python3-paramiko (2.0.0-1ubuntu1.2) ...
Setting up python3-scp (0.10.2-1) ...
Setting up python3-netmiko (1.4.3-1) ...
```

이로써 우분투 서버에 파이썬 2를 설치한 후 SSH 접속 라이브러리인 paramiko와 netmiko를 파이썬 2와 파이썬 3에 설치했습니다. 그리고 apt-get install 명령어를 사용해 paramiko와 netmiko를 설치하는 방법도 연습해 봤습니다. 다음은 CentOS 7.5 리눅스 서버에서의 설치 과정을 설명하겠습니다.

3.3.4 CentOS 7.5에 파이썬 설치하기

CentOS와 페도라와 같은 레드햇 계열의 리눅스 배포판에서는 파이썬 및 패키지 설치 과정이 우분투와는 조금 다를 수 있습니다. CentOS 7.5 서버에서도 우분투 서버와 마찬가지로 파이썬 버전을 확인한 후 파이썬 2와 3을 함께 사용할 수 있도록 서버를 구성합니다. 또한 paramiko, netmiko 및 SSH2 관련 패키지를 설치해 랩에서 사용할 수 있도록 편리한 서버로 만듭니다. 어떤 리눅스 서버를 더 선호할지 두 가지 서버를 직접 설정한 후 경험해보고 독자의 개인 취향에 맞는 서버를 선택해 사용하기 바랍니다. 두 가지 다른 종류의 리눅스 서버에서 프로그램의 설치와 설정을 연습해본 후 이해하고 있다면 어떤 리눅스 서버 관리 환경에서 어떠한 능력을 요구하든 좀 더 자신감있게 상황에 대처할 수 있을 것입니다.

3.3.4.1 CentOS 7.5 서버에 파이썬 설치 전 할 일

우분투 서버 설치 때와 마찬가지로 먼저 가상 CentOS 서버에서 인터넷과 정상적으로 통신되고 있는지 확인하기 위해 구글 DNS 주소인 8.8.4.4 또는 8.8.8.8로 핑ping을 실행합니다. 통신에 이상이 없다면 설치된 파이썬 버전을 확인하고 필요한 소프트웨어 설치를 시작합니다.

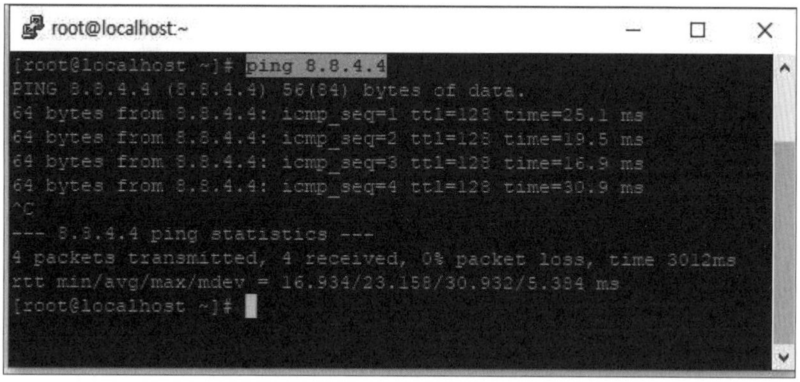

그림 3-41 CentOS 7.5 서버 – 인터넷 통신 확인

3.3.4.2 CentOS 7.5 파이썬 설치 유무 확인하기

앞서 우분투 서버에서 진행했던 것과 같이 CentOS 서버에서도 파이썬의 설치 여부를 먼저 확인합니다. 물론 여기서도 앞서 설치해 뒀던 CentOS 7.5 서버를 사용합니다. CentOS는 리눅스 서버이므로 파이썬 2 또는 3 버전 중 하나는 디폴트로 설치돼 있을 것이라 추정할 수 있습니다. CentOS 7.5의 경우 우분투만큼 신속하게 배포 버전이 업데이트되지 않으므로 아직까지 파이썬 2.7 버전을 디폴트로 사용하고 있을 확률이 높습니다. 소프트웨어의 업데이트가 빠르다고 다 좋은 것만은 아니며 리눅스 서버의 사용은 앞에서 언급한 것과 같이 안정성과 보안성을 고려해가며 사용해야 합니다.

01 파이썬 2의 설치 여부 확인은 python -V, python -version 또는 python 명령어를 실행해 확인할 수 있습니다. CentOS 7.5에는 디폴트로 파이썬 2.7.5가 설치

돼 있는 것을 확인할 수 있습니다. 파이썬 2.7.5는 최신 2.7 버전은 아니지만 업그레이드가 필요할 정도로 오래된 버전도 아닙니다. 리눅스에서 많은 프로그램들이 디폴트 파이썬 버전을 사용합니다. 이 이유로 디폴트 파이썬은 리눅스 시스템 상의 안정성을 위해 그대로 유지한 채 사용하는 것을 기본으로 하며 업그레이드 시도를 했을 경우 시스템상의 여러 가지 안정성 문제를 야기할 수 있습니다.

```
root@localhost ~]# python -V
Python 2.7.5
[root@localhost ~]# python --version
Python 2.7.5
[root@localhost ~]# python
Python 2.7.5 (default, Jul 13 2018, 13:06:57)
[GCC 4.8.5 20150623 (Red Hat 4.8.5-28)] on linux2
Type "help", "copyright", "credits" or "license" for more information.
>>>
>>> quit()
```

> **주의**
>
> 파이썬 2.7.5 버전은 최신 2.7 버전이 아니며 가장 최근에 나온 2.7 버전은 2.7.15 버전입니다. 하지만 아직까지도 많은 CentOS 7.5 디폴트 소프트웨어들 중 파이썬 2.7.5에 의존해 돌아가는 프로그램들이 많습니다. 이는 곧 파이썬 2.7.5를 잘못 업그레이드하면 CentOS 리눅스 시스템 전체에 큰 문제를 초래할 수 있습니다. 가장 안전한 방법은 파이썬 2.7.5를 그대로 유지하고 최근 파이썬 2.7인 2.7.15 버전을 설치한 후 사용하면 됩니다. 앞서 설명했듯이 모든 랩의 내용들은 파이썬 3.6.0 이상 버전으로 진행되지만 혹시 모를 실전을 대비해서 파이썬 2.7의 구조와 동작도 자세히 이해하고 있는 것이 도움이 되리라 믿습니다.

02 파이썬 3의 설치 여부 확인은 python3 -V, python3 -version 또는 python3 명령어를 실행해 확인할 수 있습니다. 다음을 보면 파이썬 3은 아직 설치돼 있지 않은 것을 확인할 수 있습니다.

```
[root@localhost ~]# python3 -V
bash: python3: command not found...
Similar command is: 'python'

[root@localhost ~]# python3 --version
bash: python3: command not found...
Similar command is: 'python'

[root@localhost ~]# python3
bash: python3: command not found...
Similar command is: 'python'
```

3.3.4.3 CentOS 7.5에 파이썬 2.7.15 및 pip 설치하기

디폴트 파이썬 2.7.5 버전을 그대로 유지한채 CentOS 7.5 상에서 파이썬 2.7.15를
다음과 같이 설치해 봅니다. 디폴트 파이썬 2.7.5를 그대로 유지하고 다음 설치 과정
을 이용해 파이썬 2.7.15를 설치합니다.

01 먼저 아래 나와 있는 yum install 명령어를 사용해 gcc 패키지와 그 외 필요한
openssl-devel과 bzip2-devel 패키지를 설치합니다. 이 패키지들을 설치해야 파
이썬 2.7.15를 성공적으로 설치할 수 있습니다.

```
[root@localhost ~]# yum install -y gcc openssl-devel bzip2-devel
```

02 파이썬 2.7.15 설치 파일을 다운로드 받기 위해 /usr/src 작업 폴더로 이동합
니다.

```
[root@localhost ~]# cd /usr/src
```

03 wget 명령어를 사용해 파이썬 공식 사이트에서 Python-2.7.15.tgz 파일을 다운
로드 합니다.

```
[root@localhost src]# wget https://www.python.org/ftp/python/2.7.15/
Python-2.7.15.tgz
```

04 다운로드한 .tgz 형식의 압축 파일을 tar 명령어를 이용해 압축을 해제시킵니다.
커서가 아무런 경고 메시지 없이 다음 라인으로 바뀐다면 압축 해제가 정상적으
로 된 것입니다.

```
[root@localhost src]# tar xzf Python-2.7.15.tgz
```

> **참고**
>
> 리눅스에서는 어떤 명령어를 사용해 특정 동작을 시켰을 경우 동작에 문제가 없다면 아무른 메시지 또
> 는 경고 메시지가 나타나지 않습니다. 명령어를 실행했는데 커서가 다음란으로 줄 바꿈을 한다면 아
> 무 이상없이 동작이 실행된 것이라고 생각하면 됩니다. 리눅스 명령어를 사용했을 때 결과가 침묵으
> 로 돌아올 경우 '침묵의 예스'라고 생각하면 됩니다.

05 압축 해제한 디렉터리에서 cd Python-2.7.15 디렉터리로 이동합니다.

```
[root@localhost Python-2.7.15]# cd Python-2.7.15
```

06 다음 명령어를 사용해 파이썬 2.7을 컴파일링합니다.

```
[root@localhost Python-2.7.15]# ./configure --enable-optimizations
```

07 컴파일링이 완료되면 make altinstall 명령어로 설치를 실행합니다. install이 아닌
altinstall 명령어를 사용해야 디폴트 파이썬 2.7.5의 /usr/bin/python 디렉터리
안에 있는 중요한 이진수 파일들이 업데이트되지 않습니다.

```
[root@localhost Python-2.7.15]# make altinstall
```

08 설치가 끝나면 파이썬 2.7.15가 설치돼 있는 **/usr/local/bin/** 디렉터리로 이동한 후 python2.7 명령어를 실행해 정상적으로 작동하는지 확인합니다.

```
[root@localhost Python-2.7.15]# cd ~
[root@localhost ~]# python2.7
Python 2.7.15 (default, Nov 13 2018, 03:01:12)
[GCC 4.8.5 20150623 (Red Hat 4.8.5-28)] on linux2
Type "help", "copyright", "credits" or "license" for more information.
>>>
>>> quit()
```

09 이제 새로운 파이썬 2 버전을 사용할 수 있지만 매번 번거롭게 사용할 때마다 python2.7이라는 명령어를 입력해야 합니다. python2.7 명령어를 python만 입력해 실행하도록 alias 명령어를 이용해 설정합니다. 먼저 /root/.bashrc 파일을 nano 텍스트 에디터로 열어 내용을 다음과 같이 변경합니다. alias python=python2.7을 alias 마지막 줄에 추가합니다.

```
[root@localhost /]# nano ~/.bashrc
```

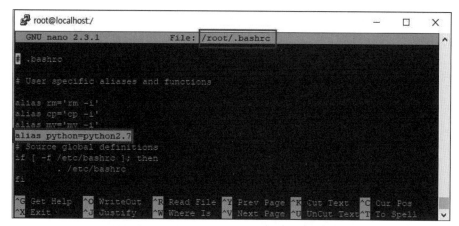

그림 3-42 CentOS 7.5 – python2.7 alias로 명령어 바꾸기

10 위에서 변경한 내용이 적용되도록 다음과 같이 source ~/.bashrc 명령어를 입력한 후 [Enter] 키를 누릅니다.

```
[root@localhost ~]# source ~/.bashrc
```

11 이제 python이라는 명령어를 입력하면 다음과 같이 디폴트 파이썬 2.7.5가 아닌 새로 설치한 파이썬 2.7.15가 실행됩니다.

```
[root@localhost ~]# python
Python 2.7.15 (default, Nov 13 2018, 03:01:12)
[GCC 4.8.5 20150623 (Red Hat 4.8.5-28)] on linux2
Type "help", "copyright", "credits" or "license" for more information.
>>>
>>> quit()
```

12 다음은 이어서 pip을 설치하기 위해 curl 명령어를 사용해 bootstrap 사이트에서 get-pip.py 파일을 다운로드합니다. 다음 명시돼 있는 명령어를 사용합니다.

```
[root@localhost /]# curl "https://bootstrap.pypa.io/get-pip.py" -o "get-pip.py"
```

13 다운로드가 끝나면 python2.7 get-pip.py 명령어를 사용해 pip 설치를 완료합니다.

```
[root@localhost /]# python2.7 get-pip.py
Collecting pip
Downloading https://files.pythonhosted.org/packages/c2/d7/90f34cb0d83a6c563
1cf71dfe64cc
1054598c843a92b400e55675cc2ac37/pip-18.1-py2.py3-none-any.whl (1.3MB)
    100% |████████████████████████████| 1.3MB 3.0MB/s
Collecting setuptools
```

```
Downloading https://files.pythonhosted.org/packages/82/a1/
ba6fb41367b375f5cb653d1317d8ca2
63c636cff6566e2da1b0da716069d/setuptools-40.5.0-py2.py3-none-any.whl
(569kB)
    100% |████████████████████████████| 573kB 3.2MB/s
Collecting wheel
Downloading https://files.pythonhosted.org/packages/5a/9b/6aebe9e2636d35d1a
93772fa644c8
28303e1d5d124e8a88f156f42ac4b87/wheel-0.32.2-py2.py3-none-any.whl
Installing collected packages: pip, setuptools, wheel
Successfully installed pip-18.1 setuptools-40.5.0 wheel-0.32.2
```

지금까지 CentOS 7.5에 파이썬 2.7.15 버전을 설치한 후 pip 툴도 함께 설치해 봤습니다. 다음은 paramiko와 netmiko를 설치합니다.

3.3.4.4 CentOS 7.5 파이썬 2에 paramiko 설치하기

위에서 파이썬 2.7.15와 pip을 함께 설치해 봤습니다. pip을 사용해 paramiko를 파이썬 2.7.15에 설치합니다.

01 pip install paramiko 명령어를 사용해 paramiko를 설치합니다. 정상적으로 paramiko가 파이썬 2.7.15에 설치됐습니다.

```
[root@localhost ~]# pip install paramiko
Collecting paramiko
    Downloading https://files.pythonhosted.org/packages/cf/ae/94e70d49044ccc2
34bfdba20114fa947d7ba6eb68a2e452d89b920e62227/paramiko-2.4.2-py2.py3-none-
any.whl (193kB)
    100% |████████████████████████████| 194kB 1.7MB/s
… [생략]
Successfully installed asn1crypto-0.24.0 bcrypt-3.1.4 cffi-1.11.5
cryptography-2.4.1 enum34-1.1.6 idna-2.7 ipaddress-1.0.22 paramiko-2.4.2
pyasn1-0.4.4 pycparser-2.19 pynacl-1.3.0 six-1.11.0
```

02 python 명령어를 사용해 파이썬 2.7.15를 실행시킨 후 import paramiko를 입력 합니다. 장애 메시지 없이 오른쪽 화살표('>>>') 세 개만 보인다면 paramiko가 정상적으로 동작하는 것입니다.

```
[root@localhost ~]# python
Python 2.7.15 (default, Nov 13 2018, 03:01:12)
[GCC 4.8.5 20150623 (Red Hat 4.8.5-28)] on linux2
Type "help", "copyright", "credits" or "license" for more information.
>>> import paramiko
>>>
>>> quit()
```

3.3.4.5 CentOS 7.5 파이썬 2에 netmiko 설치하기

다음과 같이 pip을 사용해 netmiko도 파이썬 2.7.15에 설치합니다.

01 pip install netmiko 명령어를 사용해 netmiko를 설치합니다. 다음 출력 메시지를 보면 netmiko가 파이썬 2.7.15에 정상적으로 설치됐습니다.

```
[root@localhost ~]# pip install netmiko
Collecting netmiko
  Downloading https://files.pythonhosted.org/packages/83/a7/2d77f332ecf4490
9e70002cb20dbabfe8bd7bb1c552b67a2a75349fe1598/netmiko-2.3.0.tar.gz (79kB)
    100% |███████████████████████████████| 81kB 1.3MB/s
... [생략]
Successfully built netmiko pyyaml textfsm
Installing collected packages: scp, pyyaml, pyserial, textfsm, netmiko
Successfully installed netmiko-2.3.0 pyserial-3.4 pyyaml-3.13 scp-0.12.1
textfsm-0.4.1
```

02 python 명령어를 사용해 파이썬 2.7.15를 실행시킨 후 import netmiko를 입력합 니다. 장애 메시지 없이 '>>>'만 보인다면 정상적으로 동작하는 것입니다.

```
[root@localhost ~]# python
```

```
Python 2.7.15 (default, Nov 13 2018, 03:01:12)
[GCC 4.8.5 20150623 (Red Hat 4.8.5-28)] on linux2
Type "help", "copyright", "credits" or "license" for more information.
>>> import netmiko
>>>
>>> quit()
```

이제 CentOS 7.5에서도 성공적으로 paramiko와 netmiko를 python 2.7.15에 설치했습니다. 마지막으로, 파이썬 3 버전을 CentOS 7.5 서버에 설치한 후 paramiko와 netmiko를 차례대로 설치합니다.

3.3.4.6 CentOS 7.5에 파이썬 3 설치하기

CentOS 7.5에서 파이썬 3 설치는 이전 CentOS 서버 버전에서와 많이 다를 수 있습니다. 여기서 보여주는 파이썬 3 설치 과정은 ius-release.rpm 버전을 사용해 파이썬 3.6.5를 설치하는 과정입니다. 이 외에도 여러 가지 파이썬 3 설치 방법이 있지만 필자가 직접 실험한 결과를 토대로 가장 안정적으로 파이썬 3를 CentOS 7.5에 설치하는 방법이라 생각돼 이 방법을 사용합니다. 다음과 같이 파이썬 3를 설치합니다.

01 CentOS에 파이썬 3 설치를 하기 전에 ius-release.rpm 버전을 설치해야 합니다. 다음 명시돼 있는 **yum install** 명령어를 사용해 설치합니다.

```
[root@localhost ~]# yum install -y https://centos7.iuscommunity.org/ius-
release.rpm
… [생략]
Installed:
  ius-release.noarch 0:1.0-15.ius.centos7

Dependency Installed:
  epel-release.noarch 0:7-11
```

02 파이썬 3 설치에 앞서 yum 패키지를 다시 한번 업데이트해야 합니다. 이번에는 CentOS에서 사용되는 yum 패키지를 업데이트해 보겠습니다. 사용할 명령어는

yum update입니다.

```
[root@localhost ~]# yum update
Loaded plugins: fastestmirror, langpacks
Loading mirror speeds from cached hostfile
epel/x86_64/metalink                            | 4.1 kB     00:00
 * base: mirror.ventraip.net.au
 * epel: mirror.realcompute.io
 * extras: mirror.ventraip.net.au
 * ius: ius.mirror.digitalpacific.com.au
 * updates: mirror.ventraip.net.au
epel                                            | 3.2 kB     00:00
ius                                             | 2.3 kB     00:00
(1/4): ius/x86_64/primary_db                    | 406 kB     00:00
(2/4): epel/x86_64/group_gz                     |  88 kB     00:00
(3/4): epel/x86_64/updateinfo                   | 931 kB     00:01
(4/4): epel/x86_64/primary                      | 3.6 MB     00:02
epel
12703/12703
No packages marked for update
```

03 yum 업데이터가 완료되면 이제 **파이썬 3.6, 파이썬 3.6 패키지, 파이썬 3.6 개발**
   툴, pip3.6을 모두 함께 설치할 수 있습니다. 다음 명시돼 있는 yum install 명령
   어를 사용해 설치를 시도합니다.

```
[root@localhost ~]# yum install -y python36u python36u-libs python36u-devel
python36u-pip
… [생략]
Installed:
  python36u.x86_64 0:3.6.5-1.ius.centos7
  python36u-devel.x86_64 0:3.6.5-1.ius.centos7
  python36u-libs.x86_64 0:3.6.5-1.ius.centos7
  python36u-pip.noarch 0:9.0.1-1.ius.centos7

Dependency Installed:
  python36u-setuptools.noarch 0:39.0.1-1.ius.centos7
```

```
Complete!
```

04 파이썬 3 설치가 끝나면 python3.6 -V 또는 python3.6 —version 명령어를 사용해 파이썬 버전을 확인합니다.

```
[root@localhost ~]# python3.6 -V
Python 3.6.5
```

05 다음과 같이 python3라는 명령어를 사용하면 방금 설치된 파이썬 3.6.5가 실행되지 않습니다. python3.6이라는 명령어를 사용해야만 실행됩니다. 그대로 python3라고 입력할 때보다는 많이 번거로울 수 있습니다.

```
[root@localhost ~]# python3
bash: python3: command not found...
Similar command is: 'python'

[root@localhost ~]# python3.6
Python 3.6.5 (default, Apr 10 2018, 17:08:37)
[GCC 4.8.5 20150623 (Red Hat 4.8.5-16)] on linux
Type "help", "copyright", "credits" or "license" for more information.
>>>
>>> quit()
```

06 사용자 편리를 위해 python3.6 명령어를 alias 명령어를 사용해 python3로 다음과 같이 변경합니다.

```
[root@localhost /]# nano ~/.bashrc
```

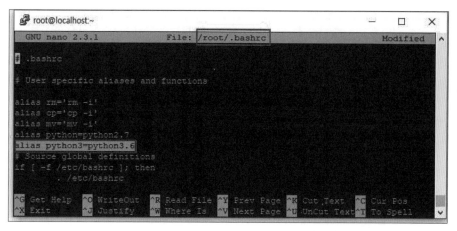

그림 3-43 CentOS 7.5 – python3.6 alias로 명령어 바꾸기

07 source ~/.bashrc를 실행해 변경된 내용을 리눅스 서버에 적용합니다.

```
[root@localhost ~]# source ~/.bashrc
```

08 다시 python3 명령어를 사용해 파이썬 3를 실행해보면 다음과 같이 파이썬 3.6.5가 정상적으로 실행됩니다. 이상으로 CentOS 7.5에 파이썬 3 설치를 마칩니다.

```
[root@localhost ~]# python3
Python 3.6.5 (default, Apr 10 2018, 17:08:37)
[GCC 4.8.5 20150623 (Red Hat 4.8.5-16)] on linux
Type "help", "copyright", "credits" or "license" for more information.
>>>
>>> quit()
```

3.3.4.7 CentOS 7.5 파이썬 3에 paramiko 설치하기

CentOS 7.5 상에서 앞에서 사용한 파이썬 3 설치 방법을 사용했을 경우 pip 명령어
는 pip3.6이라고 입력해야 합니다. 그럼 pip 3.6을 사용해 paramiko를 다음과 같이
설치합니다.

01 pip3.6 install —— upgrade pip 명령어를 사용해 먼저 pip툴 업그레이드를 시도
합니다.

```
[root@localhost ~]# pip3.6 install -- upgrade pip
```

02 pip3.6 업그레이드가 완료되면 다음 pip3.6 install paramiko 명령어를 사용해
paramiko를 설치합니다. 설치가 정상적으로 완료되면 다음과 같이 Successfully
installed ...라는 메시지가 나타납니다.

```
[root@localhost ~]# pip3.6 install paramiko
Collecting paramiko
… [생략]
Successfully installed asn1crypto-0.24.0 bcrypt-3.1.4 cffi-1.11.5
cryptography-2.4.1 idna-2.7 paramiko-2.4.2 pyasn1-0.4.4 pycparser-2.19
pynacl-1.3.0 six-1.11.0
```

03 python3 명령어로 파이썬 3를 실행시킨 후 paramiko 불러오기를 하면 다음과 같이 '>>>'가 보이면서 정상적으로 동작합니다.

```
[root@localhost ~]# python3
Python 3.6.5 (default, Apr 10 2018, 17:08:37)
[GCC 4.8.5 20150623 (Red Hat 4.8.5-16)] on linux
Type "help", "copyright", "credits" or "license" for more information.
>>> import paramiko
>>>
>>> quit()
```

3.3.4.8 CentOS 7.5 파이썬 3에 netmiko 설치하기

pip3.6을 다시 사용해 netmiko를 다음과 같이 설치합니다.

01 pip3.6 install netmiko 명령어를 사용해 netmiko를 설치합니다.

```
[root@localhost ~]# pip3.6 install netmiko
Collecting netmiko
… [생략]
Installing collected packages: scp, pyyaml, pyserial, textfsm, netmiko
  Running setup.py install for pyyaml ... done
  Running setup.py install for textfsm ... done
  Running setup.py install for netmiko ... done
Successfully installed netmiko-2.3.0 pyserial-3.4 pyyaml-3.13 scp-0.12.1
textfsm-0.4.1
```

02 python3 명령어로 파이썬 3를 실행시킨 후 netmiko 불러오기를 해 보면 다음과 같이 '>>>'가 보이면서 정상적으로 동작합니다.

```
[root@localhost ~]# python3
Python 3.6.5 (default, Apr 10 2018, 17:08:37)
[GCC 4.8.5 20150623 (Red Hat 4.8.5-16)] on linux
Type "help", "copyright", "credits" or "license" for more information.
>>> import netmiko
```

```
>>>
>>> quit()
```

3.3.4.9 CentOS 7.5 파이썬 3에 Ansible 설치하기

앞에서 설치한 paramiko와 netmiko 같이 ansible도 pip 3.6 명령어를 사용해 한번 설치해 봅니다. 한 리눅스 운영체제에서 ansible은 파이썬 2 또는 파이썬 3에 하나의 버전만 설치해 사용할 수 있습니다. 이 책에서는 ansible 사용법에 대해서는 다루지 않지만 같은 방법으로 설치한다는 것을 설명하고 차후 공부해야 할 토픽이므로 소개 수준에서 3장에 추가했습니다.

이 책을 읽고 내용을 이해한 다음 단계로 꼭 Ansible과 Django/Flask를 공부하길 추천합니다. Ansible은 레드햇사에서 제공하는 시스템 및 네트워크 장비 오케스트레이션 툴이며 Django와 Flask는 파이썬과 연동해 사용자 웹 인터페이스를 개발할 수 있는 프런트 엔드 개발자 툴입니다. 개인적으로, Ansible과 Django/Flask를 배우기 전에 파이썬 기본 문법과 사용 방법을 꼭 익히는 것이 매우 중요하다고 생각합니다.

엔지니어들 중 Ansible만 고집하는 분들이 있는데 파이썬 기본 사용법을 모르면 Ansible과 Playbook 모듈 사용 시 매우 사소한 문제만 생겨도 다른 엔지니어에게 의존해야 하는 일이 생길 수 있습니다. 여기서 누가 맞고 틀리냐는 없지만, 자동차 운전수로만 살아갈 것인가 아니면 정비사로 살아갈 것인가는 개개인의 선택일 것입니다. 계속 연결해 ansible을 서버에 설치합니다.

01 ansible은 **pip3.6 install ansible** 명령어를 사용해 설치합니다. 기본적으로 ansible은 파이썬 3 또는 파이썬 2 둘 중 한 버전에서만 사용하는 것을 기본으로 합니다.

```
[root@localhost ~]# pip3.6 install ansible
Collecting ansible
  Downloading https://files.pythonhosted.org/packages/ec/ee/1494474b59c6e9c
ccdfde32da1364b94cdb280ff96b1493deaf4f3ae55f8/ansible-2.7.1.tar.gz (11.7MB)
```

```
     100% |█████████████████████████| 11.7MB 1.5MB/s
Collecting jinja2 (from ansible)
  Downloading https://files.pythonhosted.org/packages/7f/ff/ae64bacdfc95f27
a016a7bed8e8686763ba4d277a78ca76f32659220a731/Jinja2-2.10-py2.py3-none-any.
whl (126kB)
     100% |█████████████████████████| 133kB 2.9MB/s
Requirement already satisfied: PyYAML in /usr/lib64/python3.6/site-packages
(from ansible) (3.13)
Requirement already satisfied: paramiko in /usr/lib/python3.6/site-packages
(from ansible) (2.4.2)
Requirement already satisfied: cryptography in /usr/lib64/python3.6/site-
packages (from ansible) (2.4.1)
Requirement already satisfied: setuptools in /usr/lib/python3.6/site-
packages (from ansible) (39.0.1)
Collecting MarkupSafe>=0.23 (from jinja2->ansible)
  Downloading https://files.pythonhosted.org/packages/08/04/f2191b50fb7f071
2f03f064b71d8b4605190f2178ba02e975a87f7b89a0d/MarkupSafe-1.1.0-cp36-cp36m-
manylinux1_x86_64.whl
Requirement already satisfied: pynacl>=1.0.1 in /usr/lib64/python3.6/site-
packages (from paramiko->ansible) (1.3.0)
Requirement already satisfied: bcrypt>=3.1.3 in /usr/lib64/python3.6/site-
packages (from paramiko->ansible) (3.1.4)
Requirement already satisfied: pyasn1>=0.1.7 in /usr/lib/python3.6/site-
packages (from paramiko->ansible) (0.4.4)
Requirement already satisfied: six>=1.4.1 in /usr/lib/python3.6/site-
packages (from cryptography->ansible) (1.11.0)
Requirement already satisfied: cffi!=1.11.3,>=1.7 in /usr/lib64/python3.6/
site-packages (from cryptography->ansible) (1.11.5)
Requirement already satisfied: idna>=2.1 in /usr/lib/python3.6/site-packages
(from cryptography->ansible) (2.7)
Requirement already satisfied: asn1crypto>=0.21.0 in /usr/lib/python3.6/
site-packages (from cryptography->ansible) (0.24.0)
Requirement already satisfied: pycparser in /usr/lib/python3.6/site-packages
(from cffi!=1.11.3,>=1.7->cryptography->ansible) (2.19)
Installing collected packages: MarkupSafe, jinja2, ansible
  Running setup.py install for ansible ... done
Successfully installed MarkupSafe-1.1.0 ansible-2.7.1 jinja2-2.10
```

02 python3 명령어로 파이썬 3를 실행시킨 후 ansible 불러오기를 해 보면 다음과
같이 '>>>'가 보이면서 정상적으로 동작합니다.

```
[root@localhost ~]# python3
Python 3.6.5 (default, Apr 10 2018, 17:08:37)
[GCC 4.8.5 20150623 (Red Hat 4.8.5-16)] on linux
Type "help", "copyright", "credits" or "license" for more information.
>>> import ansible
>>>
>>> quit()
```

이로써 윈도우 10 호스트, 우분투 18.04 서버와 CentOS 7.5 서버에 파이썬 2와 3
를 함께 사용 가능한 개발환경을 만들어 봤습니다. 어떤 시스템을 사용하느냐에 따
라 파이썬 설치의 작고 큰 어려움들이 따르지만 이와 같은 설치 어려움이 파이썬 입
문자들로 하여금 파이썬 코드를 배우고 입문하는 데 걸림돌이 되지 않았으면 하는게
제 바람입니다. 많은 파이썬 입문자들이 리눅스의 장벽 앞에서 한번 포기하고 또다
시 파이썬 설치 장벽 앞에서 한 번 더 포기하기도 합니다. 이 책에서 설명된 파이썬
설치와 파이썬 관련 pip툴을 사용한 paramiko, netmiko 및 관련 패키지 설치는 이
미 수십 번 랩 환경에서 설치 과정이 하나하나 입증된 것이므로 한 번 설치한 후 사
용자가 큰 어려움 없이 편리하고 유용하게 사용할 수 있을 것입니다.

이로써 파이썬 설치를 완료하고 파이썬 통합 개발 환경(IDE)과 파이썬 텍스트 에디
터의 종류 및 설치 방법에 대해 한번 알아보겠습니다. 파이썬 코드를 작성하는 기본
방법은 일반 텍스트 에디터에 곧바로 코드를 입력한 후 .py 파일 확장자명을 붙이고
파일로 저장하면 그만입니다. 하지만 조금 더 편리하게 코드를 작성하려면 본인에게
맞는 텍스트 에디터를 사용하는게 훨씬 더 능률적입니다. 파이썬으로 코드를 작성하
다 보면 일반적으로 윈도우 랩톱에서 본인에게 맞는 텍스트 에디터를 사용해 파이썬
코드를 작성한 후 리눅스 파이썬 서버로 코드를 복사해서 사용하는 것을 볼 수 있습
니다. 다음은 현재 사용되고 있는 여러 가지의 텍스트 에디터를 소개한 후 설치 과정
도 설명합니다.

3.4 파이썬 통합 개발 환경과 파이썬 텍스트 에디터 소개 및 설치에 앞서

처음 파이썬 공부를 하는 사람들이 흔히 하는 질문 중 하나가 "어떤 환경에서 파이썬 코딩을 하는가?"라는 질문입니다. 하지만 이 질문에 대한 답은 파이썬 사용자마다 다를 수 있으므로 정해진 답이 없습니다. 특히, 특별한 툴 없이도 일반 텍스트 에디터 하나만으로도 파이썬 코드를 작성할 수 있기 때문입니다. 사실 마이크로소프트 워드와 같이 생산성이 뛰어난 텍스트 에디터로는 파이썬 코딩을 하지 않습니다. 그 이유는 파이썬 코드를 작성하는 데는 수백 가지의 기능들이 필요하지 않기 때문입니다.

그냥 노트패드(메모장)와 같은 일반 텍스트 에디터만 있으면 됩니다. 파이썬 파일은 일반 텍스트 파일(.txt)에 확장자 타입만 파이썬 파일 확장자 코드인 .py로 변경하면 파이썬 파일이 됩니다. 그리고 운영체제와 관계없이 파이썬 코드는 크로스 플랫폼을 지원하며, 한 운영체제에서 작성한 코드를 다른 운영체제에 옮겨 사용해도 파이썬 코드는 정상적으로 동작합니다. 예를 들어, 윈도우의 텍스트 에디터에서 파이썬 스크립트를 생성한 것을 리눅스나 macOS에 옮겨서 실행해도 코드 변경 없이도 문제 없이 동작합니다. 파이썬 코드를 쓰는 사용자는 간단한 텍스트 에디터 하나만 있으면 파이썬 코딩을 시작할 수 있습니다.

3장에서는 파이썬 코딩에 사용되는 수많은 텍스트 에디터들 중 가장 일반적인 에디터들 위주로 소개합니다. 가장 먼저 파이썬 IDLE 환경에 대해 설명한 후 필자가 공부하면서 직접 설치하고 사용했었던 윈도우 텍스트 에디터들을 중심으로 여러 종류의 텍스트 에디터들을 소개하겠습니다. 3장에서는 모든 에디터들을 호스트의 윈도우 운영체제에 설치해 소개하지만 몇몇 텍스트 에디터들은 크로스 플랫폼을 지원하므로 윈도우, 리눅스 또는 macOS 운영체제 환경에서도 사용할 수 있습니다. 이미 파이썬 입문을 한 독자들이라면 여기서 소개하는 대부분의 텍스트 에디터를 이미 사용하고 있을 수도 있습니다.

3장에서 여러 가지 에디터를 둘러보는 이유는 사용자가 직접 에디터를 사용해봄으로서 어떤 텍스트 에디터가 본인에게 적합한지를 찾아가는 과정이라고 생각하면 좋을 것 같습니다. 가장 능률적으로 파이썬 코딩을 하기 위해선 본인 취향에 맞는 그리고 사용하면서 본인이 가장 편하다라는 느낌을 주는 파이썬 텍스트 에디터를 선택해 사용하는 것이 매우 중요하다고 생각합니다.

주의

파이썬 프로그램을 만들 때 **코딩**(coding)과 **스크립팅**(scripting)이라는 두 단어를 구분하지 않으며 같은 의미로 혼용해서 사용합니다.

3.5 파이썬 표준 통합 개발 환경이란?

윈도우의 경우, 파이썬 **통합 개발 환경**(IDLE)은 파이썬 설치 과정에 함께 설치됩니다. 리눅스의 경우는 따로 IDLE가 설치되는 것이 아니라 vi, nano, leafpad, gedit 등과 같은 리눅스용 일반 텍스트 에디터를 사용해 파이썬 코딩을 할 수 있습니다. 여기서는 윈도우에 설치된 IDLE에 대해 간단한 설명을 합니다. 윈도우에 파이썬이 설치되고 나면 별도의 텍스트 에디터 없이도 파이썬에서 디폴트로 지원하는 IDLE을 사용해 파이썬 코드를 작성할 수 있습니다. 하지만 파이썬 코드가 길고 복잡해지면 훨씬 사용하기 편리하고 디버깅 등을 지원하는 텍스트 에디터를 사용해야 합니다. 다음은 윈도우 10 호스트에 이미 설치돼 있는 IDLE을 한번 살펴보겠습니다.

01 윈도우 10에서 파이썬 IDLE 쉘을 열기 위해서는 왼편 하단에 있는 윈도우 아이콘을 클릭한 후 파이썬이 설치된 프로그램 폴더를 열어 'IDLE(Python 3.6 64-bit)' 아이콘을 클릭합니다.

그림 3-44 파이썬 IDLE - 파이썬 IDLE 쉘 열기

02 잠시 기다리면 **파이썬 쉘** 실행창이 다음과 같이 실행됩니다. 파이썬 쉘에서는 윈도우의 명령 프롬프트에서 파이썬을 실행할 때와 동일하게 대화식으로 코드를 작성할 수 있습니다.

그림 3-45 파이썬 IDLE - 파이썬 쉘

03 여기서 대화식 파이썬 쉘을 사용하지 않고 코드를 작성해 파일로 저장하고 싶다면 Edit 〉 New File, 또는 Ctrl+N 콤보 키를 사용해 파이썬 쉘 내에서 텍스트 에디터를 실행합니다.

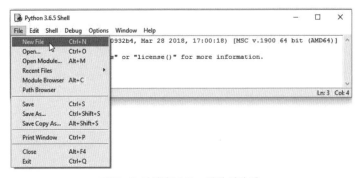

그림 3-46 파이썬 IDLE - 파일 열기 예

04 파이썬 쉘에서 실행되는 텍스트 에디터가 열리면 다음과 같이 파이썬 코드를 작성합니다.

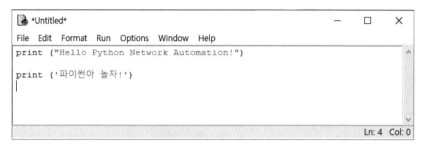

그림 3-47 파이썬 IDLE – 파이썬 코드 작성 예

05 코드 작성이 끝나면 File 〉 Save As ... 또는 Ctrl+Shift+S를 눌러 저장 폴더에 저장합니다.

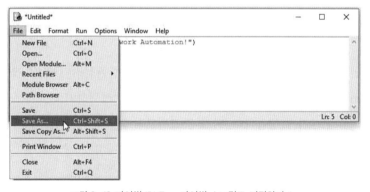

그림 3-48 파이썬 IDLE – 파이썬 스크립트 저장하기 1

06 이 파일은 자동으로 .py 파일 확장자를 가지고 저장됩니다. 다음 그림은 파이썬 스크립트를 script1.py로 저장을 하는 모습입니다.

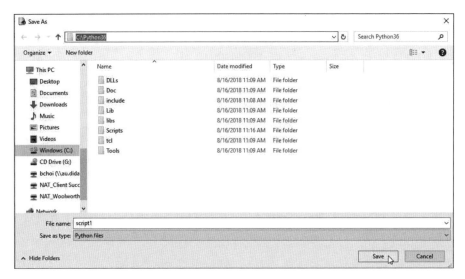

그림 3-49 파이썬 IDLE – 파이썬 스크립트 저장하기 2

07 저장된 파일을 현재 IDLE 텍스트 에디터 상에서 실행하려면 **F5** 키 또는 메뉴에 서 **Run** 〉 **Run Module** 순으로 실행할 수 있습니다. 실행하기 전에 반드시 파일을 저장해야 코드가 실행됩니다. 만약 스크립트의 내용을 수정했을 경우도 변경된 내용을 저장해야 변경된 내용으로 실행할 수 있습니다.

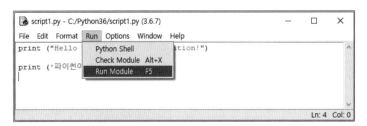

그림 3-50 파이썬 IDLE – 스크립트 실행하기

08 파이썬 스크립트가 실행되면 파이썬 쉘 상에서 다음 화면과 같이 나타납니다.

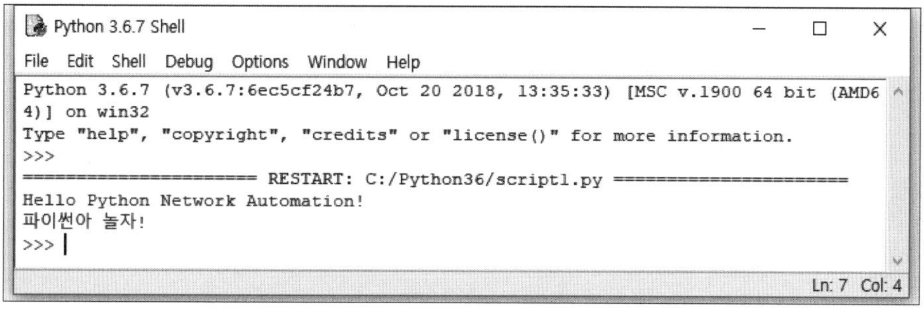

그림 3-51 파이썬 IDLE - 파이썬 쉘에서 실행 예

파이썬 IDLE 환경을 간단히 둘러봤습니다. 이 IDLE 환경은 간단한 파이썬 코드 실험 및 연습에는 도움이 될 수 있으나, 복잡한 파이썬 코드를 작성하고 실행시키기에는 한계가 있습니다. 일반적으로 텍스트 에디터를 사용해 파이썬 코드를 작성하므로 굳이 파이썬 IDLE 환경에 포함돼 있는 에디터를 이용해 파이썬 스크립트를 작성할 일은 그렇게 많지 않습니다. 3장에서는 어떤 텍스트 에디터들이 있는지 살펴보면서 설치해보겠습니다.

3.6 텍스트 에디터 소개 및 설치하기

윈도우 사용자가 일상에서 사용하는 대표적인 텍스트 에디터들 중에는 메모장(notepad), EditPlus와 Notepad++ 정도가 있습니다. 만약 더 많은 윈도우용 텍스터 에디터를 찾아보면 UltraEdit, AcroEdit, EmEditor, ConTEXT, Treepad 등도 있습니다. 그리고 크로스 플랫폼을 지원하는 텍스트 에디터들 중에는 Sublime Text, Atom, Brackets, Visual Studio Code와 nano(pico) 등이 있으며 리눅스 텍스트 에디터는 vi, Emacs, Gedit 등이 있습니다. 3장에서는 파이썬 공부에 추천할만한 텍스트 에디터들을 소개하고 직접 설치해봅니다. 특히 Notepad++와 Eclipse IDE를 사용해 윈도우 10에서 편리하게 파이썬 코딩을 할 수 있도록 설치 및 설정을 해봄니다. 그런 후 파이썬 코딩에 유용한 Atom, Sublime과 PyCharm도 소개한 후 설치해 봅니다. 마지막으로 파이썬 입문의 장벽을 허물고 있는 Anaconda(Jupyter Notebook)도 소개 및 설치해봅니다.

3.6.1 Notepad++ 소개, 설치 및 설정하기

시스코 자격증을 한번이라도 공부를 해 본 엔지니어라면 이미 무료 윈도우용 텍스트 에디터인 Notepad++를 사용해 봤을 것이라 생각합니다. Notepad++는 영미권에서 가장 인기 있는 무료 텍스트 에디터이며 유니코드 또한 지원합니다. Notepad++는 윈도우의 메모장^{Notepad}보다 수많은 막강한 기능들을 플러그인을 통해 지원하며 네트워크 엔지니어들이 가장 많이 사용하는 윈도우용 텍스트 에디터 중 하나입니다. 네트워크 엔지니어들 사이에 가장 많이 알려진 플러그인은 **compare**가 아닐까 생각합니다. 이 플러그인은 네트워크 상에서 장애가 발생했을 경우, 장애 발생 전후의 설정을 신속하게 비교해 문제의 원인을 찾고 해결할 수 있도록 도와줍니다. Notepad++는 이 외에도 수십 종의 플러그인을 지원하며 파이썬을 포함한 여러 종류의 프로그래밍 언어 또한 지원합니다. 다음은 Notepad++를 설치한 후, 사용자가 파이썬을 코딩하기 편하게 설정해 보겠습니다.

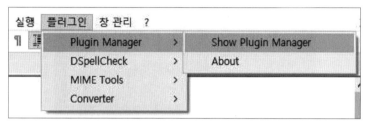
01 노트패드 공식 다운로드 사이트로 이동한 후 가장 최신 Notepad++ Installer
를 다운로드합니다. 만약 사용하는 컴퓨터에 이미 Notepad++가 설치돼 있다
면 업그레이드합니다. 만약 프로그램을 처음 사용한다면 설치 파일을 다운로
드받습니다.

https://notepad-plus-plus.org/download/

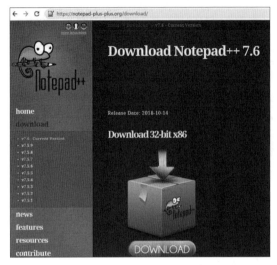

그림 3-53 Notepad++ - 다운로드 페이지

02 다음 다운로드 폴더로 이동한 후 Notepad++ 설치 파일을 더블 클릭해 설치를 시작합니다. 설치 시 기본 설정을 대부분 유지하며 언어 옵션은 한국어로, 다음 그림과 같이 Plugins Admin이 선택돼 있는지 확인하고 Create Shortcut on Desktop 옵션도 선택한 후 설치합니다.

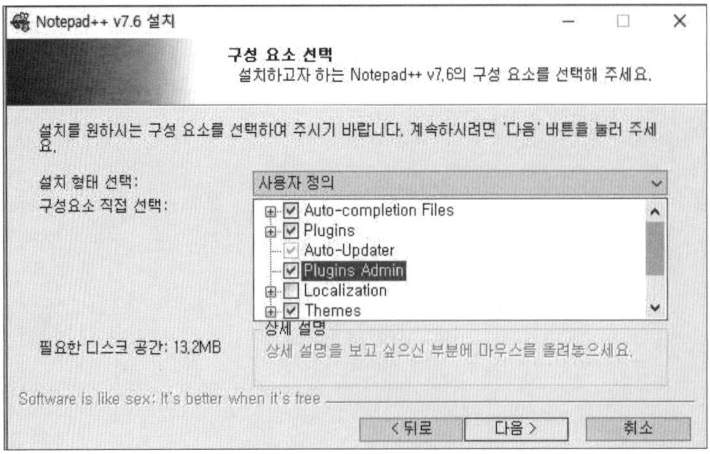

그림 3-54 Notepad++ 설치하기

03 설치가 완료되면 Notepad++ v7.6 **실행하기(R)**를 선택한 후 **[마침]** 버튼을 클릭해 프로그램을 실행합니다.

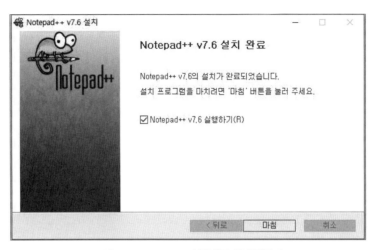

그림 3-55 Notepad++ 설치 완료 및 실행하기

04 다음은 **플러그인** 〉 Plugin Admin을 선택해 Plugin Admin 서브메뉴를 클릭합니다.

그림 3-56 Notepad++ – Plugin Admin 실행 1

05 Research란에 NppExec라고 입력하고 [Next] 버튼을 클릭합니다. 다음 체크박스를 선택한 후 [Install] 버튼을 클릭해 NppExec를 설치합니다.

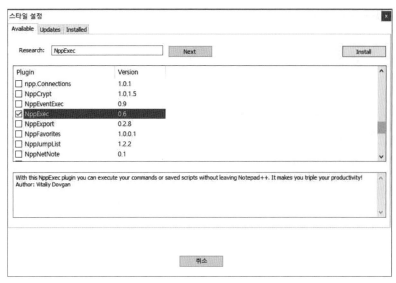

그림 3-57 Notepad++ – NppExec 찾기 및 설치하기

06 NppExec 플러그인 설치도중 Notepad++는 자동으로 종료된 후 다시 실행됩니다. 재실행한 후 플러그인 메뉴로 가보면 **NppExec**가 설치된 것을 확인할 수 있습니다. 차후 파이썬 2 코드와 파이썬 3 코드를 비교해가며 공부하려면 Compare 플러그인도 설치합니다. Plugin Admin을 한번 더 실행시킵니다.

그림 3-58 Notepad++ – Plugin Admin 실행 2

07 Research란에 **compare**라고 입력한 후 **[Next]** 버튼을 클릭합니다. 다음 체크박스를 선택한 후 **[Install]** 버튼을 사용해 compare 플러그인을 설치합니다.

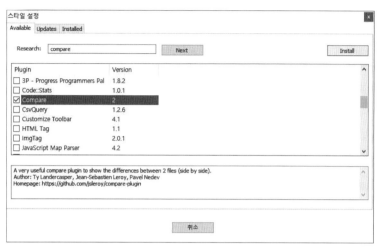

그림 3-59 Notepad++ - compare 찾기 및 설치하기

08 Compare 플러그인 설치가 완료되면 Notepad++가 다시 시작됩니다. 다음 **설정 (T)** 메뉴에서 **환경 설정 …**을 선택해 기본 설정 창을 엽니다. 이 창이 열리면 **새 문서**를 선택한 후 **프로그래밍 언어**를 Python으로 선택하고 인코딩이 기본 설정인 UTF-8인지 꼭 확인합니다. 변경한 내용을 **[닫기]** 버튼을 사용해 저장합니다. 프로그램을 깔끔하게 종료한 후 다시 실행하면 이제부터 파일을 저장할 때 파일의 디폴트 기본 확장자가 **.py**로 저장됩니다.

그림 3-60 Notepad++ - 새 문서 기본 설정 변경하기

09 위와 같은 방법으로 기본 설정 창을 엽니다. **언어 메뉴**를 선택한 후 **탭 크기**가 4
인지 확인한 후 **공백으로 바꾸기** 체크박스를 선택합니다. [**닫기**] 버튼을 클릭해
기본 설정 창을 종료합니다. 이제 파이썬 코딩을 Notepad++로 할 때 탭을 사
용하면 공백 4칸 띄우기를 사용합니다. 정해진 법은 없지만 파이썬 코딩을 하는
사람들이 들여쓰기를 할 때 공백 4칸을 사용하기를 권장하고 있습니다. [**닫기**]
버튼을 클릭하고 기본 설정창을 닫습니다.

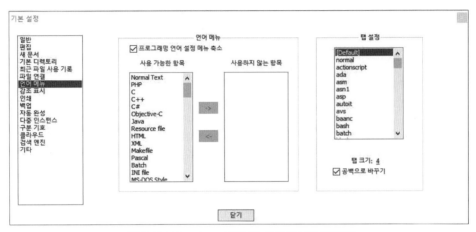

그림 3-61 Notepad++ - 언어 메뉴에서 탭 공백 변경하기

10 다음은 Notepad++가 아직 실행되고 있다면 F6 키를 눌러 NppExec의 **Execute**
창을 엽니다. 그리고 아래 창에 나와 있는 내용과 똑같이 입력하고 [Save...] 버
튼을 클릭해 Run Python으로 저장합니다.

```
cd "$(CURRENT_DIRECTORY)"
py.exe "$(FILE_NAME)"
```

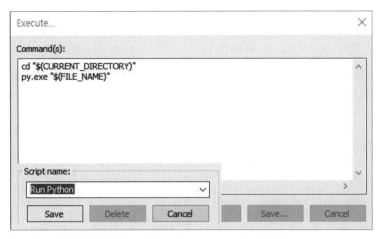

그림 3-62 Notepad++ - Execute 키 설정하기

11 이제 설정이 끝났습니다. 먼저 새 파일을 하나 열어 다음과 같이 테스트용 hellopython.py 스크립트를 만들어 데스크톱에 저장합니다. 다음 **Ctrl+F6** 키를 사용해 파이썬 스크립트를 실행합니다. 정상적으로 동작을 한다면 코드가 실행 되면서 작은 괄호 안에 있는 내용들이 아래 콘솔 창에 나타납니다. 이로써 파이 썬 사용을 위한 Notepad++ 설정을 마칩니다.

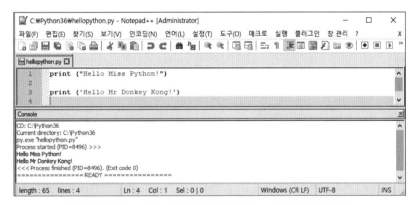

그림 3-63 Notepad++ - 파이썬 스크립트 Notepad++에서 실행하기

3.6.2 이클립스 소개, 설치 및 설정하기

이클립스[Eclipse]는 DevOps 엔지니어들이 자바스크립트와 C++를 사용할 때 사용하는 개발 프로그램 중 하나입니다. 이클립스는 다중 프로그래밍 언어를 지원하며 파이썬 또한 패키지를 통해 지원합니다. 그리고 이 프로그램은 무료입니다.

3.6.2.1 이클립스 설치에 앞서

먼저 이클립스 설치에 앞서 본인이 사용하고 있는 컴퓨터에 최신 JRE 또는 JDK가 설치돼 있는지를 확인해야 합니다. 만약 설치돼 있지 않다면 다음 웹사이트에서 최신 Oracle JRE 또는 JDK를 다운로드해 설치합니다. Jave SE Runtime Environment를 다운로드하기 전에 먼저 [동의] 버튼을 클릭한 후 다운로드를 시작할 수 있습니다. 이 책 집필 당시 최신 버전은 Oracle jre-8u192-windows-x64였으므로 이 버전을 다운로드해 설치합니다.

http://www.oracle.com/technetwork/java/javase/downloads/jre8-downloads-2133155.html

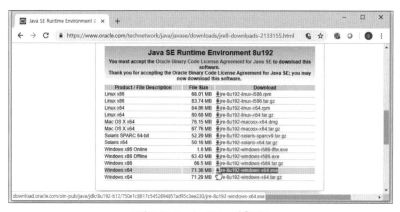

그림 3-64 Oracle JRE – 다운로드

3.6.2.2 이클립스 설치 및 설정

다음의 이클립스 설치과정을 직접 따라하면서 설치 및 설정을 해보겠습니다.

01 첫 번째로 아래 나와 있는 이클립스 다운로드 웹사이트로 이동한 후 최신
Eclipse Installer를 다운로드합니다. 윈도우 버전인 **eclipse-inst-win64.exe**(64
비트 버전)로 다운로드를 합니다.

http://www.eclipse.org/downloads/packages/installer

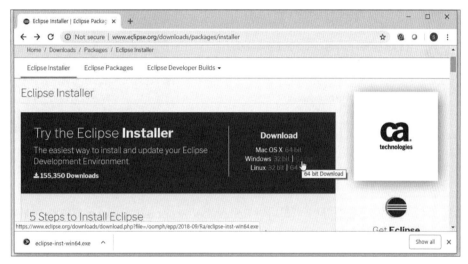

그림 3-65 Eclipse installer – 다운로드 페이지

02 첫 eclipse installer 창이 나타나면 우측 상단에 느낌표가 보일 것입니다. 업데
이트를 하지 않으면 저희가 사용하고 싶은 **Eclipse Platform**을 선택할 수 없으므
로 먼저 **Update**를 클릭해 업데이트합니다. Eclipse Platform은 기본 이클립스
만 설치돼 있는 소프트웨어 버전입니다. 느낌표가 있는 메뉴를 선택해 업데이트
를 시작합니다.

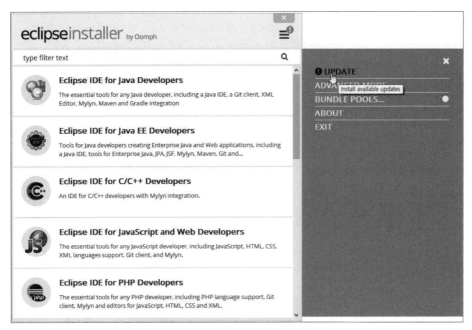

그림 3-66 Eclipse installer – 업데이트

03 라이선스 동의 팝업창이 나타나면 Remember accepted licenses 체크박스에 표시를 하고 [Accept] 버튼을 클릭해 계속 업데이트를 진행합니다.

04 다음 [Updates were installed. Press OK to restart.] 팝업창이 나타나면 [OK] 버튼을 클릭합니다.

05 eclipseinstaller 창이 다시 나타나면 화면을 아래로 스크롤해서 Eclipse Platform 을 클릭합니다.

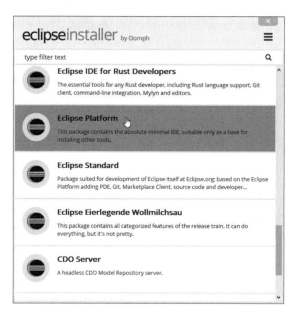

그림 3-67 이클립스 – Eclipse Platform 선택

06 계속해서 [Install]을 클릭해 Eclipse Platform 설치를 시작합니다.

그림 3-68 이클립스 – Eclipse Platform 설치

07 소프트웨어 사용권 동의 팝업창이 나타나면 [Accept Now] 버튼을 클릭합니다.

08 Oomph License Confirmation에서 라이선스 동의에 Remember accepted licenses 체크박스에 표시를 하고 [Accept] 버튼을 선택해 동의합니다. 동의하고 나면 eclipse installer가 Eclipse Platform 설치를 시작합니다.

09 Eclipse Platform 설치가 끝나면 다음과 같이 [Launch] 버튼이 활성화됩니다. [Launch] 버튼을 클릭합니다.

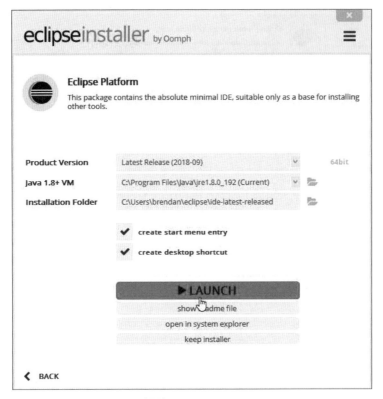

그림 3-69 이클립스 - Eclipse Platform Launch

10 만약 작업공간을 변경하려면 다른 폴더를 선택해 변경할 수 있습니다. Use this as the default and do not ask again 체크박스를 클릭하고 [Launch] 버튼을 클릭합니다.

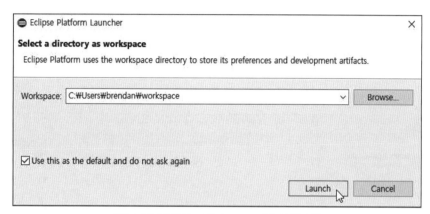

그림 3-70 이클립스 – Workspace 디렉터리로 선택

11 다음 Eclipse Platform이 실행되면 다음 그림에서와 같이 Help 메뉴에서 Install New Software...를 클릭합니다.

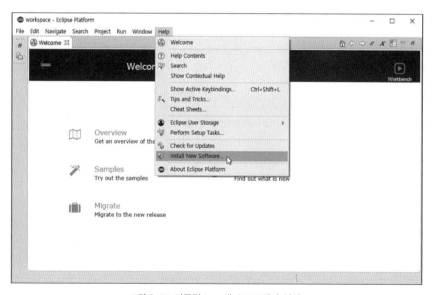

그림 3-71 이클립스 – 새 소프트웨어 설치

12 다음 Install 팝업창이 나타나면 Work with: 드롭다운 메뉴에서 ――All Available Sites――를 선택한 후 다음란에 MarketPlace라고 입력합니다. 다음 그림과 같이 Marketplace Client를 찾으면 옆에 있는 체크박스를 선택한 후 [Next〉] 버튼을 클릭합니다.

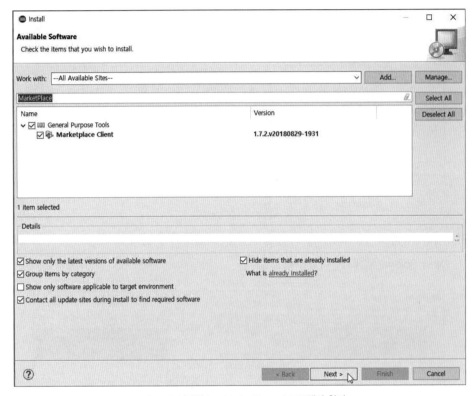

그림 3-72 이클립스 – MarketPlace 소프트웨어 찾기

13 Install Details 창이 나타나면 다시 [Next〉] 버튼을 클릭합니다.

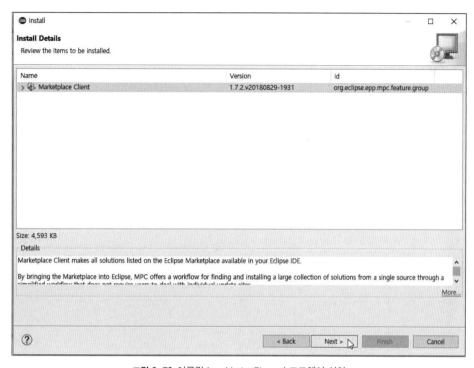

그림 3-73 이클립스 – MarketPlace 소프트웨어 설치

14 Eclipse Foundation Software User Agreement에 대한 Review Licenses 동의창이 나타나면 동의한 후 계속해서 설치를 진행합니다.

15 Eclipse Platform 메인 창이 나타나면서 Eclipse Marketplace 소프트웨어 설치가 진행됩니다. 설치가 완료되면 다음과 같이 프로그램을 다시 시작해야 한다는 메시지가 나타납니다. [Restart Now] 버튼을 클릭합니다.

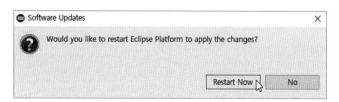

그림 3-74 이클립스 – MarketPlace 소프트웨어 다시 시작

16 Eclipse Platform Overview 창으로 돌아오면 다음 그림과 같이 Eclipse Marketplace가 보일 것입니다. 마우스를 사용해 Eclipse Marketplace를 선택합니다.

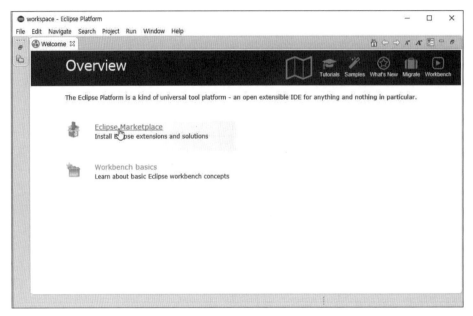

그림 3-75 이클립스 – MarketPlace 선택

17 Eclipse Marketpalce 팝업창이 나타나면 Find란에 PyDev라고 정확하게 입력하면 가장 최근 업데이트된 PyDev – Python IDE for Eclipse ...가 [Install] 버튼과 함께 플러그인 정보가 나타납니다. [Install] 버튼을 선택해 설치를 시작합니다.

그림 3-76 이클립스 – PyDev 찾기

18 선택할 수 있는 PyDev – Python IDE for Eclipse ...가 나타나면 모든 체크박스를 선택한 후 [Confirm] 버튼을 선택해 PyDev 설치를 계속 진행합니다.

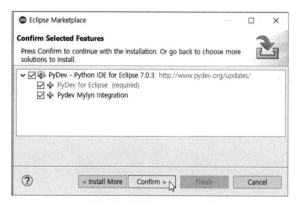

그림 3-77 이클립스 – PyDev 설치

19 또 한 번의 Review Licenses 팝업창이 나타나면 **동의합니다**를 선택한 후 [Finish] 버튼을 클릭해 설치를 완료합니다.

20 다음과 같이 Security Warning 팝업창이 나타나며 [Install anyway]를 클릭해 소프트웨어를 설치합니다.

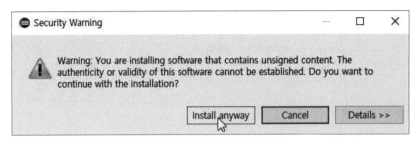

그림 3-78 이클립스 – PyDev 설치 보안 메시지

21 PyDev 설치가 완료되면 Eclipse Plateform을 다시 시작합니다.

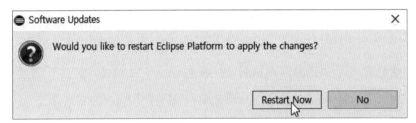

그림 3-79 이클립스 – 프로그램 다시 시작

22 Eclipse Platform 메인 창이 나타나면 메뉴에서 File 〉 New 〉 Project로 이동한 후 Project 팝업창을 실행합니다.

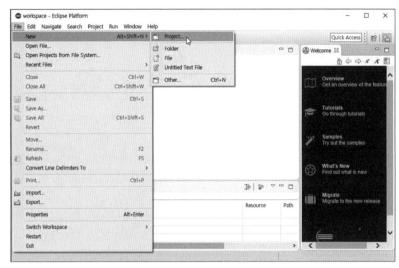

그림 3-80 이클립스 – 새 프로젝트 만들기

23 새 프로젝트 창이 나타나면 다음과 같이 PyDev Project를 선택한 후 [Next 〉] 버튼을 클릭합니다.

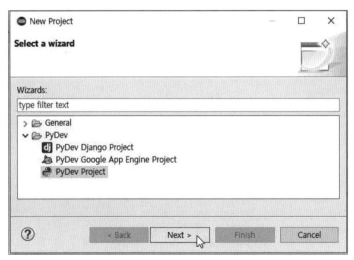

그림 3-81 이클립스 – 새 프로젝트 만들기 PyDev Project 선택

24 프로젝트 이름을 입력한 후 Please configure an interpreter before proceeding.
을 클릭해 Configure Interpreter 창을 띄웁니다.

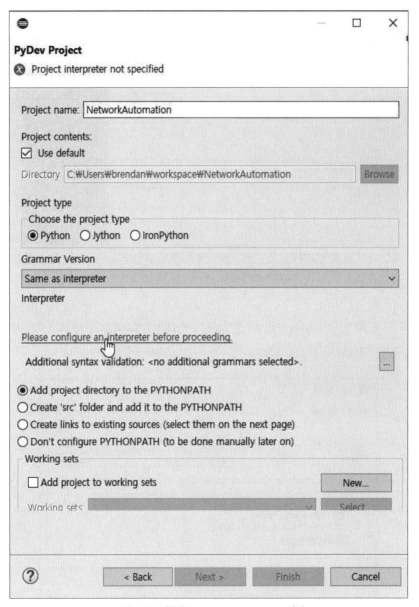

그림 3-82 이클립스 – Project interpreter 설정

25 Configure interpreter 창이 나타나면 다음과 같이 **Choose from list**를 선택해 파이썬 3.6의 폴더가 정상적으로 선택됐는지 확인한 후 [OK] 버튼을 클릭합니다.

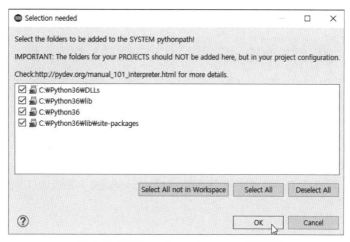

그림 3-83 이클립스 – Project interpreter 설정 확인

26 만약 Windows 보안 경고가 다음과 같이 나타난다면 [**액세스 허용(A)**] 버튼을 클릭합니다.

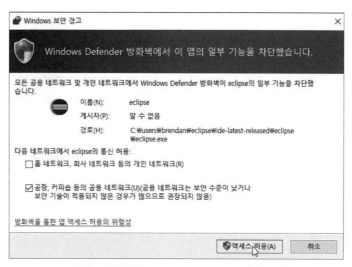

그림 3-84 이클립스 – Windows Defender 액세스 허용

27 다시 PyDev 프로젝트 창으로 돌아오면 [Finish]를 클릭해 창을 닫습니다.

28 다음과 같이 Open Associated Perspective?라고 물어보면 [Open Perspective] 버튼을 클릭합니다.

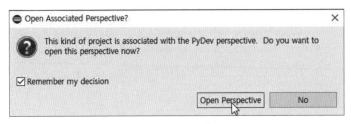

그림 3-85 이클립스 – PyDev 프로젝트 Open Perspective

29 설치를 완벽하게 완료했으면 다음과 같이 Workspace – Eclipse Platform이 나타 납니다.

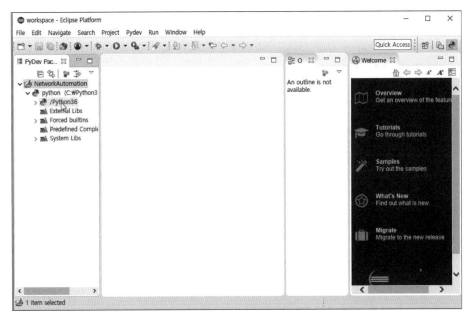

그림 3-86 이클립스 – PyDev 설치완료 창

30 테스트 스크립트를 만들어 실행해 보기 위해 먼저 File 〉 New 〉 PyDev Module
을 선택합니다.

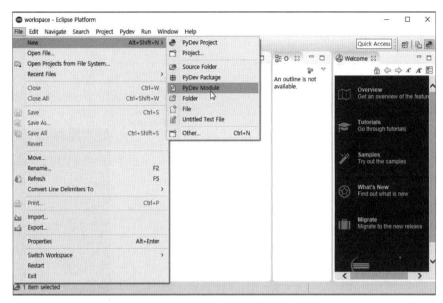

그림 3-87 이클립스 – 새 파이썬 모듈 만들기

31 테스트 스크립트(모듈)에 이름을 지정합니다. 그런 후 Template 창과 Default
Eclipse Preferences for PyDev 창이 연속적으로 나타나면 무조건 [OK] 버튼을
선택해 파이썬 모듈을 메인창에서 엽니다.

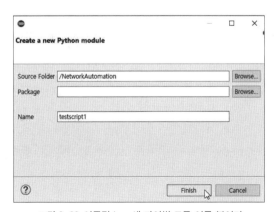

그림 3-88 이클립스 – 새 파이썬 모듈 이름 붙이기

32 testscript1 모듈이 열리면 다음과 같이 간단한 print( ) 함수 파이썬 스크립트를 만들어 메뉴 아래 있는 **녹색 실행 버튼**을 클릭해 파이썬 모듈을 실행합니다. 만약 정상적으로 동작한다면 아래 콘솔에 모듈 실행 결과가 나타납니다. 이로써 파이썬 코딩을 위한 Eclipse Platform 설정을 마칩니다.

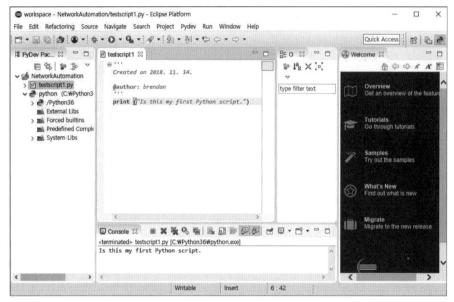

그림 3-89 이클립스 – 첫 파이썬 코드 작성 후 실행 예

3.6.2.3 이클립스에서 생성된 파이썬 모듈 위치 찾기

파이썬에서 만들어진 .py 파일을 스크립트라고 불렀습니다. 그런데 IDE 환경인 이클립스에서는 **모듈**이라고 부릅니다. 이말은 곧 스크립트와 모듈은 구분하지 않고 공용으로 같은 의미로 사용됩니다. 다음에서는 이클립스에서 만들어진 파이썬 모듈은 어디로 보관되는지 확인해봅니다.

01 먼저 만든 testscript1.py 파일에서 마우스 오른쪽 버튼을 클릭한 후 Properties를 선택해 팝업창을 엽니다.

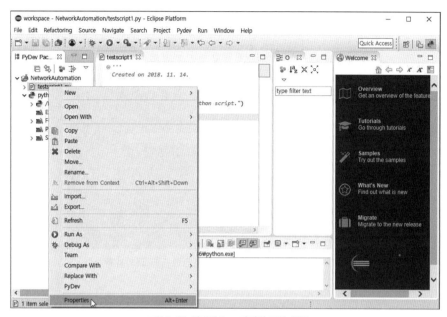

그림 3-90 이클립스 – 파이썬 모듈 정보

02 창이 열리면 해당 파이썬 모듈의 위치를 알 수 있습니다.

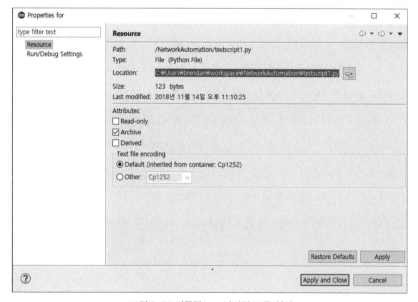

그림 3-91 이클립스 – 파이썬 모듈 위치

03 윈도우 명령 프롬프트에서도 같은 폴더로 이동한 후 파이썬 모듈(스크립트)을 실행하면 정상적으로 실행됩니다.

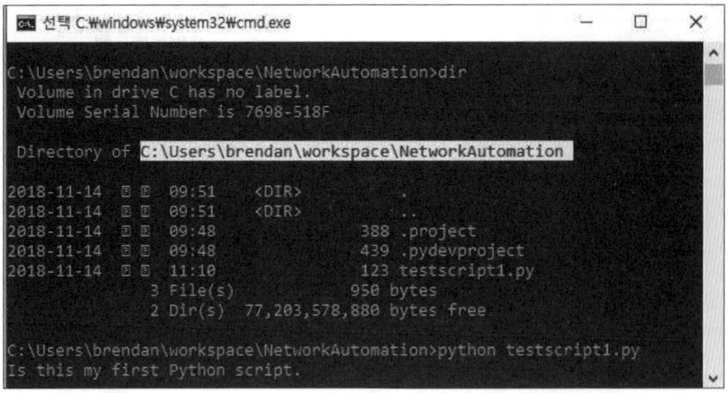

그림 3-92 이클립스 -파이썬 모듈 위치 명령 프롬프트에서 확인

이로써 이클립스 텍스트 에디터를 파이썬 전용 에디터로 만들어봤습니다. 계속해서 다른 종류의 텍스트 에디터들을 소개하고 설치해 보겠습니다.

3.6.3 Atom 소개 및 설치하기

Atom은 깃허브에서 제작한 Electron 기반의 텍스트 에디터입니다. 일반 사용자들에게는 다소 생소한 텍스트 에디터일 수도 있겠지만 파이썬 사용자들에게는 매우 잘 알려져 있는 편리한 텍스트 에디터입니다. Atom 역시 크로스 플랫폼 및 멀티 프로그래밍 언어를 지원하며 여러 가지 플러그인(패키지)을 통해 수많은 기능들을 지원합니다. 깃허브의 영향으로 API 문서화가 잘 돼 있으며 사용 가능한 플러그인 또한 빠른 속도로 추가되고 있습니다. 많은 파이썬 프로그래밍 개발자들이 사용하고 있으며 파이썬 코딩을 하는 데 최적화된 텍스트 에디터들 중 하나입니다. 여기서는 Atom에 대한 간단한 소개와 설치 예만 살펴보겠습니다. Atom의 간단한 설치 방법은 다음과 같습니다.

01 먼저 다음 링크로 이동한 후 최신 Atom을 다운로드받습니다.

https://atom.io/

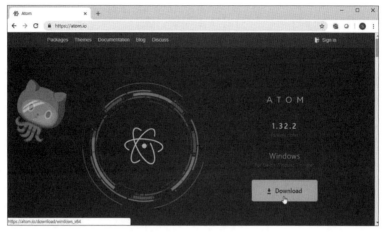

그림 3-93 Atom - 다운로드하기

02 저장된 설치 파일을 찾아 프로그램을 설치합니다. 설치 과정에서 특별한 설정은 하지 않아도 설치가 완료됩니다. 설치가 완료되면 다음과 같이 script의 최신 버전을 설치한 후에 파이썬 개발 환경 텍스트 에디터로 사용할 수 있습니다.

그림 3-94 Atom - 프로그램 설치

03 설치가 완료되면 Atom이 실행됩니다. 오른편에 Install a Package를 클릭해 Open Installer 버튼을 다시 클릭합니다. 다음 Install packages 찾기란에 **script** 라고 입력하면 script 3.18.1 또는 가장 최신 버전의 script 패키지가 검색됩니다. 이 패키지를 [Install] 버튼을 클릭해 설치합니다.

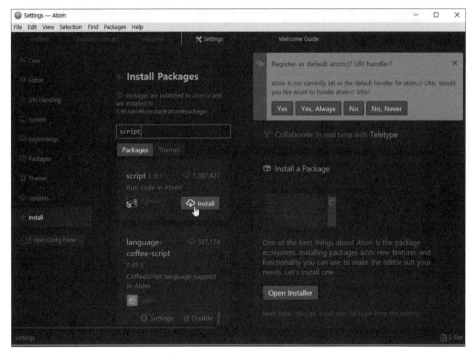

그림 3-95 Atom – Install script 3.18.1

04 다음과 같이 **테스트용** 스크립트를 작성한 후 원하는 폴더 위치에 저장합니다. 다음 Packages 〉 Script 〉 Run Script로 저장한 스크립트를 실행합니다. 이제 Atom 을 사용해 파이썬 코딩을 할 수 있습니다.

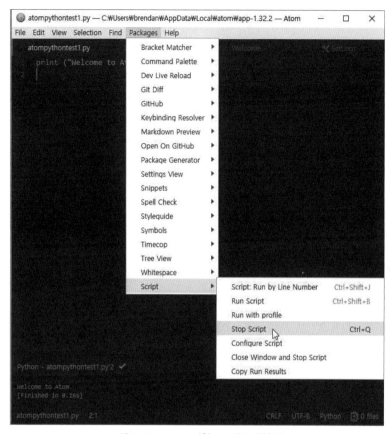

그림 3-96 Atom – 시험 스크립트 실행 예

Atom 또한 사용자가 편리하게 사용할 수 있도록 꾸며져 있고 여러 가지 프로그래밍 언어를 지원하므로 사용하기 편리한 텍스트 에디터입니다. 더 자세한 사용법에 대해서는 Help 메뉴 또는 Atom 사이트에서 찾을 수 있습니다. 이로써 간단하게 파이썬 지원을 위한 Atom 소개와 설치를 마칩니다.

3.6.4 Sublime Text 소개 및 설치하기

Sublime Text는 비교적 잘 알려져 있는 텍스트 에디터로 모든 운영체제를 지원하는 크로스 플랫폼 텍스트 에디터입니다. 유료와 무료 버전 두 가지가 있으며 두 버전은 기능상의 차이점은 많지 않습니다. Sublime Text는 2008년 처음 소개돼 수많은 프로그램 개발자들이 선호하는 텍스트 에디터 중 하나입니다. Sublime Text의 주요 모토는 "**에디터에게 중요한 것은 텍스트뿐이다**"라고 해 GUI는 최소화돼 있으며 vi 모드를 기본으로 탑재하고 있어 프로그래머들 사이에서는 압도적인 사랑을 받고 있습니다. Sublime Text의 가장 큰 장점은 사용자 인터페이스가 간결하고 물론 파이썬은 다중 프로그래밍 언어 지원을 하는 데 있습니다. 여기서도 프로그램의 소개를 위해 빠른 설치 후 간단한 파이썬 코드만 한번 실행합니다.

01 먼저 아래 있는 Sublime Text 3 공식 다운로드 웹사이트에서 최신 버전을 다운로드받습니다.

http://www.sublimetext.com/3

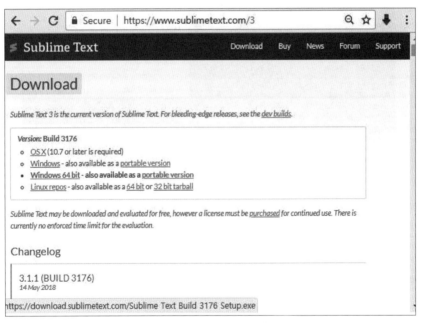

그림 3-97 Sublime Text – 다운로드

02 설치 파일이 있는 폴더로 이동한 후, 기본 설정으로 설치를 완료합니다. Sublime

Text의 설치 과정에서 특별한 설정 사항은 없습니다.

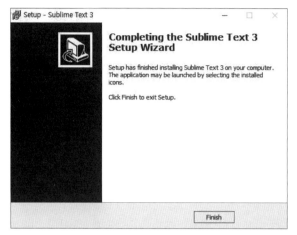

그림 3-98 Sublime Text - 설치 완료

03 Sublime에서는 플러그인을 지원하며 또한 **Build System** 기능을 사용해 사용자들이 원하는 대로 Sublime Text 꾸미기를 사용할 수 있도록 디자인됐습니다. 이런 기능들을 사용하려면 먼저 **Package Control**을 설치한 후 **Anaconda,** Sidebar Enhancement, Requirementtxt, SublimeREPL과 같은 **Plugin**들을 설치해 사용할 수 있습니다. 다음 그림은 hello python 코드를 실행시킨 모습입니다.

그림 3-99 Sublime Text - 실행 예

Sublime Text 소개를 마칩니다. 다음은 PyCharm을 소개합니다.

3.6.5 PyCharm 소개 및 설치하기

지금까지 소개한 텍스트 에디터 중 가장 추천하고 싶은 프로그램 중 하나이지만 유료Professional와 무료Community 버전이 있습니다. 유료 버전은 일년 단위로 사용료를 지불해야 하는 방식을 취하고 있어 유료 구입을 해도 영구적으로 사용할 수 없다는 것이 단점입니다. 그리고 무료 버전은 유료에서 지원하는 기능들을 몇 가지 제한한 프로그램이라고 생각하면 됩니다. PyCharm은 윈도우, 리눅스 및 macOS에서 사용 가능한 크로스 플랫폼 프로그램이며 사용자 인터페이스도 사용자를 중심으로 만들어진 아주 훌륭한 텍스트 에티터입니다. 첫 출시 이후, 빠르게 텍스트 에디터 시장을 장악해 나가고 있습니다. PyCharm을 간단한 설치를 통해 한번 보겠습니다.

01 먼저 아래 있는 다운로드 웹사이트로 이동한 후, 본인이 사용하고 있는 컴퓨터의 운영체제에 맞는 **PyCharm Community** 버전을 다운로드합니다.

https://www.jetbrains.com/pycharm/download/#section=windows

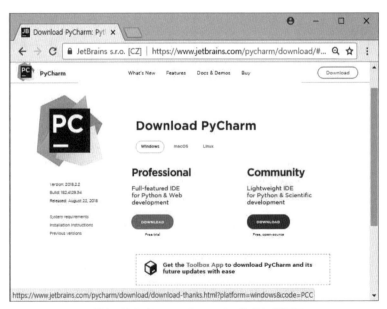

그림 3-100 PyCharm – Community 에디션 다운로드

02 프로그램 다운로드가 완료되면 설치를 시작합니다. 설치 시 특별한 설치 변경 사항은 없습니다. 다음 그림에서는 64비트용 바로가기와 .py 파일 확장자 연결 옵션만 선택했습니다. 설치를 완료합니다.

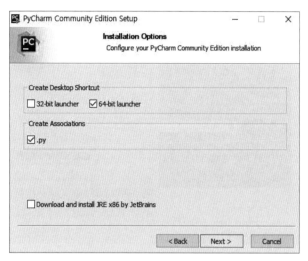

그림 3-101 PyCharm - 옵션 선택

03 PyCharm 설치가 완료되면 '사용자 정보보호정책'에 동의 메시지가 나타납니다. [Accept] 버튼을 클릭해 동의합니다.

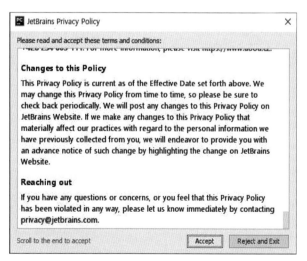

그림 3-102 PyCharm - 개인정보보호정책 동의

04 처음 프로그램이 실행되면 본인이 좋아하는 사용자 인터페이스를 선택하고 [Skip Remaining and Set Defaults] 버튼를 클릭한 후 PyCharm을 사용합니다.

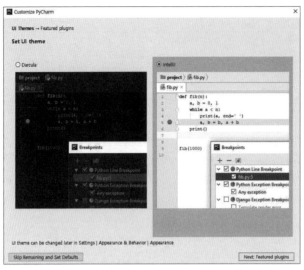

그림 3-103 PyCharm - 사용자 인터페이스 테마 선택

05 PyCharm이 실행되면 **새 프로젝트 만들기, 열기, 버전 컨트롤 확인** 등을 선택할 수 있으며 사용자가 프로그램을 자신에게 맞게 변경해 사용할 수 있도록 **설정**과 **도움받기** 옵션도 창의 오른쪽 하단에서 선택할 수 있습니다.

그림 3-104 PyCharm - 첫 실행 창

06 Open을 사용해 앞서 Sublime Text에서 만들어 놓았던 **hellopython.py**를 열어 내용을 변경한 후 **Run**(실행)을 시켜 봤습니다. 앞에서 소개한 Sublime Text와는 달리 모든 창들이 사용하기 편리하게 구성돼 있습니다. 파이썬으로 코딩을 해 바로 실행할 수 있습니다.

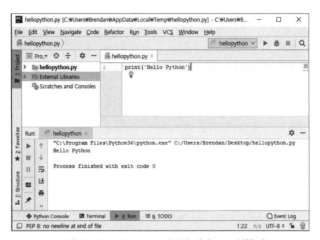

그림 3-105 PyCharm - 파이썬 예제 코드 실행 예

현재까지 사용해본 파이썬 텍스트 에디터 중 가장 강력한 텍스트 에디터가 아닐까하는 생각을 해봅니다. 다른 텍스트 에디터도 좋지만 사용자 본인이 PyCharm을 파이썬 IDE용 텍스트 에디터로 좋아하는 것이 중요합니다(개인적으로는 PyCharm보다 이클립스를 더 선호하는 편입니다). 더 상세한 사용법을 배우고 싶다면 다음 웹사이트를 방문하기 바랍니다.

https://www.jetbrains.com/pycharm/documentation/

3.6.6 Anaconda 소개 및 설치하기

파이썬 주피터 노트북Python's Jupyter Notebook은 텍스트 에디터는 아니지만 웹 브라우저를 통해 파이썬 프로그래밍을 쉽게 접하고 배울 수 있도록 만들어진 웹 브라우저 기반 프로그램입니다. 코드, 설명과 출력이 한 페이지에 표시되며 코드를 대화식으로 사용하므로 파이썬을 배울 때 매우 유리합니다. 또한 과학자 및 연구원들이 데이터 분석을 위해 가장 많이 사용되는 파이썬 프로그램의 한 종류로도 알려져 있습니다. 웹 브라우저 기반이라 특별히 사용법을 배우지 않아도 직감적으로 사용할 수 있다는 큰 장점이 있습니다. 이제 파이썬 주피터 노트북을 다운로드 받아 한번 설치를 해 봅니다. 파이썬 주피터 노트북의 약점은 설치되는 파일들이 좀 많으며 컴퓨터가 좀 느려질 수 있는 점을 들 수 있습니다. 먼저 설치해서 사용해 본 후 어디서 파이썬 코드를 작성할 것인지 결정하기 바랍니다.

01 주피터 노트북은 다음 공식 사이트에서 다운로드합니다. 다운로드가 완료되면 곧바로 설치를 시작합니다.

https://www.anaconda.com/download/

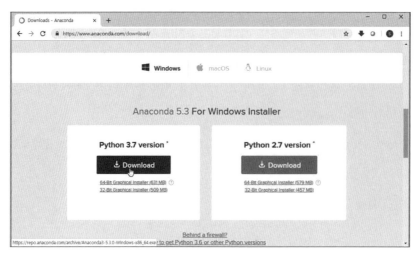

그림 3-106 Anaconda − 다운로드하기

02 웰컴 메시지 창이 나타나면 [Next>] 버튼을 클릭합니다.

03 다음 화면에서는 [I Agree] 버튼을 클릭합니다.

04 Select Installation Type에서는 All Users(requires admin privileges)를 선택한 후 [Next >] 버튼을 클릭합니다.

05 설치 폴더를 선택합니다. [Next>] 버튼을 클릭합니다.

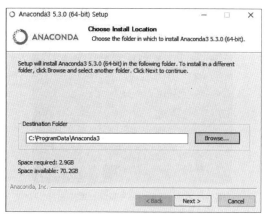

그림 3-107 Anaconda – 설치 폴더 설정

06 다음 고급 옵션에서는 두 가지 모두 해제하고 [Install] 버튼을 클릭해 설치를 시작합니다.

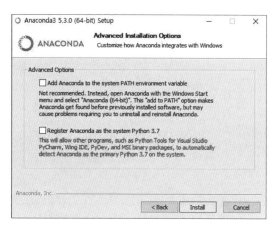

그림 3-108 Anaconda – 고급 설치 옵션 선택

07 계속해서 나타나는 팝업창에서는 계속해서 [Next>] 버튼과 [Finish] 버튼을 클릭해 프로그램 설치를 완료합니다.

08 주피터 노트북은 왼편 하단에 위치한 윈도우 아이콘을 클릭해 설치된 프로그램 아래에 Anaconda3 (64-bit) 폴더 아래에 Jupyter Notebook을 선택해서 실행합니다.

그림 3-109 Anaconda – 주피터 노트북 시작하기

09 주피터 노트북 서버의 명령 프롬프트가 실행되면서 웹 브라우저에 주피터 노트북 홈이 나타나면 다음과 같이 바로 사용할 수 있습니다.

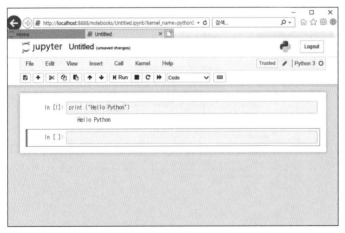

그림 3-110 Anaconda – 주피터 노트북 실행 예

지금까지 파이썬 코딩 공부에 유용하게 사용될 수 있는 여러 종류의 텍스트 에디터를 소개 및 설치해 봤습니다. 여기서 소개된 모든 에디터들을 한꺼번에 사용할 필요는 없으며, 본인에게 맞는 하나의 에디터를 사용해 파이썬 코딩을 시작하면 됩니다. 3장에서는 이렇게 많은 종류의 텍스트 에디터들을 파이썬 코딩을 하는 데 사용할 수 있구나라고 이해만하고 넘어가도 됩니다.

차후 조금 더 파이썬 코딩과 친해지면 어떤 텍스트 에디터가 본인에게 가장 적합한지 느낄 수 있을 것입니다. 4장에서는 본격적으로 예문을 통해 리눅스 기본기와 파이썬 기본기를 배워보도록 하겠습니다. 그런 후 5장에서는 파이썬 네트워크 자동화 랩을 완성하고 파이썬 코드를 작성한 후 시스코 라우터와 스위치를 제어하는 기본기를 익히도록 하겠습니다.

중고 라우터와 스위치는 천덕꾸러기

그림 3-111 중고 시스코 2600 라우터와 2950 스위치

경험상 정상적으로 네트워크를 공부하고 현업에서 직접 네트워크 장비를 다루는 분들 가운데 네트워크 자동화를 다뤄본 분들은 그렇게 많지 않을 것입니다. 그 이유는 네트워크 자동화란 단어가 자동화에 관심이 없는 엔지니어

들에게는 아직까지도 생소하게 들릴 수 있기 때문입니다. 최근까지도 네트워크 엔지니어가 네트워크 자동화 공부와 테스트를 목적으로 랩을 만드는 경우는 드물었습니다. 현재 회사 내에서 엔지니어에게 공부를 위한 랩환경을 구비하고 있는 회사는 그리 많지 않은 게 현실이기도 합니다. 엔지니어의 쥐똥만한 연봉으로 결단을 내려 개인의 사비를 쪼개고 털어 하드웨어 장비를 구입해 유용한 랩을 만들어 구동하기란 현실적으로 큰 부담으로 다가오기 마련입니다.

시스코 네트워킹을 공부하기 위해 유용한 IT 실험랩을 확보하기란 금전적 부담과 함께 구입한 랩장비를 안전하게 보관하고 사용할 수 있는 공간확보 등과 더 많은 여러 문제가 존재합니다. 또한 장비들을 싸게 구입했다고 하더라도 사용하는 동안에도 그에 따른 금전적인 부담은 계속 늘어납니다. 하드웨어로 구성되는 라우터, 스위치, 방화벽 및 서버들은 전력소모가 엄청나며, 전기요금으로 인한 금전적 시련은 그에 따른 특별선물이며, 사용 후 장비 처리 또한 큰 부담감으로 다가올 수 있습니다.

그리고, 급속하게 변화하는 IT 기술은 5년 전에 100만 원에 구입한 시스코 중고 장비가 오늘은 10만 원도 안됩니다. 몇 년 전만 하더라도 기본적인 CCNA 라우팅과 스위칭 시험을 제대로 준비하려면 적어도 라우터 2, 3대와 스위치 2, 3대 정도는 가지고 있어야 제대로 네트워킹 공부할 수 있는 환경을 만들 수 있었습니다. 현재 저희 집에 옛날 시스코 라우터와 스위치가 넘쳐나 한 방 가득 자리를 매우고 장비 보관 장소 부족으로 절반은 회사랩에서 보관하고 있습니다(그림 3-111 참고). 시스코 기술 엔지니어로써 일단 구입한 장비는 못버리는 이상한 버릇이 생겼습니다.

이런 병을 가진 사람을 일컬어 hoarder라고 하는데 이 병이 심각해지면 온 집안이 쓰레기장으로 변할 수 있다고 합니다. 제가 직접 수작업으로 만든

ESXi 커스텀 서버^{whitebox} 6대와 다른 시스코 장비들이 뽀얗게 파운데이션을 바른 것과 같이 예쁜 모습으로 서재에 있는 것을 보면 저 역시 이미 심각한 병을 앓고 있다는 생각이 듭니다. 그나마 천만다행인 것은 공부하는 데 필요한 장비라고 이야기하면 너그럽게 눈감아주는 아내 덕분에 아직도 많은 중고 장비들을 갖고 있습니다. 하지만 최근에 출시된 많은 가상화 소프트웨어 덕분에 CCNA/CCNP에 대한 공부나 CCIE에 대한 공부에 필요한 장비가 없어질 날이 가까워지고 있습니다. "Thanks to Virtualization! & Thanks to Automation!(고맙다 가상화야! 고맙다 자동화야!). I no longer need hardware equipment!(이젠 하드웨어 장비가 필요없구나!)".

책 서두에서 언급했듯이 몇 년 전까지만 하더라도 다이나밉스(GNS3)에서는 L2 스위치 IOS 가상화 지원이 안돼 하드웨어 중심의 공부를 많이 했었습니다. 이 책 내용에서 더 상세한 설명을 하겠지만 시스코 IOU와 VIRL(바이럴)의 개발로 L2 하드웨어 장비인 스위치도 시스코 VIRL과 GNS3 가상 환경에서 구동이 가능해졌습니다. 더 나아가 만약 dCloud 서비스를 사용할 수 있는 시스코 계약서를 가지고 있다면 본인의 CCO에 연결해, 현재 시스코에서 지원하는 dCloud 서비스를 사용해 회사 또는 개인 랩을 사용하지 않고도 여러 가지의 최신 네트워킹 기술들을 직접 경험할 수 있습니다. dCloud에서 제공하는 대부분의 랩들은 이미 많은 하드웨어를 가상화로 구성해 사용하고 있습니다. 시스코 공부를 모두 가상화 환경에서 할 수 있을 날도 얼마 남지 않았습니다.

(URL: https://dcloud.cisco.com/)

04

리눅스와 파이썬 따라잡기

[Part A 리눅스 따라잡기]에서는 리눅스의 기본적인 내용을 알아본 후 리눅스 실행 환경, 디렉터리와 파일 형식 그리고 vi와 nano 텍스트 에디터를 비교하고 사용법을 학습합니다. 리눅스 파일 및 디렉터리 관리하기, 포트 변경을 통한 리눅스 운영체제 보안강화 및 네트워크 IP 서비스 설치 등에 대해 알아봅니다.

[Part B 파이썬 따라잡기]에서는 데이터 유형, 코드 블록 등을 이해한 후 실제 예제를 통해 함수와 불리언, 조건문, 리스트, 튜플 등에 대해 학습합니다.

[Part A 리눅스 따라잡기]

"네트워크 엔지니어가 리눅스를 왜 배워야 할까?"라는 질문을 하는 분들이 있을 것입니다. 저의 간단한 답은 배워서 잃을게 없다는 것과 IT 엔지니어라면 리눅스를 잘 다루면 IT 업계에서 엔지니어로써 성공의 길이 더 잘 보이기 때문이라는 것입니다. 이것은 제가 처음 IT 업계에 입문했을 때 첫 번째 멘토(사수)님이 해준 말씀이며 그분 역시 자기 멘토로부터 조언 받았을 것이라 생각됩니다.

이 말은 15년 전부터 아니 훨씬 그 이전부터 현실로 나타나고 있다고 해도 과언이 아닙니다. 수많은 시스템들이 윈도우 운영체제에서 더 일반화된 리눅스 운영체제로 옮겨가고 있으며, 또 새로운 인터넷 애플리케이션 서버들 역시 리눅스 서버를 기반으로 한 서버 팜$^{server\ farm}$이 구축되고 있으며 미래에도 이 트렌드는 지속될 것으로 예상됩니다.

이런 트렌드가 만들어진 가장 큰 이유는 리눅스의 안정성, 보안성, 확장성 및 고가용성 등을 손꼽을 수 있습니다. 저희가 사용하는 안드로이드 핸드폰은 역시 그 기반을 리눅스 커널에 두고 있으니 IP 장비 중 가장 많이 사용되는 운영체제를 꼽으라 하면 리눅스다라고 말할 수도 있습니다. 하지만 리눅스 데스크톱 및 서버와 같은 리눅스 운영체제를 완전히 사용하는 것과 리눅스 커널을 변경해 핸드폰에 사용하는 것과는 차이가 크다고도 말할 수도 있습니다. 리눅스 머신에서 애플리케이션을 실행하는 것과 달리, 안드로이드는 달빅^{Dalvik} 가상 머신을 통해 자바 프로그래밍 언어로 개발된 애플리케이션들을 실행합니다.

시스코 네트워킹을 15년 이상 경험한 실무자들이라면 아마도 기억할 것입니다. 약 15년 전만 하더라도 시스코에서 개발한 네트워킹, 보안 및 음성 서비스 애플리케이션들은 대부분 윈도우 2000과 2003을 기반으로 하고 있었습니다. 좋은 예로, 시스코사를 대표하는 음성 및 **IP PABX**[1] 서버, **시스코 콜매니저**[2] 버전 4.1까지 윈도우 2000에서 연동됐던 것이 버전 5.0을 기점으로 레드햇 운영체제를 바탕으로 한 애플라이언스 형식으로 개발됐습니다. 그리고 시스코사의 네트워킹 및 보안 프로그램들도 대부분 레드햇 리눅스 운영체제를 바탕으로 한 **애플라이언스**[3] 형식으로 변경돼 가고 있습니다.

또 다른 예로, 주니퍼의 Junos 같은 경우 처음부터 그 뼈대속까지 리눅스를 기반으로 한 시스템이라고 볼 수 있습니다. 이 같은 운영체제의 변경은 리눅스를 기반으로 한 운영체제의 안정성, 높은 보안성 및 라이선스 사용료 절감 등을 들 수 있습니다.

만약 리눅스 전문가가 되기 위해 전문적으로 리눅스를 공부해보고 싶다면 레드햇 7 자격증 공부를 체계적으로 해 보길 추천합니다. 4장의 전반부에서는 우리가 파이썬

---

1 IP PABX – IP와 소프트웨어를 사용한 자동식 구내 교환기, 예) Cisco Call Manager & Avaya Communication Manager
2 Cisco Call Manager – 마이크로소프트 2000 운영체제에서 돌아가던 시스코 IP PABX 서버, HP/IBM MCS 하드웨어 사용
3 Appliance – 리눅스를 기반으로 한 벤더 프로그램, 일반적으로 리눅스 루트 디렉터리에 대한 접근이 금지돼 있어 보안성과 안정성이 보장됨

과 네트워킹 자동화에 입문하는 데 필요한 부분적인 리눅스의 사용법과 관리법들을 배우려 합니다. 또 조금 더 나아가 설치한 리눅스 가상 머신에 랩에서 다용도로 사용 가능한 네트워크 IP 서비스 서버로도 만들 것입니다.

먼저 리눅스의 시초와 종류 그리고 디렉터리 구조를 조금이나마 이해한 후 자동화 랩에서 필수적으로 요구되는 파일 및 폴더 관리 등과 같은 기초적인 기술들을 먼저 예제로 배워보겠습니다. 그리고 이를 토대로 CentOS 7.5 가상 서버를 이용해 네트워크 관리 업무에서 가장 많이 사용되는 FTP, TFTP, SFTP 및 NTP 서버 구성법을 배워보겠습니다. 단일 리눅스 서버에서 모든 파일 및 기준 시간 서비스를 제공함으로서 훨씬 더 유연한 랩을 돌릴 수 있으며 이 방법은 실제 네트워크에 설치해 사용해도 큰 도움이 됩니다. 이 책에서 제시하는 리눅스 기본기만 익혀도 큰 어려움 없이 리눅스 시스템을 사용할 수 있을 것으로 예상합니다.

4장 후반부에서는 파이썬 입문자들이 파이썬을 사용해 네트워크 자동화 코드를 작성하는 데 어려움이 없을 만큼 예습 위주의 따라잡기를 통해 파이썬 자동화에 필요한 파이썬 기초지식을 다질 것입니다. 후반부에 실려 있는 예습 내용은 윈도우나 리눅스 운영체제에 설치돼 있는 파이썬 3를 사용해 내용 전체를 따라할 수 있습니다. 개인적으로 VMware 워크스테이션에 설치된 리눅스 서버 둘 중 하나를 사용하길 권장합니다. 편리상 이 책에 나오는 모든 예제는 CentOS 7.5 또는 우분투 18.04 LTS 리눅스 서버를 사용해 진행했으며 독자님들도 2장, 3장에서 완성한 리눅스 가상 머신에 SSH 접속해 진행하면 편리할 것 같습니다.

4.1 리눅스의 시초와 종류 이해하기

리눅스를 이해하기 위해 리눅스의 초기 역사를 잠시 훑어보고, 어떤 종류의 리눅스 배포판들이 현재 가장 인지도가 있는지도 한번 둘러보겠습니다. 다음 내용들은 그냥 편안한 마음으로 읽고 지나가면 되겠습니다. 참고로 다음 연대표는 초기 발전 과정과 첫 리눅스 배포판이 출시된 1991년까지만 표시했습니다. 그 이후의 연대표를 더 찾아보고 싶다면 다음 명시돼 있는 위키피디아 주소로 접속한 후 참고하기 바랍니다.

표 4-1 초기 리눅스 개발 연대표(출처: https://en.wikipedia.org/wiki/Linux)

연도	하이라이트
1969	켄 톰슨(Ken Thompson), 데니스 리치(Dennis Ritchie), 더글라스 멕클로이(Doublas McIlroy), 조 오산나(Joe Ossanna)가 소속한 AT&T랩에서 처음으로 UNIX를 개발했습니다.
1971	Unix가 처음으로 어셈블리 언어로 쓰여졌습니다.
1973	1973년 – 데니스 리치(Dennis Richie)가 처음으로 C 언어를 사용해 Unix를 썼습니다.
1983	1983년 – GNU Project가 리처드 스톨먼(Richard Stallman)에 의해 소개됐습니다.
1984	complete Unix–compatible software system 무료 소프트웨어 개발이 시작됩니다.
1985	1985년 – 리처드 스톨먼(Richard Stallman)에 의해 Free Software Foundation이 설립됩니다.
1989	1989년 – GNU(Generl Public Lincens)가 소개됩니다.
1990	1990년 – 운영체제에 사용될 많은 프로그램들이 개발됩니다. 1991년 8월 25일 – 당시 21세의 핀란드 학생인 리누스 베네틱트 토발즈(Linus Benedict Torvalds)가 최초로 리눅스 커널 무료판을 공개적으로 발표합니다.
1991	리눅스 커널이 GNU GPL 라이선스 아래 첫 리눅스 배포판이 공개됩니다.

표 4-1에서 보듯이 리눅스는 그 뿌리를 유닉스에 두고 있으며 1990년 리누스 토발즈에 의해 리눅스 커널 무료판이 개발된 후 공개된 이후로 수십 종류의 리눅스가 개발돼 사용되고 있습니다. 일부 리눅스 종류는 상용화돼 기업용으로 사용되며 일부 리눅스 종류는 실험용 및 개인 데스크톱용으로 개발되고 있습니다. 다음은 리눅스에 대한 일반 지식을 더 넓이기 위해 어떤 종류의 리눅스가 가장 널리 사용되고 있는지 한 번 짚어보고 넘어가겠습니다.

2017년 Top 10 리눅스 배포판을 표 4-2와 같이 정리했습니다. 그리고 옆에 OS 기반, 사용자 숙련도 요구 및 장점들을 첫 리눅스 입문자들을 위해 제 경험을 바탕으로 간단하게 정리했습니다. 개인적으로 기업에서 리눅스를 사용할 경우 가장 추천하고 싶은 리눅스 시스템은 역시 레드햇일 것입니다. 하지만 회사에서 개인 업무용 및 공부용으로 사용한다면 우분투, CentOS 및 데비안 정도면 충분합니다.

그 중에도 **우분투는 초중급 사용자가 입문하기에 가장 좋은 조건들을 가지고 있습니다.** 그리고 CentOS의 경우 페도라와 함께 레드햇과 동일한 코드를 사용하는 무료 배포판 리눅스 서버입니다. **CentOS와 페도라의 경우 레드햇의 특허권과 로고를 뺀 동일한 시스템이라고 생각하면 됩니다.** 페도라의 경우 레드햇이 출시되기 전 소프트웨어를 시험하기 위해 여러 가지 새로운 소프트웨어들을 시험하고 사용하므로 안정성에 있어 CentOS와 조금의 차이가 있을 수 있습니다. CentOS의 경우 레드햇 리눅스와 코드 버전을 함께 맞춰 출시되므로 페도라보다는 더 안정적인 레드햇 기반의 무료 배포판 리눅스 서버라고 볼 수 있습니다.

물론 한 가지 단점이라면 무료 배포판이므로 레드햇과 같이 AS는 받을 수 없다는 점입니다. 이 책에서는 우분투와 CentOS를 사용해 사용자가 직접 리눅스 서버를 설치, 관리 및 제어해 봄으로서 독자 여러분이 사용한 후, 어떤 리눅스 운영체제를 더 선호하는지 확인할 수 있습니다. 앞에서 설명했듯이 우분투는 데비안을 기반으로 만들어졌고, CentOS는 레드햇을 기반으로 만들어졌으므로 두 배포판에서의 관리 및 제어 방법은 어떤 기능들을 사용하느냐에 따라 크고 작은 차이를 보일 수 있습니다.

표 4-2 2017년 Top 10 리눅스 서버 배포판(출처: https://www.tecmint.com/10-best-linux-server-distributions/)

순위	리눅스 이름	OS 기반	사용자 숙련도	장점
1	Ubuntu Server	Debian-based	중급	고성능, 확장성, 유연성, DC 지원 보안성
2	Red Hat Enterprise Linux(RHEL)	Fedora-based	상급	벤더 지원, 고성능, 안정성, 보안성, 클라우드, IoT, 데이터, 가상화 서비스 지원
3	SUSE Linux Enterprise Server	RPM-based	중급	오픈소스, 안정성, 보안성, 클라우드 서비스 지원
4	CentOS	RHEL-based	중급	무료, 커뮤니티 지원, RHEL 상업 소프트웨어를 제외한 배포판
5	Debian	Debian-based	중-상급	무료, 오픈소스, 안정성, 교육, 기업, 정부, NGO 사용 가능
6	Oracle Linux (OracleEnterprise Linux)	RHEL-based	상급	무료, 오픈소스, 오픈 클라우드, 중소기업 및 대기업 사용 가능, 클라우드 지원 데이터 센터 용
7	Mageia	Mandriva- based	중급	무료, 안정성, 보안성, 커뮤니티 지원, 다양한 소프트웨어, MariaDB 지원
8	ClearOS	RHEL/ CentOS-based	중-상급	오픈소스, 중소기업 맞춤형, 상업용, 네트워크 게이트웨이 및 서버 지원, 관리자 웹 지원
9	Arch Linux	Other	상급	무료, 오픈소스, 단순성, 최적화, 안정성, 유연성
10	Slackware Linux	Slackware-based	상급	무료, 오픈소스, 유닉스와 가장 흡사, 단순성, 안정성

4.2 리눅스 실행 환경 이해하기

리눅스 서버는 일정 업무를 처리하기 위한 컴퓨터의 한 종류이며 리눅스 시스템은 윈도우와 마찬가지로 하나의 운영체제입니다. 그리고 **리눅스 서버**의 한 가지 특이한 점은 윈도우 서버와는 달리 실무에서 사용되고 있는 리눅스 서버에서는 일반적으로 GUI를 찾아보기 힘들다는 점과 또다른 특이점은 리눅스 시스템 관리자의 수는 윈도우 시스템 관리자의 수보다 훨씬 적은 수를 가지고 있다는 것입니다.

물론 일반 사용자를 대상으로 데스크톱용 리눅스에서는 GUI가 지원되지만 기업용 리눅스 서버는 모든 관리 및 실행을 명령어 라인으로 하는 것을 기본으로 하며 만약 윈도우와 같이 데스크톱이 필요할 경우 추가적으로 데스크톱을 설치해 사용하며 만약 서버가 아닌 일반 사용자의 PC인 경우 데스크톱 사용자용 배포판으로 만들어 별도로 제공하고 있습니다.

이제까지 윈도우만 사용했던 사용자의 경우 일반 사용자용 리눅스 시스템을 사용하면 되겠지만 대부분 기업형 리눅스 시스템들은 성능, 안정성 및 보안성에서 명령어 콘솔을 통해서만 관리하는 것을 기본으로 합니다. 하지만 앞서 이 책에서는 사용자들의 편의와 실습을 위해 서버용 리눅스에 데스크톱을 설치했지만 만약 실무용으로 꾸며야 한다면 데스크톱을 제외한 일반 서버로 구성됐을 것입니다.

다음에서 더 자세히 설명하겠지만 리눅스에는 모든 것이 파일로 만들어져 있으며 그 파일들은 root 디렉터리 아래 저장됩니다. 마이크로소프트 윈도우 사용자의 경우 리눅스의 디렉터리는 윈도우의 폴더 개념으로 이해하면 더 빨리 친숙해집니다. 실무에서 처음 리눅스를 접하는 분들은 조금 당황할 수 있겠지만 사용하다 보면 시스코 장비들과 마찬가지로 명령어식 사용자 인터페이스를 사용하므로 의외로 적응이 빠를 것입니다. 입문할 때 힘들게 느껴질 수도 있겠지만 시스코 라우터와 스위치들도 대부분의 업무가 명령어로만 관리하는 것을 기본으로 하고 있으므로 CCNA를 접한 대부분의 독자들은 자연스럽게 리눅스와 친숙해져 사용할 수 있을 것입니다.

만약 일반 사용자용 데스크톱 리눅스에 관심이 있는 분들은 다음 사이트로 이동하고 다운로드받은 후 설치해 사용하면 됩니다.

- **우분투 데스크톱 다운로드**: https://www.ubuntu.com/download/desktop
- **CentOS 데스크톱 다운로드**: http://isoredirect.centos.org/centos/7/isos/
  x86_64/CentOS-7-x86_64-Everything-1804.iso
- **데비안 9 다운로드**: https://www.debian.org/distrib/

데비안 9 서버는 GUI를 포함하고 있습니다.

4.3 리눅스 디렉터리 및 파일 형식 이해하기

앞서 리눅스 초기 개발 연대표와 현재 보편적으로 사용되고 있는 리눅스 배포판들을 잠시 둘러봤습니다. 다음은 리눅스 시스템의 디렉터리 체계와 개념을 살펴보겠습니다. 리눅스에서는 기본적으로 모든 것이 디렉터리 또는 텍스트 파일로 작성돼 있습니다. 그럼 먼저, 리눅스 시스템에서의 파일과 디렉터리들은 과연 어떤 구조를 가지고 있는지 그림 4-1을 통해 상세히 살펴보겠습니다.

디렉터리에 대한 설명은 그림 오른편 포인트 폼으로 잘 정리해 두었으니 30분만 투자를 해 천천히 훑어보기 바랍니다. 한 번만에 이해를 안해도 되지만 천천히 훑어본 후에 파일 디렉터리에 대한 궁금증이 생길 때마다 이 테이블을 한 번씩 꺼내 참조하면 도움이 될 것입니다.

> **참고**
>
> 그림 4-1은 일반적 리눅스 디렉터리 시스템의 예시일 뿐 리눅스 종류와 버전에 따라 조금씩 틀에서 벗어난 디렉터리를 사용할 수 있다는 점을 주의해 주기 바랍니다.

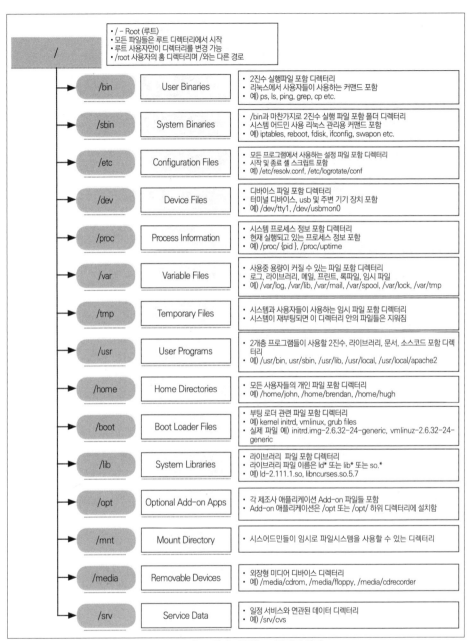

그림 4-1 리눅스에서 사용하는 디렉터리 설명

일반적인 이해를 위해 리눅스의 디렉터리는 윈도우의 폴더와 같은 개념으로 보면 이해하기 쉽다고 설명했습니다. 그림 4-1에서는 먼저 root 디렉터리가 있고 그 아래 여러 종류의 디렉터리가 있습니다. 디렉터리들의 역할 수행에 대해 설명하고 있으며 그 안에 포함돼 있는 파일들의 종류들을 예로 들어 놓았습니다. 그렇다면 이 디렉터리들은 실제로 리눅스 상에서 어떤 모습으로 존재하고 있을까요? 그림 4-2의 예를 들어 우분투 서버 시스템에 있는 디렉터리의 구조와 비슷한 것을 눈으로 확인할 수 있습니다.

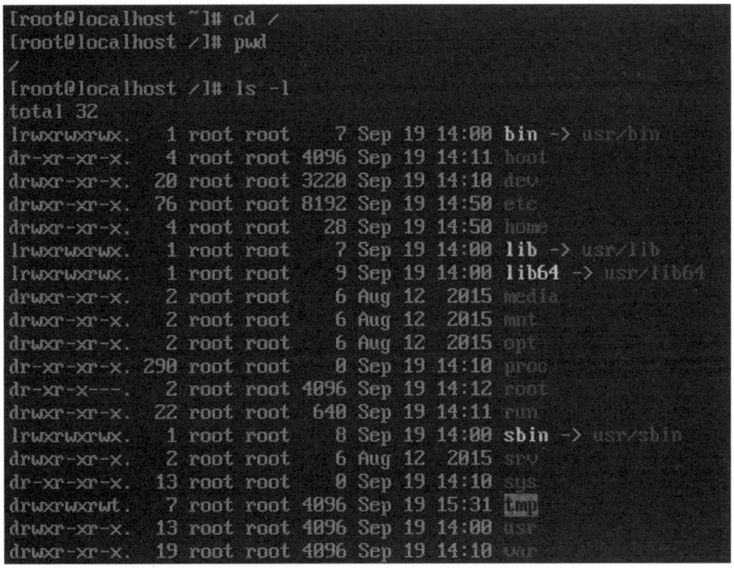

그림 4-2 우분투 리눅스 루트 디렉터리 예

다음은 리눅스에서 가장 보편적으로 사용되는 텍스트 에디터인 vi와 nano에 대해 설명하겠습니다. 리눅스에서 모든 것이 파일로 존재하므로 텍스트 에디터를 잘 다뤄야 모든 작업이 수월하며 효율적으로 이뤄집니다. vi와 nano 사용법은 완벽하게 인지하고 넘어가기 바랍니다.

4.4 vi 대 Nano 텍스트 에디터 비교

위에서 리눅스 디렉터리의 구조를 간단히 배워봤습니다. 그렇다면 이제 본격적으로 리눅스 파일 및 디렉터리 관리법에 대한 생각을 해보며 직접 타자를 치면서 배워보겠습니다. 이미 전문가 수준의 리눅스 관리 경험을 가지고 있다면 **"왜 굳이 여기서 가장 기본이 되는 텍스트 에디터를 배울까?"**라고 의아해하며 질문을 던질지 모릅니다. 만약 독자님이 리눅스 관리자 또는 전문가라면 4장은 생략해도 될 듯합니다. 하지만 아직 리눅스와 리눅스에서 사용되는 텍스트 편집기(에디터)를 접해보지 못했던 독자들은 리눅스 텍스트 에디터 사용에 아직 익숙하지 않을 것입니다.

윈도우만 고집하는 엔지니어들에게는 GUI가 없고 마우스 클릭이 정상적으로 안되는 작업공간에서 키보드와 명령어 라인으로만 작업하라고 지시하면 그것은 결코 쉬운 일은 아닐 것입니다. 그런 분들을 위해 4장은 아주 특별한 의미를 가지고 있습니다. 개인적인 생각은 리눅스 운영체제는 모든 것이 파일로 돼 있고 대부분의 작업이 명령어 프롬프트나 텍스트 에디터를 통해 이뤄지므로 텍스트 에디터 하나만 확실히 배워도 수많은 작업들을 거뜬히 해낼 수 있다는 것입니다. 파이썬은 물론 네트워크 자동화를 효과적으로 배우기 위해서 리눅스의 텍스트 에디터 사용법을 익히는 것이 필수입니다.

물론 리눅스 종류가 수십 종류가 있듯 리눅스에서 사용가능한 텍스트 에디터도 수십 종류가 존재하지만 현재 가장 보편적으로 사용되는 파일 관리용 텍스트 편집 프로그램은 vi와 nano일 것입니다. **vi는 리눅스를 대표하는 텍스트 편집 프로그램**이며 검정색 바탕에 사용자 컨트롤이 없는 것이 단점이며, 첫 리눅스 입문자가 사용하기 불편한 프로그램일 수도 있습니다. 하지만 한번만 확실하게 배워둬도 텍스트를 편집, 관리하는 데 있어 간편하게 사용할 수 있습니다. 반면 **nano는 슈도그래픽 레이아웃을 사용하므로 초보 리눅스 입문자들이 사용하기에 가장 적합**하지만, vi와 달리 모든 리눅스 운영체제에 기본으로 설치돼 있지 않다는 것이 흠입니다. 둘 중 하나만 사용할 수 있어도 큰 어려움은 없겠지만 vi는 리눅스를 다룬다면 반드시 배워야 하는 기본 텍스트 에디터 프로그램이며 nano는 이 책에서 사용자의 편의를 위해 기본 프로그램으로 사용하니 이번 기회에 둘 다 배워보고 넘어가도록 하겠습니다.

5장에서 nano나 vi를 많이 사용해 리눅스 시스템 상에서 직접 파일을 관리해야 하므로 반드시 vi나 nano 혹은 두 가지 프로그램 모두 사용법을 익혀야 합니다. 먼저, 리눅스 입문자가 친해지는 데 시간이 조금 더 걸릴 수 있는 vi 텍스트 에디터의 기본 사용법부터 둘러본 후, 좀 더 유연성이 있는 nano 텍스트 에디터 사용법을 배워보도록 하겠습니다.

4.4.1 vi 텍스트 에디터 배워보기

vi 텍스트 에디터를 사용하기 전에, 기본 키들을 둘러보도록 합니다. vi 에디터에서 가장 기본적인 키들을 표 4-3에 정리했습니다. 물론 vi에는 이 기본 키들 이외에도 더 많은 키들이 있지만 다음 키들 정도만 이해하고 있어도 vi를 편리하게 사용할 수 있습니다. 예상외로 외울 기본 키가 몇 안되니 이번 기회에 모두 외우버리기 바랍니다.

표 4-3 vi 에디터 기본 키

키	설명
vi	vi 에디터 오픈 명령어
i	Insert 모드로 진입
dd	복사(자르기)
p	커서 아래 붙여넣기
P	커서 위에 붙여넣기
[Esc] 키	Insert 모드 종료하기
:w	저장하기
:q 또는 :q!	종료하기
:wq 또는 :wq!	저장 후 종료하기

표 4-3을 세네 번 정도 훑어봤다면 이제 VMware 워크스테이션을 열어 우분투 또

는 CentOS 리눅스 서버 콘솔 창을 열어 실습할 준비를 합니다. 여기서 둘중 어떤 리눅스 서버를 사용하던 상관은 없습니다. 좀 더 편리하게 저는 PuTTY를 이용해 CentOS 서버의 root 사용자로 SSH에 접속한 후 vi 에디터를 연습해보겠습니다.

> **참고**
>
> 만약 vi에 대해 더 많은 것을 배우고 이해하고 싶다면 다음 웹사이트를 방문하면 더 상세한 설명을 읽을 수 있습니다.
>
> https://www.tecmint.com/vi-editor-usage/

4.4.1.1 vi로 파일 만들기

vi를 사용해 파일 만들기를 한번 실행해 보겠습니다.

01 vi를 처음 실행하기 위해서는 먼저 vi라고 입력한 후 한 칸을 띄우고 파일 이름을 입력하면 파일이 현재 작업하고 있는 디렉터리 상에 만들어지면서 vi 에디터가 자동으로 열립니다. 저는 파일 이름을 myfile01.txt로 텍스트 파일을 만들었습니다.

```
[root@localhost ~]# vi myfile01.txt
```

그림 4-3 vi – 새 텍스트 파일 생성하기

창 아래쪽을 확인하면 파일 이름, 새로 만들어진 파일인지 또 라인 번호 등 다른 정보들도 함께 볼 수 있습니다. 파일 이름은 myfile01.txt이며 [New File]이라 표시되지만 아직 이 모드에서는 파일에 입력 및 변경을 할 수 없습니다.

그림 4-4 vi – 새 파일 정보 보기

02 입력모드로 진입하려면 먼저 [i] 키를 사용합니다. 작업창의 왼편 아랫부분에 **--INSERT--**라고 나타나 있으면 입력을 시작해도 된다는 **OK**라는 뜻입니다.

그림 4-5 vi - --INSERT-- 입력모드 진입하기

참고

vi에서는 세 가지 모드를 사용합니다.

A. 명령어 모드(Commandline mode)

B. 텍스트(Insert) 모드(Insert mode)

C. Ex 모드(Exit mode)

vi 텍스트 에디터를 열자마자 곧바로 입력해보면 키가 수행되지 않습니다. 먼저 i 키를 입력해야 다음 모드인 텍스트 모드로 진입합니다. 명령어 모드로 이동하려면 [Esc] 키를 사용하면 됩니다. 만약 ':'(콜론)을 입력하면 Ex mode로 진입합니다.

---

03 다음과 같이 파일에 원하는 내용을 입력할 수 있습니다. 본인이 원하는 텍스트를 한 번 입력해 보세요. 입력이 끝나면 [Esc] 키를 사용해 입력 모드를 종료합니다. [Esc] 키를 누른 후 왼쪽 하단을 보면 -- INSERT --가 화면에서 사라집니다.

그림 4-6 vi - 텍스트 입력 및 [Esc] 키 사용 INSERT 모드로 진입하기

04 이 파일의 변경된 내용을 저장하기 위해서는 :(콜론) 키와 wq 또는 wq!의 조합인 **:wq** 또는 **:wq!**를 입력한 후 [Enter] 키를 누릅니다. 파일이 저장되면 vi를 종료하

고 메인 리눅스 터미널 콘솔창으로 이동합니다.

```
1234567890
헬로우 파이썬 네트워크 자동화.
Hello Python Network Automation.
네트워크 자동화 화이팅!
열공!
~
~
"myfile01.txt" 5L, 130C
```

그림 4-7 vi - :wq로 파일 저장하기 예

```
1234567890
헬로우 파이썬 네트워크 자동화.
Hello Python Network Automation.
~
:wq
```

그림 4-8 vi - :wq!로 파일 저장하기 예

05 파일이 정상적으로 저장됐는지 확인하기 위해 **ls** 명령어를 사용하면 됩니다. 이 ls 명령어의 여러 가지 사용법은 천천히 공부할 것입니다. 일단 ls를 입력해 파일이 정상적으로 저장됐는지 확인합니다. anaconda-ks.cfg 파일은 시스템이 설치되면서 생성된 설정파일이므로 무시하기 바랍니다.

```
[root@localhost ~]# ls
anaconda-ks.cfg  myfile01.txt
```

그림 4-9 vi - ls 명령어로 파일 저장 확인하기

참고

Q 파일이 보이지만 현재 우리가 작업하고 있는 디렉터리 위치는 어떻게 찾죠?

A 파일과 디렉터리 관리법은 차후 더 상세하게 배우게 됩니다. 먼저 여기서 파일 만들기, 열기 및 변경하기 정도만 배운다 생각하고 함께 따라해 주십시오. 본인이 어디서 작업하고 있는지 확인해 보려면 그림 4-10과 같이 'pwd'(present working directory) 명령어를 입력합니다.

```
[root@localhost ~]# pwd
/root
```

그림 4-10 리눅스 - pwd 명령어로 디렉터리 위치 확인

4.4.1.2 vi로 기존 파일 다시 열기

01 앞서 myfile01.txt라는 파일을 root 사용자의 디렉터리에 저장한 후 'ls' 명령어를 사용해 파일의 유무를 확인했었습니다. 다시 이 파일을 열어 내용을 확인하고, 추가적으로 더 변경하길 원한다면 처음과 마찬가지로 vi myfile01.txt를 실행하면 파일이 열립니다. 이와 같이 기존 파일인 경우 왼편 하단에 [New File]이라는 글자는 표시되지 않고 기존 파일의 행과 글자 수만 표시됩니다.

그림 4-11 vi – 파일 다시 열기

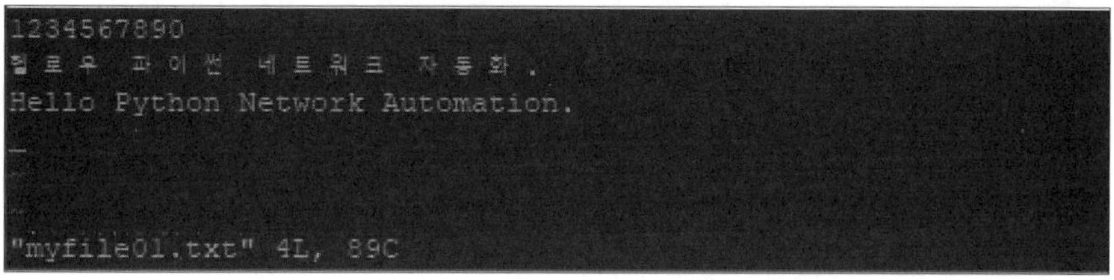

그림 4-12 vi – 기존 파일 확인

02 만약 아무런 변경 없이 파일을 닫고 싶다면 그대로 :q를 입력한 후 [Enter] 키를 누르면 vi를 종료합니다.

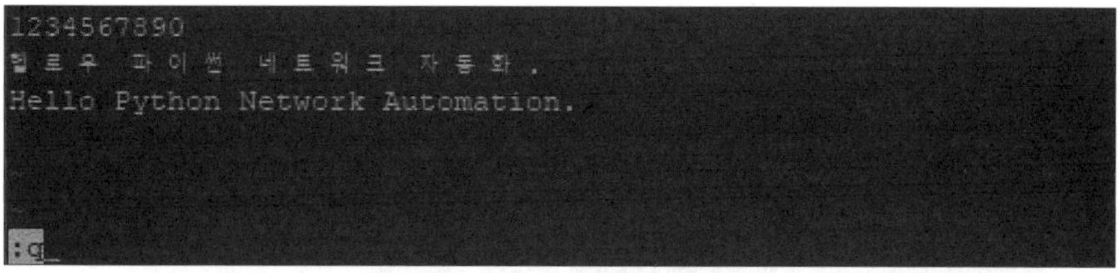

그림 4-13 vi – :q로 vi 종료

만약 실수로 **텍스트(Insert)** 모드로 들어가 파일을 변경했다면 :q가 실행되지 않습니다. 이럴 때는 :q!를 사용합니다.

```
1234567890
헬로우 파이썬 네트워크 자동화.
Hello Python Network Automation.


:q!_
```

그림 4-14 vi - :q!로 vi 종료

03 만약 열려 있는 파일의 내용을 변경하고 저장하고 싶다면 [Esc] 키를 누른 후 :wq를 사용해 vi를 종료합니다.

```
1234567890
헬로우 파이썬 네트워크 자동화.
Hello Python Network Automation.
네트워크 자동화 화이팅!
열공!

:wq_
```

그림 4-15 vi - 기존 파일 변경 후 :wq로 저장하기

참고

Q **vi를 사용하지 않고 파일의 내용을 볼 수는 없나요?**

A more, less, cat 명령어 등을 사용하면 파일의 내용을 볼 수 있습니다. 그림 4-16에서는 more 명령어 사용 예를 보여주고 있습니다. less와 cat 명령어를 사용해 같은 파일의 내용을 한 번 보기 바랍니다. 이 부분에 대해서도 차후 더 연습을 하도록 합니다.

```
[root@localhost ~]# more myfile01.txt
1234567890
헬로우 파이썬 네트워크 자동화.
Hello Python Network Automation.
네트워크 자동화 화이팅!
열공!
[root@localhost ~]# _
```

그림 4-16 리눅스 - more 명령어 예

* less 명령어를 사용해 파일 내용을 확인할 경우 q 키를 사용해 less를 종료할 수 있습니다.

4.4.1.3 vi에서 dd(복사하기)와 p/P(붙여넣기) 사용해 보기

01 vi로 myfile01.txt를 다시 열어 명령어 모드에서 그대로 자르고 싶은 라인으로 커서를 이동합니다. 저는 4번째 라인에 위치한 **네트워크 자동화 화이팅!**을 복사하겠습니다. dd를 사용하기 위해 키보드의 **d 키를 연속으로 두 번 누릅니다.**

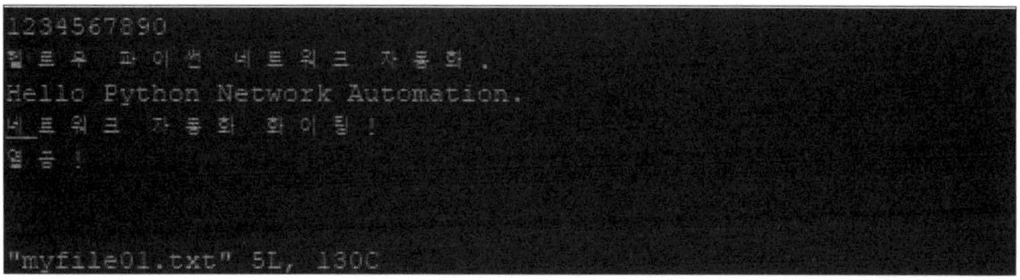

그림 4-17 vi - 복사할 라인으로 이동

네 번째 라인에 있던 **네트워크 자동화 화이팅!** 텍스트가 컴퓨터 메모리에 저장되면 화면에서 사라집니다. 계속해서 다음 단계로 넘어갑니다.

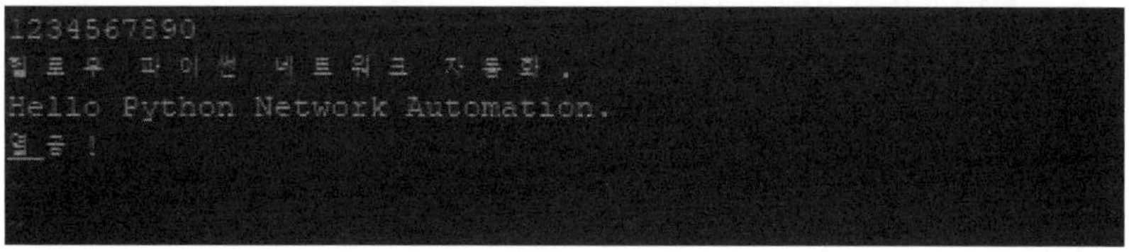

그림 4-18 vi - 복사 후 화면

02 저장된 내용을 첫 번째 라인 1234567890의 밑줄에 붙여넣기를 원한다면 소문자 p를 사용해, 만약 위에 붙여넣기하려면 대문자(Ctrl+p) P를 사용하면 됩니다.

먼저 화면 위의 커서를 첫 번째 줄로 이동합니다.

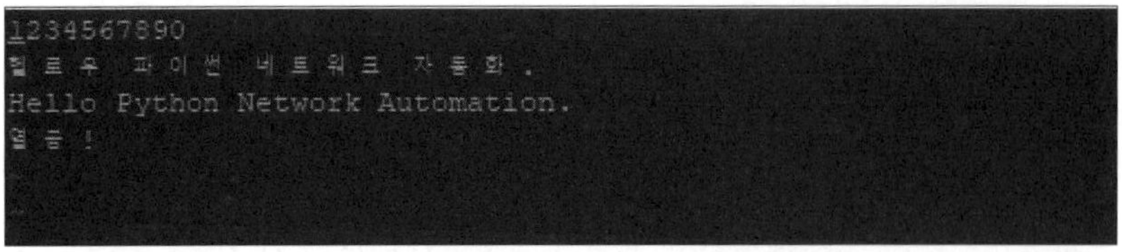

그림 4-19 vi – 복사 후 원하는 라인으로 이동

p를 사용해 아랫줄에 붙여넣기를 합니다.

그림 4-20 vi – p 키 사용해 복사 라인 붙여넣기

다음 예와 같이 대문자 P를 사용하면 윗줄에 붙여넣기가 됩니다.

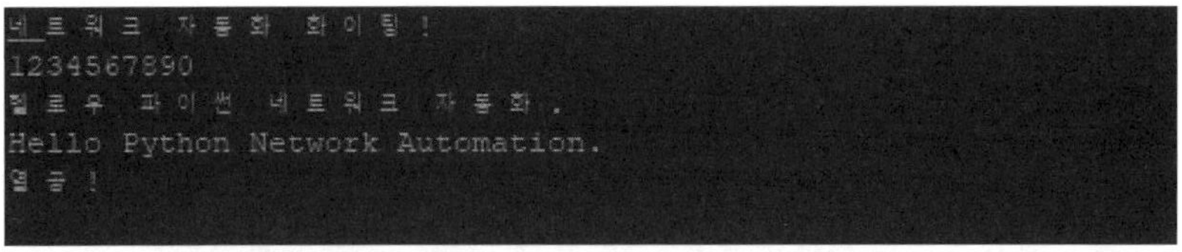

그림 4-21 vi – P를 사용해 복사 라인 붙여넣기

03 이번에는 **dd** 명령어를 사용해 첫 번째 줄인 **1234567890**과 마지막 줄인 **열공!**을 삭제한 후 파일을 저장합니다.

위에서와 마찬가지로 커서를 삭제할 줄로 이동한 후 **dd**를 사용해 첫째 줄을 삭제합니다.

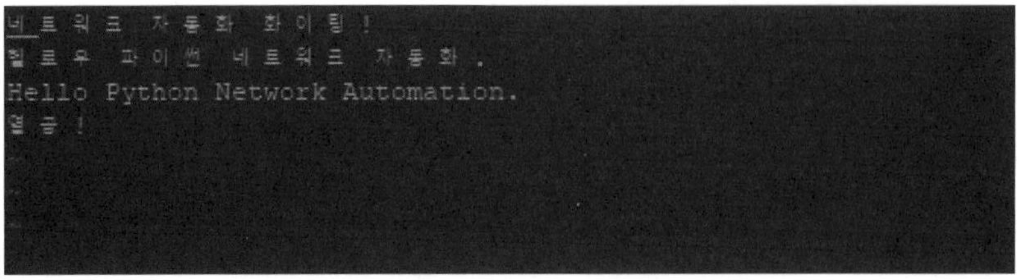

그림 4-22 vi – 삭제할 첫 번째 줄로 이동 후 dd로 내용 삭제

다시 마지막 줄로 이동한 후 **dd**를 사용해 마지막 줄을 삭제합니다.

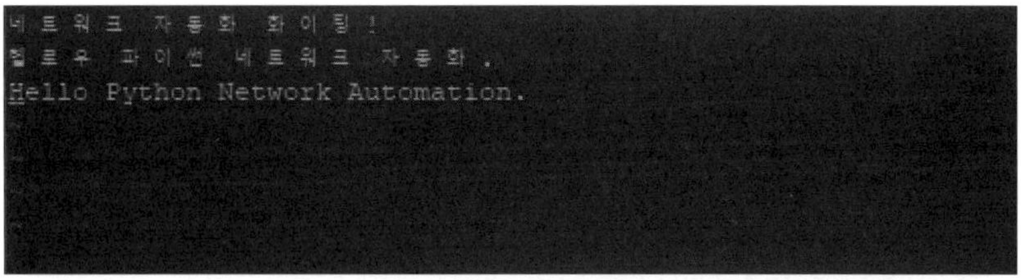

그림 4-23 vi - 삭제할 마지막 줄로 이동 후 dd로 내용 삭제

마지막으로 변경된 내용에 만족하면 **:wq**를 사용해 저장하고 vi를 종료합니다.

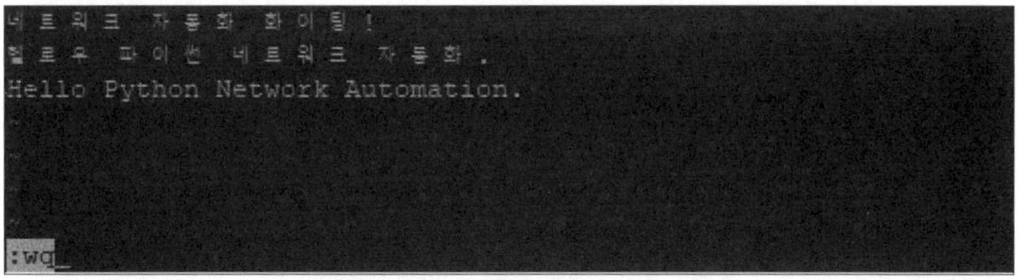

그림 4-24 vi - :wq로 변경 내용 저장

04 more myfile01.txt를 사용해 파일을 열어 변경된 내용을 확인해 봅니다.

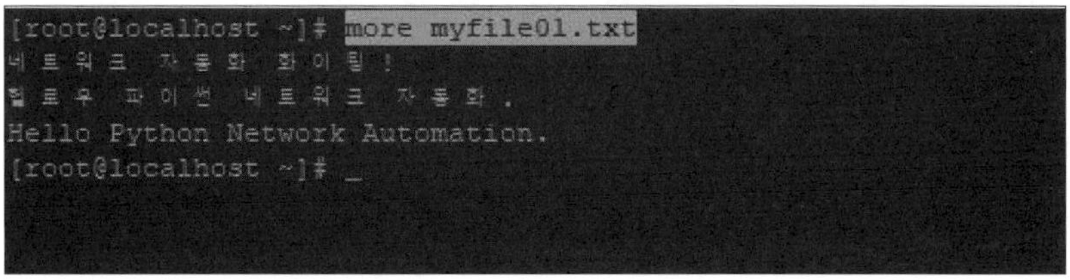

그림 4-25 리눅스 - more 명령어로 저장 내용 확인

이로써 vi 텍스트 에디터 기본 사용법을 배워봤습니다. 다음은 nano 텍스트 에디터 사용법을 동일한 내용으로 배워보도록 하겠습니다.

4.4.2 nano 텍스트 에디터 배워보기

앞서 설명했듯이 nano는 vi와 달리 모든 리눅스 운영체제에 디폴트, 즉 기본 프로그램으로 설치돼 있지 않습니다. 이 프로그램을 리눅스에서 사용하기 위해서는 먼저 설치를 해야 합니다. 설치에 앞서 가장 먼저 nano 텍스트 에디터의 기본 사용 키들을 눈으로 익혀보겠습니다. nano 에디터에서 사용하는 기본 키들을 표 4-4와 같이 한번 정리해 봤습니다.

표 4-4 nano 텍스트 에디터 기본 키

키	설명
nano	nano 에디터 열기 명령어
Ctrl+x	편집모드 종료하기 키 콤보
y	Ctrl+x를 입력한 후 y를 선택해 파일 저장
n	Ctrl+x를 입력한 후 n을 선택해 파일 저장 무시
Cancel	Ctrl+x를 입력한 후 cancel을 선택해 에디터로 돌아가기
Ctrl+k	복사(자르기)
Ctrl+u	붙여넣기

4.4.2.1 nano 설치하기

nano 텍스터 에디터의 기본 키를 다 익혔다면 이제 nano를 CentOS 7.5 서버에 설치해 보겠습니다. 만약 프로그램이 이미 설치돼 있지 않은 상태에서 사용자가 nano 명령어로 실행시켰을 경우 리눅스는 자상하게 그림 4-28과 같은 메시지로 설치 상태를 알려줍니다. /usr/bin/ 디렉터리 아래 nano라는 실행 가능한 프로그램이 없다고 알려줍니다. 앞에 나온 리눅스 서버 디렉터리 구조에서 배웠듯이 리눅스 서버는 실행파일을 "/usr/bin/"에서 찾는다는 것을 알 수 있습니다. 그럼 인터넷에 연결된 상태에서 nano 텍스트 에디터를 리눅스 서버에 설치합니다.

그림 4-28 nano - 프로그램 설치 확인

만약 현재 본인이 사용하는 리눅스가 우분투(데비안 리눅스 기반)일 경우 nano 텍스트 에디터 설치를 apt-get install 명령어를 사용해 설치합니다.

```
[root@localhost ~]# apt-get install nano
```

만약 현재 본인이 사용하는 리눅스가 CentOS(레드햇 리눅스 기반)일 경우 nano 텍스트 에디터 설치를 yum install 명령어를 사용해 설치합니다.

```
[root@localhost ~]# yum install nano
```

참고

Q 방금 설치된 nano 설치 유무와 버전은 어떻게 확인하나요?

A nano의 설치 유무를 확인하려면 nano --version 또는 nano -V 명령어를 사용하면 됩니다. **여기시 명심할 것은 --을 사용할 경우 명령어를 모두 소문자로 입력해야 하며 -만 사용할 경우 대문자 약자를 사용한다는 것을 배울 수 있습니다.** 이 리눅스 사용법은 다른 명령어를 사용할 경우에도 똑같이 적용됩니다.

```
[root@localhost ~]# nano --version
```

```
[root@localhost ~]# nano -V
```

4.4.2.2 nano로 파일 만들기

01 다음 그림과 같이 nano myfile02.txt라는 명령어를 실행하면 새 파일이 열립니다. 만약 아무런 내용을 입력하지 않고 nano 에디터를 종료할 경우 파일은 저장되지 않습니다.

```
[root@localhost ~]# nano myfile02.txt
```

그림 4-29 nano - 파일 만들기

02 파일을 열자마자 이미 vi 에디터보다 윈도우 사용자가 더 사용하기 편리할 수 있다는 느낌을 받습니다. 앞에서 설명했듯이 nano는 저희가 윈도우에서 사용하던 notepad와 비슷한 기능으로 만들어져 있다는 것을 하단에 보이는 단축 키 메뉴에서 볼 수 있습니다.

GNU nano 2.3.1 File: myfile02.txt
[New File]
^G Get Help ^O WriteOut ^R Read File ^Y Prev Page ^K Cut Text ^C Cur Pos
^X Exit ^J Justify ^W Where Is ^V Next Page ^U UnCut Text ^T To Spell

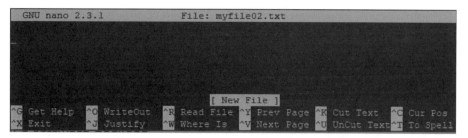

그림 4-30 nano – 새로운 파일

03 다음 그림과 같이 원하는 정보를 입력한 후 Cntl 키와 X 키를 함께 누릅니다.

GNU nano 2.3.1 File: myfile02.txt Modified
1234567890
헬로우 파이썬 네트워크 자동화.
Hello Python Network Automation.
네트워크 자동화 화이팅!
열공!
Save modified buffer (ANSWERING "No" WILL DESTROY CHANGES) ?
Y Yes
N No ^C Cancel

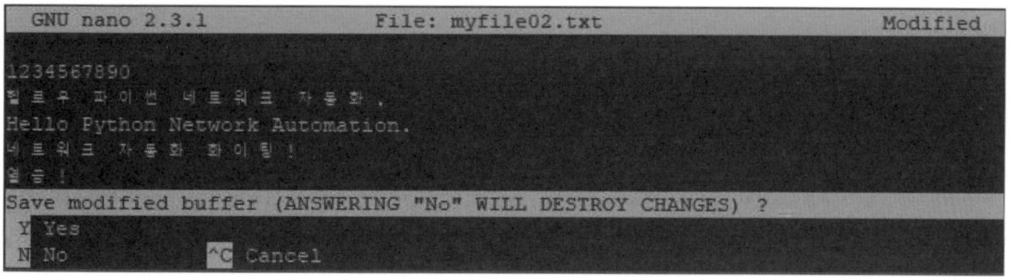

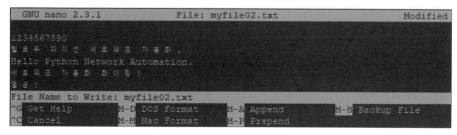

그림 4-31 nano – 파일 저장하기 옵션

04 파일을 저장하려면 Y를, 저장하지 않으려면 N을, 그리고 다시 nano 에디터로 돌아가려면 Ctrl+C를 사용합니다. 다음 화면에서는 내용을 저장하기 위해 Y를 선택했고 여기서 [Enter] 키를 눌러주면 파일을 저장한 후 프로그램을 종료합니다. 리눅스 시스템에서는 대소문자에 대한 구분을 명확히 하지만 nano 프로그램 메뉴에서는 대소문자를 구분하지 않으므로 y, n 또는 Y, N을 함께 사용할 수 있습니다.

GNU nano 2.3.1 File: myfile02.txt Modified
1234567890
헬로우 파이썬 네트워크 자동화.
Hello Python Network Automation.
네트워크 자동화 화이팅!
열공!
File Name to Write: myfile02.txt
^G Get Help M-D DOS Format M-A Append M-B Backup File
^C Cancel M-M Mac Format M-P Prepend

그림 4-32 nano – 파일 변경사항 저장하기

05 저장한 후 다시 more, less 또는 cat 명령어를 사용해 파일 내용을 확인해 봅니다. 만약 less 명령어를 사용해 파일 내용을 확인할 경우 q 키를 사용해 less를 종료할 수 있습니다.

그림 4-33 리눅스 - more를 사용해 파일 내용 둘러보기

그림 4-34 리눅스 - cat을 사용해 파일 내용 둘러보기

이로써 nano 텍스트 에디터를 사용해 새 텍스트 파일을 만들어봤습니다. nano 외에도 Emacs, Gedit, leafpad와 Komodo Edit 등과 같은 다양하고 훌륭한 리눅스용 텍스트 에디터들이 있지만, **이후 이 책의 모든 내용은 nano 텍스트 에디터 사용을 전제로 합니다.**

4.4.2.3 nano로 파일 열기

앞서 파일을 만들 때와 같이 그대로 nano myfile02.txt라고 입력하면 앞에서 작업했던 파일이 nano에서 다시 열립니다.

그림 4-35 nano - 파일 다시 열기

만약 파일을 열지 않고 새로운 파일을 생성만 하고 싶다면 touch myfile03.txt와 같이
touch 명령어를 사용할 수 있습니다.

```
[root@localhost ~]# touch myfile03.txt
[root@localhost ~]# ls
anaconda-ks.cfg  myfile03.txt
```

그림 4-36 nano - touch 명령어로 새 파일만 생성하기

4.4.2.4 nano로 자르기 및 붙여넣기

01 nano에서 자르기(삭제하기)는 **Ctrl+K** 키 콤보를 사용하고, 붙여넣기는 **Ctrl+U**
키 콤보를 사용합니다. 파일을 nano에서 열어 먼저 자르기(또는 삭제)하고 싶은
라인으로 커서를 이동시킵니다.

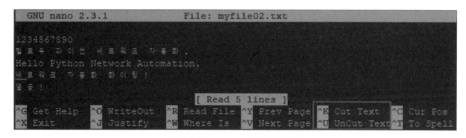

그림 4-37 nano - 라인 복사하기

02 다음 그림은 **네트워크 자동화 화이팅!**을 Ctrl+K 키로 자른(복사) 직후의 화면입
니다.

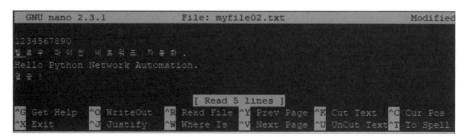

그림 4-38 nano - 라인 붙이기 위치 선택

03 다음 Ctrl+U 키를 사용해 붙여넣기를 합니다.

GNU nano 2.3.1 File: myfile02.txt Modified
1234567890
네트워크 자동화 화이팅!
헬로우 파이썬 네트워크 자동화.
Hello Python Network Automation.
열공!
[Read 5 lines]
^G Get Help ^O WriteOut ^R Read File ^Y Prev Page ^K Cut Text ^C Cur Pos
^X Exit ^J Justify ^W Where Is ^V Next Page ^U UnCut Text ^T To Spell

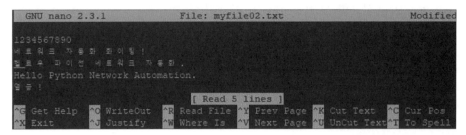

그림 4-39 nano - 라인 붙여넣기

04 만약 첫 번째 줄과 다섯 번째 줄을 삭제하고 싶다면 그 줄로 이동한 후 Ctrl+K를 두 번 사용해 연속적으로 삭제하면 됩니다. Ctrl+X 〉 Y 〉 [Enter] 키를 사용해 변경된 내용을 저장합니다.

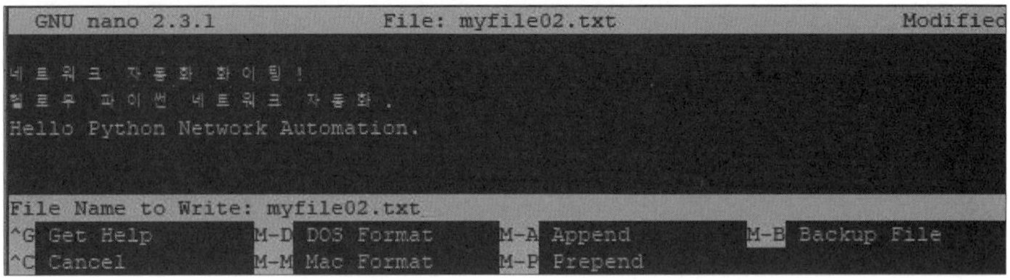

GNU nano 2.3.1 File: myfile02.txt Modified
네트워크 자동화 화이팅!
헬로우 파이썬 네트워크 자동화.
Hello Python Network Automation.
File Name to Write: myfile02.txt
^G Get Help M-D DOS Format M-A Append M-B Backup File
^C Cancel M-M Mac Format M-P Prepend

그림 4-40 nano - 라인 삭제/변경 후 저장하기

이 외에도 눈여겨 볼 사용자 키는 Ctrl+W 정도이며, 이 콤보 키를 사용하면 파일에서 단어 검색을 할 수 있습니다. 물론 nano 텍스트 에디터는 더 많은 옵션들을 지원하지만 nano 텍스트 에디터 기본 사용법 따라잡기는 여기에서 마칩니다. 다른 명령어를 더 배우고 싶은 분들은 다음에 있는 링크를 참조해 주십시오. 다음에서 리눅스 파일 및 디렉터리 명령어를 배워보도록 하겠습니다.

https://www.cheatography.com/pepe/cheat-sheets/nano/

4.5 리눅스 파일 및 디렉터리 명령어

앞으로 사용될 명령어를 보기 쉽게 표 4-5로 정리해 봤습니다. 리눅스 운영체제의 기본적인 파일 및 디렉터리를 편히 관리하려면 기본 명령어들을 먼저 배워둬야 합니다. 리눅스 명령어를 깊이 이해하려면 많은 시간과 노력을 투자해야 합니다.

이 책은 전문 리눅스 관리자들을 위해 쓰여진 책은 아니므로 4장에서는 리눅스 운영체제를 사용하기에 불편함이 없도록 기본기를 탄탄히 다지는 데 목표를 두고 썼습니다. 여기서는 가장 기본이 되는 명령어들만 집중적으로 다룹니다. 예습에 들어가기 전에 여유를 가지고 다음 명령어들을 하나씩 눈여겨 살펴보기 바랍니다. 당장 여기서 명령어를 다 외울 필요는 없으며 연습을 통해 차츰차츰 손으로 익히게 됩니다.

표 4-5 리눅스 파일과 디렉터리 배워보기 - 사용되는 명령어

명령어	본딧말	설명
pwd	present working directory	현재 위치를 알려줌
ls	list segment	(현재 부분의) 파일 및 디렉터리를 보여줌
ls 디렉터리_이름		디렉터리 안에 있는 파일/디렉터리 보기
ls -a		숨어 있는 파일을 보여줌
dir	directory	파일 및 디렉터리 열거, 윈도우와 리눅스 사용자 혼용
mkdir	make directory	디렉터리 생성
cd	change directory	사용자의 홈 디렉터리로 리턴 예) /root
cd ..		디렉터리 변경하기
cd ~		~(tilde) root로 가는 숏컷 예) cd /root/directory1/ 대신에 cd ~/directoryA
rm 또는 rm -r	remove	삭제
rmdir	remove directory	디렉터리 삭제
mv	move	
mv 파일_a 디렉터리_A		파일_a를 디렉터리_A로 이동

명령어	본딧말	설명
mv디렉터리_A 디렉터리_B		디렉터리_A를 디렉터리_B로 이름 변경
touch 파일_a		빈 파일 생성 및 타임 스템프 변경 예) touch file1.txt
cp	copy	복사
cp -a 디렉터리_A 디렉터리_B		디렉터리_A 전체를 디렉터리_B로 복사
find	find	파일 찾기 명령어 예) find ./ -name myfile01.txt
grep		텍스트 내용을 찾을 때 사용 예) grep -r "myfile" ./*

4.5.1 리눅스 파일 및 디렉터리 관리하기 예습 1

다음은 지금까지 배운 것을 바탕으로 파일과 디렉터리 관리법을 예습을 통해 집중적으로 배워보겠습니다. 먼저 리눅스 파일 및 디렉터리 명령어가 정리된 테이블을 통해 눈으로 익힌 후 사용해 보겠습니다. 더 이상 추가 설명 없이 곧바로 리눅스 파일 및 디렉터리 관리하기를 예습을 통해 익혀보겠습니다. 리눅스 서버 터미널 창에서 명령어를 직접 입력하면서 배워봅니다.

01 pwd 명령어를 사용하면 현재 작업하고 있는 디렉터리를 확인할 수 있습니다.

```
root@ubuntu18s1:~# pwd
/root
```

02 ls - 유닉스/리눅스 고유 명령어로 파일과 디렉터리를 볼 수 있습니다. ls 명령어 옵션에 대해서는 차후 더 설명하겠습니다.

```
root@ubuntu18s1:~# mkdir directory1
root@ubuntu18s1:~# ls
directory1
```

03 ls 디렉터리_이름 명령어를 사용하면 디렉터리 안에 들어 있는 파일 또는 디렉터리를 볼 수 있습니다.

```
root@ubuntu18s1:~# touch directory1/myfile01.txt
root@ubuntu18s1:~# ls directory1/
myfile01.txt
```

04 ls -l 명령어를 사용하면 파일과 디렉터리에 대한 상세한 내용을 볼 수 있습니다.

```
root@ubuntu18s1:~# ls
directory1
root@ubuntu18s1:~# ls -l
total 4
drwxr-xr-x 2 root root 4096 Nov  6 10:23 directory1
root@ubuntu18s1:~# ls -l directory1/
total 0
-rw-r--r-- 1 root root 0 Nov  6 10:23 myfile01.txt
```

05 ls -a 명령어를 사용하면 숨은 파일과 폴더도 함께 보여줍니다. 여기서 '.'(점)이 앞에 붙은 파일은 시스템에서 사용하는 숨은 파일입니다.

```
root@ubuntu18s1:~# ls -a
.  ..  .bash_history  .bashrc  .cache  directory1  .gnupg  .profile  .ssh
```

06 mkdir – 디렉터리(폴더)를 만들 때 사용합니다.

```
root@ubuntu18s1:~# mkdir directory2
root@ubuntu18s1:~# ls
directory1  directory2
```

07 cp -a/-r - 명령어는 디렉터리 전체를 복사할 때 사용할 수 있습니다.

```
root@ubuntu18s1:~# cp -a directory1 directory3
root@ubuntu18s1:~# ls
directory1  directory2  directory3
root@ubuntu18s1:~# ls directory1/
myfile01.txt
root@ubuntu18s1:~# ls directory3/
myfile01.txt
```

08 rmdir - 디렉터리에 아무 것도 들어 있지 않을 경우 이 명령어로 디렉터리 전체를 삭제할 수 있습니다.

```
root@ubuntu18s1:~# ls
directory1  directory2  directory3
root@ubuntu18s1:~# ls directory2/
root@ubuntu18s1:~# rmdir directory2
root@ubuntu18s1:~# ls
directory1  directory3
```

09 만약 디렉터리 안에 다른 파일이나 하위 디렉터리를 포함하고 있는 디렉터리를 삭제하려면 rm -rf 디렉터리_이름을 사용하면 됩니다. rm -rf 명령어는 삭제 여부를 확인하지 않고 일시에 삭제함으로써 조심히 사용해야 합니다.

```
root@ubuntu18s1:~# ls
directory1  directory3
root@ubuntu18s1:~# ls directory3
myfile01.txt
root@ubuntu18s1:~# rm directory3
rm: cannot remove 'directory3': Is a directory
root@ubuntu18s1:~# rm -rf directory3
root@ubuntu18s1:~# ls
directory1
```

10 mv − 리눅스의 move 명령어는 파일 또는 디렉터리를 옮길 때와 이름을 변경할 때 모두 사용할 수 있습니다. 다음과 같이 directory1을 directory2로 이름을 변경할 때 사용이 가능하지만, 그 다음 예와 같이 한 파일 또는 디렉터리를 다른 디렉터리로 옮길 때도 사용할 수 있습니다.

```
root@ubuntu18s1:~# ls
directory1
root@ubuntu18s1:~# mv directory1 directory2
root@ubuntu18s1:~# ls
directory2

root@ubuntu18s1:~# mkdir directory3
root@ubuntu18s1:~# ls
directory2   directory3
root@ubuntu18s1:~# mv directory3 directory2
root@ubuntu18s1:~# ls
directory2
root@ubuntu18s1:~# ls directory2/
directory3
```

Q 리눅스에서 디렉터리와 파일을 한 눈에 볼 수 있는 방법은 없나요?
(윈도우 사용자로만 살아왔다면 아마도 삶은 고구마를 먹은 것 같이 속이 답답할 것입니다.)

A tree 프로그램을 설치한 후, 현재 작업하는 디렉터리에서 tree라고 입력하면 디렉터리와 파일들을 상하로 정렬해서 시원하게 보여줍니다. 설치 과정과 사용 방법은 다음과 같습니다. 다음은 우분투 서버를 사용한 설치 예를 보여주지만 CentOS 7.5에서도 tree를 설치해 사용할 수 있습니다.

   a. tree 프로그램은 데비안의 universe repository에 포함돼 있습니다. 다음 명령어를 사용해 모든 우분투(Debian) repository를 설치합니다.

```
root@ubuntu18s1:~#  add-apt-repository "deb http://archive.ubuntu.
com/ubuntu $(lsb_release -sc) main universe restricted multiverse"
```

   b. apt-get update 명령어를 사용해 우분투를 업데이트 합니다. 만약 3장에서 a-b 부분을 설정했다면 바로 c에서 tree 프로그램을 설치하면 됩니다.

```
root@ubuntu18s1:~#  apt-get update
```

   c. 업데이트가 정상적으로 완료되면 apt-get install tree 명령어를 사용해 tree 패키지를 설치합니다.

```
root@ubuntu18s1:~#  apt-get install tree
Reading package lists... Done
Building dependency tree
Reading state information... Done
The following NEW packages will be installed:
  tree
0 upgraded, 1 newly installed, 0 to remove and 9 not upgraded.
Need to get 40.7 kB of archives.
After this operation, 105 kB of additional disk space will be used.
Get:1 http://archive.ubuntu.com/ubuntu bionic/universe amd64 tree
amd64 1.7.0-5 [40.7 kB]
Fetched 40.7 kB in 1s (37.3  kB/s)
```

```
Selecting previously unselected package tree.
(Reading database ... 168954 files and directories currently
installed.)
Preparing to unpack .../tree_1.7.0-5_amd64.deb ...
Unpacking tree (1.7.0-5) ...
Setting up tree (1.7.0-5) ...
Processing triggers for man-db (2.8.3-2ubuntu0.1) ...
```

d. 현재 작업하고 있는 디렉터리에서 tree 명령어를 입력하면 사용자가 보기 편하게 파일과 디렉터리가 계단식 형태로 표시됩니다.

```
root@ubuntu18s1:~# tree
.
└── directory2
    └── directory3
        └── myfile01.txt
```

11 **ls − d $PWD/*** 명령어를 사용하면 현재 사용하고 있는 모든 파일과 디렉터리의 위치를 표시합니다.

```
root@ubuntu18s1:~# ls
directory2
root@ubuntu18s1:~# mkdir directory1 folder1 folder2
root@ubuntu18s1:~# ls
directory1  directory2  folder1  folder2
root@ubuntu18s1:~# ls -d $PWD/*
/root/directory1  /root/directory2  /root/folder1  /root/folder2
```

cd, cd ..와 **cd ~** change directory 명령어들은 사용자의 작업 디렉터리 위치를 이동하는 데 사용됩니다. 미리 연습해 두면 작업하는 데 훨씬 더 많은 시간을 줄일 수 있습니다. 다음 예를 보면서 차근차근 배워보겠습니다.

12 cd 예: change directory 명령어를 입력한 후, [Enter] 키를 누르면 항상 사용자
의 홈 디렉터리로 변경됩니다.

```
root@ubuntu18s1:~# ls
directory1  directory2  folder1  folder2
root@ubuntu18s1:~# cd folder1
root@ubuntu18s1:~/folder1# mkdir folder3
root@ubuntu18s1:~/folder1# cd folder3
root@ubuntu18s1:~/folder1/folder3# pwd
/root/folder1/folder3
root@ubuntu18s1:~/folder1/folder3# cd
root@ubuntu18s1:~# pwd
/root
root@ubuntu18s1:~# tree
.
├── directory1
├── directory2
│   └── directory3
│       └── myfile01.txt
├── folder1
│   └── folder3
└── folder2

6 directories, 1 file
```

13 cd .. 예: cd .. 명령어를 사용하면 상위 디렉터리 한 단계 위로 이동합니다.

```
root@ubuntu18s1:~# cd folder1/folder3
root@ubuntu18s1:~/folder1/folder3# pwd
/root/folder1/folder3
root@ubuntu18s1:~/folder1/folder3# cd ..
root@ubuntu18s1:~/folder1# pwd
/root/folder1
root@ubuntu18s1:~/folder1# cd ..
root@ubuntu18s1:~# pwd
/root
```

14 디렉터리 이름을 정확히 알고 있다면 **cd directory2/directory3/** 또는 **cd /root/ directory2/directory3/**과 같은 명령어를 사용해 이동하고 싶은 디렉터리로 이동할 수 있습니다.

```
root@ubuntu18s1:~# cd directory2/directory3
root@ubuntu18s1:~/directory2/directory3# pwd
/root/directory2/folder1
root@ubuntu18s1:~/directory2/directory3# cd
root@ubuntu18s1:~# cd /root/directory2/directory3
root@ubuntu18s1:~/directory2/directory3# pwd
/root/directory2/directory3
```

15 cd ~ 예: 폴더와 폴더 사이 이동을 도와줍니다. 앞에서 봤던 cd와 마찬가지로 사용자의 root 디렉터리로 이동합니다.

```
root@ubuntu18s1:~# cd /root/directory2/directory3
root@ubuntu18s1:~/directory2/directory3# pwd
/root/directory2/directory3
root@ubuntu18s1:~/directory2/directory3# cd ~
root@ubuntu18s1:~# pwd
/root
```

16 cd ~ 예: 만약 현재 작업하고 있는 위치가 /root/directory2/directory3이라고 가정했을 때 /root/folder1/folder3로 변경해야 한다면 그 위치에서 그대로 **cd ~/folder1/folder3**이라고 입력하면 다음 예와 같이 folder3으로 이동할 수 있습니다.

```
root@ubuntu18s1:~# tree
.
├── directory1
├── directory2
│   └── directory3
│       └── myfile01.txt
```

```
├── folder1
│   └── folder3
└── folder2

6 directories, 1 file
root@ubuntu18s1:~# cd directory2/directory3
root@ubuntu18s1:~/directory2/directory3# pwd
/root/directory2/directory3
root@ubuntu18s1:~/directory2/directory3# cd ~/folder1/folder3
root@ubuntu18s1:~/folder1/folder3# pwd
/root/folder1/folder3
```

17 dir: – 'ls –C –b'와 동일한 명령어며 리눅스와 윈도우를 함께 사용하는 사용자들을 위해서 포함시켰다고 전해지고 있습니다. 다른 점은 dir을 사용했을 때는 디렉터리가 컬러로 표시되지 않지만 ls 명령어와 유사하게 사용됩니다.

```
root@ubuntu18s1:~# dir
directory1  directory2  folder1  folder2

root@ubuntu18s1:~# ls
directory1  directory2  folder1  folder2
```

참고

Q dir 명령어를 사용했을 때도 디렉터리 컬러가 보이도록 설정이 가능한가요?

A 네, 가능합니다. nano 텍스트 에디터를 사용해 nano ~/.bashrc 파일을 열어 'alias dir='dir –color=auto''를 alias 부분의 가장 하단부에 입력한 후 변경된 내용을 저장합니다.

```
[root@localhost ~]# nano ~/.bashrc
# .bashrc

# User specific aliases and functions
```

```
alias rm='rm -i'
alias cp='cp -i'
alias mv='mv -i'
alias python3=python3.6
alias pip3='pip3.6'
alias dir='dir --color=auto' ← 추가된 alias 라인
```

변경한 후 사용하는 터미널을 종료시킨 후 다시 시작해야 색이 바뀐 것을 확인할 수 있습니다. source
~/.bashrc 명령어를 사용해 bashrc를 다시 시작합니다.

```
[root@localhost ~]# source ~/.bashrc
```

이제 dir을 사용해도 폴더에 색깔이 바꾼 것을 눈으로 확인할 수 있습니다. 직접 한번 확인해 보기 바
랍니다.

18 touch: 파일을 만들 때 사용합니다. 다음과 같이 touch file_name을 입력하면
파일이 생성됩니다.

```
root@ubuntu18s1:~# ls
directory1  directory2  folder1  folder2
root@ubuntu18s1:~# touch myfile02.txt
root@ubuntu18s1:~# ls
directory1  directory2  folder1  folder2  myfile02.txt
```

19 cp: copy 명령어를 사용하면 파일을 복사할 수 있습니다. 먼저 rm -rf 명령
어를 사용해 디렉터리를 모두 삭제한 후 cp 명령어를 사용해 myfile02.txt를
copiedfile02.txt로 복사했습니다.

```
root@ubuntu18s1:~# ls
directory1  directory2  folder1  folder2  myfile02.txt
root@ubuntu18s1:~# rm -rf directory1  directory2  folder1  folder2
root@ubuntu18s1:~# ls
```

```
myfile02.txt
root@ubuntu18s1:~# cp myfile02.txt copiedfile02.txt
root@ubuntu18s1:~# ls
copiedfile02.txt  myfile02.txt
```

20 mv: move 명령어를 사용해 파일 이름을 변경할 수도 있으며 파일과 디렉터리를 다른 디렉터리로 옮길 수도 있습니다.

다음 예에서는 myfile02.txt 파일을 renamedfile02.txt로 이름을 변경했습니다.

```
root@ubuntu18s1:~# ls
copiedfile02.txt  myfile02.txt
root@ubuntu18s1:~# mv myfile02.txt renamedfile02.txt
root@ubuntu18s1:~# ls
copiedfile02.txt  renamedfile02.txt
```

21 mv 명령어를 사용해 파일을 디렉터리로 옮겨보겠습니다. 먼저 mkdir 명령어를 사용해 directory5를 생성했습니다. 그리고 mv renamed02.txt directory5 명령어를 사용해 renamedfile02.txt를 directory5로 이동했습니다.

```
root@ubuntu18s1:~# mkdir directory5
root@ubuntu18s1:~# ls
copiedfile02.txt  directory5  renamedfile02.txt
root@ubuntu18s1:~# mv renamedfile02.txt directory5
root@ubuntu18s1:~# ls
copiedfile02.txt  directory5
root@ubuntu18s1:~# tree
.
├── copiedfile02.txt
└── directory5
    └── renamedfile02.txt

1 directory, 2 files
```

22 다음 예에서는 `.`(점)를 사용해 directory5에 위치하고 있는 renamedfile04.txt 파일을 현재 root 디렉터리 위치로 옮겨오겠습니다. `.`(점)은 현재 있는 위치를 나타냅니다.

```
root@ubuntu18s1:~# tree
.
├── copiedfile02.txt
└── directory5
    └── renamedfile02.txt

1 directory, 2 files
root@ubuntu18s1:~# mv directory5/renamedfile02.txt .  ← '.'(점)
root@ubuntu18s1:~# tree
.
├── copiedfile02.txt
├── directory5
└── renamedfile02.txt

1 directory, 2 files
root@ubuntu18s1:~# ls
copiedfile02.txt  directory5  renamedfile02.txt
```

23 만약 현재 위치를 정확히 기억하고 있다면 파일을 옮길 디렉터리를 정확하게 입력하면 그 디렉터리로 파일이 옮겨집니다. 이해를 돕기 위해 다음에 있는 예를 실행해 봅니다.

```
root@ubuntu18s1:~# mkdir folder1
root@ubuntu18s1:~# ls
copiedfile02.txt  directory5  folder1  renamedfile02.txt
root@ubuntu18s1:~# touch directory5/movingfile01.txt
root@ubuntu18s1:~# ls directory5
movingfile01.txt
root@ubuntu18s1:~# mv directory5/movingfile01.txt folder1
root@ubuntu18s1:~# ls folder1
```

```
movingfile01.txt
```

24 rm: remove 명령어는 파일을 삭제할 때 사용되며 디렉터리를 삭제할 때도 -r과 함께 사용될 수 있습니다. 다음 예를 보면 rm을 사용해서 copiedfile02.txt를 삭제한 후 rm -r 명령어를 사용해 directory5를 완전히 삭제했습니다

```
root@ubuntu18s1:~# ls
copiedfile02.txt  directory5  folder1  renamedfile02.txt
root@ubuntu18s1:~# rm copiedfile02.txt
root@ubuntu18s1:~# rm directory5
rm: cannot remove 'directory5': Is a directory
root@ubuntu18s1:~# rm -r directory5
root@ubuntu18s1:~# ls
folder1  renamedfile02.txt
```

25 다시 directory1을 만들고 그 안에 myfile01.txt을 저장해 보겠습니다. 다음 rm -r을 사용하지 않고 rmdir와 rmdir -r 명령어를 사용해 디렉터리 삭제를 실행시켜 보겠습니다.

하나의 디렉터리 아래 파일이 존재할 때 rmdir 명령어로 디렉터리 삭제를 시도할 경우 삭제가 안됩니다. 이럴 때는 rmdir -r이 아닌 rm -r로 삭제해야 디렉터리가 완전히 삭제되는 것을 알 수 있습니다. **-r(recussive)로 삭제할 경우 복구가 불가능하므로 실무에서 파일이나 디렉터리를 삭제할 때 주의하면서 삭제합니다.**

```
root@ubuntu18s1:~# mkdir directory1
root@ubuntu18s1:~# touch directory1/myfile01.txt
root@ubuntu18s1:~# ls directory1
myfile01.txt
root@ubuntu18s1:~# rmdir directory1
rmdir: failed to remove 'directory1': Directory not empty
root@ubuntu18s1:~# rmdir -r directory1
```

```
rmdir: invalid option -- 'r'
Try 'rmdir --help' for more information.
root@ubuntu18s1:~# rm -r directory1
root@ubuntu18s1:~# ls
folder1  renamedfile02.txt
```

26 touch 명령어를 사용해, 동시에 다수의 파일들을 만든 후 rm 명령어로 다시 삭제해 보겠습니다.

```
root@ubuntu18s1:~# ls
folder1  renamedfile02.txt
root@ubuntu18s1:~# touch file1 file2 file3 file4 file5
root@ubuntu18s1:~# ls
file1  file2  file3  file4  file5  folder1  renamedfile02.txt
root@ubuntu18s1:~# rm file1 file2 file3 file4 file5
root@ubuntu18s1:~# ls
folder1  renamedfile02.txt
```

27 역시 mkdir 명령어를 사용해 동시에 디렉터리(폴더)를 여러 개 만든 후 다시 rm -r 명령어를 사용해 한꺼번에 지워보겠습니다.

```
root@ubuntu18s1:~# ls
folder1  renamedfile02.txt
root@ubuntu18s1:~# mkdir folder2 folder3 folder4 folder5
root@ubuntu18s1:~# ls
folder1  folder2  folder3  folder4  folder5  renamedfile02.txt
root@ubuntu18s1:~# rm -r folder1  folder2  folder3  folder4  folder5
root@ubuntu18s1:~# ls
renamedfile02.txt
```

참고

Q 명령어 옵션은 어떻게 보나요?

A 명령어 다음에 --help 또는 man 명령어를 사용하면 됩니다. 다음 예에서는 ls --help와 man ls 명령어를 보여주고 있습니다.

```
root@ubuntu18s1:~# ls --help


root@ubuntu18s1:~# man ls
```

28 사용자 계정에서 root 사용자 계정으로 로그인하려면 **su** 또는 **su -** 명령어를 사용해 root 계정으로 로그인합니다. 물론 root 사용자 계정의 패스워드를 알고 있어야 합니다.

```
bchoi@ubuntu18s1:~$ su -
Password:
root@ubuntu18s1:/home/bchoi# cd
root@ubuntu18s1:~# pwd
/root
```

29 만약 일반 사용자로 로그인하려면 **su - user_name**을 입력하면 됩니다.

```
root@ubuntu18s1:~# su - bchoi
bchoi@ubuntu18s1:~$
```

4.5.2 리눅스 파일 및 디렉터리 관리하기 예습 2

예습 1에서는 리눅스 파일과 디렉터리 기본기 연습을 해 봤습니다. 예습 2에서는 더 많은 리눅스 기본 파일 및 디렉터리 관련 명령어들을 예습으로 소개하고 직접 익혀 보겠습니다. 앞서 설명했듯이 리눅스 입문의 성공 여부는 명령어를 얼마나 잘 이용해 파일과 디렉터리를 잘 다루냐에 있다고 말할 수 있습니다. 계속 예습을 이어갑니다.

4.5.2.1 echo, cat, more, less 명령어 연습

예습 2를 시작하기 전에 먼저 다음 박스에 나와 있는 내용을 한번 읽어봅니다.

echo	파일을 열지 않고 echo 명령어를 사용하면 입력이 가능합니다.
more	파일을 열지 않고 내용을 볼 때 사용되며, [Enter] 키(1줄씩 표시) 또는 **스페이스바**(여러 줄)를 사용해 내용을 계속 확인할 수 있습니다. more를 종료할 때 q를 사용합니다.
cat	more 명령어와 같이 파일의 내용을 확인할 수 있습니다. 또한 두 개 이상의 파일들을 하나로 병합하는 데도 사용합니다.
less	more와 마찬가지로 파일을 열지 않고 파일을 볼 수 있으며 [Enter] 키와 스페이스바를 사용해 스크롤링할 수 있고, 또는 위아래 화살표 키를 사용해서 내용을 확인할 수 있습니다. more 명령어보다 더 편리할 수 있습니다. less를 종료할 때도 q를 사용합니다.

01 첫 번째 파일, file01을 만든 후 파일을 텍스트 에디터로 사용하지 않고 원하는 내용을 입력해봅니다.

```
root@ubuntu18s1:~# touch file01
root@ubuntu18s1:~# ls
file01
root@ubuntu18s1:~# more file01
root@ubuntu18s1:~# echo "Can you say hello in different  languages?" > file01
root@ubuntu18s1:~# more file01
Can you say hello in different languages?
```

02 두 번째 파일, file02를 만든 후 파일을 열지 않고 입력해봅니다.

```
root@ubuntu18s1:~# touch file02
root@ubuntu18s1:~# ls
file01  file02
root@ubuntu18s1:~# more file02
root@ubuntu18s1:~#
root@ubuntu18s1:~# echo "Hello Bonjour Nihao Shalom Merhaba Ola Namaste
Anyoung" > file02
```

```
root@ubuntu18s1:~# cat file02
Hello Bonjour Nihao Shalom Merhaba Ola Namaste Anyoung
```

03 echo 명령어의 또 다른 용도는 여러 개의 같은 형식의 파일들을 묶어 하나의 파일로 만들어 줍니다. 다음 예에서는 앞의 file01과 file02를 묶어 file03으로 만들어 봤습니다. 첫 번째 파일 내용의 아래 두 번째 파일의 내용이 붙은 것을 확인할 수 있습니다.

```
root@ubuntu18s1:~# ls
file01  file02
root@ubuntu18s1:~# cat file01 file02 > file03
root@ubuntu18s1:~# ls
file01  file02  file03
root@ubuntu18s1:~# more file03
Can you say hello in different languages?
Hello Bonjour Nihao Shalom Merhaba Ola namaste Anyoung
```

04 만약 같은 파일에 내용을 더 추가하고 싶다면 cat 〉〉 명령어를 사용하면 됩니다.

```
root@ubuntu18s1:~# ls
file01  file02  file03
root@ubuntu18s1:~# more file03
Can you say hello in different languages?
Hello Bonjour Nihao Shalom Merhaba Ola namaste Anyoung
root@ubuntu18s1:~# cat >> file03
Then how do you say 'Love' in various languages?
Love Laska Kaerlinghed Pig-ibig Cinta Amore Mohabbat Sarang
```

Ctrl+D 키콤보 사용해서 종료하기

```
root@ubuntu18s1:~# more file03
Can you say hello in different languages?
Hello Bonjour Nihao Shalom Merhaba Ola namaste Anyoung
```

Then how do you say 'Love' in various languages?
Love Laska Kaerlinghed Pig-ibig Cinta Amore Mohabbat Sarang

---

05 cat 명령어를 이용해 새로운 파일을 만들 수도 있습니다.

```
root@ubuntu18s1:~# cat > file04
This is a test file created using 'cat >' command.
Woolalala...
```

Ctrl+D 키 콤보 사용해서 종료하기

```
root@ubuntu18s1:~# cat file04
This is a test file created using 'cat >' command.
Woolalala...
```

---

06 more: 이 명령어를 사용하면 바로 화면상 내용이 보이며 [Enter] 키와 스페이스바를 사용해서 연속적으로 파일의 내용을 볼 수 있습니다.

```
root@ubuntu18s1:~# ls
file01  file02  file03  file04
root@ubuntu18s1:~# more file03
Can you say hello in different languages?
Hello Bonjour Nihao Shalom Merhaba Ola namaste Anyoung
Then how do you say 'Love' in various languages?
Love Laska Kaerlinghed Pig-ibig Cinta Amore Mohabbat Sarang
```

---

07 less: 이 명령어를 사용해서 파일을 읽으면 내용을 불러들여 위아래 화살표 키들을 사용해 자유자재로 이동하면서 파일의 내용을 볼 수 있습니다. 짧은 내용일 경우 more 명령어를 사용해도 별 문제는 없지만 긴 내용의 파일일 경우 less 명령어가 더 유용하게 사용될 수 있습니다.

```
root@ubuntu18s1:~# ls
file01  file02  file03  file04
```

```
root@ubuntu18s1:~# less file03
```

```
Can you say hello in different languages?
Hello Bonjour Nihao Shalom Merhaba Qla namaste Anyoung
Then how do you say 'Love' in various languages?
Love Laska Kaerlinghed Pig-ibig Cinta Amore Mohabbat Sarang
file03 (END)
```

그림 4-41 less 명령어의 사용 예

4.5.2.2 ls 명령어 연습

ls	파일과 디렉터리를 열거합니다.
ls -l	파일과 디렉터리의 상세 정보를 보여줍니다.
ls -a	작업하고 있는 디렉터리 내에 있는 모든 파일을 보여줍니다.
ls -al	작업하고 있는 디렉터리의 파일 및 디렉터리의 상세 정보를 보여줍니다.

01 ls는 현재 작업하고 있는 디렉터리의 파일 및 하위 디렉터리를 보여줍니다.

```
root@ubuntu18s1:~# ls
file01  file02  file03  file04
```

02 ls -l 사용 예: 아래를 보면 디렉터리, 즉 directory1 줄의 가장 앞에 붙어 있는
"d"는 디렉터리를 의미합니다. 일반 파일은 앞에 "-"로만 표시됩니다.

```
root@ubuntu18s1:~# mkdir directory1
root@ubuntu18s1:~# ls -l
total 20
drwxr-xr-x 2 root root 4096 Aug 27 05:46 directory1
-rw-r--r-- 1 root root   42 Aug 27 04:07 file01
-rw-r--r-- 1 root root   55 Aug 27 04:08 file02
-rw-r--r-- 1 root root  207 Aug 27 04:32 file03
-rw-r--r-- 1 root root   64 Aug 27 04:25 file04
```

03 ls –a 사용 예: ls만 사용했을 때 보이지 않았던 파일과 디렉터리들이 표시됩니다.

```
root@ubuntu18s1:~# ls -a
.    .bash_history  .cache      file01    file03  .gnupg  .profile  .viminfo
..   .bashrc        directory1  file02    file04  .local  .ssh
```

04 ls –al 사용 예: ls –a와 ls –l을 하나로 묶어놓은 명령어입니다.

```
root@ubuntu18s1:~# ls -al
total 60
drwx------   7 root root 4096 Aug 27 05:46 .
drwxr-xr-x  23 root root 4096 Aug 24 07:15 ..
-rw-------   1 root root 1954 Aug 27 03:35 .bash_history
-rw-r--r--   1 root root 3105 Aug 24 08:06 .bashrc
drwx------   2 root root 4096 Aug 24 07:20 .cache
drwxr-xr-x   2 root root 4096 Aug 27 05:46 directory1
-rw-r--r--   1 root root   42 Aug 27 04:07 file01
-rw-r--r--   1 root root   55 Aug 27 04:08 file02
-rw-r--r--   1 root root  207 Aug 27 04:32 file03
-rw-r--r--   1 root root   64 Aug 27 04:25 file04
drwx------   3 root root 4096 Aug 24 07:20 .gnupg
drwxr-xr-x   3 root root 4096 Aug 17 04:47 .local
-rw-r--r--   1 root root  148 Aug 17  2015 .profile
drwx------   2 root root 4096 Aug 17 04:31 .ssh
-rw-------   1 root root  746 Aug 27 02:55 .viminfo
```

4.5.2.3 파일 및 디렉터리 한번에 지우기

01 아래 디렉터리에서 file로 시작하는 파일을 명령어 한 줄을 사용해 삭제하고 싶다면 rm file*, 즉 *가 나머지 파일 이름을 대신합니다. 간단하게 파일 4개가 지워졌습니다.

```
root@ubuntu18s1:~# ls
```

```
directory1  file01  file02  file03  file04
root@ubuntu18s1:~# rm file*
root@ubuntu18s1:~# ls
directory1
```

02 디렉터리를 같은 방법으로 지우고 싶다면 rm -r을 사용해야 합니다. 먼저 디렉터리 세 개를 생성한 후 곧바로 삭제합니다.

```
root@ubuntu18s1:~# mkdir directory1 directory2 directory3
root@ubuntu18s1:~# ls
directory1  directory2  directory3
root@ubuntu18s1:~# rm directory1 directory2 directory3
rm: cannot remove 'directory1': Is a directory
rm: cannot remove 'directory2': Is a directory
rm: cannot remove 'directory3': Is a directory
root@ubuntu18s1:~# rm -r directory1 directory2 directory3
root@ubuntu18s1:~# ls
```

주의

rm 또는 rm -r 명령어를 사용할 때는 항상 파일을 확인한 후 삭제해야 합니다. 특히 rm -r 명령어로 잘못 수행해 파일을 백업하지 않은 상태에서 삭제하는 경우가 없도록 주의해야 합니다. 리눅스 서버 상에서 작업하면서 파일 또는 디렉터리를 삭제할 경우 항상 확인을 하고 확실하지 않을 때는 백업 파일 또는 디렉터리를 만든 후 삭제하는 습관을 들입니다.

숙제로 구글에서 파일 및 디렉터리 백업하는 방법을 한 번 찾아보기 바랍니다.

4.5.2.4 chmod - 파일 권한 변경하기 및 파이썬 스크립트 만들기

chmod 명령어를 사용하면 파일의 권한을 변경할 수 있습니다. 이 명령어는 특히 파이썬 스크립트 파일의 특성을 변경해 실행파일로 만들 때 유용하게 사용됩니다. 현재 root 사용자 디렉터리 안에는 아무런 파일이 없습니다. 먼저 하나의 파이썬 파일을 만들기 위해 다음과 같이 따라합니다.

01 리눅스에서 파이썬 스크립트를 만들려면 파일 이름 뒤에 .py를 붙여주면 됩니다. 다음과 같이 연습으로 touch와 nano 명령어를 사용해 pyscript1.py 파이썬 파일을 하나 생성한 후 실행해 봅니다.

```
root@ubuntu18s1:~# ls
root@ubuntu18s1:~# touch pythonscript1.py
bchoi@ubuntu18s1:~$ nano pyscript1.py
```

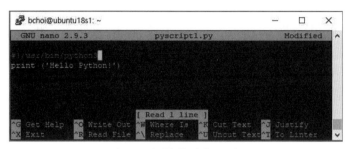

그림 4-42 파이썬 첫 번째 스크립트

```
bchoi@ubuntu18s1:~$ more pyscript1.py
print ('Hello Python!')
bchoi@ubuntu18s1:~$ ls -l *.py
-rw-rw-r-- 1 bchoi bchoi 24 Nov  9 14:16 pyscript1.py
bchoi@ubuntu18s1:~$ python3 -V
Python 3.6.6
bchoi@ubuntu18s1:~$ python3 pyscript1.py
Hello Python!
```

우분투 18.04.1 LTS 서버에는 파이썬 3.6.6 버전이 이미 설치돼 있어 파이썬 스크립트를 바로 수행할 수 있습니다. 하지만 만약 이 첫 번째 파이썬 파일을 바로 python3 명령어를 사용하지 않고 실행을 시키고 싶다면 어떻게 해야 할까요? 답은 이 파일을 chmod 명령어를 사용해 파일을 실행형 파일로 변경해줘야 합니다. 다음과 같이 파일을 실행형으로 변경한 후 실행할 수 있습니다.

02 먼저 ls -l 명령어로 파일 권한을 확인합니다. 다음 chmod + x를 사용해 파이썬
파일을 실행형으로 만듭니다. ls -l 명령어를 사용해 파일 권한을 먼저 확인해
보면 x가 없는 것이 보입니다. 그리고 chmod + x를 사용해 실행용 파일로 변경
하고 나서는 실행 권한이 주어진 'x'가 나타납니다. 또한 파일 이름이 녹색으로
변하면서 해당 파일이 실행 가능한 파일이란 걸 알려줍니다. 파일의 위치를 정
확하게 알려줘야 하므로 './'를 붙여 실행을 시킵니다. './'는 현재 작업하고 있는
디렉터리의 위치를 뜻합니다.

```
bchoi@ubuntu18s1:~$ ls -l *.py
-rw-rw-r-- 1 bchoi bchoi 24 Nov  9 14:16 pyscript1.py
bchoi@ubuntu18s1:~$ chmod +x pyscript1.py
bchoi@ubuntu18s1:~$ ls -l *.py
-rwxrwxr-x 1 bchoi bchoi 43 Nov  9 14:44 pyscript1.py
bchoi@ubuntu18s1:~$ ls *.py
pyscript1.py
bchoi@ubuntu18s1:~$ ./pyscript1.py
Hello Python!
```

위에서 소개한 리눅스 파일과 디렉터리 관리법은 가장 기본적인 것들로 엮어봤습
니다. 만약 리눅스를 전문적으로 공부하길 원한다면 Linux Profession Institute의
LPIC 코스와 레드햇의 RHCSA/RHCE를 전문적으로 공부해야 합니다. 시간과 경제
적 여유가 있는 분들은 한 번쯤 반드시 리눅스 공부에 도전하면 미래에 엔지니어로
서 좀 더 좋은 기회들이 찾아올 것이라는 것이 개인적인 생각입니다. 리눅스의 파

일 및 디렉터리 관리 부분에 익숙하다는 말은 시스템 및 네트워크 서비스 관리에 필요한 리눅스 기술력 부분과도 상당부분 친숙해질 수 있다라는 뜻입니다. 만약 LPI와 RHCE에 관심이 있다면 다음 링크로 접속해 관련 내용을 한번 살펴보면 도움이 됩니다.

Linux Professional institute URL:
https://www.lpi.org/
https://www.lpi.org/our-certifications/exam-101-objectives

Red Hat Certified System Administrator (RHCSA) URL:
https://www.redhat.com/en/services/certification/rhcsa

Red Hat Certified Engineer: https://www.redhat.com/en/services/certification/rhce

---

다음은 리눅스 서버 시스템 보안 강화에 대해 좀 더 이해하기 위해 root 사용자의 패스워드와 SSH 포트 번호를 변경하는 방법을 한번 배워보도록 하겠습니다.

4.6 우분투 서버 root 사용자로 패스워드 변경 및 SSH 디폴트 포트 변경하기

여기에서는 연습을 위해 가장 먼저 설치했던 **우분투 18.04 LTS 가상 서버**를 사용하겠습니다. 현재 모든 기업환경에서나 IP 장비들에 대한 보안은 최고로 우선시되고 있습니다. 만약 설치한 리눅스 서버가 랩용이 아닌 실무 환경에서 사용될 중요한 IP 서비스 서버라고 한번 가정해 보겠습니다. 너무 많은 서버 관리자들이 root 패스워드를 알고 있던가 SSH 디폴트 포트 번호인 22번을 변경하지 않고 그대로 사용하고 있다면 이것은 보안상의 큰 문제가 될 수 있습니다.

만약 이 서버가 사내 아주 중요한 네트워크 서비스를 다른 사용자들에게 제공하고 있다고 가정했을 경우 SSH 접속은 허용하되 소수의 서버 관리자들만 root 사용자 계정으로 접속 및 관리를 할 수 있어야 한다라는 회사 방침이 있을 경우 가장 효과적으로 이 서버의 보안을 강화할 수 있는 방법은 root 패스워드를 변경한 후 디폴트 포트 번호를 변경하는 방법일 것입니다. 루트 사용자 패스워드와 포트 번호만 변경해도 보안이 한 단계 더 강화됩니다. 사내에서 이러한 방침을 영어로 system security hardening policy라고도 부릅니다.

먼저 root 사용자의 패스워드를 변경한 후 SSH 접속에 사용되는 디폴트 포트 번호를 다른 번호로 변경해 우분투 서버의 보안을 강화합니다.

4.6.1 우분투 서버 root 사용자 패스워드 변경하기

01 먼저 본인의 사용자 이름으로 우분투 서버에 로그인합니다. 다음 su - 명령어를 사용해 기존 root 사용자 패스워드를 사용해 root 패스워드로 로그인한 후 passwd 명령어를 사용해 새 패스워드로 업데이트합니다.

```
bchoi@ubuntu18s1:~$ su -
Password:********
root@ubuntu18s1:~# passwd
Enter new UNIX password:**********
Retype new UNIX password:**********
passwd: password updated successfully
```

02 변경된 패스워드로 우분투 서버의 콘솔 또는 SSH 접속을 해 변경된 패스워드가 정상적으로 동작하는지 확인합니다.

4.6.2 우분투 서버 SSH 디폴드 포트 번호 변경하기

3장에서 서버 랩 최적화 부분인 3.5.1.3에서 sudo sed -i 's/#PermitRootLogin prohibit-password/PermitRootLogin yes/' /etc/ssh/sshd_config라는 명령어 하나로 아주 간단히 root 사용자의 SSH 접속을 우분투 서버에서 허용했습니다. 사실상 이

명령어를 사용했던 이유는 아직 파일 및 디렉터리 관리에 대한 설명을 충분히 하지 않았기 때문입니다. 이 명령어는 **ssh_config**라는 **sshd** 서버의 설정 파일에 있는 내용을 변경하라는 뜻입니다. ssh_config 파일의 **#PermitRootLogin prohibit—password**라는 내용을 **PermitRootLogin yes**로 변경하라는 명령어입니다. 이 파일의 내용을 변경하면 root 사용자의 SSH 접속이 허용됩니다.

01 다음 그림은 명령어를 실행하기 전 sshd_config 파일 내용입니다. 이 상태에서는 일반 사용자들의 SSH 접속만 허용합니다.

파일 위치: nano /etc/ssh/sshd_config

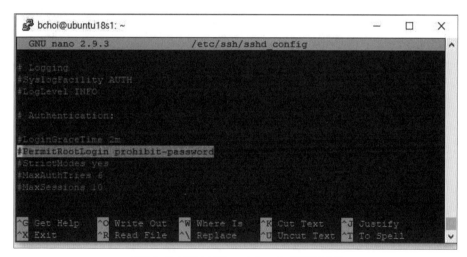

그림 4-43 우분투 서버 – sshd_config 파일 변경 전

02 다음은 명령어를 실행한 후 sshd_config 파일 내용입니다.

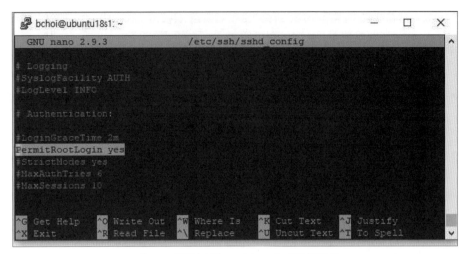

그림 4-44 우분투 서버 – sshd_config 파일 변경 후

03 만약 우분투 서버로 root 사용자 계정에 대한 SSH 접속을 원상복귀해 완전히
차단하고 싶다면 다음에 나와 있는 명령어를 입력하면 됩니다. 이 파일을 변경
하는 또 다른 방법은 vi나 nano를 사용해 이 파일의 내용을 직접 원상태로 변경
할 수 있습니다.

```
sed -i 's/PermitRootLogin yes/#PermitRootLogin prohibit-password/' /etc/
ssh/sshd_config
```

vi 또는 nano로 ssh 설정 파일을 열려면 다음의 명령어를 사용합니다.

```
[root@localhost ~]# nano /etc/ssh/sshd_config
```

```
[root@localhost ~]# vi /etc/ssh/sshd_config
```

04 우분투 18.04 서버에는 기본 프로그램으로 OpenBSD SSH 서버가 이미 설치돼
있습니다. SSH 서버가 없을 경우는 설치를 해야만 SSH 서비스를 사용해 서버로
접속할 수 있습니다. **service ssh status** 명령어를 사용하면 한눈으로 SSH 서비
스가 동작하고 있는지를 확인할 수 있습니다. 다음 그림을 보면 **nano /etc/ssh/**

sshd_config를 사용해 파일을 열면 #Port 22가 설정돼 있지만 활성화돼 있지 않습니다.

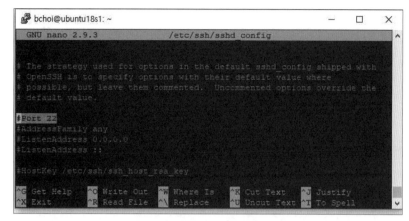

그림 4-45 우분투 – SSH 디폴트 포트

05 다음 그림에서는 '#'(우물 정자)을 제거하고 Port를 활성화해 디폴트 포트 번호인 22번을 어드민이 사용하고 싶은 포트 번호 1972로 변경했습니다. 이제부터 이 서버로 SSH 접속을 하는 클라이언트들은 TCP/UDP 1972번을 사용해 접속해야 합니다.

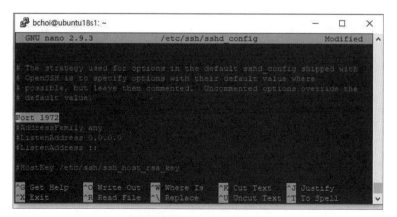

그림 4-46 우분투 – SSH 포트 변경

06 다음 그림과 같이 service ssh status 명령어를 사용해 SSH 포트를 확인하면 22
번 포트가 아닌 1972번 포트가 열려있는 것이 보입니다.

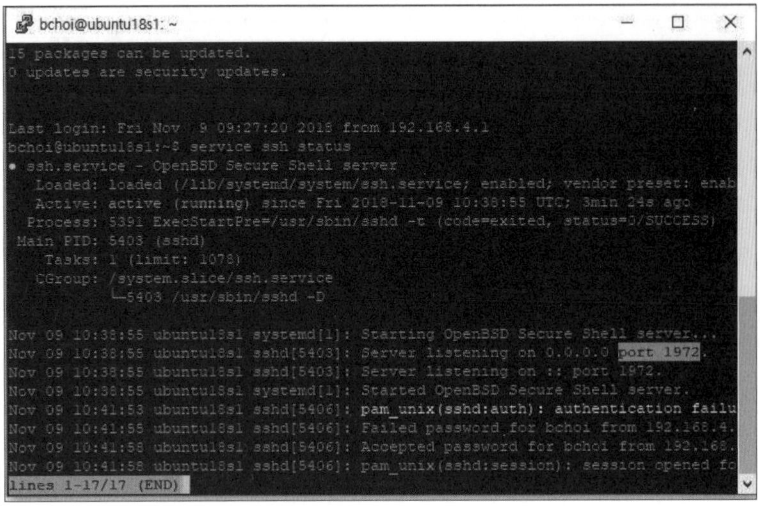

그림 4-47 우분투 – SSH 서비스 포트

07 서버의 포트가 변경됐다는 것을 모르는 서버관리자들은 22번 포트를 계속 사용
해 접속을 시도하지만 서버 접속 에러가 나타납니다.

그림 4-48 우분투 – SSH 22 포트로 접속 시도

08 변경된 포트 번호 1972번을 사용해 PuTTY로 접속해 보면 정상적으로 ssh-rsa 키 신뢰 메시지가 나타나면서 정상적인 접속이 가능해집니다.

그림 4-49 우분투 – SSH 포트 1972번으로 접속 시도 예

만약 현재 사용하고 있는 리눅스 서버 또는 다른 리눅스 서버에서 변경된 포트를 테스트하려면 다음 ssh 명령어를 사용해 접속을 시험해 볼 수 있습니다. 우분투 서버에서 변경된 포트 번호로 다음 명령어를 사용해 직접 로그인을 시험해 볼 수 있습니다.

```
bchoi@ubuntu18s1:~$ ssh root@192.168.4.142 -p 1972
root@192.168.4.142's password:********
```

> **참고**
>
> 이미 눈치를 챘겠지만 이 파일의 SSH 디폴트 포트 번호를 간단하게 변경하려면 앞에서 배운 'sed –i' 명령어를 조금만 변경해 사용하면 됩니다.
>
> ```
> sed -i 's/#Port 22 /Port 1972/' /etc/ssh/sshd_config
> ```

지금까지 우분투 서버에 root 사용자 패스워드 변경과 SSH 접속 관리법을 배워봤습니다. Part A, '리눅스 따라잡기'의 마지막 부분인 4.7에서는 한 명의 네트워크 엔지니어로 일하면서 랩과 실무에 모두 도움이 될 올인원All-in-one 리눅스 IP 네트워크 서비스 서버를 한 번 구성해 보겠습니다. 이미 설치한 하나의 가상 CentOS 7.5 리눅스 서버를 사용해 네 가지의 IP 네트워크 서비스를 제공하는 로지컬 IP 서비스 서버로 만들어봅니다.

4.7 TFTP, FTP, SFTP와 NTP 서버 설치하기

현업에서 대부분의 IT 엔지니어들은 여러 가지 네트워크 상에서 지원되는 TCP/IP 서비스들을 사용해 업무를 수행합니다. 수많은 IP 서비스 중 네트워크 엔지니어들이 가장 많이 사용하는 네트워크 서비스 중에 FTP, SFTP, TFTP와 NTP가 포함돼 있습니다. 각각의 서비스는 실제 네트워크에서 여러 분산된 서버 또는 네트워크 장비에 설치돼 서비스를 지원합니다. 하지만 랩에서는 각 서비스들을 4개의 분리된 가상 서버로 분산시킨 네트워크 서비스를 굳이 사용할 이유가 없습니다. 이 모든 서비스를 리눅스 서버 한 대에 설치해 모든 네트워크 서비스를 사용할 수 있습니다.

FTP, SFTP와 TFTP는 대용량 저장 공간을 필요로 하는 일종의 파일 서비스이며 시스코 IOS/NX-OS 라우터나 스위치와 같이 저장 공간이 부족한 장비에서 많은 저장 공간을 필요로 하는 IP 서비스를 지원한다는 것은 한계가 있습니다. NTP 서비스의 경우, 서버 및 네트워크 기기들이 모두 정확한 시간에 맞춰 구동될 수 있도록 시간 동기화 서비스를 제공합니다.

이 4가지의 모든 IP 서비스를 묶어 1대의 서버로 랩에서 사용할 수 있다는 것은 정말 한순간 리눅스의 진정한 가치가 발휘되는 순간일 것입니다. 아마도 시스템즈 엔지니어가 아니라면 이 모든 서비스들을 직접 구축해 지원해본 네트워크 엔지니어분들은 그리 많지 않을 것입니다. 이번 기회에 이 책에서 설치한 리눅스 서버에 설치를 해보고 직접 테스트를 하면서 시스템즈 엔지니어의 업무도 좀 더 이해하면 좋지 않을까요? 그럼 FTP, SFTP, TFTP 그리고 NTP 서버 순으로 설치해 보겠습니다.

4.7.1 FTP 서버 설치하기

FTP는 File Transfer Protocol의 약자로 대용량 파일을 일괄적으로 주고받기 위해 만들어진 매우 단순한 네트워크 서비스입니다. 다시 말해 단순한 만큼 다른 파일 공유 방식보다 빠른 속도로 한꺼번에 파일을 주고받을 수 있다는 것이 큰 장점입니다. FTP는 디폴트로 TCP 21번 포트를 사용하며 SFTP보다는 보안이 취약한 프로토콜이라고 볼 수 있습니다.

먼저 FTP 서버 설치 후 FTP 서비스가 정상적으로 작동하는지 확인해 보겠습니다. CentOS 7.5에서 FTP 서버 설치 및 확인 방법은 다음과 같습니다.

01 먼저 root 사용자 계정으로 CentOS 7.5에 로그인해 명령어 터미널을 실행시킵니다.

02 다음 시스템과 리포지토리 리스트 업데이트 명령어를 한 번씩 실행시켜줍니다.

```
[root@localhost ~]# yum -y update
[root@localhost ~]# yum -y repolist
```

03 vsftpd(Very Secure FTP Daemon) 패키지를 설치합니다.

```
[root@localhost ~]# yum install -y vsftpd
```

설치가 정상적으로 완료되면 다음과 같은 메시지가 나타납니다. 만약 시스템 장애로 설치가 완료되지 않는다면, 서버와 인터넷과의 통신 문제 또는 서버 repository 업데이트에 문제가 있을 수 있으니 점검 후에 재설치를 시도해야 합니다.

```
Installed:
```

```
ftp.x86_64 0:0.17-76.el7
```

04 서버 상에서 FTP 서비스를 사용하기 위해 서버의 방화벽에 서비스 사용을 다음 명령어를 사용해 허용합니다.

```
[root@localhost ~]# firewall-cmd --permanent --zone=public --add-service=ftp
[root@localhost ~]# firewall-cmd --permanent --add-port=21/tcp
[root@localhost ~]# firewall-cmd --reload
```

다음 명령어를 사용하면 21번 포트가 열려 있는 것을 확인할 수 있습니다.

```
[root@localhost ~]# netstat -ap | grep ftp
[root@localhost ~]# netstat -tupan | grep 21
[root@localhost ~]# netstat -na | grep tcp6
```

05 서버가 부팅됐을 경우 vsftpd 서비스가 자동으로 시작할 수 있도록 다음 명령어 들도 연속해서 입력해 줍니다.

```
[root@localhost ~]# systemctl enable vsftpd.service
[root@localhost ~]# systemctl start vsftpd.service
[root@localhost ~]# systemctl status vsftpd.service
```

06 모든 사용자들이 접속 가능하게 nano 에디터를 사용해 ftp 서버 구성 파일을 변 경합니다.

```
[root@localhost ~]# nano /etc/vsftpd/vsftpd.conf
```

파일의 내용을 다음과 같이 변경하면 편리하게 랩에서 사용할 수 있습니다.

```
anonymous_enable=YES
local_enable=YES
write_enable=YES
```

파일 밑부분에 다음 내용을 그대로 입력한 후 파일을 저장합니다.

```
allow_writeable_chroot=YES
pasv_enable=Yes
pasv_min_port=40000
pasv_max_port=40100
```

07 변경한 내용이 적용될 수 있도록 다음 systemctl 명령어를 사용해 vsftpd 서비스를 다시 시작합니다.

```
[root@localhost ~]# systemctl restart vsftpd.service
```

08 정상적으로 FTP 서비스가 되고 있다면 사용자 로그인 없이도 웹 브라우저를 사용해 다음과 같은 화면이 나타날 것입니다. anonymous_enable=YES로 설정돼 있을 경우 파일 공유 디렉터리 위치는 ./var/ftp/이며 디폴트로 pub 폴더에 파일들을 공유할 수 있습니다. 다음 화면에서는 FTP shared라는 폴더를 더 추가적으로 생성해 공유하고 있습니다.

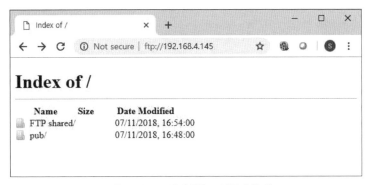

그림 4-50 FTP 서버 접속 – 구글 사용 예

09 만약 윈도우에서 파일을 업로드해서 공유하고 싶다면 WINSCP 프로그램을 사용해 SFTP로 접속한 후 ./var/ftp/ 폴더로 이동해 공유하고 싶은 파일들을 업로드하면 됩니다.

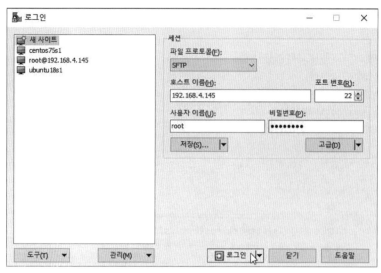

그림 4-51 WINSCP – SFTP 사용자로 로그인 예

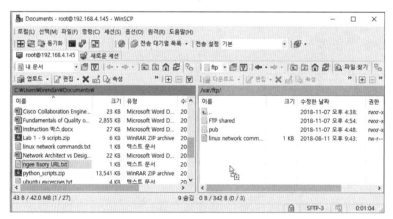

그림 4-52 WINSCP – FTP 폴더에 파일 업로드 예

WINSCP는 다음 사이트에서 무료로 다운로드받을 수 있습니다.

https://winscp.net/eng/download.php

이상으로 FTP 서버 설정과 테스트가 완료됐습니다. 이제 FTP 서버를 사용해 IOS 파일 또는 설정 파일 등 여러 가지 파일들을 다른 장비들과 공유가 가능해졌습니다.

4.7.2 SFTP 서버 설치하기

SFTP는 Secure File Transfer Protocol로 글자 그대로 FTP 서비스에 보안을 더한 파일 공유 네트워크 서비스를 말합니다. SFTP와 FTP는 OSI 모델의 4계층인 네트워크 계층에서 데이터를 주고받을 때 암호화해서 데이터를 주고 받느냐에 차이가 있으며 디폴트 포트는 TCP/UDP 22번 포트를 사용하고 있습니다. 여기서 22번 포트로 UDP도 함께 사용된다고 설명했지만 일반적인 네트워크에서 SFTP를 사용할 경우 대부분 파일 공유는 TCP 22번 포트를 사용해 동작합니다. UDP를 22번 포트에 포함시킨 이유는 TCP/IP 개발과정에서 개발자들의 UDP 포함 요청에 의해 포함하게 됐다고 합니다.

다음 SFTP 서버를 설치한 후 SFTP 서비스가 정상적으로 작동하는지 확인해 보겠습니다. CentOS 7.5에서 SFTP 서버 설치 및 확인 방법은 다음과 같습니다.

01 먼저 root 사용자 계정으로 CentOS 7.5에 로그인해 명령어 터미널을 실행합니다.

02 우리는 앞서 vsftpd를 설치했습니다. vsftpd는 FTP와 SFTP를 모두 지원하는 리

눅스 프로그램이므로 여기서 추가 프로그램을 설치하지 않아도 됩니다. 편의상 먼저 SFTP 전용 사용자 계정을 만들어 보겠습니다.

```
[root@localhost ~]# adduser sftpuser
[root@localhost ~]#  passwd sftpuser
```

03 다음은 파일을 보관할 수 있는 디렉터리를 /var/sftp/ 아래 생성합니다. 제 디렉터리 이름은 sftpdata로 붙여봤습니다.

```
[root@localhost ~]# mkdir -p /var/sftp/
[root@localhost ~]# mkdir -p /var/sftp/sftpdata
```

04 이 사용자가 /var/sftp에 위치한 내용들을 변경할 수 있도록 소유 권한을 다음과 같이 변경합니다.

root 사용자를 /var/sftp/ 디렉터리의 소유권자로 변경합니다.

```
[root@localhost ~]# chown root:root /var/sftp
```

디렉터리와 파일을 변경할 수 있도록 권한을 755로 변경합니다.

```
[root@localhost ~]# chmod 755 /var/sftp
```

sftpuser 사용자를 /var/sftp/sftpdata 디렉터리의 소유권자로 변경합니다.

```
[root@localhost ~]# chown sftpuser:sftpuser /var/sftp/sftpdata
```

05 sftpdata 디렉터리로 SSH 접근을 제한하기 위해 sshd_config 파일을 다음과 같이 변경합니다. SFTP 접속만 허용하기 위해 먼저 다음 명령어를 이용해 파일을 열어 아래 명시돼 있는 내용들을 설정 파일 맨 밑부분에 그대로 복사한 후 저장합니다.

```
[root@localhost ~]# nano /etc/ssh/sshd_config

#추가할 내용
Match User sftpuser
ForceCommand internal-sftp
PasswordAuthentication yes
ChrootDirectory /var/sftp
PermitTunnel no
AllowAgentForwarding no
AllowTcpForwarding no
X11Forwarding no
```

06 위에서 변경된 내용이 적용되도록 sshd 서비스를 다시 시작합니다.

```
[root@localhost ~]# systemctl restart sshd
```

07 정상적으로 SFTP 서비스가 동작하고 있다면 sftpuser 사용자로 SSH 접속했을 경우 접속되지 않는 것이 정상이며 SFTP로 접속했을 때만 접속되는 것이 정상입니다. 먼저 sftpuser 계정을 사용해 SSH 접속해봅니다.

```
[root@localhost /]# ssh sftpuser@192.168.4.145
sftpuser@192.168.4.145's password:
This service allows sftp connections only.
Connection to 192.168.4.145 closed.
```

예상대로 sftpuser 사용자 계정으로는 SSH로는 접속이 안 됩니다. 그럼 다시 SFTP로 접속을 테스트해 봅니다. 접속한 후 다음과 같이 sftp〉 메시지가 나타난다면 정상적으로 SFTP가 동작하고 있다고 볼 수 있습니다.

```
[root@localhost /]# sftp sftpuser@192.168.4.145
sftpuser@192.168.4.145's password:
Connected to 192.168.4.145.
sftp>
```

08 다음 명령어를 사용하면 22번 포트와 sshd가 정상적으로 동작하는지 확인할 수
있습니다.

```
[root@localhost ~]# netstat -ap | grep sshd
[root@localhost ~]# netstat -tupan | grep 22
[root@localhost ~]# netstat -na | grep tcp6
```

09 마지막으로 호스트에 설치된 WINSCP를 사용해 sftpuser 계정으로 SFTP 접속
을 테스트해 봅니다.

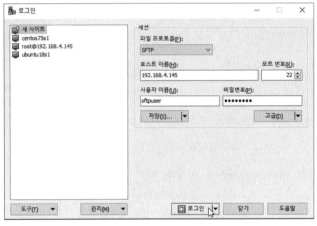

그림 **4-53** WINSCP – SFTP 로그인 예

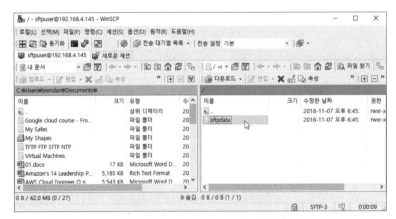

그림 **4-54** WINSCP – SFTP 접속 화면 예

이제 SFTP 서버를 이용해 다른 네트워크 장비들 사이에 안전하게 파일을 공유할 수 있게 됐습니다. 이상으로 SFTP 서버 설치와 테스트를 마치고 다음은 TFTP 서버를 한 번 설치해 보겠습니다.

4.7.3 TFTP 서버 설치하기

TFTP는 Trivial File Transfer Protocol이며 디폴트 포트로 UDP 69번을 사용합니다. TFTP는 UDP를 사용하므로 TCP를 사용하는 FTP나 SFTP보다 훨씬 더 동작이 단순하며 FTP와 마찬가지로 보안이 안되는 네트워크 서비스입니다. TFTP 프로토콜은 사용자 이름과 패스워드를 사용하지 않는 프로토콜입니다. 내부 네트워크에서 시스코 IOS 또는 NX-OS 이미지 또는 설치 및 설정 파일들을 주고받을 때 가장 흔히 사용되는 파일 공유방식 중 하나입니다. 영어 단어 trivial에서도 의미하듯 사소한 프로토콜이라고 생각하면 됩니다.

이제 TFTP 서버를 설치한 후 TFTP 서비스가 정상적으로 작동하는지 확인해 보겠습니다. CentOS7.5에서 TFTP 서버 설치 및 확인 방법은 다음과 같습니다.

01 먼저 root 사용자 계정으로 CentOS 7.5에 로그인해 명령어 터미널을 실행합니다.

02 만약 firewalld가 없다면 설치한 후 firewalld 서비스를 실행합니다. 이 책과 같은 CentOS 서버 버전을 사용했다면 이미 설치돼 있으며 실행되고 있을 것입니다. **이미 설치돼 있을 경우는 다음으로 넘어 갑니다.**

```
[root@localhost ~]# yum install firewalld
[root@localhost ~]# systemctl enable firewalld
[root@localhost ~]# systemctl start firewalld
```

03 TFTP 트래픽이 서버와 통신이 가능하도록 다음 명령어를 사용해 서버 방화벽 세팅을 변경합니다.

```
[root@localhost ~]# firewall-cmd --permanent --zone=public --add-service=tftp
[root@localhost ~]# firewall-cmd --reload
```

04 CentOS 7.5 서버에서 사용된 TFTP 서버 소프트웨어는 xinetd와 tftp-server입니다. 여기서 tftp(client)도 함께 설치해 이 서버에서도 외부 TFTP 서버에 클라이언트로 접속해 파일을 받을 수 있도록 합니다.

```
[root@localhost ~]# yum install xinetd tftp-server tftp
[root@localhost ~]# systemctl enable xinetd tftp
[root@localhost ~]# systemctl start xinetd tftp
```

05 일단 적절한 권한을 가진 tftp라는 사용자 계정을 생성합니다. 여기서 만든 tftp라는 계정은 시스템용 계정이므로 별도의 패스워드를 사용하지 않습니다. 그리고 이 계정을 사용해 쉘^{shell}로 접속할 수도 없습니다.

```
[root@localhost ~]# useradd -s /bin/false -r tftp
```

06 /var 디렉터리에 TFTP라는 디렉터리를 하나 만듭니다. 앞으로 모든 TFTP 파일 공유는 이 디렉터리를 통해 하게 됩니다.

```
[root@localhost ~]# mkdir /var/TFTP
```

07 tftp 시스템 계정이 TFTP 디렉터리의 사용 권한을 가질 수 있도록 권한 변경을 다음과 같이 합니다.

```
[root@localhost ~]# chown tftp:tftp /var/TFTP
[root@localhost ~]# chmod 664 /var/TFTP
```

08 다음은 /etc/xinetd.d/에 tftp라는 서비스 파일을 만든 후 다음 내용을 복사하고 파일을 저장합니다.

```
[root@localhost ~]# nano /etc/xinetd.d/tftp
# 복사할 부분
service tftp
{
        socket_type         = dgram
        protocol            = udp
        wait                = yes
        user                = root
        server              = /usr/sbin/in.tftpd
        server_args         = -c -s /var/TFTP -v -v -v -u tftp -p
        disable             = no
        per_source          = 11
        cps                 = 100 2
        flags               = IPv4

}
```

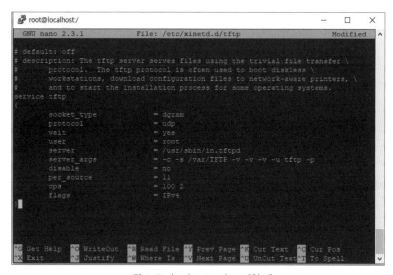

그림 4-55 /etc/xinetd.d/tftp 파일 예

09 서버에서 다운로드는 되지만 업로드가 안 될 수 있습니다. 이때 다음 명령어를
   사용해 파일 업로드도 가능하도록 TFTP 권한을 변경합니다.

```
chcon -t tftpdir_rw_t /var/TFTP
```

10 마지막으로 tftp와 xinetd 서비스를 한 번 더 다시 시작해 줍니다.

```
systemctl restart xinetd tftp
```

11 **옵션 –** TFTP 설치가 완벽하게 됐을 경우 일반적으로 **01 – 10**까지만 설정해도
TFTP 서비스가 정상적으로 동작하는 것이 정상입니다. 가끔 SELinux가 TFTP
오작동을 초래할 수 있으며 이 경우 아래 있는 옵션을 사용해 SELinux 설정을
한번 점검해 보십시오.

A. 아래 나와 있는대로 selinux의 설정 파일을 열어 확인해 봅니다.

```
[root@localhost ~]# nano /etc/selinux/config

SELINUX=enforcing를 SELINUX=permissive 변경 후 파일 저장
```

B. 다음 명령어를 사용해 tftp 권한을 체크합니다. 만약 tftp_anon_write와 tftp_
home_dir 값이 둘다 off일 경우 그 다음 명령어들을 사용해 활성화시켜 줍니다.

```
[root@localhost ~]# getsebool -a | grep tftp

[root@localhost ~]# setsebool -P tftp_anon_write 1
[root@localhost ~]# setsebool -P tftp_home_dir 1
```

4.7.4 NTP 서버 설치하기

마지막으로 NTP는 Network Time Protocol의 약자로 네트워크 장비들의 시간을 동기화하는 데 사용됩니다. 디폴트 포트는 UDP 123번을 사용하며 기업내 네트워크에서는 없으면 안되는 매우 중요한 네트워크 서비스입니다. 네트워크에 연결돼 있는 장비들은 모두 컴퓨터의 한 종류이며 시간에 맞춰 동작하게 디자인돼 있습니다. 하나의 네트워크에서 수백 대, 수천 대의 IT 장비들이 모두 각기 다른 시간을 가지고 작동한다면 여러 가지 문제점들이 발생할 수 있습니다. NTP 서버는 네트워크 장비들이 하나의 기준 시간을 준수할 수 있도록 도와주는 시간 도움이 역할을 합니다.

NTP 서버를 설치한 후 NTP 서비스가 정상적으로 작동하는지 확인해 보겠습니다. CentOS 7.5에서 NTP 서버 설치 및 확인 방법은 다음과 같습니다.

01 먼저 root 사용자 계정으로 CentOS 7.5에 로그인해 명령어 터미널을 실행시킵니다.

02 yum 명령어를 사용해 ntp를 설치합니다.

```
[root@localhost ~]# yum install ntp
```

03 서버의 시간과 시간대가 일치한지 먼저 확인합니다.

```
[root@localhost ~]# timedatectl

[root@localhost ~]# timedatectl list-timezones

[root@localhost ~]# timedatectl set-timezone Korea/Seoul
```

04 ntpd 서비스를 실행해 NTP를 동작시킵니다.

```
[root@localhost ~]# systemctl enable ntpd

[root@localhost ~]# systemctl start ntpd
```

05 다음 명령어를 사용해 NTP가 정상적으로 작동하고 있는지 확인합니다.

```
[root@localhost ~]# ntpstat

[root@localhost ~]# date

[root@localhost ~]# ntpq -p
```

06 끝으로 NTP 설정도 확인합니다.

```
[root@localhost ~]# more /etc/ntp.conf
```

참고

리눅스 서버에 설정돼 있는 사용자 이름만 어떻게 볼 수 있나요?

다음 명령어를 실행하면 됩니다.

```
awk -F':' '{ print $1}' /etc/passwd
```

이로써 NTP를 포함한 모든 파일 공유 서비스, FTP, SFTP와 TFTP 설치와 테스트를 완료했습니다. 이 서버를 이용하면 랩에서 여러 가지 형태의 네트워크 서비스 기술들을 공부할 수 있습니다. 방금 만든 NTP와 TFTP 서버는 차후 파이썬 랩에서 사용됩니다.

참고

Q 레드햇/페도라/CentOS 리눅스 커널과 배포 버전 확인은 어떻게 하나요?

A **레드햇**을 기반으로 하는 리눅스에서는 커널과 배포 버전에 대한 정보는 다음과 같이 찾을 수 있습니다. 이 정보들을 찾는 데는 한 가지 방법만 있는 것이 아니라 여러 가지 방법이 있으며 또한 그 명령어에 따라 정보의 내용도 달라질 수 있습니다. 또 여기서 사용하는 명령어는 데비안 리눅스에서는 실행되지 않을 수 있습니다.

[커널 버전 확인하기]

01   uname –or **명령어 사용**

```
[root@localhost ~]# uname
Linux
[root@localhost ~]# uname -o
GNU/Linux
[root@localhost ~]# uname -r
3.10.0-862.el7.x86_64
[root@localhost ~]# uname -or
3.10.0-862.el7.x86_64 GNU/Linux
```

그림 4-56 CentOS 7.5 – 커널 버전 확인하기

[배포 버전 확인하기 – 4가지 방법]

01   rpm –– query **명령어 사용**

```
[root@localhost ~]# rpm --query centos-release
centos-release-7-6.1810.2.el7.centos.x86_64
```

그림 4-57 CentOS 7.5 – Rpm ––query 1

레드햇일 경우

```
[root@localhost ~]# rpm --query redhat-release
```

그림 4-58 레드햇 – Rpm ––query

02   Hostnamectl **명령어 사용**

```
[root@localhost ~]# hostnamectl
   Static hostname: localhost.localdomain
         Icon name: computer-vm
           Chassis: vm
        Machine ID: 22f77b8bc8984ace8bbfc7ad3918f0b4
           Boot ID: c54772606f6545be864e8d85fd125998
    Virtualization: vmware
  Operating System: CentOS Linux 7 (Core)
       CPE OS Name: cpe:/o:centos:centos:7
            Kernel: Linux 3.10.0-862.el7.x86_64
      Architecture: x86-64
```

그림 4-59 CentOS 7.5 – Hostnamectl

03   Lsb_release –d **명령어 사용**

CentOS에는 lsb가 설치돼 있지 않습니다. 만약 이 명령어를 사용해서 릴리스 버전을 확인해야
한다면 sudo yum install redhat-lsb 설치를 한 후 명령어를 사용할 수 있습니다

```
[root@localhost ~]# lsb_release -d
-bash: lsb_release: command not found
[root@localhost ~]# sudo yum install redhat-lsb
```

그림 4-60 CentOS 7.5 – yum install redhat-lsb 설치

```
[root@localhost ~]# lsb release -d
Description:     CentOS Linux release 7.5.1804 (Core)
```

그림 **4-61** CentOS 7.5 - Lsb_release -d

04 Distro Release 파일 확인 방법

cat /etc/centos-release

```
[root@localhost ~]# cat /etc/centos-release
CentOS Linux release 7.5.1804 (Core)
```

그림 **4-62** CentOS 7.5 - cat /etc/centos-release

cat /etc/system-release

```
[root@localhost ~]# cat /etc/system-release
CentOS Linux release 7.5.1804 (Core)
```

그림 **4-63** CentOS 7.5 - cat /etc/system-release

cat /etc/os-release

```
[root@localhost ~]# cat /etc/os-release
NAME="CentOS Linux"
VERSION="7 (Core)"
ID="centos"
ID_LIKE="rhel fedora"
VERSION_ID="7"
PRETTY_NAME="CentOS Linux 7 (Core)"
ANSI_COLOR="0;31"
CPE_NAME="cpe:/o:centos:centos:7"
HOME_URL="https://www.centos.org/"
BUG_REPORT_URL="https://bugs.centos.org/"

CENTOS_MANTISBT_PROJECT="CentOS-7"
CENTOS_MANTISBT_PROJECT_VERSION="7"
REDHAT_SUPPORT_PRODUCT="centos"
REDHAT_SUPPORT_PRODUCT_VERSION="7"
```

그림 **4-64** CentOS 7.5 - cat /etc/os-release

리눅스, 엔지니어의 로망

모든 IT 엔지니어들의 로망은 리눅스를 자유자재로 다룰줄 아는 엔지니어가 되는 것입니다.

유능한 IT 엔지니어들 가운데 리눅스를 정말 잘 다루는 엔지니어들이 있습니다. 그리고 리눅스를 잘 이해하고 있는 엔지니어가 되는 것은 모든 엔지니어들의 로망입니다. 아마도 독자들 중에도 리눅스를 매우 잘 다루는 분들도 분명히 있을 것입니다. 하지만 이 책에서는 일반 컴퓨터 사용자들은 MS사의 윈도우 사용자가 다수라는 가정하에 책 내용을 풀어갑니다.

아마도 기회가 닿지 않아 리눅스 서버 환경 및 관리를 직접 지원해보지 못한 독자들이 대부분일 것입니다. 파이썬을 사용한 네트워크 자동화는 윈도우 운영체제에서 모든 코드 개발과 운영을 한다는 것은 사실상 불가능하다라는 것이 다수의 엔지니어의 일치된 의견일 것입니다. 다시 말해, 파이썬을 사용하는 네트워크 자동화 개발자들의 대부분은 리눅스 사용자들이라 말할 수 있습니다. 그래서 저도 파이썬 공부를 시작하면서부터 리눅스에 대한 선입견을 버리고 리눅스를 지속적으로 사용하는 과정에서 리눅스에 대해 더 많이 공부하고 이해했던 계기가 됐습니다.

파이썬 코드를 사용해 네트워크 자동화를 이루려면 사용에 불편하지 않을 정도의 리눅스 기본 지식을 습득하고 어느 정도 리눅스 시스템 관리 능력 또한 갖추고 있어야 훨씬 더 효과적으로 파이썬을 사용해 네트워크 자동화에 접목시킬 수 있는 능력이 생길 것입니다. 만약 리눅스를 공부하지 않고도 네트워크 자동화를 효과적으로 이뤄낼 수 있다고 생각하는 분들은 차라리 네트워크 자동화에 관심이 없다라고 말하는 것이 맞을 것입니다.

이 책을 통해 리눅스 설치와 사용자 기본기 익히기를 통해 사용에 불편한 점들을 하나 둘씩 줄여 나가기 바랍니다. 4장의 상반부에서는 리눅스의 더 깊은 이해를 위해 리눅스 종류와 사용법, 파일 및 디렉터리 관리법에 대해 설명했고 또 여러 가지 네트워크 서비스를 제공할 수 있는 로지컬 서버들도 간단히 만들어 봤습니다. 4장에서 리눅스 기본기와 파이썬 기본기를 함께 다루는 취지는 리눅스 공부는 별개의 공부가 아니라 파이썬 공부와 함께 병행돼야 파이썬으로 네트워킹 자동화를 자유자재로 다룰 수 있기 때문입니다. 예를 들어, 파이썬 코딩만 하는 엔지니어와 리눅스를 자유자재로 다룰 줄 아는 파이썬 코딩 엔지니어의 기술력 차이는 하늘과 땅 사이일 것입니다. 엔지니어라면 꼭 리눅스에 대한 공부는 지속적으로 하라는 당부를 드립니다.

[Part B 파이썬 따라잡기]

4.8 파이썬 따라잡기에 앞서

한발 뒤로 물러서서 **네트워크 자동화**를 바라보면 한 기업 내에 있는 IT 시스템 생태계의 네트워크, 즉 IT 인프라 일부의 자동화를 말하며 네트워크 자동화는 IT 시스템 자동화의 일부로 볼 수 있습니다. 파이썬을 이용해 쉽고 빠르게 시스템 제어 스크립트 또는 프로그램을 만들어 수십 가지 시스템을 제어 및 관리할 수 있다는 것은 엔지니어로서 정말 흥미로운 일이 아닐 수 없습니다.

또 한 발 더 나아가 한 기업 내에서 파이썬 자동화를 사용할 수 있는 또다른 큰 분야는 사무자동화로 현재 직원들이 컴퓨터 앞에서 처리하고 있는 단순하고 반복적인 컴퓨터 업무들을 파이썬 코드가 대체할 수 있으며 단순 노동뿐만 아니라 반복적이지만 쉽지만 않은 일반 작업까지도 파이썬 코드로 만들어 자동화시킬 수 있습니다. 물론 사내에서 가장 이상적인 자동화 타깃 업무는 사원들의 단순 반복 작업이며 컴퓨터는 사람이 하는 것보다 훨씬 더 빠르고 정교하게 일처리를 할 수 있다는 점에서 많은 노동력을 필요로 하는 업무들을 대체할 수 있는 최고의 방안으로 제시되고 있습니다.

기업 내에서 시스템 자동화와 업무 자동화는 최소의 인원으로 더 많은 업무 처리가 가능하다는 점에서 현재 IT 업계에서 큰 화두로 떠오르고 있습니다. 하지만 파이썬과 같은 프로그래밍 언어를 사용해 효과적인 시스템 및 사무 자동화를 이루려면 해박한 프로그래밍 언어와 자동화 개념의 이해뿐만 아니라 사내의 업무를 누구보다 더 잘 파악하고 있는 능력있는 엔지니어들이 다수 필요하다는 점입니다. 좀 더 면밀히 따지면 기업에서 현재 추구하고 있는 자동화를 자세히 들여다보면 한 엔지니어가 또다른 사람의 일을 축소시킨다고도 볼 수 있을 것입니다. 기업 자동화 선봉에선 엔지니어들은 현재 회사에서 가장 필요로 하는 훌륭한 컴퓨터 사고력을 가진 엔지니어들일 것입니다.

다른 관점에서 엄밀히 따져보면 자동화는 여러 가지 컴퓨팅 사고력 중 한 가지이며, 여기서 컴퓨팅 사고력이란 컴퓨터를 활용해 문제를 해결할 수 있는 역량을 뜻합니다. 컴퓨팅 사고력은 크게 문제 해결 과정을 만드는 추상화 작업과 이를 컴퓨터가 수행할 수 있는 형태로 표현하는 자동화 작업으로 나눕니다. 자동화는 프로그래밍 알고리즘을 바탕으로 컴퓨터가 수행할 수 있는 일들을 하나하나 프로그래밍 언어로 만들어 컴퓨터가 실행할 수 있도록 만들어 나가는 작업입니다.

컴퓨터를 다루는 엔지니어가 똑똑하면 컴퓨터도 똑똑이가 되고 반대로 다루는 엔지니어가 맹하면 컴퓨터도 맹꽁이가 된다는 데 이의를 제기할 사람은 없을 것입니다. 컴퓨터는 한 엔지니어가 일일이 하나하나 작업 수행방법을 가르쳐주지 않으면 아무 일도 하지 못합니다. 이러한 수행방법을 컴퓨터에 지시할 수 있는 형태로 만드는 작업을 코딩(프로그래밍)이라고 말할 수 있습니다. 그렇다면 컴퓨터를 이용해 자동화를 이루기 위해선 컴퓨터와 통신할 수 있는 프로그래밍을 잘 이해해야 하고 프로그래밍을 잘 하려면 프로그래밍 언어를 열심히 배워야 할 것입니다.

한 엔지니어가 컴퓨터에게 업무를 수행하도록 지시를 내리는 방법은 크게 세 가지가 있습니다. 첫째, 시스템 상에 시스템 어드민이 직접 접속해 시스템과 1 대 1 또는 1 대 n식으로 실시간 대화식으로 지시를 내리는 방법과 둘째, 프로그래밍 언어를 사용해 컴퓨터 시스템이 이해할 수 있도록 미리 코드(스크립트)를 만든 후 어드민이 직접 코드를 실행하는 방법 그리고 셋째, 코드를 만들어 시스템에 미리 설정해 놓고 시스템이 일정 시간에 맞춰 사람의 도움 없이 코드를 시스템이 자동으로 실행하는 방법이 있습니다.

두 번째 방법을 semi-automation(반자동화)라고 하고 마지막 방법을 full-automation, 한국어로 **완전 자동화**라고도 표현하기도 합니다. 이미 모두 아는 사실이지만 파이썬은 대화식^{interpreter} 프로그래밍 언어입니다. 소스 코드를 기계어로 사전에 번역해 사용하는 컴파일러식 프로그래밍 언어가 아닌 실행이 필요할 때 소스 코드를 그때그때 해석해 컴퓨터에게 지시를 내리는 프로그래밍 언어 중 하나입니다.

하지만 애석하게도 파이썬을 사용해 진정한 시스템 및 업무 자동화를 이루기 위해선 우선적으로 파이썬 기초 지식부터 쌓아야 합니다. 문제는 파이썬을 배우는 것은 또 다른 새로운 언어를 배우는 것에 비유할 수 있으며 많은 시간과 열정이 요구됩니다. 꾸준히 한발한발 앞으로 나아가면 언젠가는 다음 단계 그리고 또 그 다음 단계로 올라갈 것입니다.

4.9 파이썬 따라잡기

3장에서 파이썬을 윈도우와 리눅스 시스템에 완벽하게 설치했습니다. 그리고 파이썬 코드를 쓰는 데 편리한 여러 가지 텍스트 에디터를 둘러봤습니다. 이책 전반부에서는 리눅스 서버의 파일 체계와 사용자 기본기를 배워본 후 여러 가지 네트워크 서비스 설치 방법에 대해 알아봤습니다. 책 소개 부분에서도 누차 설명했지만 이 책은 파이썬 교육만을 위한 책은 아니며 더 많은 네트워크 엔지니어들이 파이썬에 관심을 가지고 좀 더 쉽게 입문할 수 있도록 돕는 책입니다. 만약 파이썬 기본 문법과 그 사용법에 대한 심도 깊은 공부를 더 필요로 한다면 현재 출시돼 있는 많은 파이썬 문법책을 하나 구입해 집중적으로 문법만 공부하면 더 도움이 되리라 믿습니다.

만약 지금 침대 또는 벽에 비스듬히 누워 이 책을 읽고 있다면 당장 일어나 컴퓨터를 킵니다. 그리고 파이썬 IDE를 실행합니다. 이 책은 읽는 데서 끝나는 것이 아니라 읽고 따라하면서 배워야 합니다. 생각은 있데 행동으로 옮기지 못하는 분은 생각을 바꿔 행동으로 옮겨야 합니다. 파이썬 프로그램의 문법과 구조를 한 번이라도 직접 본인의 손으로 키보드를 눌러가며 하나하나 배워나가야 합니다. 그 다음 본인이 가지고 있는 사전 지식과 경험을 접목시켜 효과적으로 파이썬 네트워크 자동화를 구현해낼 수 있을 것입니다.

4장에서는 파이썬 입문자들이 파이썬을 사용해 네트워크 자동화 코드를 작성하는 데 어려움이 없을 만큼만 예습 위주로 따라잡기를 통해 파이썬 네트워크 자동화에 필요한 파이썬 기초를 다집니다. 이 이후에 실려 있는 예습 내용은 윈도우나 리눅스 파이썬 3에서 해도 됩니다. 개인적으로 VMware 워크스테이션에 설치된 리눅스 서버 둘 중 하나를 사용해 따라해도 되고 3장에 호스트 랩톱에 설치된 윈도우용 파이썬 IDE 환경을 사용해서 따라해도 됩니다. 이 책의 예제는 CentOS 7.5 리눅스를 사용해 진행되며 독자들도 2장, 3장에서 만든 리눅스 가상 머신을 사용할 것이라는 가정하에 진행됩니다.

4.9.1 대화식 모드로 코딩하기

이미 2장, 3장을 통해 파이썬 대화창과 많이 마주해서 어느 정도 눈에 익숙해졌을 것이라 믿습니다. 윈도우에서 대화식으로 파이썬으로 코딩하는 방법은 대표적으로 두 가지 방법이 있습니다. 첫 번째는 윈도우 명령 프롬프트를 열고 대화식 모드에서 코딩하는 방법(그림 4-65 참조), 그리고 두 번째로 IDLE를 실행해 대화식 모드에서 코딩하는 방법이 있습니다(그림 4-66 참조). 리눅스에서의 대화식 파이썬 코딩은 사용자 터미널(콘솔)을 통해 코딩할 수 있습니다(그림 4-67 참조).

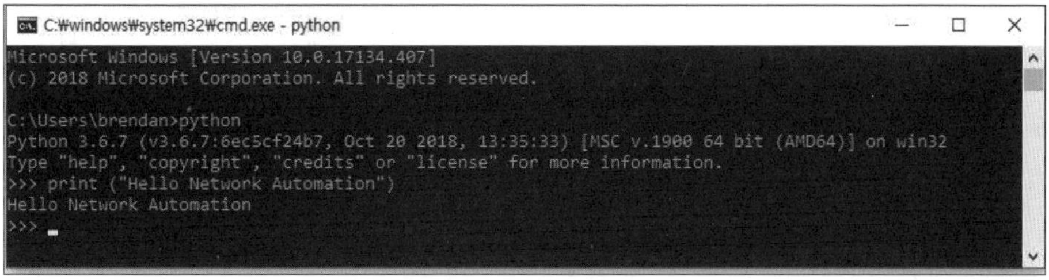

그림 4-65 윈도우 명령 프롬프트에서 실행 – 파이썬 3 코딩 예

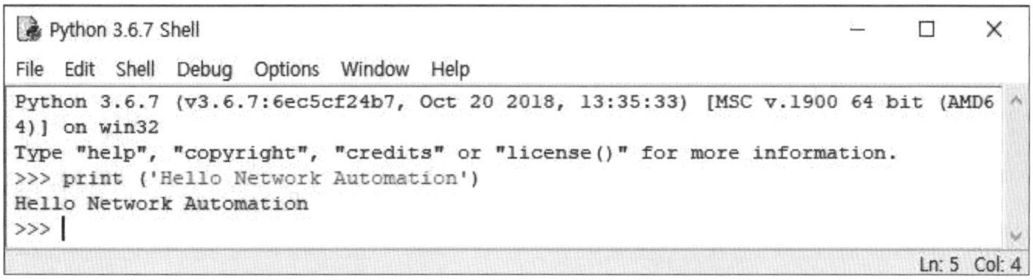

그림 4-66 윈도우에 설치된 파이썬 IDLE 실행 – 파이썬 3 코딩 예

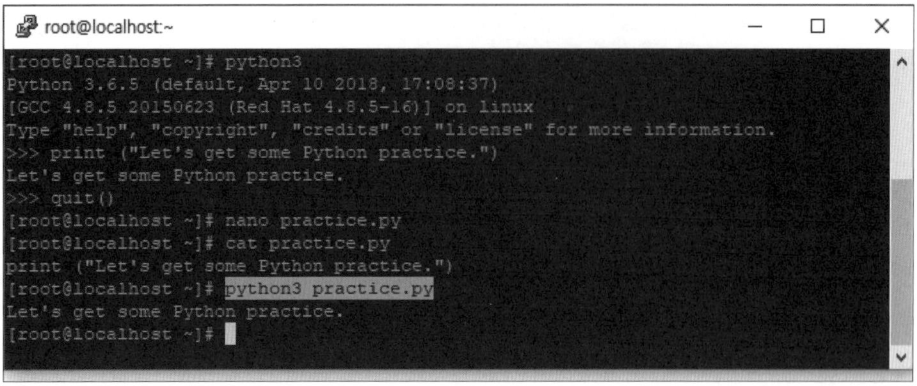

그림 4-67 리눅스 콘솔창에서 실행 – 파이썬 3 코딩 예

대화식 모드에서는 위 그림에서 보는 것과 같이 '〉〉〉'(오른쪽 화살표 3개)가 표시된 라인에 사용자가 파이썬 코드를 입력하고 [Enter] 키를 누르면 파이썬 인터프리터가 곧바로 코드를 해석해 결과를 출력해 사용자에게 보여줍니다. 위에 사용된 print() 함수의 예를 보면 대화식 파이썬 코딩에서는 사용자가 한 줄의 완성된 코드를 입력하면 한 라인의 실행 결과를 보여줍니다.

사실 print()는 내장함수로 분류되며 데이터 처리 결과를 사용자에게 보여주기 위한 목적으로 사용됩니다. 파이썬에서는 대화형 코드와 print() 함수로 화면에 출력하도록 명령한 코드들만 화면에 출력됩니다. 그림 4-65와 그림 4-66에서 보듯 파이썬은 큰따옴표(" ") 또는 작은따옴표(' ')를 사용한다는 것을 이미 여기서 배울 수 있습니다. print() 함수와 따옴표 사용에 대한 설명은 예제를 통해 더 자세히 설명하겠습니다.

4.9.2 텍스트 에디터로 파이썬 코딩하기

대화식 파이썬 코딩은 파이썬의 기초적인 개념과 기본 구문을 배울 때 매우 유용하지만 두 가지 문제점을 안고 있습니다. 첫째는 실행한 코드가 컴퓨터 시스템의 램 RAM에 저장되며 프로그램을 종료하면 램에 저장된 내용들도 영구적으로 사라진다는 것과 둘째, 파이썬 스크립트가 길고 복잡해지면 코딩할 때 효율성이 많이 떨어진다는 문제점이 있습니다. 이 두 가지 문제점들을 해결하는 방법은 텍스트 에디터의 사용이라고 3장에서 배웠습니다. 텍스트 에디터를 사용하면 코드를 하드디스크 또는 USB 드라이브와 같은 대용량 저장공간에 저장할 수 있으며 복잡하고 긴 코드도 한눈으로 보면서 코딩할 수 있습니다.

다음 그림과 같이 Notepad++에서 간단한 print 예문을 만들어 봤습니다. 이 코드는 사용하고 있는 랩톱의 데스크톱에 저장돼 있으며 helloX.py라는 파일로 저장됐습니다. 그리고 [F6] 키를 사용해 실행했을 경우 배치batch 파일 형식으로 일괄적으로 코드 실행 결과를 보여주는 방식입니다. 다음 그림을 보면 코드를 실행했을 경우 세 가지 print(출력) 코드에 대한 세 라인의 출력 결과를 콘솔을 통해 보여줍니다.

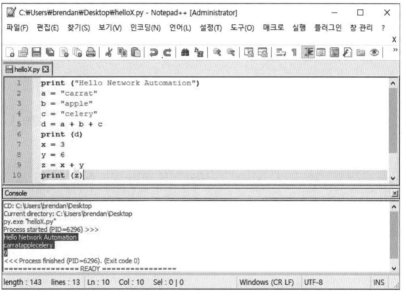

그림 4-68 Notepad++ IDLE – 파이썬 3 코딩 예

만약 위의 코드를 리눅스 콘솔에서 코드를 만들어 저장한 후 실행할 경우는 어떻게 해야 할까요? 그림 4-69와 같이 간편하게 nano 또는 vi 에디터에서 텍스트 작업(코딩)한 후 helloX.py로 파일을 저장합니다. 그림 4-70에 나와 있는 것과 같이 콘솔에서 python3 helloX.py 명령어를 실행하면 윈도우에서와 똑같은 결과를 얻

게 됩니다.

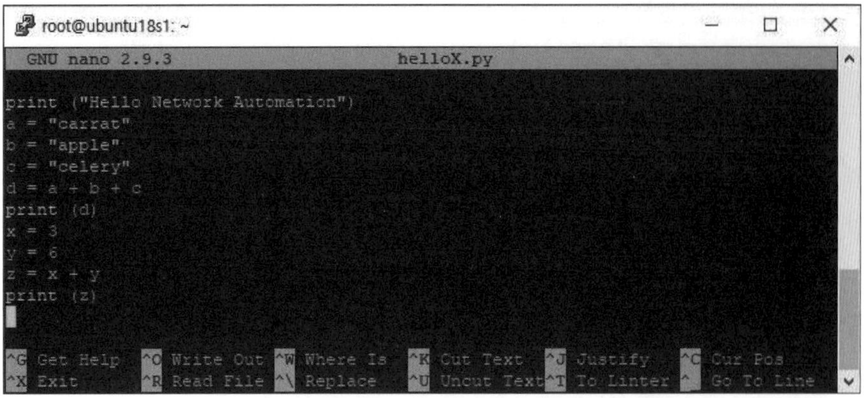

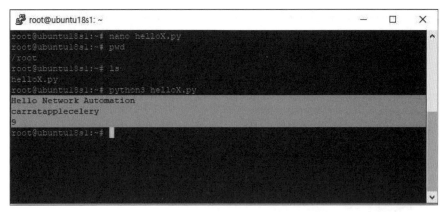

그림 4-69 리눅스 - 파이썬 코드 작성 및 저장

그림 4-70 리눅스 - 저장한 코드 실행

만약 리눅스 콘솔에서 작업하는 것이 불편하다고 느끼는 사용자들은 먼저 윈도우용 텍스트 에디터에서 코딩한 후 코드 내용을 복사해 그대로 리눅스 vi 또는 nano 텍스트 에디터에 붙여넣기를 하면 됩니다. 위 윈도우 예에서 Notepad++에서 만든 내용을 복사한 후 nano로 파일을 생성해 마우스 오른쪽 버튼을 클릭해 붙여넣기를 했습니다. 파이썬은 크로스 플랫폼을 지원하므로 아무런 코드 변경 없이 윈도우에서 만든 코드를 리눅스에 바로 실행해도 됩니다. 4장의 모든 내용은 이후 리눅스 가상 머

신에서 실행되는 파이썬 3에서 실행합니다.

4.9.3 파이썬 배우기에 앞서

파이썬 3를 배워보기에 앞서 가장 먼저 파이썬 입문에 기본이 돼는 세 개의 예제를 들어 배운 후 본격적으로 따라하기를 해 보겠습니다. 첫째, 파이썬 자료형(Data type)의 이해, 둘째, 들여 쓰기와 코드 블록의 개념 그리고 셋째, 주석 달기의 이해입니다. 예제로 간단히 설명하겠습니다. 직접 파이썬 3 대화창에서 내용을 입력하면서 배우면 더 쉽게 이해가 됩니다.

> **참고**
>
> ')>>' 옆에 볼드체로 표시된 내용들은 독자들이 파이썬 대화식 모드 창에서 직접 입력을 하며 눈과 손으로 배울 수 있습니다.
>
> 여기서 인터넷에 많이 떠돌고 있는 말 중 **"백문이 불여일견이고 백견이 불여일타"**라는 말이 떠오르는군요.

4.9.3.1 데이터 유형 이해하기

파이썬에서는 모든 것이 객체object로 인식되며 이 객체들의 특성에 따라 다른 자료형 또는 데이터 타입data type, 자료형으로 분류됩니다. 가장 먼저 파이썬의 데이터 타입(자료형)을 간단히 짚어보고 넘어갑니다. 이 책에서는 파이썬을 이용해 네트워크 자동화를 하기 위한 기본기를 다지는 데 중점을 두고 예제를 통해서 파이썬을 배웁니다. 자료형에 대한 더 상세한 한국어 설명은 다음 명시돼 있는 파이썬 문서 사이트에서 찾아볼 수 있습니다.

파이썬 문서(한국어): https://docs.python.org/ko/3.6/contents.html

사용도가 높은 자료형

```
1:  >>> type(1)
    <class 'int'>
2:  >>> type(1.0)
    <class 'float'>
3:  >>> type('a')
    <class 'str'>
4:  >>> type([1, 2, 3])
    <class 'list'>
5:  >>> type((1, 2, 3))
    <class 'tuple'>
6:  >>> type({1, 2, 3, 3, 2, 1})
    <class 'set'>
7:  >>> type({1:'apple', 2:'banana'})
    <class 'dict'>
```

사용도가 낮은 자료형

```
8:  >>> type(1+2j)
    <class 'complex'>
9:  >>> type(True)
    <class 'bool'>
10: >>> type(None)
    <class 'NoneType'>
```

다음 내용은 위 예제 1에 대한 설명입니다.

예제 설명

1:   정수^{integer} – 1은 정수형 상수 예입니다. –1, 0, 1 등과 같이 계산을 위한 수치형 자료입니다.

2:   소수^{float} – 1.0은 실수형 상수 예입니다. –1.0, 1.0과 같은 실수는 분수로 표현할 수 있는 유리수 또는 무리수를 포함하는 수치형 자료입니다.

3:   문자열^{string} – 'a'는 문자열 예입니다. '안녕', "123" 등과 같이 큰 또는 작은 따옴표 안에 둘러싸인 모든 자료형은 파이썬에서는 문자열로 인식합니다.

4: 리스트^{list} – **대괄호[ ]** 안에 요소를 콤마로 구분해 순서대로 나열하는 가변적 ^{mutable} 자료형입니다.

5: 튜플^{tuple} – **소괄호( )** 안에 요소를 콤마로 구분해 순서대로 나열하는 불변적 ^{immutable} 자료형입니다.

6: 세트^{set} – 세트는 수학의 집합과 동일하며 중괄호{ } 안에 요소를 콤마로 구분해 사용해 기본적으로 반복되는 숫자 또는 문자 등의 요소들을 무시합니다. 예로 set1 = {1, '100a', 'koalaa', 1, '100a', 'koalaa'}라는 예를 보면 첫 번째 1, '100a', 'koalaa'를 읽고 다음 나오는 반복되는 요소들은 무시하게 됩니다.

7: 딕셔너리^{dictionary} – **중괄호{ }** 안에 콜론을 사용해 한 쌍으로 된 요소를 구성해 딕셔너리 자료형이 만들어집니다. 예로 {'a':'apple'}에서 앞에 나오는 'a'는 키^{key}, 콜론 뒤에 따라오는 'apple'은 값^{value}이라고 부릅니다. 딕셔너리 자료형에서는 요소의 순서는 무시되며 키를 사용해 값을 호출하게 됩니다.

8: 복소수^{complex number} – 복소수는 실수와 허수로 조합된 수를 뜻합니다. 계산을 편리하게 하기 위해 사용되는 수치형 자료라고 생각하면 됩니다.

9: 불리언^{Boolean}(참/거짓) – 참과 거짓을 다루는 데이터 유형입니다. and, or, not과 같은 불리언 연산을 이용해 더 복잡한 연산도 할 수 있습니다.

10: None – 아무것도 가지고 있지 않은 상수입니다. None을 변수에 대입하면 그 변수는 빈 깡통 변수로 사용한다는 뜻입니다.

4.9.3.2 들여쓰기와 코드 블록 이해하기

예제 2 – 들여쓰기와 코드 블록

```
1:  with print('readme1.txt') as f:
        for line in f:
            print(line)
```

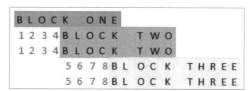

그림 4-71 들여쓰기와 코드 블록 – 공백 네 칸 사용 예

```
2:   with open('readme1.txt') as f:
       for line in f:
           print(line)
```

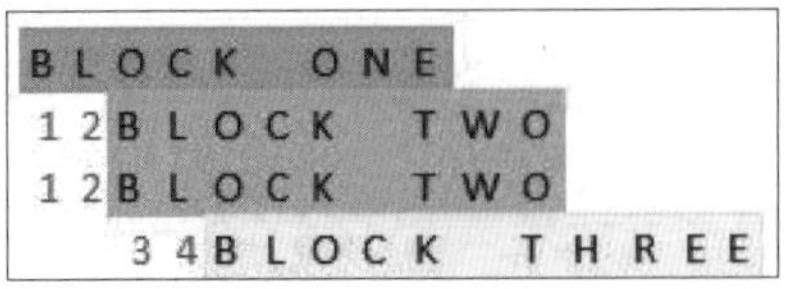

BLOCK   ONE
12BLOCK   TWO
12BLOCK   TWO
34BLOCK   THREE

그림 4-72 들여쓰기와 코드 블록 – 공백 두 칸 사용 예

예제 설명

1~2: 위의 코드 블록Indentation and code block 예를 자세히 살펴보기 바랍니다. 코드를 작성하면서 여러 행의 코드를 작성할 수 있습니다. 파이썬 코딩를 작성할 때 만약 첫 번째 코드 블록 아래(다음 행)에 두 번째 코드 블록이 올 경우 행 앞쪽에 공백 네 칸을 띄워야 합니다. 그리고 번째 코드 블록 아래 세 번째 코드 블록이 올 경우는 (4+4)를 해 여덟 칸의 공백을 띄웁니다. 당연히 네 번째 코드 블록에서는 또 공백 네 칸을 더해서 띄웁니다.

일반적인 파이썬 코딩을 할 때 코드 블록들 사이에는 공백 네 칸 띄우기를 기본으로 하지만 구글과 같은 기업에서는 공백 두 칸만 사용하는 경우도 종종 있다는 것을 기억해 두기 바랍니다. 파이썬에서는 괄호로 코드 블록을 잡지 않고 네 칸 들여쓰기를 사용해 블록 코드를 설정합니다. 네 칸 들여쓰기는 하나의 제시이며 반드시 이 방법으로만 파이썬 코딩을 해야 한다는 뜻은 아닙니다.

4.9.3.3 주석 달기

예제 3 – 주석 달기

```
1:   # This Python 3 code can SSH into multiple routers and download IOS from a TFTP server
     # and upgrades old IOS to the latest version.
     # Please … [생략]
2:   age = 17
     # 운전 면허증을 취득할 수 있는 나이입니다.
     if age >=18:
         print ('You are old enough to drive a car.')
```

```
#    else:
#        print ('You are too young to drive a car.')
```

예제 설명

1~2: 주석은 행의 맨 앞에 #(샵/우물 정자)를 입력해 사용합니다. 파이썬은 # 다음에
나오는 내용들은 무시합니다. 일반적으로 예제1과 같이 소스 코드에 대한 설
명 또는 예제2와 같이 코드의 보충 설명 또는 코드 일부분을 임시로 비활성화
할 때도 사용할 수 있습니다.

4.9.4 파이썬 예제로 배우기

일반 파이썬 개념과 구문을 설명하는 파이썬 책에서는 먼저 개념과 구문을 가르친
후 예문을 제시해 학습자들이 연습을 하는 방식을 취하고 있습니다. 하지만 이 책에
서는 파이썬 개념과 구문에 대한 접근방식을 반대로 예문을 통해 접근하며 이 책에
서 필요한 부분들만 선택적으로 연습합니다. 먼저 예문을 직접 키보드를 두드리면서
연습한 후 기초 개념의 요약이 주어집니다.

이 책은 파이썬 개념과 구문을 핵심적으로 가르치는 책이 아니며 5장인 랩을 진행
하면서 독자들이 불편함을 느끼지 않을 정도 수준의 파이썬 개념과 기본 지식을 가
질 수 있도록 돕는 데 중점을 두고 4장 후반부를 썼습니다. 단 한 장을 통해 파이썬
의 모든 개념과 문법을 설명하려는 시도는 정말 무모한 짓이며 또한 몇 십장의 내용
을 통해 파이썬을 완벽하게 이해하는 것 또한 무모한 일일 것입니다. 4장에서는 차
후 파이썬 코드를 작성할 때 필요한 내용의 예문 위주로 파이썬 개념의 일부만 부분
적으로 다룹니다.

다음 제시된 예제는 한번 학습을 시작하면 가능한 한 흐름을 깨지말고 단번에 예제
4에서 107번까지 학습합니다. 잘 이해되지 않는 부분이 있더라도 계속해서 두세 번
더 반복적으로 컴퓨터 키보드로 입력해 연습합니다. 만약 파이썬의 개념이나 구문에
대한 추기적인 설명과 이해가 필요하다면 차후 파이썬 정규 웹사이트와 다른 파이썬
교육 자료들을 찾아서 추가적으로 공부합니다.

모든 파이썬 예제는 파이썬 3를 사용해 입력합니다. 그리고 '>>>(화살표 세 개)'는 파이썬 프롬프트에서 입력을 기다리고 있다는 표시이며 >>> 옆에 볼드체로 표시돼 있는 부분은 독자들이 직접 파이썬 프롬프트 창을 열고 키보드로 입력을 하는 부분입니다. 그리고 만약 파이썬 대화 창에서 '...'(마침표 세 개)가 나타나면 사용자의 입력을 더 기다린다는 뜻입니다. 다음 줄 아래 일반체로 나와 있는 부분은 출력값 또는 출력문입니다. 그리고 만약 .py로 된 파이썬 실행 코드 파일 이름으로 예제가 시작되면, 책 내용을 nano 또는 vi 텍스트 에디터를 이용해 파이썬 코드를 직접 작성한 후 python 3 파일_이름.py를 사용해 리눅스 OS 상에서 파이썬 코드를 실행합니다.

4.9.4.1 변수와 문자열

4.9.4.1.1 변수

예제 4 – 변수명 만들기

```
1:  >>> x = 100
    >>> y = 200
    >>> z = 300
    >>> x + y + z
    600
2:  >>> a = 'apple'
    >>> b = 'bravo'
    >>> c = 1.0
    >>> d = True
    >>> e = False
    >>> f = None
```

예제 설명
1: 각 x, y, z 변수에 값을 대입한 후 대입된 변숫값을 더한 값을 출력합니다.
2: 변수에는 숫자뿐만 아니라 위에서 배운 다른 종류의 데이터 타입으로도 구성이 가능합니다.

예제 5 – 변수에 값 대입 후 print() 문으로 값 출력하기

```
1:  >>> x = 100
```

```
>>> y = 200
>>> z = 300
>>> total = x + y + z
>>> print(total)
600
```

예제 설명

1: 각 x, y, z 변수에 값을 대입한 후 변수들의 합을 total이라 정의합니다. 다음 print(total)문을 이용해 합의 값을 출력합니다.

예제 6 – 콤마를 사용해 변숫값 대입하기

```
1:  >>> x,y,z = 100,200,300
    >>> x + y + z
    600
```

예제 설명

1: 콤마(,)를 사용해 한 행에 여러 개의 변숫값을 대입할 수 있습니다. 더하기를 사용해 대입된 정수들의 합을 구해봅니다.

4.9.4.1.2 문자열

예제 7 – 문자열 입력해보기

```
1:  >>> 'He said, "You are one of a kind."'
    'He said, "You are one of a kind."'
2:  >>> "He said,\"You are one of a kind.\""
    'He said,"You are one of a kind."'
```

예제 설명

1: 문자열 표현은 작은 따옴표 또는 큰 따옴표에 넣어 표현합니다. 작은 따옴표에 문자열을 입력했습니다.

2: 큰 따옴표에 문자열을 입력했습니다. 내부에 위치한 쌍따옴표(")앞에 백슬래시

(\)를 사용하면 파이썬은 특수 문자가 아닌 일반 문자로 인식하고 그대로 출력합니다. 파이썬에서는 문자열 사용 시 작은따옴표 또는 큰따옴표를 사용해도 되며 가독성을 높이기 위해 일반적으로 한 종류의 따옴표를 사용하는 것을 정석으로 합니다.

예제 8 – 변수에 문자열 입력하고 출력하기

```
1:  >>> hugh = 'Did you have a wonderful day at school?'
    >>> print(hugh)
    Did you have a wonderful day at school?


2:  >>> Hugh = "I had a great time at school. We played basketball in PE class."
    >>> print(Hugh)
    I had a great time at school. We played basketball in PE class.
```

예제 설명

1: 작은따옴표를 사용해 hugh라는 변수에 문자열을 대입한 후 print()문을 사용해 hugh 변수에 입력돼 있는 값을 출력했습니다.

2: 큰따옴표를 사용해 Hugh라는 변수에 문장을 대입한 후 print문을 사용해 Hugh라는 변수의 내용을 출력합니다. 위에서 사용한 Hugh와 hugh라는 변수들은 다른 두 개의 독립적인 변수입니다. **파이썬은 변수 이름 선택 시 대소문자의 구분을 둡니다.**

참고

파이썬 변수명 만들기에도 규칙이 있습니다.

변수는 어떤 값을 임시로 저장하는 컨테이너 또는 그릇과 같은 역할을 하며 변수에 이름을 붙일 때 파이썬 규칙에 따라 변수명을 붙여야 합니다. 변수명 만들기 규칙은 다음과 같습니다.

1. 변수명의 첫 문자는 영문자 또는 밑줄 표시(_)로 시작합니다.

2. 두 번째 문자부터는 영문자, 숫자 그리고 밑줄 표시를 사용할 수 있습니다.

3. 변수명은 대소문자를 구분합니다. apple과 Apple은 두 개의 다른 변수들입니다.

4. 파이썬에서 사용하는 예약어들은 변수명을 사용할 수 있지만 가능한 한 사용하지 않는 것이 좋습니다.

다음 예제에서는 큰따옴표 또는 작은 따옴표에 넣어 정의하는 문자 또는 문장을 연습합니다. 문자열 에러에 대해서도 확인합니다. 다음 예제에서는 여러 나라의 빵 종류를 사용해 연습해보겠습니다.

예제 9 – 문자열 인덱싱 연습하기

```
1:  >>> bread = 'bagel'
    >>> bread[0]
    'b'
    >>> bread[1]
    'a'
    >>> bread[2]
    'g'
    >>> bread[3]
    'e'
    >>> bread[4]
    'l'
```

예제 설명

1: 파이썬 인덱싱은 0부터 시작합니다. 예에 사용된 단어 bagel의 경우 알파벳 b가 인덱스 0 그리고 알파벳 l은 인덱스 4입니다.

문자열:	b	a	g	e	l
인덱스:	0	1	2	3	4

네트워킹 장비를 파이썬 코드를 이용해 제어하고 설정파일 및 로그 파일들을 사용하기 편리하게 편집하려면 문자열 처리 방법을 완벽하게 이해하고 있어야 합니다. 여기서는 문자열과 관련된 오류들을 둘러보면서 변수에서의 문자열 사용 방법에 대해 더 확실히 이해합니다. 파이썬 코드를 작성하다 보면 여러 가지의 오류들과 마주치게 되지만 이런 오류들을 미리 인지하고 있다면 장애를 해결하는 시간 또한 단축시킬 수 있을 것입니다.

```
1:  >>> hugh = 'Did you have a wonderful day at work?"
      File "<stdin>", line 1
        hugh = 'Did you have a wonderful day at work?"
                                                      ^
    SyntaxError: EOL while scanning string literal
```

예제 설명

1: 하나의 변수에서 문자열 입력 시 작은따옴표와 큰따옴표를 섞어 함께 사용할 수 없습니다.

```
1:  >>> print(HUGH)
    Traceback (most recent call last):
     File "<stdin>", line 1, in <module>
    NameError: name 'HUGH' is not defined
```

예제 설명

1: 대입하지 않은 변수 출력 시 NameError가 발생합니다.

```
1:  >>> for = 'I drove my car for 4 hours before taking first break.'
      File "<stdin>", line 1
        for = 'I drove my car for 4 hours before taking first break.'
          ^
    SyntaxError: invalid syntax

2:  >>> else = 'or else I was going to be too tired.'
      File "<stdin>", line 1
        else = 'or else I was going to be too tired.'
           ^
    SyntaxError: invalid syntax
```

1~2: 파이썬 예약어를 변수명으로 사용했을 경우 SyntaxError가 발생합니다.

예제 13 – TypeError: 'str' object is not callable

```
1:  >>> help = 'Please help me to reach my goal.'
    >>> print(help)
    Please help me to reach my goal.
    >>> help(print)
    Traceback (most recent call last):
     File "<stdin>", line 1, in <module>
    TypeError: 'str' object is not callable
```

예제 설명

1: 만약 내장 함수를 변수명으로 사용했을 경우 내장 함수를 사용할 수 없게 됩니다. 변수명으로 내장 함수와 같은 이름을 사용하는 것을 피하는 것이 좋습니다. 정상적으로 help()가 작동할 때는 다음과 같이 도움 정보가 정상적으로 나타납니다.

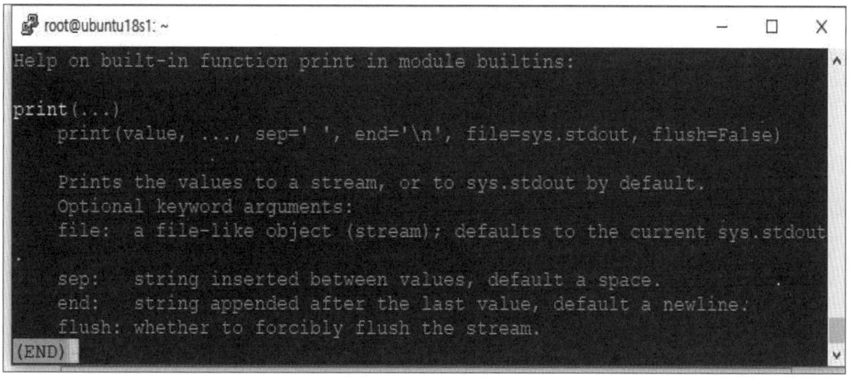

그림 4-73 help(print) 예

오류 메시지에 대한 내용은 계속 언급될 것입니다. 계속해서 다음 예제를 통해 여러 줄에 표기하는 방법을 배워봅니다.

```
1:  >>> """You're One of a Kind;
    ... You're my best friend.
    ... I've never had one like you before.
    ... It's been fun getting to know you.
    ... """
    "You're One of a Kind;\nYou're my best friend.\nI've never had one like you
    before.\nIt's been fun getting to know you.\n"

2:  >>> leah = '''How do you make a best bowl of instant noodle?
    ... Use 2.5 cup of water,
    ... boil it first and then
    ... put dried vegetable, powder soup and noodle.
    ... Then boil it for another 5 minutes.
    ... Now you can eat deliciously cooked noodle.'''
    >>> print(leah)
    How do you make a best bowl of instant noodle?
    Use 2.5 cup of water,
    boil it first and then
    put dried vegetable, powder soup and noodle.
    Then boil it for another 5 minutes.
    Now you can eat deliciously cooked noodle.
```

예제 설명

1~2: 위와 같이 삼중 따옴표(세 개의 작은 따옴표 또는 세 개의 큰 따옴표)로 문자열을 감싸면 여러 줄로 나눠서 입력 및 표기할 수 있습니다. 문서 사용 설명 등을 입력할 때 유용하게 사용됩니다.

예제 15 – 이스케이프 – \ (역슬래시) 뒤에 따라오는 특별문자를 일반 텍스트로 인식하게 합니다.

```
1:  >>> single_quote_string = 'He said, "arn\'t, can\'t shouldn\'t woundn\'t."'
    >>> print(single_quote_string)
    He said, "arn't, can't shouldn't woundn't."

2:  >>> double_quote_string = "He said, \"aren't can't shouldn't wouldn't.\""
```

```
>>> print(double_quote_string)
He said, "aren't can't shouldn't wouldn't."
```

예제 설명

1: 작은따옴표 안에 이스케이프 기호를 사용하면 다음 특수부호/문자를 일반 텍스트로 인식합니다.

2: 큰따옴표 안에 이스케이프 기호를 사용한 예입니다.

예제 16 – %s 사용해 문자열에 값/문자 입력하기를 연습합니다.

1:
```
>>> exam_result = 95
>>> text_message = 'Congratulations! You have scored %s in your exam!'
>>> print(text%exam_result)
Congratulations! You have scored 95 in your exam!
```

2:
```
>>> wish = 'You need %s to make your wishes to come true.'
>>> item = 'Genie in a bottle'
>>> print(wish%item)
You need Genie in a bottle to make your wishes to come true.
```

3:
```
>>> fast_car = 'Fast cars have %s and %s to make the car go faster.'
>>> part1 = 'Supercharger'
>>> part2 = 'Big Turbo charger'
>>> print(fast_car%(part1,part2))
Fast cars have Supercharger and Big Turbo charger to make the car go faster.
```

4:
```
>>> ccnp_score = 'My exam scores are %s for Route, %s for Switch and %s for Tshoot.'
>>> print(ccnp_score%(95, 92, 90))
My exam scores are 95 for Route, 92 for Switch and 90 for Tshoot.
```

예제 설명

1: %s를 사용해 변수를 텍스트 메시지에 입력할 수 있습니다.

2: %s를 한 번 사용해 변수 내용에 입력할 수 있습니다.

3: %s를 두 번 사용해 변수 내용에 두 가지 정보를 입력할 수 있습니다.

4: %s를 세 번 사용해서 변수 내용에 세 가지 정보를 입력할 수 있습니다.

4.9.4.1.3 문자열 출력, 연결 및 변환하기

예제 17 – print( )와 len( ) 함수 사용하기

```
1:  >>> bread = 'bagel'
    >>> print(bread)
    bagel
    >>> print('baguette')
    baguette

2:  >>> bread = 'bagel'
    >>> bread_len = len(bread)
    >>> print(bread_len)
    5
    >>> len(bread)
    5

3:  >>> bread = 'bagel'
    >>> print(len(bread))
    5
```

예제 설명

1~3: 함수는 파이썬이 어떤 동작을 할 수 있도록 하기 위해 만들어지며 재사용 가능해야 합니다. 변수와 같이 함수도 이름을 사용해 실행할 수 있습니다. 1, 2, 3에서는 각각 다른 내장 함수 사용 예를 보여주고 있습니다.

예제 18 – upper( )와 lower( ) 문자열 메서드 사용 예

```
1:  >>> bread = 'BAGEL'
    >>> print(bread.lower())
    bagel
    >>> "YOU'RE MY BEST FRIEND.".lower()
    "you're my best friend."
```

```
2:  >>> bread = 'bagel'
    >>> print(bread.upper())
    BAGEL
    >>> "you're my best friend.".upper()
    "YOU'RE MY BEST FRIEND."
```

예제 설명

1: 파이썬의 메서드는 객체에 사용하는 함수라고 말할 수 있습니다. object.
   method() 식으로 문자열 메서드를 사용합니다. lower() 문자열 메서드를 사용
   해 소문자로 변경합니다.

2: upper() 문자열 메서드를 사용해 대문자로 변경합니다.

예제 19 - 문자열 연결하기

```
1:  >>> print ('Best' + 'friends' + 'last' + 'forever.')
    Bestfriendslastforever.
    >>> print ('Best ' + 'friends ' + 'last ' + 'forever.')
    Best friends last forever.
    >>> print ('Best' + ' ' + 'friends' + ' ' + 'last' + ' ' + 'forever.')
    Best friends last forever.
    >>> print ('Best', 'friends', 'last', 'forever.')
    Best friends last forever.
    >>> print ('!' * 10)
    !!!!!!!!!!
    >>> love = ('like' * 10)
    >>> print(love)
    likelikelikelikelikelikelikelikelikelike
    >>> time = 60
    >>> print ('You have ' + str(time) + ' minutes left.')
    You have 60 minutes left.

2:  >>> print ('You have ' + time + ' minutes left.')
    Traceback (most recent call last):
      File "<stdin>", line 1, in <module>
```

```
TypeError: must be str, not int
```

예제 설명

1: String Concatenation는 문자열 연결(또는 문자열 결합)이라고 하며 문자열 연결에 사용됩니다. +, 콤마, * 등을 사용해 문자열을 연결 또는 출력을 변경합니다.

2: 숫자를 문자로 변환해 주지 않으면 TypeError가 나타납니다.

예제 20 – 문자열 형식 변경하기

```
1: >>> print ('Learning Python basics is {}.'.format('important'))
   Learning Python basics is important.
   >>> print ('{} {} {} {} {}'.format('Learning','Python','basics', 'is',
   'important.'))
   Learning Python basics is important.

2: >>> print('{0:3} | {1:8}'.format('bread', 'quantity'))
   bread | quantity
   >>> print('{0:3} | {1:8}'.format('bagel', '10'))
   bagel | 10
   >>> print('{0:3} | {1:8}'.format('baguette', '5'))
   baguette | 5
   >>> print('{0:3} | {1:8}'.format('focaccia', '3'))
   focaccia | 3
```

예제 설명

1: 문자열 형식 변경은 {}(중괄호)를 사용합니다.

2: 중괄호를 사용해 데이터를 테이블 형식으로도 만들 수 있습니다.

예제 21 – 문자 위치 조정하기

```
1: >>> print('{0:>10} | {1:10}'.format('bagel', '10'))
     bagel | 10
   >>> print('{0:^10} | {1:10}'.format('bagel', '10'))
     bagel   | 10
   >>> print('{0:^10} | {1:^10}'.format('bagel', '10'))
```

```
bagel    |    10
```

예제 설명

1: 문자 위치를 〈, ^ 또는 〉를 사용해 원하는 위치로 조정할 수 있습니다.

〈 좌측으로 조정

^ 중앙으로 조정

〉 우측으로 조정

예제 22 – 소숫점 자리수 조정하기

```
1:  >>> print('{0:^10} | {1:10}'.format('pizza', 3.333333))
    pizza     |    3.333333
    >>> print('{0:^10} | {1:10.2f}'.format('pizza', 3.333333))
    pizza     |        3.33
```

예제 설명

1: nf를 사용하면 표현할 소숫점 자리수를 조정할 수 있습니다. 여기서 n은 자리수 를 표현하는 번호며 '2f'의 경우 소숫점 두자리 수를 뜻합니다.

포맷 – {:.2f}

예제 23 – 사용자 입력 받기

```
1:  >>> bread = input('Name of your favourite bread: ')
    Name of your favourite bread: pita
    >>> print(bread)
    pita
    >>> print ('{} is very healthy bread.'.format(bread))
    pita is very healthy bread.
```

예제 설명

1: input( )을 사용하면 키보드를 통해 사용자의 입력을 받을 수 있습니다.

변수와 문자열 요약

- 변수는 값을 저장하기 위해 사용되는 이름입니다.

- 변수 이름 지정하기의 기본 규칙은 영문 알파벳으로 시작해야 하며 번호와 '_'(밑줄 표시)를 포함할 수 있지만 공백은 사용할 수 없습니다. 파이썬 예약어는 가능한 변수 이름으로 사용하지 않을 것을 추천하고 싶습니다. 다음 표에 사용을 피해야 할 파이썬 2.7과 3.6의 예약어들을 간략하게 정리해봤습니다.

표 4-6 파이썬 2.7 예약어

and	del	from	not	while
as	elif	global	or	with
assert	else	if	pass	yield
break	except	import	print	
class	exec	in	raise	
continue	finally	is	return	
def	for	lambda	try	

표 4-7 파이썬 3.6 예약어

and	del	from	not	while
as	elif	global	or	with
assert	else	if	pass	yield
break	except	import	print	False
class	exec	in	raise	True
continue	finally	is	return	None
def	for	lambda	try	nonlocal

* 파이썬 3.x에서 print문은 예약어가 아닌 내장 함수(built-in function)로 분류됐습니다.

- 변수에 값을 설정할 때는 '**변수_이름 = 값**' 형태로 설정할 수 있습니다. 변수의 값으로 여러 종류의 파이썬 자료형을 사용합니다.
- 문자열 표현은 작은 따옴표 (' ') 또는 큰 따옴표(" ")에 넣어 표현합니다.
- 문자열의 각 문자는 인덱스 번호를 사용합니다.

- 함수는 명시된 일을 하도록 쓰여진 재사용 가능한 코드입니다.

- 내장 함수(Built-in functions) 중에는 사용자를 위해 정보를 출력하는 print( ) 함수, 요소의 개수를 넘겨주는 len( ) 함수, 객체를 문자로 변환해 주는 str( ) 함수, 사용자에게 입력을 받는 input( ) 함수 등과 같이 수십 개의 내장 함수들이 있습니다. 내장 함수를 파이썬에서 확인하려면 'dir(__ builtins__)'을 사용하며, 다음과 같이 파이썬 3.6의 내장 함수 리스트를 표로 정리해 봤습니다.

표 4-8 파이썬 3.6 내장 함수

ArithmeticError	NotADirectoryError	__name__	int
AssertionError	NotImplemented	__package__	isinstance
AttributeError	NotImplementedError	__spec__	issubclass
BaseException	OSError	abs	iter
BlockingIOError	OverflowError	all	len
BrokenPipeError	PendingDeprecationWarning	any	license
BufferError	PermissionError	ascii	list
BytesWarning	ProcessLookupError	bin	locals
ChildProcessError	RecursionError	bool	map
ConnectionAbortedError	ReferenceError	bytearray	max
ConnectionError	ResourceWarning	bytes	memoryview
ConnectionRefusedError	RuntimeError	callable	min
ConnectionResetError	RuntimeWarning	chr	next
DeprecationWarning	StopAsyncIteration	classmethod	object
EOFError	StopIteration	compile	oct
Ellipsis	SyntaxError	complex	open
EnvironmentError	SyntaxWarning	copyright	ord
Exception	SystemError	credits	pow
False	SystemExit	delattr	print
FileExistsError	TabError	dict	property
FileNotFoundError	TimeoutError	dir	quit
FloatingPointError	True	divmod	range
FutureWarning	TypeError	enumerate	repr
GeneratorExit	UnboundLocalError	eval	reversed
IOError	UnicodeDecodeError	exec	round

ImportError	UnicodeEncodeError	exit	set
ImportWarning	UnicodeError	filter	setattr
IndentationError	UnicodeTranslateError	float	slice
IndexError	UnicodeWarning	format	sorted
InterruptedError	UserWarning	frozenset	staticmethod
IsADirectoryError	ValueError	getattr	str
KeyError	Warning	globals	sum
KeyboardInterrupt	ZeroDivisionError	hasattr	super
LookupError	_ _build_class_ _	hash	tuple
MemoryError	_ _debug_ _	help	type
ModuleNotFoundError	_ _doc_ _	hex	vars
NameError	_ _import_ _	id	zip
None	_ _loader_ _	input	

- 파이썬에서 모든 것은 객체로 인식됩니다.

- 객체는 메서드를 가질 수 있으며 여기서 말하는 메서드는 함수와 비슷하게 사용되지만 메서드는 객체와 관련된 일을 하는 함수입니다. 문자열 메서드(string methods)의 예로는, 문자열을 대문자로 변형시키는 upper( ) 메서드, 문자열을 소문자로 변형시키는 low( ) 메서드와 문자열의 포맷을 변경하는 format( ) 메서드 등을 들 수 있습니다.

- 삼중 따옴표(세 개의 작은 따옴표 또는 세 개의 큰 따옴표)로 문자열을 감싸면 여러 줄로 나눠서 입력 및 표기를 할 수 있습니다.

- 이스케이프(역슬래시)를 사용하면 유용하게 문자열을 여러 가지 방법으로 변형해 사용할 수 있습니다. 이스케이프 사용 방법을 표 4-9에 정리해봤습니다.

표 4–9 역슬래시 사용법

역슬래시의 사용	사용 설명	사용 예
\\	역슬래시, 역슬래시를 나타내고 싶을 때 사용	>>> print('\\역슬래시를 나타냅니다.\\') \역슬래시를 나타냅니다.\
\'	작은따옴표 안에 작은따옴표	>>> print('\'작은따옴표 안에 작은따옴표 표시\'') '작은따옴표 안에 작은따옴표 표시'
\"	큰따옴표 안에 큰따옴표	>>> print("\"큰따옴표 안에 큰따옴표 표시\"") "큰따옴표 안에 큰따옴표 표시"
\n	다음 행으로 바꿈, 새 라인, 개행 문자	>>> print('첫번째라인\n두번째라인\n세번째라인') 첫번째라인 두번째라인 세번째라인
\r	[Enter] 키, 캐리지 리턴, 키보드에서 [Enter] 키를 누르는 효과	>>> print('첫번째라인\r두번째라인\r세번째라인') 세번째라인
\t	[Tab] 키, 키보드에서 [Tab] 키를 누르는 효과	>>> print('노탭\t탭\t탭') 노탭 탭 탭

다음은 계속 이어 숫자, 연산자 및 함수를 예제을 통해 배워봅니다.

4.9.4.2 숫자, 연산자 및 함수

4.9.4.2.1 숫자 계산

예제 24 – 연산자 연습하기

```
1:  >>> 1+2
    3
    >>> 1-2
    -1
    >>> 1*2
    2   >
    >> 1/2
    0.5
```

```
>>> 1+2.0
3.0
```

2:
```
>>> 7//3
2
```

3:
```
>>> 2**3
8
```

4:
```
>>> 3%2
1
>>> 4%2
0
>>> 9%5
4
```

예제 설명

1: 간단한 연산자를 연습합니다.

2: //를 사용하면 몫을 구할 수 있습니다. 7에는 3이 두 몫이 나오므로 답은 2입니다.

3: 거듭제곱 구하기는 **를 사용해서 계산할 수 있습니다.

4: %를 사용하면 나머지를 구할수 있습니다.

예제 25 – 숫자 인식 및 숫자형으로 변환하기

1:
```
>>> quantity = 3
>>> quantity_str = '3'
>>> total = quantity + quantity_str
Traceback (most recent call last):
 File "<stdin>", line 1, in <module>
TypeError: unsupported operand type(s) for +: 'int' and 'str'
```

2:
```
>>> total = quantity + int(quantity_str)
>>> print(total)
6
```

1: 숫자에는 따옴표를 사용하지 않아도 되며 따옴표로 숫자가 둘러 싸여 있는 경우 파이썬은 숫자를 문자로 인식됩니다.

2: 만약 다시 숫자로 인식시키길 원한다면 int()를 사용해 데이터 타입을 변환해 줍니다.

참고

숫자 및 연산자 요약

- 파이썬은 연산자를 사용해 숫자에 대한 계산을 실행합니다. 파이썬에서 사용되는 수식 연산자는 표 4-10과 같습니다.

표 4-10 수식 연산자

연산자	의미
+	덧셈
−	뺄셈
*	곱셈
/	나눗셈
**	거듭제곱
//	몫
%	나머지

- 숫자를 입력할 때는 따옴표를 사용하지 않고 그대로 입력합니다.
- 숫자를 따옴표를 사용해 표현하면 파이썬은 내용을 문자열로 인식합니다.
- 문자열을 숫자로 변환하려면 int( ) 내장 함수를 사용합니다.
- 문자열을 소수로 변환하려면 float( ) 내장 함수를 사용합니다.

4.9.4.3 불리언과 조건문

4.9.4.3.1 불리언

예제 26 – 불리언 입력하기

```
1:  >>> a = True
    >>> b = False
    >>> print(a)
    True
    >>> print(b)
    False
    >>> type(a)
    <class 'bool'>
    >>> type(b)
    <class 'bool'>
```

예제 설명

1: 불리언은 진실(True) 또는 거짓(False) 둘 중 하나의 값을 가질 수 있습니다.

예제 27 – 비교 연산자 입력하기

```
1:  >>> 1 == 2
    False
    >>> 1 > 2
    False
    >>> 1 >= 2
    False
    >>> 1< 2
    True
    >>> 1 <= 2
    True
    >>> 1 != 2
    True
```

예제 설명

1: 위에서는 비교식 표현을 나타내고 있습니다.

참고

비교 연산자

다음은 비교 연산자(comparables, 비교식)의 종류와 설명을 보여주는 표입니다.

표 4-11 비교 연산 요약

비교 연산자	설명
==	같다
!=	다르다
〈	좌변이 우변보다 엄격히 작다(미만)
〈=	좌변이 우변보다 작거나 같다(이하)
〉	좌변이 우변보다 엄격히 크다(초과)
〉=	좌변이 우변보다 크거나 같다(이상)

예제 28 – 참과 거짓 그리고 and와 not

```
1: >>> True and True is True
   True
   >>> True and False is False
   True
   >>> False and True is False
   False
   >>> False and False is False
   False
   >>> not True is False
   True
   >>> not False is True
   True
```

예제 설명

1: 위 예제에서는 참과 거짓의 값을 나타내고 있습니다.

예제 29 – 참의 조건

```
1:  >>> True and False or not False
    True
    >>> True and False or True
    True
    >>> False or True
    True
```

예제 설명

1: 위에서는 참과 거짓의 조건을 나타내고 있습니다.

예제 30 – ( )(괄호)로 계산 순서 바꾸기

```
1:  >>> True and False or not False
    True

2:  >>> (True and False) or (not False)
    True

3:  >>> ((True and False) or (not False))
    rue
```

예제 설명

1: 괄호를 사용하지 않은 순서대로 실행한 예입니다.

2: 괄호를 사용하면 괄호 안 계산부터 실행, 괄호를 이용해 연산 순서를 변경할 수 있습니다.

3: 괄호 안 계산부터 실행, 다음 괄호 바깥 계산 실행, 괄호를 이용해 연산 순서를 변경할 수 있습니다.

4.9.4.3.2 조건문 – if, elif와 else

예제 31 – if와 else의 사용

```
1:  >>> if 1 < 2:
    ...     print ('One is less than two.')
    ...
    One is less than two.

2:  >>> if 1 > 2:
    ...     print ('One is bigger than two.')
    ...

3:  >>> if 1 > 2:
    ...     print ('One is bigger than two.')
    ... else:
    ...     print ('One is NOT bigger than two.')
    ...
    One is NOT bigger than two.
```

예제 설명

1: if와 if + else의 가장 간단한 예를 보여주고 있습니다. 파이썬 코드는 위에서 아래로, 즉 상하로 순차적으로 실행됩니다. 참의 조건을 충족하므로 print문을 출력합니다.

2: 조건이 거짓이므로 print문을 출력하지 않습니다.

3: 첫 번째 조건은 거짓이고 두 번째 조건은 참이므로 두 번째 print문을 출력합니다.

예제 32 – if, elif와 else의 사용

```
1:  >>> age = 21
    >>> if age >= 18:
    ... print ('You are old enough to get your driver\'s license.')
    ...
```

```
You are old enough to get your driver's license.

2:  >>> age = 17
    >>> if age >=18:
    ... print ('You are old enough to drive a car.')
    ... else:
    ... print ('You are too young to drive a car.')
    ...
    You are too young to drive a car.

3:  >>> age = 100
    >>> if age < 18:
    ... print('You are too young to drive a car.')
    ... elif age > 99:
    ...    print ('You are too old to drive a car.')
    ... else:
    ...    print ('You are in approved driver age group and can drive a car.')
    ...
    You are too old to drive a car.
```

예제 설명

1: if문을 사용해 나이가 18세 이상이면 문자열을 출력합니다.

2: if와 else문을 사용해 한 가지 조건을 충족시키면 문자열을 출력합니다.

3: if, elif와 else문을 통해 조건문을 실행해 한 가지 조건을 충족시키는 문자열을 출력합니다.

예제 33 – if, elif와 else로 코드 작성하기

```
1:  root@ubuntu18s1:~# nano driverage.py

    #아래 내용을 입력 후 .py 파일 형식으로 저장합니다.
    age = input('고객님의 나이는?: ')
    Age = int(age)

    if Age < 18:
```

```
            print ('나이가 어려서 운전 면허증을 취득할 수 없습니다.')
        elif Age > 99:
            print ('연세가 많으셔서 운전 면허증을 취득/갱신할 수 없습니다.')
        else:
            print ('제1종 보통 제2종 보통 제2종 소형 면허증을  취득할 수 있습니다.')
        print ('즐거운 하루 보내세요. 감사합니다.')
```

2: root@ubuntu18s1:~# **python3 driverage.py**
    고객님의 나이는?: **16**
    나이가 어려서 운전 면허증을 취득할 수 없습니다.
    즐거운 하루 보내세요. 감사합니다.

    root@ubuntu18s1:~# **python3 driverage.py**
    고객님의 나이는?: **35**
    제1종 보통 제2종 보통 제2종 소형 면허증을 취득할 수 있습니다.
    즐거운 하루보내세요. 감사합니다.

    root@ubuntu18s1:~# **python3 driverage.py**
    고객님의 나이는?: **102**
    연세가 많으셔서 운전 면허증을 취득/갱신할 수 없습니다.
    즐거운 하루보내세요. 감사합니다.

예제 설명

1: 우분투 또는 CentOS 리눅스 서버에서 driverage.py라는 파일을 nano 텍스트
    에디터를 사용해 만든 후 나와 있는 내용을 입력해 넣습니다.

2: 1에서 만든 프로그램(script)을 python3 driverage.py를 사용해 파이썬 스크립
    트를 실행시킵니다.

앞서 나왔던 파이썬 코드를 변경해 .py 형식으로 프로그램을 만들어 봤습니다. 운전
자의 나이를 입력하면 운전면허 취득이 가능한지 확인한 후 도움을 주는 프로그램입
니다.

4.9.4.4 함수

예제 34 – 함수 정의하기

```
1:  >>> def say_hello():
    ... print('Hello')
    ...
    >>> say_hello()
    Hello


2:  >>> say_goodbye()
    Traceback (most recent call last):
      File "<stdin>", line 1, in <module>
    NameError: name 'say_goodbye' is not defined
```

예제 설명

1: 파이썬에서 함수는 def를 사용해 정의합니다. 함수는 다음 형식과 같이 만들어 사용할 수 있습니다.

```
def 함수_이름():
    # 코드 블록
```

2: 만약 함수를 설정하지 않고 함수를 사용할 경우 NameError가 발생합니다.

예제 35 – 함수에 디폴트 값 지정하기

```
1:  >>> def say_hello(name):
    ... print ('Hello {}.'.format(name))
    ...
    >>> say_hello('Hugh')
    Hello Hugh.

2:  >>> say_hello()
    Traceback (most recent call last):
      File "<stdin>", line 1, in <module>
    TypeError: say_hello() missing 1 required positional argument: 'name'

3:  >>> def say_hello(name = 'son'):
    ... print ('Hi {}.'.format(name))
    ...
    >>> say_hello()
    Hi son.
    >>> say_hello('Hugh')
    Hi Hugh.
```

예제 설명

1: 이름을 입력하면 인사를 출력하는 함수의 예입니다.

2: 만약 사용자가 이름을 입력하지 않는다면 TypeError가 발생합니다.

3: 이럴 때는 디폴트 이름을 입력해 사용자 입력 없이도 코드가 TypeError 없이 실행되게 만들어줍니다. 이것은 에러핸들링의 가장 간단한 예로 볼 수 있습니다.

```
1:  >>> def say_hi(given, family):
    ... print('Hi {} {}!'.format(given, family))
    ...
    >>> say_hi('Hugh', 'Choi')
    Hi Hugh Choi!

2:  >>> say_hi(given='Leah', family = 'Kim')
    Hi Leah Kim!

    >>> say_hi(family = 'Lee', given = 'Caitlin')
    Hi Caitlin Lee!

3:  >>> def say_goodbye(given, family = 'Lee'):
    ... print('Goodbye {} {}!'.format(given, family))
    ...
    >>> say_goodbye('Sue')
    Goodbye Sue Lee!
    >>> say_goodbye('Brendan', 'Choi')
    Goodbye Brendan Choi!
```

예제 설명

1: 1번 예에서는 두 가지 변수를 사용한 함수의 예를 보여주고 있습니다.

2: 만약 변수에 이름을 직접 입력하면 입력한 정보가 출력되며, 요소의 순서를 바꾸더라도 정상적으로 출력됩니다.

3: 두 개의 변수를 사용할 경우 하나의 변수만 정의하고 한 가지의 변수만 입력을 하면 입력한 변수와 디폴트로 정해져 있는 값을 함께 출력합니다. 만약 두 개의 변수를 입력하면 디폴터 값을 무시하고 입력한 변수의 내용을 사용해 출력합니다.

예제 37 – 홀수 또는 짝수 함수

```
1:  >>> def odd_or_even(number):
```

```
...     if number %2 == 0:
...         return '짝수'
...     else:
...         return '홀수'
...

>>> odd_or_even(3)
'홀수'
>>> odd_or_even(4)
'짝수'
```

```
2:  >>> def even_number(number):
...     if number %2 == 0:
...         return True
...     else:
...         return False
...

>>> even_number(2)
True
>>> even_number(3)
False
```

예제 설명

1: 숫자를 입력하면 홀수인지 짝수인지 맞추는 함수의 예입니다.

2: 위의 예와 비슷하게 입력된 숫자가 짝수이면 참, 아니면 거짓을 출력하는 함수입니다.

예제 38 – 함수를 함수에 넣어 사용하기

```
1:  >>> def name():
...     n = input('이름을 입력하세요: ')
...     return n
...
```

```
>>> def say_name(n):
... print ('당신의 이름은 {}입니다.'.format(n))
...

>>> def say_the_name():
... n = name()
... say_name (n)
...

>>> say_the_name()
이름을 입력하세요: 최대영
당신의 이름은 최대영입니다.
```

---

* 최대영은 저희집 아들 이름입니다. 본인 또는 본인의 아들딸 이름으로 대체해 입력하세요.

예제 설명

1: 위 예에서는 두 개의 함수를 만들어 세 번째 함수에서 두 함수를 다시 사용하는 예를 보여주고 있습니다. 하나의 함수를 또다른 함수에서 넣어 사용해도 가능합니다.

참고

함수 요약

- 함수는 사용하기 전에 먼저 선언을 해야 합니다.
- 함수는 다시 사용 가능한 메인 코드 속의 작은 코드로 어떤 작업을 수행할 수도 있으며 데이터 값도 출력할 수 있습니다.
- 기본적인 함수의 구문은 def **함수_이름 (매개변수_이름):**으로 구성됩니다.
- 함수는 매개변수를 사용할 수 있으며, 임의의 매개변수를 사용하기 위해 디폴트 매개변수값을 설정할 수도 있습니다.
- 내장 함수인 help( )를 사용하면 더 많은 도움을 얻을 수 있습니다

4.9.4.5 리스트

4.9.4.5.1 리스트 사용하기

예제 39 – 리스트 만들어 인덱싱 사용하기

```
1:  >>> vehicles = ['car', 'bus', 'truck']
    >>> print(vehicles[0])
    car
    >>> print(vehicles[1])
    bus
    >>> print(vehicles[2])
    truck

2:  >>> vehicles = ['car', 'bus', 'truck']
    >>> vehicles[0] = 'van'
    >>> vehicles
    ['van', 'bus', 'truck']

3:  >>> print(vehicles[-1])
    truck
    >>> print(vehicles[-2])
    bus
    >>> print(vehicles[-3])
    van
```

예제 설명

1: 리스트는 대괄호([ ]) 안에 콤마를 사용해 여러 개의 요소를 순서 있게 입력할 수 있습니다. 예와 같이 리스트에서는 인덱싱을 사용해 요소를 불러올 수 있습니다.

2: 리스트에서는 인덱싱을 사용해 값을 변경할 수 있습니다.

3: '-'을 사용하면 뒤에서부터 불러오기를 합니다.

```
1:  >>> vehicles.append('car')
    >>> vehicles
    ['van', 'bus', 'truck', 'car']

2:  >>> vehicles = ['car', 'bus', 'truck']
    >>> vehicles.extend(['sedan', 'hatch', 'SUV', 'crossover', 'convertible'])
    >>> vehicles
    ['car', 'bus', 'truck', 'sedan', 'hatch', 'SUV', 'crossover', 'convertible']

3:  >>> vehicles = ['car', 'bus', 'truck']
    >>> vehicles.insert(1, 'convertible')
    >>> vehicles
    ['car', 'convertible', 'bus', 'truck']
```

예제 설명

1: append 명령어를 사용하면 리스트 가장 뒷쪽에 다른 요소를 추가로 입력할 수 있습니다.

2: extend를 사용하면 리스트에 다른 리스트를 넣어 또다른 리스트로 만들 수 있습니다.

3: insert를 사용하면 한 가지 아이템을 원하는 위치에 입력할 수 있습니다. insert(1, 'convertible')에서 1은 인덱스 위치이고 'convertible'은 리스트에 추가할 요소입니다.

*영어권에서는 뚜껑이 열리는 차를 "오픈카"라고 하지 않고 "컨버터블"이라고 부릅니다.

4.9.4.5.2 슬라이싱

예제 41 – 리스트 슬라이싱하기

```
1:  >>> bread = ['bagels', 'baguette', 'ciabatta', 'crumpet', 'naan', 'pita',
    'tortilla']
    >>> some_bread = bread[1:3]
```

```
>>> print(some_bread)
['baguette', 'ciabatta']
>>> print('Some Bread: {}'.format(some_bread))
Some Bread: ['baguette', 'ciabatta']
```

2:
```
>>> first_two = bread[0:2]
>>> first_two
['bagels', 'baguette']
```

3:
```
>>> first_three_bread = bread[:3]
>>> print(first_three_bread)
['bagels', 'baguette', 'ciabatta']
```

4:
```
>>> last_two_bread = bread[-2:]
>>> print('Last two bread: {}'.format(last_two_bread))
Last two bread: ['pita', 'tortilla']
```

5:
```
>>> bread = ['bagels', 'baguette', 'ciabatta']
>>> ciabatta_index = bread.index('ciabatta')
>>> print(ciabatta_index)
2
```

예제 설명

1: 콜론(:)을 이용해 리스트에 포함돼 있는 요소들을 출력할 수 있습니다. [1:3]은 두 번째에서 네 번째까지의 요소들을 뜻합니다.

2: [0:2]는 인덱싱을 사용해 첫 번째 요소와 두 번째 요소만 출력합니다. 인덱스 2, 즉 세 번째 요소인 'ciabatta' 이탤릭식의 겉이 단단한 빵은 출력하지 않습니다.

3: [:3]과 같은 형식으로 인덱싱을 하면 인덱스 0부터 2가지 요소들을 불러와 출력합니다.

4: '−' 싸인를 사용하면 뒤에서부터 슬라이싱을 해 값을 출력합니다.

5: 또한 변수를 만들어 다시 사용하면 리스트에서 인덱스 번호를 구할 수 있습니다.

4.9.4.5.3 리스트에서의 오류 처리

예제 42 – ValueError 오류

```
1:  >>> bread = ['bagels', 'baguette', 'ciabatta']
    >>> crumpet_index = bread.index('crumpet')
    Traceback (most recent call last):
      File "<stdin>", line 1, in <module>
    ValueError: 'crumpet' is not in list
```

예제 설명

1: 리스트에 없는 아이템(요소)을 불러오면 ValueError가 발생합니다.

예제 43 – 리스트에서 try와 except로 오류 처리하기

```
1:  [root@localhost ~]# nano error_handling1.py

    bread = ['bagels', 'baguette', 'ciabatta']
    try:
        crumpet_index = bread.index('crumpet')
    except:
        crumpet_index = 'No crumpet bread found.'
    print(crumpet_index)

    [root@localhost ~]# python3 error_handling1.py
    No crumpet bread found.
```

예제 설명

1: 예제 42에 발생한 ValueError와 같은 오류 처리를 하는 방법을 알고 있으면 더욱 깔끔한 파이썬 코딩이 가능해집니다. 오류 메시지를 직접 작성해 처리할 수 있습니다. 위의 예에서는 호출한 요소(빵의 종류)가 없으면 No found 메시지를 출력하게 작성해 봤습니다.

494

예제 44 – 리스트에서 요소 인덱스 찾기

```
1:  [root@localhost ~]# nano error_handling2.py

    bread = ['bagels', 'baguette', 'ciabatta', 'crumpet']
    try:
        crumpet_index = bread.index('crumpet')
    except:
        crumpet_index = 'No crumpet bread found.'
    print(crumpet_index)

    [root@localhost ~]# python3 error_handling2.py
    3
```

예제 설명

1: 만약 찾는 빵의 종류가 리스트에 포함돼 있으면 호출한 빵의 인덱스를 출력하는 스크립트입니다. crumpet은 네 번째 요소이므로 인덱스 번호 3이 출력됐습니다.

4.9.4.5.4 리스트 연습하기

지금까지 배운 리스트 내용들을 사용해 연습합니다.

예제 45 – 리스트 연습하기

```
1:  >>> shopping_list1 = 'baseball hat, baseball shoes, sunglasses, baseball
    bat, sunscreen lotion, baseball meat'
    >>> print(shopping_list1)
    baseball hat, baseball shoes, sunglasses, baseball bat, sunscreen lotion,
    baseball meat

2:  >>> print(shopping_list1[30:39])
    sunglasses

3:  >>> shopping_list2 = ['baseball hat', 'baseball shoes', 'sunglasses',
```

```
                'baseball bat', 'sunscreen lotion', 'baseball meat']
          >>> print(shopping_list2)
          ['baseball hat', 'baseball shoes', 'sunglasses', 'baseball bat', 'sunscreen
          lotion', 'baseball meat']

4:    >>> print(shopping_list2[2])
          sunglasses
          >>> print(shopping_list2[2:5])
          ['sunglasses', 'baseball bat', 'sunscreen lotion']
          >>> print(shopping_list2)
          ['baseball hat', 'baseball shoes', 'sunglasses', 'baseball bat', 'sunscreen
          lotion', 'baseball meat']

5:    >>> print(shopping_list2)
          ['baseball hat', 'baseball shoes', 'sunglasses', 'baseball bat', 'sunscreen
          lotion', 'baseball meat']
          >>> shopping_list2[2] = 'ball'
          >>> print(shopping_list2)
          ['baseball hat', 'baseball shoes', 'ball', 'baseball bat', 'sunscreen
          lotion', 'baseball meat']

6:    >>> some_numbers = [1, 2, 4, 8]
          >>> some_strings = ['which', 'Olympic', 'sports']
          >>> numbers_and_strings = ['which', 1, 'Olympic', 2, 'sports',  4]

7:    >>> numbers = [3, 6, 9, 12]
          >>> strings =['soccer', 'baseball', 'basketball', 'swimming']
          >>> new_list = [numbers, strings]
          >>> print(new_list)
          [[3, 6, 9, 12], ['soccer', 'baseball', 'basketball', 'swimming']]

8:    >>> summer_sports = ['swimming', 'diving', 'baseball', 'basketball',
          'cricket']
          >>> summer_sports.append('beach volleyball')
          >>> print(summer_sports)
          ['swimming', 'diving', 'baseball', 'basketball', 'cricket', 'beach
          volleyball']
```

```
 9: >>> print(summer_sports)
    ['swimming', 'diving', 'baseball', 'basketball', 'cricket', 'beach
    volleyball']
    >>> del summer_sports[1]
    >>> print(summer_sports)
    ['swimming', 'baseball', 'basketball', 'cricket', 'beach volleyball']

10: >>> summer_sports = ['swimming', 'baseball', 'basketball', 'cricket', 'beach
    volleyball']
    >>> winter_sports = ['skiing', 'ice skating', 'ice hockey', 'snowboarding']
    >>> print(summer_sports+winter_sports)
    ['swimming', 'baseball', 'basketball', 'cricket', 'beach volleyball',
    'skiing', 'ice skating', 'ice hockey', 'snowboarding']
```

예제 설명

1: 리스트를 문자열[string]을 저장합니다. 'baseball meat'는 '야구 고기'가 아니고 '야구 글러브'를 의미합니다.

2: sunglasses를 문자열에서 호출하려면 26번째 위치에서 37번째 문자 위치를 호출합니다. 인덱싱은 0부터 시작하며 콤마, 마침표 및 빈 공간도 하나의 문자로 인식합니다. 이렇게 번거롭게 호출하기보다는 아래와 같이 리스트를 리스트로 만들어 인덱싱을 사용하면 편리하게 호출이 가능해집니다.

3: 리스트를 리스트로 저장하는 예입니다.

4: 인덱싱을 사용해 쉽게 리스트의 저장돼 있는 값을 호출할 수 있습니다.

5: 인덱싱을 사용해 리스트에 있는 내용을 교체합니다. 위 예에서는 sunglasses을 ball로 변경합니다.

6: 리스트에 사용할 수 있는 요소들의 예를 보여주고 있습니다.

7: 리스트는 다른 리스트를 저장할 수 있습니다.

8: 리스트에 요소 추가해 내용을 변경할 수 있습니다. 이래서 리스트를 영어로 mutable object라고 부릅니다.

9: 리스트에서 인덱싱을 사용해 요소를 삭제합니다.

10: + 연산자를 사용해 리스트를 연결할 수 있습니다.

4.9.4.5.5 for 룹과 while 룹

예제 46 – for 룹과 upper문 사용 예

```
1:  >>> bread_type =['bagels', 'baguette', 'ciabatta']
    >>> for bread in bread_type:
    ... print(bread.upper())
    ...
    BAGELS
    BAGUETTE
    CIABATTA
```

예제 설명

1: for 룹^{loop}을 사용하면 리스트에 있는 요소들을 하나씩 불러내 출력을 해줍니다.
   위 예에서는 빵 종류들을 하나씩 불러 대문자로 출력합니다.

예제 47 – while 룹과 len문 사용 예

```
1:  >>> bread_type = ['bagels', 'baguette', 'ciabatta', 'crumpet', 'naan',
    'pita', 'tortilla']
    >>> index = 0
    >>> while index < len(bread_type):
    ... print(bread_type[index])
    ... index += 1
    ...
    bagels
    baguette
    ciabatta
    crumpet
    naan
    pita
    tortilla
```

예제 설명

1: 위의 예에서는 while문과 len() 함수를 사용해 리스트에 있는 요소들(빵의 종류)을 하나씩 불러내 차례대로 출력하는 예문입니다.

4.9.4.5.6 정렬하기 및 래인지

예제 48 – sort()로 리스트 정렬하기

```
1:  >>> bread = ['naan', 'baguette',  'tortilla', 'ciabatta', 'pita']
    >>> bread.sort()
    >>> print(bread)
    ['baguette', 'ciabatta', 'naan', 'pita', 'tortilla']


2:  >>> bread = ['naan', 'baguette',  'tortilla', 'ciabatta', 'pita']
    >>> sorted_bread = sorted(bread)
    >>> print(sorted_bread)
    ['baguette', 'ciabatta', 'naan', 'pita', 'tortilla']
```

예제 설명

1: sort() 함수를 사용하면 A-Z순으로 정리해서 정보를 출력할 수 있습니다.

2: 리스트를 변수로 만든 후 다른 변수에 sorted() 함수를 사용해도 똑같은 리스트 출력을 받습니다.

예제 49 – 두 개의 리스트 연결하기

```
1:  >>> bread = ['naan', 'baguette',  'tortilla', 'ciabatta', 'pita']
    >>> more_bread = ['bagels', 'crumpet']
    >>> all_bread = bread + more_bread
    >>> print(all_bread)
    ['naan', 'baguette', 'tortilla', 'ciabatta', 'pita', 'bagels', 'crumpet']
    >>> all_bread.sort()
    >>> print(all_bread)
    ['bagels', 'baguette', 'ciabatta', 'crumpet', 'naan', 'pita', 'tortilla']
```

1: bread라는 리스트와 more_bread라는 리스트를 연결해 all_bread라는 리스트를 만든 후 sort() 함수를 사용해 A-Z으로 정리해봤습니다.

예제 50 – len() 함수로 리스트 개수 확인하기

```
1:  >>> bread_type =['bagels', 'baguette', 'ciabatta']
    >>> bread =['bagels', 'baguette', 'ciabatta']
    >>> print(len(bread))
    3
    >>> bread.append('naan')
    >>> print(len(bread))
    4
```

예제 설명

1: len() 함수를 이용해 리스트에 몇 개의 요소가 있는지 확인해 봅니다. 다음 append를 사용해 한 가지 빵 종류를 더 입력한 후 다시 len() 함수로 요소가 몇 개인지 확인합니다.

예제 51 – for 룹과 래인지문으로 번호 하나씩 호출하기

```
1:  >>> for number in range(3):
    ... print(number)
    ...
    0
    1
    2


    2:  >>> for number in range(2, 5):
    ...     print(number)
    ...
    2
    3
    4
```

```
3:  >>> for number in range(1, 8, 2):
...     print(number)
...
1
3
5
7
```

예제 설명

1: for x in range()를 사용하면 쉽게 래인지Range에 포함된 번호를 호출할 수 있습니다.

2: 콤마를 사용하면 숫자의 시작점과 끝을 지정해서 호출할 수 있습니다. 첫 번째 인자는 시작하는 번호이고 콤마 다음의 인자는 끝나는 수의 그 다음 숫자입니다.

3: 세 번째 매개변수parameter를 지정하면 건너뛰기를 할 수 있습니다. 위 예에서는 첫자리인 1번을 출력한 후 그 다음 숫자에 2를 연속적으로 더해 3, 5, 7이라는 8보다 아랫숫자들을 출력하게 됩니다.

예제 52 - 문자열로 돼 있는 리스트에 매개변수 사용하기

```
1:  >>> bread = ['bagels', 'baguette', 'ciabatta', 'crumpet', 'naan', 'pita',
    'tortilla']
    >>> for number in range(0, len(bread), 2):
    ... print(bread[number])
    ...
    bagels
    ciabatta
    naan
    tortilla

2:  >>> bread = ['bagels', 'baguette', 'ciabatta', 'crumpet', 'naan', 'pita',
    'tortilla']
    >>> for number in range(0, len(bread),3):
    ... print(bread[number])
    ...
```

```
bagels
crumpet
tortilla
```

```
3:  >>> bread = ['bagels', 'baguette', 'ciabatta', 'crumpet', 'naan', 'pita',
    'tortilla']
    >>> for number in range(0, len(bread), 5):
    ... print(bread[number])
    ...
    bagels
    pita
```

예제 설명

1: bread라는 리스트를 range() 함수 안에 len()을 네스팅해서 첫 번째, 세 번째, 다
   섯 번째 그리고 일곱 번째 요소를 호출해 출력하는 예문입니다. 매개변수가 2이
   므로 첫 번째 요소를 출력한 후 홀수 [1, 3, 5] 요소들을 뛰어넘으면서 다음에 나
   오는 짝수 [2, 4, 6] 인덱스를 가진 요소들을 출력합니다.

2: 세 번 뛰어넘기를 해 첫 번째, 네 번째, 일곱 번째 요소만 출력하는 예문입니다.

3: 다섯 번 뛰어넘기를 해 첫 번째, 여섯 번째 요소만 출력하는 예문입니다.

4.9.4.6 튜플

예제 53 – 튜플 만들기, 오류 확인 및 사용 예

```
1:  >>> tuple1 = (0, 1, 3, 6, 9)
    >>> tuple2 = ('w', 'x', 'y', 'z')
    >>> tuple3 = (0, 1, 'x', 2, 'y', 3, 'z')

2:  >>> tuple1 = (0, 1, 3, 6, 9)
    >>> tuple[1] = 12
    Traceback (most recent call last):
     File "<stdin>", line 1, in <module>
    TypeError: 'type' object does not support item assignment

3:  >>> tuple1 = (0, 1, 3, 6, 9)
    >>> tuple2 = ('w', 'x', 'y', 'z')
    >>> print(tuple1+tuple2)
```

```
(0, 1, 3, 6, 9, 'w', 'x', 'y', 'z')
```

예제 설명

1: 시퀀스 자료형 요소들을 포함하고 있는 튜플의 예를 보여주고 있습니다.

2: 튜플^{tuples}의 요소 변경을 시도하면 위와 같이 TypeError가 나타납니다. 이래서 파이썬에서는 튜플을 불변적 객체^{immutable object}라고 불립니다.

3: + 연산자를 사용해 튜플과 튜플을 연결하면 하나의 튜플로 요소들을 출력할 수 있습니다.

예제 54 – 튜플 리스트로 변환하기

```
1:  >>> tuple3 = (0, 1, 'x', 2, 'y', 3, 'z')
    >>> list(tuple3)
    [0, 1, 'x', 2, 'y', 3, 'z']

2:  >>> tuple1 = (0, 1, 3, 6, 9)
    >>> tuple2 = ('w', 'x', 'y', 'z')
    >>> list(tuple1+tuple2)
    [0, 1, 3, 6, 9, 'w', 'x', 'y', 'z']
```

예제 설명

1: 튜플에 포함돼 있는 요소들을 변경하려면 리스트로 변환해서 사용할 수 있습니다.

2: 두 개의 튜플을 연결해 리스트 형식으로 만들어 사용할 수 있습니다.

예제 55 – 튜플 불변 개념 확인 및 튜플 삭제

```
1:  >>> days_of_the_week = ('Monday', 'Tuesday', 'Wednesday', 'Thursday',
    'Friday', 'Saturday', 'Sunday')

    >>> for day in days_of_the_week:
    ... print(day)
    ...
```

```
Monday
Tuesday
Wednesday
Thursday
Friday
Saturday
Sunday
```

2: ```
>>> days_of_the_week = ('Monday', 'Tuesday', 'Wednesday', 'Thursday',
'Friday', 'Saturday', 'Sunday')
>>> days_of_the_week[0] = 'Funday'
Traceback (most recent call last):
  File "<stdin>", line 1, in <module>
TypeError: 'tuple' object does not support item assignment
```

3: ```
>>> days_of_the_week = ('Monday', 'Tuesday', 'Wednesday', 'Thursday',
'Friday', 'Saturday', 'Sunday')
>>> print(days_of_the_week)
('Monday', 'Tuesday', 'Wednesday', 'Thursday', 'Friday', 'Saturday',
'Sunday')
>>> del days_of_the_week
>>> print(days_of_the_week)
Traceback (most recent call last):
 File "<stdin>", line 1, in <module>
NameError: name 'days_of_the_week' is not defined
```

예제 설명

1: 튜플은 불변 요소를 포함하며 일반적으로 이질적인 요소들의 시퀀스를 포함할 수 있습니다. 위에서는 불변 요소인 '요일'의 사용 예를 보여주고 있습니다.

2: 튜플의 요소를 변경하려면 TypeError를 발생시킵니다.

3: 파이썬 스크립트 실행 시 튜플 전체를 삭제할 수 있습니다. **불변**immutable**이라는 말이 내용을 변경할 수 없다는 말이지 튜플을 통채로 지울 수 없다는 뜻은 아닌 것입니다.**

예제 56 – 튜플에서 리스트로, 리스트에서 튜플로 변환하기

```
1:  >>> weekend_tuple = ('Saturday', 'Sunday')
    >>> weekend_list = list(weekend_tuple)
    >>> print('weekend_tuple is {}.'.format(type(weekend_tuple)))
    weekend_tuple is <class 'tuple'>.
    >>> print('weekend_list is {}.'.format(type(weekend_list)))
    weekend_list is <class 'list'>.

2:  >>> country_list = ['England', 'Germany', 'France']
    >>> country_tuple = tuple(country_list)
    >>> type(country_list)
    <class 'list'>
    >>> type(country_tuple)
    <class 'tuple'>
```

예제 설명

1: 튜플을 리스트로 변환하는 예입니다.

2: 리스트를 튜플로 변환하는 예입니다. type() 함수를 사용하면 데이터 타입을 확인할 수 있습니다.

예제 57 – 튜플에 for 룹 사용하기

```
1:  >>> weekend = ('Saturday', 'Sunday')
    >>> for day in weekend:
    ... print(day)
    ...
    Saturday
    Sunday
```

예제 설명

1: 리스트와 마찬가지로 튜플에서도 for 룹loop을 사용해 요소들을 하나씩 호출할 수 있습니다.

예제 58 – 튜플에 여러 개 변수 지정하기

```
1:  >>> weekend = ('Saturday', 'Sunday')
    >>> (sat, sun) = weekend
    >>> print(sat)
    Saturday
    >>> print(sun)
    Sunday

2:  >>> country_info = ['England', '+44']
    >>> (country, code) = country_info
    >>> print(country)
    England
    >>> print(code)
    +44
```

예제 설명

1: 튜플에 여러 개의 변수를 지정할 수 있습니다.

2: 리스트를 튜플의 요소로도 사용이 가능합니다.

예제 59 – 튜플로 함수 만들기

```
1:  >>> def high_and_low(numbers):
    ...     highest = max(numbers)
    ...     lowest = min(numbers)
    ...     return (highest, lowest)
    ...
    >>> lotto_numbers = [1, 37, 25, 43, 15, 23]
    >>> (highest, lowest) = high_and_low(lotto_numbers)
    >>> print(highest)
    43
    >>> print(lowest)
    1
```

1: 위의 예와 같이 튜플을 함수로 만들어 사용할 수도 있습니다.

예제 60 – 튜플을 리스트 요소로 사용하기

```
1:  >>> countries = [('England', '+44'), ('France', '+33')]
    >>> for (country, code) in countries:
    ... print(country, code)
    ...
    England +44
    France +33
```

예제 설명

1: 튜플도 리스트의 요소로 사용 가능합니다.

참고

튜플 요약

- 튜플은 불변적 리스트라고도 불리며 한 번 설정한 값은 튜플 내에서는 변경할 수 없습니다. 일반적인 튜플 구문은 다음과 같습니다.

  튜플_이름 = (요소_1, 요소_2, 요소_n)

- 하지만 파이썬에서 튜플 전체 삭제는 허용을 합니다.
- 내장 함수인 list()를 사용해서 튜플을 리스트로 변환할 수 있습니다.
- 내장 함수인 tuple()을 사용하면 리스트를 튜플로 변환할 수 있습니다.
- max()와 min() 내장 함수를 사용해 튜플의 최댓값과 최솟값을 찾을 수 있습니다.

4.9.4.7 딕셔너리

예제 61 – 딕셔너리 연습하기

```
1:  >>> fav_activity = {'hugh':'coputer games', 'leah':'ballet', 'caitlin':'ice skating'}
    >>> print(fav_activity)
```

```
{'hugh': 'coputer games', 'leah': 'ballet', 'caitlin': 'ice skating'}
```

2: ```
    >>> fav_activity = {'hugh':'coputer games', 'leah':'ballet', 'caitlin':'ice
    skating'}
    >>> print(fav_activity['caitlin'])
    ice skating
    ```

3:  ```
    >>> fav_activity = {'hugh':'coputer games', 'leah':'ballet', 'caitlin':'ice
    skating'}
    >>> del fav_activity['hugh']
    >>> print(fav_activity)
    {'leah': 'ballet', 'caitlin': 'ice skating'}
    ```

4: ```
    >>> print(fav_activity)
    {'leah': 'ballet', 'caitlin': 'ice skating'}
    >>> fav_activity['leah'] = 'swimming'
    >>> print(fav_activity)
    {'leah': 'swimming', 'caitlin': 'ice skating'}
    ```

**예제 설명**

1:  fav_activity라는 딕셔너리을 만듭니다. 본인 가족이 좋아하는 취미활동을 딕셔
    너리로 만듭니다.

2:  caitlin이라는 키를 사용하면 값이 출력됩니다.

3:  del문을 사용해 hugh라는 키를 삭제합니다. 키가 삭제되면 그 키의 값도 함께
    삭제됩니다.

4:  딕셔너리에 있는 leah라는 키의 값을 swimming으로 변경합니다.

**예제 62 – 딕셔너리 연결 오류 및 리스트 두 개로 딕셔너리 만들기**

1:  ```
    >>> fav_activity = {'leah':'swimming', 'caitlin':'ice skating'}
    >>> fav_subject = {'leah':'math', 'caitlin':'english'}
    >>> print(fav_activity+fav_subject)
    Traceback (most recent call last):
      File "<stdin>", line 1, in <module>
    ```

```
TypeError: unsupported operand type(s) for +: 'dict' and 'dict'
```

```
2:  >>> keys = ['a', 'b', 'c', 'm', 'p']
    >>> values = ['apple', 'banana', 'coconut', 'melon', 'pear']
    >>> fruits = dict(zip(keys,values))
    >>> fruits
    {'a': 'apple', 'b': 'banana', 'c': 'coconut', 'm': 'melon', 'p': 'pear'}
```

예제 설명

1: 파이썬에서는 두 개 또는 두 개 이상의 딕셔너리를 하나의 딕셔너리로 연결시킬 수 없습니다. 두 개의 딕셔너리를 연결하면 TypeError가 발생합니다.

2: 하지만, 하나의 리스트에 키만 포함돼 있고, 또 다른 리스트에는 그에 대응하는 키의 값들로 이뤄져있다면 두 개의 리스트를 연결해 하나의 딕셔너리로 만들어 사용할 수 있습니다. 이 예에서는 과일의 첫 번째 알파벳(키)으로 이뤄져 있는 하나의 리스트와 과일의 이름(값)으로 이뤄져 있는 또 다른 리스트를 사용해 fruits 라는 하나의 딕셔너리를 만들어 봤습니다.

예제 63 – 키를 불러 값 출력하기 연습

```
1:  >>> dialing_code ={'France':'+33', 'Italy':'+39', 'Spain':'+34', 'England':'+44'}
    >>> France_code = dialing_code['France']
    >>> Italy_code = dialing_code['Italy']
    >>> Spain_code = dialing_code['Spain']
    >>> England_code = dialing_code['England']
    >>> print ('Press {} first to call France.'.format(France_code))
    Press +33 first to call France.
    >>> print ('Press {} first to call Italy.'.format(Italy_code))
    Press +39 first to call Italy.
    >>> print ('Press {} first to call Spain.'.format(Spain_code))
    Press +34 first to call Spain.
    >>> print ('Press {} first to call England.'.format(England_code))
    Press +44 first to call England.
```

1: 위 딕셔너리 예에서는 키를 사용해 값을 불러 출력하는 연습을 합니다. 예제를 따라 입력해 보기 바랍니다.

예제 64 – 딕셔너리 값 변경하기

```
1: >>> dialing_code ={'France':'+33', 'Italy':'+39', 'Spain':'+34',
   'England':'+44'}
   >>> dialing_code['England'] = '+44-20'
   >>> England_London = dialing_code['England']
   >>> print ('Dial {} to call London, England.'.format(England_London))
   Dial +44-20 to call London, England.
```

예제 설명

1: 만약 딕셔너리의 일부를 변경해 출력하고 싶다면 키의 값을 위와 같이 변경해 사용할 수도 있습니다. 위에서는 England의 +44 코드를 London의 국제 전화 번호인 +44-20으로 변경한 후 출력시켜 봤습니다.

예제 65 – 딕셔너리 새 키와 값 세트 추가하기

```
1: >>> dialing_code ={'France':'+33', 'Italy':'+39', 'Spain':'+34',
   'England':'+44'}
   >>> dialing_code['Greece'] = '+30'
   >>> dialing_code
   {'England': '+44', 'Greece': '+30', 'Italy': '+39', 'Spain': '+34',
   'France': '+33'}
```

예제 설명

1: 원한다면 다른 키와 값도 추가할 수 있습니다. 딕셔너리도 리스트와 마찬가지로 가변의 특성을 가지고 있으므로 값을 변경할 수 있습니다.

예제 66 – 딕셔너리 요소 개수 찾기

```
1: >>> dialing_code = {'England': '+44', 'Greece': '+30', 'Italy': '+39',
```

```
'Spain': '+34', 'France': '+33'}
>>> print(len(dialing_code))
5
```

예제 설명

1: len( ) 함수를 사용하면 딕셔너리가 몇 개의 요소를 포함하고 있는지 알 수 있
    습니다.

예제 67 – 딕셔너리 키와 값 삭제하기

```
1:  >>> dialing_code = {'England': '+44', 'Greece': '+30', 'Italy': '+39',
    'Spain': '+34', 'France': '+33'}
    >>> del dialing_code['Italy']
    >>> print(dialing_code)
    {'England': '+44', 'Greece': '+30', 'Spain': '+34', 'France': '+33'}
```

예제 설명

1: Del을 키와 함께 사용하면 딕셔너리에서 키와 값을 삭제할 수 있습니다.

이 코드는 .py 파일로 작성해 실행해 봤습니다.

예제 68 – 딕셔너리 파이썬 코드 작성해보기

```
1:  country_code1.py
    dialing_code = {'England': '+44', 'Greece': '+30', 'Italy': '+39', 'Spain':
    '+34', 'France': '+33'}
    for code in dialing_code:
      print('The country code for {0} is {1}.'.format(code, dialing_code[code]))

    The country code for England is +44.
    The country code for Greece is +30.
    The country code for Italy is +39.
    The country code for Spain is +34.
    The country code for France is +33.
```

예제 설명

1: for ~ in 룹을 사용하면 딕셔너리에 있는 내용이 끝날 때까지 읽어서 출력해 줍니다.

예제 69 – 딕셔너리 for 룹 연습하기

```
1:  >>> countries ={'England':{'code':'+44', 'capital city':'London'},
    'France':{'code':'+33', 'capital city':'Paris'}}
    >>> for country in countries:
    ... print("{}'s country info: ".format(country))
    ... print(countries[country]['code'])
    ... print(countries[country]['capital_city'])
    ...
    England's country info:
    +44
    London
    France's country info:
    +33
    Paris
```

예제 설명

1: 딕셔너리를 딕셔너리 안에 넣어 키에 대응하는 값으로도 사용할 수 있습니다.

> **참고**
>
> **딕셔너리 개념 요약**
>
> - 딕셔너리(dictionary)는 키(key)와 값(value)이 한쌍의 요소를 이뤄 중괄호 안에 콤마로 분리돼 사용됩니다. 일반적인 딕셔너리 구문은 다음과 같습니다.
>
>   딕셔너리_이름 = ['키_1' : '값_1', '키_2' : '값_2', '키_n' : '값_n']
>
> - 딕셔너리에 저장돼 있는 값을 호출하려면 인덱싱이 아닌 키를 사용해야 합니다. 딕셔너리는 인덱싱을 사용하지 않으므로 순서를 중시하지 않습니다. 예) 딕셔너리_이름 ['키_1']
> - 키 값을 이용해 값을 변경할 수 있습니다. 예) 딕셔너리_이름['키_1'] = '새로운_값_1'
> - del을 사용해 키를 삭제하면 키와 값이 함께 삭제됩니다. 예) del 딕셔너리_이름['키_1']
> - 'value_x' in dictionary_name.values( )를 사용하면 키가 딕셔너리의 일부인지 아닌지 알려줍니다.
> - 딕셔너리_이름.keys( )를 사용하면 딕셔너리의 키만 출력합니다.
> - 딕셔너리_이름.values( )를 사용하면 딕셔너리의 값만 출력합니다.
> - for 룹을 사용하면 딕셔너리 호출할 수 있습니다.
>
> ---
>
> ```
> >>>for country in countries:
>         print(country)
> ```
>
> ---
>
> 딕셔너리의 자료형은 어떤 타입도 사용 가능하며 다른 딕셔너리가 자료형으로도 사용 가능합니다.

4.9.4.8 파일

예제 70 – 호스트 파일 출력해보기

```
1:  >>> hosts = open('/etc/hosts')
    >>> hosts_file = hosts.read()
    >>> print(hosts_file)
    127.0.0.1   localhost.localdomain   localhost
    ::1         localhost6.localdomain6 localhost6

    The following lines are desirable for IPv6 capable hosts
    ::1         localhost ip6-localhost ip6-loopback
```

```
fe00::0 ip6-localnet
ff02::1 ip6-allnodes
ff02::2 ip6-allrouters
ff02::3 ip6-allhosts
```

2: ```
>>> hosts = open('C:/Windows/System32/drivers/etc/hosts')
>>> hosts_file = hosts.read()
>>> print(hosts_file)

Copyright (c) 1993-2009 Microsoft Corp.
#
This is a sample HOSTS file used by Microsoft TCP/IP for Windows.
#
This file contains the mappings of IP addresses to host names. Each
entry should be kept on an individual line. The IP address should
be placed in the first column followed by the corresponding host name.
The IP address and the host name should be separated by at least one
space.
#
Additionally, comments (such as these) may be inserted on individual
lines or following the machine name denoted by a '#' symbol.
#
For example:
#
102.54.94.97   rhino.acme.com   # source server
38.25.63.10   x.acme.com   # x client host

localhost name resolution is handled within DNS itself.
127.0.0.1   localhost
::1   localhost
```

**예제 설명**

1: 리눅스 서버의 호스트 파일(객체)을 /etc/hosts/에서 열고 그 파일 안에 있는 내
용들을 출력해주는 코드입니다.

2: 같은 방법을 사용해 윈도우에서 호스트 파일을 출력한 예입니다.
```

예제 71 – 호스트 파일 열고 닫기

```
1:  >>> hosts = open('/etc/hosts')
    >>> hosts_file_contents = hosts.read()
    >>> print (hosts_file_contents)
    127.0.0.1    localhost.localdomain    localhost
    ::1          localhost6.localdomain6 localhost6

    # The following lines are desirable for IPv6 capable hosts
    ::1         localhost ip6-localhost ip6-loopback
    fe00::0 ip6-localnet
    ff02::1 ip6-allnodes
    ff02::2 ip6-allrouters
    ff02::3 ip6-allhosts

    >>> hosts.close()
```

예제 설명

1: read( ) 함수를 사용할 경우 파일을 사용한 후 hosts.close( )문을 사용해 꼭 닫
아줘야 합니다. 너무 많은 파일이 한꺼번에 열릴 경우 컴퓨터에서는 장애가 발생
할 수 있습니다.

예제 72 – 두 가지 방법으로 파일 닫는 코드 만들어보기

```
1:  closeopenfile1.py
    hosts = open('/etc/hosts')
    hosts_file_contents = hosts.read()
    print('File closed? {}'.format(hosts.closed))
    if not hosts.closed:
        hosts.close()
    print('File closed? {}'.format(hosts.closed))
```

```
2:  openfile1.py
    print('Started reading the file.')
    with open('/etc/hosts') as hosts:
        print('File closed? {}'.format(hosts.closed))
```

```
        print(hosts.read())
    print('Finished reading the file.')
    print('File closed? {}'.format(hosts.closed))
```

예제 설명

1: 리눅스 시스템 상에서 이 스크립트는 파일이 열려 있는지 확인한 후 파일을 닫
   는 일을 합니다.

2: with open() as ~ 방법으로 파일을 열면 프로그램이 끝나면서 함께 열렸던 파
   일도 자동으로 닫힙니다. 코드 작성은 다음 예와 같습니다.

```
with open(file_path) as file_object_variable_name:
    # 코드 블록
```

예제 73 – 텍스트 파일 생성 후 파일 내용 읽어 출력하기

1: root@ubuntu18s1:~# **nano readme1.txt**
   #This is an example file used to read the lines.
   This is line 1.
   This is line 2.
   This is line 3.
   This is line 4.
   This is line 5(The end).

2: root@ubuntu18s1:~# **nano read1by1.py**
   with open('readme1.txt') as f:
   **   for line in f:**
   **   print(line)**

3: root@ubuntu18s1:~# **python3 read1by1.py**
   #This is an example file used to read the lines.

   This is line 1.

   This is line 2.

```
This is line 3.

This is line 4.

This is line 5(The end).
```

4: root@ubuntu18s1:~# **nano read1by1.py**
```
with open('readme1.txt') as f:
  for line in f:
    print(line.strip())
```

5: root@ubuntu18s1:~# **python3 read1by1.py**
```
#This is an example file used to read the lines.
This is line 1.
This is line 2.
This is line 3.
This is line 4.
This is line 5(The end).
```

6: root@ubuntu18s1:~# **nano read1by1.py**
```
with open('readme1.txt') as f:
  skip_header = next(f)
  for line in f:
    print(line.strip())
```

7: root@ubuntu18s1:~# **python3 read1by1.py**
```
This is line 1.
This is line 2.
This is line 3.
This is line 4.
This is line 5(The end).
```

예제 설명

1: 먼저 nano 텍스트 에디터를 사용해 readme1.txt라는 파일을 생성한 후 내용을 입력합니다. 콤멘트 라인(#)부터 (The end)까지 입력합니다.

2: 다음 nano를 사용해 가장 기본적인 텍스트 라인 읽기 파이썬 프로그램을 작성합니다.

3: 파이썬 3를 실행해 2:에서 만든 코드를 실행합니다. 출력된 정보를 보면 매 행마다 한 칸씩 띄어서 출력되는 것을 볼 수 있습니다. 파이썬 코드는 끝나는 문자에 \r(캐리지 리턴)이 끝에 붙어 다음 줄에 공백 라인으로 출력됩니다.

4: strip( )를 사용해 뒤에(또는 앞에) 따라오는 문자를 삭제해 공백 라인을 없애줍니다.

5: 코드를 변경한 후 실행한 출력 결과입니다.

6: 커맨드 라인인 첫 번째 라인을 제외한 실질적 데이터만 출력하고 싶다면 next( ) 함수를 사용하면 됩니다. 첫 번째 라인은 건너뛰고 다음 라인부터 출력을 시작합니다.

7: 변경한 코드를 실행시켜 원하는 데이터만 출력을 했습니다.

예제 74 – rstrip( ) 사용해 출력 시 공백 없애기

1: root@ubuntu18s1:~# **nano readfile_rstrip.py**

```
with open('readme1.txt') as f:
  for line in f:
    print(line.rstrip())
```

2: root@ubuntu18s1:~# **python3 readfile_rstrip.py**
```
#This is an example file used to read the lines.
This is line 1.
This is line 2.
This is line 3.
This is line 4.
This is line 5(The end).
```

1: rstrip( )을 사용하면 오른쪽에 붙는 \n을 제거해 정상적으로 출력할 수 있습니다. lstrip( )은 왼편에 붙는 문자를 제거할 때 사용할 수 있습니다.

2: 코드를 실행해 정상적인 데이터 출력을 한 모습을 보여주고 있습니다.

예제 75 – 파이썬 코드로 파일 생성 후 데이터 입력해보기

```
1: with open('file.txt') as f:
     print(f.mode)


2: root@ubuntu18s1:~# nano write2file.py
   with open('myfile1.txt', 'w') as f:
     f.write('Writing to a file is fun.')
     f.write('It could become someone\'s hobby.')
     f.write('Really?')

   with open('myfile1.txt') as f:
     print(f.read())


3: root@ubuntu18s1:~# python3 write2file.py
   Writing to a file is fun.It could become someone's hobby.Really?


4: root@ubuntu18s1:~# more myfile1.txt
       Writing to a file is fun.It could become someone's hobby.Really?
```

예제 설명

1: file.mode를 사용하면 파일의 실행모드를 알 수 있습니다. 파일 실행모드는 기본으로 읽기(r) 모드를 사용합니다.

2: 파일을 연 후 write( )를 사용하면 파일에 데이터를 직접 입력할 수 있습니다.

3: 파이썬으로 코드를 실행하면 입력한 정보가 출력이 됩니다. 사실상 print(출력)문은 사용자의 확인을 위한 출력이며 파이썬에서 자체에서 필요로 하는 출력은 아닙니다.

4: 리눅스에서 파일을 출력해보면 정상적으로 파일이 생성됐으며 파일의 내용을

확인할 수 있습니다.

예제 76 – 코드 만들어 개행문자 이해하기

```
1:  root@ubuntu18s1:~# cp write2file.py write2file2.py
    root@ubuntu18s1:~# nano write2file2.py
    #This code creates and write to a file.
    with open('myfile2.txt', 'w') as f:
      f.write('Writing to a file is fun.\n')
      f.write('It could become someone\'s hobby.\n')
      f.write('Really?\n')
    with open('myfile2.txt') as f:
      print(f.read())

    root@ubuntu18s1:~# python3 write2file2.py
    Writing to a file is fun.
    It could become someone's hobby.
    Really?

    root@ubuntu18s1:~# more myfile2.txt
    Writing to a file is fun.
    It could become someone's hobby.
    Really?
```

예제 설명

1: \n(개행 문자) 문자 입력하는 데이터 뒤에 붙이면 입력 라인이 다음 줄로 넘어갑니다. 다음과 같이 간단히 사용할 수 있는 문자들이 정리돼 있습니다.

\r	캐리지 리턴 라인 엔딩
\n	새 라인(행) 라인 엔딩
\n	유닉스/리눅스/맥OS 라인 엔딩
\r\n	윈도우 라인 엔딩

예제 77 – byte 파일 파이썬으로 열어보기

1: dog.jpeg 파일은 리눅스에 다운로드받은 임시 파일의 이름입니다. 리눅스 데스크톱으로 로그인한 후 인터넷을 통해 그림을 하나 다운로드 합니다.

```
>>> with open('dog.jpeg', 'rb') as dog_pic:
... dog_pic.seek(2)
... dog_pic.read(4)
... print(dog_pic.tell())
... print(dog_pic.mode)
...
2
b'\xff\xe0\x00\x10'
6
rb
```

예제 설명

1: 위 예제는 리눅스 서버에서 강아지 그림 파일의 정보를 얻는 코드입니다. 파이썬은 텍스트 파일을 읽을 때는 캐릭터로 읽지만 바이너리 파일을 읽을 때는 byte(바이트)로 파일을 읽습니다.

예제 78 – try와 except로 오류 처리하기

1: root@ubuntu18s1:~# **nano countriesexcept.py**

```
try:
  countries = open('countries.txt').read()
except:
  countries = ''
print(len(countries))
```

2: 파일이 없을 경우
root@ubuntu18s1:~# **python3 countriesexcept.py**
0

3: 파일이 있을 경우
root@ubuntu18s1:~# **nano countries.txt**

```
        England
        France
        Italy
        Germany
        Spain

4:  root@ubuntu18s1:~# python3 countriesexcept.py
    35

5:  root@ubuntu18s1:~# more countries2.txt
    한국
    중국
    일본
    미국

6:  root@ubuntu18s1:~# python3 countriesexcept.py
    13
```

예제 설명

1: try와 except를 사용하면 오류 처리를 편리하게 처리할 수 있습니다. 위의 예에서는 파일을 연 후 안의 내용들을 변수로 읽습니다.

2: 만약 파일이 없다면 빈 변수를 만든 후 except 메서드를 사용해 그대로 len(길이)을 0이라 출력합니다.

3: nano 텍스트 에디터를 사용해 countries.txt를 만듭니다.

4: 작성한 코드를 실행하면 캐릭터의 길이가 출력됩니다. 알파벳 숫자가 정확히 35자입니다.

5~6: 영어는 알파벳 하나에 한 바이트로 인식하지만 UTF-8을 사용하는 한국어, 중국어, 일본어의 경우 한 글자가 한 바이트 이상으로 인식됩니다. countries2.txt라는 파일을 만들어 캐릭터 수를 확인해보면 실제 입력된 단어보다 큰 숫자가 출력됩니다.

4.9.4.9 모듈 사용하기

4.9.4.9.1 Time 모듈

예제 79 – import와 time 모듈 사용하기

1: 시간 불러오기(import ~)
```
>>> import time
>>> print(time.asctime())
Sat Nov 24 11:50:34 2018
```

2: 시간대 찾기
```
>>> print(time.timezone)
-36000
```

```
3:  시간 불러오기(from ~ import ~)
    >>> from time import asctime
    >>> print(asctime())
    Sat Nov 24 11:53:14 2018
```

예제 설명

1: import를 사용해 time 모듈을 가져옵니다. 다음 asctime() 함수를 사용해 현재 시간을 시스템에서 불러와 출력합니다. 이 방법은 먼저 모듈을 불러온 다음 모듈에 내포돼 있는 함수를 불러오는 방식입니다.

```
improt module_name
module_name.method_name()
```

2: time.timezone을 사용하면 현재 시스템의 시간대가 표시됩니다. -36000은 호주 시드니의 시간대 값입니다.

3: 또 다른 방법은 from과 time 모듈을 사용해 메서드를 불러와 사용하는 방법입니다.

```
from module_name import method_name
method_name()
```

4.9.4.9.2 Sleep 메서드

예제 80 – sleep 메서드 사용하기

```
1:  root@ubuntu18s1:~#  nano sleep10sec.py
    root@ubuntu18s1:~#  more sleep10sec.py
    from time import asctime, sleep
    print(asctime())
    sleep(10)
    print(asctime())
```

```
root@ubuntu18s1:~#  python3 sleep10sec.py
Thu Nov 29 16:37:31 2018
Thu Nov 29 16:37:41 2018
```

예제 설명

1: sleep( )을 사용하면 주어진 시간 동안 프로그램이 정지한 후 다시 실행됩니다.
위의 sleep10sec.py 스크립트는 먼저 시간을 출력한 후 10초 동안 정지하고 다
시 시간을 출력하는 프로그램입니다.

import를 사용해 모듈을 사용할 때 **import** *의 사용은 가능한 한 자제를 하는 것
이 좋습니다. **import** *를 사용했을 경우 이전 스크립트에서 사용되고 있던 설정
들이 무효화됩니다.

좋은 사용 예)

```
sleep( )
time.sleep( )
```

나쁜 사용 예)

```
from time import *
```

만약 모듈 안에 있는 함수의 이름을 기억하지 못한다면 다음과 같이 먼저 모듈
을 import한 후 dir(module_name)을 사용해서 사용하고자 하는 메서드의 이름
을 찾을 수 있습니다.

```
>>> import time
>>> dir(time)
['CLOCK_MONOTONIC', 'CLOCK_MONOTONIC_RAW', 'CLOCK_PROCESS_CPUTIME_ID',
'CLOCK_REALTIME', 'CLOCK_THREAD_CPUTIME_ID', '_STRUCT_TM_ITEMS', '__doc__',
'__loader__', '__name__', '__package__', '__spec__', 'altzone', 'asctime',
'clock', 'clock_getres', 'clock_gettime', 'clock_settime', 'ctime',
```

```
'daylight', 'get_clock_info', 'gmtime', 'localtime', 'mktime', 'monotonic',
'perf_counter', 'process_time', 'sleep', 'strftime', 'strptime', 'struct_
time', 'time', 'timezone', 'tzname', 'tzset']
```

예제 81 – sys 모듈 사용해 path 찾아보기

```
1: >>> import sys
   >>> sys.path
   ['', '/usr/lib/python36.zip', '/usr/lib/python3.6', '/usr/lib/python3.6/lib-
   dynload', '/usr/local/lib/python3.6/dist-packages', '/usr/lib/python3/dist-
   packages']

2: >>> import sys
   >>> for path in sys.path:
   ... print(path)
   ...

   /usr/lib/python36.zip
   /usr/lib/python3.6
   /usr/lib/python3.6/lib-dynload
   /usr/local/lib/python3.6/dist-packages
   /usr/lib/python3/dist-packages
```

예제 설명

1: sys와 sys.path를 사용하면 모듈의 위치를 찾을 수가 있습니다.

2: for문을 사용해 path를 사용자가 더 보기 쉽게 출력을 했습니다. 이 방법들은 차
   후 시스템 파일들을 읽어들여 처리해야 할 경우 유용하게 사용될 수 있습니다.

예제 82 – sys 모듈 사용해 path 추가해보기

```
1: >>> import sys
   >>> sys.path.append('/Users/root/')
   >>> for path in sys.path:
   ... print(path)
   ...
```

```
/usr/lib/python36.zip
/usr/lib/python3.6
/usr/lib/python3.6/lib-dynload
/usr/local/lib/python3.6/dist-packages
/usr/lib/python3/dist-packages
/Users/root/
```

예제 설명

1: 만약 파이썬을 다른 path에서 찾아보고 싶다면 경로를 인위적으로 입력해서 찾아볼 수 있습니다.

예제 83 – 리눅스와 윈도우에서 경로 찾기 다른점 예

1: 이 예제는 실행하지 않고 이해만 하고 넘어갑니다.
리눅스/macOS

PYTHONPATH = path1:pathN

Windows:

PYTHONPATH = path1;pathN

예제 설명

1: 윈도우에서 파이썬 경로를 찾을 때 세미콜론(;)을 사용하고 리눅스(macOS)에서는 콜론(:)을 사용합니다.

예제 84 – 모듈 연습해보기

```
1:  root@ubuntu18s1:~# nano module1.py
    root@ubuntu18s1:~# more module1.py
    import sys
    f = 'test.txt'
    try:
      with open(f) as test_file:
        for line in test_file:
          print(line.strip())
```

```
except:
  print ('Could not open {}.'.format(f))
  sys.exit(1)
```

2: root@ubuntu18s1:~# **python3 module1.py**
   Could not open test.txt.

3: root@ubuntu18s1:~# **nano test.txt**
   root@ubuntu18s1:~# **more test.txt**
   데스트 파일입니다.
   파이썬 네트워크 자동화 열심히 공부하세요.

4: root@ubuntu18s1:~# python3 module1.py
   데스트 파일입니다.
   파이썬 네트워크 자동화 열심히 공부하세요.

예제 설명

1: 만약 파이썬 프로그램 실행 시 오류가 발생해 except로 실행을 끝낼 경우 시스
   템 코드 1로 파이썬 코드를 종료합니다.

2: test.txt 파일이 없는 상태에서 module1.py를 실행합니다. 파일이 없으므로
   exception에 걸려 "Could not open test.text."라는 메시지가 나타납니다.

3: nano 텍스트 에디터를 사용해 test.txt 파일을 생성한 후 데이터를 위와 같이 입
   력합니다.

4: 파이썬 프로그램을 실행해 보면 정상적인 출력이 됩니다.

모듈 개념 요약

- 모듈은 .py 파일 형식을 가진 변수, 함수와 클래스 셋을 사용할 수 있는 파이썬 코드입니다.
- 'import 모듈_이름'을 사용하면 모듈을 불러와 사용할 수 있습니다.
- 모듈의 기본 위치는 파이썬 버전 및 설치 과정에서 설정됩니다.
- 파이썬 기본 라이브러리는 여러 가지의 코드가 포함돼 있는 재 사용 가능한 파이썬 프로그램의 집합입니다.
- dir( ) 내장 함수를 사용하면 모듈(패키지)에 포함돼 있는 파이썬 코드를 볼 수 있습니다.
- 필요한 모듈이 없다면 사용자가 직접 모듈을 만들어 사용할 수 있습니다.

4.9.4.10 파이썬 더 연습하기

지금까지 예제를 통해 여러 가지 파이썬 기본 문법을 배워봤습니다. 다음 예제는 앞에서 배운 파이썬 개념을 위주로 좀 더 실용성 있게 접근할 수 있도록 연습할 수 있도록 도와줍니다. VMware 워크스테이션의 리눅스 가상 머신을 실행해 파이썬 3를 실행하고 다음 예제들을 하나씩 따라합니다. 예제를 연습하면서 어떤 내용인지도 생각하면서 차근차근 따라합니다.

예제 85 - 리스트와 튜플 연결해 하나의 리스트로 만들기

```
1:  >>> games = ['pokeman', 'street fighter', 'counter strike', 'star craft']
    >>> foods = ('korean BBQ', 'dongatsu', 'curry', 'meat ball', 'chocolate')
    >>> favourites = games+list(foods)
    >>> print(favourites)
    ['pokeman', 'street fighter', 'counter strike', 'star craft', 'korean BBQ',
    'dongatsu', 'curry', 'meat ball', 'chocolate']
```

예제 설명
1: favourites - 리스트와 튜플로 연결해 하나의 리스트 만들기를 했습니다.

예제 86 – 파이썬을 계산기로 사용하기

```
1:  >>> eigrp = 90
    >>> ospf = 110
    >>> rip = 120
    >>> path1 = 3
    >>> path2 = 6
    >>> path3 = 9
    >>> AD = (eigrp*path1)+(ospf*path2)+(rip*path3)
    >>> print(AD)
    2010
```

예제 설명

1: Find Administrative Distance – 파이썬을 계산기로 사용해 라우팅의 AD의 합을 계산해 봤습니다.

예제 87 – %s 사용해 문장 완성하기

```
1:  >>> FN = 'Hugh;
    >>> LN = 'Choi'
    >>> Greeting = 'How are you? %s %s'
    >>> print(Greeting%(FN, LN))
    How are you? Hugh Choi
```

예제 설명

1: %s를 사용해 안부를 묻는 코드를 연습해 봤습니다.

예제 88 – input( ) 사용해 정보 받기

```
1:  root@ubuntu18s1:~# nano yourname.py
```

그림 4-74 파이썬 3 – 예제 88

```
root@ubuntu18s1:~# ls
helloX.py  yourname.py

root@ubuntu18s1:~# python3 yourname.py
고객님의 성함을 입력해 주세요.
홍길동
홍길동 님 감사합니다.
```

---

* 위에 나온 예제에서는 우분투 서버를 사용했으며 아래 나오는 예제에서도 우분투 서버 상의 파이썬 3를 사용해 예제를 설명합니
다. 어떤 리눅스 서버에 어떤 파이썬 3 버전을 사용하던 코드와 내용의 결과는 동일합니다.

예제 설명

1: 사용자에게 이름을 입력 받아 감사의 말을 출력하는 코드의 예입니다. 화면과 같
이 yourname.py 파일을 리눅스 서버에서 생성한 후 python3 yourname.py 명
령어를 사용해 실행해 봅니다.

예제 89 – input으로 사용자 이름 물어보기

```
1:  >>> user = input("Enter your telnet username: ")
    Enter your telnet username: bchoi
    >>> print(user)
    bchoi
```

예제 설명

1: 사용자가 입력한 값을 변수에 대입할 때 사용합니다. user라는 변수에 사용

자 이름을 입력하면 컴퓨터는 RAM^{Random Access Memory}에 이름을 저장하고 있다가 print(user)문을 사용해 출력 요청을 하면 사용자의 눈으로 직접 확인할 수 있도록 보여줍니다. 사실 print문은 사용자들의 눈을 위해 필요할 뿐 컴퓨터는 이미 모든 것을 CPU를 사용해 일을 처리한 후 RAM에 담아두고 있습니다.

예제 90 – 출력문 연습하기

1: 숫자 출력하기
```
>>> w = 13579
>>> print(w)
13579
```

```
#문자 출력하기
>>> x = 'virtual'
>>> print(x)
virtual
```

```
#리스트 출력하기
>>> y = ['virtual', 'network', 'environment']
>>> print(y)
['virtual', 'network', 'environment']
```

```
# 작은 따옴표 또는 큰따옴표 사용해 문자열은 더하기
>>> print('Around' 'the' 'World' 'in' '100' 'days')
AroundtheWorldin100days
>>> print("Around" "the" "World" "in" "100" "days")
AroundtheWorldin100days
>>> print("Around"+"the"+"World"+"in"+"100"+"days")
AroundtheWorldin100days
```

```
#콤마를 사용해 띄어쓰기하기
>>> print('Around','the','World','in','100','days')
Around the World in 100 days
```

1: 위 예제에서는 간단하게 print문의 여러 가지 사용 예를 익혀봅니다.

예제 91 – if문 연습하기

1:
```
#하나의 if문을 만족시키지 못한 경우
>>> x = 3
>>> y = 5
>>> if x > y:
...     print('x is greater than y')
...
<결과 없음>


#하나의 if문을 만족시킨 경우
>>> x = 3
>>> y = 5
>>> if x < y:
...     print('x is less than y')
...
x is less than y


#if문의 첫 번째 조건을 만족시키지 않고 else에서 두 번째 조건을 만족시켜 실행되는 경우
>>> x = 3
>>> y = 5
>>> if x>=y:
...     print('x is greater or eaqual to y')
... else:
...     print ('x is smaller than y')
...
x is smaller than y


#세 가지 변수의 조건을 모두 만족시켰을 경우
>>> x = 3
>>> y = 5
>>> z = 3
>>> if x < y > z:
...     print('y is greater than x and greater than z')
```

```
...
y is greater than x and greater than z

#if, elif, else를 사용해 셋 중 하나의 조건이 만족시켰을 경우
>>> x = 5
>>> y = 10
>>> if x < y:
... print('x is smaller than y')
...   elif x > y:
...       print ('x is bigger than y')
... else:
...       print ('x is same as y')
...
x is smaller than y
```

예제 설명

1: if문이 참인지 거짓인지 구별해 참이면 수행하고 거짓이라면 다음 조건으로 넘기는 조건문입니다. if문과 많이 친해져야 더 효율적인 파이썬 코딩을 할 수 있습니다.

예제 92 – for ~ in range문 연습하기

```
1:  >>> for n in range (2, 11):
    ... print(n)
    ...
    2
    3
    4
    5
    6
    7
    8
    9
    10
```

1: for ~ in range문을 사용해 2에서 10까지 출력해봤습니다. 파이썬으로 하면
1~100까지도 영점 몇 초 안에 읽고 출력해 사용자에게 보여줍니다.

예제 93 – for line in ~문 연습하기

1: 1:
```
>>> txt1 = "Seeya Aligator."
>>> for line in txt1:
... print(line)
...
S
e
e
y
a

A
l
i
g
a
t
o
r
.

>>> txt2 = '즐거운 여행 하세요.'
>>> for line in txt2:
... print(line)
...
즐
거
운

여
행
```

예제 설명

1: for y in x를 사용하면 하나의 변수 안에 있는 캐릭터를 하나하나씩 꺼내 출력해 줍니다.

예제 94 – for ~ in range 연습하기

```
1:  >>> for n in range(2,11):
    ... print(("Creating VLAN ") + str(n))
    ...
    Creating VLAN 2
    Creating VLAN 3
    Creating VLAN 4
    Creating VLAN 5
    Creating VLAN 6
    Creating VLAN 7
    Creating VLAN 8
    Creating VLAN 9
    Creating VLAN 10
```

예제 설명

1: for x in range( )문을 사용해 연속적인 숫자와 하나의 문자를 조합해 출력해 주는 예입니다.

예제 95 – 대소문자와 lstrip문 연습하기

```
1:  >>> korea_1 = "        ***LAnD Of MOrninG CaLm***        "
    >>> korea_1 = "     ***LAnD Of MOrnInG CaLm***        "
    >>> korea_2 = korea_1.lstrip().upper()
```

```
>>> korea_3 = korea_1.lstrip().lower()
>>> print(korea_2)
***LAND OF MORNING CALM***
>>> print(korea_3)
***land of morning calm***
```

예제 설명

1: lstrip과 대/소문자 메서드를 사용해 텍스트의 내용을 변경해 봤습니다. 두 가지
의 메서드를 마침표를 사용해 함께 사용하면 더 간편하게 내용을 변경할 수 있
습니다.

예제 96 – 새 파일 열고 쓰기 연습하기

1: ```
>>> f = open("newfile1.txt", 'w')
>>> f.close()
>>> quit()
root@ubuntu18s1:~# ls
helloX.py   newfile1.txt   yourname.py
```

2:  `root@ubuntu18s1:~# nano write1.py`

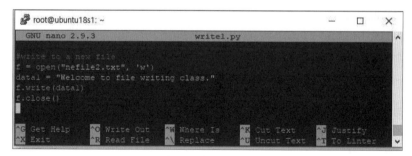

**그림 4-75** 파일 열고 쓰기

```
root@ubuntu18s1:~# python3 write1.py
root@ubuntu18s1:~# ls
helloX.py   newfile2.txt   newfile.txt   write1.py   yourname.py
root@ubuntu18s1:~# more newfile2.txt
Welcome to file writing class.
```

538
```

3: root@ubuntu18s1:~# **nano write2.py**

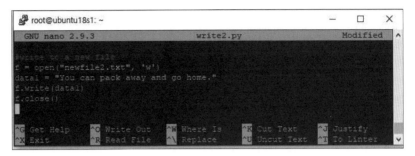

그림 4-76 w로 파일 덮어씌우기

root@ubuntu18s1:~# **ls**

helloX.py <u>**newfile2.txt**</u> newfile.txt write1.py write2.py yourname.py

root@ubuntu18s1:~# **python3 write2.py**

root@ubuntu18s1:~# ls

helloX.py <u>**newfile2.txt**</u> newfile.txt write1.py write2.py yourname.py

root@ubuntu18s1:~# **more newfile2.txt**

You can pack away and go home.

4: root@ubuntu18s1:~# **cp write2.py write3.py**

root@ubuntu18s1:~# **nano write3.py**

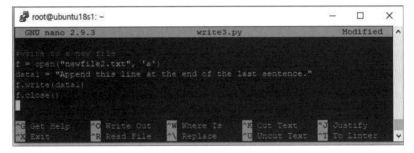

그림 4-77 a로 추가 내용 입력하기

root@ubuntu18s1:~# **python3 write3.py**

root@ubuntu18s1:~# **ls**

helloX.py   newfile.txt write2.py yourname.py

```
newfile2.txt  write1.py   write3.py
root@ubuntu18s1:~# more newfile2.txt
You can pack away and go home.
Append this line at the end of the last sentence.
```

예제 설명

1: 리눅스 서버 터미널 콘솔에서 새 파일을 생성한 후 파일을 닫습니다.

2: 새 파일을 열어 내용을 입력한 후 파일을 닫습니다. 내용을 리눅스에서 작성한 후 파이썬 3로 실행시킵니다.

3: 같은 파일 이름으로 'w' 핸들을 사용하면 기존에 있던 파일을 지우고 새 파일을 만듭니다.

4: 'a' 핸들을 사용하면 기존의 파일 내용 다음 줄에 내용을 입력합니다.

예제 97 – 파일 만들어 라인출력 연습하기

1: nano 텍스트 에디터로 text123.txt 파일을 만든 후 more 아래 나와 있는 내용을 입력해 새로운 파일을 생성합니다.

```
root@ubuntu18s1:~# nano text123.txt

root@ubuntu18s1:~# more text123.txt
This is line 1.
THIS is LINE 2.
THIS is line 3.
THis Is LiNe 4.
this is line 5.
```

파이썬 3를 실행합니다.

```
root@ubuntu18s1:~# python3
Python 3.6.6 (default, Sep 12 2018, 18:26:19)
[GCC 8.0.1 20180414 (experimental) [trunk revision 259383]] on linux
Type "help", "copyright", "credits" or "license" for more information.
>>> f = open('text123.txt')
>>> for line in f:
```

```
... print(line)
...
This is line 1.

THIS is LINE 2.

THIS is line 3.

THHis Is LiNe 4.

this is line 5.

>>> f = open('text123.txt')
>>> for line in f:
... print(line.lower())
...
this is line 1.

this is line 2.

this is line 3.

this is line 4.

this is line 5.

>>> f = open('text123.txt')
>>> for line in f:
... print(line.upper())
...
THIS IS LINE 1.

THIS IS LINE 2.

THIS IS LINE 3.

THIS IS LINE 4.
```

```
THIS IS LINE 5.

>>> f = open('text123.txt')
>>> for line in f:
... print(line.strip())
...
This is line 1.
THIS is LINE 2.
THIS is line 3.
THis Is LiNe 4.
this is line 5.


>>> f = open('text123.txt')
>>> for line in f:
... line1 = line.strip()
... print(line1.upper())
...
THIS IS LINE 1.
THIS IS LINE 2.
THIS IS LINE 3.
THIS IS LINE 4.
THIS IS LINE 5.
```

예제 설명

1: 위에서는 하나의 텍스트 파일을 사용해 파일 내용을 다른 여러 가지 포맷을 사용해 변경하는 연습을 해 봤습니다.

예제 98 – 파일 내용 출력 비교해보기(세 가지의 방법으로 같은 출력값을 얻어보는 연습을 합니다.)

```
1: >>> f = open('text123.txt')
   >>> all_lines = f.readlines()
   >>> print(all_lines)
   ['This is line 1.\n', 'THIS is LINE 2.\n', 'THIS is line 3.\n', 'THis Is
   LiNe 4.\n', 'this is line 5.\n']
```

```
>>> f.close()
```

2
```
>>> f = open('text123.txt')
>>> lines = list(f)
>>> print(lines)
['This is line 1.\n', 'THIS is LINE 2.\n', 'THIS is line 3.\n', 'THis Is
LiNe 4.\n', 'this is line 5.\n']
>>> f.close()
```

3:
```
>>> with open('text123.txt', 'r') as f:
... all_lines = f.readlines()
... print(all_lines)
...
['This is line 1.\n', 'THIS is LINE 2.\n', 'THIS is line 3.\n', 'THis Is
LiNe 4.\n', 'this is line 5.\n']
```

예제 설명

1: readlines( )는 파일의 내용을 한꺼번에 읽어들입니다.

2: 변수를 list( )문으로 입력해도 내용을 출력할 수 있습니다.

3: with ~문을 사용하면 close( )문을 입력하지 않아도 파일이 닫힙니다. with ~ 를 사용하면 컨텍스트 매니저를 사용해 자동으로 파일핸들러를 닫아줍니다.

예제 99 – 파일 읽고 출력하기를 더 상세하게 이해하기

1:
```
root@ubuntu18s1:~# nano text123.txt
This is line 1.
THIS is LINE 2.
THIS is line 3.
THis Is LiNe 4.
this is line 5.
```

2:
```
>>> f = open('text123.txt')
>>> line = f.readline()
>>> print(line)
This is line 1.
```

```
3:  >>> f = open('text123.txt')
    >>> line = f.readlines()
    >>> print(line)
    ['This is line 1.\n', 'THIS is LINE 2.\n', 'THIS is line 3.\n', 'THis Is
    LiNe 4.\n', 'this is line 5.\n']
    >>> f.close()


4:  >>> f = open('text123.txt')
    >>> line = f.readline()
    >>> while line:
    ... print(line.strip())
    ... line = f.readline()
    ...
    This is line 1.
    THIS is LINE 2.
    THIS is line 3.
    THis Is LiNe 4.
    this is line 5.
    >>> f.close()


5:  >>> f = open('text123.txt')
    >>> while True:
    ... line = f.readline()
    ... print(line.strip().upper())
    ... if not line:
    ...    break
    ...
    THIS IS LINE 1.
    THIS IS LINE 2.
    THIS IS LINE 3.
    THIS IS LINE 4.
    THIS IS LINE 5.

    >>> f.close()
```

1: 앞에서 사용했던 text123.txt 파일의 내용을 한번 더 확인합니다.

2: readline( )을 사용해 파일의 내용을 출력하면 첫 줄만 읽는 것을 확인할 수 있습니다.

3: 만약 readlines( )를 사용했다면 라인들을 리스트로 읽습니다.

4: While문을 사용해 파일을 읽을 경우 데이터를 읽어 한줄씩 출력해 주며 내용의 마지막 라인까지 내용을 읽습니다.

5: while과 불리언의 불(True/False)을 사용해 파일을 읽을 경우 파일의 내용을 모두 읽은 후 파일에 내용에 더 이상 읽을 내용이 없다면 break를 사용해 읽기를 중단합니다.

예제 100 – 사용자에게 패스워드 물어보기

```
1: >>> import getpass
   >>> import paramiko
   >>> HOST = "localhost"
   >>> user = input("Enter your remote account: ")
   Enter your remote account: root
   >>> password = getpass.getpass()
   Password: ********
```

예제 설명

1: import를 사용해 getpass 모듈과 앞에서 설치한 paramiko 모듈을 불러옵니다. 다음 사용자의 이름을 입력 받을 수 있도록 input( ) 함수를 사용합니다. 다음 getpass( ) 함수를 사용해 패스워드를 입력받습니다. 사용자 이름과 패스워드를 입력받는 연습을 해봤습니다.

예제 101 – encode와 decode의 비교

```
1: >>> text_1 = 'Because of Botany Bay'
   >>> print(text_1)
   Because of Botany Bay
```

```
>>> byte_1 = text_1.encode()
>>> print(byte_1)
b'Because of Botany Bay'
```

2:
```
>>> byte_2 = b'Mission completed.'
>>> print(byte_2)
b'Mission completed.'
>>> text_2 = byte_2.decode()
>>> print(text_2)
Mission completed.
```

예제 설명

1: text_1은 일반 사용자들이 읽을 수 있는 문자열입니다. 이 내용을 컴퓨터가 읽을 수 있도록 만들기 위해서는 encode()를 사용해 내용을 byte로 변환을 해줘야 합니다. encoding을 하고 나서 내용을 출력해 보면 내용 앞에 'b'라는 단어가 붙어 출력됩니다.

2: 대부분의 파이썬 3에서는 모든 문자열이 유니코드로 인식하며 반대로 컴퓨터가 이해하는 2진 스트림 데이터인 바이트를 유니코드 문자열로 바꾸려면 decode()를 사용해야 됩니다. 시스코 라우터와 스위치에 명령어를 실행할 때 적절하게 사용해야 코드 실행에 오류가 생기질 않습니다.

예제 102 – 파이썬에서 csv 파일 사용하기

1a:
```
[root@ubuntu18s1:~# nano make_allrouterscsv.py
root@ubuntu18s1:~# more make_allrouterscsv.py
import csv

with open('allrouters.csv', 'w') as csvfile:
  filewriter = csv.writer(csvfile, delimiter=',',quotechar= '|', quoting=csv.
QUOTE_MINIMAL)
  filewriter.writerow (['Office_Location', 'Router_Type', 'IOS_Image',
'Number_of_routers', 'Unit_purchase_price($)', 'Purchase_Date'])
  filewriter.writerow (['Seoul', '3945', 'c3900-universalk9-mz.SPA.151-2.
T1.bin', 4, '$5000.50', '1-Mar-17'])
```

```
    filewriter.writerow (['Busan', '3945', 'c3900-universalk9-mz.SPA.151-2.
T1.bin', 2, '$5000.50', '1-Mar-17'])
    filewriter.writerow (['Daegue', '3945', 'c3900-universalk9-mz.SPA.151-4.
M1.bin', 1, '$5000.50', '3-Apr-17'])
    filewriter.writerow (['Daejeon', '3845', 'c3845-spservicesk9-mz.124-15.
T3.bin', 2, '$3500.75', '17-Apr-15'])
    filewriter.writerow (['Daegue', '3845', 'c3900-universalk9-mz.SPA.151-4.
M1.bin', 1, '$3500.75', '15-May-16'])
    filewriter.writerow (['Daegue', '3925', 'c3900-universalk9-mz.SPA.151-4.
M2.bin', 2, '$4000.80', '30-Jun-17'])
```

1b: root@ubuntu18s1:~# **python3 make_allrouterscsv.py**
    root@ubuntu18s1:~# **ls**
    allrouters.csv

1:c (optional)

	A	B	C	D	E	F
1	Office Location	Router Type	IOS Image	Number of routers	Unit purchase price($)	Purchase Date
2	Seoul	3945	c3900-universalk9-mz.SPA.151-2.T1.bin	4	$5,000.50	1-Mar-17
3	Busan	3945	c3900-universalk9-mz.SPA.151-2.T1.bin	2	$5,000.50	1-Mar-17
4	Daegue	3945	c3900-universalk9_npe-mz.SPA.151-4.M1.bin	1	$5,000.50	3-Apr-17
5	Daejeon	3845	c3845-spservicesk9-mz.124-15.T3.bin	2	$3,500.75	17-Apr-15
6	Gwangju	3845	c3845-advipservicesk9-mz.124-22.YB4.bin	1	$3,500.75	15-May-16
7	Suwon	3925	c3900-universalk9-mz.SPA.151-4.M2.bin	2	$4,000.80	30-Jun-17

그림 4-78 엑셀에서 csv 파일 생성 예

2: >>> **f = open('allrouters.csv', 'r')**
   >>> **f**
   <_io.TextIOWrapper name='allrouters.csv' mode='r' encoding='UTF-8'>

3: >>> **data = f.read()**
   >>> **data**
   'Office_Location,Router_Type,IOS_Image,Number_of_routers,Unit_
   purchase_price($),Purchase_Date\nSeoul,3945,c3900-universalk9-mz.SPA.151-
   2.T1.bin,4,$5000.50,1-Mar-17\nBusan,3945,c3900-universalk9-mz.SPA.151-2.

```
T1.bin,2,$5000.50,1-Mar-17\nDaegue,3945,c3900-universalk9-mz.SPA.151-4.
M1.bin,1,$5000.50,3-Apr-17\nDaejeon,3845,c3845-spservicesk9-mz.124-15.
T3.bin,2,$3500.75,17-Apr-15\nGwangju,3845,c3900-universalk9-mz.SPA.151-4.
M1.bin,1,$3500.75,15-May-16\nSuwon,3925,c3900-universalk9-mz.SPA.151-4.
M2.bin,2,$4000.80,30-Jun-17\n'
```

4: ```
>>> print(data)
Office_Location,Router_Type,IOS_Image,Number_of_routers,Unit_purchase_
price($),Purchase_Date
Seoul,3945,c3900-universalk9-mz.SPA.151-2.T1.bin,4,$5000.50,1-Mar-17
Busan,3945,c3900-universalk9-mz.SPA.151-2.T1.bin,2,$5000.50,1-Mar-17
Daegue,3945,c3900-universalk9-mz.SPA.151-4.M1.bin,1,$5000.50,3-Apr-17
Daejeon,3845,c3845-spservicesk9-mz.124-15.T3.bin,2,$3500.75,17-Apr-15
Gwangju,3845,c3900-universalk9-mz.SPA.151-4.M1.bin,1,$3500.75,15-May-16
Suwon,3925,c3900-universalk9-mz.SPA.151-4.M2.bin,2,$4000.80,30-Jun-17
```

5:  ```
>>> f.close()
```

예제 설명

1a: csv 모듈을 import해서 파이썬으로 직접 .csv 파일을 생성합니다.

1b: MS 엑셀을 사용해 allrouters.csv 파일을 생성할 수도 있습니다. 윈도우에서 생성한 파일은 다시 WinSCP를 사용해 리눅스 서버에 업로드해야 하는 번거로움이 있지만 리눅스 창에서 일일이 작업을 하지 않아도 된다는 점이 장점입니다.

2: 파이썬 인터프리터를 사용해 파일을 엽니다.

3: 파일의 내용을 변수를 사용해 read( )문을 사용해 출력해봅니다. read를 사용하면 뒤에 \n를 뒤에 붙입니다.

4: print문으로 출력하면 파일에 저장된 정보가 출력됩니다.

5: 사용이 끝나면 파일을 닫습니다.

예제 103 – csv 파일 출력하기

1: ```
>>> f = open('allrouters.csv', 'r')
>>> for line in f:
```
```

```
... print(line.strip())
...
Office_Location,Router_Type,IOS_Image,Number_of_routers,Unit_purchase_
price($),Purchase_Date
Seoul,3945,c3900-universalk9-mz.SPA.151-2.T1.bin,4,|$5,000.50|,1-Mar-17
Busan,3945,c3900-universalk9-mz.SPA.151-2.T1.bin,2,|$5,000.50|,1-Mar-17
Daegue,3945,c3900-universalk9-mz.SPA.151-4.M1.bin,1,|$5,000.50|,3-Apr-17
Daejeon,3845,c3845-spservicesk9-mz.124-15.T3.bin,2,|$3,500.75|,17-Apr-15
Daegue,3845,c3900-universalk9-mz.SPA.151-4.M1.bin,1,|$3,500.75|,15-May-16
Daegue,3925,c3900-universalk9-mz.SPA.151-4.M2.bin,2,|$4,000.80|,30-Jun-17

>>> f.close()
```

예제 설명

1: for 룹을 사용해 한줄 한줄 csv 파일의 내용을 읽을 수 있습니다. strip()을 사용
해 양쪽에 붙을 수 있는 공백을 없앤 후 출력합니다.

참고

파일을 열었을 때는 항상 닫기를 해줘야 합니다. 만약 아래 있는 첫 번째 예와 같이 파일을 열었다면
잊지말고 close()문을 사용해 열었던 파일을 닫아줘야 합니다.

```
>>> f = open('allrouters.csv', 'r')
>>> data = f.read()
>>> f.close()
```

하지만 만약 close()문을 사용하기 싫다면, with open문을 사용해 파일 열기를 실행하면 더 편리합
니다. with open()문을 사용해 파일을 열면 자동으로 열었던 파일을 닫아줍니다.

```
>>> with open('allrouters.csv', 'r') as f:
... data = f.read()
```

```
1:  >>> x = 'Seoul,3945,c3900-universalk9-mz.SPA.151-2.T1.bin,4,$5000.50,1-
    Mar-17'
    >>> x
    'Seoul,3945,c3900-universalk9-mz.SPA.151-2.T1.bin,4,$5000.50,1-Mar-17'
    >>> type(x)
    <type 'str'>
    >>> len(x)
    68

2:  >>> y = x.split(',')
    >>> y
    ['Seoul', '3945', 'c3900-universalk9-mz.SPA.151-2.T1.bin', '4', '$5000.50',
    '1-Mar-17']
    >>> type(y)
    <type 'list'>

3:  >>> y[0]
    'Seoul'
    >>> y[1]
    '3945'
    >>> y[2]
    'c3900-universalk9-mz.SPA.151-2.T1.bin'
    >>> y[3:6]
    ['4', '$5000.50', '1-Mar-17']

4:  >>> y[4] = y[4].strip('$')
    >>> y
    ['Seoul', '3945', 'c3900-universalk9-mz.SPA.151-2.T1.bin', '4', '5000.50',
    '1-Mar-17']
```

예제 설명

1: 문자열 연습을 위해 x라는 변수를 서울 라우터 정보로 만듭니다.

2: split(,)를 사용하면 csv 파일을 쉽게 리스트로 만들 수 있습니다.

3: y는 x를 리스트형으로 만든 변수입니다. 이제 다른 리스트와 같이 인덱싱을 사용해 아이템들을 호출할 수 있습니다.

4: 인덱스 4, 즉 라우터 가격에 있는 $ 사인을 제거합니다.

예제 105 – 라우터 구입비용 계산 프로그램 만들어보기

```
1:  [root@ubuntu18s1:~# nano routercost.py
    [root@ubuntu18s1:~# more routercost.py

    total = 0.0
    with open('allrouters.csv', 'r') as f:
        headers = next(f)
        for line in f:
          line = line.strip()
          devices = line.split(',')
          devices[4] = devices[4].strip('$')
          devices[4] = float(devices[4])
          devices[3] = int(devices[3])
         total += devices[3]*devices[4]


    print('Total cost: $', total)

2:  [root@localhost ~]# python3 routercost.py
    Total cost: $ 53507.35
```

예제 설명

1: 예제 104에서 배운 방법을 사용해 routercost.py라는 라우터 가격의 합을 구해주는 프로그램을 만듭니다. 리스트의 인덱스 3과 4를 사용해 라우터를 구입하는 데 지출된 합계를 찾습니다.

계산 도중 일어날 수 있는 오류를 피하고, 가장 먼저 나오는 헤더정보를 건너뛰기 위해 header = next(f)를 사용했습니다. 사용할 데이터의 유형도 변환을 한후 계산에 사용할 수 있는 적합한 형식으로 변환했습니다.

2: 라우터 가격 스크립트를 실행하면 allrouters.csv 파일에 있는 내용을 읽고 계산해 합계를 출력합니다. 라우터 구입에 들어간 총 가격은 5만 3천 5백 7불 35 센트였습니다.

예제 106 – csv 파일 읽어 리스트로 변환하기

1: ```
[root@localhost ~]# more allrouters.csv
Office_Location,Router_Type,IOS_Image,Number_of_routers,Unit_purchase_
price($),Purchase_Date
Seoul,3945,c3900-universalk9-mz.SPA.151-2.T1.bin,4,$5000.50,1-Mar-17
Busan,3945,c3900-universalk9-mz.SPA.151-2.T1.bin,2,$5000.50,1-Mar-17
Daegue,3945,c3900-universalk9-mz.SPA.151-4.M1.bin,1,$5000.50,3-Apr-17
Daejeon,3845,c3845-spservicesk9-mz.124-15.T3.bin,2,$3500.75,17-Apr-15
Gwangju,3845,c3900-universalk9-mz.SPA.151-4.M1.bin,1,$3500.75,15-May-16
Suwon,3925,c3900-universalk9-mz.SPA.151-4.M2.bin,2,$4000.80,30-Jun-17
```

2: ```
[root@localhost ~]# python3
>>> import csv
>>> f = open('allrouters.csv', 'r')
>>> rows = csv.reader(f)
>>> for row in rows:
... print(row)
...

['Office_Location', 'Router_Type', 'IOS_Image', 'Number_of_routers', 'Unit_purchase_
price($)', 'Purchase_Date']
['Seoul', '3945', 'c3900-universalk9-mz.SPA.151-2.T1.bin', '4', '$5000.50', '1-Mar-17']
['Busan', '3945', 'c3900-universalk9-mz.SPA.151-2.T1.bin', '2', '$5000.50', '1-Mar-17']
['Daegue', '3945', 'c3900-universalk9-mz.SPA.151-4.M1.bin', '1', '$5000.50', '3-Apr-17']
['Daejeon', '3845', 'c3845-spservicesk9-mz.124-15.T3.bin', '2', '$3500.75', '17-Apr-15']
['Gwangju', '3845', 'c3900-universalk9-mz.SPA.151-4.M1.bin', '1', '$3500.75', '15-May-
16']
['Suwon', '3925', 'c3900-universalk9-mz.SPA.151-4.M2.bin', '2', '$4000.80', '30-Jun-17']
```

예제 설명

1: allrouters.csv 파일의 내용을 보여주고 있습니다.

파이썬의 csv 모듈을 사용하면 csv 파일 내용을 편리하게 리스트로 변환할 수 있습니다. 만약 이미 만들어진 모듈이 있다면 기존의 모듈을 템플릿으로 사용해 더 효율적으로 코딩하면 됩니다. 이것은 파이썬 코딩의 가장 큰 장점 중 한 가지입니다.

예제 107 – 다른 방법으로 라우터 구입에 지출 합계 구하기

1: [root@ubuntu18s1:~# **nano routercost.py**
   [root@ubuntu18s1:~# **more routercost.py**

```
import csv

total = 0.0

with open('allrouters.csv', 'r') as f:
    rows = csv.reader(f)
    headers = next(rows)
    for row in rows:
        row[4] = row[4].strip('$')
        row[4] = float(row[4])
        row[3] = int(row[3])
        total += row[3]*row[4]

print('Total cost: $', total)
```

2: [root@ubuntu18s1:~# **python3 routercost1.py**
   Total cost: $ 53507.35

예제 설명

1: routercost1.py를 생성해 csv 모듈을 사용하는 스크립트를 만듭니다. 파이썬에서는 한 가지 방법만 있는 게 아니라 같은 문제를 여러 가지 방법을 사용해 같은 결과를 얻을 수 있습니다.

2: 코드는 다르지만 같은 값을 얻을 수 있습니다.

4.9.5 파일 핸들링에 대한 추가 설명

시스코 라우터와 스위치와 같은 네트워크 장비의 로그와 설정 내용을 파이썬을 사용해 파일로 만들어 사용하려면 파이썬과 운영체제 사이에서의 파일관리가 어떻게 동작하는지 좀 더 상세히 이해하고 있어야 합니다. 다음 내용에서는 파이썬의 파일 핸들링에 대해 예를 들어 설명합니다.

4.9.5.1 파이썬 파일 모드

파이썬 3는 여러 가지 함수를 사용해 파일 만들기, 읽기, 변경하기 및 지우기를 할 수 있습니다.

파이썬 3가 파일을 읽을 때 가장 많이 사용하는 함수는 open( )으로, 함수의 두 가지 요소는 **파일 이름과 파일 모드**라고 말할 수 있습니다. 파이썬으로 파일을 열 때 다음과 같이 네 가지의 모드를 사용해 파일을 열 수 있습니다.

표 4-12 open( ) 함수 – 파일 읽기 모드 선택

모드	설명
r	읽기 모드, 디폴트 세팅입니다. 파일을 읽기 모드에서 엽니다. 파일이 없을 경우 오류가 발생합니다.
a	붙이기 모드, 파일이 열리면 붙이기 모드에서 열립니다. 파일이 없을 경우 새 파일을 생성합니다.
w	쓰기 모드, 파일을 열어 데이터를 입력할 수 있습니다. 파일이 없을 경우 새 파일을 생성합니다.
x	생성하기 모드, 파일을 생성합니다. 같은 이름의 파일이 있을 경우 오류가 발생합니다.

그리고, 추가적으로 파일이 텍스트 또는 바이너리로 처리될지 선택할 수 있습니다.

표 4-13 open( ) 함수 – 파일 확장자 모드 선택

모드	설명
t	텍스트 모드, 디폴트 모드
b	바이너리 모드, 예) jpg, jpeg, png

4.9.5.2 파이썬 파일 읽기

파이썬에서 파일 읽기를 할 때는 **open()** 함수를 사용합니다. 디폴트로 읽기(r)와 텍스트(t) 모드로 파일이 열립니다. 다음의 파일 열기 예 A와 B는 똑같습니다.

```
A. f = open('oldmac.txt')
B. f = open('oldmac.txt', 'rt')
```

---

open( ) 함수 실험을 위해 다음과 같이 파일을 하나 만들어 예습을 통해 좀 더 자세히 파일 열기를 알아보겠습니다.

01 nano 텍스트 에디터와 다음 화면에 나온 내용을 사용해 oldmac.txt 파일을 만든 후 저장합니다.

```
[root@ubuntu18s1:~# nano oldmac.txt
```

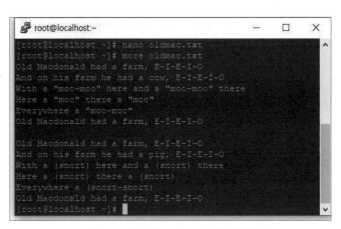

그림 4-79 테스트용 oldmac.txt 파일 생성하기
(출처: https://en.wikipedia.org/wiki/Old_MacDonald_Had_a_Farm)

02 openmac.py라는 이름을 가진 새 파일을 하나 생성합니다.

03 다음 내용을 openmac.py에 입력한 후 **python3 openmac.py** 명령어를 실행합니다.

```
f = open('oldmac.txt', 'r')
print(f.read())
```

read( )를 사용하면 한 줄씩 읽어들여 모든 내용을 출력하는 것을 확인할 수 있습니다.

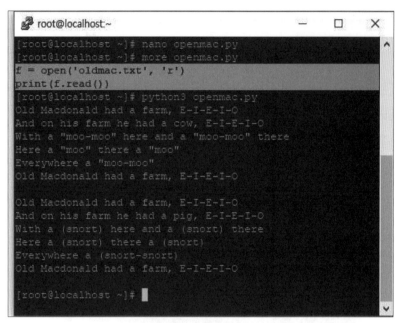

그림 4-80 파이썬 파일 읽기 – read( ) 예

04 파일의 일부분만 읽고 싶다면 다음과 같이 파이썬 코드를 변경하면 됩니다. 원하는 캐릭터 수만큼 숫자를 변경합니다.

```
f = open('oldmac.txt', 'r')
print(f.read(10))
```

정확하게 10개의 캐릭터만 읽어 출력하는 것을 확인할 수 있습니다.

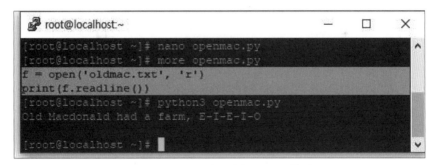

그림 4-81 파이썬 파일 읽기 – read(10) 예

05 readline() 메서드를 사용하면 첫 번째 라인만 읽습니다.

```
f = open('oldmac.txt', 'r')
print(f.readline())
```

readline()을 사용하면 첫 줄만 읽고 프로그램이 종료한다는 것을 알 수 있습니다.

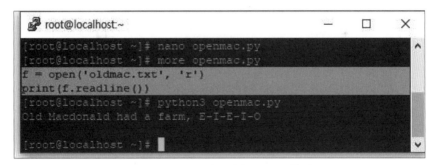

그림 4-82 파이썬 파일 읽기 – readline() 예

06 두 라인만 읽으려면 readline()을 두 번 사용합니다.

```
f = open('oldmac.txt', 'r')
print(f.readline())
print(f.readline())
```

두 줄만 읽고 싶을 경우 위와 같이 print(f.readline( ))문을 두 번 사용할 수 있습니다. 다음 출력한 내용을 보면 화이트 스페이싱이 들어가 첫째줄과 둘째줄 다음에 한 라인씩 더 추가된 것을 볼 수 있습니다. 이와 같은 빈 줄을 없애려면 strip( ) 또는 rstrip( )을 사용할 수 있습니다.

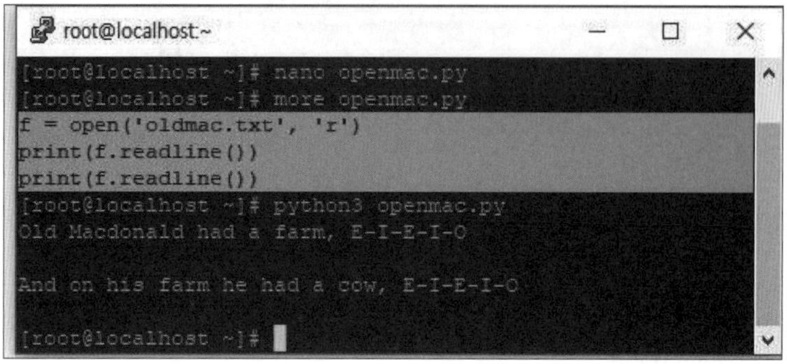

그림 4-83 파이썬 파일 읽기 – readline( ) 두 줄 출력 예

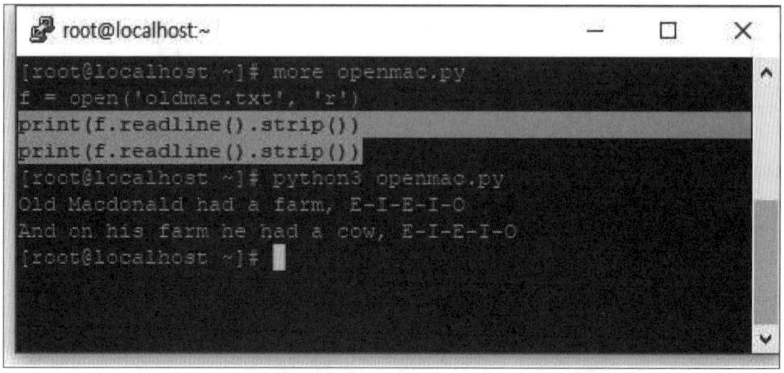

그림 4-84 파이썬 파일 읽기 – readline( ) 두 줄 출력 스페이싱 삭제

07 For loop 메서드를 사용하면 한 줄씩 읽어 내려가 파일의 모든 내용을 읽을 수 있습니다. 다음 내용을 openmac.py에 입력한 후 파이썬 코드를 실행해 봅니다.

```
f = open('oldmac.txt', 'r')
for x in f:
  print ((x).strip())
```

for ~ in loop를 사용했을 경우 조금 더 효과적으로 파일의 내용을 출력하는 모습을 보여주고 있습니다.

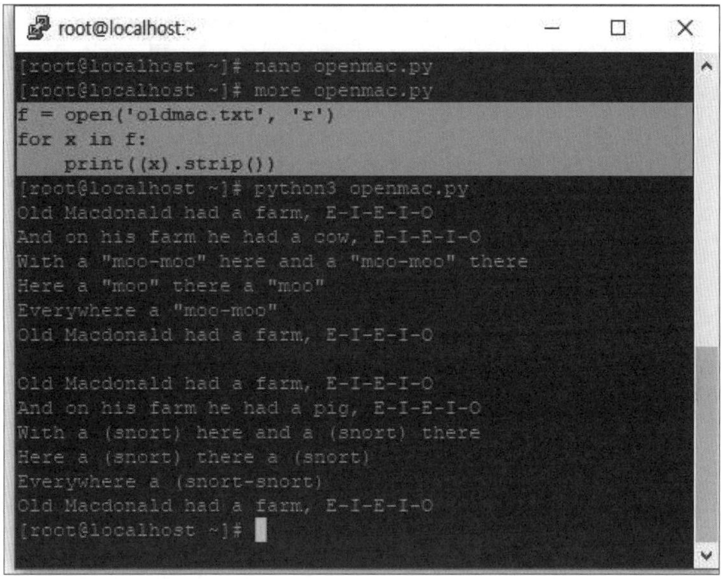

그림 4-85 파이썬 파일 읽기 – for loop 사용해서 읽기 예

4.9.5.3 파이썬 코드로 파일 변경 및 생성하기

기존에 있는 파일을 열어 내용을 쓰려면 open( ) 함수에 'a' 핸들을 사용합니다. 만약 파일을 지우고 새로운 파일을 생성하고 싶다면 'w' 핸들을 붙여야 합니다.

a	append = 끝에 붙이기, 라인 뒤에 내용을 붙여 넣습니다.
w	write = 쓰기, 기존 파일 내용들을 덮어씁니다.

01 "oldmac.txt"를 열어 뒤에 내용을 붙여 넣습니다.

```
f = open('oldmac.txt', 'a')
f.write('Add one more line!')
```

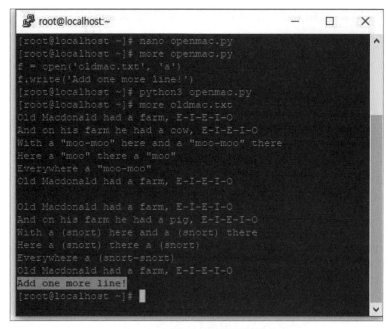

그림 **4-86** 파이썬 3 – 새 라인 추가하기

02 "oldmac.txt"를 열어 'w' 핸들을 사용해 내용을 덮어쓰기를 합니다. 'w' 메서드는 전체 내용을 삭제한 후 새 내용을 입력합니다.

```
f = open('oldmac.txt', 'w')
f.write('Overwrite all content!')
```

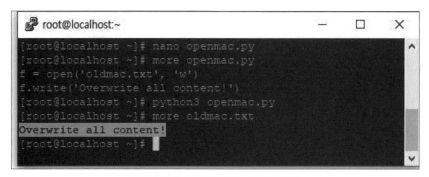

그림 **4-87** 파이썬 3 – 'w'로 파일 덮어쓰기

4.9.5.4 새 파일 만들기

파이썬에서 새로운 파일을 생성할 때 다음 나와 있는 핸들을 open() 메서드와 함께
사용해 파일을 생성할 수 있습니다.

x	생성하기(파일 만들기), 기존에 동일한 이름을 가진 파일이 있을 경우 오류 메시지가 나타납니다.
a	붙이기, 동일한 이름을 가진 파일이 없을 경우 파일을 생성합니다.
w	쓰기, 동일한 이름을 가진 파일이 없을 경우 새 파일을 생성합니다.

01 먼저 createfile.py라는 새 파이썬 파일을 생성합니다.

02 다음은 아래 나와 있는 내용을 createfile.py에 입력한 후 저장합니다. 이 파일을
python3 createfile.py 명령어를 사용해 실행합니다. newfile1.txt라는 이름을 가진
파일을 생성하게 됩니다.

```
f = open('newfile1.txt', 'x')
```

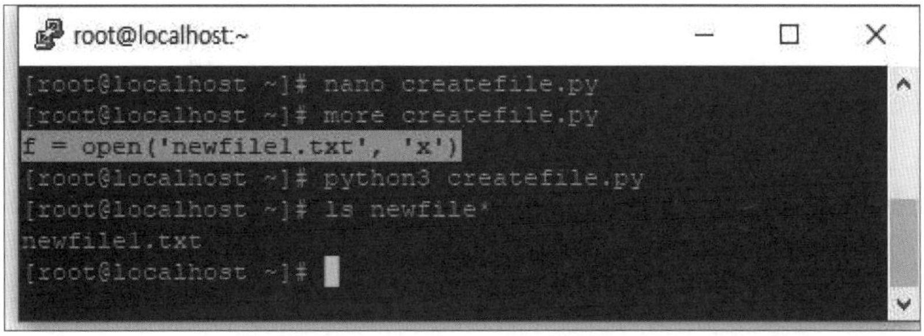

그림 4-88 파이썬 3 – 'x'로 새 파일 생성하기

'x' 핸들로 같은 파일 이름을 가진 파일을 생성하려면 다음 화면과 같은 파일 오
류가 발생합니다.

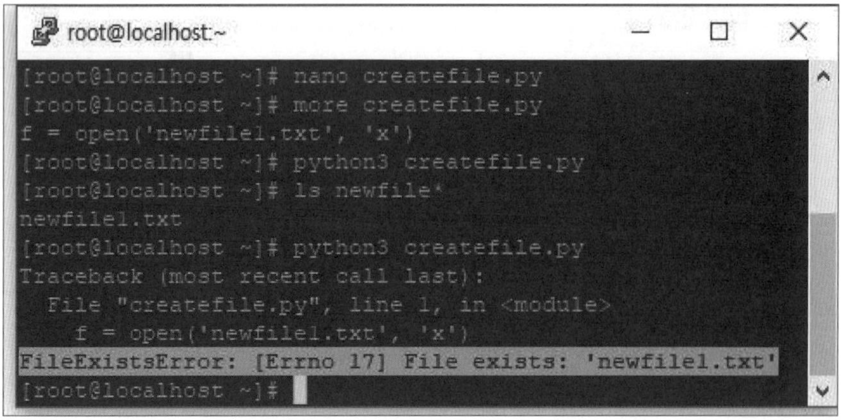

그림 4-89 파이썬 3 – 'x' 핸들로 있는 파일 다시 생성할 때 오류 메시지

03 'a' 또는 'w'를 사용했을 경우 동일한 이름을 가진 파일이 없다면 새 파일을 생성합니다.

```
f = open('newfile2.txt', 'a')
```

또는

```
f = open('newfile3.txt', 'w')
```

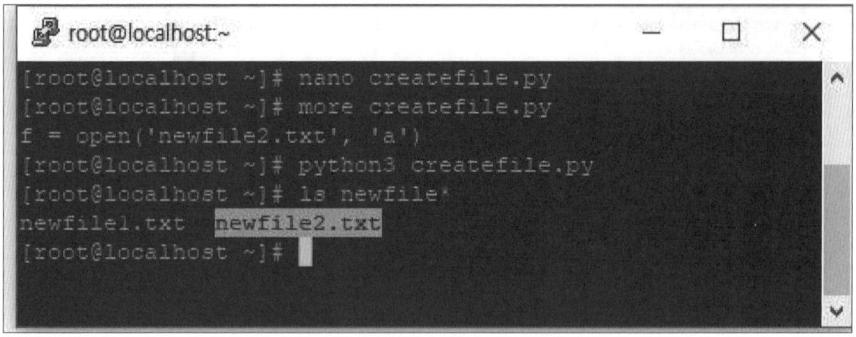

그림 4-90 파이썬 3 – 'a'로 새 파일 생성하기

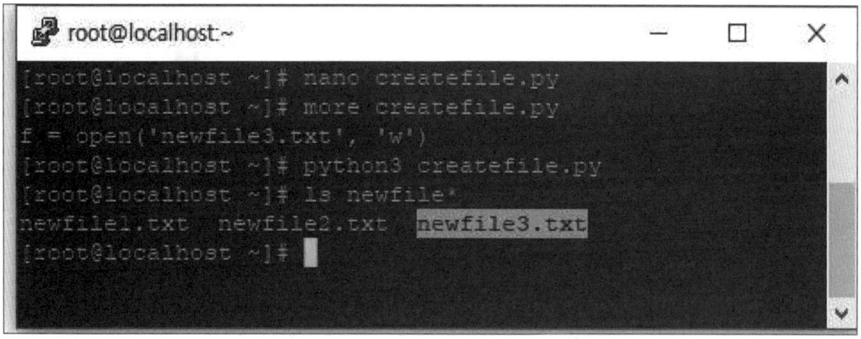

그림 4-91 파이썬 3 – 'w'로 새 파일 생성하기

4.9.5.5 파이썬에서 파일 지우기

파일을 지우기 위해서는 OS 모듈을 사용해 현재 사용하고 있는 운영체제에서 지워야 합니다. 정확하게 말해 os.remove( ) 함수를 이용해 파일을 지우게 됩니다.

01 먼저 nano deloldmac.py 명령어로 새 파이썬 파일 deloldmac.py 파일을 생성합니다.

02 아래 있는 내용을 deloldmac.py에 복사해 파이썬 파일을 저장합니다. 다음 "oldmac.txt" 파일을 지워보겠습니다. 이 파이썬 코드는 'os', 즉 운영체제에게 원하는 파일을 삭제하라고 명령하는 코드입니다.

```
import os
os.remove("oldmac.txt")
```

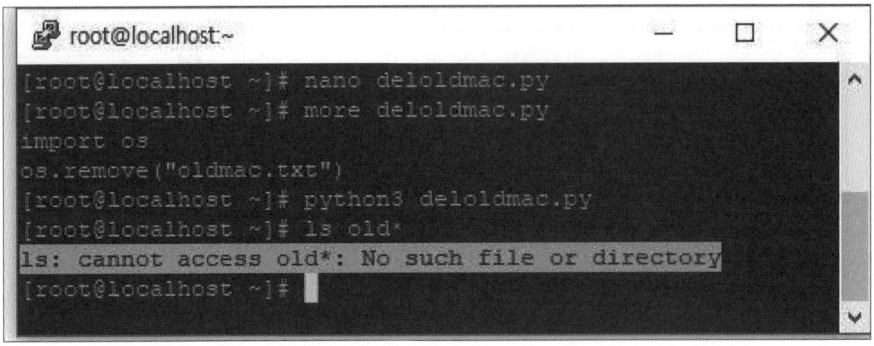

그림 4-92 파이썬 3 – 파일 지우기

다음과 같이 if else 함수를 사용하면 파일이 없을 경우 메시지를 나타내 사용자에게
알려줍니다.

01 다음 내용을 파이썬 코드로 만들어 실행해보면, 삭제할 파일이 있으면 곧 바로
실행하고, 파일이 존재하지 않으면 파일이 없다는 메시지를 사용자를 위해 출력
해 줍니다.

```
import os
if os.path.exists("oldmac.txt"):
 os.remove("oldmac.txt")
else:
 print("The file does not exist")
```

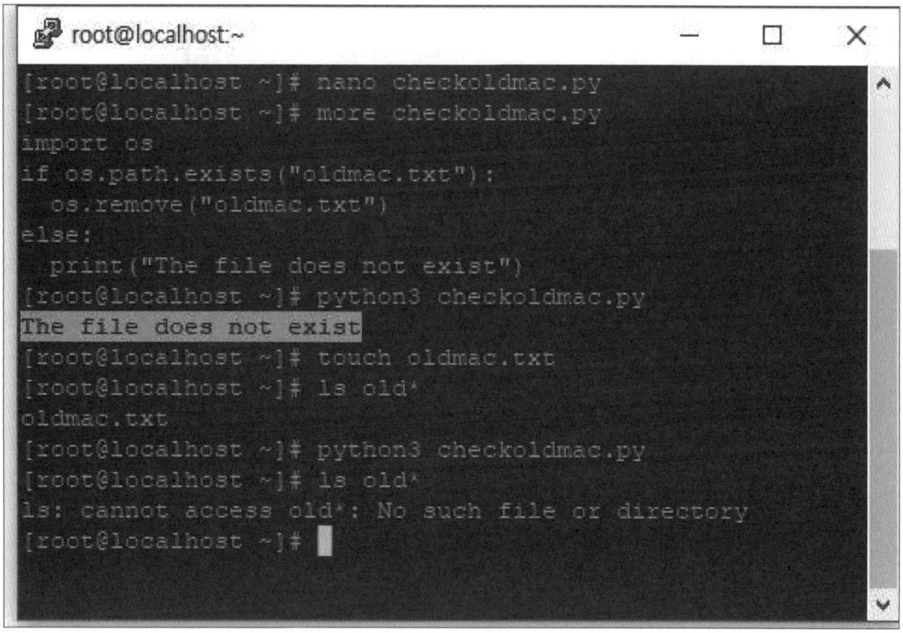

그림 4-93 파이썬 3 – 파일 없으면 메시지 나타내기

폴더 전체를 지우기 위해서는 os.rmdir( ) 메서드를 사용하면 됩니다. os.rmdir( ) 메서드는 빈 디렉터리만 삭제할 수 있습니다.

01 다음 내용을 파이썬 파일로 만든 후 실행하면 tempfolder라는 디렉터리를 삭제합니다.

```
import os
os.rmdir("tempfolder")
```

그림 4-94 파이썬 3 - rmdir로 빈 디렉터리 삭제하기

4장의 상반부에서 5장과 연결되는 리눅스 사용법과 관리법을 배웠으며 다음 하반부에서는 파이썬 3의 어문과 기본 사용법 예제들을 통해 파이썬으로 코딩을 하는 데 도움이 될만한 내용들을 간단히 배워봤습니다. 리눅스 사용 및 관리방법에 대한 내용은 한 권의 책 이상이 될만한 내용이며 파이썬 기본 문법을 배우는 것 또한 한권 이상의 책 내용이 될 수 있습니다. 한 권의 책의 한 장에서 이 두 가지에 대한 모든 것을 완전하게 습득한다는 것은 한계가 있다는 데는 모두 동의할 것입니다.

하지만 5장과 또 파이썬 및 리눅스로의 입문을 위해 이 책에서 필요한 부분들을 배워봤습니다. 한번 예습을 한 후 이해가 부족하다고 느낀다면 4장은 2~3번 정도 직접 키보드를 쳐가며 복습하고 완벽하게 이해하고 넘어가면 좋을 것 같습니다.

이로써 4장을 마치고 5장에서는 지금까지 배운 모든 지식을 바탕으로 파이썬을 사용한 네트워크 자동화의 첫 걸음인 자동화 랩 만들기를 진행해 보겠습니다.

프로젝트 관련 네트워크 업무 자동화 예

이해를 돕기 위해 여기서 비자동화와 자동화 시나리오를 예를 들어 비교해 보겠습니다.

당신은 대기업형 프랜차이즈 프라이드 치킨회사에서 프로젝트 엔지니어로 일을 하고 있다고 가정해 보겠습니다. 작년 회계년도 회사가 큰 수익을 올려 사업을 확장하기로 결정했습니다. 사업 확장의 일환으로 먼저 100곳의 새 매장을 더 열기로 결정한 후 이 프로젝트가 활기차게 진행되고 있다고 가정해 보겠습니다. 새 매장에 설치할 네트워킹 장비들을 설치 전에 준비해 달라는 프로젝트 업무가 시니어 네트워크 엔지니어인 당신에게 떨어졌다고 가정해 보겠습니다.

장비 설치팀에서 일주일 후에 각 지점의 판매 시점 정보관리시스템의 설치와 무료 무선 액세스 포인트 및 IP 전화기가 설치돼야 하니 5일 이내에 모든 장비 준비를 끝내 달라는 요청이 들어왔습니다. 물론 모든 라우터와 스위치는 본사와 안전하게 통신이 가능해야 하며 데이터 센터에 백업 서버로도 통신이 가능해야 합니다. 각 매장은 2대의 라우터와 6대의 스위치가 사전에 설치돼 있어야 합니다. 다시 말해 총 200대의 라우터와 총 600대의 스위치를 설정해야 하는 업무를 책임져 5일 이내로 완료해야 합니다. 만약 이런 업무가 당신에게 주어졌다면 아마 밤낮을 가리고 않고 일을 해야 할 것입니다. 파이썬 자동화 이전과 이후의 작업 흐름을 표로 만들어 비교 분석해 보겠습니다.

표 4-14 비 자동화 대 자동화 프로젝트 업무 분석

	네트워크 자동화 도입 전	네트워크 자동화 도입 후
1	먼저 200대의 라우터 설정을 200개의 각 파일로 작성 후 저장합니다.	두 개의 스크립트를 만들고 두 개의 IP 주소 파일을 만듭니다.
2	먼저 200대의 라우터를 박스에서 꺼냅니다.	먼저 200대의 라우터를 박스에서 꺼냅니다.
3	각 라우터 콘솔 포트에 랩톱을 연결한 후 관리 인터페이스와 IP 주소를 먼저 설정합니다.	각 라우터 콘솔 포트에 랩톱을 연결한 후 관리 인터페이스와 IP 주소를 설정합니다.
4	콘솔을 통해 라우터를 설정합니다.	라우터 200대를 동시에 스테이징용 스위치 포트에 연결합니다.
5	콘솔 케이블 연결을 해제한 후 다음 라우터에 연결시킵니다.	네트워크 자동화 서버에 준비한 라우터 스크립트와 IP 주소 파일을 업로드 후 실행시킵니다.
6	위의 3 ~ 5의 스텝들을 200백 대의 라우터 설정이 모두 끝날 때까지 반복합니다.	라우터 200대 설정에 에러 없이 제대로 실행됐는지 확인합니다. 라우터 200대 설정을 끝냈습니다.
7	다음 600대의 스위치에 입력할 설정을 600개의 각 파일로 작성 후 저장합니다.	다음 600대의 스위치를 박스에서 꺼냅니다.
8	600대의 스위치를 박스에서 꺼냅니다.	각 스위치 콘솔 포트에 랩톱을 연결한 후 관리 인터페이스와 IP 주소를 설정합니다.
9	각 스위치 콘솔 포트에 랩톱을 연결 후 관리 인터페이스와 IP 주소를 먼저 설정합니다.	스위치 600대를 동시에 스테이징용 스위치 포트에 연결합니다(600개 이상의 포트가 있는 것으로 가정).
10	콘솔을 통해 스위치를 설정합니다.	네트워크 자동화 서버에 준비한 스위치 스크립트와 IP 주소 파일을 업로드한 후 실행합니다.
11	콘솔 케이블 연결을 해제 후 다음 스위치에 연결합니다.	스위치 600대 설정에 에러 없이 제대로 실행됐는지 확인합니다. 스위치 600대 설정을 끝냈습니다.
12	위의 9 ~ 11의 스텝들을 600백 대의 스위치 설정이 모두 끝날 때까지 반복합니다.	모든 장비를 지점으로 보내 설치를 합니다.

네트워크 자동화 도입 전 작업 과정에서는 일일이 한대씩 콘솔 케이블을 연결 후 작업창에서 수작업으로 준비한 설정들을 입력해야 합니다. 자동화를 도입하지 않은 상태에서 혼자 800대나 되는 네트워크 장비 설정을 하는 일은 3일 이내에 혼자서 끝내기는 불가능한 고된 작업일 것이 분명합니다. 아

마도 3일을 꼬빡 밤낮으로 일을 해도 다 끝을 낼 수 없을 만큼의 업무량인 것은 확실합니다. 혹시 3일 밤낮을 꼬박 일하고 쓰러져서 죽으면 당신은 두 번째 존 헨리(최초의 기계대 인간의 대결에서 승을 거둔 미국 철도 노동자)가 될지도 모릅니다. 그리고 장비가 많으면 많을수록 오타와 같은 인적 오류가 나올 확률은 더 높아집니다. 장비 한대씩 작업을 해야 하므로 주어진 시간 이내에 작업을 끝마치려면 한꺼번에 여러 명의 엔지니어들이 몇 일을 붙어 수작업을 해야 합니다.

자 그럼 이제 자동화가 도입된 후의 작업 흐름은 어떤 모습일까요? 아마도 한 명의 엔지니어가 두 가지 스크립트와 두 개의 IP 주소 파일만 있으면 800대의 장비를 인적 오류 없이 일괄적으로 설정할 수 있을 것으로 예상됩니다. 물론 이 두 개의 스크립트는 하나로 병합을 시켜도 문제가 없지만 라우터와 스위치는 다른 종류의 장비이니 두 개로 나눠서 더 깔끔하게 설정한다고 가정하겠습니다.

물론 작업 초기에 파이썬 스크립트를 만드는 데는 많은 시간 투자를 필요로 할 것입니다. 그리고 각 장비에서 사용할 관리 인터페이스와 IP 주소 설정까지는 작업 소요시간이 같은 시간이 걸릴 수 있지만 나머지 작업 과정에서의 시간차는 엄청난 차이가 있을 것입니다. 자동화를 이용하면 스크립팅을 돌리는 순간 짧은 시간 내에 순차적 또는 일시적으로 네트워크 장비 설정이 완료되며 이 과정에서 오류 처리와 설정의 정확도 검사까지 한꺼번에 해 줄 것입니다.

만약 이 업무를 여러 번 했던 숙련된 엔지니어의 경우 아마 3일 이내에 작업을 마무리할 수 있을 것입니다. 만약 회사의 사업이 더 번창해 100개의 프랜차이즈 지점을 더 늘린다고 가정했을 경우 정말 자동화의 힘은 더욱 극대화됩니다. 이전에 만들어진 스크립트를 재활용해서 다시 돌리기만 하면 끝입니다.

파이썬 자동화 실습랩

GNS3에 시스코 VIRL 소프트웨어를 다운로드하고 설치한 후 이 책에 나오는 모든 랩 내용을 소화할 수 있는 GNS3 vIOS 바이럴 랩을 완성해 파이썬 네트워크 자동화에 필요한 가장 기본 기술들을 학습합니다.

5장까지 초심을 잃지 않고 책 내용을 문제없이 잘 따라왔으리라 믿습니다. 5장을 완벽하게 소화하기 위해서는 앞에서 소개됐던 내용들을 높은 수준까지 이해했으며 본인의 손으로 직접 책에서 소개된 내용들을 따라 자동화 가상 랩 환경을 완벽히 꾸몄다는 것을 전제로 하겠습니다.

지금까지 5장을 위해 기본기가 되는 여러 가지 IT 기술들을 직접 배워봤습니다. 만약 3장까지 문제 없이 잘 이해했다면 5장에서 사용되는 파이썬 네트워크 자동화 랩을 전혀 막힘없이 진행할 수 있을 것입니다. 만약 랩 환경 꾸미기를 완벽히 소화해내지 못했던가 앞의 내용을 모두 연습하지 않았다면 완벽하게 이해한 후 5장을 시작하기 바랍니다.

이제부터 본격적으로 GNS3 vIOS 바이럴 랩을 만들어 파이썬 네트워크 자동화에 필요한 가장 기본 기술들을 공부해 보겠습니다. 시스코 장비 경험치가 많은 분들은 다음 나올 내용들을 조금 더 쉽게 접근할 수 있을 것입니다. 하지만 시스코 장비 경험치가 많지 않더라도 설명을 보면서 차근차근 따라하면 큰 어려움 없이 모든 랩을 잘 진행할 수 있을 것이라 믿습니다.

5.1 시스코 VIRL 소프트웨어 사용 권한 관련 정보 및 다운로드

시스코사의 VIRL PE를 처음 구입할 경우 미화 199달러를 지불해야 하며 그 이후에도 계속해서 지원을 받고 싶다면 매년 미화 199달러를 지불해야 합니다. 4장에 소개한대로 VIRL PE는 시스코에서 지원하는 네트워킹 기술을 공부하기 위한 가상 장비 에뮬레이터 프로그램입니다. 이 프로그램은 설치 소프트웨어 이외에 라우터, 스위치, 방화벽 등의 이미지 파일들을 별도로 다운로드하고 설정해 사용합니다. 이 책에서는 VIRL PE를 사용하지 않고 VIRL에서 사용되는 라우터(L3)와 스위치(L2)의 이미지를 사용해 GNS3에 접목시켜 사용합니다. 설치 과정과 사용 방법은 옛 시스코 라우터 IOS 이미지를 사용할 때와 흡사하며, 현재 사용하고 있는 컴퓨터가 인터넷과 통신이 원활이 되고 있어야 설치를 완벽하게 할 수 있습니다.

VIRL 이미지는 다음 명시돼 있는 시스코 사이트에서 소프트웨어를 구입한 후 다운로드할 수 있으며 만약 지원없이 시험용으로 사용할 경우 라우터 및 스위치의 이미지를 인터넷 상에서 찾아 사용하는 방법도 있습니다. 구입한 VIRL 소프트웨어 및 장비 이미지를 무료 배포하는 것은 법적으로 금지돼 있습니다. 여유가 된다면 시스코 웹사이트에서 VIRL PE 소프트웨어를 정식으로 구입하는 것을 추천합니다.

5.1.1 시스코 VIRL L2 스위치 이미지 다운로드하기

GNS3 웹사이트에서 VIRL L2 스위치에 대한 정보를 얻을 수 있으며 이 사이트를 통해 다음 시스코 사이트로 연결합니다.

GNS3 VIRL L2 URL - https://docs.gns3.com/appliances/cisco-iosvl2.html

Cisco Virtual Internet Routing Lab Personal Edition (VIRL PE) 20 Nodes URL -
https://learningnetworkstore.cisco.com/virtual-internet-routing-lab-virl/cisco-
personal-edition-pe-20-nodes-virl-20

이 책에서 사용하는 스위치 이미지 이름은 vios_l2-adventerprisek9-m.03.2017.
qcow2이며 다운로드한 후 저장 폴더에 저장해 둡니다. GNS3에서 스위치를 설정할
때 다운로드 폴더 위치에서 이미지를 검색하므로 다음 화면에 나와 있는 것 같이 다
운로드 폴드에 저장합니다.

그림 5-1 VIRL L2 스위치 이미지 저장하기

5.1.2 시스코 VIRL L3 라우터 이미지 및 startup_config 파일 다운로드하기

라우터 VIRL 이미지도 다운로드 받아 다운로드 루트 폴더에 저장합니다. 스위치와
달리 VIRL 라우터의 경우 startup_config 파일도 함께 다운로드받아 둬야 합니다.
GNS3 VIRL L3 라우터에 대한 정보 및 IOSv_startup_config를 다음 URL에서 다운로
드 받을 수 있습니다.

GNS3 VIRL L3 URL - https://docs.gns3.com/appliances/cisco-iosv.html

Cisco Virtual Internet Routing Lab Personal Edition (VIRL PE) 20 Nodes URL -

https://learningnetworkstore.cisco.com/virtual-internet-routing-lab-virl/cisco-
personal-edition-pe-20-nodes-virl-20

이 책에서 사용하는 VIRL L3 라우터 이미지 이름은 IOSv-L3-15.6(2)T.qcow2입니다.
다음 화면과 같이 다운로드해 다운로드 폴더에 저장합니다.

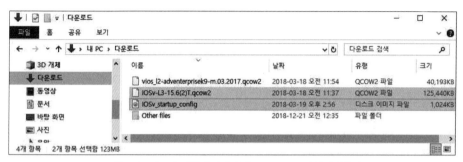

그림 5-2 VIRL L3 라우터 이미지 및 statup_conf 파일 저장하기

5.2 GNS3에 시스코 VIRL L2 스위치 및 VIRL L3 설치하기

5장을 위해 3장 마지막 부분에서 netautolab1 프로젝트를 만들었습니다. 먼저 본인의
바탕화면에 있는 GNS3 바로가기 아이콘을 사용해 GNG3를 실행합니다. 랩 환경이
정상적으로 설정됐다면 GNS3가 실행되고 약 5~10초 후 VMware 워크스테이션에 설
치돼 있는 GNS3 VM이 자동으로 실행됩니다. 만약 3장의 마지막 부분과 연결해 5장
을 진행한다면 현재 열려있는 netautolab1 프로젝트를 사용해 랩을 진행합니다.

5.2.1 GNS3에 시스코 VIRL L2 스위치 설치하기

다음 나와 있는 방법으로 GNS3에서 시스코 VIRL L2 스위치 이미지를 설치합니
다. 정상적으로 설치하려면 호스트 랩톱은 인터넷과 통신이 원활이 되고 있어야
합니다.

01 GNS3 메인 창에서 **All devices** 창 아래에 있는 **Available appliances**를 드롭다운 메뉴에서 선택합니다. 다음 그림과 같이 모든 장비 아이콘이 나타나면 VIRL IOS L2 장비 아이콘인 **Cisco IOSvL2**를 선택해 오른편에 위치한 토폴로지 캔버스에 드래그 앤 드롭을 시도합니다.

그림 5-3 GNS3 – VIRL L2 스위치 설치하기 1

02 Add appliance 창이 나타나면 [Next >] 버튼을 클릭합니다.

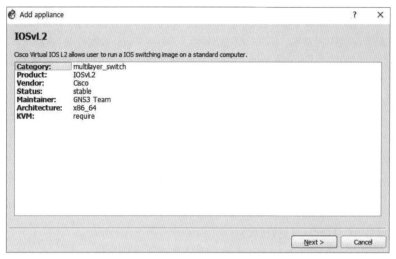

그림 5-4 GNS3 - VIRL L2 스위치 설치하기 2

03 서버 선택 창이 나타나면 이미 Run the appliance on the GNS3 VM (recommended)
가 선택된 창이 나타납니다. 그대로 [Next >] 버튼을 클릭합니다.

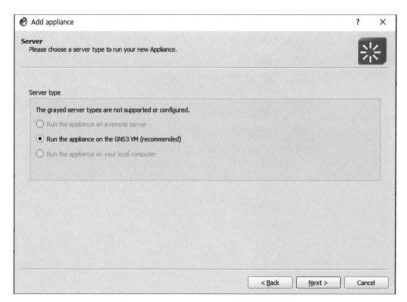

그림 5-5 GNS3 - VIRL L2 스위치 설치하기 3

04 다음 창에서도 역시 [Next 〉] 버튼을 클릭합니다.

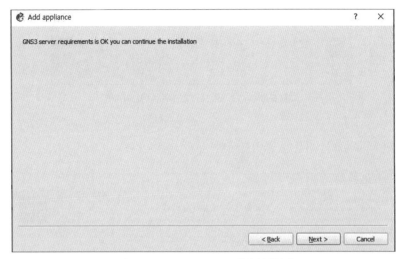

그림 5-6 GNS3 - VIRL L2 스위치 설치하기 4

05 Required files 창이 나타나면 **다운로드 폴더**에서 자동으로 사용할 수 있는 파일
을 읽어드립니다. 다음 화면과 같이 l2-adventerprisek9-m.03.2017.qcow2를 클
릭해 하이라이트를 한 상태에서 [Next 〉] 버튼을 클릭합니다.

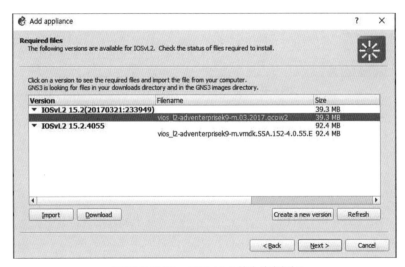

그림 5-7 GNS3 - VIRL L2 스위치 설치하기 5

06 다음 그림과 같이 [Yes] 버튼을 클릭합니다.

그림 5-8 GNS3 - VIRL L2 스위치 설치하기 6

07 한번 더 [Next >] 버튼을 클릭합니다.

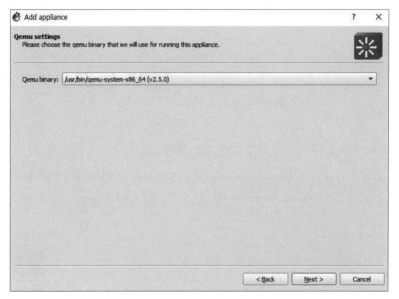

그림 5-9 GNS3 - VIRL L2 스위치 설치하기 7

08 이어서 [Next>] 버튼을 또 다시 클릭합니다.

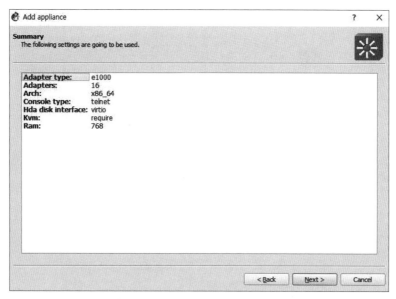

그림 5-10 GNS3 – VIRL L2 스위치 설치하기 8

09 [Finish] 버튼을 클릭합니다.

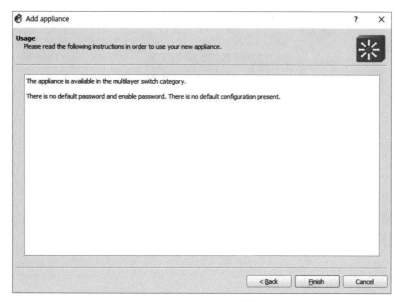

그림 5-11 GNS3 – VIRL L2 스위치 설치하기 9

10 설치가 완료되면 다음과 같은 팝업 창이 나타납니다. [OK] 버튼을 클릭합니다.

그림 5-12 GNS3 - VIRL L2 스위치 설치하기 10

11 GNS3 메인 창으로 돌아와 **All devices**에서 **Installed appliances**를 드롭다운 메뉴에서 찾아 선택하면 다음과 같이 VIRL L2 스위치 아이콘도 함께 나타 납니다.

그림 5-13 GNS3 - VIRL L2 스위치 설치하기 11

12 스위치 아이콘을 선택한 후 **netautolab1** 프로젝트 토폴로지 캔버스에 드래그 앤 드롭해 VIRL L2 스위치 하나를 추가합니다.

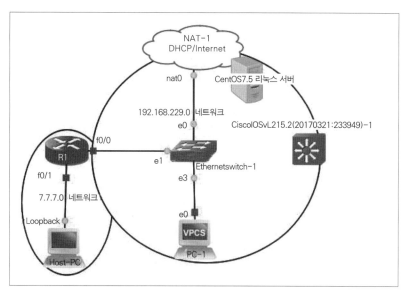

그림 5-14 GNS3 - VIRL L2 스위치 설치하기 12

13 스위치의 이름을 SW1로 변경하고 Ethernetswitch-1 화면에 나온 것과 같이 연결합니다.

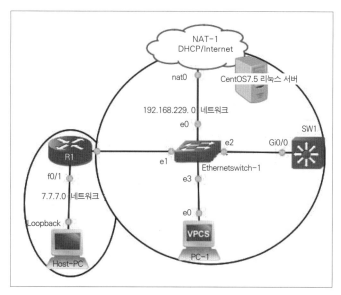

그림 5-15 GNS3 - VIRL L2 스위치 설치하기 13

14 SW1 스위치 아이콘 위에 마우스를 올려놓고 마우스 오른쪽 버튼을 사용해 시작하기를 선택해 스위치를 시작합니다. 스위치가 정상적으로 설치됐다면 콘솔 창을 열면 다음과 같은 화면이 나타나면서 스위치가 부팅됩니다.

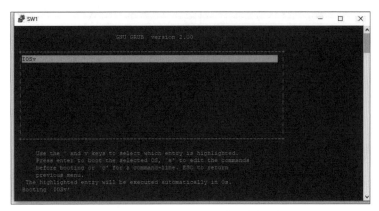

그림 5-16 GNS3 – VIRL L2 스위치 설치하기 14

15 다음과 같은 내용으로 스위치의 VLAN 1 인터페이스를 사용해 관리 인터페이스 기본 설정을 합니다.

```
Switch>enable
Switch#configure terminal
SW1(config-if)#interface vlan 1
SW1(config-if)#ip add 192.168.229.101 255.255.255.0
SW1(config-if)#no shut
SW1(config-if)#end
```

vlan 1 인터페이스가 활성화되면 토폴로지 상에 있는 다른 장비들과 통신이 되는지 먼저 확인합니다. 먼저 SW1에서 VPC(192.168.229.132)로 핑^{ping}을 실행합니다. VPC의 IP 주소, 192.168.229.132는 4장에서 DHCP로 할당받은 주소입니다.

```
SW1#ping 192.168.229.132
Type escape sequence to abort.
Sending 5, 100-byte ICMP Echos to 192.168.229.132, timeout is 2 seconds:
```

```
!!!!!
Success rate is 100 percent (5/5), round-trip min/avg/max = 2/5/16 ms
```

다음은 SW1에서 R1(192.168.229.134)로 핑을 실행합니다.

```
SW1#ping 192.168.229.134
Type escape sequence to abort.
Sending 5, 100-byte ICMP Echos to 192.168.229.134, timeout is 2 seconds:
.!!!!
Success rate is 80 percent (4/5), round-trip min/avg/max = 4/7/9 ms
```

그리고 SW1에서 CentOS 7.5 리눅스 서버(192.168.229.133)로 핑을 실행합니다.

```
SW1#ping 192.168.229.133
Type escape sequence to abort.
Sending 5, 100-byte ICMP Echos to 192.168.229.133, timeout is 2 seconds:
.!!!!
Success rate is 80 percent (4/5), round-trip min/avg/max = 2/3/5 ms
```

16 모든 통신이 원활이 된다면 SW1에서 copy running-config startup-config 명령어를 사용해 SW1에 변경된 내용을 저장합니다. 이로써 VIRL L2 스위치 설치와 인터페이스 설정을 해 봤습니다.

```
SW1#copy running-config startup-config
Destination filename [startup-config]?
Building configuration...
Compressed configuration from 3559 bytes to 1604 bytes[OK]
```

주의

VIRL IOS 라우터 또는 스위치 설치가 정상적으로 완료된 것으로 보일 수 있으나 설치된 장비를 추가하는 과정에서 다음과 같은 장애 메시지가 나타날 수 있습니다. 장애가 나타나면 잘못 설치된 장비의 아이콘 위에 마우스를 올려놓고 마우스 오른쪽 버튼을 사용해 Delete Template을 선택하고 장비를 삭제한 후 다시 설치를 시도해야 합니다.

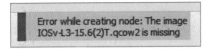

그림 5-17 GNS3 – VIRL L3 이미지 장애 메시지

그림 5-18 GNS3 – VIRL L3 이미지 삭제하기

5.2.2 GNS3에 시스코 VIRL L3 라우터 설치하기

이어서 VIRL L3 라우터 이미지도 GNS3에 설치합니다. 라우터의 설치 방법은 스위치와 동일합니다.

01 GNS3 메인 창에서 All devices 창 아래 Available appliances를 드롭다운 메뉴에서 선택합니다. 다음 그림과 같이 모든 장비 아이콘이 나타나면 VIRL IOS L3 장비 아이콘인 Cisco IOSv를 선택해 오른쪽 토폴로지 캔버스에 드래그 앤 드롭합니다.

그림 5-19 GNS3 – VIRL L3 라우터 설치하기 1

02 Add appliances 창이 나타나면 [Next >] 버튼을 클릭합니다.

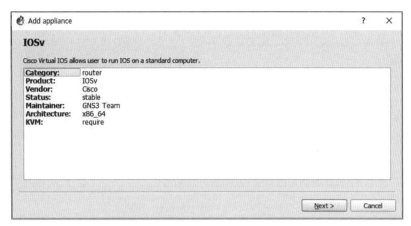

그림 5-20 GNS3 – VIRL L3 라우터 설치하기 2

03 다시 [Next>] 버튼을 클릭합니다.

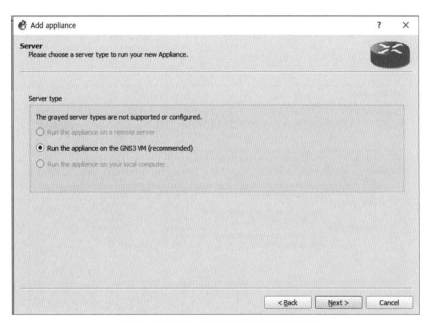

그림 5-21 GNS3 – VIRL L3 라우터 설치하기 3

04 다시 [Next 〉] 버튼을 클릭합니다.

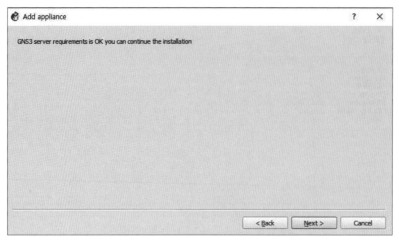

그림 5-22 GNS3 - VIRL L3 라우터 설치하기 4

05 Required files 창이 나타나면 다운로드 폴더에 저장해 뒀던 VIRL 라우터 이미지
와 라우터 start-up 파일을 읽습니다. 라우터 이미지 이름을 클릭해 하이라이트
한 후 [Next 〉] 버튼을 클릭합니다.

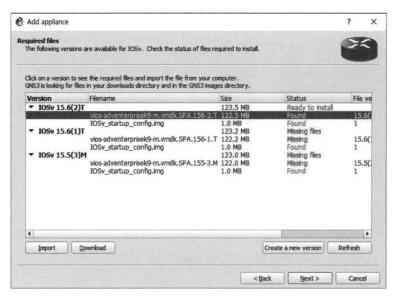

그림 5-23 GNS3 - VIRL L3 라우터 설치하기 5

06 랩톱과 인터넷이 연결돼 있는 상태에서 다음과 같은 팝업 창이 나타나면 [Yes] 버튼을 클릭합니다.

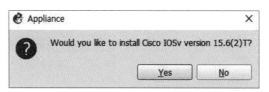

그림 5-24 GNS3 - VIRL L3 라우터 설치하기 6

07 Qemu Settings 창이 나타나면 기본 설정을 유지한 채 [Next >] 버튼을 클릭합니다.

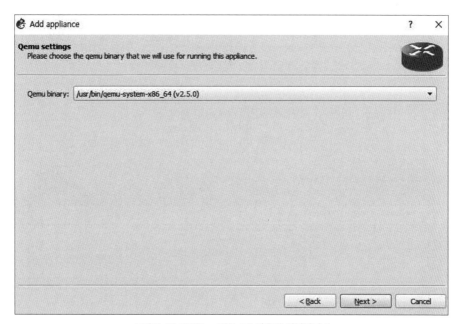

그림 5-25 GNS3 - VIRL L3 라우터 설치하기 7

08 설치요약 창이 나타나면 한 번 더 [Next >] 버튼을 클릭합니다.

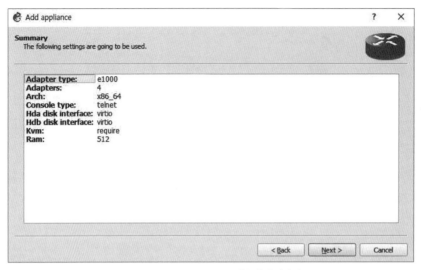

그림 5-26 GNS3 - VIRL L3 라우터 설치하기 8

09 이어서 [Finish] 버튼을 클릭해 설치를 마무리합니다.

그림 5-27 GNS3 - VIRL L3 라우터 설치하기 9

10 'Cisco IOSv 15.6(2)T installed!' 메시지가 나타나면 [OK] 버튼을 클릭해 설치를 완료합니다.

그림 5-28 GNS3 - VIRL L3 라우터 설치하기 10

11 설치 완료 후 GNS3 메인 창으로 돌아가 All devices의 Installed appliances에서 드롭다운 메뉴를 선택하면 VIRL L3 라우터 아이콘이 다음과 같이 나타납니다.

그림 5-29 GNS3 - VIRL L3 라우터 설치하기 11

12 라우터 아이콘을 선택한 후 netautolab1 프로젝트 토폴로지 캔버스에 드래그 앤 드롭해 VIRL IOS 라우터 하나를 추가합니다.

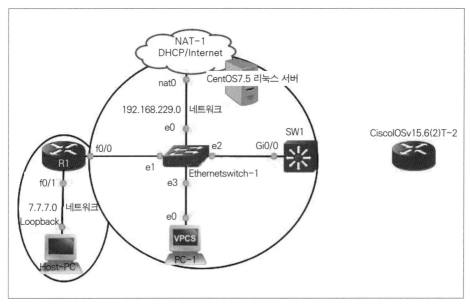

그림 5-30 GNS3 - VIRL L3 라우터 설치하기 12

13 라우터의 이름을 R2로 변경한 후 SW1과 GNS3 연결 툴을 사용해 장비 대 장비 를 연결합니다.

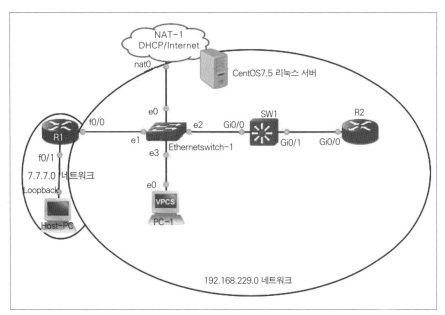

그림 5-31 GNS3 - VIRL L3 라우터 설치하기 13

14 R2 라우터 아이콘 위에 마우스를 올려놓고 마우스 오른쪽 버튼을 클릭하고 시작하기를 선택해 라우터를 시작합니다. 정상적으로 라우터가 실행했는지 R2의 콘솔 창을 열어 확인합니다.

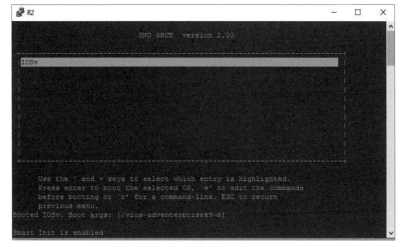

그림 5-32 GNS3 - VIRL L3 라우터 설치하기 14

15 R2 라우터가 정상적으로 시작하고 나면 다음 라우터 명령어를 사용해 기본 라우터 설정을 한 다음 네트워크 상에 동작하고 있는 가상 장비들과 통신이 원만하게 되는지 핑을 실행해 통신을 테스트합니다.

```
Router#conf t
Router(config)#hostname R2
R2(config)#int g0/0
R2(config-if)#ip add 192.168.229.10 255.255.255.0
R2(config-if)#no shut
R2(config-if)#end
```

먼저 R2에서 VMnet8의 디폴트 게이트웨이 주소인 (192.168.229.1)로 핑을 실행합니다.

```
R2#ping 192.168.229.1
Type escape sequence to abort.
Sending 5, 100-byte ICMP Echos to 192.168.229.1, timeout is 2 seconds:
.!!!!
Success rate is 80 percent (4/5), round-trip min/avg/max = 12/13/18 ms
```

다음 VPC 주소인 192.168.229.132로 핑을 실행합니다.

```
R2#ping 192.168.229.132
Type escape sequence to abort.
Sending 5, 100-byte ICMP Echos to 192.168.229.132, timeout is 2 seconds:
.!!!!
Success rate is 80 percent (4/5), round-trip min/avg/max = 12/17/27 ms
```

CentOS 7.5 리눅스 주소인 192.168.229.133으로 핑을 실행합니다.

```
R2#ping 192.168.229.133
Type escape sequence to abort.
Sending 5, 100-byte ICMP Echos to 192.168.229.133, timeout is 2 seconds:
```

.!!!!
Success rate is 80 percent (4/5), round-trip min/avg/max = 9/12/16 ms

R1의 주소인 192.168.229.134로 핑을 실행합니다.

R2#**ping 192.168.229.134**
Type escape sequence to abort.
Sending 5, 100-byte ICMP Echos to 192.168.229.134, timeout is 2 seconds:
.!!!!
Success rate is 80 percent (4/5), round-trip min/avg/max = 14/17/21 ms

마지막으로 SW1의 VLAN 1 주소인 192.168.229.101로 핑을 실행합니다.

R2#**ping 192.168.229.101**
Type escape sequence to abort.
Sending 5, 100-byte ICMP Echos to 192.168.229.101, timeout is 2 seconds:
.!!!!
Success rate is 80 percent (4/5), round-trip min/avg/max = 10/14/21 ms

16 다음은 GNS3에서 **R2**와 **SW1**을 추가한 후 모든 장비들이 정상적으로 동작하고 있는 모습입니다.

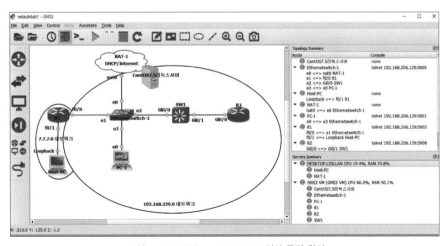

그림 5-33 GNS3 – netautolab1 정상 동작 화면

토폴로지 요약은 장비들 간의 물리적 연결과 연결 상태를 보여줍니다.

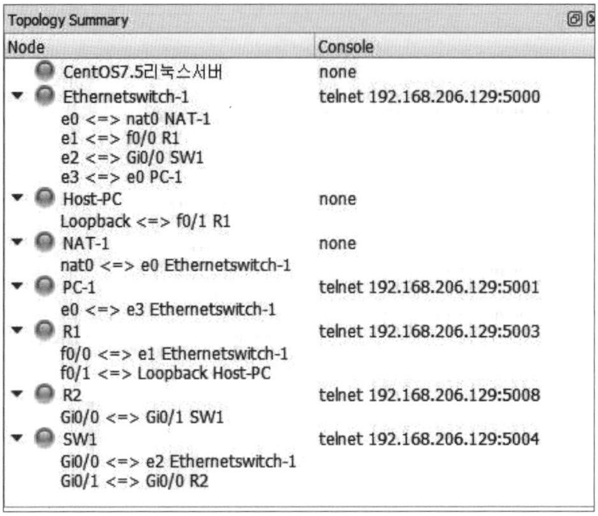

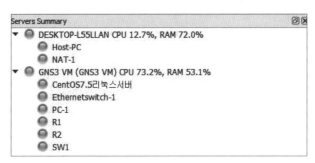

그림 5-34 GNS3 – netautolab1의 토폴로지 요약 화면

서버 요약은 어떤 장비가 어떤 서버 상에 설치됐는지 그리고 서버의 CPU와 메모리 성능 등의 정보를 한눈에 제공합니다.

그림 5-35 GNS3 – netautolab1의 서버 요약 화면

17 모든 장비간 통신이 원활하게 이뤄지고 있다면 R2에서도 copy running-config startup-config 명령어를 사용해 변경된 내용을 저장합니다.

```
R1#copy running-config startup-config
```

```
Destination filename [startup-config]?
Building configuration...
[OK]
```

이로써 시스코 바이럴 L2 스위치와 L3 라우터 설치를 완료했습니다. 다음은 스위치
를 두 대 더 추가해 기본 랩 토폴로지를 완성시킵니다.

5.3 기본 랩 토폴로지 완성하기

위에서 라우터와 스위치 한 대를 netautolab1 프로젝트에 추가한 후 모든 통신이 원
활이 되는지 확인했습니다. 이제 5장에서 사용할 스위치를 2대 더 추가한 후 랩을
계속 진행합니다.

01 만약 GNS3에서 netautolab1 프로젝트가 실행되고 있지 않다면 netautolab1
프로젝트를 실행합니다.

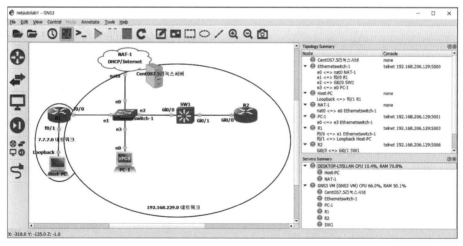

그림 5-36 GNS3 netautolab1 프로젝트 시작 및 확인

02 VMware 워크스테이션에서 GNS3 VM이 정상적으로 시작됐다면 CentOS 7.5 리눅스 서버 역시 같은 창에서 부팅시킵니다. 다음 CentOS 7.5의 GUI 창을 사용해 로그인하면 다음 화면과 같이 나타납니다.

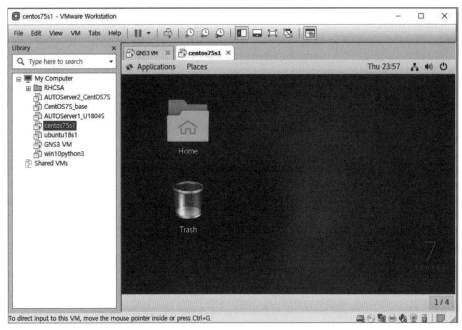

그림 5-37 VMware 워크스테이션 – 가상 머신 시작, 확인 및 로그인

03 다시 GNS3 메인 창으로 돌아와 시스코 L2 스위치 두 대를 다음 화면과 같이 추가한 후 새 스위치의 이름을 SW2와 SW3으로 변경한 후 SW1과 연결합니다. 추가한 SW2와 SW3 사이도 서로 연결합니다. SW2와 SW3은 랩 중반부까지 사용하지 않으므로 파워가 꺼져있는 상태에서 랩 1에서 4를 진행합니다. 다음 화면에 보이는 랩 토폴로지로 5장의 모든 랩을 진행하겠습니다.

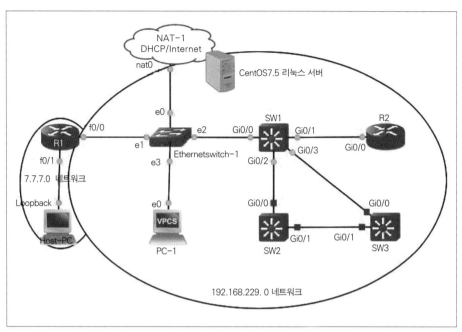

그림 5-38 GNS3 – SW2와 SW3 추가 후 랩 토폴로지 완성

04 가장 먼저 R1의 콘솔을 열어 **f0/0**에 자동으로 할당돼 있는 주소를 확인한 후 동일 주소를 고정 주소로 변경해 줍니다. 지금까지는 DHCP 서버로부터 주소를 자동으로 할당받아 사용하고 있었지만 랩이 시작할 때마다 주소가 변경되는 것을 방지하기 위해 주소를 고정시켜줍니다.

먼저 DHCP로 할당된 주소를 확인합니다.

```
R1#show ip interface brief
Interface         IP-Address       OK? Method Status                Protocol
FastEthernet0/0   192.168.229.134 YES DHCP   up                    up
Serial0/0         unassigned      YES NVRAM  administratively down down
FastEthernet0/    7.7.7.2         YES NVRAM  up                    up
[…생략]
```

---

show running-config 명령어를 사용해 4장에서 설정한 라우터 내용이 정상적으로 설정돼 있는지부터 확인합니다. show 명령어에 '|'(pipe)을 붙여 키워드를 사용하면 본인이 원하는 지점부터 라우터의 설정을 출력해서 볼 수 있습니다. 사용자 설정과 telent 설정이 정상적으로 설정돼 있는 것을 확인할 수 있습니다.

```
R1#show running-config | begin username
username autoadmin privilege 15 password 0 cisco123

R1#show running-config | begin line vty
line vty 0 4
 login local
 transport input telnet
line vty 5 15
 login local
 transport input telnet transport input telnet
```

R1 설정이 정상이라면 똑같은 IP 주소인 192.168.229.134/24 주소를 R1의 FastEthernet0/0에 고정 주소로 설정합니다. 설정과정은 다음과 같으며 다음 설정은 인터넷과 통신할 수 있도록 DNS 서버 설정 및 정적 라우트 설정도 함께 포함하고 있습니다. VMnet8에서 사용하는 DNS 및 디폴터 게이트웨이 주소는 192.168.229.2입니다.

추가로 다음에 나올 telnet1.py랩을 준비하기 위해 간단하게 route ospf 1 명령어를 사용해 기본 라우팅을 설정합니다. R1에 설정해야 할 내용은 다음과 같습니다.

	명령어	설명
R1	R1#configure terminal	설정모드 진입
	R1(config)#interface FastEthernet 0/0	설정할 인터페이스 모드로 진입
	R1(config-if)#no ip address dhcp	DHCP를 사용 안 함 선언
	R1(config-if)#ip address 192.168.229.134 255.255.255.0	IP 192.168.229.134/24 수동으로 설정

명령어	설명
R1(config-if)#speed 100	SW1과 duplex mismatch 장애 메시지 방지를 위해 스피드 세팅하기
R1(config-if)#duplex full	SW1과 duplex mismatch 장애 메시지 방지를 위해 duplex 세팅하기
R1(config-if)#exit	설정모드로 진입
R1(config)#ip domain-lookup	도메인 사용 활성화
R1(config)#ip name-server 192.168.229.2	사용할 DNS 설정
R1(config)#ip route 0.0.0.0 0.0.0.0 192.168.229.2	인터넷으로 연결할 정적 라우트(디폴트 게이트웨이) 설정
R1(config)#router ospf 1	OSPF 라우팅 설정
R1(config-router)#network 0.0.0.0 255.255.255.255 area 0	OSPF 네트워크 설정
R1(config-router)#end	Exec 모드로 진입
R1#write memory	설정 저장

05 R2는 이미 4장에서 IP 주소 192.168.229.10/24를 인터페이스 GigabitEthernet0/0 에 정적 주소로 설정해 사용하고 있습니다. 만약 설정이 정상적으로 돼 있지 않 다면 R1의 FastEthernet0/0 설정을 참고해 GigabitEthernet0/0, DNS 및 디폴트 게이트웨이 설정을 다음과 똑같이 설정합니다. 추가로 enable 패스워드, 로컬 사용자 이름과 패스워드 그리고 telnet과 ssh 연결에 사용될 가상 라인도 설정을 한 후 설정 변경 내용을 write memory 명령어를 사용해 저장합니다.

	명령어	설명
R2	R2#configure terminal	설정모드 진입
	R2(config)#interface GigabitEthernet0/0	설정할 인터페이스 모드로 진입
	R2(config-if)#ip add 192.168.229.10 255.255.255.0	IP 192.168.229.10/24 수동으로 설정
	R2(config-if)#no shutdown	Gi0/0 활성화
	R2(config)#ip domain-lookup	도메인 사용 활성화
	R2(config)#ip name-server 192.168.229.2	사용할 DNS 설정
	R2(config)#ip route 0.0.0.0 0.0.0.0 192.168.229.2	인터넷으로 연결할 정적 라우트(디폴트 게이트웨이) 설정

명령어	설명
R2(config)#**enable password cisco123**	R2의 enable 패스워드 설정
R2(config)#**username autoadmin password cisco123**	로컬 사용자 이름과 패스워드 설정
R2(config)#**line vty 0 15**	telnet/ssh 접속에 사용될 가상 라인 진입
R2(config-line)#**login local**	라우트에 설정된 사용자 계정 사용
R2(config-line)#**transport input all**	telnet/ssh 연결 가능
R2(config-line)#**end**	Exec 모드로 진입
R2#**write memory**	변경된 내용 저장

06 SW1 설정도 확인한 후 위와 동일한 방법으로 설정합니다. SW1의 설정은 다음에 나와 있습니다. 만약 vlan 1 매니지먼트 인터페이스가 설정돼 있지 않을 경우 다음 내용과 동일하게 스위치 설정을 합니다. SW1은 L2 스위치로 사용할 예정이므로 DNS와 정적 라우트 설정은 하지 않습니다.

```
SW1#show run | be interface Vlan1
interface Vlan1
 ip address 192.168.229.101 255.255.255.0
```

	명령어	설명
SW1	SW1#**conf t**	설정모드 진입
	SW1(config)#**enable password cisco123**	SW1 enable 패스워드 설정
	SW1(config)#**username autoadmin password cisco123**	로컬 사용자 이름과 패스워드 설정
	SW1(config)#**interface vlan 1**	vlan 설정 모드 진입
	SW1(config-if)#**ip add 192.168.229.101 255.255.255.0**	IP 주소 설정
	SW1(config)#**line vty 0 15**	telnet/ssh 접속에 사용될 가상 라인 진입
	SW1(config-line)#**login local**	스위치에 설정된 사용자 계정 사용
	SW1(config-line)#**transport input all**	telnet/ssh 연결 가능
	SW1(config-line)#**logging synchronous**	로그 출력 시 자동 줄바꿈
	SW1(config-line)#**no exec-timeout**	세션 타임아웃 없음
	SW1(config-line)#**line con 0**	콘솔 라인 모드 진입

명령어	설명
SW1(config-line)#**logging synchronous**	로그 출력 시 자동 줄바꿈
SW1(config-line)#**no exec-timeout**	세션 타임아웃 없음
SW1(config-line)#**end**	Exec 모드로 진입
SW1#**write memory**	변경된 내용 저장

모든 설정이 완료되면 핑을 실행해 네트워크 연결을 테스트해 봅니다. 또한 telnet 과 SSH 프로토콜을 사용해 시스코 장비로 접속을 시도해봅니다. 혹시 문제가 발견 되면 설정한 내용을 자세히 살펴보고 확인해 문제를 해결합니다.

5.4 네트워크 자동화 파이썬 랩 1

이 책에서는 독자들이 최대한 현실감 있는 랩 경험을 할 수 있도록 구성하려고 많이 노력했습니다. 4장에서 소개했듯이 이 책에서 작성된 파이썬 코드는 작성한 후 실행 할 수 있는 사용자 인터페이스가 여러 곳 있습니다. 첫째, 윈도우 호스트에서 코드를 작성한 후 윈도우에서 파이썬을 실행하는 방법이며 이 방법은 사용자의 랩톱에서 자 동화하려는 대상 장비들과 완벽한 통신이 된다고 가정했을 경우 가능합니다. 그리고 일반적으로 기업 내에서 윈도우에 파이썬을 설치해 실무에 사용하는 경우는 흔치 않 습니다. 대부분 윈도우에서 파이썬의 사용은 파이썬을 배우기 위한 용도로 사용되고 있다고 봐도 무관할 것 같습니다.

둘째, 리눅스 자동화 서버의 GUI에 직접 로그인해 리눅스 GUI를 사용해 네트워 크 자동화를 하는 방법일 것입니다. 이 시나리오 또한 기업내에서의 사용은 현실 성과 많이 떨어지는 경우라고 볼 수 있습니다. 대부분의 기업용 리눅스 서버들은 GUI가 설치돼 있는 서버가 흔하지 않기 때문입니다. 이 책에서 GUI를 설치하고 사용한 것은 리눅스를 입문하는 입문자들의 진입 장벽을 낮추려는 시도로 보는게 맞습니다.

그리고 세 번째는 저희가 다음 전개될 모든 랩에서 사용할 방법으로 윈도우 호스트 랩톱/PC에 설치돼 있는 **PuTTY** 또는 다른 종류의 SSH 클라이언트 툴로 SSH 프로토 콜을 사용해 네트워크 자동화 서버(CentOS 7.5)로 접속한 후 **리눅스 서버** 상에 설치돼 있는 파이썬으로 네트워크 장비들과 접속해 파이썬 3 스크립트로 제어 및 관리하는 방법입니다.

일반적으로 대부분의 기업형 네트워크에서는 이와 흡사한 방법으로 장비를 관리하 며 일반 사용자 컴퓨터에서 중요 서버 및 네트워킹 장비와 직접적으로 접속하지 못 하도록 액세스 리스트를 걸어 차단을 시켜놓는 경우가 많습니다.

보안이 높은 고객 사이트의 코어 네트워크와 시스템 장비들의 경우 하나의 서버에서 또다른 서버로 징검다리식으로 점프해 로그인한 후에 관리 서버에 접속할 수 있습니 다. 5장의 랩은 이 세 번째 방법으로 진행하게 되며 먼저 윈도우 호스트에서 PuTTY 를 실행해 CentOS 7.5 파이썬 네트워크 자동화 서버로 SSH를 통해 접속하게 됩니 다. 타이핑이 정확하고 빠른 분들은 직접 PuTTY 창에서 파이썬 코드를 입력해 작성 해도 되겠지만 스크립트 작성 및 변경은 윈도우 상에서 완성한 후 PuTTY의 명령어 창을 통해 마우스 오른쪽 버튼을 사용해 붙여넣기하는 방식으로 다음 랩을 진행하면 가장 효과적일 것입니다.

5.4.1 Lab 1 - telnet1.py(파이썬 telnet 템플릿 사용해 라우터 한 대 설정하기)

01 가장 먼저 호스트 윈도우에서 PuTTY 프로그램을 열어 CentOS 7.5 네트 워크 자동화 서버로 접속합니다. 제가 사용하는 **CentOS 7.5** 서버 IP 주소는 **192.168.229.133**입니다. 만약 본인이 사용하는 IP 주소를 기억하지 못한다면 VMware 워크스테이션의 사용자 인터페이스를 사용해 확인 후 로그인합니다.

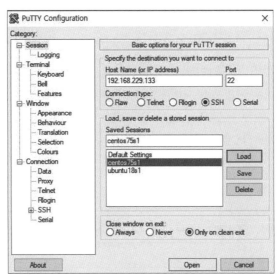

그림 5-39 CentOS 7.5 서버 – 호스트 PC에서 접속하기

그림 5-40 CentOS 7.5 서버 – 호스트 PC에서 일반 사용자로 로그인

02 alias 사용 방법은 3장에서 root 사용자로 로그인했을 때와 동일합니다. 사용자의 편의를 위해 python3.6 명령어를 alias 명령어를 사용해 python3으로 변경합니다. 현재 사용자 디렉터리에서 alias 내용을 변경한 후 source ~/.bashrc를 실행해 변경된 내용을 리눅스 서버에 적용시킵니다.

[root@localhost /]# **nano ~/.bashrc**

또는

[root@localhost /]# **nano /home/**사용자_이름/**.bashrc**

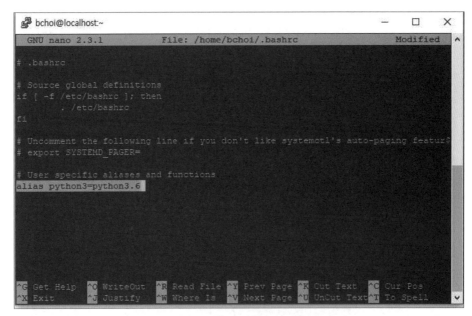

그림 5-41 리눅스 사용자 alias 변경

```
root@localhost ~]# source ~/.bashrc
```

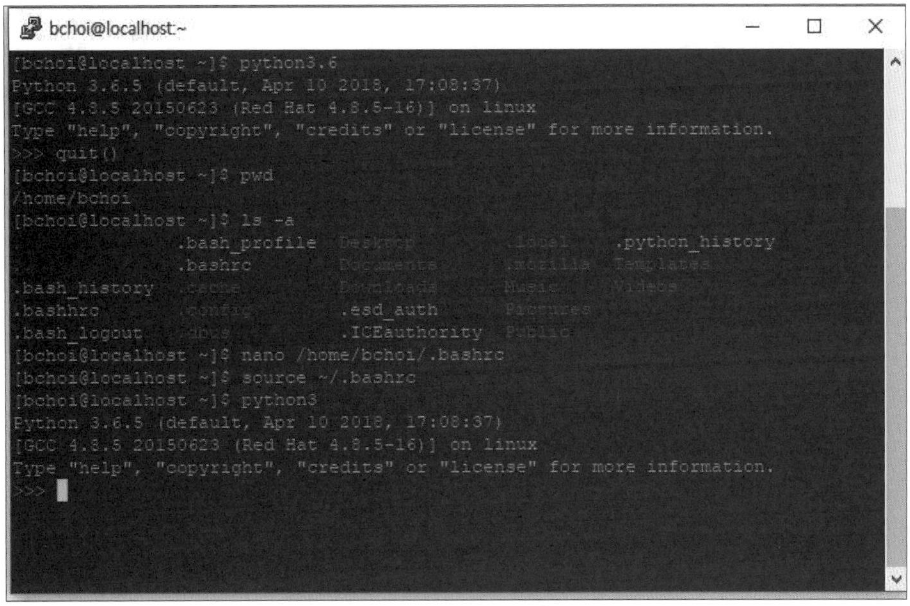

그림 5-42 리눅스 사용자 alias 변경 후 내용 적용

CentOS 7.5 리눅스 서버에 로그인돼 있는 사용자가 파이썬을 실행할 때 이제 python3.6이 아닌 python3 명령어를 사용해 실행하면 됩니다.

03 4장에 이미 소개됐던 https://docs.python.org/3.6/library/telnetlib.html로 이동한 후 웹 페이지 가장 아래 있는 21.19.2 Telnet Example의 내용을 그대로 복사합니다. 이 샘플 코드는 3장에서 파이썬 코드를 작성할 때 사용했었습니다.

Telnet Example

A simple example illustrating typical use:

```python
import getpass
import telnetlib

HOST = "localhost"
user = input("Enter your remote account: ")
password = getpass.getpass()

tn = telnetlib.Telnet(HOST)

tn.read_until(b"login: ")
tn.write(user.encode('ascii') + b"\n")
if password:
    tn.read_until(b"Password: ")
    tn.write(password.encode('ascii') + b"\n")

tn.write(b"ls\n")
tn.write(b"exit\n")

print(tn.read_all().decode('ascii'))
```

그림 5-43 파이썬 3 – telnet 샘플 코드 복사

다음 샘플은 Lab 1에서 Lab 7까지 템플릿으로 사용합니다. 코드 이해를 돕기 위해 코드에 대한 간단한 설명을 오른편에 적어 놓았습니다.

	코드	설명
1	`import getpass`	getpass 패키지를 불러오기
2	`import telnetlib`	telnet 라이브러리 불러오기
3		
4	`HOST = "localhost"`	접속할 호스트 주소 또는 이름. 장비의 IP 주소 사용
5	`user = input("Enter your remote account: ")`	사용자 어카운트/ID 입력 요구
6	`password = getpass.getpass()`	getpass 정의를 password로 정의
7		
8	`tn = telnetlib.Telnet(HOST)`	tn의 정의를 telnet 라이브러리의 Telnet 모듈을 사용해 호스트 정보 보내기
9		

	코드	설명
10	`tn.read_until(b"login: ")`	'login:'은 접속할 장비의 telnet 창에 나타나는 단어이며 파이썬은 이와 똑같은 2진수 정보를 읽을 때까지 기다림. 시스코 장비의 경우 'Userrname:'을 사용하므로 이 내용을 'Username:'으로 변경
11	`tn.write(user.encode('ascii') + b"\n")`	사용자가 입력하는 사용자 이름을 ASCII로 인코딩을 해서 입력
12	`if password:`	패스워드 if문
13	`    tn.read_until(b"Password: ")`	패스워드가 입력되면 읽어드림
14	`    tn.write(password.encode('ascii') + b"\n")`	ASCII 이진수로 인코딩
15		
16	`tn.write(b"ls\n")`	'ls'는 리눅스 List 명령어입니다. 시스코 장비에서는 ls 명령어를 사용하지 않습니다.
17	`tn.write(b"exit\n")`	모든 코드가 끝나면 코드를 빠져나가는 exit 명령어입니다.
18		
19	`print(tn.read_all().decode('ascii'))`	실행된 모든 내용을 읽어들여 ASCII로 디코딩된 내용을 사용자 명령어 창에 출력

03 PuTTY 명령어 창에서 위의 내용을 nano 텍스트 에디터를 사용해 telnet1.py를 생성한 후 위의 내용을 복사해 붙여넣습니다.

```
[bchoi@localhost ~]$ pwd
/home/bchoi
[bchoi@localhost ~]$ ls
Desktop  Documents  Downloads  Music  Pictures  Public  Templates  Videos
[bchoi@localhost ~]$ nano telnet1.py
```

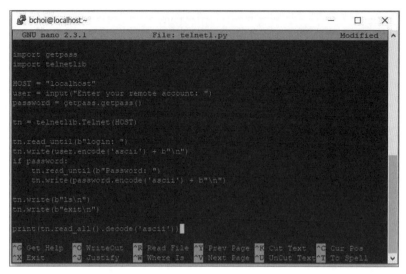

그림 5-44 CentOS 7.5 리눅스 서버 – telnet1.py 파일 만들기

04 파일 내용을 다음과 같이 변경한 후 저장합니다. 파이썬 스크립트를 사용해 R2
로 telnet을 이용해 접속한 후 loopback 인터페이스 두 개와 OSPF를 한번 설정
해 보겠습니다. 하이라이트로 표시된 부분이 변경된 내용입니다.

```
import getpass
import telnetlib

HOST = "192.168.229.10"
user = input("Enter your username: ")
password = getpass.getpass()

tn = telnetlib.Telnet(HOST)

tn.read_until(b"Username: ")
tn.write(user.encode('ascii') + b"\n")
if password:
    tn.read_until(b"Password: ")
    tn.write(password.encode('ascii') + b"\n")

tn.write(b"enable\n")
```

```
tn.write(b"cisco123\n")
tn.write(b"conf t\n")
tn.write(b"int loopback 0\n")
tn.write(b"ip add 2.2.2.2 255.255.255.255\n")
tn.write(b"int loopback 1\n")
tn.write(b"ip add 4.4.4.4 255.255.255.255\n")
tn.write(b"router ospf 1\n")
tn.write(b"network 0.0.0.0 255.255.255.255 area 0\n")

tn.write(b"end\n")
tn.write(b"exit\n")

print(tn.read_all().decode('ascii'))
```

05 telnet1.py 스크립트를 python3 telnet1.py 명령어를 사용해 실행합니다. 사용자
이름과 패스워드를 입력하면 telnet1.py가 실행되면서 설정된 내용이 사용자 화
면에 다음과 같이 출력됩니다. 만약 R2에 telnet 접속이 어떻게 이뤄지는지 확인
하고 싶다면 **debug telnet**을 R2에 미리 설정해둡니다.

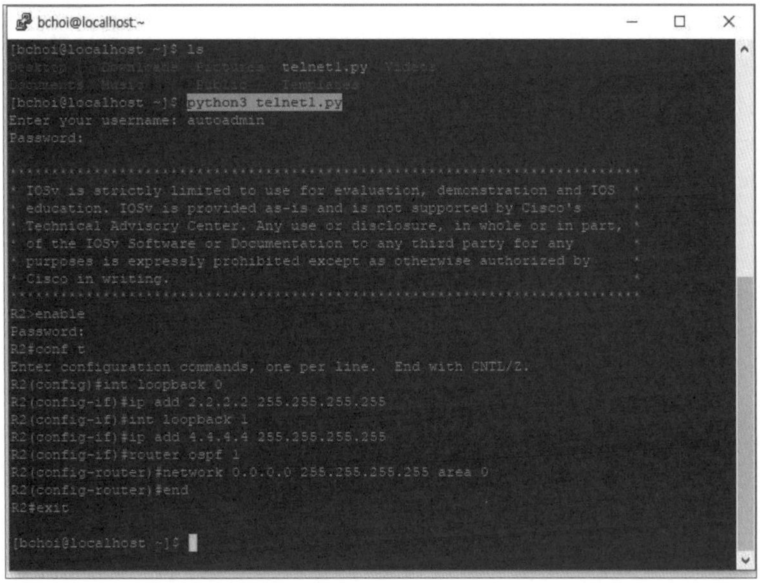

그림 5-45 CentOS 7.5 서버 – telnet1.py 실행

06 참고로 다음 내용은 파이썬 telnet1.py 스크립트가 실행될 때 R2에서 telnet 디버깅을 한 내용입니다. 시스코 장비에서 telnet 디버깅은 **debug telnet**을 사용하며 디버깅을 중지시키고 싶다면 **un all** 또는 **undebug all**을 사용합니다.

```
R2#debug telnet
Incoming Telnet debugging is on
R2#
*Dec 22 05:55:53.241: Telnet578: 1 1 251 1
*Dec 22 05:55:53.242: TCP578: Telnet sent WILL ECHO (1)
*Dec 22 05:55:53.242: Telnet578: 2 2 251 3
*Dec 22 05:55:53.243: TCP578: Telnet sent WILL SUPPRESS-GA (3)
*Dec 22 05:55:53.243: Telnet578: 80000 80000 253 24
*Dec 22 05:55:53.244: TCP578: Telnet sent DO TTY-TYPE (24)
*Dec 22 05:55:53.244: Telnet578: 10000000 10000000 253 31
*Dec 22 05:55:53.244: TCP578: Telnet sent DO WINDOW-SIZE (31)
*Dec 22 05:55:53.317: TCP578: Telnet received DONT ECHO (1)
*Dec 22 05:55:53.318: TCP578: Telnet sent WONT ECHO (1)
*Dec 22 05:55:53.336: TCP578: Telnet received DONT SUPPRESS-GA (3)
*Dec 22 05:55:53.338: TCP578: Telnet sent WONT SUPPRESS-GA (3)
R2#
*Dec 22 05:55:53.343: TCP578: Telnet received WONT TTY-TYPE (24)
*Dec 22 05:55:53.344: TCP578: Telnet sent DONT TTY-TYPE (24)
*Dec 22 05:55:53.351: TCP578: Telnet received WONT WINDOW-SIZE (31)
*Dec 22 05:55:53.352: TCP578: Telnet sent DONT WINDOW-SIZE (31)
*Dec 22 05:55:53.451: TCP578: Telnet received DONT ECHO (1)
*Dec 22 05:55:53.455: TCP578: Telnet received DONT SUPPRESS-GA (3)
*Dec 22 05:55:53.456: TCP578: Telnet received WONT TTY-TYPE (24)
*Dec 22 05:55:53.457: TCP578: Telnet received WONT WINDOW-SIZE (31)
R2#
*Dec 22 05:55:55.799: %LINK-3-UPDOWN: Interface Loopback0, changed state to
up
R2#
*Dec 22 05:55:56.416: %SYS-5-CONFIG_I: Configured from console by autoadmin
on vty0 (192.168.229.133)
*Dec 22 05:55:56.504: %OSPF-5-ADJCHG: Process 1, Nbr 192.168.229.134 on
GigabitEthernet0/0 from LOADING to FUL L, Loading Done
```

```
*Dec 22 05:55:56.796: %LINK-3-UPDOWN: Interface Loopback1, changed state to
up
R2#
*Dec 22 05:55:56.802: %LINEPROTO-5-UPDOWN: Line protocol on Interface
Loopback0, changed state to up
*Dec 22 05:55:57.973: %LINEPROTO-5-UPDOWN: Line protocol on Interface
Loopback1, changed state to up

R2#undebug all
All possible debugging has been turned off
```

07 마지막으로 **R2**에서 **loopback 인터페이스** 두 개와 ospf 설정이 정상적으로 됐는
지 확인한 후 핑을 실행해 통신을 확인합니다. R1에서도 ospf 라우팅 설정이
정상적으로 됐는지 확인한 후 R2의 loopback 인터페이스로 통신을 시도해
봅니다.

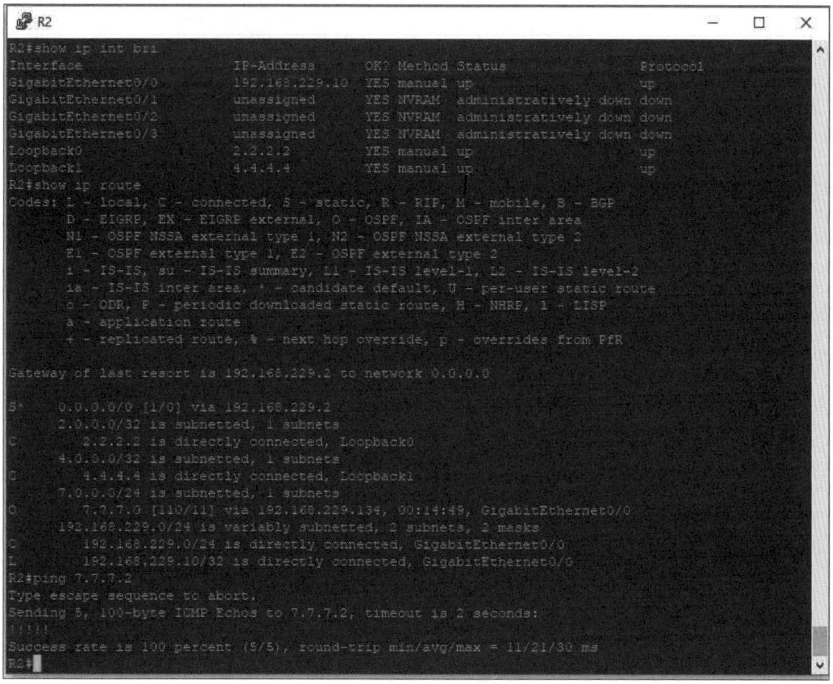

그림 5-46 R2 설정 및 R1과 통신 확인

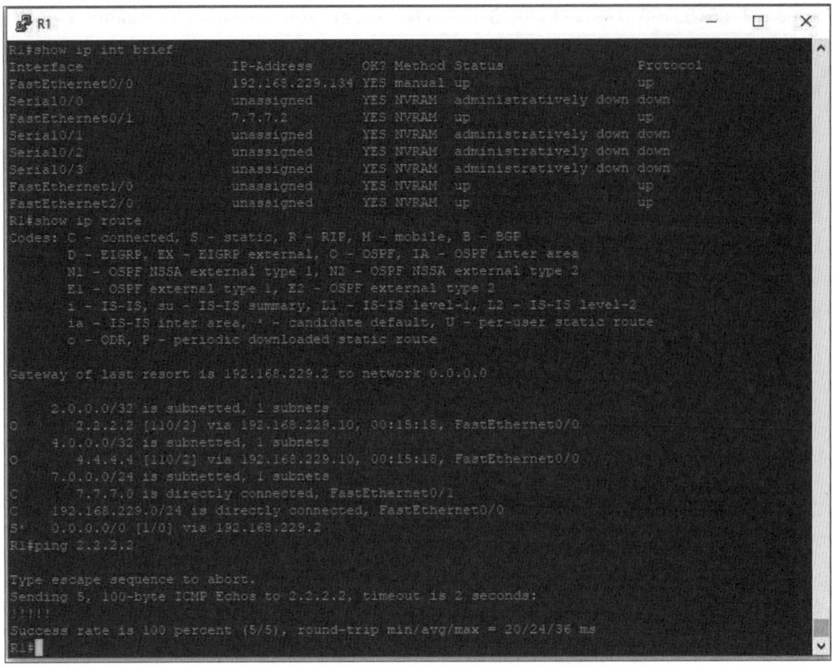

그림 5-47 R1 라우팅 확인 및 R2와 통신 확인

장애 없이 정상적으로 위와 같이 실행된다면 랩 2로 이동해 랩을 계속 진행합니다. 5장에서 진행되는 랩의 소스 코드는 각 랩 마지막 페이지에 첨부돼 있습니다. 막히는 부분이 있다면 소스 코드를 참고해 가면서 랩을 진행하기 바랍니다.

소스 코드 5.1 – telnet1.py

```
import getpass
import telnetlib

HOST = "192.168.229.10"
user = input("Enter your username: ")
password = getpass.getpass()

tn = telnetlib.Telnet(HOST)

tn.read_until(b"Username: ")
```

```
tn.write(user.encode('ascii') + b"\n")
if password:
    tn.read_until(b"Password: ")
    tn.write(password.encode('ascii') + b"\n")

tn.write(b"enable\n")
tn.write(b"cisco123\n")
tn.write(b"conf t\n")
tn.write(b"int loopback 0\n")
tn.write(b"ip add 2.2.2.2 255.255.255.255\n")
tn.write(b"int loopback 1\n")
tn.write(b"ip add 4.4.4.4 255.255.255.255\n")
tn.write(b"router ospf 1\n")
tn.write(b"network 0.0.0.0 255.255.255.255 area 0\n")


tn.write(b"end\n")
tn.write(b"exit\n")


print(tn.read_all().decode('ascii'))
```

5.4.2 Lab 2 – telnet2.py(스위치 한 대에 여러 개의 VLAN 설정하기)

랩 1과 유사한 방법으로 시스코 L2 스위치 장비인 SW1에 여러 개의 VLAN을 설정해봅니다. 이 랩에서는 Lab 1에서 사용했던 스크립트를 그대로 복사하고 내용을 조금만 변경해 파이썬 코드를 사용해 SW1에 새로운 VLAN을 설치합니다.

01 CentOS 7.5 네트워크 자동화 서버 상에서 **cp** 리눅스 명령어를 사용해 telnet1.py 파일을 복사해 telnet2.py를 생성합니다.

```
[bchoi@localhost ~]$ ls
Desktop    Downloads  Pictures  telnet1.py  Videos
Documents  Music      Public    Templates
[bchoi@localhost ~]$ cp telnet1.py telnet2.py
```

```
[bchoi@localhost ~]$ ls
Desktop    Downloads   Pictures   telnet1.py   Templates
Documents  Music       Public     telnet2.py   Videos
```

02 telnet2.py를 nano 텍스트 에디터로 열어 내용을 다음과 같이 변경합니다. nano
에디터에서 삭제/자르기는 Cntl+K를 사용하며 붙여넣기는 Ctrl+U를 사용합니
다. 참고로 SW1의 IP 주소는 192.168.229.101입니다. 'HOST'의 내용을 SW1
의 IP 주소로 변경한 후 설정하고 싶은 VLAN과 VLAN 이름을 파이썬 텔넷의
tn.write()문을 사용해 추가합니다. 또한 추가적으로 새 VLAN을 스위치 포트에
설정하고 싶다면 다음 내용과 같이 스위치 포트에 VLAN을 설정합니다.

```
[bchoi@localhost ~]$ nano telnet2.py
[bchoi@localhost ~]$ more telnet2.py
import getpass
import telnetlib

HOST = "192.168.229.101"
user = input("Enter your username: ")
password = getpass.getpass()

tn = telnetlib.Telnet(HOST)

tn.read_until(b"Username: ")
tn.write(user.encode('ascii') + b"\n")
if password:
    tn.read_until(b"Password: ")
    tn.write(password.encode('ascii') + b"\n")

#configure 5 VLANs with VLAN names
tn.write(b"enable\n")
tn.write(b"cisco123\n")
tn.write(b"conf t\n")
tn.write(b"vlan 2\n")
tn.write(b"name Data_vlan_2\n")
```

```
tn.write(b"vlan 3\n")
tn.write(b"name Data_vlan_3\n")
tn.write(b"vlan 4\n")
tn.write(b"name Data_vlan_4\n")
tn.write(b"vlan 5\n")
tn.write(b"name Wireless_vlan_1\n")
tn.write(b"vlan 6\n")
tn.write(b"name Voice_vlan_1\n")
tn.write(b"exit\n")

#configure gi1/0 - gi1/3 as access siwtchports and assign vlan 5 for
wireless APs
tn.write(b"interface range gi1/0 - 3\n")
tn.write(b"switchport mode access\n")
tn.write(b"switchport access vlan 5\n")


#configure gi2/0 - gi2/3 as access switchports and assign vlan 2 for data
and vlan 6 for voice
tn.write(b"interface range gi2/0 - 3\n")
tn.write(b"switchport mode access \n")
tn.write(b"switchport access vlan 2\n")
tn.write(b"switchport voice vlan 6\n")

tn.write(b"end\n")
tn.write(b"exit\n")


print(tn.read_all().decode('ascii'))
```

03 먼저 리눅스 서버에서 SW1로 통신이 잘되는지 ping 192.168.229.101 –c 4 명령
어를 사용해 통신해 봅니다.

```
[bchoi@localhost ~]$ ping 192.168.229.101 -c 4
PING 192.168.229.101 (192.168.229.101) 56(84) bytes of data.
64 bytes from 192.168.229.101: icmp_seq=1 ttl=255 time=7.97 ms
64 bytes from 192.168.229.101: icmp_seq=2 ttl=255 time=10.8 ms
```

```
64 bytes from 192.168.229.101: icmp_seq=3 ttl=255 time=8.21 ms
64 bytes from 192.168.229.101: icmp_seq=4 ttl=255 time=8.15 ms

--- 192.168.229.101 ping statistics ---
4 packets transmitted, 4 received, 0% packet loss, time 3005ms
rtt min/avg/max/mdev = 7.979/8.802/10.860/1.193 ms
[bchoi@localhost ~]$
```

04 다음 python3 telnet2.py 명령어를 사용해 코드를 실행시켜 SW1의 설정을 변경합니다. 스크립트 실행이 완료되면 다음과 같은 내용이 화면에 출력됩니다.

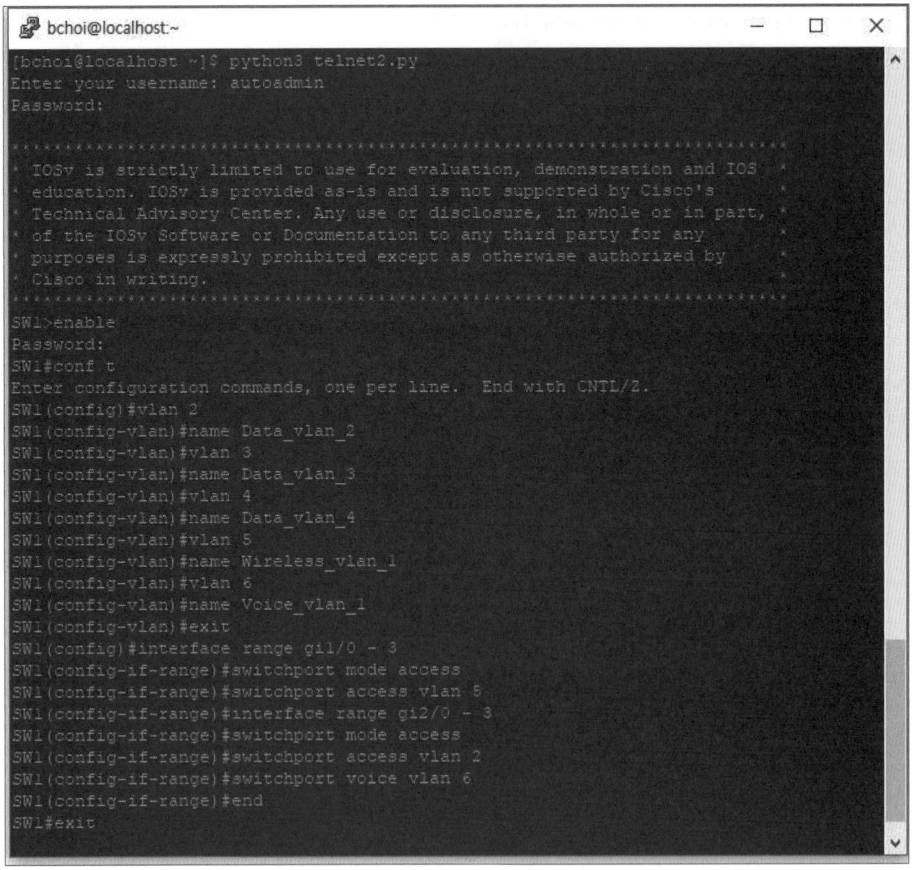

```
[bchoi@localhost ~]$ python3 telnet2.py
Enter your username: autoadmin
Password:

********************************************************************
* IOSv is strictly limited to use for evaluation, demonstration and IOS *
* education. IOSv is provided as-is and is not supported by Cisco's *
* Technical Advisory Center. Any use or disclosure, in whole or in part, *
* of the IOSv Software or Documentation to any third party for any *
* purposes is expressly prohibited except as otherwise authorized by *
* Cisco in writing. *
********************************************************************
SW1>enable
Password:
SW1#conf t
Enter configuration commands, one per line.  End with CNTL/Z.
SW1(config)#vlan 2
SW1(config-vlan)#name Data_vlan_2
SW1(config-vlan)#vlan 3
SW1(config-vlan)#name Data_vlan_3
SW1(config-vlan)#vlan 4
SW1(config-vlan)#name Data_vlan_4
SW1(config-vlan)#vlan 5
SW1(config-vlan)#name Wireless_vlan_1
SW1(config-vlan)#vlan 6
SW1(config-vlan)#name Voice_vlan_1
SW1(config-vlan)#exit
SW1(config)#interface range gi1/0 - 3
SW1(config-if-range)#switchport mode access
SW1(config-if-range)#switchport access vlan 5
SW1(config-if-range)#interface range gi2/0 - 3
SW1(config-if-range)#switchport mode access
SW1(config-if-range)#switchport access vlan 2
SW1(config-if-range)#switchport voice vlan 6
SW1(config-if-range)#end
SW1#exit
```

그림 5-48 telnet2.py – SW1 설정 후 출력 화면

05 참고로 다음 내용은 telnet2.py가 실행되고 SW1이 설정되면서 출력된 **debug telnet** 메시지입니다.

```
SW1#debug telnet
*Dec 22 07:15:18.123: Telnet2: 1 1 251 1
*Dec 22 07:15:18.124: TCP2: Telnet sent WILL ECHO (1)
*Dec 22 07:15:18.125: Telnet2: 2 2 251 3
*Dec 22 07:15:18.125: TCP2: Telnet sent WILL SUPPRESS-GA (3)
*Dec 22 07:15:18.126: Telnet2: 80000 80000 253 24
*Dec 22 07:15:18.126: TCP2: Telnet sent DO TTY-TYPE (24)
*Dec 22 07:15:18.126: Telnet2: 10000000 10000000 253 31
*Dec 22 07:15:18.127: TCP2: Telnet sent DO WINDOW-SIZE (31)
*Dec 22 07:15:18.155: TCP2: Telnet received DONT ECHO (1)
*Dec 22 07:15:18.156: TCP2: Telnet sent WONT ECHO (1)
*Dec 22 07:15:18.169: TCP2: Telnet received DONT SUPPRESS-GA (3)
*Dec 22 07:15:18.169: TCP2: Telnet sent WONT SUPPRESS-GA (3)
*Dec 22 07:15:18.179: TCP2: Telnet received WONT TTY-TYPE (24)
*Dec 22 07:15:18.180: TCP2: Telnet sent DONT TTY-TYPE (24)
*Dec 22 07:15:18.188: TCP2: Telnet received WONT WINDOW-SIZE (31)
*Dec 22 07:15:18.189: TCP2: Telnet sent DONT WINDOW-SIZE (31)
*Dec 22 07:15:18.275: TCP2: Telnet received DONT ECHO (1)
*Dec 22 07:15:18.276: TCP2: Telnet received DONT SUPPRESS-GA (3)
*Dec 22 07:15:18.276: TCP2: Telnet received WONT TTY-TYPE (24)
*Dec 22 07:15:18.277: TCP2: Telnet received WONT WINDOW-SIZE (31)
*Dec 22 07:15:25.285: %SYS-5-CONFIG_I: Configured from console by autoadmin
on vty0 (192.168.229.133)
SW1#un all
```

06 SW1에서 **show vlan** 명령어를 사용해 vlan과 스위치 포트가 정상적으로 설정됐는지 확인합니다. 이로써 스위치 한 대에 VLAN과 스위치 포트 설정을 해 봤습니다.

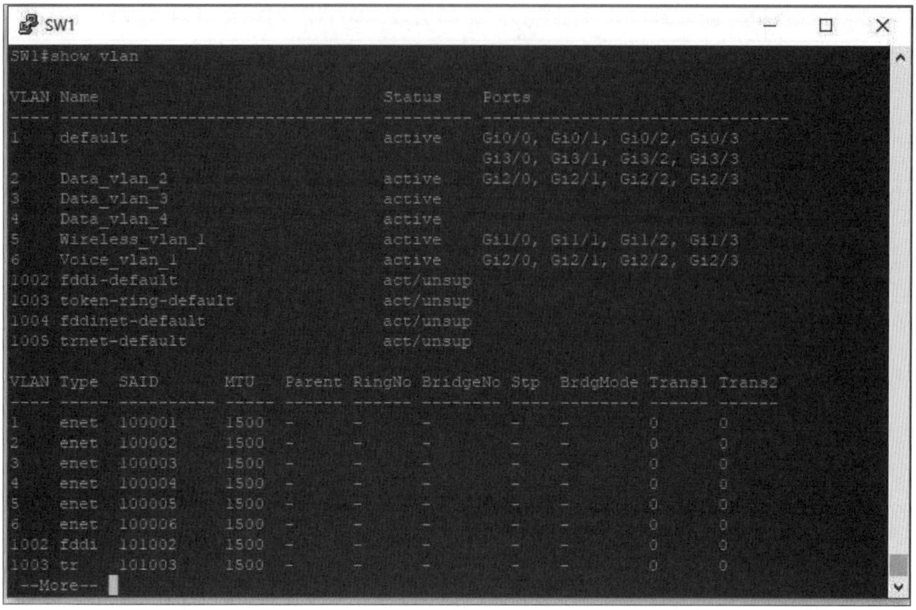

```
SW1#show vlan

VLAN Name                             Status    Ports
---- -------------------------------- --------- -------------------------------
1    default                          active    Gi0/0, Gi0/1, Gi0/2, Gi0/3
                                                Gi3/0, Gi3/1, Gi3/2, Gi3/3
2    Data_vlan_2                      active    Gi2/0, Gi2/1, Gi2/2, Gi2/3
3    Data_vlan_3                      active
4    Data_vlan_4                      active
5    Wireless_vlan_1                  active    Gi1/0, Gi1/1, Gi1/2, Gi1/3
6    Voice_vlan_1                     active    Gi2/0, Gi2/1, Gi2/2, Gi2/3
1002 fddi-default                     act/unsup
1003 token-ring-default               act/unsup
1004 fddinet-default                  act/unsup
1005 trnet-default                    act/unsup

VLAN Type  SAID       MTU   Parent RingNo BridgeNo Stp  BrdgMode Trans1 Trans2
---- ----- ---------- ----- ------ ------ -------- ---- -------- ------ ------
1    enet  100001     1500  -      -      -        -    -        0      0
2    enet  100002     1500  -      -      -        -    -        0      0
3    enet  100003     1500  -      -      -        -    -        0      0
4    enet  100004     1500  -      -      -        -    -        0      0
5    enet  100005     1500  -      -      -        -    -        0      0
6    enet  100006     1500  -      -      -        -    -        0      0
1002 fddi  101002     1500  -      -      -        -    -        0      0
1003 tr    101003     1500  -      -      -        -    -        0      0
 --More--
```

그림 5-49 SW1 – VLAN 및 스위치 포트 설정 확인

소스 코드 5.2 – telnet2.py

```
import getpass
import telnetlib

HOST = "192.168.229.101"
user = input("Enter your username: ")
password = getpass.getpass()

tn = telnetlib.Telnet(HOST)

tn.read_until(b"Username: ")
tn.write(user.encode('ascii') + b"\n")
if password:
    tn.read_until(b"Password: ")
    tn.write(password.encode('ascii') + b"\n")

#configure 5 VLANs with VLAN names
```

```python
tn.write(b"enable\n")
tn.write(b"cisco123\n")
tn.write(b"conf t\n")
tn.write(b"vlan 2\n")
tn.write(b"name Data_vlan_2\n")
tn.write(b"vlan 3\n")
tn.write(b"name Data_vlan_3\n")
tn.write(b"vlan 4\n")
tn.write(b"name Data_vlan_4\n")
tn.write(b"vlan 5\n")
tn.write(b"name Wireless_vlan_1\n")
tn.write(b"vlan 6\n")
tn.write(b"name Voice_vlan_1\n")
tn.write(b"exit\n")

#configure gi1/0 - gi1/3 as access siwtchports and assign vlan 5 for wireless
APs
tn.write(b"interface range gi1/0 - 3\n")
tn.write(b"switchport mode access\n")
tn.write(b"switchport access vlan 5\n")

#configure gi2/0 - gi2/3 as access switchports and assign vlan 2 for data and
vlan 6 for voice
tn.write(b"interface range gi2/0 - 3\n")
tn.write(b"switchport mode access \n")
tn.write(b"switchport access vlan 2\n")
tn.write(b"switchport voice vlan 6\n")

tn.write(b"end\n")
tn.write(b"exit\n")

print(tn.read_all().decode('ascii'))
```

5.4.3 Lab 3 – telnet3.py

(스크립트에서 패스워드 삭제 및 파이썬 파일 현재 디렉터리에서 실행하기)

이번 랩에서는 스크립트에 포함돼 있는 패스워드를 삭제합니다. 스크립트에 사용자 이름이나 패스워드가 포함돼 있다면 보안상의 문제가 될 수 있으므로 실제 네트워크에서는 패스워드가 포함돼 있는 파이썬 스크립트의 사용을 삼가해야 합니다. 또한 telnet3.py 스크립트의 내용을 변경해 python3 명령어를 사용하지 않고 스크립트 이름을 사용해 파이썬 스크립트를 실행하는 연습을 합니다.

01 먼저 R1, R2와 SW1 명령창을 열어 사용자에게 **privilege level 15**의 권한을 설정합니다. 레벨 15 권한을 가진 사용자는 시스코 라우터 및 스위치 로그인 시 enable 패스를 사용하지 않고도 바로 Exec 모드로 진입합니다.

	명령어	설명
R1	R1#**conf t**	설정모드 진입
	R1(config)#**username autoadmin privilege 15 password cisco123**	사용자에 레벨 15 액세스 지정

	명령어	설명
R2	R2#**conf t**	설정모드 진입
	R2(config)#**username autoadmin privilege 15 password cisco123**	사용자에 레벨 15 액세스 지정

	명령어	설명
SW1	SW1#**conf t**	설정모드 진입
	SW1(config)#**username autoadmin privilege 15 password cisco123**	사용자에 레벨 15 액세스 지정

02 다음 리눅스 서버 명령어 창에서 **cp** 명령어로 **telnet2.py** 파일을 복사해 telnet3.py 파일을 생성합니다. nano 텍스트 에디터로 telnet3.py를 열어 다음 두 줄의 코드를 telnet3.py 내용에서 삭제합니다.

```
tn.write(b"enable\n")
tn.write(b"cisco123\n")
```

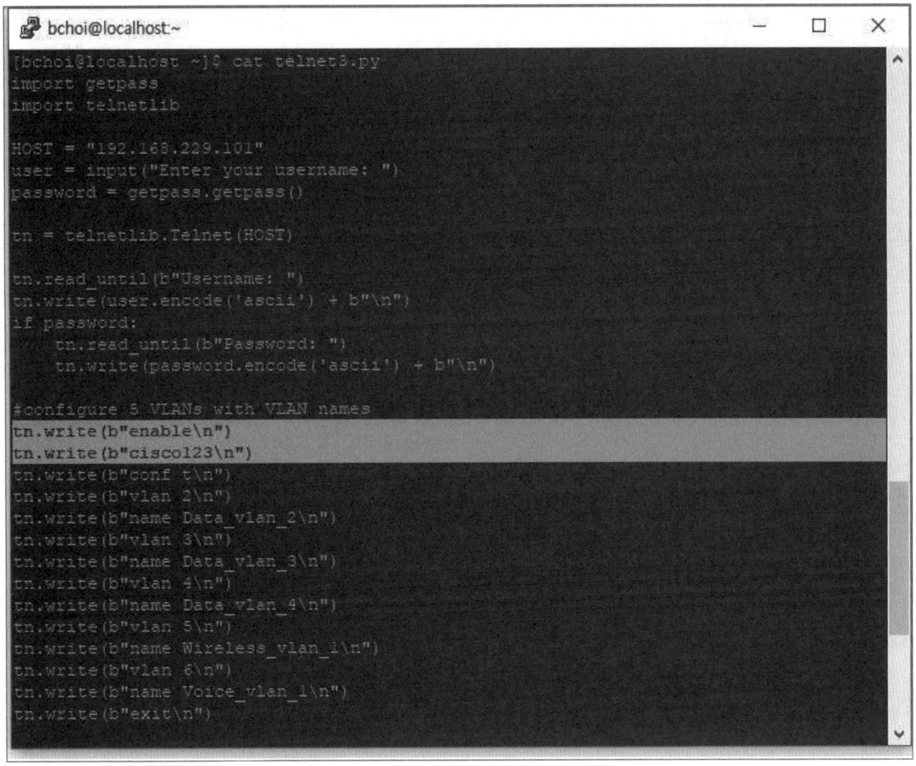

그림 5-50 telnet3.py – enable 패스워드 삭제할 부분

03 다시 telnet3.py 파일을 nano로 열어 **#!/usr/bin/env python 3.6**을 스크립트 맨
윗줄에 입력한 다음 파일을 저장합니다. 이 명령어을 설정해 두면 파이썬 스크
립트를 실행할 경우 사용자 폴더에서 자동으로 **python3** 명령어를 실행하므로
파이썬 코드 실행 시 일일이 **python3** 명령어를 파일 앞에 입력하지 않고 파일
이름만으로도 코드를 실행할 수 있습니다.

```
#!/usr/bin/env python3.6
```

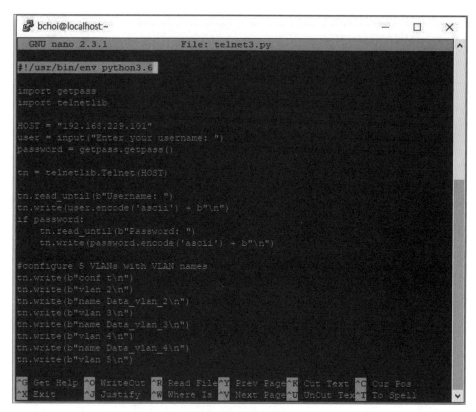

그림 5-51 #! 코드 설정

04 chmod +x ./telnet3.py 명령어를 사용해 telnet3.py 파일을 실행용 파일로 변경합니다. 파일을 +x 핸들을 사용해 변경할 경우 실행 파일로 변경됩니다. 윈도우에서 파일을 .exe로 만드는 것과 같은 원리입니다. 다음 화면에서 ls 명령어로 파일을 확인하면 실행용 파일은 파일 이름이 녹색으로 표시됩니다.

```
[bchoi@localhost ~]$ chmod +x ./telnet3.py
```

그림 5-52 telnet3.py 파일 실행 파일로 변경

05 현재 작업하고 있는 디렉터리에서 python3 명령어를 사용하지 않고 ./telnet3.
py 명령어를 사용해 파이썬 스크립트를 실행합니다. 다음 화면을 보면 python3
명령어를 사용하지 않았으며 enable 패스워드 또한 사용하지 않고도 스크립트
가 정상적으로 동작합니다.

그림 5-53 telnet3.py - python 명령어 없이 코드 실행

06 만약 현재 작업 중인 디렉터리에서 './'를 파일 이름 앞에 입력하지 않고 파이 썬 코드를 실행할 수도 있습니다. 하지만 이 방법은 명령창을 종료시키면 설 정이 사라지므로 새 창을 열어 사용할 경우 다시 설정해줘야 하는 번거로움 이 따릅니다.

```
[bchoi@localhost ~]$ PATH="$(pwd):$PATH"
```

다음 화면을 보면 telnet3.py만 입력해 파이썬 코드가 실행됐습니다.

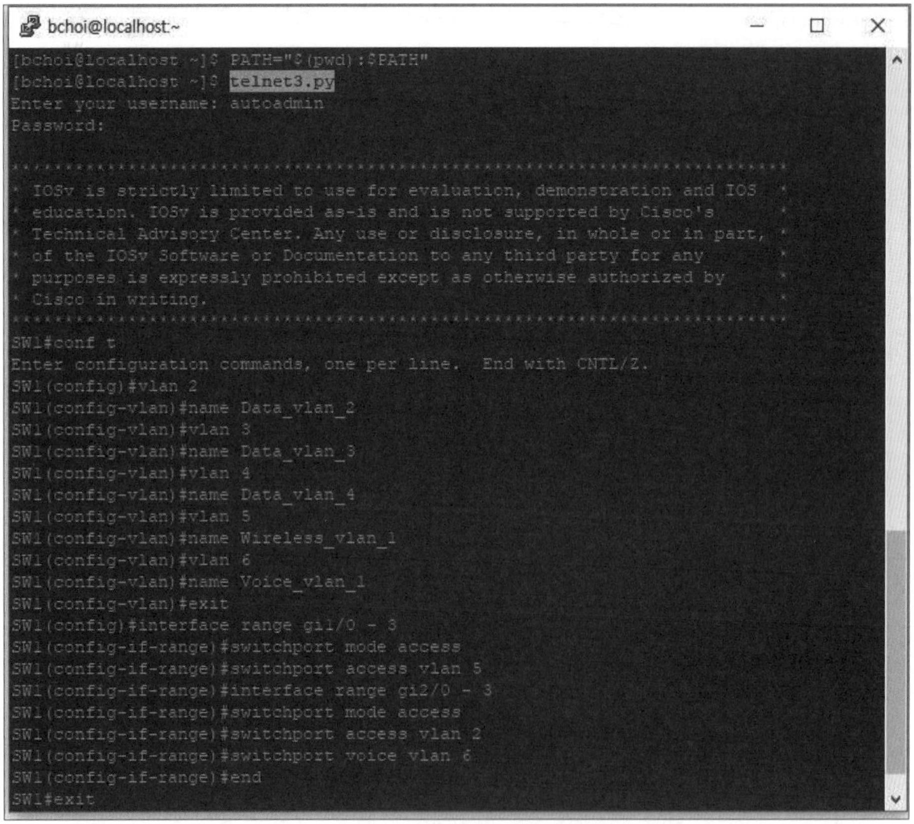

그림 5-54 telnet3.py – 파일 이름만 사용해 파이썬 코드 실행하기

```
#!/usr/bin/env python3.6

import getpass
import telnetlib

HOST = "192.168.229.101"
user = input("Enter your username: ")
password = getpass.getpass()

tn = telnetlib.Telnet(HOST)

tn.read_until(b"Username: ")
tn.write(user.encode('ascii') + b"\n")
if password:
    tn.read_until(b"Password: ")
    tn.write(password.encode('ascii') + b"\n")

#configure 5 VLANs with VLAN names
tn.write(b"conf t\n")
tn.write(b"vlan 2\n")
tn.write(b"name Data_vlan_2\n")
tn.write(b"vlan 3\n")
tn.write(b"name Data_vlan_3\n")
tn.write(b"vlan 4\n")
tn.write(b"name Data_vlan_4\n")
tn.write(b"vlan 5\n")
tn.write(b"name Wireless_vlan_1\n")
tn.write(b"vlan 6\n")
tn.write(b"name Voice_vlan_1\n")
tn.write(b"exit\n")

#configure gi1/0 - gi1/3 as access siwtchports and assign vlan 5 fro wireless
APs
tn.write(b"interface range gi1/0 - 3\n")
tn.write(b"switchport mode access\n")
tn.write(b"switchport access vlan 5\n")
```

```
#configure gi2/0 - gi2/3 as access switchports and assign vlan 2 for data and
vlan 6 for voice
tn.write(b"interface range gi2/0 - 3\n")
tn.write(b"switchport mode access \n")
tn.write(b"switchport access vlan 2\n")
tn.write(b"switchport voice vlan 6\n")

tn.write(b"end\n")
tn.write(b"exit\n")

print(tn.read_all().decode('ascii'))
```

5.4.4 Lab 4 - telnet4.py
('for x in range' loop 메서드로 일시에 100개의 VLAN 설정하기)

이번에는 'for ~ in range' loop 메서드를 사용해 VLAN 100개를 SW1에 설정합니다.

01 먼저 telnet3.py 파일을 복사해 **telnet4.py**를 생성한 후 파이썬 스크립트를 'for ~ in range' loop을 사용해 내용을 변경합니다. 앞서 telnet3.py를 chmod 리눅스 명령어를 사용해 실행용 파일로 변경했으므로 이 파일을 복사해 telnet4.py로 만들 경우 파일의 고유 성질을 그대로 가져오므로 telnet4.py 역시 실행용 파일로 생성됩니다.

```
[bchoi@localhost ~]$ cp telnet3.py telnet4.py
[bchoi@localhost ~]$ nano telnet4.py
```

02 telnet4.py를 nano 텍스트 에디터를 사용해 내용을 다음과 같이 변경합니다. **for n in range (2, 102)**는 loop 함수로 숫자 2번부터 101번까지 하나씩 호출해 사용합니다. 다음 입력돼 있는 두 줄의 **tn.write( )** 코드의 str(n)문에서 n-1이 될 때

까지 호출해 사용합니다. 모든 인코딩은 UTF-8 유니코드를 사용합니다. 이 코드에서는 2에서 101개까지 호출하니 100개의 vlan이 추가됩니다.

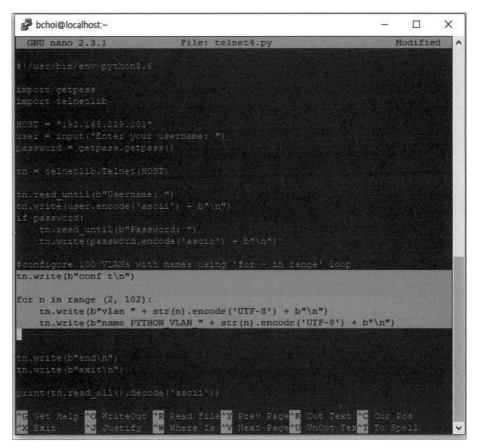

그림 5-55 telnet4.py - 내용 변경 후 화면

03 참고로 다음 화면을 보면 notepad++ 윈도우 텍스트 에디터를 사용해 telnet4.py의 변경 전과 후 내용을 비교해 보여주고 있습니다. 파이썬에서는 **for ~ loop**을 활용하면 코드를 매우 간략하게 만들어 사용할 수 있습니다. telnet4.py에서는 telnet3.py와 비교해 더 간결해진 것을 눈으로 확인할 수 있습니다.

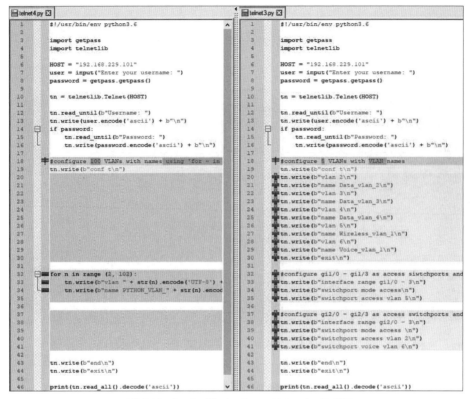

```
telnet4.py
 1    #!/usr/bin/env python3.6
 2
 3    import getpass
 4    import telnetlib
 5
 6    HOST = "192.168.229.101"
 7    user = input("Enter your username: ")
 8    password = getpass.getpass()
 9
10    tn = telnetlib.Telnet(HOST)
11
12    tn.read_until(b"Username: ")
13    tn.write(user.encode('ascii') + b"\n")
14    if password:
15        tn.read_until(b"Password: ")
16        tn.write(password.encode('ascii') + b"\n")
17
18    #configure 100 VLANs with names using 'for ~ in
19    tn.write(b"conf t\n")
20
21
22
23
24
25
26
27
28
29
30
31
32    for n in range (2, 102):
33        tn.write(b"vlan " + str(n).encode('UTF-8') +
34        tn.write(b"name PYTHON_VLAN_" + str(n).encod
35
36
37
38
39
40
41
42
43    tn.write(b"end\n")
44    tn.write(b"exit\n")
45
46    print(tn.read_all().decode('ascii'))
```

```
telnet3.py
 1    #!/usr/bin/env python3.6
 2
 3    import getpass
 4    import telnetlib
 5
 6    HOST = "192.168.229.101"
 7    user = input("Enter your username: ")
 8    password = getpass.getpass()
 9
10    tn = telnetlib.Telnet(HOST)
11
12    tn.read_until(b"Username: ")
13    tn.write(user.encode('ascii') + b"\n")
14    if password:
15        tn.read_until(b"Password: ")
16        tn.write(password.encode('ascii') + b"\n")
17
18    #configure 5 VLANs with VLAN names
19    tn.write(b"conf t\n")
20    tn.write(b"vlan 2\n")
21    tn.write(b"name Data_vlan_2\n")
22    tn.write(b"vlan 3\n")
23    tn.write(b"name Data_vlan_3\n")
24    tn.write(b"vlan 4\n")
25    tn.write(b"name Data_vlan_4\n")
26    tn.write(b"vlan 5\n")
27    tn.write(b"name Wireless_vlan_1\n")
28    tn.write(b"vlan 6\n")
29    tn.write(b"name Voice_vlan_1\n")
30    tn.write(b"exit\n")
31
32    #configure gi1/0 ~ gi1/3 as access siwtchports and
33    tn.write(b"interface range gi1/0 ~ 3\n")
34    tn.write(b"switchport mode access\n")
35    tn.write(b"switchport access vlan 5\n")
36
37    #configure gi2/0 ~ gi2/3 as access switchports and
38    tn.write(b"interface range gi2/0 ~ 3\n")
39    tn.write(b"switchport mode access \n")
40    tn.write(b"switchport access vlan 2\n")
41    tn.write(b"switchport voice vlan 6\n")
42
43    tn.write(b"end\n")
44    tn.write(b"exit\n")
45
46    print(tn.read_all().decode('ascii'))
```

그림 5-56 telnet4.py와 telnet3.py - Notepad++로 비교

04 이제 telnet4.py 코드를 실행해 SW1에 100개의 VLAN을 설정합니다. 코드 실행이 완료되면 리눅스 서버 콘솔 창에 다음과 같은 내용이 출력됩니다.

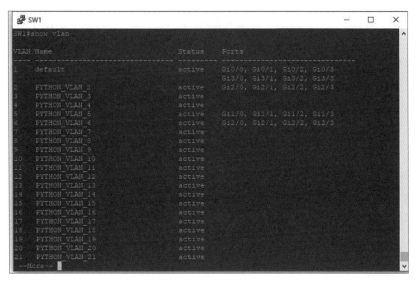

그림 5-57 telne4.py - SW1에 VLAN 100개 설정

05 SW1에서 **show vlan** 명령어로 설정을 확인합니다. SW1에 VLAN 2에서 VLAN 101까지 총 100개의 VLAN이 설정돼 있는 것을 확인할 수 있습니다.

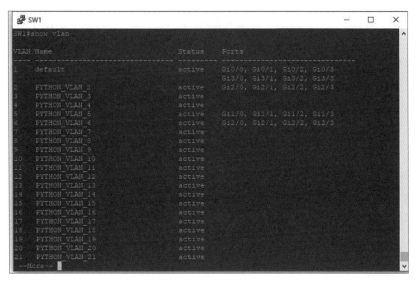

그림 5-58 SW1 - show vlan으로 설정 확인

```
#!/usr/bin/env python3.6

import getpass
import telnetlib

HOST = "192.168.229.101"
user = input("Enter your username: ")
password = getpass.getpass()

tn = telnetlib.Telnet(HOST)

tn.read_until(b"Username: ")
tn.write(user.encode('ascii') + b"\n")
if password:
    tn.read_until(b"Password: ")
    tn.write(password.encode('ascii') + b"\n")

#configure 100 VLANs with names using 'for ~ in range' loop
tn.write(b"conf t\n")

for n in range (2, 102):
    tn.write(b"vlan " + str(n).encode('UTF-8') + b"\n")
        tn.write(b"name PYTHON_VLAN_" + str(n).encode('UTF-8') + b"\n")

tn.write(b"end\n")
tn.write(b"exit\n")

print(tn.read_all().decode('ascii'))
```

5.4.5 Lab 5 – telnet5multi.py
(연속적 IP를 사용하는 동일 기종 장비를 파이썬 프로그램 하나로 설정하기)

지금까지 한 대의 장비에서만 파이썬 코드를 실행해 설정해왔습니다. 이번에는 연속적 IP를 사용하는 동일 기종의 장비를 파이썬 프로그램 하나를 사용해 일괄적으로 설정하는 연습을 합니다. 이 랩에서는 3대의 스위치(SW1, SW2, SW3)를 사용해 VLAN 2 – VLAN 10까지 순차적으로 장비를 설정합니다.

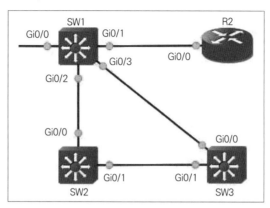

그림 5-59 telnet5.py – 스위치 3대 사용

01 그림 5-59와 같이 SW2와 SW3을 시작합니다.

02 다음 SW1, SW2와 SW3의 GNS3 콘솔을 열어 다음 내용과 동일하게 설정합니다.

	명령어	설명
SW1	SW1#**conf t**	설정모드 진입
	SW1(config)#**spanning-tree vlan 1 root primary**	SW1을 스패닝트리의 루트로 지정하기

	명령어	설명
SW2	Switch#**conf t**	설정모드 진입
	Switch(config)#**hostname SW2**	스위치 이름 변경
	SW2(config)#**no ip domain-lookup**	DNS 사용 안함
	SW2(config)#**enable password cisco123**	Enable 패스워드 설정

명령어	설명
SW2(config)#**username autoadmin privilege 15 password cisco123**	사용자 이름, 액세스 및 패스워드 설정
SW2(config)#**int vlan 1**	vlan 설정 모드 진입
SW2(config-if)#**ip add 192.168.229.102 255.255.255.0**	vlan 1에 IP 주소 설정
SW2(config-if)#**no shut**	vlan 1 인터페이스 활성화
SW2(config-if)#**line vty 0 15**	telnet/ssh 접속에 사용될 가상 라인 진입
SW2(config-line)#**login local**	스위치에 설정된 사용자 계정 사용
SW2(config-line)#**transport input all**	telnet/ssh 연결 가능
SW2(config-line)#**logging synchronous**	telnet/ssh 접속 시 자동으로 줄바꾸기 사용
SW2(config-line)#**no exec-timeout**	세션 타임아웃 없음
SW2(config-line)#**line con 0**	라인 콘솔 모드 진입
SW2(config-line)#**logging synchronous**	로그 출력 시 자동 줄바꿈
SW2(config-line)#**no exec-timeout**	세션 타임아웃 없음
SW2(config-line)#**end**	Exec 모드로 진입
SW2#**write memory**	변경된 내용 저장

	명령어	설명
	Switch#**conf t**	설정모드 진입
	Switch(config)#**hostname SW3**	스위치 이름 변경
	SW3(config)#**no ip domain-lookup**	DNS 사용 안 함
	SW3(config)#**enable password cisco123**	Enable 패스워드 설정
	SW3(config)#**username autoadmin privilege 15 password cisco123**	사용자 이름, 액세스 및 패스워드 설정
SW3	SW3(config)#**int vlan 1**	vlan 설정 모드 진입
	SW3(config-if)#**ip add 192.168.229.103 255.255.255.0**	vlan 1에 IP 주소 설정
	SW3(config-if)#**no shut**	vlan 1 인터페이스 활성화
	SW3(config-if)#**line vty 0 15**	telnet/ssh 접속에 사용될 가상 라인 진입
	SW3(config-line)#**login local**	스위치에 설정된 사용자 계정 사용
	SW3(config-line)#**transport input all**	telnet/ssh 연결 가능

명령어	설명
SW3(config-line)#**logging synchronous**	telnet/ssh 접속 시 자동으로 줄바꾸기 사용
SW3(config-line)#**no exec-timeout**	세션 타임아웃 없음
SW3(config-line)#**line con 0**	라인 콘솔 모드 진입
SW3(config-line)#**logging synchronous**	로그 출력 시 자동 줄바꿈
SW3(config-line)#**no exec-timeout**	세션 타임아웃 없음
SW3(config-line)#**end**	Exec 모드로 진입
SW3#**write memory**	변경된 내용 저장

03 telnet 로그인 준비를 위해 CentOS 7.5 리눅스 서버에서 SW1, SW2, SW3으로 핑을 실행해 통신이 원활이 되는지 먼저 확인합니다.

그림 5-60 리눅스 서버에서 스위치로 통신 확인

04 리눅스 cp 명령어로 telnet4.py를 복사해 **telnet5multi.py**를 생성합니다. telnet3.py로 telnet4.py를 생성할 때와 마찬가지로 telnet4.py를 복사해 telnet5multi.py 파일을 생성할 경우 파일은 실행용 파일로 저장되며 python3 또는 python3.6 명령어를 사용하지 않고도 파일 이름만 사용해 파이썬 코드를 바로 실행할 수 있습니다.

```
[bchoi@localhost ~]$ cp telnet4.py telnet5multi.py
[bchoi@localhost ~]$ ls tel*
telnet1.py  telnet2.py  telnet3.py  telnet4.py  telnet5multi.py
```

05 다음 화면은 동일 기종의 여러 대 장비가 연속적 IP 주소를 사용할 때 순차적으로 텔넷으로 로그인해 같은 내용의 설정을 하는 파이썬 스크립트입니다. SW1은 192.168.229.101을, SW2는 192.168.229.102를 그리고 SW3은 192.168.229.103을 현재 사용하고 있습니다. telnet5multi.py에서는 **for ~ in range** 함수를 두 군데의 코드 블록에서 한 번씩 사용하고 있습니다.

for ~ in range 함수를 사용해 **n** 인자에 포함돼 있는 숫자열을 불러들여 192.168.229.n IP 주소로 만든 후 telnet을 사용해 스위치로 로그인합니다. 역시 n-1이 될 때까지 looping하므로 103까지의 주소를 사용하려면 n을 104로 설정해야 합니다.

다음 한 번 더 **for ~ in range** 함수를 사용해 **n** 인자에 포함돼 있는 VLAN 번호를 읽어와 **n-1**이 될 때까지 VLAN을 설정합니다. 여기서도 마찬가지로 VLAN 10까지만 설정하고 싶다면 n을 11로 설정해야 합니다.

그림 5-61 telnet5multi.py - 연속적 IP를 사용하는 여러 대 스위치 설정하기

06 참고로 telnet4.py와 telnet5multi.py를 Notepad++ compare 툴을 사용해 비교해 봤습니다.

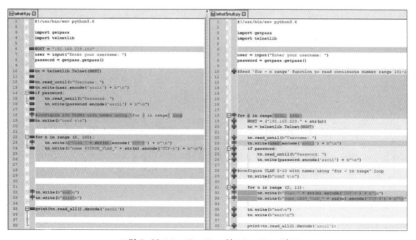

그림 5-62 telnet5multi.py와 telnet4.py 비교

07 CentOS 7.5 리눅스 자동화 서버에서 파이썬 코드(프로그램)를 실행해 3대의 스위치에 vlan 2 - 10까지 설정합니다.

[bchoi@localhost ~]$ **python3 telnet5multi.py**

또는

[bchoi@localhost ~]$ **telnet5multi.py**
Enter your username: autoadmin
Password:

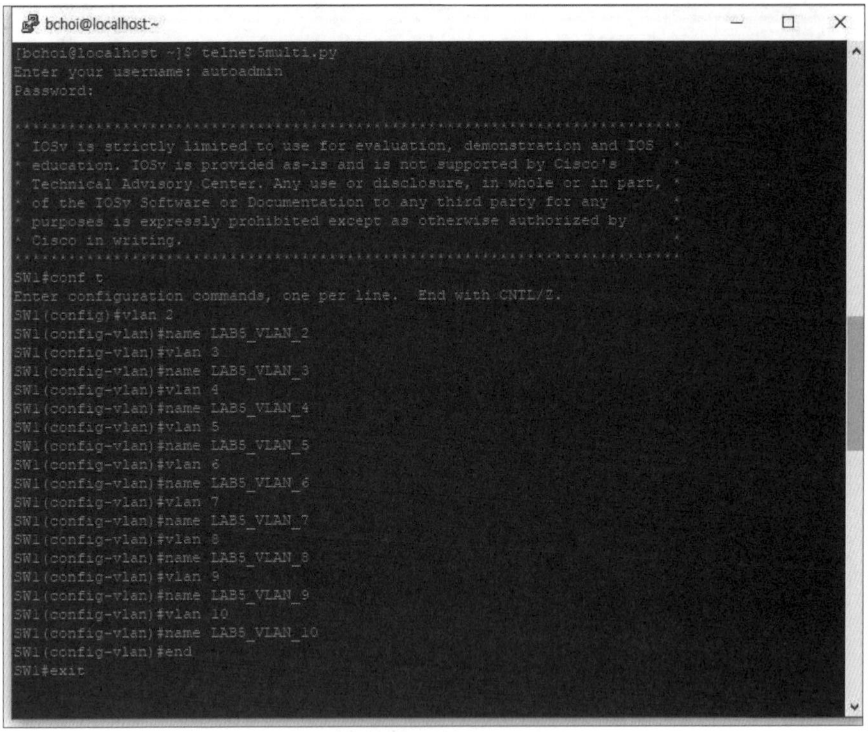

그림 5-63 telnet5multi.py 코드 실행

이번 랩에서는 각 스위치당 9개의 VLAN만을 순차적으로 설정합니다. 좀 더 극적인 설정을 원한다면 더 많은 VLAN 개수를 지정해주면 됩니다.

08 그림 5-63과 같이 telnet5multi.py 실행이 완료되면 그림 5-64와 같이 각 스위치의 콘솔 창을 열어 새 VLAN 설정을 확인합니다.

그림 5-64 스위치 vlan 설정 확인

09 설정된 내용에 문제가 없다면 write memory 또는 copy running—config startup—config 명령어를 사용해 변경된 스위치 내용을 저장합니다.

만약 설치된 내용을 지우려면 no와 #을 잘 이용해 이미 사용했던 파이썬 코드를 조금만 변경해 스위치 **설정**을 삭제할 수 있습니다. 만약 위에서 입력한 내용을 모두 삭제하려면 telnet5multi.py의 내용을 다음과 같이 변경한 후 다시 파이썬 코드를 실행합니다. 다음 코드는 VLAN 2에서 VLAN 101까지 삭제하는 코드입니다. 직접 코드를 변경한 후 한 번 실행해 보기 바랍니다.

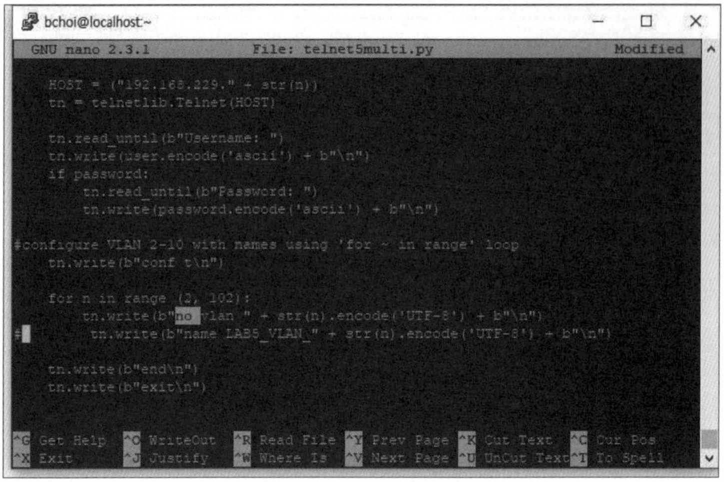

그림 5-65 스위치 vlan 설정 확인

소스 코드 5.5 – telnet5multi.py

```
#!/usr/bin/env python3.6

import getpass
import telnetlib

user = input("Enter your username: ")
password = getpass.getpass()

#Read 'for ~ n range' function to read continuous number range 101-103 and use as HOST IP
for n in range (101, 104):
    HOST = ("192.168.229." + str(n))
    tn = telnetlib.Telnet(HOST)
```

```
    tn.read_until(b"Username: ")
    tn.write(user.encode('ascii') + b"\n")
    if password:
        tn.read_until(b"Password: ")
        tn.write(password.encode('ascii') + b"\n")
```

#**configure VLAN 2-10 with names using 'for ~ in range' loop**
```
    tn.write(b"conf t\n")

    for n in range (2, 11):
        tn.write(b"vlan " + str(n).encode('UTF-8') + b"\n")
        tn.write(b"name LAB5_VLAN_" + str(n).encode('UTF-8') + b"\n")

    tn.write(b"end\n")
    tn.write(b"exit\n")

    print(tn.read_all().decode('ascii'))
```

소스 코드 5.6 – telnet5multi.py(VLAN 삭제)

```
#!/usr/bin/env python3.6

import getpass
import telnetlib

user = input("Enter your username: ")
password = getpass.getpass()
```

#**Read 'for ~ n range' function to read continuous number range 101-103 and use as HOST IP**
```
for n in range (101, 104):
    HOST = ("192.168.229." + str(n))
    tn = telnetlib.Telnet(HOST)

    tn.read_until(b"Username: ")
    tn.write(user.encode('ascii') + b"\n")
    if password:
```

```
        tn.read_until(b"Password: ")
        tn.write(password.encode('ascii') + b"\n")

#configure VLAN 2-10 with names using 'for ~ in range' loop
    tn.write(b"conf t\n")

    for n in range (2, 11):
        tn.write(b"no vlan " + str(n).encode('UTF-8') + b"\n")
#           tn.write(b"name LAB5_VLAN_" + str(n).encode('UTF-8') + b"\n")

    tn.write(b"end\n")
    tn.write(b"exit\n")

    print(tn.read_all().decode('ascii'))
```

5.4.6 Lab 6 – telnet6multi.py(비연속 IP를 사용하는 동일 장비 설정하기)

이번 랩에서는 비연속 IP를 사용하는 동일 기종의 장비를 설정하는 파이썬 스크립트를 만듭니다. 다음 나와 있는 방법에 따라 랩 6을 진행합니다.

01 먼저 SW1, SW2와 SW3의 관리 인터페이스 주소를 다음과 같이 변경합니다.

	명령어	설명
SW1	SW1#conf t	설정모드 진입
	SW1# intface vlan 1	vlan 1 인터페이스 설정 모드 진입
	SW1(config)#ip address 192.168.229.111 255.255.255.0	vlan 1 IP 주소 변경

	명령어	설명
SW2	SW2#conf t	설정모드 진입
	SW2# intface vlan 1	vlan 1 인터페이스 설정 모드 진입
	SW2(config)#ip address 192.168.229.122 255.255.255.0	vlan 1 IP 주소 변경

	명령어	설명
	SW3#**conf t**	설정모드 진입
SW3	SW3# **intface vlan 1**	vlan 1 인터페이스 설정 모드 진입
	SW3(config)# **ip address 192.168.229.233 255.255.255.0**	vlan 1 IP 주소 변경

*현재 사용하고 있는 IP 주소와 겹치지 않게 스위치의 새 주소를 설정합니다.

02 다음과 같이 IP 주소를 저장할 수 있는 파일을 하나 생성합니다. 이 파일에 포함
돼 있는 IP 주소를 사용해 파이썬 프로그램은 스위치와 telnet으로 접속할 때 사
용합니다.

```
bchoi@localhost ~]$ touch switchlist
[bchoi@localhost ~]$ nano switchlist
192.168.229.111
192.168.229.122
192.168.229.233
```

그림 5-66 CentOS 7.5 리눅스 서버 – switchlist 파일 생성하기

마지막 IP 주소를 입력한 뒤 [Enter] 키를 누르지 않고 저장합니다. 만약 [Enter]
키를 눌러 다음 라인으로 넘어가면 빈 라인을 읽어와 접속을 시도하므로 빈 라
인을 입력하지 않도록 주의해야 합니다.

03 telnet5multi.py 파일을 복사해 **telnet6multi.py** 파이썬 파일을 생성합니다.

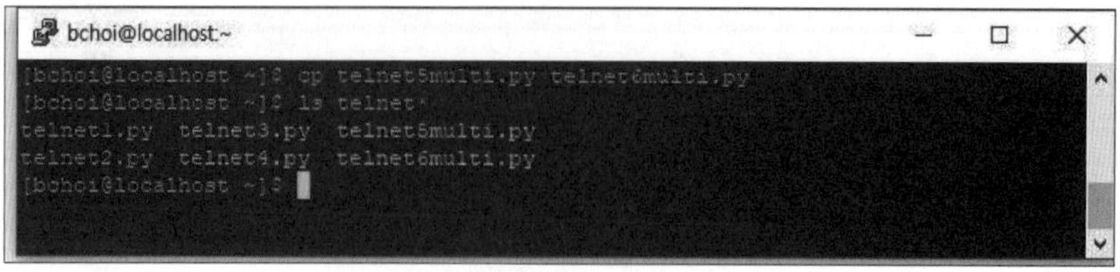

그림 5-67 telnet6multi.py 파일 생성

04 nano 텍스트 에디터를 사용해 telnet6multi.py 파일의 내용을 다음과 같이 변경합니다. 다음 코드에선 switchlist 파일을 열어 입력돼 있는 IP 주소를 'for ~ in ~' loop 함수를 사용해 IP 주소를 한 줄씩 읽어와 telnet으로 스위치에 접속합니다. 또한 출력함수인 print( )를 사용해 어떤 스위치에 접속해 설정이 진행되고 있는지도 친절하게 사용자에게 알려줍니다. 또한 실행이 모두 끝나고 나면 write memory 시스코 IOS 명령어를 사용해 변경된 내용을 자동으로 저장합니다.

그림 5-68 telnet6multi.py 코드 변경 후

05 리눅스 서버에서 telnet6multi.py 코드를 실행해 비연속적 IP를 가지고 있는 3
대의 스위치에 vlan 2 - 30까지 설정합니다. 다음과 같이 파이썬 프로그램을 실
행합니다.

```
bchoi@localhost ~]$ telnet6multi.py
```

또는

```
[bchoi@localhost ~]$ python3 telnet6multi.py
[Enter your username: autoadmin
Password:
Configuring Switch 192.168.229.111
```

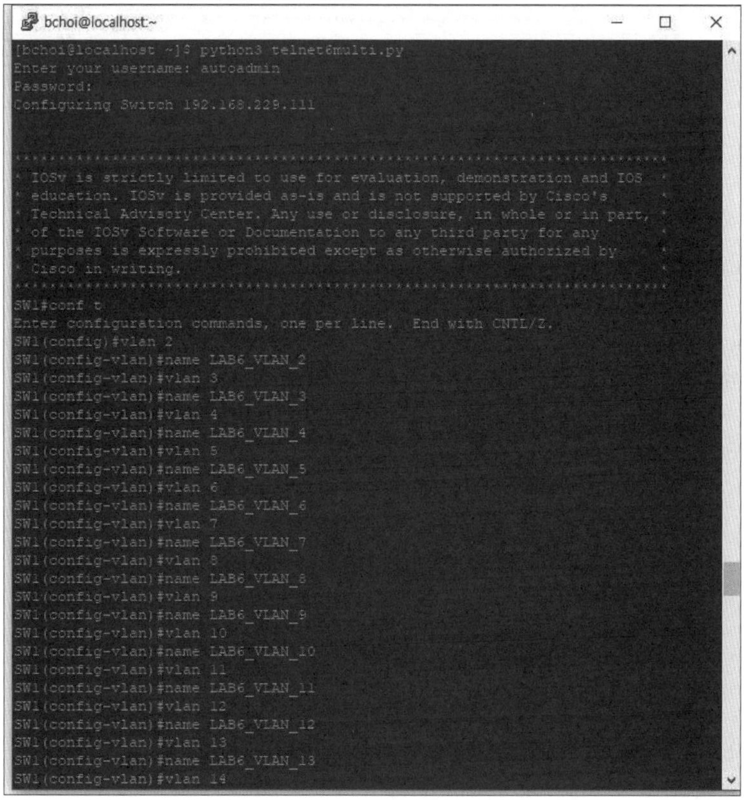

그림 5-69 telnet6multi.py 코드 실행 예

06 파이썬 코드 실행이 완료되면 각 스위치 콘솔에서 VLAN 설정이 정상적으로 됐는지 확인합니다. 파이썬 코드가 실행되면서 스위치의 변경된 내용들을 저장했으므로 별도로 로그인해서 내용들을 저장할 필요는 없습니다.

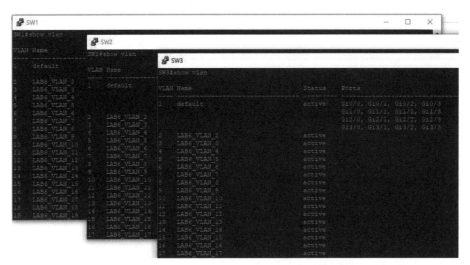

그림 5-70 telnet6multi.py 실행 후 VLAN 설정 확인 예

소스 코드 5.7 – telnet6multi.py

```
#!/usr/bin/env python3.6

import getpass
import telnetlib

user = input("Enter your username: ")
password = getpass.getpass()

#opens file called 'switchlist' and read information
f = open("switchlist")

#uses 'f' from 'switchlist' and uses to telnet into Cisco devices
for line in f:
    print ("Configuring Switch " + (line))
    HOST = (line)
```

```
    tn = telnetlib.Telnet(HOST)

    tn.read_until(b"Username: ")
    tn.write(user.encode('ascii') + b"\n")
    if password:
        tn.read_until(b"Password: ")
        tn.write(password.encode('ascii') + b"\n")

#configures VLAN 2-30 with names using 'for ~ in range' loop
    tn.write(b"conf t\n")

    for n in range (2, 31):
        tn.write(b"vlan " + str(n).encode('UTF-8') + b"\n")
        tn.write(b"name LAB6_VLAN_" + str(n).encode('UTF-8') + b"\n")

    tn.write(b"end\n")
    tn.write(b"write memory\n")
    tn.write(b"exit\n")

    print(tn.read_all().decode('ascii'))
```

switchlist 파일 내용

```
192.168.229.111
192.168.229.122
192.168.229.233
```

5.4.7 Lab 7 – telnet7backup.py
(파이썬 코드로 스위치 running-config를 파일로 저장해 백업하기)

랩 7에서는 현재 사용하고 있는 스위치의 running-config와 간단하게 show 명령어의 파이썬의 print()문의 출력을 파일로 만들어 리눅스 서버에 저장하는 연습을 합니다. 파이썬의 time 모듈을 사용해 str로 변경한 후 파일 이름을 만들어 언제 백업 파일이 정확하게 저장됐는지 파일을 열지 않고서도 확인할 수 있도록 파이썬 코드를 만듭니다.

01 다시 가장 먼저 할 일은 마지막 랩에서 사용됐던 파이썬 코드 파일을 복사해 telnet7backup.py 파일로 만드는 것입니다.

```
[bchoi@localhost ~]$ cp telnet6multi.py telnet7backup.py
[bchoi@localhost ~]$ ls telnet*
telnet1.py   telnet3.py   telnet5multi.py   telnet7backup.py
telnet2.py   telnet4.py   telnet6multi.py
```

02 다음은 telnet7backup.py 파일을 열어 내용을 다음 화면과 같이 변경합니다.

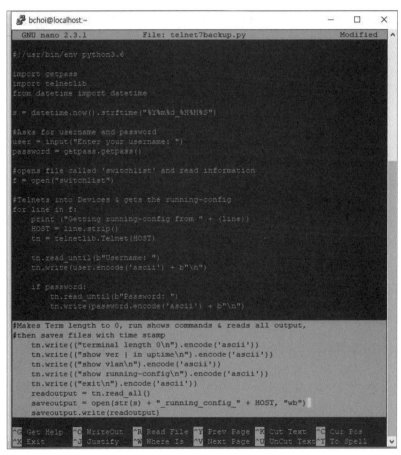

그림 5-71 telnet7backup.py – 파이썬 코드 작성 예

03 변경된 파이썬 코드에 대한 설명은 다음과 같습니다.

	코드	설명
1	`from datetime import datetime`	datetime 모듈을 datetime 라이브러리에서 불러오기
2	`s = datetime.now().strftime("%Y%m%d_%H%M%S")`	현재 시간을 스트링으로 변경해 원하는 포맷으로 변경하기. 예) 20181223_163045
3		
4	`tn.write(("terminal length 0\n").encode('ascii'))`	시스코 장비 터미널 길이 0으로 설정
5	`tn.write(("show ver | in uptime\n").encode('ascii'))`	구동시간 출력
6	`tn.write(("show vlan\n").encode('ascii'))`	vlan 정보 출력
7	`tn.write(("show running-config\n").encode('ascii'))`	현재 설정파일 출력
8	`tn.write(("exit\n").encode('ascii'))`	세션 종료하기
9	`readoutput = tn.read_all()`	출력 내용 모두 읽기
10	`saveoutput = open(str(s) + "_running_config_" + HOST, "wb")`	출력내용 저장하기는 현재 날짜와 시간, HOST는 IP 주소
11	`saveoutput.write(readoutput)`	출력내용 파일에 입력하기
12	`saveoutput.close`	출력 저장 후 종료하기

04 다음 화면과 같이 telnet7backup.py 파이썬 프로그램을 실행합니다. 실행이 끝나면 ls 명령어를 사용해 스위치의 running-config 파일들이 저장됐는지 확인합니다. 각 스위치의 백업 파일들은 **20181223_164539_running_config_192.168.229.111** 형식으로 저장됩니다. 20181223_164539_running_config_192.168.229.111의 경우 2018년 12월 23일 16시 45분 39초에 저장된 파일이며 192.168.229.111 장비의 running-config입니다. 파이썬의 time 모듈을 사용해 여러 가지 형태의 timestamp 형식을 만들어 유용하게 사용할 수 있습니다.

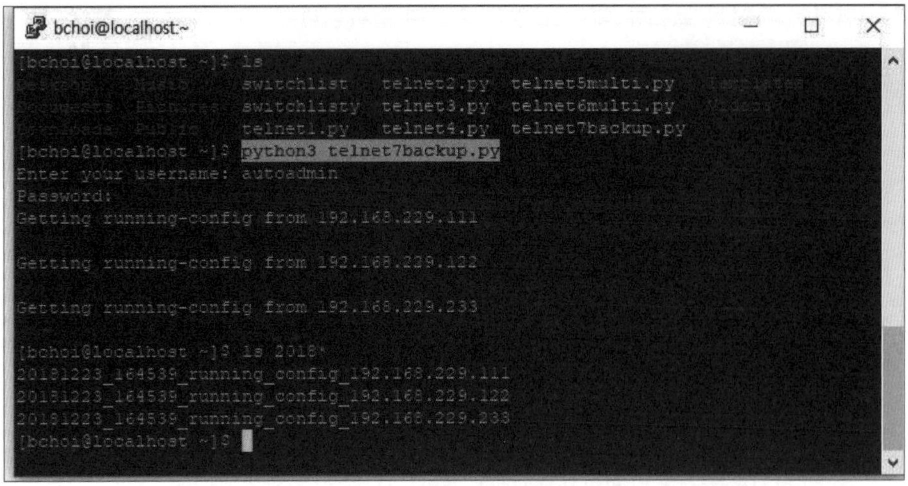

그림 5-72 telnet7backup.py 실행 및 결과 예

05 cat, more, less, nano 등과 같은 리눅스 명령어를 사용해 저장된 파일을 읽어
보면 telnet7backup.py에서 저장하고자 했던 내용들이 모두 저장된 것을 확인
할 수 있습니다. 시스코 스위치 또는 라우터의 출력 명령어인 'show'를 본인이
원하는 데로 변경하면 원하는 정보를 몇십 대 또는 몇백 대 또는 몇천 대의 장비
로 접속해 하나의 파이썬 프로그램 파일과 IP 주소 파일을 사용해 백업이 가능
해집니다. 또한 이 코드를 리눅스 크론탭을 사용해 설정해두면 리눅스 서버에서
정해진 시간에 장비들의 실시간 설정 파일을 주기적으로 백업할 수 있습니다.
파이썬에서는 반복적이고 단순한 작업을 자동화할 경우 최대의 효과를 볼 수 있
습니다.

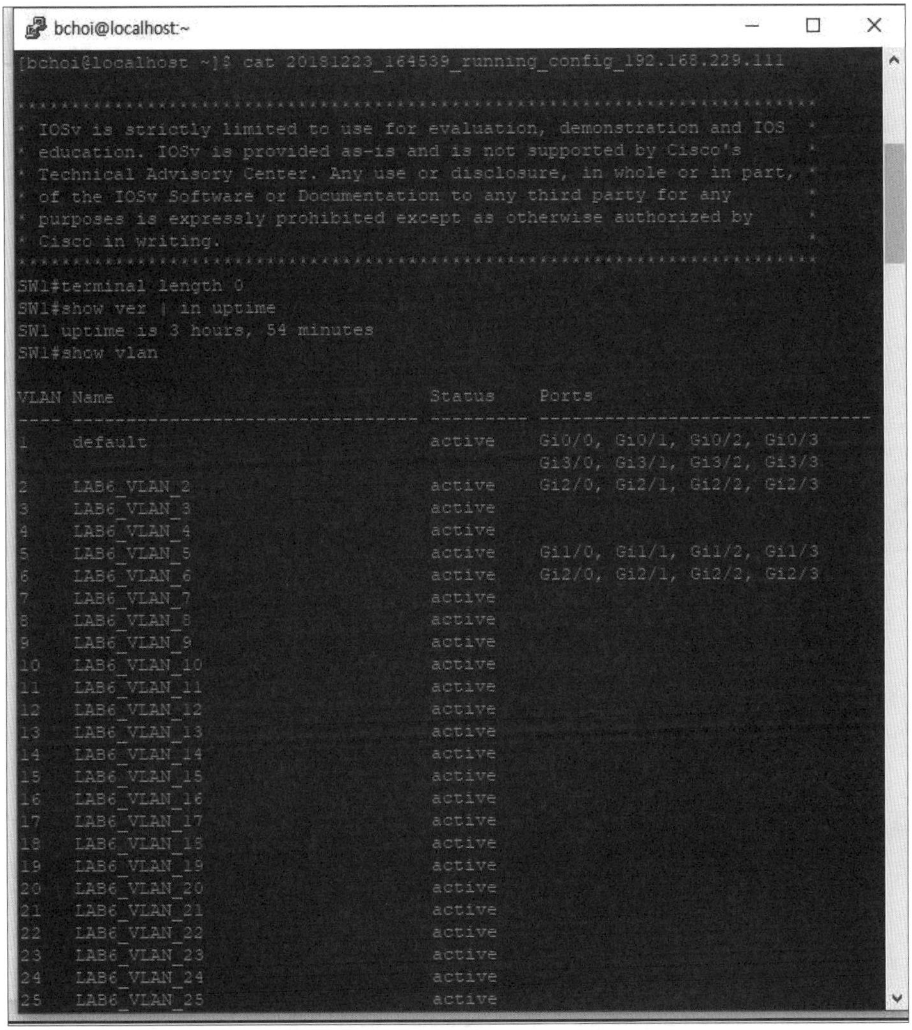

그림 5-73 telnet7backup.py 실행 후 저장된 파일 확인 예

소스 코드 5.8 – telnet7backup.py

```
#!/usr/bin/env python3.6


import getpass
import telnetlib
from datetime import datetime
```

```
s = datetime.now().strftime("%Y%m%d_%H%M%S")

#Asks for username and password
user = input("Enter your username: ")
password = getpass.getpass()

#opens file called 'switchlist' and read information
f = open("switchlist")

#Telnets into Devices & gets the running-config
for line in f:
    print ("Getting running-config from " + (line))
    HOST = line.strip()
    tn = telnetlib.Telnet(HOST)

    tn.read_until(b"Username: ")
    tn.write(user.encode('ascii') + b"\n")

    if password:
        tn.read_until(b"Password: ")
        tn.write(password.encode('ascii') + b"\n")

#Makes Term length to 0, run shows commands & reads all output,
#then saves files with time stamp
    tn.write(("terminal length 0\n").encode('ascii'))
    tn.write(("show ver | in uptime\n").encode('ascii'))
    tn.write(("show vlan\n").encode('ascii'))
    tn.write(("show running-config\n").encode('ascii'))
    tn.write(("exit\n").encode('ascii'))
    readoutput = tn.read_all()
    saveoutput = open(str(s) + "_running_config_" + HOST, "wb")
    saveoutput.write(readoutput)
    saveoutput.close
```

```
192.168.229.111
192.168.229.122
192.168.229.233
```

5.4.8 Lab 8 - paramiko1.py
(SSH 프로토콜을 사용해 파이썬 코드로 시스코 장비 설정해보기)

Lab 1에서 7까지 telnet만 사용한 랩을 진행했습니다. telnet을 사용하든 SSH(시큐어
셸)를 사용하든 시스코 장비의 기본 설정 방법은 동일합니다. 로그인할 때 사용되는
프로토콜의 보안 수준에 그 차이가 있을 뿐입니다. 4장에서 이미 언급했듯 telnet은
사용자의 패스워드를 클리어 텍스트(평문)를 사용하므로 보안이 매우 취약하며 네트
워크 보안을 우선시하는 실제 네트워크에서는 telnet의 사용을 금지하는 곳이 많습
니다. 이 경우 일반적으로 인크립션을 사용해 보안이 더 강화된 SSH를 사용합니다.

파이썬을 사용해 SSH를 사용하는 시스코 장비들과 접속하려면 먼저 파이썬
paramiko 라이브러리를 설치해야 하며 시스코 장비들 또한 SSH 프로토콜을 사
용해 로그인할 수 있도록 인크립션을 설정해 줘야 합니다. 앞서 파이썬을 설치하
면서 paramiko를 설치했으므로 이 랩에서는 별도로 설치하지 않고 바로 진행합
니다.

01 먼저 SSH 프로토콜을 지원할 시스코 장비들을 설정하겠습니다. 이 랩에서는
SW1, SW2와 SW3을 사용합니다. SSH 설치과정은 다음과 같습니다. 이 책의 모
든 내용은 랩이므로 vty line 0 4만 SSH 가상 라인으로 설정합니다.

	명령어	설명
SW1	SW1#**conf** tEnter configuration commands, one per line. End with CNTL/Z.	설정모드 진입
	SW1(config)#**ip domain-name netautolab.com**	도메인 이름 설정

명령어	설명

SW1(config)#**crypto key generate rsa**
 	
The name for the keys will be: SW1.netautolab.com
 	
Choose the size of the key modulus in the range of 360 to 4096 for your
 	
  General Purpose Keys. Choosing a key modulus greater than 512 may take
 	
  a few minutes.
 	
How many bits in the modulus [512]: **1024**
 	
% Generating 1024 bit RSA keys, keys will be non-exportable...
 	
[OK] (elapsed time was 4 seconds)
 	
SW1(config)#
 	
*Dec 23 06:14:48.513: %SSH-5-ENABLED: SSH 1.99 has been enabled
	rsa 인크립션 키 생성, 1024비트 사용

SW1(config)#**line vty 0 4**	로그인에 사용될 가상 라인 진입
SW1(config-line)#**transport input ssh**	가상 라인에 SSH 적용

	명령어	설명
SW2	SW2#**conf t** Enter configuration commands, one per line. End with CNTL/Z.	설정모드 진입
	SW2(config)#**ip domain-name netautolab.com**	도메인 이름 설정

	SW2(config)#crypto key generate rsa
	
	The name for the keys will be: SW2.netautolab.com
	
	Choose the size of the key modulus in the range of 360 to 4096 for your
	
	  General Purpose Keys. Choosing a key modulus greater than 512 may take
	
	  a few minutes.
	
	How many bits in the modulus [512]: **1024**
	
	% Generating 1024 bit RSA keys, keys will be non-exportable...
	
	[OK] (elapsed time was 3 seconds)
	
	SW2(config)#
	
	*Dec 23 06:21:04.786: %SSH-5-ENABLED: SSH 1.99 has been enabled
		rsa 인크립션 키 생성, 1024비트 사용

명령어	설명
SW2(config)#**line vty 0 4**	로그인에 사용될 가상 라인 진입
SW2(config-line)#**transport input ssh**	가상 라인에 SSH 적용

	명령어	설명
	SW3#**conf t** Enter configuration commands, one per line. End with CNTL/Z.	설정모드 진입
	SW3(config)#**ip domain-name netautolab.com**	도메인 이름 설정
SW3	SW3(config)#**crypto key generate rsa** The name for the keys will be: SW3.netautolab.com Choose the size of the key modulus in the range of 360 to 4096 for your General Purpose Keys. Choosing a key modulus greater than 512 may take a few minutes. How many bits in the modulus [512]: **1024** % Generating 1024 bit RSA keys, keys will be non-exportable... [OK] (elapsed time was 2 seconds) SW3(config)# *Dec 23 06:16:15.294: %SSH-5-ENABLED: SSH 1.99 has been enabled	rsa 인크립션 키 생성, 1024비트 사용
	SW3(config)#**line vty 0 4**	로그인에 사용될 가상 라인 진입
	SW3(config-line)#**transport input ssh**	가상 라인에 SSH 적용

02 모든 스위치에서 SSH 설정이 완료되면 **ssh -l autoadmin 192.168.229.XXX**를 사용해 스위치와 스위치 사이에서 SSH 로그인이 원활이 되는지 확인할 수 있습니다. XXX는 각 스위치의 마지막 IP 주소를 의미합니다. 다음 예는 SW1에서 SW2로 SSH 프로토콜을 사용해 접속한 화면입니다.

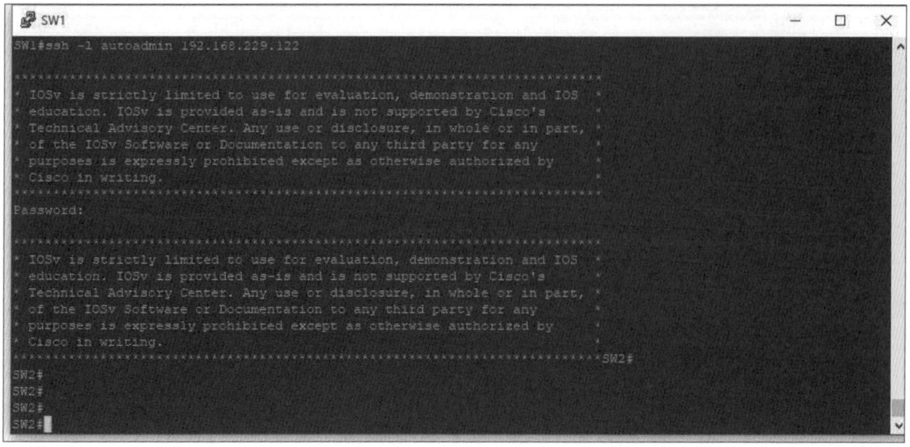

그림 5-74 SW1에서 SW2로 SSH 로그인 확인 예

03 리눅스 서버에서 ssh autoadmin@192.168.229.111 명령어를 사용해 SSH 접속을 시도해 정상적으로 접속되는지 확인합니다. 다음 화면에 나온 예는 리눅스 자동화 서버에서 SW1로 SSH를 사용해 접속한 예입니다.

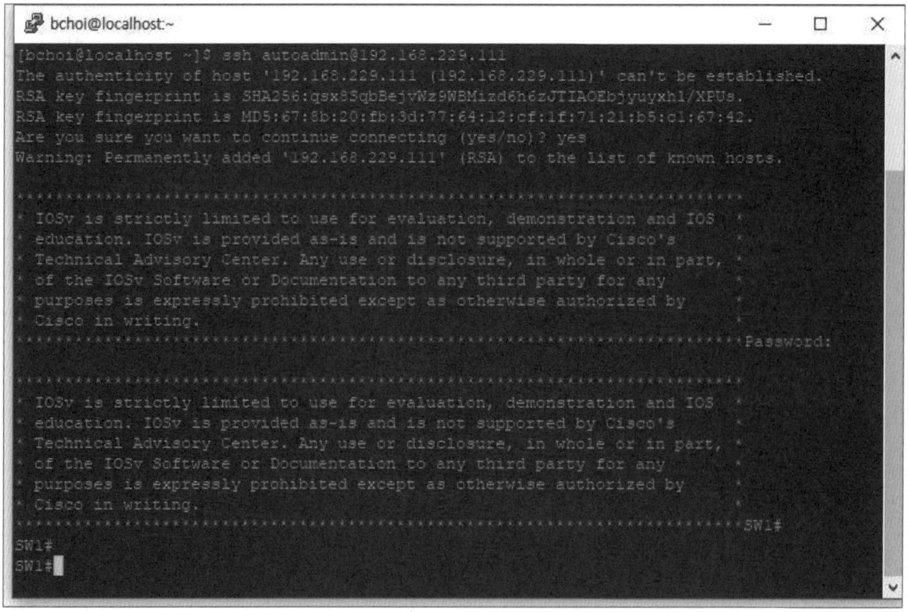

그림 5-75 리눅스 서버에서 SW1로 SSH 접속 예

04 파이썬을 가장 효과적으로 사용하는 방법은 이미 만들어져 있는 정보들을 찾아 본인 것으로 만들어 사용하는 것입니다. **본인이 사용하고 싶은 파이썬 코드가 이미 누군가에 의해 만들어져 공유됐다면 다른 사용자가 많은 시간을 투자해 만든 코드를 빌려와 사용하면 큰 시간을 절약할 수 있습니다.** 하지만 본인이 사용하고 싶은 코드가 존재하지 않는다면 많은 시간을 투자해 손수 코드를 만들어 사용해야 합니다. 다음 웹사이트로 접속해 ssh_client.py의 내용을 복사합니다.

https://gist.github.com/ghawkgu/944017

```
ssh_client.py
1   #!/usr/bin/env python
2
3   import paramiko
4
5   hostname = 'localhost'
6   port = 22
7   username = 'foo'
8   password = 'xxxYYYxxx'
9
10  if __name__ == "__main__":
11      paramiko.util.log_to_file('paramiko.log')
12      s = paramiko.SSHClient()
13      s.load_system_host_keys()
14      s.connect(hostname, port, username, password)
15      stdin, stdout, stderr = s.exec_command('ifconfig')
16      print stdout.read()
17      s.close()
```

그림 5-76 ssh_client.py 예

05 다음은 복사한 내용을 윈도우 호스트에 설치돼 있는 Notepad++에서 작업한 화면입니다. Notepad++에서 작업이 끝나면 리눅스 서버에 **paramiko1.py** 파일을 생성해 작업한 내용을 붙여넣기합니다.

```
paramiko1.py

  2
  3    import paramiko
  4    import time
  5
  6    ip_address = "192.168.229.111"
  7    username = "autoadmin"
  8    password = "cisco123"
  9
 10    ssh_client = paramiko.SSHClient()
 11    ssh_client.set_missing_host_key_policy(paramiko.AutoAddPolicy())
 12    ssh_client.connect(hostname=ip_address,username=username,password=password)
 13
 14    print ("Successful connection to " + (ip_address) +"\n")
 15    print ("Now completing following tasks : " + "\n")
 16
 17    remote_connection = ssh_client.invoke_shell()
 18    remote_connection.send("configure terminal\n")
 19    print ("Adding & configuring Loopback 0")
 20    remote_connection.send("int loop 0\n")
 21    remote_connection.send("ip address 40.1.1.1 255.255.255.255\n")
 22    print ("Adding & configuring Loopback 1")
 23    remote_connection.send("int loop 1\n")
 24    remote_connection.send("ip address 40.2.2.2 255.255.255.255\n")
 25
 26    for n in range (2,11):
 27        print (("Creating VLAN ") + str(n))
 28        remote_connection.send("vlan " + str(n) +  "\n")
 29        time.sleep(1.5)
 30        remote_connection.send("name LAB8_VLAN " + str(n) +  "\n")
 31        time.sleep(1.5)
 32
 33    remote_connection.send("end\n")
 34    print ()
 35    print (("Disconnecting from ") + (ip_address))
 36
 37    time.sleep(2)
 38    output = remote_connection.recv(65535)
 39    print((output).decode('ascii'))
 40
 41    ssh_client.close
```

그림 5-77 ssh_client.py 내용 변경

06 리눅스 서버의 사용자 디렉터리에 paramiko1.py 파일을 생성한 후 복사한 내
용을 붙여넣고 파일을 저장합니다.

그림 5-78 paramiko1.py 파일 생성 후 붙여넣기

07 참고로 paramiko1.py 파일에 사용된 코드 설명에 앞서 먼저 파이썬 3를 실행해 **import paramiko**로 paramiko 라이브러리 불러오기를 선언한 후 **dir(paramiko)** 명령어로 paramiko에는 어떤 모듈들이 숨어 있는지 확인해보면 코드를 이해하는 데 도움이 됩니다.

```
[root@localhost bchoi]# python3
Python 3.6.5 (default, Apr 10 2018, 17:08:37)
[GCC 4.8.5 20150623 (Red Hat 4.8.5-16)] on linux
Type "help", "copyright", "credits" or "license" for more information.
```

```
>>> import paramiko
>>> dir(paramiko)
['AUTH_FAILED', 'AUTH_PARTIALLY_SUCCESSFUL', 'AUTH_SUCCESSFUL', 'Agent',
'AgentKey', 'AuthHandler', 'AuthenticationException', 'AutoAddPolicy',
'BadAuthenticationType', 'BadHostKeyException', 'BaseSFTP', 'BufferedFile',
'Channel', 'ChannelException', 'ChannelFile', 'DSSKey', 'ECDSAKey',
'Ed25519Key', 'GSSAuth', 'GSS_AUTH_AVAILABLE', 'GSS_EXCEPTIONS', 'HostKeys',
'InteractiveQuery', 'Message', 'MissingHostKeyPolicy', 'OPEN_FAILED_
ADMINISTRATIVELY_PROHIBITED', 'OPEN_FAILED_CONNECT_FAILED', 'OPEN_FAILED_
RESOURCE_SHORTAGE', 'OPEN_FAILED_UNKNOWN_CHANNEL_TYPE', 'OPEN_SUCCEEDED',
'PKey', 'Packetizer', 'PasswordRequiredException', 'ProxyCommand',
'ProxyCommandFailure', 'PublicBlob', 'RSAKey', 'RejectPolicy', 'SFTP',
'SFTPAttributes', 'SFTPClient', 'SFTPError', 'SFTPFile', 'SFTPHandle',
'SFTPServer', 'SFTPServerInterface', 'SFTP_BAD_MESSAGE', 'SFTP_
CONNECTION_LOST', 'SFTP_EOF', 'SFTP_FAILURE', 'SFTP_NO_CONNECTION',
'SFTP_NO_SUCH_FILE', 'SFTP_OK', 'SFTP_OP_UNSUPPORTED', 'SFTP_PERMISSION_
DENIED', 'SSHClient', 'SSHConfig', 'SSHException', 'SecurityOptions',
'ServerInterface', 'SubsystemHandler', 'Transport', 'WarningPolicy', '__
all__', '__author__', '__builtins__', '__cached__', '__doc__', '__file__',
'__license__', '__loader__', '__name__', '__package__', '__path__', '__
spec__', '__version__', '__version_info__', '_version', 'agent', 'auth_
handler', 'ber', 'buffered_pipe', 'channel', 'client', 'common', 'compress',
'config', 'dsskey', 'ecdsakey', 'ed25519key', 'file', 'hostkeys', 'io_
sleep', 'kex_ecdh_nist', 'kex_gex', 'kex_group1', 'kex_group14', 'kex_
gss', 'message', 'packet', 'pipe', 'pkey', 'primes', 'proxy', 'py3compat',
'rsakey', 'server', 'sftp', 'sftp_attr', 'sftp_client', 'sftp_file', 'sftp_
handle', 'sftp_server', 'sftp_si', 'ssh_exception', 'ssh_gss', 'sys',
'transport', 'util']
>>>
```

다음 내용은 paramiko의 SSHClient 모듈입니다.

```
>>> from paramiko import SSHClient
>>> dir(SSHClient)
['__class__', '__delattr__', '__dict__', '__dir__', '__doc__', '__enter__',
'__eq__', '__exit__', '__format__', '__ge__', '__getattribute__', '__
```

```
gt__', '__hash__', '__init__', '__init_subclass__', '__le__', '__lt__', '__
module__', '__ne__', '__new__', '__reduce__', '__reduce_ex__', '__repr__',
'__setattr__', '__sizeof__', '__str__', '__subclasshook__', '__weakref__',
'_auth', '_families_and_addresses', '_key_from_filepath', '_log', 'close',
'connect', 'exec_command', 'get_host_keys', 'get_transport', 'invoke_shell',
'load_host_keys', 'load_system_host_keys', 'open_sftp', 'save_host_keys',
'set_log_channel', 'set_missing_host_key_policy']
```

다음 내용은 paramiko의 AutoAddPolicy 모듈입니다.

```
>>> from paramiko import AutoAddPolicy
>>> dir(AutoAddPolicy)
['__class__', '__delattr__', '__dict__', '__dir__', '__doc__', '__eq__', '__
format__', '__ge__', '__getattribute__', '__gt__', '__hash__', '__init__',
'__init_subclass__', '__le__', '__lt__', '__module__', '__ne__', '__new__',
'__reduce__', '__reduce_ex__', '__repr__', '__setattr__', '__sizeof__', '__
str__', '__subclasshook__', '__weakref__', 'missing_host_key']
```

08 다음은 paramiko1.py 파일에 사용된 paramiko 코드의 설명입니다.

```
#!/usr/bin/env python3
#paramiko와 time 모듈을 불러옵니다.
import paramiko
import time
#아래 내용은 접속할 장비(SW1)의 주소, 사용자 이름과 패스워드입니다.
ip_address = "192.168.229.111"
username = "autoadmin"
password = "cisco123"
#ssh_client를 paramiko의 SSHClient로 정의내립니다.
ssh_client = paramiko.SSHClient()
#SSH로 접속할 때 Public key를 자동으로 수락합니다. 이 설정은 랩 환경에서만 사용합니다.
ssh_client.set_missing_host_key_policy(paramiko.AutoAddPolicy())
#SSH로 접속 시 위에 정의한 내용을 사용합니다.
ssh_client.connect(hostname=ip_address,username=username,password=password)
```

```
#파이썬 프로그램이 무엇을 하고 있는지 사용자 화면에 출력해 알려줍니다.
print ("Successful connection to " + (ip_address) +"\n")
print ("Now completing following tasks : " + "\n")

#리모트 커넥션으로 연결된 SSH 클라이언트는 쉘을 사용해 시스코 IOS 명령어를 보내 장비를 설
정합니다.
remote_connection = ssh_client.invoke_shell()
remote_connection.send("configure terminal\n")
print ("Adding & configuring Loopback 0")
remote_connection.send("int loop 0\n")
remote_connection.send("ip address 40.1.1.1 255.255.255.255\n")
print ("Adding & configuring Loopback 1")
remote_connection.send("int loop 1\n")
remote_connection.send("ip address 40.2.2.2 255.255.255.255\n")

#앞의 랩에서 사용했던 것과 같은 'for ~ in range' loop 함수를 사용합니다.
for n in range (2,11):
    print (("Creating VLAN ") + str(n))
    remote_connection.send("vlan " + str(n) +  "\n")
#장애 예방 차원에서 1.5초의 간격을 두고 'for ~ in range'를 사용합니다.
    time.sleep(1.5)
    remote_connection.send("name LAB8_VLAN " + str(n) +  "\n")
    time.sleep(1.5)

# 리모드 커넥션을 종료한 후 내용을 사용자가 볼 수 있도록 화면에 출력합니다.
remote_connection.send("end\n")
print ()
print (("Disconnecting from ") + (ip_address))

# 2초를 정지한 후 받은 내용을 화면에 출력합니다.
time.sleep(2)
output = remote_connection.recv(65535)
print((output).decode('ascii'))

#SSH 클라이언트 연결을 종료합니다.
ssh_client.close
```

09 python3 paramiko1.py 명령어를 사용해 파이썬 프로그램을 실행합니다. 실행
이 완료되면 다음과 같은 화면이 나타납니다.

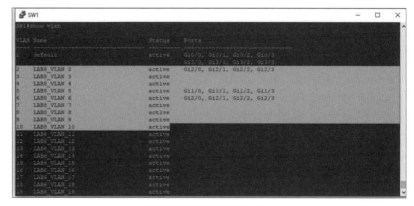

그림 5-79 paramiko1.py 실행 화면

10 SW1에서 show vlan과 show ip interface brief 명령어를 사용해 변경된 설정을
확인합니다.

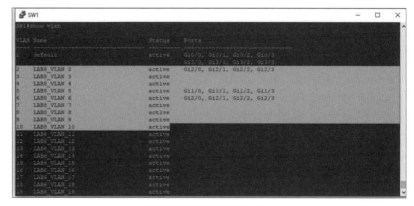

그림 5-80 SW1설정 변경 확인 1

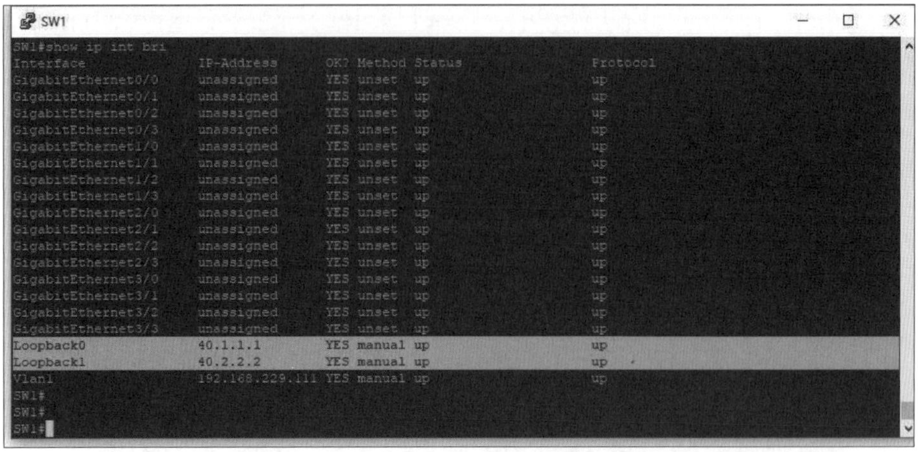

그림 5-81 SW1설정 변경 확인 2

소스 코드 5.9 – paramiko1.py

```python
#!/usr/bin/env python3

import paramiko
import time

ip_address = "192.168.229.111"
username = "autoadmin"
password = "cisco123"

ssh_client = paramiko.SSHClient()
ssh_client.set_missing_host_key_policy(paramiko.AutoAddPolicy())
ssh_client.connect(hostname=ip_address,username=username,password=password)

print ("Successful connection to " + (ip_address) +"\n")
print ("Now completing following tasks : " + "\n")

remote_connection = ssh_client.invoke_shell()
remote_connection.send("configure terminal\n")
print ("Adding & configuring Loopback 0")
remote_connection.send("int loop 0\n")
remote_connection.send("ip address 40.1.1.1 255.255.255.255\n")
print ("Adding & configuring Loopback 1")
```

```
remote_connection.send("int loop 1\n")
remote_connection.send("ip address 40.2.2.2 255.255.255.255\n")

for n in range (2,11):
    print ((("Creating VLAN ") + str(n))
    remote_connection.send("vlan " + str(n) +  "\n")
    time.sleep(1.5)
    remote_connection.send("name LAB8_VLAN " + str(n) +  "\n")
    time.sleep(1.5)

remote_connection.send("end\n")
print ()
print ((("Disconnecting from ") + (ip_address))

time.sleep(2)
output = remote_connection.recv(65535)
print((output).decode('ascii'))

ssh_client.close
```

5.4.9 Lab 9 – 파일 두 개 사용해 사용자 입력없이 장비 설정하기(NTP 랩)

이 랩에서는 각기 다른 정보를 가진 두 개의 외부 파일을 사용해 R1과 R2를 설정합니다. 첫 번째 파일(routerlist)은 R1과 R2의 주소를 그리고 두 번째 파일(adminpass)은 관리자 아이디와 패스워드를 포함하고 있습니다. 이와 같이 사용자 이름과 패스워드를 포함한 파일을 사용하면 관리자가 직접 키보드로 입력을 하지 않고도 파이썬 코드를 실행할 수 있습니다. 특히 아래 소개될 리눅스 크론 또는 윈도우 스케줄러 등을 이용하면 예약 작업을 통해 네트워크 관리자가 새벽까지 작업할 이유가 없습니다.

먼저 정해 놓은 시간에 파이썬 코드가 실행될 수 있도록 스케줄만 잡아주면 됩니다. 물론 시스코의 ACI 등 다른 자동화 툴에 비해 매우 원시적인 방법일 수도 있지만 파이썬의 기본 동작을 더 이해하고 또 시스코 ACI 또는 다른 자동화 툴에서의 동작을 더 깊이 이해하는 데 도움이 됩니다. 시스코 ACI를 프로그래밍할 경우도 파이썬을 필요로 하며 최근 시스코는 네트워커즈 컨퍼런스^{Networkers at Cisco Live} 등을 통해 네트워크 엔지니어가 가져야 할 기술 중 하나를 파이썬 코딩을 꼽을 정도로 파이썬은 시스코 기술을 다루는 엔지니어에게는 중요한 기술로 떠오르고 있습니다.

여기서 사용하는 파이썬 코드는 앞에서 사용했던 telnet7backup.py와 paramiko1.py 파이썬 코드 두 개를 조합한 SSH(paramiko) 파이썬 코드이며 코드 작성하기가 앞 랩들보다는 조금 더 까다로울 수 있으니 다음 설명에 따라 차근차근 파이썬 코드를 구성해 코드를 실행해 보기 바랍니다. 여기서 중요한건 포기하지 말고 직접 해보고 부딪쳐보는 것입니다.

01 가장 먼저 R1과 R2로 SSH 로그인을 허용하는 ip domain과 rsa 키를 다음과 같이 설정한 후 변경된 내용을 저장합니다. 다음 내용은 앞서 SW1, SW2, SW3에서와 설정했던 내용과 동일합니다.

[R1 설정]

```
R1#conf t
R1(config)#ip domain-name netautolab.com
R1(config)#crypto key generate rsa
The name for the keys will be: R1.netautolab.com
Choose the size of the key modulus in the range of 360 to 2048 for your
  General Purpose Keys. Choosing a key modulus greater than 512 may take
  a few minutes.

How many bits in the modulus [512]: 1024
% Generating 1024 bit RSA keys, keys will be non-exportable...[OK]

R1(config)#
*Mar  1 05:53:52.354: %SSH-5-ENABLED: SSH 1.99 has been enabled

R1(config)#line vty 0 4
R1(config-line)#login local
```

```
R1(config-line)#transport input ssh
R1(config-line)#end
R1#copy run start
```

[R2 설정]

```
R2#conf t
Enter configuration commands, one per line.  End with CNTL/Z.
R2(config)#ip domain-name netautolab.com
R2(config)#crypto key generate rsa
The name for the keys will be: R2.netautolab.com
Choose the size of the key modulus in the range of 360 to 4096 for your
  General Purpose Keys. Choosing a key modulus greater than 512 may take
  a few minutes.

How many bits in the modulus [512]: 1024
% Generating 1024 bit RSA keys, keys will be non-exportable...

[OK] (elapsed time was 10 seconds)
R2(config)#
*May  7 06:20:25.799: %SSH-5-ENABLED: SSH 1.99 has been enabled

R2(config)#line vty 0 4
R2(config-line)#login local
R2(config-line)#transport input ssh
R2(config-line)#end
R2#copy run start
```

---

02 다음 CentOS 서버의 root 사용자 디렉토리 아래 'routerlist' 파일을 만든 후 라우터 IP 주소를 라인별로 입력합니다. R2의 주소는 192.168.229.10이며 R1의 주소는 192.168.229.134입니다. 다른 주소를 사용했다면 본인 랩 장비 IP 주소로 변경해 입력합니다.

```
[root@localhost ~]# nano routerlist
[root@localhost ~]# cat routerlist
```

```
192.168.229.10
192.168.229.134
```

03 adminpass라는 파일을 만들어 다음과 같이 입력합니다. 첫 번째 줄은 관리자 ID이며 두 번째 줄은 관리자의 패스워드입니다. 다음 아이디와 다른 설정을 했다면 본인의 아이디와 패스워드를 입력합니다.

```
[root@localhost ~]# nano adminpass
[root@localhost ~]# cat adminpass
autoadmin
cisco123
```

04 계속해서 CentOS 서버에서 cp 명령어를 사용해 이전 paramiko 랩에서 만들었던 paramiko1.py를 복사해 paramiko2.py 파일을 생성합니다. 그런 후 nano 텍스트 에디터로 새 파일을 엽니다.

```
[root@localhost ~]# pwd
/root
[root@localhost /]# cp paramiko1.py paramiko2.py
[root@localhost /]# nano paramiko2.py
```

05 telnet7backup.py 파일의 내용도 참고하면서 paramiko2.py의 내용을 다음과 같이 변경합니다. 이 부분은 각 코드 블록 위에 #(우물정자)로 시작하는 라인에 설명했습니다. 코드 블록에 혹시 띄우기를 잊어버리지는 않았는지 잘 확인하면서 새로운 파이썬 코드를 작성합니다. 설명을 포함하지 않은 소스 코드는 별도로 아래 저장했습니다. 만약 윈도우 노트패드 또는 notepad++에서 작업이 편한 분들은 먼저 윈도우에서 작업한 후 리눅스 서버에 복사해 사용해도 좋을 것 같습니다.

```
#파이썬 3.6 디폴트로 사용
#!/usr/bin/env python3.6
```

```
# paramiko, time, datetime 모듈을 불러옵니다.
import paramiko
import time
from datetime import datetime
#t_ref라는 시간 변수를 정의합니다.
t_ref = datetime.now().strftime("%Y-%m-%d_%H-%M-%S")


#file1 변수는 routerlist 파일을 연 내용입니다.
file1 = open("routerlist")
# for 룹을 사용해 file1로 불려들인 값을 ip_address로 정의합니다. 이 코드가 실행이 되면
```
t_ref 변수는 실행된 날짜와 시간을 먼저 나타냅니다.
```
for line in file1:
    print(t_ref)
    print ("Now logging into " + (line))
    ip_address = line.strip()
```
file2 변수는 adminpass 파일에 담겨져있는 내용입니다. 먼저 첫 번째 줄을 읽어들여 관
리자 아이디를 line1로 저장한 후 for 룹을 다시 사용해 두 번째 줄을 읽어들여 패스워드를
line2에 저장합니다. 우물정자를 print()문 앞에 사용해 출력이 되지 않도록 라인을 비활성화했
습니다.
```
    file2= open("adminpass")
    for line1 in file2:
#    print ("Copied Admin ID from adminpass file: " + (line1))
    username = line1.strip()
    for line2 in file2:
#    print ("Copied Admin Password from adminpass file: " + "*******")
    password = line2.strip()
```
paramiko의 paramiko.SSHClient()를 이용해 장비와 접속하며 앞서 만든 세계의 변수를 사
용해 SSH 로그인을 실행합니다. 세 가지의 변수는 장비 IP 주소, 관리자 ID와 패스워드입니다.
추가로 코드가 실행되면서 사용자에게 진행 상황을 알려주는 print()문들을 원하는 위치에 입력
해 줍니다.
```
    ssh_client = paramiko.SSHClient()
    ssh_client.set_missing_host_key_policy(paramiko.AutoAddPolicy())
    ssh_client.connect(hostname=ip_address,username=username,password=password)
    print ("Successful connection to " + (ip_address) +"\n")
    print ("Now completing following tasks : " + "\n")
```
paramiko를 사용해 라우터에 변경할 내용을 입력합니다. 다음 내용은 NTP 서버를 변경하는
내용이며, 라우터를 변경한 후 변경된 내용을 저장합니다. 설정에 사용한 명령어를 print()로 출

력해 사용자에게 보여줍니다.

```
    remote_connection = ssh_client.invoke_shell()
    remote_connection.send("configure terminal\n")
    print ("Configuring NTP Server")
    remote_connection.send("ntp server 192.168.229.133\n")
    remote_connection.send("end\n")
    remote_connection.send("copy running-config start-config\n")
    print ()
```

time.sleep( )을 사용해 파이썬 코드가 실행되면서 변경하려는 장비와 SSH 상에서 접속 상태를 정상적으로 유지할 수 있도록 해 주는 것이 중요합니다. 라우터에 콘솔이 나타나는 내용을 output이라는 변수에 담아 사용자가 확인할 수 있도록 화면에 출력해줍니다. 그리고 마지막으로 설정 완료를 알리고 앞서 열었던 두 개의 파일들을 차례대로 닫은 후 작업을 완료합니다.

```
    time.sleep(2)
    output = remote_connection.recv(65535)
    print((output).decode('ascii'))
    print (("Successfully configured your device & Disconnecting from ") +
      (ip_address))
    ssh_client.close
    time.sleep(2)


file1.close()
file2.close()
```

06 R1과 R2에서 'show control-plane host open-ports' 명령어를 사용해 SSH 22번 포트가 정상적으로 동작하고 있는지 확인합니다. 정상적으로 동작하고 있다면 다음과 같이 LISTEN이라고 표시돼야 합니다.

```
R1#show control-plane host open-ports
Active internet connections (servers and established)
Prot       Local Address      Foreign Address           Service
State
 tcp          *:22               *:0            SSH-Server   LISTEN
 tcp          *:23               *:0                Telnet   LISTEN
 udp         *:123               *:0                   NTP   LISTEN
 udp         *:161               *:0               IP SNMP   LISTEN
 udp         *:161               *:0               IP SNMP   LISTEN
```

udp	*:162	*:0	IP SNMP	LISTEN
udp	*:162	*:0	IP SNMP	LISTEN
udp	*:57910	*:0	IP SNMP	LISTEN
udp	*:59923	*:0	IP SNMPV6	LISTEN

```
R2#show control-plane host open-ports
Active internet connections (servers and established)
Prot          Local Address          Foreign Address
Service   State
```

tcp	*:22	*:0	SSH-Server	LISTEN
tcp	*:23	*:0	Telnet	LISTEN
udp	*:123	*:0	NTP	LISTEN
udp	*:18999	*:0	udp_transport Server	LISTEN
udp	*:161	*:0	IP SNMP	LISTEN
udp	*:162	*:0	IP SNMP	LISTEN
udp	*:62978	*:0	IP SNMP	LISTEN

07 미리 CentOS 리눅스 서버에 중요한 IP 서비스 중 하나인 NTP 로지컬 서버를 리눅스 서버에 설치했습니다. NTP가 정상적으로 실행되고 있는지를 먼저 확인합니다. 만약 ntpd 서비스가 정상적으로 동작하지 않는다면 다음과 같이 동작시킨 다음 랩을 진행해야 합니다.

```
# ntpd 서비스 확인 결과 서비스가 활성화되지 않은 것으로 나옵니다.
[root@localhost ~]# systemctl status ntpd
● ntpd.service - Network Time Service
   Loaded: loaded (/usr/lib/systemd/system/ntpd.service; disabled; vendor
preset: disabled)
   Active: inactive (dead)
# 서버 구동 시 ntp 서비스가 실행되도록 'enable' 명령어를 실행합니다.
[root@localhost ~]# systemctl enable ntpd
Created symlink from /etc/systemd/system/multi-user.target.wants/ntpd.
service to /usr/lib/systemd/system/ntpd.service.
# ntpd 서비스를 시작합니다.
[root@localhost ~]# systemctl start ntpd
# 다시 한 번 더 ntpd 서비스를 확인합니다. 만약 동작하지 않을 경우 앞에 나온 설치과정을 제
```

대로 따라했는지 확인해 가면서 문제를 해결합니다. 이 랩에서는 ntp 서비스를 사용하므로 꼭
NTP 서비스가 활성화된 상태에서 랩을 계속 진행해야 합니다.

```
[root@localhost ~]# systemctl status ntpd
● ntpd.service - Network Time Service
   Loaded: loaded (/usr/lib/systemd/system/ntpd.service; enabled; vendor
preset: disabled)
   Active: active (running) since Tue 2019-05-07 17:53:27 AEST; 3s ago
   Process: 37243 ExecStart=/usr/sbin/ntpd -u ntp:ntp $OPTIONS (code=exited,
status=0/SUCCESS)
 Main PID: 37244 (ntpd)
    Tasks: 1
   CGroup: /system.slice/ntpd.service
           └─37244 /usr/sbin/ntpd -u ntp:ntp -g

May 07 17:53:27 localhost.localdomain ntpd[37244]: Listen normally on 2 lo
127.0.0.1 UDP 123
May 07 17:53:27 localhost.localdomain ntpd[37244]: Listen normally on 3
ens33 192.168.229.133 UDP 123
…[생략]
```

08 만약 리눅스 서버 상에서 ntp가 사용하는 포트를 이미 추가하지 않았다면 NTP 클라
이언트들과 통신이 안 될 것입니다. 다음 나온대로 TCP 포트 22번를 통해 서버와 클
라이언트 사이에 통신이 될 수 있도록 설정합니다. CentOS 가상 서버가 정상적으
로 인터넷에 존재하는 NTP 서버와 통신을 해 서버의 시스템 시간이 동기화됐다
면 'ntpq -p' 명령어를 사용해 확인할 수 있습니다. 모든 동기화가 정상적으로
이뤄졌다면 *(별표)가 표시된 인터넷 상의 NTP 서버와 동기화된 것을 눈으로
확인할 수 있습니다. 다음 나온 명령어들을 차례대로 리눅스 서버에서 실행합
니다.

```
[root@localhost ~]# sudo firewall-cmd --permanent --add-service=ntp
success
[root@localhost ~]# sudo firewall-cmd --reload
success
[root@localhost ~]# nano /etc/ntp.conf
```

```
[root@localhost ~]# systemctl restart ntpd
[root@localhost ~]# ntpq -p
     remote         refid       st t when poll reach   delay   offset  jitter
==============================================================================
*y.ns.gin.ntt.ne 249.224.99.213   2 u    1   64    1    3.533   22.515   0.569
 ntp2.ds.network 202.46.177.18    2 u    2   64    1   53.539   22.545   0.133
 warrane.connect 192.189.54.17    3 u    1   64    1    4.116   24.993   2.750
 pauseq4vntp2.da 202.6.131.118    2 u    2   64    1    9.202   22.957   2.990
```

09 NTP 서버 동작 확인이 완료되면 리눅스 작업창에서 paramiko2.py 코드를 저장한 후 'python3 paramiko2.py' 명령어를 사용해 다음과 같이 실행합니다. 코드 실행이 정상적으로 되면 장애 없이 다음 화면과 같이 실행돼야 합니다.

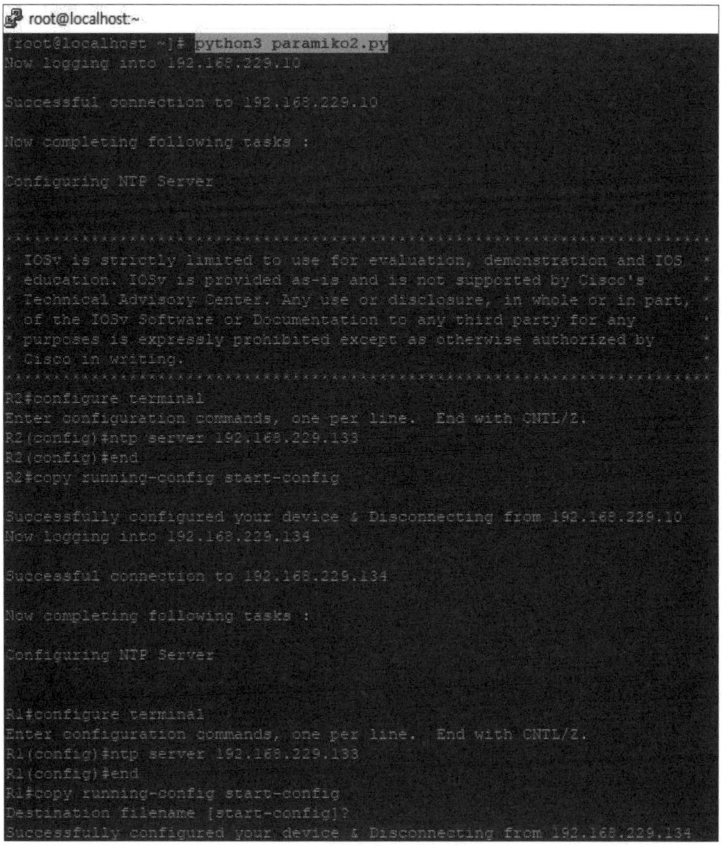

그림 5-82 paramiko2.py 실행 결과

10 GNS3에서 R1과 R2의 콘솔창을 열어 방금 설정한 NTP 정보가 입력됐는지 'show run | begin ntp' 명령어로 확인합니다. 다음 콘솔 메시지는 리눅스 서버가 라우터로 접속하면서 생성된 메시지이며 정상적인 NTP 설정이 됐다면 라우터의 현재 running-config에 다음과 같이 ntp 설정 정보가 출력돼야 합니다.

```
R1#
*Mar  1 07:23:16.126: %SYS-5-CONFIG_I: Configured from console by autoadmin
on vty0 (192.168.229.133)
R1#show run | begin ntp
ntp server 192.168.229.133
!
end


R2#
*May  7 07:44:05.602: %SYS-5-CONFIG_I: Configured from console by autoadmin
on vty0 (192.168.229.133)
R2#show run | begin ntp
ntp server 192.168.229.133
!
end
```

11 R1과 R2에 NTP 설정이 되기 전의 시간은 본인의 시스템 클럭을 사용하므로 'show ntp status' 명령어를 라우터에서 실행해 보면 stratum 16으로 표시됩니다.

```
R1#show ntp status
Clock is unsynchronized, stratum 16, no reference clock
nominal freq is 250.0000 Hz, actual freq is 250.0000 Hz, precision is 2**18
reference time is 00000000.00000000 (00:00:00.000 UTC Mon Jan 1 1900)
clock offset is 0.0000 msec, root delay is 0.00 msec
root dispersion is 0.00 msec, peer dispersion is 0.00 msec

R2#show ntp status
Clock is unsynchronized, stratum 16, no reference clock
```

```
nominal freq is 1000.0003 Hz, actual freq is 1000.0003 Hz, precision is
2**11
ntp uptime is 2084100 (1/100 of seconds), resolution is 1000
reference time is 00000000.00000000 (00:00:00.000 UTC Mon Jan 1 1900)
clock offset is 0.0000 msec, root delay is 0.00 msec
root dispersion is 312.62 msec, peer dispersion is 0.00 msec
loopfilter state is 'NSET' (Never set), drift is 0.000000000 s/s
system poll interval is 8, never updated.
```

다음은 R1과 R2가 NTP 서버와 시간이 동기화된 이후에 'show clock', 'show ntp association' 그리고 'show ntp status' 명령어를 이어서 실행시킨 결과입니다. stratum 4로 192.168.229.133 IP 주소를 가진 NTP 서버와 시간이 동기화된 것을 *(별표)로 확인할 수 있습니다.

```
R1#show clock
08:12:15.719 UTC Tue May 7 2019

R1#show ntp association

      address        ref clock     st  when  poll reach  delay offset   disp
*~192.168.229.133  27.124.125.251   3    30   128  377    11.9  27.61   19.6
 * master (synced), # master (unsynced), + selected, - candidate, ~ configured

R1#show ntp status
Clock is synchronized, stratum 4, reference is 192.168.229.133
nominal freq is 250.0000 Hz, actual freq is 249.9999 Hz, precision is 2**18
reference time is E07BBC45.67267829 (08:11:49.402 UTC Tue May 7 2019)
clock offset is 27.6128 msec, root delay is 131.91 msec
root dispersion is 142.93 msec, peer dispersion is 19.64 msec


R2#show clock
*08:09:48.950 UTC Tue May 7 2019

R2#show ntp associations
```

```
     address        ref clock      st  when  poll reach delay offset  disp
 *~192.168.229.133 27.124.125.251   3   39    64     1 37.350 130.797 188.00
  * sys.peer, # selected, + candidate, - outlyer, x falseticker, ~ configured
R2#show ntp status
Clock is unsynchronized, stratum 4, reference is 192.168.229.133
nominal freq is 1000.0003 Hz, actual freq is 1000.0003 Hz, precision is 2**11
ntp uptime is 2093200 (1/100 of seconds), resolution is 1000
reference time is E07BBBAA.5E2D6883 (08:09:14.367 UTC Tue May 7 2019)
clock offset is 130.7973 msec, root delay is 157.39 msec
root dispersion is 475.34 msec, peer dispersion is 188.00 msec
loopfilter state is 'FREQ' (Drift being measured), drift is 0.000000000 s/s
system poll interval is 64, last update was 42 sec ago.
```

위에서 설명했던 paramiko2.py 설명을 제외한 소스 코드만 뽑아 다음에 입력했습니다. 참고하기 바랍니다.

소스 코드 5.10 – paramiko2.py

```
#[root@localhost ~]# cat paramiko2.py
#!/usr/bin/env python3.6

import paramiko
import time
from datetime import datetime
t_ref = datetime.now().strftime("%Y-%m-%d_%H-%M-%S")

file1 = open("routerlist")

for line in file1:
    print(t_ref)
    print ("Now logging into " + (line))
    ip_address = line.strip()

    file2= open("adminpass")
    for line1 in file2:
```

```
            username = line1.strip()
        for line2 in file2:
            password = line2.strip()

            ssh_client = paramiko.SSHClient()
            ssh_client.set_missing_host_key_policy(paramiko.AutoAddPolicy())
            ssh_client.connect(hostname=ip_address,username=username,password=password)
            print ("Successful connection to " + (ip_address) +"\n")
            print ("Now completing following tasks : " + "\n")

            remote_connection = ssh_client.invoke_shell()
            remote_connection.send("configure terminal\n")
            print ("Configuring NTP Server")
            remote_connection.send("ntp server 192.168.229.133\n")
            remote_connection.send("end\n")
            remote_connection.send("copy running-config start-config\n")
            print ()

            time.sleep(2)
            output = remote_connection.recv(65535)
            print((output).decode('ascii'))

            print (("Successfully configured your device & Disconnecting from ") + (ip_
                address))

            ssh_client.close
            time.sleep(2)

file1.close()
file2.close()
```

다음은 routelist 파일에 입력한 내용입니다. 192.168.229.10은 R2의 IP 주소이며 192.168.229.134는 R1의 IP 주소입니다. 만약 다른 IP 주소를 사용했다면 변경해 사용합니다.

```
192.168.229.10
192.168.229.134
```

다음 나온 adminpass 파일의 내용입니다. 첫 번째 줄은 관리자 아이디이며 두 번째 줄은 관리자의 패스워드이며 라우터 상에 이미 설정돼 있던 관리자 ID와 패스워드 입니다.

[adminpass 파일 내용]
```
autoadmin
cisco123
```

5.4.10 Lab 10(백업 만든 후 장비 설정 변경하기(TFTP 랩))

이번 랩은 5.4.9 랩 내용을 복사해 한 단계 더 나아간 코드로 만들어 봅니다. 만약 paramiko2.py 코드를 실무에서 사용했다면 먼저 장비 설정을 변경하기 전에 실행되는 running-config를 백업받은 후 설정을 변경했을 것입니다. 여기서는 가장 간단한 예로 NTP 서버 추가 설정을 사용하지만 실무에서는 매우 복잡한 설정을 변경하는 체인지들이 많으므로 꼭 변경하기 전 상태를 캡처하는 것이 매우 중요합니다.

역시 이번 랩도 앞에서 만든 IP 서비스 중 하나인 TFTP 서비스를 사용해 R1과 R2의 설정을 변경하기 전에 먼저 running-config의 백업을 저장한 후 NTP 주소를 업데이트하는 코드로 변경합니다. 다음 사용되는 새 NTP 주소인 192.168.111.222는 임시로 만든 가상주소이므로 설정을 변경한 후 R1와 NTP 서버 그리고 R1과 NTP 서버 간의 시간 동기화는 깨지고 R1과 R2의 stratum은 16으로 되돌아 갈 것입니다.

다음 내용에 따라 랩 10을 진행합니다.

01 이전 랩에서 완성한 파이썬 코드를 'cp' 명령어를 사용해 다음과 같이 복사한 후

nano 텍스트 에디터로 엽니다.

```
[root@localhost ~]# pwd
/root
[root@localhost ~]# cp paramiko2.py paramiko3.py
[root@localhost ~]# nano paramiko3.py
```

02 다음과 같이 새 SSH 파이썬 코드를 변경합니다. 다음 코드에서는 tftp_IP라는 변수를 하나 더 추가한 후 파이썬 코드를 실행하면 먼저 R1과 R2의 running-config를 TFTP 서버(192.168.229.133)에 시간을 붙여 저장합니다. 그런 후 라우터 설정을 진행합니다. 변경한 코드는 보기 편하게 하이라이트해 뒀습니다.

```
[root@localhost ~]# cat paramiko3.py
#!/usr/bin/env python3.6

import paramiko
import time
from datetime import datetime
t_ref = datetime.now().strftime("%Y-%m-%d_%H-%M-%S")

tftp_IP = "192.168.229.133"

file1 = open("routerlist")

for line in file1:
    print(t_ref)
    print ("Now logging into " + (line))
    ip_address = line.strip()

    file2= open("adminpass")
    for line1 in file2:
        username = line1.strip()
        for line2 in file2:
            password = line2.strip()
```

```python
        ssh_client = paramiko.SSHClient()
        ssh_client.set_missing_host_key_policy(paramiko.AutoAddPolicy())
        ssh_client.connect(hostname=ip_address,username=username,passwo
            rd=password)

        print ("Successful connection to " + (ip_address) +"\n")
        print ("Now making a pre-change running-config backup of " + (ip_
            address) + "\n")
        remote_connection = ssh_client.invoke_shell()
        remote_connection.send("copy running-config tftp\n")
        remote_connection.send((tftp_IP)+ "\n")
        remote_connection.send((ip_address)+ ".bak@" + (t_ref)+ "\n")
        time.sleep(10)
        remote_connection.send("\n")

        time.sleep(10)
        print ("Now completing the following task(s):" + "\n")
        print ("Configuring NTP Server" + "\n")
        remote_connection.send("configure terminal\n")
        remote_connection.send("no ntp server 192.168.229.133\n")
        remote_connection.send("ntp server 192.168.111.222\n")
        remote_connection.send("end\n")
        remote_connection.send("copy running-config start-config\n")
        print ()

    time.sleep(10)
        output = remote_connection.recv(65535)
        print((output).decode('ascii'))

        print (("Successfully configured your device & Disconnecting
            from ") + (ip_address) + "\n")
        print ("====================================================")
#          remote_connection.send("\n")

        ssh_client.close
        time.sleep(2)

    file1.close()
```

```
file2.close()
```

03 파이썬 코드를 변경하고 저장한 후 'python3 paramiko3.py' 명령어를 사용해 코드를 실행합니다. 그럼 다음 화면과 같이 파이썬 코드가 실행됩니다.

```
[root@localhost ~]# python3 paramiko3.py
```

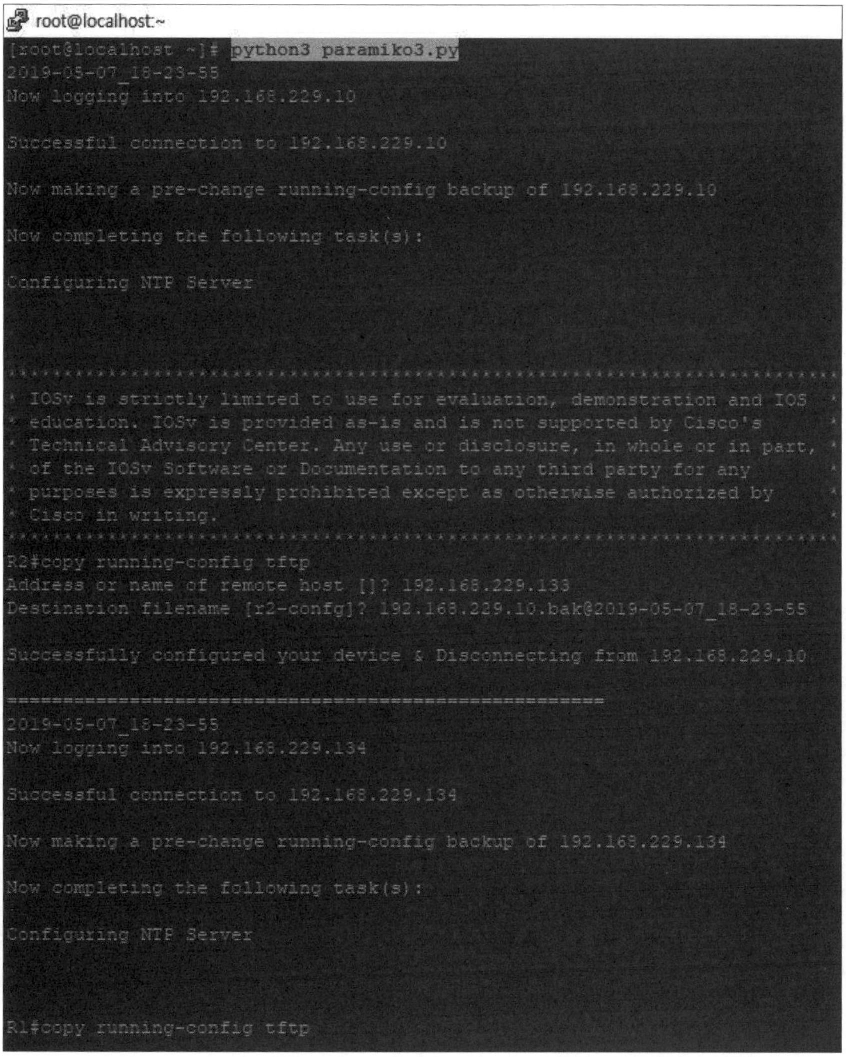

그림 5-83 paramiko3.py 코드 실행 예

04 파이썬 코드가 제대로 TFTP 서버에 running-config를 저장했는지 확인합니다. 앞서 TFTP 설정을 하면서 '/var/TFTP/' 디렉토리를 만들어 사용하도록 설정해 뒀습니다.

```
[root@localhost ~]# ls /var/TFTP/
192.168.229.10.bak@2019-05-07_18-23-55   192.168.229.134.bak@2019-05-07_18-
23-55
```

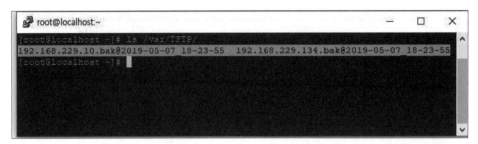

그림 5-84 paramiko3.py 코드 실행 후 백업 확인

05 마지막으로 R1과 R2에 새 NTP 주소가 업데이트됐는지 확인합니다. 다음과 같이 NTP와 시간 동기화가 깨지면서 stratum은 16으로 되돌아 갔다면 코드가 정상적으로 실행된 것입니다.

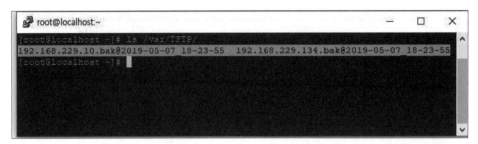

그림 5-85 R1 NTP 서버 업데이트 확인

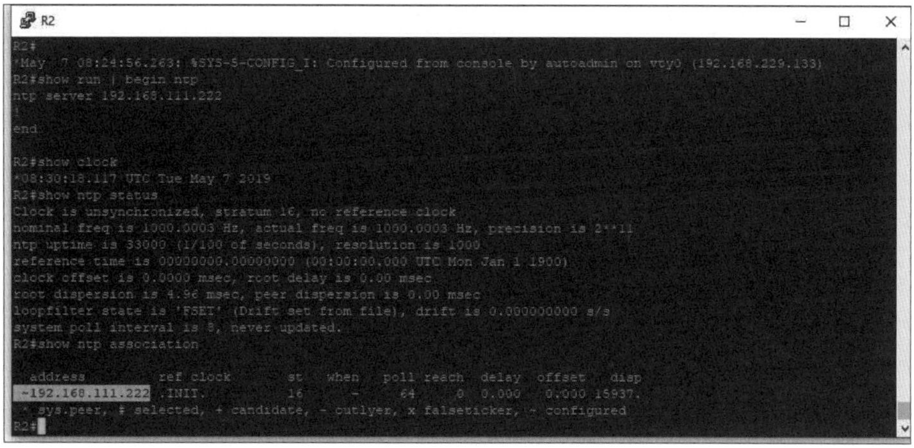

그림 5-86 R2 NTP 서버 업데이트 확인

다음 내용은 위에서 사용한 소스 코드와 파일의 내용입니다.

소스 코드 5.11 – paramiko3.py

```
#[root@localhost ~]# cat paramiko3.py
#!/usr/bin/env python3.6

import paramiko
import time
from datetime import datetime
t_ref = datetime.now().strftime("%Y-%m-%d_%H-%M-%S")


tftp_IP = "192.168.229.133"


file1 = open("routerlist")


for line in file1:
    print(t_ref)
    print ("Now logging into " + (line))
    ip_address = line.strip()

    file2= open("adminpass")
    for line1 in file2:
```

```
username = line1.strip()
for line2 in file2:
    password = line2.strip()

    ssh_client = paramiko.SSHClient()
    ssh_client.set_missing_host_key_policy(paramiko.AutoAddPolicy())
    ssh_client.connect(hostname=ip_address,username=username,password=pa
        ssword)

    print ("Successful connection to " + (ip_address) +"\n")
    print ("Now making a pre-change running-config backup of " + (ip_
        address) + "\n")
    remote_connection = ssh_client.invoke_shell()
    remote_connection.send("copy running-config tftp\n")
    remote_connection.send((tftp_IP)+ "\n")
    remote_connection.send((ip_address)+ ".bak@" + (t_ref)+ "\n")
    time.sleep(10)
    remote_connection.send("\n")

    time.sleep(10)
    print ("Now completing the following task(s):" + "\n")
    print ("Configuring NTP Server" + "\n")
    remote_connection.send("configure terminal\n")
    remote_connection.send("no ntp server 192.168.229.133\n")
    remote_connection.send("ntp server 192.168.111.222\n")
    remote_connection.send("end\n")
    remote_connection.send("copy running-config start-config\n")
    print ()

    time.sleep(10)
    output = remote_connection.recv(65535)
    print((output).decode('ascii'))

    print (("Successfully configured your device & Disconnecting from ")
        + (ip_address) + "\n")
    print ("=====================================================")
#      remote_connection.send("\n")
```

```
        ssh_client.close
        time.sleep(2)

file1.close()
file2.close()
```

[routerlist]

```
192.168.229.10
192.168.229.134
*파일 내용: R1은 192.168.229.10, R2는 192.198.229.134입니다.
```

[adminpass 파일 내용]

```
autoadmin
cisco123
```

관리자 ID는 autoadmin이며 패스워드는 cisco123입니다. 이 설정은 모든 네트워크
장비 start-up config에 설정돼 있는 관리자 정보입니다.

5.4.11 Lab 11 - SSH 랩 4 - netmiko1.py
(다중 벤더 지원 SSH 프로토콜 파이썬 라이브러리)

netmiko는 다중 벤더 장비를 지원하는 SSH 파이썬 라이브러리입니다. paramiko
와 달리 netmiko는 특정 벤더의 로직을 paramiko에 추가했으며 정규식 표현을 사
용해 SSH를 통해 더 많은 종류의 벤더 장비들과 접속해 제어할 수 있습니다. 여기
서 주목할 것은 netmiko 또한 SSH 로그인할 때 cryptography 모듈을 사용하므로
paramiko와 함께 설치해서 사용한다는 점입니다.

01 먼저 **netmiko**의 이해를 돕기 위해 paramiko 랩에서와 같이 netmiko와 netmiko의 connection 모듈들을 간단히 둘러봅니다.

```
[root@localhost bchoi]# python3.6
Python 3.6.5 (default, Apr 10 2018, 17:08:37)
[GCC 4.8.5 20150623 (Red Hat 4.8.5-16)] on linux
Type "help", "copyright", "credits" or "license" for more information.
>>> import netmiko
>>> dir(netmiko)
['BaseConnection', 'CNTL_SHIFT_6', 'ConnectHandler',
'FileTransfer', 'InLineTransfer', 'NetMikoAuthenticationExcepti
on', 'NetMikoTimeoutException', 'Netmiko', 'NetmikoAuthError',
'NetmikoTimeoutError', 'SCPConn', 'SSHDetect', '__all__', '__builtins__',
'__cached__', '__doc__', '__file__', '__loader__', '__name__', '__
package__', '__path__', '__spec__', '__version__', '_textfsm', 'a10',
'accedian', 'alcatel', 'apresia', 'arista', 'aruba', 'base_connection',
'calix', 'checkpoint', 'ciena', 'cisco', 'cisco_base_connection',
'citrix', 'coriant', 'dell', 'eltex', 'enterasys', 'extreme', 'f5', 'file_
transfer', 'fortinet', 'hp', 'huawei', 'ipinfusion', 'juniper', 'linux',
'log', 'logging', 'mellanox', 'mrv', 'netapp', 'netmiko_globals', 'ovs',
'paloalto', 'platforms', 'pluribus', 'py23_compat', 'quanta', 'rad',
'redispatch', 'ruckus', 'scp_functions', 'scp_handler', 'ssh_autodetect',
'ssh_dispatcher', 'ssh_exception', 'terminal_server', 'ubiquiti', 'unicode_
literals', 'utilities', 'vyos']
```

#connect 모듈을 보려면 다음과 똑같은 명령어를 입력한 후 'dir(connection)'를 사용해 모듈을 확인할 수 있습니다.

```
>>> connection = netmiko.ConnectHandler(ip="192.168.229.111", device_
type="cisco_ios", username="autoadmin", password="cisco123")
>>> dir(connection)
['RESPONSE_RETURN', 'RETURN', 'TELNET_RETURN', '__class__', '__delattr__',
'__dict__', '__dir__', '__doc__', '__enter__', '__eq__', '__exit__', '__
format__', '__ge__', '__getattribute__', '__gt__', '__hash__', '__init__',
'__init_subclass__', '__le__', '__lt__', '__module__', '__ne__', '__new__',
'__reduce__', '__reduce_ex__', '__repr__', '__setattr__', '__sizeof__', '__
str__', '__subclasshook__', '__weakref__', '_autodetect_fs', '_build_ssh_
client', '_connect_params_dict', '_first_line_handler', '_lock_netmiko_
session', '_modify_connection_params', '_read_channel', '_read_channel_
expect', '_read_channel_timing', '_sanitize_output', '_session_locker', '_
session_log_close', '_session_log_fin', '_test_channel_read', '_timeout_
exceeded', '_try_session_preparation', '_unlock_netmiko_session', '_use_
ssh_config', '_write_channel', '_write_session_log', 'allow_agent', 'allow_
auto_change', 'alt_host_keys', 'alt_key_file', 'ansi_escape_codes', 'auth_
timeout', 'base_prompt', 'blocking_timeout', 'check_config_mode', 'check_
enable_mode', 'cleanup', 'clear_buffer', 'close_session_log', 'commit',
'config_mode', 'device_type', 'disable_paging', 'disconnect', 'enable',
'encoding', 'establish_connection', 'exit_config_mode', 'exit_enable_
mode', 'fast_cli', 'find_prompt', 'global_delay_factor', 'host', 'ip', 'is_
alive', 'keepalive', 'key_file', 'key_policy', 'normalize_cmd', 'normalize_
linefeeds', 'open_session_log', 'paramiko_cleanup', 'passphrase',
'password', 'pkey', 'port', 'protocol', 'read_channel', 'read_until_
pattern', 'read_until_prompt', 'read_until_prompt_or_pattern', 'remote_
conn', 'remote_conn_pre', 'save_config', 'secret', 'select_delay_factor',
'send_command', 'send_command_expect', 'send_command_timing', 'send_config_
from_file', 'send_config_set', 'serial_login', 'serial_settings', 'session_
log', 'session_log_record_writes', 'session_preparation', 'session_
timeout', 'set_base_prompt', 'set_terminal_width', 'special_login_handler',
'ssh_config_file', 'strip_ansi_escape_codes', 'strip_backspaces', 'strip_
command', 'strip_prompt', 'system_host_keys', 'telnet_login', 'timeout',
'use_keys', 'username', 'verbose', 'write_channel']
```

02 다음 제시돼 있는 웹사이트로 이동한 후 netmiko ConnectHandler 샘플 코드를 복사합니다. 만약 본인이 쓰려는 파이썬 netmiko 코드를 아무도 만들어 사용한 적이 없다면 코드를 처음부터 작성해야 합니다. 이미 만들어져 있는 코드를 사용하면 많은 시간과 노력을 절약할 수 있습니다.

https://gist.github.com/ktbyers/00d29a2483f6f0b839c1044c4b0b9b13

```
Netmiko example

[<>] gistfile1.txt

 1    #!/usr/bin/env python
 2    from netmiko import ConnectHandler
 3    from getpass import getpass
 4
 5    ip_addr = raw_input("Enter IP Address: ")
 6
 7    device = {
 8        'device_type': 'cisco_ios',
 9        'ip': ip_addr,
10        'username': 'admin',
11        'password': getpass(),
12        'port': 22,
13    }
14
15    net_connect = ConnectHandler(**device)
16    output = net_connect.send_command_expect("show version")
17
18    print
19    print '#' * 50
20    print output
21    print '#' * 50
22    print
```

그림 5-87 netmiko ConnectHandler 샘플 복사하기

03 먼저 윈도우 호스트에서 Notepad++를 사용해 내용을 다음과 같이 변경합니다. 화면으로 코드를 보기가 힘들다면 소스 코드를 참고하기 바랍니다.

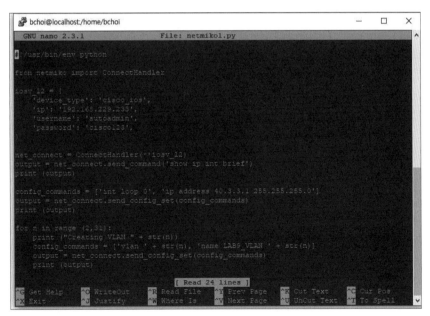

```
netmiko1.py

 1    #!/usr/bin/env python3
 2
 3    from netmiko import ConnectHandler
 4
 5    iosv_12 = {
 6        'device_type': 'cisco_ios',
 7        'ip': '192.168.229.233',
 8        'username': 'autoadmin',
 9        'password': 'cisco123',
10    }
11
12    net_connect = ConnectHandler(**iosv_12)
13    output = net_connect.send_command('show ip int brief')
14    print (output)
15
16    config_commands = ['int loop 0', 'ip address 40.3.3.1 255.255.255.0']
17    output = net_connect.send_config_set(config_commands)
18    print (output)
19
20    for n in range (2,31):
21        print ("Creating VLAN " + str(n))
22        config_commands = ['vlan ' + str(n), 'name LAB9_VLAN ' + str(n)]
23        output = net_connect.send_config_set(config_commands)
24        print (output)
```

그림 5-88 netmiko1.py 내용 변경 후

04 리눅스 서버에서 nano 텍스트 에디터를 사용해 netmiko1.py 파일을 생성하고
윈도우에서 변경한 내용을 복사하고 붙여넣기한 후 저장합니다.

그림 5-89 netmiko1.py 리눅스 서버에 생성하기

05 netmiko1.py에 대한 설명은 다음과 같습니다. netmiko는 정규식 표현을 사용하므로 초보자들도 이해하기가 훨씬 더 수월합니다.

```
#!/usr/bin/env python3
```

#netmiko 라이브러리의 ConnectHandler를 불러옵니다.

```
from netmiko import ConnectHandler
```

#SSH를 사용해 접속할 일괄적인 내용입니다. netmiko는 중괄호 안에 있는 정보를 한번에 사용합니다.
#ConnectHandler를 보면 다음의 4가지 딕셔너리식의 정보를 입력해야 합니다.

```
iosv_l2 = {
    'device_type': 'cisco_ios',
    'ip': '192.168.229.233',
    'username': 'autoadmin',
    'password': 'cisco123',
}
```

위의 내용을 사용해 SSH로 접속한 후 'show ip int brif' 명령어를 실행합니다. 설정한 내용을 출력합니다.

```
net_connect = ConnectHandler(**iosv_l2)
output = net_connect.send_command('show ip int brief')
print (output)
```

#SW3에 loopback 0 인터페이스를 설정하고 설정한 내용 또한 출력합니다.

```
config_commands = ['int loop 0', 'ip address 40.3.3.1 255.255.255.0']
output = net_connect.send_config_set(config_commands)
```

```
print (output)
```

#SW3에 VLAN2에서 VLAN30까지 설정한 후 설정한 내용을 출력합니다.

```
for n in range (2,31):
    print ("Creating VLAN " + str(n))
    config_commands = ['vlan ' + str(n), 'name LAB9_VLAN ' + str(n)]
    output = net_connect.send_config_set(config_commands)
    print (output)
```

06 리눅스 서버에서 python3 netmiko1.py 명령어를 사용해 파이썬 프로그램을 실
행합니다. netmiko 코드를 실행하면 다음과 같은 내용이 화면에 출력됩니다.

그림 5-90 netmiko1.py 실행 화면

07 SW3에서 설정이 정상적으로 됐는지 show vlan과 show ip interface brief 명령어
를 확인합니다.

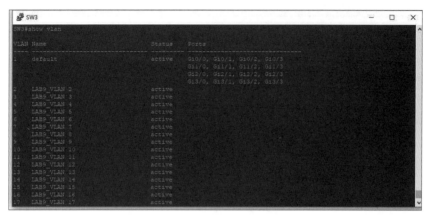

그림 5-91 SW3에서 변경 내용 확인 1

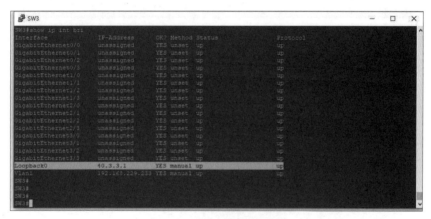

그림 5-92 SW3에서 변경 내용 확인 2

정규식 표현에 익숙하다면 netmiko를 사용해 코딩하면 더 편할 수 있습니다.
netmiko는 소개 차원에서 랩의 일부로 넣었으며 만약 실무에 사용하길 원한다면 정
규식 표현을 더 이해한 후 netmiko 라이브러리도 공부를 더 해야 사용할 수 있을 것
입니다. 다음은 파이썬 코드를 자동으로 실행할 수 있는 리눅스 크론 툴을 한 번 배
워보도록 하겠습니다.

```
#!/usr/bin/env python3

from netmiko import ConnectHandler

iosv_l2 = {
    'device_type': 'cisco_ios',
    'ip': '192.168.229.233',
    'username': 'autoadmin',
    'password': 'cisco123',
}

net_connect = ConnectHandler(**iosv_l2)
output = net_connect.send_command('show ip int brief')
print (output)

config_commands = ['int loop 0', 'ip address 40.3.3.1 255.255.255.0']
output = net_connect.send_config_set(config_commands)
print (output)

for n in range (2,31):
    print ("Creating VLAN " + str(n))
    config_commands = ['vlan ' + str(n), 'name LAB9_VLAN ' + str(n)]
    output = net_connect.send_config_set(config_commands)
    print (output)
```

5.5 네트워크 자동화 파이썬 랩 2

5장의 상반부 랩인 파이썬 랩 1에서 실행했던 파이썬 예제들은 파이썬과 시스코 장비 간의 기본적인 동작을 제대로 배울 수 있는 기초적인 내용으로 꾸며졌습니다. 랩 1의 경우 입문자용으로 어린 애기가 파이썬 네트워킹 자동화에 첫 걸음을 내딛은 것에 비유하면 좋을 것 같습니다. 파이썬을 사용한 네트워크 자동화 기초 기술을 한

장에 모두 설명한다는 것은 사실상 불가능합니다. 5장의 하반부에서는 독자들이 앞으로 파이썬으로 네트워크 자동화를 꾸준히 공부하면서 중급자로 발돋움하는 데 도움이 될만한 선별된 몇 가지 기술들로 꾸며봤습니다. 랩 2에서는 랩 1에서 다루지 않았던 리눅스 크론을 사용한 파이썬 프로그램 자동 실행(스케줄링)과 파이썬으로 SNMP 기술 이해에 대한 내용으로 꾸며졌습니다.

이 부분에서 다루는 내용들은 다음과 같습니다.

- 리눅스 크론 개요 및 크론 랩 실행하기
- SNMP 개요 및 파이썬 SNMP 랩 실행하기

5.5.1 리눅스 크론 배워 파이썬 코드 자동 실행하기

실력있는 시스템 관리자들은 시스템 백업 및 관리 업무를 볼 때 자동화된 쉘 스크립트 또는 다른 프로그래밍 언어를 사용해 많은 업무를 처리합니다. 이러한 업무를 돕기 위해 리눅스에서 가장 보편적으로 사용되는 툴이 크론^{cron} 툴이며 윈도우에서 사용하는 윈도우 Task Scheduler와 동일한 업무를 실행합니다.

리눅스의 크론 툴(cron job이라고도 함)은 규칙적인 작업을 실행해야 할 경우 매우 유용하게 사용되며 명령어 실행은 물론 파이썬 코드와 같은 프로그래밍 코드들 또한 정해놓은 시간에 맞춰 실행시킵니다. 여기서 먼저 우분투 리눅스의 크론 툴인 crontab(크론탭)과 CentOS의 crond(크론디) 툴들을 차례로 소개한 후 앞서 만든 paramiko2.py를 CentOS 7.5 서버의 크론디로 스케줄링해 랩에서 실행해 보겠습니다.

5.5.1.1 우분투 18.04 LTS 서버 크론 - 크론탭 배워보기

우분투 18.04 서버에서 크론은 크론탭^{crontab}으로 불립니다. 아주 간단한 내용으로 파이썬 코드를 만들어 크론탭을 배우는 데 사용합니다. 다음 내용은 이미 설치돼 있는 가상 우분투 18.04 LTS 서버를 사용해 진행합니다.

01 먼저 다음과 같이 간단하게 print_hello_friend.py 파이썬 코드를 작성합니다. 이 코드는 코드가 실행되는 시간과 함께 '안녕 친구야!'를 함께 출력해주는 인사성이 매우 밝은 파이썬 코드입니다.

```
root@ubuntu18s1:~# nano print_hello_friend.py
root@ubuntu18s1:~# cat print_hello_friend.py
# print_hello_friend.py
from datetime import datetime
print(datetime.now())
print("안녕 친구야!")
```

02 다음은 파이썬 코드가 정상적으로 실행되는지 확인합니다. 코드가 실행되는 시간과 "안녕 친구야!"가 출력됩니다.

```
root@ubuntu18s1:~# python3 print_hello_friend.py
2019-04-28 02:33:43.885927
안녕 친구야!
```

03 이제 이 파이썬 코드를 크론탭을 이용해 실행할 스케줄링을 해야 합니다. 스케줄링에 앞서 크론탭 사용에 대한 이해를 하고 넘어가야 할 것 같습니다.

첫째는 일반 사용자로 실행을 할 것인지, 아니면 루트^{root} 사용자로 실행할 것인지와 둘째로, 파이썬 코드를 비 실행형 파일 형식으로 실행할 것인지 아니면 실행형으로 변경한 후 실행할 것인지입니다. 리눅스 서버에서 비 실행형 파일을 실행형으로 만드는 방법은 4장에서 소개했습니다.

먼저 루트^{root} 또는 일반 사용자로 크론탭을 실행할 것인지를 결정합니다. 만약 일반 사용자로 크론탭을 실행할 경우 'sudo' 명령어를 'crontab -e' 명령어에 포함해 실행하며 루트 사용자로 크론탭을 사용할 경우 sudo 명령어를 사용하지 않아도 됩니다. 다음 내용은 루트 사용자로 랩을 진행합니다.

a. 루트(root) 사용자 crontab －e 설정 예문

```
crontab -e
```

b. 일반 사용자 crontab －e 설정 예문

```
sudo crontab -e
```

04 먼저 파이썬 실행 파일의 위치를 확인하기 위해 다음과 같이 명령어를 실행해 현재 사용하고 있는 파이썬의 실행파일이 어디에 있는지 확인합니다.

```
root@ubuntu18s1:~# which python3.6
/usr/bin/python3.6
```

05 crontab -e 명령어를 사용하고 크론탭을 실행해 크론탭 스케줄러 파일을 엽니다. 다음 예는 파이썬 코드를 실행 파일로 변경하지 않고 루트 사용자로 크론탭 스케줄러를 설정하는 예입니다.

처음 crontab -e 명령어를 사용하면 다음과 같이 크론탭 스케줄러를 편집할 텍스트 에디터 지정 메시지가 친절하게 나타납니다. 여기서 1번 nano 에디터로 지정합니다.

```
root@ubuntu18s1:~# crontab -e
no crontab for root - using an empty one

Select an editor.  To change later, run 'select-editor'.
  1. /bin/nano        <---- easiest
  2. /usr/bin/vim.basic
  3. /usr/bin/vim.tiny
  4. /bin/ed

Choose 1-4 [1]: 1
```

06 텍스트 에디터 지정 후 [Enter] 키를 한 번 눌러주면 크론탭 스케줄러 파일이 다음 화면과 같이 열립니다. 작업줄을 가장 아랫줄로 이동하고 다음 화면과 같이 입력한 후 파일을 저장합니다. 크론 시간 설정에 대해서는 별도로 아래에서 배웁니다.

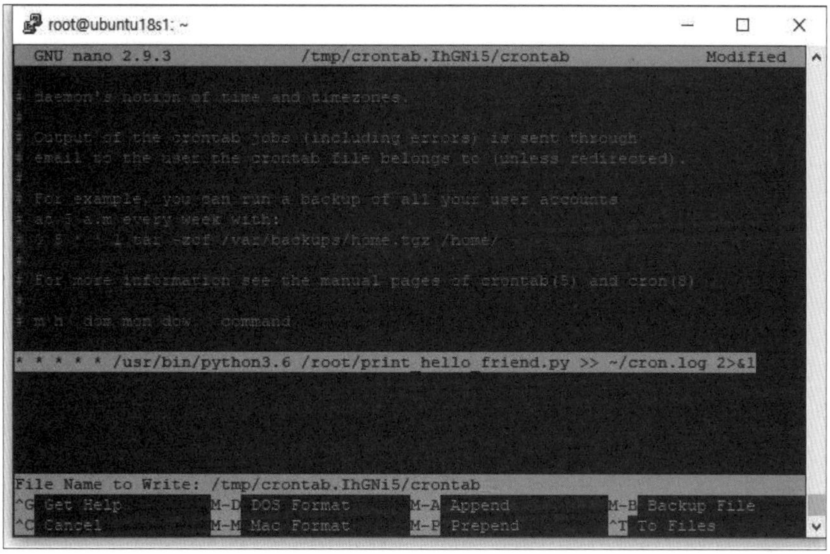

그림 5-93 크론탭 스케줄러 설정하기 예 1

크론탭 설정: `* * * * * /usr/bin/python3.6 /root/print_hello_friend.py >> ~/cron.log 2>&1`

위 설정은 루트 사용자 폴더에 위치한 print_hello_friend.py 파이썬 파일을 매분마다('* * * * *'는 매분을 의미함) 실행해 실행된 결과(로그)를 cron.log라는 파일에 출력 내용을 저장해라는 뜻입니다. 여기서 주의할 점은 파이썬 파일을 실행형 파일로 변경하지 않았으므로 파이썬 3.6 실행 파일이 있는 디렉토리까지 명확하게 '/usr/bin/python3.'이라고 설정해 줘야 합니다.

참고

위 크론탭 설정은 크론잡이 실행될 때마다 cron.log라는 파일에 실행된 시간과 '안녕 친구야!'라는 메시지를 '>>'(오른편 화살괄호 두 개)를 사용해 파일에 입력합니다. 만약, 두 개의 오른편 화살괄호표를 사용하지 않고 하나의 화살괄호표를 사용했다면 cron.log 파일 내용에는 어떤 차이가 있을까요?

화살괄호 두 개를 사용하면 이전에 입력된 내용 뒤에 새로운 내용을 다음 줄에 입력합니다.

```
* * * * * root python3.6 print_hello_friend.py >>/root/cron.log 2>&1
```

화살괄호를 다음과 같이 하나만 사용했을 경우, 앞에 입력된 내용을 지우고 마지막에 실행된 내용만 파일에 입력합니다

```
* * * * * root python3.6 print_hello_friend.py >/root/cron.log 2>&1
```

직접 실행해 보고 눈으로 확인해 보기 바랍니다.

07 다음 크론탭 실행이 정상적으로 되고 있는지를 확인하기 위해 'cron.log' 파일을 열어 확인합니다.

cron.log라는 로깅 파일이 자동으로 생성된 것을 확인할 수 있어야 합니다.

```
root@ubuntu18s1:~# ls cron*
cron.log
```

파일 내용을 보면 정상적으로 매분마다 시간과 "안녕 친구야!" 메시지를 실행해 입력하고 있는 것을 확인할 수 있습니다.

```
root@ubuntu18s1:~# cat cron.log
2019-04-28 03:19:01.198772
안녕 친구야!
2019-04-28 03:20:01.270081
안녕 친구야!
2019-04-28 03:21:01.341257
```

08 마지막으로 현재 실행하고 있는 크론탭 스케줄을 취소하려면 'crontab -e'로 스케줄 파일을 열어 스케줄 라인 앞에 '#'를 붙인 후 저장하면 그만입니다. 또다른 방법으로는 크론탭 서비스를 일시 정지시키는 방법이 있을 것입니다.

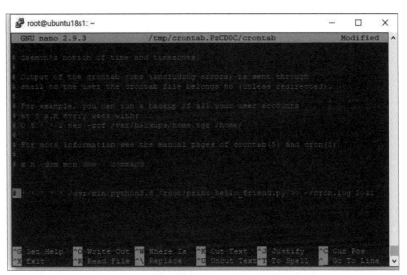

그림 5-94 크론탭 스케줄러 종료 예 1

참고

우분투 서버에서 사용자들의 크론잡 관리하기

현재 로그인한 사용자의 크론잡을 확인하려면 다음과 같이 'crontab –l' 명령어를 사용하면 됩니다.

루트 사용자 예:

```
root@ubuntu18s1:~# crontab -l
```

일반 사용자 예:

```
bchoi@ubuntu18s1:~$ crontab -l
```

루트 사용자로 다른 사용자 크론잡을 확인하려면 'crontab –u bchoi –l'을 사용해서 확인할 수 있습니다.

root@ubuntu18s1:~# **crontab -u bchoi -l**

만약 아무런 크론잡이 예약돼 있지 않다면 다음과 같이 없다고 나타납니다.

root@ubuntu18s1:~# **crontab -u bchoi -l**
no crontab for bchoi

다른 사용자의 crontab 설정을 변경하려면 다음과 같이 –e 핸들을 사용해 변경하면 됩니다.

root@ubuntu18s1:~# **crontab -u bchoi -e**

다음은 루트 사용자가 bchoi라는 사용자의 '#'을 사용해 크론잡을 취소하는 화면입니다.

그림 5-95 우분투 다른 사용자 크론잡 취소하기

5.5.1.2 CentOS 7.5 서버용 크론 – 크론디 배워보기

크론 툴을 사용하는 데 있어 CentOS와 우분투 서버 사이에 조금의 차이가 있습니다. 다음 내용을 따라 크론디^{crond} 예제를 실행합니다. 다음은 이미 설치돼 있는 가상 CentOS 7.5 서버를 사용해 진행합니다.

01 우선적으로 우분투 서버에서 만든 테스트용 파일의 내용을 복사해 CentOS 7.5 에서도 'print_hello_friend.py' 파일을 다음 화면과 같이 만든 후 저장합니다.

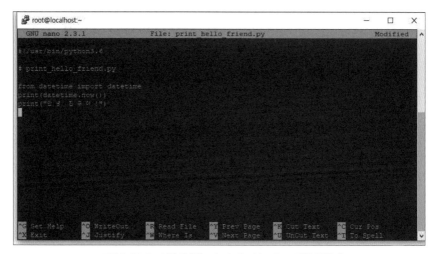

그림 5-96 CentOS 7.5에 print_hello_friend.py 파일 만들기

```
[root@localhost ~]# pwd
/root
[root@localhost ~]# touch print_hello_friend.py

[root@localhost ~]# cat print_hello_friend.py
#!/usr/bin/python3.6

# print_hello_friend.py

from datetime import datetime
print(datetime.now())
```

```
print("안녕 친구야!")
```

02 이번에는 파이썬 코드를 실행용 파일로 만들어 명령어를 사용하지 않고 파일 위치만 사용해 크론디로 스케줄링해 파이썬 코드를 실행합니다.

먼저 다음과 같이 print_hello_friend.py 파일의 사용자 권한을 확인합니다.

```
[root@localhost ~]# ls -l print_*
-rw-r--r--. 1 root root 126 Apr 28 14:25 print_hello_friend.py
```

다음 명령어를 사용해 print_hello_friend.py 파일의 사용자 권한을 실행형 파일로 변경합니다.

```
[root@localhost ~]# chmod +x print_hello_friend.py
```

위 'chmod' 명령어를 사용한 후 파일을 다시 확인하면 파일의 색상과 함께 사용자 권한이 변경된 것을 확인할 수 있습니다.

```
[root@localhost ~]# ls -l print_*
-rwxr-xr-x. 1 root root 126 Apr 28 14:25 print_hello_friend.py
```

03 먼저 CentOS 7.5에서 파이썬 코드 크론 스케줄링을 하기에 앞서 잠시 우분투 설정과 비교해 보면 좋을 것 같습니다. 우분투와 비교해 CentOS에서의 크론 툴 사용은 두 가지의 큰 차이점을 보입니다.

첫째, CentOS 7.5에서 사용되는 크론 툴의 이름은 크론디입니다. CentOS 7.5 에서는 crond 서비스로 실행되지만 설치를 할 경우 설치할 패키지의 이름은 "cronie"입니다. 재설치 필요 시 'yum install cronie' 명령어를 사용해 설치합니다.

현재 사용하는 서버에 디폴트로 이미 크론디가 설치돼 있을 것입니다. 크론디 서비스가 정상적으로 동작하는지 확인한 후 크론디를 사용해 파이썬 코드를

CentOS 서버에서도 실행하면 됩니다.

다음 'rpm -q cronie' 명령어를 이용해 크론 툴 버전과 설치 유무를 확인합니다.

```
[root@localhost ~]# rpm -q cronie
cronie-1.4.11-20.el7_6.x86_64
```

둘째, 우분투와 달리 CentOS에서는 다음 화면과 같이 크론 스케줄링을 '/etc/crontab'이라는 파일에 직접 설정해 준다는 점에도 유의합니다.

```
[root@localhost ~]# cat /etc/crontab
```

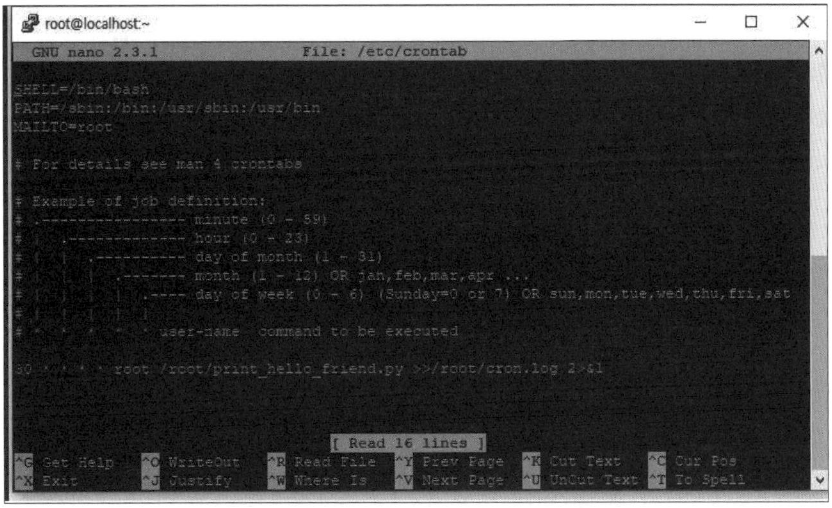

그림 5-97 CentOS 7.5에서 crond 스케줄링 예

04 다음은 'systemctl status crond' 명령어를 사용해 크론디 서비스가 정상적으로 동작하고 있는지 확인합니다.

```
[root@localhost ~]# systemctl status crond
● crond.service - Command Scheduler
```

```
   Loaded: loaded (/usr/lib/systemd/system/crond.service; enabled; vendor
preset: enabled)
   Active: active (running) since Sun 2019-04-28 14:00:30 AEST; 15min ago
 Main PID: 7296 (crond)
    Tasks: 1
   CGroup: /system.slice/crond.service
           └─7296 /usr/sbin/crond -n

Apr 28 14:00:30 localhost.localdomain systemd[1]: Started Command Scheduler.
Apr 28 14:00:30 localhost.localdomain crond[7296]: (CRON) INFO (RANDOM_DELAY
will be scal....)
Apr 28 14:00:35 localhost.localdomain crond[7296]: (CRON) INFO (running with
inotify support)
Hint: Some lines were ellipsized, use -l to show in full.
```

> **주의**
>
> 혹시 crond 서비스 시작이 자동으로 시작하지 않았다면 'systemctl start crond' 명령어를 사용해
> 실행합니다. 만약 crond 서비스가 실행도 안되고 오작동을 한다면 먼저 crond 시작 문제를 해결한
> 후 다음 차례로 넘어가야 합니다. crond가 오작동할 경우의 한 가지 해결 방법을 이어서 나올 '주의
> '에서 설명했습니다.

05 리눅스의 크론 툴을 사용해 명령어 또는 파이썬 코드 스케줄링 시 여러 가지 형태로 크론 명령어를 설정해 스케줄링할 수 있습니다. 잠시 비교한 후 실행한 결과를 비교해 보겠습니다.

a. 위 우분투와 같은 첫 번째 예제에서는 파이썬 3.6 실행 파일 위치를 파악해 파이썬 실행 파일과 파이썬 파일의 위치를 정확히 알려주는 방법을 사용했습니다. CentOS에서도 동일한 방법을 사용했을 경우 크론디 스케줄을 다음과 같이 작성할 수 있습니다.

우분투에 사용한 크론 설정:

```
* * * * * /usr/bin/python3.6 /root/print_hello_friend.py >> ~/cron.log 2>&1
```

b. 두 번째 방법은 파이썬 명령어를 사용하는 방법이 있습니다. 다음 예의 경우 CentOS 서버에서 루트root 사용자로 파이썬 코드를 실행하는 크론디의 예입니다. 다음 설정에서는 크론디가 매시각 1분경에 파이썬 코드를 실행합니다. 또 주목할 점은 CentOS 서버의 경우 크론디가 루트root 사용자로 로그인하는 것을 확인할 수 있습니다. CentOS에서는 루트로 크론잡을 실행하는 것을 기본으로 합니다.

CentOS 크론 설정:

```
1 * * * * root python3.6 print_hello_friend.py >>/root/cron.log 2>&1
```

크론 실행 확인:

```
[root@localhost ~]# cat cron.log
2019-04-28 15:01:01.881417
안녕 친구야!
2019-04-28 16:01:00.981246
안녕 친구야!
```

c. 그리고 세 번째 방법은 파이썬 코드를 이번 예에서 사용하듯이 실행형으로 만든 후 실행할 경우로 파이썬 코드 위치를 설정해 줍니다. 다음 크론디 스케줄은 매시 30분경에 파이썬 코드를 실행하게 됩니다.

CentOS 크론 설정:

```
30 * * * * root /root/print_hello_friend.py >>/root/cron.log 2>&1
```

크론 실행 확인:

```
[root@localhost ~]# cat cron.log
2019-04-28 15:30:01.881617
안녕 친구야!
2019-04-28 16:30.268718
안녕 친구야!
```

주의

CentOS 7.5에서 크론디(crond – cron damon) 서비스 오작동 문제 해결 방법

만약 크론디 서비스가 정상적인 동작을 하지 않는다면 아래 나와 있는 방법으로 문제 해결을 해 봅니다. 제가 사용하는 CentOS 7.5에서도 crond가 오작동으로 인해 정상적으로 실행되지 않았습니다. 다음의 동일한 방법을 사용해 crond 실행 문제를 해결할 수 있습니다.

01 ps –ef | grep crond 명령어를 사용해 pid(프로세스 ID)를 확인하고 프로세스를 종료한 후 다시 실행합니다.

```
[root@localhost ~]# ps -ef | grep crond
root      7361     1  0 13:31 ?        00:00:00 /usr/sbin/crond -n
root      8262  8060  0 13:34 pts/0    00:00:00 grep --color=auto crond
```

02 크론디(crond) 서비스를 시작해 봅니다.

```
[root@localhost ~]# systemctl start crond
```

03 서버 부팅 시 크론디(crond)가 자동으로 실행되도록 설정합니다.

```
[root@localhost ~]# systemctl enable crond
```

04 현재 오작동하고 있는 크론디 pid(프로세스 ID) 프로세스를 종료시킵니다.

```
[root@localhost ~]# kill -9 $(cat /var/run/crond.pid)
```

05 종료 후 현재 시간을 확인합니다.

```
[root@localhost ~]# date
Sun Apr 28 13:47:40 AEST 2019
```

06 다음 시스템을 10초만 쉬게 합니다.

```
[root@localhost ~]# sleep 10
```

/var/log/messages의 내용을 확인해 가장 마지막에 등록돼 있는 crond 서비스 관련 메시지를 확인합니다. 다음 예에서는 crond 서비스의 장애 메시지를 보여주고 있습니다.

```
[root@localhost ~]# tail -10 /var/log/messages
Apr 28 13:46:12 localhost nm-dispatcher: req:1 'dhcp4-change' [ens33]:
start running ordered scripts...
Apr 28 13:46:12 localhost systemd: Started Network Manager Script Dispatcher
Service.
Apr 28 13:46:40 localhost systemd: Starting Cleanup of Temporary
Directories...
Apr 28 13:46:40 localhost systemd: Started Cleanup of Temporary Directories.
Apr 28 13:47:01 localhost systemd: Created slice User Slice of bchoi.
Apr 28 13:47:01 localhost systemd: Started Session 17 of user bchoi.
Apr 28 13:47:01 localhost systemd: Removed slice User Slice of bchoi.
Apr 28 13:47:09 localhost systemd: crond.service: main process exited,
code=killed, status=9/KILL
Apr 28 13:47:09 localhost systemd: Unit crond.service entered failed state.
Apr 28 13:47:09 localhost systemd: crond.service failed.
```

07 'service crond status'를 사용해 재확인 결과 아직 crond 서비스가 정상 작동이 안되고 있는 상태입니다.

```
[root@localhost ~]# service crond status
Redirecting to /bin/systemctl status crond.service
● crond.service - Command Scheduler
   Loaded: loaded (/usr/lib/systemd/system/crond.service; enabled;
vendor preset: enabled)
   Active: failed (Result: signal) since Sun 2019-04-28 13:47:09 AEST;
8min ago
```

```
    Process: 7361 ExecStart=/usr/sbin/crond -n $CRONDARGS (code=killed,
signal=KILL)
  Main PID: 7361 (code=killed, signal=KILL)

Apr 28 13:31:55 localhost.localdomain systemd[1]: Started Command
Scheduler.
Apr 28 13:31:55 localhost.localdomain crond[7361]: (CRON) INFO
(RANDOM_DELAY will be scal....)
Apr 28 13:32:00 localhost.localdomain crond[7361]: (CRON) INFO
(running with inotify support)
Apr 28 13:47:09 localhost.localdomain systemd[1]: crond.service: main
process exited, cod...LL
Apr 28 13:47:09 localhost.localdomain systemd[1]: Unit crond.service
entered failed state.
Apr 28 13:47:09 localhost.localdomain systemd[1]: crond.service
failed.
Hint: Some lines were ellipsized, use -l to show in ful
```

08 마지막으로 서버를 재부팅한 후 크론디 서비스 상태를 다시 한 번 더 확인해 봅니다. 재부팅한
후 크론디 서비스가 정상적으로 동작하고 있습니다.

```
[[root@localhost ~]# systemctl status crond
● crond.service - Command Scheduler
   Loaded: loaded (/usr/lib/systemd/system/crond.service; enabled;
vendor preset: enabled)
   Active: active (running) since Sun 2019-04-28 13:57:24 AEST; 2s
ago
 Main PID: 9041 (crond)
    Tasks: 1
   CGroup: /system.slice/crond.service
           └─9041 /usr/sbin/crond -n

Apr 28 13:57:24 localhost.localdomain systemd[1]: Started Command
Scheduler.
```

```
Apr 28 13:57:24 localhost.localdomain crond[9041]: (CRON) INFO
(RANDOM_DELAY will be scal....)
Apr 28 13:57:25 localhost.localdomain crond[9041]: (CRON) INFO
(running with inotify support)
Apr 28 13:57:25 localhost.localdomain crond[9041]: (CRON) INFO (@
reboot jobs will be run ....)
Hint: Some lines were ellipsized, use -l to show in full.

[root@localhost ~]# ps -ef | grep crond
root     10000       1  0 15:01 ?        00:00:01 /usr/sbin/crond -n
root     13182    8983  0 17:04 pts/2  00:00:00 grep --color=auto crond
```

혹시 이 외에도 다른 이유로 오동작할 경우 구글 인터넷을 검색해 문제를 해결합니다. 처음 IT에 입문했을 때 사람들이 하던 말이 생각나네요.

```
"Google is your best friend!"
"구글은 너 BF야!"

* BF – Best Friend, 절친
```

5.5.1.3 예제를 통한 cron 스케줄링 설정 이해하기

리눅스 크론cron을 효과적으로 사용하기 위해서는 크론잡 설정 앞 줄에 표시돼 있는 별표 다섯 개의 의미를 잘 이해하고 있어야 합니다. 위에서 간단한 예제를 통해 사용 예를 봤다면 이번엔 더 많은 예제를 통해 크론에서 사용하는 시간 설정법을 이해하 겠습니다. 다음 그림은 crond의 스케줄러 파일의 일부에 설명돼 있는 내용입니다.

그림 5-98 리눅스 크론잡 예

리눅스 Cron 툴 설정 명령어의 형식은 다음과 같습니다. 'CMD'는 실행할 명령어를 뜻합니다.

분 시 일 월 요일 CMD

(* * * * * CMD)

표 5-1 리눅스 크론탭에서 사용 가능한 시간 설정 형식

단위	사용 가능한 값	설명
분(Min of an hour)	0 - 59분	60분 기준
시(Hour of a day)	0 - 23시	24시 기준
일(Day of Month)	1 - 31일	한달 기준
요일(Day of week)	0 - 6	7일 기준
CMD	실행할 명령어	명령어

또한 사용하는 리눅스 종류에 따라 CMD 설정 구문은 조금씩 변경될 수 있으나 크론에서의 시간 설정 형식(* * * * *)은 어떤 종류의 리눅스를 사용하든 동일합니다. 다음의 여러 가지 예를 들어가면서 설명하겠습니다.

01 '* * * * *'(별표 다섯 개)는 1분마다 실행을 의미합니다. 앞의 예에서 이미 봤듯이 만약 설정이 모두 별표라면 매분마다 코드를 실행하라는 의미입니다. 다음 예제에서도 매 분마다 print_time.py라는 파이썬 코드를 크론이 실행하며 실행 내용을 cron_time.log라는 파일에 출력된 내용을 저장합니다.

```
* * * * * /home/bchoi/print_time.py >> ~/cron_time.log 2>&1
```

---

02 예정된 시간에 실행되는 예입니다. 다음 예는 매년 3월 25일 새벽 1시 15분에 한 번씩 실행됩니다.

```
15 01 25 03 * /home/bchoi/print_time.py >> ~/cron_time.log 2>&1
```

- 15 = 15분

- 01 = 새벽 1시
- 25 = 25일
- 03 = 3월
- * = 요일 사용 안 함

03 하루에 두 번 실행되는 예입니다. 다음 예에서는 파이썬 코드가 오전 1시 15분에 한 번, 다음 오후 1시 15분에 한 번, 12시간 간격을 두고 하루에 두 번씩 실행됩니다.

```
15 01,13 * * * /home/bchoi/print_time.py >> ~/cron_time.log 2>&1
```

- 15 = 15분
- 01,13 = 새벽 1시와 오후 1시
- * = 날짜 사용 안 함
- * = 월 사용 안 함
- * = 요일 사용 안 함

04 다음 예는 매일 오전 7시부터 11시 사이, 정시에 한시간 간격으로 한 번씩 파이썬 코드를 실행하게 됩니다.

```
00 07-11 * * * /home/bchoi/print_time.py >> ~/cron_time.log 2>&1
```

- 00 = 정시
- 07-11 = 오전 7시 ~ 11시 사이
- * = 날짜 사용 안 함
- * = 월 사용 안 함
- * = 요일사용 안 함

05 위 4번 예제에서 나왔던 예를 만약 주중(월~금)에만 코드를 실행시키고 싶다면 다음과 같이 설정합니다. 여기서 마지막에 설정된 1-5는 '월~금요일'을 뜻합니다.

```
00 07-11 * * 1-5 /home/bchoi/print_time.py >> ~/cron_time.log 2>&1
```

- 00 = 정시
- 07-11 = 오전 7시 ~ 11시 사이
- * = 날짜 사용 안 함
- * = 월 사용 안 함
- 1-5 = 월, 화, 수, 목, 금 (0은 일요일, 6은 토요일입니다.)

06 만약 매주 일요일 밤 11시에 한 번씩 파이썬 코드를 실행하고 싶다면 다음과 같이 설정합니다.

```
00 23 * * 0 /home/bchoi/print_time.py >> ~/cron_time.log 2>&1
```

또는

```
00 23 * * Sun /home/bchoi/print_time.py >> ~/cron_time.log 2>&1
```

- 00 = 정시
- 23 = 오후 11시
- * = 날짜 사용 안 함
- * = 월 사용 안 함
- 0 또는 Sun = 일요일

07 매 5분, 매 10분 또는 매 30분에 한 번씩 코드를 실행하기 위해서는 분 단위의 설정에 0/5, 0/10 또는 0/30을 사용하면 됩니다. 이 방법은 분 단위뿐만 아니라 다른 단위에서도 같은 방법으로 사용할 수 있습니다.

```
0/5 * * * * /home/bchoi/print_time.py >> ~/cron_time.log 2>&1 (5분마다)
```

```
0/10 * * * * /home/bchoi/print_time.py >> ~/cron_time.log 2>&1 (10분마다)
```

```
0/30 * * * * /home/bchoi/print_time.py >> ~/cron_time.log 2>&1 (30분마다)
```

또 다른 예는 다음과 같습니다.

```
0 0 * 1/1 * /home/bchoi/print_time.py >> ~/cron_time.log 2>&1 (매달 첫째날 자정에)
```

---

08 위의 예를 들어 최근 크론의 경우 '0/x'를 사용해도 스케줄이 실행되지만 만약 리눅스 서버가 옛날 크론 실행 파일을 사용해 매 5분마다 크론잡을 실행하고 싶 다면 '0/5'를 '0,5,10,15,20,25,30,35,40,45,50,55'식으로 변경해 사용합니다.

크론에서 매 5분마다 실행 스케줄 실행하기

```
0/5 * * * * /home/bchoi/print_time.py >> ~/cron_time.log 2>&1 (신)
0,5,10,15,20,25,30,35,40,45,50,55 * * * * /home/bchoi/print_time.py >> ~/
cron_time.log 2>&1 (구)
```

크론에서 일요일에만 매 10분마다 스케줄 실행하기

```
0/10 * * * 0 /home/bchoi/print_time.py >> ~/cron_time.log 2>&1 (신)
0,10,20,30,40,50 * * * 0 /home/bchoi/print_time.py >> ~/cron_time.log 2>&1 (구)
```

---

09 크론은 특수 문자 @을 사용해 연도별, 매달, 매주, 매일, 매시 또는 시스템 부 팅 시에도 설정된 명령어 또는 코드를 실행할 수 있으며 이때 특수문자 @과 함께 영문 시간을 나타내는 daily, hourly 등과 같은 부사와 함께 붙여 사용합 니다. 다음 예에서는 @ 문자와 일반 설정 문자를 사용했을 때 표현법을 비교 해 봅니다.

```
@yearly (또는@annually)      = 0 0 1 1 * (매년 1월 1일 자정에 실행)
@monthly = 0 0 1 * * (매달 첫째날 자정에 실행)
@weekly = 0 0 * * 0 (매주 일요일 자정에 실행)
@daily (또는 @midnight) = 0 0 * * * (매일 자정에 실행)
@hourly = 0 * * * * (매시 0분에 한번 실행)
@reboot (시스템 부팅 시 실행)
```

예로, 만약 파이썬 작업 코드를 매년 1월 1일 자정(밤 12시)에 일 년에 한 번만 실행하고 싶다면 '@yearly' 키워드를 사용해 다음과 같이 편리하게 시간을 설정할 수 있습니다.

```
@yearly /home/bchoi/print_time.py >> ~/cron_time.log 2>&1
```

만약 매달 코드를 실행해야 할 경우는 @monthly를 사용합니다.

```
@monthly /home/bchoi/print_time.py >> ~/cron_time.log 2>&1
```

그리고, 코드를 매일 자정에 한 번씩 실행하고 싶을 경우 다음과 같이 설정해 사용할 수 있습니다.

```
@daily /home/bchoi/print_time.py >> ~/cron_time.log 2>&1
```

참고

크론에 대한 더 상세한 설명은 위키피디아에서도 찾아볼 수 있습니다. 다음 위키피디아 사이트를 방문해 크론과 크론 사용법에 대해 더 이해할 수 있습니다.

https://en.wikipedia.org/wiki/Cron

그리고, 다음 크론 메이커 사이트 중 하나를 사용하면 크론 시간 활용법을 더 실용적으로 배울 수 있습니다.
http://www.cronmaker.com/
https://crontab.guru/
http://corntab.com/

이외에도 만약 SMTP와 이메일 서버 설정이 된 환경에서는 리눅스 cron을 사용해 사용자들에게 이메일로 크론 실행 결과를 보낼 수도 있습니다. 이 책에서는 이 내용은 다루지 않습니다. 메일 세팅이 궁금하다면 인터넷 검색엔진을 사용해 한 번

찾아보기 바랍니다. 다음은 앞서 만든 paramiko2.py와 crond를 이용해 파이썬 코드가 5분마다 실행하도록 만든 후 코드가 예약한대로 실행되는지를 간단히 확인하겠습니다.

5.5.1.4 Lab 12 – 크론디 랩

크론디에서 파이썬 코드를 돌려서 정상적으로 돌아가는지를 확인하는 랩입니다. 파이썬 코드에 집중하기보다 크론디가 파이썬 코드를 실행하는지에 대해 더 집중하고 랩을 진행합니다. 간단히 paramiko2.py 파일 내용 몇 줄만 변경한 후 사용합니다. 새 코드를 만들기보다 이미 만들어져 있는 코드를 되풀이해 사용하면 시간 낭비를 줄일 수 있습니다.

시나리오 1 - 많은 양의 트래픽 증가로 인해 R1 라우터의 CPU에 부하가 생겨 R1이 정상적으로 작동하지 않는 일이 발생했습니다. 문제를 해결한 후 이 라우터의 CPU 사용률을 매 5분마다 모니터링하라는 지시가 떨어졌습니다. 파이썬 코드를 크론디로 실행합니다.

01 먼저 R1의 시간이 NTP와 연동돼 있는지 확인합니다. 만약 이전 랩을 이어서 이 랩을 실행한다면 ntp 주소를 다시 '192.168.229.133' 또는 본인이 설정한 NTP 서버 IP 주소로 변경합니다.

```
R1#show run | include ntp
ntp server 192.168.111.222
R1#configure terminal
Enter configuration commands, one per line.  End with CNTL/Z.
R1(config)#no ntp server 192.168.111.222
R1(config)#ntp server 192.168.229.133

R1#show ntp status
Clock is synchronized, stratum 4, reference is 192.168.229.133
nominal freq is 250.0000 Hz, actual freq is 250.0000 Hz, precision is 2**18
reference time is E0823931.254B8C94 (06:18:25.145 UTC Sun May 12 2019)
clock offset is 4.4109 msec, root delay is 74.20 msec
```

```
root dispersion is 8871.22 msec, peer dispersion is 7879.56 msec

R1#show ntp association

    address        ref clock      st  when  poll reach  delay  offset   disp
*~192.168.229.133 103.126.53.123   3   54   64    3    31.9    4.41  7879.6
 ~192.168.100.133 0.0.0.0         16    -   64    0     0.0    0.00  16000.
 * master (synced), # master (unsynced), + selected, - candidate, ~ configured

R1#show clock
06:19:22.828 UTC Sun May 12 2019
```

이 내용은 이미 앞에서 설명했지만 리눅스 NTP 서버에서 서비스 확인 및 문제 해결은 다음 명령어를 사용할 수 있습니다.

- systemctl status ntpd
- systemctl enable ntpd
- systemctl start ntpd
- systemctl stop ntpd

02 다음 CentOS 7.5 리눅스 서버에서 앞서 만들었던 'routerlist' 파일을 복사해 'routerlist1.txt'를 생성합니다. 리눅스에서는 파일 이름 뒤에 파일 확장자를 붙여서 파일을 만들어 사용해도 붙이지 않았을 때와 마찬가지로 동작합니다. 파일의 내용은 R1의 라우터 IP 주소인 192.168.229.134입니다.

```
[root@localhost ~]# pwd
/root
[root@localhost ~]# ls router*
routerlist
[root@localhost ~]# cp routerlist routerlist1.txt
[root@localhost ~]# nano routerlist1.txt
[root@localhost ~]# cat routerlist1.txt
192.168.229.134
```

03 계속해서 앞서 사용했던 paramiko2.py 파이썬 파일이 루트 사용자 폴더에 있는
지 확인한 후 'cp paramiko2.py paramiko4_cpu_mon.py' 명령어를 사용해 라
우터 CPU 모니터링을 하는 데 사용할 파이썬 코드를 복사합니다.

```
[root@localhost ~]# pwd
/root
[root@localhost ~]# ls paramiko*
paramiko1.py paramiko2.py paramiko3.py
[root@localhost ~]# cp paramiko2.py paramiko4_cpu_mon.py
```

이 파일도 'chmod' 명령어를 사용해 실행용 파일로 변경합니다.

```
[root@localhost ~]# chmod +x paramiko4_cpu_mon.py

[root@localhost ~]# ls -l paramiko4*
-rwxr-xr-x. 1 root root 1223 May 12 19:33 paramiko4_cpu_mon.py
```

04 복사한 파일을 nano 텍스트 에디터로 열어 다음 음영으로 표시된 부분들을 변
경한 후 파일을 저장합니다. 시스코 라우터의 'show processes cpu sorted |
exc 0.00' 명령어는 0인 프로세스의 정보를 제외함으로서 R1의 CPU 사용률 확
인 당시 CPU를 사용하는 프로세스만 확인해 출력합니다.

```
[root@localhost ~]# nano paramiko4_cpu_mon.py
[root@localhost ~]# cat paramiko4_cpu_mon.py
#!/usr/bin/env python3.6

import paramiko
import time

file1 = open("routerlist1.txt")

for line in file1:
```

```
    print ("Now logging into " + (line))
    ip_address = line.strip()

    file2= open("adminpass")
    for line1 in file2:
        username = line1.strip()
        for line2 in file2:
            password = line2.strip()

            ssh_client = paramiko.SSHClient()
            ssh_client.set_missing_host_key_policy(paramiko.AutoAddPolicy())
            ssh_client.connect(hostname=ip_address,username=username,passwo
                rd=password)

            print ("Successful connection to " + (ip_address) +"\n")
            print ("Now completing following tasks : " + "\n")
            remote_connection = ssh_client.invoke_shell()
            print ("Monitoring Router's Top 5 CPU Utilization")
            remote_connection.send("show clock\n")
            remote_connection.send("show processes cpu sorted | exc 0.00\n")
            time.sleep(1)
            remote_connection.send("exit\n")
            print ()
            time.sleep(2)
            output = remote_connection.recv(65535)
            print((output).decode('ascii'))

            ssh_client.close
            time.sleep(2)

file1.close()
file2.close()
```

---

05 다음 '/etc/crontab'을 이용해 아래에 있는 크론 설정을 crontab 파일의 맨 아
랫줄에 입력한 후 저장합니다.

716

앞서 확인한 것과 같이 CentOS 7.5에서 사용하는 cron의 버전은 다음과 같습니다.

```
[root@localhost ~]# rpm -q cronie
cronie-1.4.11-20.el7_6.x86_64
```

이 버전은 새로운 크론 버전이 아니므로 매 5분마다 파이썬 코드를 실행시키려면 다음과 같이 '0,5,10,15,20,25,30,35,40,45,50,55'분 단위를 사용해 크론 스케줄 설정을 해 줘야 합니다.

```
[root@localhost ~]# nano /etc/crontab

0,5,10,15,20,25,30,35,40,45,50,55 * * * * root /root/paramiko4_cpu_mon.py
>>/root/cron_cpu_mon.log 2>&1
```

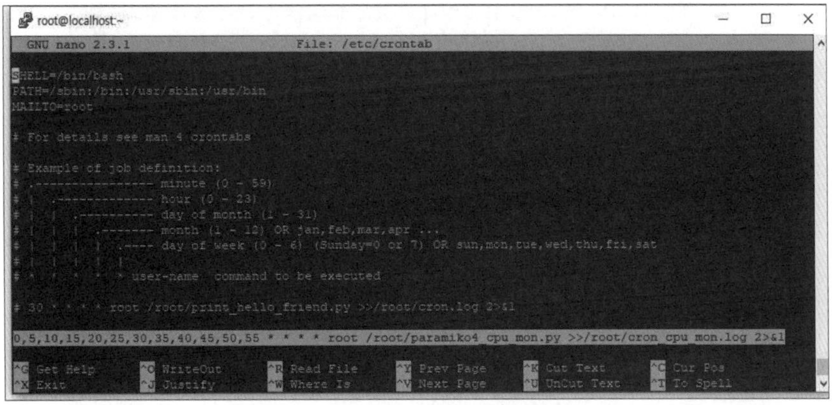

그림 5-99 crond의 crontab 스케줄 설정하기

06 이제 5분마다 파이썬 코드가 실행됩니다. 만약 문제있는 장비의 상태를 정기적으로 확인해야 하는 업무를 도맡았다면 더 이상 컴퓨터 앞에 앉아서 5분마다 명령창을 들여다보고 있을 필요가 없습니다. 이제 파이썬 코드가 실행되면서 로그 파일이 제대로 생성됐는지 확인하고 그 내용을 한번 확인해 봅니다.

```
[root@localhost ~]# ls cron_*
cron_cpu_mon.log

[root@localhost ~]# more cron_cpu_mon.log
```

그림 5-100에서 보는 것과 같이 10시 10분에 한 번 파이썬 코드를 실행한 후 다시 10시 15분경에 한 번 더 실행된 것을 볼 수 있습니다. 크론잡을 멈추기 전까지 이 코드는 5분마다 실행되며 R1의 CPU를 가장 많이 사용하는 프로세서들을 확인할 수 있습니다.

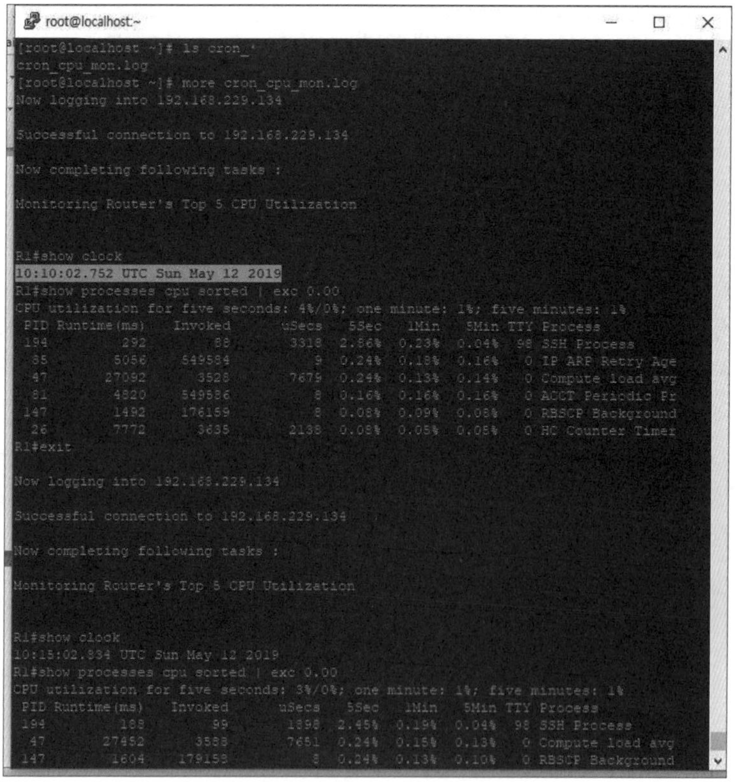

그림 5-100 cron_cpu_mon.log 파일 내용 확인

이로써 간단한 코론 스케줄 설정 예를 통해 시스코 라우터의 CPU 점유율을 5분마다 확인해 주는 파이썬 코드를 만들어 실행해 봤습니다. 다음은 SNMP를 이해한 후 파

이썬 코드를 사용해 시스코 장비의 동작 상태를 확인해 보겠습니다.

5.5.2 SNMP 이해 및 파이썬으로 SNMP 사용하기에 앞서

처음부터 파이썬을 이용한 SNMP 기술을 소개할 계획은 아니었습니다. 이 외에도 여러 가지 이유로 이 책에서 제외된 대목들은 수없이 많습니다. 여러 가지 대목들이 제외된 가장 큰 이유는, 입문자의 기초를 다지는 입문책에서 중고급 기술들을 먼저 소개함으로서 파이썬을 처음 접하는 엔지니어들이 지레 겁먹고 공부를 포기하지 않을까 하는 조바심 때문이었습니다.

파이썬을 처음 접하는 네트워크 엔지니어가 파이썬 코드를 사용해 SNMP 기술을 마음껏 주무를 정도의 코딩 실력을 갖추려면 한두 달를 공부해서 가능한 일은 아니라는 것이 개인적인 생각입니다. 하지만 책을 마무리하고 기술 리뷰를 하는 과정에서 가장 큰 의견이 이 책에서 SNMP를 다루지 않는다는 것에 대한 아쉬움이었습니다. 그렇다면, 파이썬을 처음 접하는 입문자들에게 SNMP를 사용하는 파이썬 코드의 이해를 어떻게 해야 더 쉽고 실용적으로 설명할 수 있을지에 대해 4개월 정도 책을 다 끝내놓고 고민했습니다.

고민의 결과는 "첫째, SNMP 기본 개념을 개요식으로 다룬다. 둘째, MIB와 OID 이해와 OID를 엔지니어 손으로 직접 찾는 법을 소개한다. 셋째, 이미 몇 년의 파이썬 코딩과 SNMP 기술을 다루고 있는 네트워크 엔지니어의 공유된 파이썬 SNMP 코드를 찾아와 이 책에서 소개하고 간단하게 설명한다. 넷째, 앞서 배운 OID를 사용해 랩에서 직접 파이썬 SNMP 코드가 제대로 실행되는지를 눈으로 확인하며 이해한다"였습니다.

이 책의 마지막 랩이자 5장의 후반부인 SNMP와 파이썬에 대한 이해의 전개는 다음과 같습니다.

- SNMP 개요 및 이해
- MIB와 OID 이해 및 OID 직접 찾아보기
- 공유된 파이썬 SNMP 코드 찾기 및 코드 설명하기

- 공유된 SNMP 파이썬 코드 사용해 랩에서 실행하기

대부분의 대기업 네트워크 관리팀에서는 네트워크 모니터링만 전문으로 하는 팀을 둘 정도로 네트워크 모니터링은 매우 중요한 네트워크 기술이라 말할 수 있습니다. 여기서 네트워크 모니터링이라 하면 일반적으로 99%가 SNMP를 사용한 모니터링을 뜻합니다. 하지만 대기업에서 일하는 네트워크 엔지니어들의 경우 일을 하면서 기본 개념만 익힌 후 본인이 관리하는 장비에서 클라이언트 설정만 "대충"한 후 모니터링팀에게 모니터링 서버에 관리대상 장비를 추가하라는 요청만 하면 SNMP에 대한 설정이 끝납니다. 다르게 말하면 네트워크 모니터링을 전문적으로 하지 않는 이상 SNMP와 같은 기술을 심도있게 공부하고 깊이 이해해야 하는 기술이라 생각하는 엔지니어들은 많이 없을 것입니다.

만약 중소기업에서 네트워크 엔지니어로 업무를 했다면 이 이야기는 달라집니다. 직접 SNMP 클라이언트와 서버 설정을 다뤄야 하므로 아마 SNMP 개념과 설정 부분을 대기업에서 일하는 엔지니어들보다는 더 완벽하게 이해하고 있을 것이라 생각합니다.

제가 여기서 SNMP 설정에 대해 "대충"이라는 단어를 사용했는데 그 이유는 아래 SNMP v1과 v2c에 대한 설명을 읽으면 쉽게 이해가 될 것입니다. 시스코 장비의 경우 SNMP v1 또는 v2c를 사용할 경우 정말 대충 설정만 해도 쉽게 SNMP가 동작합니다. 그 이유는 아직까지 대부분의 네트워크에서는 SNMP v2c를 사용한다고 말할 수 있으며 첫째로 오래된 장비에서는 SNMP v3를 지원하지 않을 경우가 많으며 둘째로, SNMP v3를 사용하려면 네트워크 엔지니어가 전반적인 SNMP의 동작에 대한 정확한 이해를 하고 있어야 합니다. 이 책에서는 SNMP를 조금 더 정확하게 이해하기 위해 SNMP v2c를 사용하는 파이썬 코드의 예를 찾아, SNMP v3를 지원하는 코드로 변경해 SNMP 랩에서 사용해보겠습니다. 실은 SNMP v3를 사용하는 파이썬 코드를 찾아봤지만 좋은 예를 찾지 못했습니다.

5.5.2.1 SNMP 개요 및 이해

인터넷 엔지니어링 태스크 포스(IETF) 웹사이트에 따르면 네트워크에 연결돼 동

작하고 있는 장비의 통신 상태를 얻기 위해 사용되는 프로토콜인 ICMP^{Internet Control Management Protocol}는 1981년 RFC 777에서 정의됐으며 이 프로토콜의 기능을 더 향상시킨 SGMP^{Simple Gateway Monitoring Protocol}는 1987년 RFC 1028을 통해 정의됐습니다. 다시 1989~1990년 사이 SGMP를 기반으로 한 새로운 전송 프로토콜 표준인 SNMP^{Simple Network Monitoring Protocol}가 RFC 1155 – 1157를 통해 이 세상에 소개되며 IT 업계에서는 본격적으로 SNMP를 네트워크 상에 존재하는 여러 대부분의 IP 장비의 상태를 관리하는 데 사용하기 시작했습니다(참조: https://tools.ietf.org/html/ (RFC: 777, 1028, 1155, 1156, 1157)).

5.5.2.1.1 SNMP 관리 구조

SNMP는 매니저(서버)와 에이전트(클라이언트)의 구조로 이뤄져 있습니다. 일반적으로 SNMP 에이전트는 각 네트워크 장치에 설치돼야 하며 사용하는 버전에 따라 매니저와 에이전트에서의 설정이 달라질 수 있습니다. SNMP 매니저는 정해진 규칙에 따라 네트워크 장치의 정보를 수집하고 보관하며 수집된 정보를 이용해 전체 네트워크를 관리합니다. 사실 에이전트가 자신의 정보를 매니저로 전달하는 방식에는 폴링^{Polling}과 이벤트 리포팅^{Event Reporting} 이렇게 두 가지가 방법이 있습니다. 에이전트가 수집할 정보 내용의 규격을 MIB^{Management Information Base, 관리 정보 베이스}라 하며 MIB의 관리 객체^{Management Object}를 지정하는 식별자^{Primary Key}를 OID^{Object Identification}라고 합니다.

SNMP 데이터 수집 두 가지 방법인 폴링과 트랩을 잠시만 여기서 짚어보고 넘어갑니다.

첫 번째로, 폴링의 동작 방법을 보면 먼저 SNMP 매니저가 정보 수집을 위해 Get Request 메시지를 에이전트에게 보내면 에이전트는 Response 메시지에 자신의 정보를 함께 담아 매니저에게 다시 전송하는 방식으로 기본 동작을 합니다. 폴링 방식은 설명한대로 서버가 먼저 SNMP Get Request 메시지를 보내 특정 정보를 요청하면 에이전트가 정보 요청 메시지에 응답하는 방식이며 만약 서버가 SNMP를 사용해 에이전트 정보를 변경할 수 있는 권한을 가진 환경에서는 SNMP Set Request를 사용해 클라이언트 상태 또는 설정 또한 변경할 수도 있습니다.

하지만 일반적으로 SNMP의 Set Request를 사용해 네트워크 상의 장비를 설정 및 관리하는 실제 환경을 아직까지는 보지 못했습니다. 대부분의 경우 SNMP는 시스템 모니터링에 사용되는 프로토콜이라 보는게 맞습니다. 폴링 방식은 네트워크 트래픽을 많이 사용한다는 단점이 있습니다. 두 번째로, 이벤트 리포팅 방식은 에이전트 상에 모니터링되고 있는 정보에 변화가 생겼을 경우에만 매니저의 트랩 리시버^{Trap} ^{Receiver}로 정보를 전송하는 트랩^{Trap} 방식을 사용합니다. SNMP 트랩 방식은 현재 가장 많이 사용되는 SNMP 정보 관리 방식이며 이 경우 네트워크 모니터링에 SNMP 트래핑을 사용한다고 말을 합니다.

5.5.2.1.2 현재 사용되는 SNMP 버전

현재 사용할 수 있는 SNMP의 버전은 세 가지가 있으며 다음 각 버전에 대한 소개를 보기 쉽게 표로 요약했습니다.

표 5-2 SNMP 버전 요약

버전	특징
SNMPv1	오리지널 버전 커뮤니티 스트링(키) 사용 보안기능 없음 32비트 시스템만 지원
SNMPv2c	32/64비트 시스템 지원 64비트로 폴링 사용 시 성능 향상 64비트 지원 외 사실상 SNMPv1과 동일함 일반적으로 버전 2라 함은 v2c를 뜻함 대부분의 시스템에서 기본으로 지원 가장 많이 사용됨
SNMPv3	매니저/에이전트 구조를 개체로 변경 64비트에 보안 강화 인증(Authentication)과 프라이버시(Privacy) 보장 각 SNMP 엔티티를 각 고유 EngineID명으로 인식

잠시 각 버전에 대한 보충 설명을 통해 각 버전에 대해 좀 더 이해하고 넘어가겠

습니다.

- **SNMPv1**: 처음 소개된 SNMP 버전이 SNMPv1입니다. 공개와 규격 프로토콜을 지향하도록 만들어진 버전이었지만 여러 가지 애플리케이션에서 필요하는 요구조건들을 모두 충족시키지는 못했습니다. 오래된 장비 중에는 아직까지 SNMPv1을 사용하고 있습니다.

- **SNMPv2C**: SNMPv2c는 SNMPv2의 업데이트된 버전으로 'Informs' 명령어를 포함하고 있습니다. 가장 흔히 사용되는 SNMP Traps의 경우 클라이언트가 보낸 정보를 서버가 받기만 하지만 'Informs'의 경우 서버와 클라이언트 간에 정보를 받았는지 확인하는 절차가 포함돼 있으며 만약 SNMP 매니저가 Inform에 대한 답변을 하지 않을 경우, SNMP agent(client)는 Inform을 다시 보냅니다. TCP와 UDP의 차이점과 흡사하다고 보면 됩니다. 또한 SNMPv2의 또 다른 장점으로는 더 원만한 에러 핸들링 처리 방법과 다양한 SET 명령어 포함 등을 들 수 있습니다. SNMPv2c를 사용할 경우 장비가 SNMPv2c를 지원하는지 확인한 후 사용해야 하며, SNMP2c 지원이 되지 않을 경우 SNMP 매니저가 SNMPv1을 지원하도록 설정해야 합니다.

- **SNMP v3**: SNMPv3는 가장 최신 버전이며 버전 2c와 비교해 보안을 더 향상시켰습니다. SNMPv3는 각 SNMP 엔티티를 각 고유 EngineID명으로 인식하므로 EngineID의 중복 사용을 완전히 배제합니다. EngineID는 인증 메시지에서 사용되는 키를 만들 때 사용합니다. SNMPv3은 SNMPv2보다 보안이 한층 더 강화됐다는 말은 인증Authentication과 프라이버시Privacy 보장에 있다 말할 수 있습니다. 인증은 SNMP 트랩을 꼭 수신해야 하는 수신자만 읽을 수 있도록 보장합니다. 트랩 메시지가 생성되는 과정에서 앞서 설명했던 EngineID를 바탕으로 생성된 특수 키를 통신과정에서 사용합니다.

5.5.2.1.3 SNMP 프로토콜 스택 이해하기

SNMP는 TCP/IP 프로토콜 스택에서 응용계층의 프로토콜이며 SNMP 메시지를 전송하는 전송계층 프로토콜은 UDP를 사용합니다.

- SNMP GET 메시지는 UDP 161번 포트를 통해 메시지를 주고 받습니다.
- SNMP SET 메시지도 UDP 161번 포트를 통해 메시지를 주고 받습니다.
- SNMP 트랩의 경우도 UDP 162번 포트를 통해서 메시지를 주고 받습니다. 트랩의 경우 메시지 수신이 됐는지 확인하지 않습니다.
- SNMP 인폼Inform은 트랩과 동일하며 한 가지 다른 점은 메시지 수신이 정상적으로 됐는지 확인받는다는 것입니다. 역시 UDP 162번 포트를 통해 메시지를 주고 받습니다.

5.5.2.1.4 SNMP 메시지의 종류

SNMP 매니저와 에이전트 사이에 주고 받는 메시지는 여섯 가지 종류이며 이해를 돕기 위해 다음 표로 요약했습니다.

표 5-3 SNMP 메시지 종류

메시지 종류	PDU 타입	설명
get-request	0	에이전트 관리 MIB에서 지정한 객체의 값을 가져옵니다.
get-next-request	1	에이전트 관리 MIB에서 지정한 객체의 다음 객체 값을 가지고 옵니다. MIB 항목에 테이블로 돼 있는 경우에 사용합니다.
get-bulk-request	1	get-next-request와 같이 동작하며 지정된 횟수만큼 에이전트 관리 MIB에서 지정한 객체의 값을 가져옵니다.
set-request	2	에이전트 관리 MIB에서 지정한 객체의 값을 설정(변경)합니다.
get-response	3	매니저의 요청에 대한 결과를 되돌려줍니다.
traps	4	에이전트 관리 MIB에서 특별한 이벤트가 발생할 경우에 이 메시지를 매니저에게 보내 알립니다.

* PDU 타입의 값은 0-4까지 있습니다.

5.5.2.1.5 SNMP의 SMI, MIB 그리고 OID 이해하기

다음은 잠시 SNMP의 SMI, MIB 그리고 OID의 정의에 대해서 설명한 후 보안 방법, 접근 정책 및 트랩의 동기화와 비동기화도 짚어보고 넘어갑니다.

- SMI - 관리 방법

SMIStructured Management Information는 MIB를 정의하고 구성하는 툴로 표준에 적합한 MIB

를 생성하고 관리하는 방법입니다.

- **MIB – 관리할 객체들의 집합**

MIB^{Management Information Base}는 관리자가 조회하거나 설정할 수 있는 객체들의 데이터베이스입니다. 객체별로 트리 형식 구조를 가지고 있으며 MIB 특정 값을 가져와 에이전트의 상태를 파악하거나 그 값을 변경할 수 있습니다. 모두 트리 구조로 이뤄져 있는 ASN.1(Abstract Notation One)은 객체를 설명하는 일종의 스크립트 언어입니다.

- **OID – 객체 ID**

MIB를 생성하려면 OID^{Object-Identifier}를 지정받아야 합니다. OID는 고유한 특정한 숫자의 연속으로 표현되며, IP 주소와 유사한 표기법을 사용합니다. OID는 MIB의 관리 객체를 지정하는 식별자^{Primary Key}입니다. OID 표기법에 대한 이해는 다음 나올 OID 찾아보기를 실행하면 자연적으로 이해가 됩니다.

- **SNMP의 보안 방법**

네트워크 상에서 정보를 안전하게 관리하기 위해서는 장비와 네트워크의 보안이 보장돼야 합니다. SNMP는 community라는 일종의 패스워드를 사용하며, SNMP 메시지를 인증합니다. 네트워크를 통해 전송되는 모든 메시지에 커뮤니티 값을 사용해 메시지 단위로 인증을 수행합니다. 관례적으로 에이전트가 공개하는 MO^{Managed Object}에 대해서는 커뮤니티 값을 'public'으로 설정해 놓습니다.

5.5.2.1.5 접근정책

SNMP는 접근하는 형태별로 다른 커뮤니티 값을 사용합니다. 이러한 접근제어 방법은 SNMP MIB에 의한 접근과 SNMP 접근 모드의 관점으로 나뉩니다.

표 5-4 SNMP 접근정책

MIB 접근 카테고리	SNMP 접근 모드	
	읽기 전용	읽고 쓰기
Read-Only	Get, Trap 연산 가능	
Read-Write	Get, Trap 연산 가능	Get, Set, Trap 연산 가능
Write-Only	Get, Trap 연산 가능 값은 구현에 따라 다름	Get, Trap 연산 가능 Get, Trap 시의 값은 구현에 따라 다름
Not-Access	사용 불가	

- **SNMP Read-only 커뮤니티 스트링**: 다른 SNMP 매니저에서 에이전트의 정보를 읽을 수 있습니다. 인터맵퍼Intermapper는 읽기 전용 정보를 사용해 장비를 맵핑합니다.

- **SNMP Read-Write 커뮤니티 스트링**: requests를 사용해 통신 시 사용되며 다른 장비의 상태 또는 설정을 읽고 변경할 수 있습니다. 인터맵퍼는 읽기 전용이므로 읽고 쓰기Read-Write 스트링 모드를 사용하지 않습니다.

- **SNMP 트랩 커뮤니티 스트링**: 에이전트가 SNMP 트랩을 인터맵퍼로 보낼 때 사용하는 커뮤니티 스트링이며 인터맵퍼는 어떤 SNMP 트랩 커뮤니티 스트링을 사용하든 정보를 받고 저장합니다.

5.5.2.1.6 SNMP 트랩 사용 시 동기식과 비동기식 통신 이해하기

다음은 SNMP에서 사용되는 두 가지 방식의 SNMP 트랩 방식에 대한 간략한 설명입니다. 일반적으로 SNMP를 사용해 SNMP 매니저(서버)와 에이전트(클라이언트) 사이에 트랩 메시지가 통신이 될 경우 SNMP는 Synchronous(동기식) 또는 Asynchronous(비동기식) 모드 중 한 가지를 사용해야 합니다. 이 두 모드 사이의 차이점은 다음과 같습니다.

- **Synchronous(동기식) 모드**: 동기식 모드를 사용할 경우 데이터와는 별도로 송신 측과 수신 측이 하나의 기준 클럭을 사용하므로 동기신호에 맞춰 매니저와 에이전트가 함께 동작해야 합니다. 연속적 데이터 전송이 이뤄지려면 송신 측

과 수신 측 사이에 하나의 데이터 송수신이 완료돼야 그 다음 데이터를 송신할 수 있는 모드입니다.

- **Asynchronous(비동기식) 모드**: 비동기식 모드를 사용할 경우 송신 측의 클럭에 관계없이 수신신호 클럭으로 타임 시간차를 식별해 한 번에 한 문자씩 송신하는 방식으로 보내는 패킷 앞에 시작비트와 끝에 정지비트를 붙여 내보내는 방식입니다. 다시 말해 비동기식 모드로 동작하는 SNMP 에이전트의 경우 Get Requests 통신을 할 때 여러 데이터를 주고 받는 데 시간과 순서에 상관없이 불규칙적인 전송 가능을 할 수 있습니다.

SNMP 트랩 사용 시, 메시지는 일반 트랩 또는 인폼 트랩 메시지로 생성되며 트랩은 비동기식 통신 방식을 사용하며 SNMP 에이전트는 설정돼 있는 SNMP 매니저로 정보 수신 확인이 필요치 않은 정보를 일방적으로 보냅니다. 인폼은 이와 반대로 SNMP 에이전트가 SNMP 매니저로 트랩 정보를 보내고 받았다는 확답을 받아야 되므로 동기식 모드라고 말합니다.

5.5.2.2 SNMP 관련 파이썬 라이브러리 소개

파이썬에서 SNMP를 사용하려면 본인이 사용하고 싶은 SNMP 라이브러리를 먼저 설치해야 합니다. 파이썬과 관련된 SNMP 라이브러리를 표로 정리해 소개합니다. 이책에서는 정식 파이썬 SNMP를 지향하는 pysnmp만 예를 들어 사용하지만 만약 시간적 여유가 있다면 다른 라이브러리에 대해서도 인터넷에서 검색해 알아보면 좋을 것 같습니다.

표 5–5 SNMP 관련 파이썬 라이브러리 소개

SNMP 모듈/패키지 이름	설명 및 라이브러리 공유 사이트
pysnmp	• 파이썬을 기본으로 한 SNMP 모듈 • 프로그램 실행 속도 – 느림 • http://snmplabs.com/pysnmp/contents.html

SNMP 모듈/패키지 이름	설명 및 라이브러리 공유 사이트
python-netsnmp	• net-snmp에 기본 파이썬 바인딩 사용 • 파이썬 같지 않은 인터페이스 지원 • 공유된 자료 부족 • http://net-snmp.sourceforge.net/wiki/index.php/Python_Bindings • http://net-snmp.sourceforge.net/
snimpy	• SNMP 쿼리를 위해 개발된 파이썬 툴 • PySNMP를 기반으로 개발됨 • 프로그램 실행 속도 – 느림 • https://snimpy.readthedocs.io/en/latest/
easy-snmp	• net-snmp 기반으로 개발된 라이브러리 • 파이썬식 인터페이스 지원 및 동작 • 프로그램 실행 속도 – 빠름 • https://easysnmp.readthedocs.io/en/latest/
fastsnmpy	• net-snmp를 기반으로 한 비동기식 랩퍼(asynchronous wrapper) 사용 • SNMP 워킹(walking)을 위해 개발됨 • https://github.com/ajaysdesk/fastsnmpy

SNMP 에이전트는 수많은 정보를 SNMP 매니저와 공유합니다. 다음은 MIB와 OID
에 대한 공부를 더 하기 위해 직접 리눅스와 윈도우 운영체제에서 OID 찾기를 연습
해 봅니다.

5.5.2.3 MIB와 OID 이해 및 OID 직접 찾아보기

앞서 SMI, MIB 그리고 OID에 대해서 간략하게 설명했습니다. 앞서 OID는 MIB의
관리 객체를 지정하는 식별자라고 말했습니다. 이 말은 즉 OID는 MIB의 일부이며
MIB가 등록돼 있는 객체를 나타내기 위해 사용되는 고유 ID라는 말입니다. OID의
한 예로 1.3.6.1.2.1.1.3.0과 같은 경우 하나의 시스템이 부팅 이후의 실행 시간 정보
를 담고 있는 식별자라고 볼 수 있습니다. 이 OID들은 MIB 라이브러리를 통해 또는
장비 업체가 공유하고 있는 자료문서 및 인터넷을 통해 찾을 수도 있으며, 또한 본인
이 직접 SNMP의 snmpwalk를 사용해 직접 찾고 확인한 후 사용할 수도 있습니다.

여기서는 리눅스와 윈도우 두 운영체제에서 현재 우리가 사용하고 있는 GNS3 랩의 바이럴 IOSv 가상 머신의 OID를 snmpwalk를 사용해 조금 더 이해해 보도록 합니다. 마지막으로 이미 만들어 공유되고 있는 파이썬 코드를 인터넷에서 찾아 현재 구성돼 있는 가상 라우터 머신의 정보와 상태를 SNMP를 사용해 확인해 봅니다.

5.5.2.3.1 리눅스 서버에서 SNMPwalk IOSv OID 시각적으로 이해하기

먼저 리눅스 서버를 SNMP 매니저로 만들려면 SNMP 소프트웨어를 설치해야 합니다. 그 다음 SNMP 에이전트 상에 어떤 SNMP 버전을 사용하는가에 따라 매니저와 인증할 수 있는 패스워드를 설정합니다. 일반적으로 SNMP 매니저는 리눅스 또는 윈도우 서버에 독립된 서버로 설치되며 SNMP API를 지원하는 프로그램을 설치해 사용하게 됩니다.

가장 대표적으로 사용되는 SNMP 서버 프로그램은 Solar Winds Network Performance Monitor, Paessler PRTG Network Monitor, SysAid Monitoring 등이 있으며 대부분의 소프트웨어는 실험용 프로그램을 사용할 수 있는 무료 배포 버전을 제공합니다. 이 프로그램들에 대한 더 상세한 내용은 각 벤더사의 웹사이트와 자료를 참고해 주기 바랍니다. 여기서 저희는 리눅스 또는 윈도우 서버에서 SNMP 서버 소프트웨어를 설치하고 시스코 vIOS에 SNMPv3을 설정한 후 SNMPwalk를 통해 가상 라우터 MIB의 OID를 명령창에서 실행해 OID에 대한 이해를 눈으로 직접 해 보겠습니다.

먼저 리눅스 서버에 SNMP 매니저(서버) 소프트웨어를 다음과 같이 설치합니다. 만약 이 서버를 또 다른 SNMP 서버로 관리해보고 싶다면 SNMP 에이전트(클라이언트) 소프트웨어도 함께 설치합니다. 다음 사용된 리눅스 서버는 위에서 사용했던 CentOS 7.5 서버입니다.

01 먼저 net-snmp-utils와 net-snmp-devel 패키지를 다음 명령어를 사용해 CentOS 서버에 설치합니다. net-snmp-utils는 snmpwalk를 할 때 사용되는 툴입니다.

```
[root@localhost ~]# yum install -y net-snmp net-snmp-utils net-snmp-devel
```

02 다음 SNMPv3 사용자와 인증 패스워드를 설정합니다. 여기서 설정되는 정보는 SNMP 에이전트 설정 시 동일하게 사용됩니다. 먼저 snmpd 서비스를 확인한 후 서비스가 정지된 상태에서 사용자를 설정합니다.

```
[root@localhost ~]# systemctl status snmpd
```

```
[root@localhost ~]# systemctl stop snmpd
```

SNMPv3 사용자 설정 방법은 세 가지가 있으며 각 설정 방법은 다음과 같습니다. 사용자 설정 시 인증 및 암호화 방법을 특별히 설정하지 않을 경우 디폴트로 MD5와 AES가 설정되며 읽기 전용(-ro)으로 설정됩니다.

a. 명령어 사용

명령어를 사용해 사용자를 설정하면 명령어 한 줄에 사용자 이름과 인증 패스워드와 암호화 전용 키를 동시에 설정할 수 있습니다. 이 경우 일반적인 명령어 옵션은 다음과 같습니다.

```
net-snmp-config --create-snmpv3-user [-ro] [-A authpass] [-X privpass] [-a
MD5|SHA] [-x DES|AES] [username]
```

예1) 사용자 이름과 인증 패스워드로만 SNMP 사용자를 생성할 경우 다음과 같이 디폴트로 읽기 전용(-ro), MD5 인증 및 DES 암호를 사용하는 사용자가 생성됩니다.

```
[root@localhost ~]# net-snmp-config --create-snmpv3-user -A AUTHPass1 SNMPUser1
adding the following line to /var/lib/net-snmp/snmpd.conf:
   createUser SNMPUser1 MD5 "AUTHPass1" DES
adding the following line to /etc/snmp/snmpd.conf:
   rwuser SNMPUser1
```

예2) 좀 더 구체적으로 인증 방식과 암호화를 설정하려면 다음과 같이 할 수 있습니다. 다음은 MD5 인증과 DES를 사용하는 사용자 생성 예입니다.

```
[root@localhost ~]# net-snmp-config --create-snmpv3-user -ro -A AUTHPass1
-X PRIVPass1 -a MD5 -x DES SNMPUser1
adding the following line to /var/lib/net-snmp/snmpd.conf:
   createUser SNMPUser1 MD5 "AUTHPass1" DES PRIVPass1
adding the following line to /etc/snmp/snmpd.conf:
   rouser SNMPUser1
```

예3) 다음은 SHA 인증과 AES를 사용하는 사용자 생성 예입니다.

```
[root@localhost ~]# net-snmp-config --create-snmpv3-user -ro -A AUTHPass1
-X PRIVPass1 -a SHA -x AES SNMPUser1
adding the following line to /var/lib/net-snmp/snmpd.conf:
   createUser SNMPUser1 SHA "AUTHPass1" AES PRIVPass1
adding the following line to /etc/snmp/snmpd.conf:
   rouser SNMPUser1
```

b. 대화식 모드 사용

대화식 명령어는 MD5와 DES를 사용하는 SNMP 사용자를 생성할 때 유용합니다.

```
[root@localhost ~]# net-snmp-create-v3-user
Enter a SNMPv3 user name to create:
SNMPUser1
Enter authentication pass-phrase:
AUTHPass1
Enter encryption pass-phrase:
  [press return to reuse the authentication pass-phrase]
PRIVPass1
adding the following line to /var/lib/net-snmp/snmpd.conf:
   createUser SNMPUser1 MD5 "AUTHPass1" DES PRIVPass1
adding the following line to /etc/snmp/snmpd.conf:
```

```
rwuser SNMPUser1
```

c. 수동 설정

사용자가 직접 snmp 설정 파일을 열어 맨 아랫줄에 사용자 설정을 추가해서
SNMP 사용자를 설정할 수도 있습니다. 두 개의 파일을 열어 내용을 추가해 주
기만 하면 됩니다.

예) MD5와 DES를 사용하는 SNMPUser1이라는 사용자 어카운트가 생성됩니다.

```
[root@localhost ~]# nano /var/lib/net-snmp/snmpd.conf
…[생략]
createUser SNMPUser1 MD5 "AUTHPass1" DES PRIVPass1 <<<맨 아랫줄에 추가할 내용

[root@localhost ~]# nano /etc/snmp/snmpd.conf
…[생략]
rwuser SNMPUser1 <<<맨 아랫줄에 추가할 내용
```

03 서버가 부팅할 때 SNMP 서비스가 동작할 수 있도록 다음 명령어를 입력합니다.

```
[root@localhost ~]# systemctl enable snmpd

[root@localhost ~]# systemctl start snmpd
```

04 SNMP 서비스 동작 상태를 확인합니다.

```
[root@localhost ~]# systemctl status snmpd
● snmpd.service - Simple Network Management Protocol (SNMP) Daemon.
   Loaded: loaded (/usr/lib/systemd/system/snmpd.service; enabled; vendor
preset: disabled)
   Active: active (running) since Sun 2019-05-05 12:59:29 AEST; 40s ago
 Main PID: 17095 (snmpd)
    Tasks: 1
   CGroup: /system.slice/snmpd.service
```

```
        └17095 /usr/sbin/snmpd -LS0-6d -f
…[생략]
```

05 SNMPwalk 명령어를 사용해 SNMP가 로컬 서버에서 제대로 동작하는지 확인합
니다. 위 b에서 사용했던 SNMPUser1을 사용해 CentOS 서버의 snmpwalk를
실행합니다.

```
[root@localhost ~]# snmpwalk -v3 -u SNMPUser1 -l authPriv -a MD5 -A
AUTHPass1 -X PRIVPass1 localhost
```

또는

```
[root@localhost ~]# snmpwalk -v3 -u SNMPUser1 -l authPriv -a MD5 -A
AUTHPass1 -X PRIVPass1 127.0.0.1
```

그림 5-101 SNMP 서버 − SNMPwalk 서버에서 실행

다음 시스코 라우터에서 SNMP 관련 설정은 다음과 같습니다. SNMPv3의 경우 설정에 앞서 SNMPv2c보다 SNMP 인증에 대해 좀 더 완벽한 이해를 해야 사용할 수 있습니다. 일반적으로 SNMP v2c가 많이 사용되나 이 책에서는 보안이 더 강화된 SNMP v3을 사용합니다. SNMPv2c는 설정방법이 매우 단순하므로 인터넷 또는 시스코 사이트에 나와 있는 정보만 참고해도 쉽게 이해할 수 있습니다. 다음은 R2에 SNMPv3를 설정합니다.

01 SNMP 에이전트는 본인(시스템)의 정보를 SNMPv3 메시지에 사용될 수 있는 정보를 각기 관리합니다. 시스코 라우터와 스위치와 같은 SNMP 에이전트 장비에서는 SNMPv3이 사용되기 전에 꼭 SNMP 엔진 ID를 설정한 후 사용할 것을 권장합니다. 만약 설정을 하지 않을 경우 엔진 ID는 엔터프라이즈 번호와 디폴트 MAC 주소의 조합을 사용합니다. R2의 엔진 ID를 설정한 후 사용합니다.

```
R2#conf t
R2(config)#snmp-server engineID local 123456789ABC
```

02 다음 SNMP 그룹의 이름과 버전을 다음과 같이 설정합니다.

```
R2(config)#snmp-server group GROUP1 ?
  v1   group using the v1 security model
  v2c  group using the v2c security model
  v3   group using the User Security Model (SNMPv3)

  R2(config)#snmp-server group GROUP1 v3 ?
  auth    group using the authNoPriv Security Level
  noauth  group using the noAuthNoPriv Security Level
  priv    group using SNMPv3 authPriv security level
```

프라이빗 패스워드를 사용하는 GROUP1이라는 SNMPv3 그룹을 생성합니다.

```
R2(config)#snmp-server group GROUP1 v3 priv
```

03 다음 SNMPv3 사용자를 앞에 SNMP 매니저에서 설정한 정보를 사용해 동일하게 설정합니다. 다음 설정 예는 SNMPUser1을 앞서 CentOS 서버에서 설정한 것과 같은 인증 키와 프라이빗 키를 사용해 AES 128로 설정했습니다.

```
R2(config)# snmp-server user SNMPUser1 GROUP1 v3 auth sha AUTHPass1 priv
aes 128 PRIVPass1
```

04 'show snmp user' 시스코 라우터 명령어를 사용해 설정을 확인합니다.

```
R2(config)# do show snmp user

User name: SNMPUser1
Engine ID: 123456789ABC
storage-type: nonvolatile          active
Authentication Protocol: SHA
Privacy Protocol: AES128
Group-name: GROUP1
```

라우터에서 SNMP 에이전트 설정이 끝났다면 이제 SNMP 매니저인 CentOS 7.5 서버에서 SNMPwalk 명령어를 사용해 R2의 OID 정보를 리눅스 명령어창에서 실행해 보겠습니다.

01 먼저 R2에서 'show ip interface brief'를 사용해 R2의 IP 주소를 확인합니다. 확인된 R2의 주소는 192.168.229.10입니다.

```
R2#show ip int brief
Interface          IP-Address      OK? Method Status
Protocol
GigabitEthernet0/0 192.168.229.10  YES NVRAM  up                            up
GigabitEthernet0/1 unassigned      YES NVRAM  administratively down down
GigabitEthernet0/2 unassigned      YES NVRAM  administratively down down
GigabitEthernet0/3 unassigned      YES NVRAM  administratively down down
```

02 SNMP 매니저(CentOS 서버)와 SNMP 에이전트(R2) 사이에 통신이 되는지 먼저 확인합니다.

R2에서 CentOS 7.5 서버로의 통신:

```
R2#ping 192.168.229.133
Type escape sequence to abort.
Sending 5, 100-byte ICMP Echos to 192.168.229.133, timeout is 2 seconds:
!!!!!
Success rate is 100 percent (5/5), round-trip min/avg/max = 11/14/19 ms
```

CentOS 7.5 서버에서 R2로의 통신:

```
[root@localhost ~]# ping 192.168.229.10 -c 4
PING 192.168.229.10 (192.168.229.10) 56(84) bytes of data.
64 bytes from 192.168.229.10: icmp_seq=1 ttl=255 time=16.3 ms
64 bytes from 192.168.229.10: icmp_seq=2 ttl=255 time=8.02 ms
64 bytes from 192.168.229.10: icmp_seq=3 ttl=255 time=7.58 ms
64 bytes from 192.168.229.10: icmp_seq=4 ttl=255 time=9.37 ms
```

```
--- 192.168.229.10 ping statistics ---
4 packets transmitted, 4 received, 0% packet loss, time 3005ms
rtt min/avg/max/mdev = 7.584/10.322/16.306/3.519 ms
```

03 이제 CentOS 7.5 서버 상에서 다음 snmpwalk 명령어를 사용해 SNMP로 R2의 vIOS MIB에서 사용하는 OID 정보를 불러옵니다. 이 명령어를 사용하면 모든 OID 정보를 다음 그림과 같이 불러옵니다.

```
[root@localhost user]# snmpwalk -v3  -l authPriv -u SNMPUser1 -a SHA -A
"AUTHPass1"  -x AES -X "PRIVPass1" 192.168.229.10
```

그림 5-102 SNMPwalk 실행 예

04 snmpwalk 또는 snmpget 명령어를 사용해 R2 시스템 정보 몇 가지만 불러오기를 연습해 봅니다.

a) 1.3.6.1.2.1.1.3.0 (sysUpTime.0)은 시스템이 시작된 시간을 나타내는 OID입니다. snmpget 명령어를 사용해 SNMP 매니저에서 SNMP 에이전트로 정보를 가져와 확인할 수 있습니다.

```
[root@localhost ~]# snmpwalk -v3  -l authPriv -u SNMPUser1 -a SHA -A
"AUTHPass1"  -x AES -X "PRIVPass1" 192.168.229.10 sysUpTime.0
```

```
DISMAN-EVENT-MIB::sysUpTimeInstance = Timeticks: (269205) 2:18:51.42
```

SNMP 에이전트인 R2는 라우터를 재부팅한 후 실행되고 있는 시간은 2시간 18분 51초라고 알려주고 있습니다.

b) 1.3.6.1.2.1.1.5.0 (sysName.0 또는 sysName)을 사용해 라우터의 이름을 확인해 봅니다.

```
[root@localhost ~]# snmpwalk -v3  -l authPriv -u SNMPUser1 -a SHA -A
"AUTHPass1"  -x AES -X "PRIVPass1" 192.168.229.10 sysName.0
SNMPv2-MIB::sysName.0 = STRING: R2

[root@localhost ~]# snmpwalk -v3  -l authPriv -u SNMPUser1 -a SHA -A
"AUTHPass1"  -x AES -X "PRIVPass1" 192.168.229.10 sysName
SNMPv2-MIB::sysName.0 = STRING: R2

[root@localhost ~]# snmpwalk -v3  -l authPriv -u SNMPUser1 -a SHA -A
"AUTHPass1"  -x AES -X "PRIVPass1" 192.168.229.10 1.3.6.1.2.1.1.5.0
SNMPv2-MIB::sysName.0 = STRING: R2
```

c) 1.3.6.1.2.1.2.2.1.7(ifAdminStatus.1)을 사용하면 인터페이스의 설정 상태를 알 수 있습니다. 이 정보는 관리자가 인터페이스를 동작시켰는지 확인해 줍니다.

```
[root@localhost ~]# snmpwalk -v3  -l authPriv -u SNMPUser1 -a SHA -A
"AUTHPass1"  -x AES -X "PRIVPass1" 192.168.229.10 ifAdminStatus
IF-MIB::ifAdminStatus.1 = INTEGER: up(1)
IF-MIB::ifAdminStatus.2 = INTEGER: down(2)
IF-MIB::ifAdminStatus.3 = INTEGER: down(2)
IF-MIB::ifAdminStatus.4 = INTEGER: down(2)
IF-MIB::ifAdminStatus.5 = INTEGER: up(1)

[root@localhost ~]# snmpwalk -v3  -l authPriv -u SNMPUser1 -a SHA -A
"AUTHPass1"  -x AES -X "PRIVPass1" 192.168.229.10 1.3.6.1.2.1.2.2.1.7
```

```
IF-MIB::ifAdminStatus.1 = INTEGER: up(1)
IF-MIB::ifAdminStatus.2 = INTEGER: down(2)
IF-MIB::ifAdminStatus.3 = INTEGER: down(2)
IF-MIB::ifAdminStatus.4 = INTEGER: down(2)
IF-MIB::ifAdminStatus.5 = INTEGER: up(1)
```

d) 위에서 눈치챈 분들은 알겠지만 첫 번째 인터페이스의 OID는 '1.3.6.1. 2.1.2.2.1.7' 뒤에 '.1'을 붙인 아이디입니다. 다음과 같이 '.1'을 붙인 후 실행하면 GigabitEthernet0/0 포트의 상태가 'up(1)'로 나타나는 것을 볼 수 있습니다.

```
[root@localhost ~]# snmpwalk -v3  -l authPriv -u SNMPUser1 -a SHA -A
"AUTHPass1"  -x AES -X "PRIVPass1" 192.168.229.10 1.3.6.1.2.1.2.2.1.7.1
IF-MIB::ifAdminStatus.1 = INTEGER: up(1)
```

e) 마찬가지로 '.2'를 뒤에 붙이면 GigabitEthernet0/1을 의미합니다. 이 포트는 현재 비활성화돼 있으므로 'down(2)'로 표시됩니다.

```
[root@localhost ~]# snmpwalk -v3  -l authPriv -u SNMPUser1 -a SHA -A
"AUTHPass1"  -x AES -X "PRIVPass1" 192.168.229.10 1.3.6.1.2.1.2.2.1.7.2
IF-MIB::ifAdminStatus.2 = INTEGER: down(2)
```

f) OID 1.3.6.1.2.1.2.2.1.8 (ifOperStatus)를 사용하면 인터페이스의 동작 상태를 알 수 있습니다. 이 정보는 현재 동작을 하고 있는지 확인해 줍니다.

```
[root@localhost ~]# snmpwalk -v3  -l authPriv -u SNMPUser1 -a SHA -A
"AUTHPass1"  -x AES -X "PRIVPass1" 192.168.229.10 ifOperStatus
IF-MIB::ifOperStatus.1 = INTEGER: up(1)
IF-MIB::ifOperStatus.2 = INTEGER: down(2)
IF-MIB::ifOperStatus.3 = INTEGER: down(2)
IF-MIB::ifOperStatus.4 = INTEGER: down(2)
IF-MIB::ifOperStatus.5 = INTEGER: up(1)
```

g) snmpget 명령어와 위의 인터페이스 OID를 사용해 GigabitEthernet0/0
동작 상태를 확인합니다. ifDescr.1은GigabitEthernet0/0, ifDescr.2는
GigabitEthernet0/1과 같이 인터페이스가 OID와 어떻게 연관이 있는지를 쉽게
알 수 있습니다.

```
[root@localhost ~]# snmpget -v3  -l authPriv -u SNMPUser1 -a SHA -A
"AUTHPass1" -x AES -X "PRIVPass1" 192.168.229.10 ifDescr.1 ifOperStatus.1
IF-MIB::ifDescr.1 = STRING: GigabitEthernet0/0
IF-MIB::ifOperStatus.1 = INTEGER: up(1)
```

h) GigabitEthernet0/1 인터페이스는 현재 사용되지 않고 있는 인터페이스입니
다. 상태를 보면 down(2)로 표시됩니다.

```
[root@localhost ~]# snmpget -v3  -l authPriv -u SNMPUser1 -a SHA -A
"AUTHPass1"  -x AES -X "PRIVPass1" 192.168.229.10 ifDescr.2 ifOperStatus.2
IF-MIB::ifDescr.2 = STRING: GigabitEthernet0/1
IF-MIB::ifOperStatus.2 = INTEGER: down(2)
```

i) 그 외에도 rmon에 있는 정보도 받아와서 확인할 수 있습니다.

```
[root@localhost ~]# snmpwalk -v3  -l authPriv -u SNMPUser1 -a SHA -A
"AUTHPass1"  -x AES -X "PRIVPass1" 192.168.229.10 rmon
RMON-MIB::rmon.19.1.0 = Hex-STRING: FF C0 00 40
RMON-MIB::rmon.19.2.0 = STRING: "15.6(2)T"
RMON-MIB::rmon.19.3.0 = ""
RMON-MIB::rmon.19.4.0 = Hex-STRING: 07 E3 05 05 06 0D 30 08
RMON-MIB::rmon.19.5.0 = INTEGER: 1
RMON-MIB::rmon.19.6.0 = STRING: "flash0:/vios-adventerprisek9-m"
RMON-MIB::rmon.19.7.0 = IpAddress: 0.0.0.0
RMON-MIB::rmon.19.8.0 = INTEGER: 1
RMON-MIB::rmon.19.9.0 = INTEGER: 1
RMON-MIB::rmon.19.12.0 = IpAddress: 0.0.0.0
RMON-MIB::rmon.19.15.0 = Hex-STRING: 00
RMON-MIB::rmon.19.16.0 = Hex-STRING: 7E 00
```

위에 나온 예 이외에도 SNMP 매니저는 snmpwalk 또는 snmpget 명령어를 사용해 SNMP 에이전트에 설정돼 있는 모든 정보를 SNMP 프로토콜을 통해 장비의 정보를 받을 수 있습니다. 위 예제에서는 시스코 vIOS를 사용하므로 일반 하드웨어 장비의 OID와는 조금의 차이가 있을 것이라 생각했지만, 직접 실험한 결과만 두고 보면 vIOS에서 사용되는 MIB와 OID는 하드웨어 장비와 대부분 동일하므로 SNMP의 OID를 이해하는 데 큰 도움이 됩니다. 위 실험 내용은 SNMP 매니저와 SNMP 에이전트 사이에서 어떻게 통신이 이뤄지는지 또 어떤 명령어로 어떤 정보들을 수집할 수 있는지를 연습하며 OID에 대한 이해도를 더 높였습니다.

참고

일반적으로 시스코 장비를 사용할 경우 다음의 시스코 IOS MIB 로케이터와 SNMP Object 네비게이트를 사용해 원하는 OID 값을 찾아낼 수 있습니다. 시스코 MIB 로케이터의 주소는 다음과 같습니다.

https://mibs.cloudapps.cisco.com/ITDIT/MIBS/servlet/index

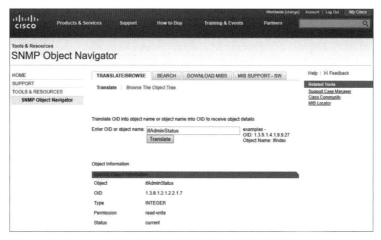

그림 5-103 시스코 SNMP Object 네비게이터

참고로 알고 있으면 유익한 MIB들 중 시스코 네트워킹과 가장 밀접하게 관련된 SNMP MIB는 다음과 같습니다.

1. IF–MIB – 인터페이스 카운터

2. IP–MIB – IP 주소

3. IP–FORWARD–MIB – 라우팅 테이블

4. ENTITY–MIB – 인벤트리

5. LLDP–MIB – 네이버 정보

5.5.2.3.2 윈도우에서 SNMPwalk 프로그램 설치 후 시각적으로 OID 이해하기

윈도우 SNMP 매니저에서도 먼저 SNMP 매니저 소프트웨어를 설치해야 합니다. 윈도우 사용자들을 위해 앞서 R2에 설정된 사용자 정보를 그대로 이용해 SNMP 매니저 소프트웨어를 설치한 후 간단하게 설명하겠습니다. SNMPwalk와 SNMP Get Request의 사용법은 사용자가 GUI를 사용한다는 것만 빼고는 리눅스와 동일합니다.

01 먼저 윈도우용 MIB 관리 애플리케이션인 ManageEngine MibBrowser Free tool 다운로드 사이트로 이동한 후 무료 MIB 프로그램인 ManageEngine MibBrowser Free tool을 다운로드합니다. 이 프로그램은 MID의 OID 트리식 구조를 시각화해 보여주므로 OID를 이해하는 데 큰 도움이 됩니다.

https://www.manageengine.com.au/products/mibbrowser-free-tool/download.html

742

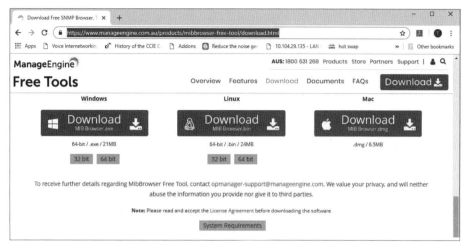

그림 5-104 ManageEngine MibBrowser Free tool – 다운로드 사이트 화면

02 다음 다운로드한 프로그램을 윈도우 호스트 랩톱에 설치합니다.

그림 5-105 ManageEngine MibBrowser Free tool – 설치 시작 화면

03 다음 MibBrowser에서 Edit 〉 MibBrowser Settings〉 SnmpParameterPanel 순으로 설정 메뉴로 진입합니다. 앞에서 SNMPv3을 사용했으므로 v3을 선택한 후 'Add' 버튼을 클릭하면 'SnmpParameterPanel' 메뉴가 나타납니다.

위에서 사용했던 정보 그대로 SNMP 사용자를 다음 그림과 같이 설정합니다.

사용자: SNMPUser1

인증 패스워드: AUTHPass1 (SHA)

프라이빗 패스워드: PRIVPass1 (AES-128)

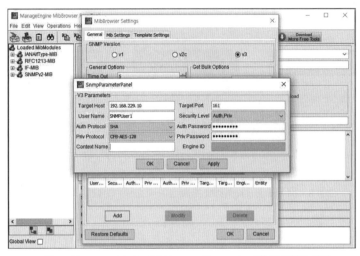

그림 5-106 ManageEngine MibBrowser Free tool – SNMP 사용자 설정

04 다음 본인이 원하는 MIB를 File 〉 Load MIB **Ctrl+O** 메뉴를 선택하면 로딩할 수 있는 MIB의 데이터베이스가 나타납니다. 원하는 MIB를 프로그램에 로딩합니다.

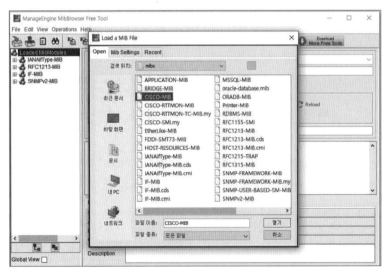

그림 5-107 ManageEngine MibBrowser Free tool – MIB 불러오기

05 본인이 원하는 MIB 데이터베이스를 선택한 후 Operations 〉 SNMPWALK Ctrl+W를 선택해 SNMP 명령어를 실행합니다. 다음 예에서는 전체 즉 .iso.org 를 선택한 후 SNMPwalk를 실행하는 화면입니다. 만약 인터페이스 또는 다른 시스템 정보만 불러와 사용하고 싶다면 아래 있는 트리로 이동해 SNMPwalk 또 는 GET 동작을 실행시키면 됩니다.

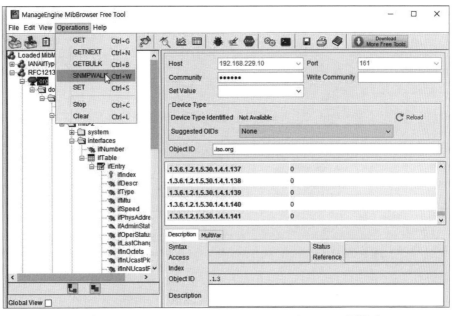

그림 5-108 ManageEngine MibBrowser Free tool – SNMPwalk 실행하기

06 SNMPwalk를 실행해 SNMP 에이전트에게 받아 기록된 정보들은 File 〉 Save Results As… **Ctrl+S** 메뉴를 사용해 저장할 수 있습니다.

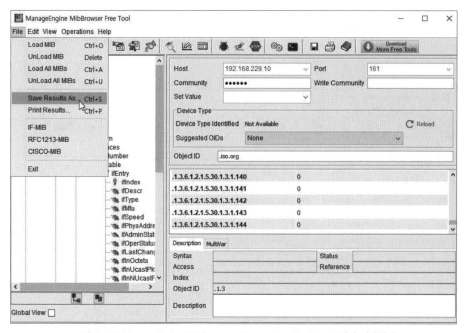

그림 5-109 ManageEngine MibBrowser Free tool – SNMPwalk 결과 저장하기

이로써 리눅스와 윈도우 운영체제에서 SNMP 에이전트의 OID를 직접 찾아 눈으로 보면서 이해해 봤습니다. 다음은 위에서 배운 내용으로 SNMP 프로토콜을 사용하는 파이썬 코드를 작성해 SNMP 에이전트의 정보를 찾는 방법을 알아보고 간단한 랩을 진행합니다.

5.5.2.4 공유된 파이썬 SNMP 코드 찾기 및 코드 설명

앞서 언급한 바와 같이 파이썬 입문서에서 파이썬을 처음 배워 몇 주 안에 제대로 된 SNMP 파이썬 프로그램을 만든다는 것은 쉬운 일은 아닐 것입니다. 입문자가 파이썬을 사용해 SNMP를 사용하는 코드를 쓰는 데 도움이 될만한 접근 방법은 무엇일까 고민하던 중, 이미 다른 사람이 만들어 놓은 코드를 빌려와 자신의 환경에 맞춰 변경한 후 사용하는 것이 가장 좋지 않을까라는 생각을 했습니다. 어떤 프로그래밍 언어를 공부하든 영어로 "Reinvent the wheel." 또는 "Do not reinvent the wheel."이라는 이런 관용표현을 많이 사용합니다. 이 표현의 의미는 "**이미 세상에 다 알려져 있는 사실의 이치를 따지는 데 시간낭비하지 말라.**"는 의미를 지니고 있습니다.

저도 몇 달 전 어떤 내용으로 이 책의 SNMP 내용을 더 보강할 수 있을까 고민하던 중 인터넷상의 개인 블로그에 공유되고 있는 "Python SNMP Tutorial: Get, Set and GetBulk in minutes"라는 제목을 가진 파이썬 SNMP 코드에 대한 글을 접하게 됐습니다. 이 인터넷에 공유된 글을 처음 읽고 글 내용을 꼭 SNMP 랩 마지막 부분에 사용하고 싶다는 생각이 들었습니다. 이 글을 올린 블로그 주인장은 파이썬 코딩 실력이 저보다는 몇 단계는 위였습니다. 제가 얼마나 노력을 해야 이런 코드를 만들 수 있을까 이런 생각을 하며 3~4개월이 지나갔습니다. 4개월 후 또 다시 이 글의 내용을 읽고 고민끝에 꼭 이 내용을 책에서 SNMP 내용의 일부로 소개해야 겠다는 결심을 굳혔습니다.

그렇다고 그냥 마구 퍼와서 사용한다는 것 또한 양심에 가책이 되는 행동이라는 생각이 들었습니다. 4월 30일 화요일, 낯작 두껍게 안면도 없는 블로그 주인장, 알렉스에게 페이스북으로 블로그 내용 및 코드 사용 허락 요청 메시지를 뜬금없이 날려보냈습니다. 다음 날 아침 새벽 6시쯤에 본인의 웹사이트에 기제된 내용을 사용해도 된다는 흔쾌한 답장을 받고 정말 십 년 묵은 체증이 다 내려가는 기분이었습니다. 5장의 마지막 부분 중 하나인 SNMP 랩은 알렉스의 블로그에서 가져온 코드를 설명한 후 저희 가상 랩에 활용해 원하는 SNMP 에이전트 정보 확인이 가능한지 실험해보면서 파이썬 코드를 어떻게 구성해서 SNMP가 하는 작업을 시킬 수 있는지 알아봅니다.

여기서 사용되는 SNMP 코드는 블로거인 알렉스 마기오[Alessandro Maggio]의 웹사이트에서 허락을 받고 일부 발췌해 이 책의 내용에 맞도록 변경해 사용했습니다. 자료를 공유해 준 알렉스 마기오에게 고맙다는 말을 전합니다. 알렉스 개인 블로그에 현재 연재되고 있는 파이썬 내용들을 더 접하고 싶은 분들은 다음 웹사이트를 방문하면 더 알찬 파이썬 및 프로그래밍 내용들을 접할 수 있습니다.

5.5.2.4.1 SNMP 랩 소스 코드 설명

다음은 SNMPv2c를 위한 파이썬 코드입니다. SNMPv2c에서는 읽기 전용 커뮤니티 스트링을 사용하므로 SNMP 매니저와 에이전트를 설정하기가 훨씬 더 수월합니다. 저희는 SNMPv2c가 아닌 SNMPv3에 맞게 다음 코드를 변경한 후 SNMP 랩에서 사용합니다. 먼저 다음 SNMP 파이썬 코드를 자세히 살펴보겠습니다. 코드의 설명은 코드 위에서 시작하는 '#'(우물정자)로 시작하는 줄입니다.

```
#이 코드는 pysnmp 라이브러리에 포함돼 있는 High-Level API 모듈을 사용합니다.


from pysnmp import hlapi


# 첫째, 아래 get() 함수를 정의해 사용합니다. 함수에 요구되는 내용은 먼저 얻고자 하는 oids(객
체 아이디), SNMP 에이전트와 통신할 수 있는 credentials(사용자 아이디), port(SNMP 포트),
engine(SNMP 엔진) 또는 context(SNMP 컨텍스트). 간단한 파이썬 코드에서는 engine과 context
를 사용하지 않으므로 이 SNMP 코드에서도 사용하지 않습니다. 마지막으로 이 함수는 이 SNMP 통신 세
션 핸들러를 생성해 정보를 가져옵니다.

def get(target, oids, credentials, port=161, engine=hlapi.SnmpEngine(),
context=hlapi.ContextData()):
    handler = hlapi.getCmd(
        engine,
        credentials,
        hlapi.UdpTransportTarget((target, port)),
        context,
        *construct_object_types(oids)
    )
    return fetch(handler, 1)[0]
```

\# 둘째, construct( ) 함수를 정의해 사용합니다. hlapi.getCmd( )는 특별한 hlapi.ObjectType 객체를 사용해 construct_object_type 함수는 PySNMP가 원하는 정보를 제공합니다.

```python
def construct_object_types(list_of_oids):
    object_types = []
    for oid in list_of_oids:
        object_types.append(hlapi.ObjectType(hlapi.ObjectIdentity(oid)))
    return object_types
```

\# 셋째, fetch( ) 함수는 다른 파이썬 SNMP 함수에 사용될 수 있도록 작성됐습니다. handler를 counter 변수를 사용해 여러 번 재사용합니다. 장애가 생길 경우 RuntimeError가 뜹니다. 데이터는 딕셔너리시로 저장됩니다.

```python
def fetch(handler, count):
    result = []
    for i in range(count):
        try:
            error_indication, error_status, error_index, var_binds = \
                next(handler)
            if not error_indication and not error_status:
                items = {}
                for var_bind in var_binds:
                    items[str(var_bind[0])] = cast(var_bind[1])
                result.append(items)
            else:
                raise RuntimeError('Got SNMP error: {0}'.format(error_
                    indication))
        except StopIteration:
            break
    return result
```

\# 넷째, cast( ) 함수는 fetch( ) 함수가 사용할 수 있도록 PySNMP에서 받은 정보들을 숫자, 부동수 또는 문자열로 변경하는 역할을 합니다.

```python
def cast(value):
    try:
```

```
            return int(value)
    except (ValueError, TypeError):
        try:
            return float(value)
        except (ValueError, TypeError):
            try:
                return str(value)
            except (ValueError, TypeError):
                pass
    return value
```

# 이 코드는 SNMPv2c를 위해 작성됐으므로 'ICTSHORE'라는 커뮤니티키를 사용합니다.
hlapi.CommunityData('ICTSHORE')

SNMPv3를 사용했을 경우 사용자 아이디와 두 개의 인증 키를 사용합니다. 이 설정을 사용해 SNMPv3
랩에서 원하는 SNMP 에이전트와 통신을 해 원하는 정보를 찾습니다.
**# hlapi.UsmUserData('testuser', authKey='authenticationkey', privKey='encryptionkey',
authProtocol=hlapi.usmHMACSHAAuthProtocol, privProtocol=hlapi.usmAesCfb128Protocol)**

원하는 OID를 명시해 SNMP 에이전트로부터 원하는 정보를 얻습니다. '1.3.6.1.2.1.1.5.0'은
host의 이름을 알려줍니다.

print(get('192.168.47.10', ['1.3.6.1.2.1.1.5.0'], hlapi.CommunityData('ICTSHORE')))

(소스 코드 제공: https://www.ictshore.com/sdn/python-snmp-tutorial/)

소스 코드 5.13 – py_snmp0.py

```
from pysnmp import hlapi

def get(target, oids, credentials, port=161, engine=hlapi.SnmpEngine(),
context=hlapi.ContextData()):
    handler = hlapi.getCmd(
        engine,
        credentials,
        hlapi.UdpTransportTarget((target, port)),
        context,
        *construct_object_types(oids)
```

```
        )
    return fetch(handler, 1)[0]


def construct_object_types(list_of_oids):
    object_types = []
    for oid in list_of_oids:
        object_types.append(hlapi.ObjectType(hlapi.ObjectIdentity(oid)))
    return object_types


def fetch(handler, count):
    result = []
    for i in range(count):
        try:
            error_indication, error_status, error_index, var_binds = \
              next(handler)
            if not error_indication and not error_status:
                items = {}
                for var_bind in var_binds:
                    items[str(var_bind[0])] = cast(var_bind[1])
                result.append(items)
            else:
                raise RuntimeError('Got SNMP error: {0}'.format(error_
                  indication))
        except StopIteration:
            break
    return result


def cast(value):
    try:
        return int(value)
    except (ValueError, TypeError):
        try:
            return float(value)
        except (ValueError, TypeError):
            try:
                return str(value)
            except (ValueError, TypeError):
```

```
            pass
    return value


hlapi.CommunityData('ICTSHORE')

# hlapi.UsmUserData('testuser', authKey='authenticationkey',
privKey='encryptionkey', authProtocol=hlapi.usmHMACSHAAuthProtocol,
privProtocol=hlapi.usmAesCfb128Protocol)

print(get('192.168.47.10', ['1.3.6.1.2.1.1.5.0'], hlapi.
CommunityData('ICTSHORE')))
```

5.5.2.4.2 Lab 13 – SNMP 랩

위에서 다뤘던 내용을 SNMPv3를 지원하는 파이썬 코드로 만들어 랩을 진행합니다. 이와 같은 랩을 진행함으로서 파이썬의 SNMPv2c와 SNMPv3 사이의 차이점은 물론 다른 사람이 작성한 파이썬 코드를 공부함으로써 더 많은 것을 얻을 수 있습니다.

01 가장 먼저 CentOS 7.5에 pysnmp 라이브러리를 설치해야 pysnmp를 사용할 수 있습니다. 'pip3.6 install pysnmp' 명령어를 사용해 설치를 완료합니다.

```
[root@localhost ~]# pip3.6 install pysnmp
Collecting pysnmp
  Downloading https://files.pythonhosted.org/packages/f7/e5/a31fa1caebf9cf
9a10cb26ab57c1c3bcd07eb7b10d2e126898d2a08b4b8a/pysnmp-4.4.9-py2.py3-none-
any.whl (292kB)
    100% |████████████████████████████████| 296kB 2.3MB/s
Collecting pysmi (from pysnmp)
  Downloading https://files.pythonhosted.org/packages/1f/fc/02361d1c2b247de
73070c457c4da98c448693154894c14f2d7b48dfabf7e/pysmi-0.3.4-py2.py3-none-any.
whl (80kB)
    100% |████████████████████████████████| 81kB 5.9MB/s
Requirement already satisfied: pyasn1>=0.2.3 in /usr/lib/python3.6/site-
packages (from pysnmp)
Collecting pycryptodomex (from pysnmp)
```

```
Downloading https://files.pythonhosted.org/packages/ae/13/ec058561e6048
54090f91f5a303aae9982a37ebc8db3acbf5842798ec214/pycryptodomex-3.8.1-cp36-
cp36m-manylinux1_x86_64.whl (9.7MB)
    100% |████████████████████████████████| 9.7MB 82kB/s
Collecting ply (from pysmi->pysnmp)
  Downloading https://files.pythonhosted.org/packages/a3/58/35da89ee790598a
0700ea49b2a66594140f44dec458c07e8e3d4979137fc/ply-3.11-py2.py3-none-any.whl
(49kB)
    100% |████████████████████████████████| 51kB 7.5MB/s
Installing collected packages: ply, pysmi, pycryptodomex, pysnmp
Successfully installed ply-3.11 pycryptodomex-3.8.1 pysmi-0.3.4 pysnmp-4.4.9
```

02 py_snmp1.py라는 SNMP 파이썬 코드를 생성한 후 nano 에디터로 파일을 열어 파이썬 코드 작성을 시작합니다.

```
[root@localhost ~]# touch py_snmp1.py
[root@localhost ~]# nano py_snmp1.py
```

03 다음 내용은 위에서 설명한 SNMP 파이썬 코드를 제 랩 환경에 맞춰 변경합니다.

먼저 SNMPv3용으로 만들기 위해 pysnmp 사이트를 둘러보면 'from pysnmp.hlapi import UsmUserData'를 불러와 사용해야 한다고 명시돼 있습니다(http://snmplabs.com/pysnmp/docs/api-reference.html#pysnmp.hlapi. UsmUserData).

첫째, 다음과 같이 'from pysnmp.hlapi import UsmUserData'를 코드 윗부분에 추가합니다.

```
from pysnmp import hlapi
from pysnmp.hlapi import UsmUserData

def get(target, oids, credentials, port=161, engine=hlapi.SnmpEngine(),
context=hlapi.ContextData()):
    handler = hlapi.getCmd(
        engine,
```

```
            credentials,
            hlapi.UdpTransportTarget((target, port)),
            context,
            *construct_object_types(oids)
        )
        return fetch(handler, 1)[0]


def construct_object_types(list_of_oids):
    object_types = []
    for oid in list_of_oids:
        object_types.append(hlapi.ObjectType(hlapi.ObjectIdentity(oid)))
    return object_types


def fetch(handler, count):
    result = []
    for i in range(count):
        try:
            error_indication, error_status, error_index, var_binds =
                next(handler)
            if not error_indication and not error_status:
                items = {}
                for var_bind in var_binds:
                    items[str(var_bind[0])] = cast(var_bind[1])
                result.append(items)
            else:
                raise RuntimeError('Got SNMP error: {0}'.format(error_
                    indication))
        except StopIteration:
            break
    return result


def cast(value):
    try:
        return int(value)
    except (ValueError, TypeError):
        try:
            return float(value)
```

```
        except (ValueError, TypeError):
            try:
                return str(value)
            except (ValueError, TypeError):
                pass
    return value
```

둘째, 다음은 사용자 정보, 인증 키 및 프라이버시 키를 입력해야 합니다. 앞에서 진행한 랩에서 본 것과 같이 이 책에서 구성된 랩에 사용되는 SNMPv3 설정은 SHA 인증키와 AES128 프라이버시 디코딩을 사용합니다.

```
hlapi.UsmUserData('SNMPUser1', authKey='AUTHPass1', privKey='PRIVPass1',
authProtocol=hlapi.usmHMACSHAAuthProtocol, privProtocol=hlapi.
usmAesCfb128Protocol)
```

셋째, 역시 동일한 정보를 print( )문에 'credentials' 변수가 사용할 수 있도록 다음과 같이 포함시킵니다.

```
print(get('192.168.229.10', ['1.3.6.1.2.1.1.5.0'], hlapi.
UsmUserData('SNMPUser1', authKey='AUTHPass1', privKey='PRIVPass1',
authProtocol=hlapi.usmHMACSHAAuthProtocol, privProtocol=hlapi.
usmAesCfb128Protocol)))
```

04 OID '1.3.6.1.2.1.1.5.0'을 입력해 위 파이썬 코드를 실행하면 에이전트의 이름을 불러와 출력합니다.

```
[root@localhost ~]# python3.6 py_snmp1.py
{'1.3.6.1.2.1.1.5.0': 'R2'}
```

05 만약 GigabitEthernet0/0의 현재 동작 상태를 확인하고 싶다면 마지막 print( ) 문에 OID '1.3.6.1.2.1.1.5.0'을 '1.3.6.1.2.1.2.2.1.7.1'로 변경해주면 됩니다. 변경된 코드를 실행하면 인터페이스의 상태가 숫자로 나타납니다. 1은 On, 2는 Off 입니다.

```
[root@localhost ~]# python3.6 py_snmp1.py
{'1.3.6.1.2.1.2.2.1.7.1': 1}
```

06 '1.3.6.1.2.1.2.2.1.7.1' 뒤에 '1.3.6.1.2.1.2.2.1.7.2'를 추가하면 GigabitEthernet0/0과 GigabitEthernet0/1의 현재 상태를 출력해 보여줍니다.

```
[root@localhost ~]# python3.6 py_snmp1.py
{'1.3.6.1.2.1.2.2.1.7.1': 1, '1.3.6.1.2.1.2.2.1.7.2': 2}
```

위의 SNMP랩에서는 파이썬 코드로 SNMP 에이전트 정보를 출력하는 것만 간단히 다뤘습니다. 차후 파이썬을 더 공부해 더 많은 SNMP 에이전트 정보를 가져오는 코드를 작성한 후 NMS(네트워크 관리 시스템)와 SQL 등과 통합시켜 더 완벽한 솔루션을 만들어 사용할 수도 있습니다. 이로써 SNMP와 파이썬 사용 예를 마칩니다.

소스 코드 5.14 – py_snmp1.py

```
from pysnmp import hlapi
from pysnmp.hlapi import UsmUserData

def get(target, oids, credentials, port=161, engine=hlapi.SnmpEngine(),
context=hlapi.ContextData()):
    handler = hlapi.getCmd(
        engine,
        credentials,
        hlapi.UdpTransportTarget((target, port)),
        context,
        *construct_object_types(oids)
    )
    return fetch(handler, 1)[0]

def construct_object_types(list_of_oids):
    object_types = []
    for oid in list_of_oids:
        object_types.append(hlapi.ObjectType(hlapi.ObjectIdentity(oid)))
    return object_types

def fetch(handler, count):
    result = []
```

```python
    for i in range(count):
        try:
            error_indication, error_status, error_index, var_binds = \
                next(handler)
            if not error_indication and not error_status:
                items = {}
                for var_bind in var_binds:
                    items[str(var_bind[0])] = cast(var_bind[1])
                result.append(items)
            else:
                raise RuntimeError('Got SNMP error: {0}'.format(error_
                    indication))
        except StopIteration:
            break
    return result


def cast(value):
    try:
        return int(value)
    except (ValueError, TypeError):
        try:
            return float(value)
        except (ValueError, TypeError):
            try:
                return str(value)
            except (ValueError, TypeError):
                pass
    return value


hlapi.UsmUserData('SNMPUser1', authKey='AUTHPass1', privKey='PRIVPass1',
authProtocol=hlapi.usmHMACSHAAuthProtocol, privProtocol=hlapi.
usmAesCfb128Protocol)

print(get('192.168.229.10', ['1.3.6.1.2.1.1.5.0'], hlapi.
UsmUserData('SNMPUser1', authKey='AUTHPass1', privKey='PRIVPass1',
authProtocol=hlapi.usmHMACSHAAuthProtocol, privProtocol=hlapi.
usmAesCfb128Protocol)))
```

5.6 파이썬 네트워크 자동화를 공부하면서 도움이 되는 정보

마지막으로 파이썬 네트워크 자동화에 도움이 될만한 파이썬 모듈 소개, 그리고 회사내 프록시 서버 뒤에서 파이썬 모듈 설치하기와 파이썬에서의 가상 환경 설정을 소개하면서 이 책을 마무리하겠습니다.

5장의 끝부분에서 다룰 내용은 다음과 같습니다.

- 네트워크 자동화 관련 파이썬 모듈들
- 파이썬 가상 환경 virtualenv 이해하기
- 사내 프록시 서버로 필요한 파이썬 모듈 설치하기

5.6.1 네트워크 자동화 관련 파이썬 라이브러리 및 모듈

파이썬에서 새로운 기능을 추가하려면 이미 개발돼 공유된 파이썬 라이브러리 및 모듈들을 본인의 상황에 맞춰 사용합니다. 파이썬 라이브러리와 모듈들은 이미 다른 개발자가 개발해 놓은 파이썬 툴이라고 이해하면 됩니다. 만약, 본인이 찾고자 하는 모듈이 없을 경우 개인이 직접 모듈을 만들어 사용할 수도 있으며 다른 사람이 만들어 공유한 파이썬 프로그램을 그대로 가져와 본인이 필요한 용도로 변경해 사용할 수도 있습니다. 이런 면에서 회사의 시각에서 바라봤을 때 파이썬은 새로운 툴 개발에 많은 시간을 투자하지 않아도 되며 몇 달이 걸리는 툴 개발을 이미 인터넷에 공유된 자료와 정보를 사용해 몇 일만에 툴을 개발할 수 있으므로 누가 어떻게 사용하는냐에 따라 엄청난 잠재력을 가진 프로그래밍 언어라고 말할 수 있습니다.

표 5-6 네트워크 자동화에 도움이 되는 파이썬 모듈

파이썬 라이브러리 이름	설명
ansible	ansible은 공개 IT 자동화 엔진입니다. IT 오케스트레이션 툴이라고도 불리며 일반적으로 정규화된 네트워크 환경에서 사용되며 수백 대 장비의 설정 및 관리에 최적화된 파이썬 툴이라고 생각하면 됩니다.
colorama, Python-colorama	파이썬에 설치해 사용하면 코딩하는 텍스트에 ANSI 컬러를 지원해 코딩을 더 시각적으로 이해할 수 있도록 도와줍니다.

파이썬 라이브러리 이름	설명
Django	파이썬에서 가장 많이 사용되고 있는 파이썬을 기반으로 한 웹 애플리케이션 프레임워크입니다. 웹으로 사용자 인터페이스 및 애플리케이션 개발에 사용합니다.
expects	파이썬에서 expect를 실행할 수 있게 도와주는 파이썬 모듈입니다. 이 모듈을 사용하면 expect 형식으로 코딩한 것을 파이썬에서 할 수 있습니다.
Flask	파이썬을 기반으로 한 Micro 프레임워크로 사용자가 원하는 라이브러리와 패키지를 사용해 원하는 애플리케이션을 개발할 수 있습니다.
ipaddress	IP 주소를 다루는 애플리케이션을 개발할 때 자주 사용되는 파이썬 모듈입니다.
matplotlib와 metaplot	파이썬에서 그래프를 작성해주는 파이썬 모듈입니다.
mysql-connector	파이썬 mysql-connector를 사용하면 mysql 상에 있는 테이블과 데이터와 연결해 파이썬을 이용해 SQL 데이터베이스 관리를 할 수 있습니다.
numpy	파이썬 확장 모듈로 숫자와 관련된 데이터를 신속히 할 수 있도록 도와주는 모듈입니다.
pandas2와 pandas	데이터 처리와 분석을 도와주는 파이썬 모듈입니다. 숫자 테이블과 시간 등도 pandas를 사용해 쉽게 처리할 수 있습니다.
requests	requests는 아파치2를 사용하는 HTTP 라이브러리이며 파이썬이 HTTP를 사용해 통신해 HTTP의 정보를 주고 받으며 설정도 할 수 있도록 도와줍니다.
stackstorm	stackstorm은 파이썬뿐만 아니라 여러 가지 다른 프로그래밍 언어와 연동되며 파이썬과 함께 사용하면 중앙 관리 시스템을 구축해 모든 IP 장비들의 관리와 문제점 해결 및 효율적 장비 설치가 가능해집니다.
tkinter	tkinter 디폴트 그래픽 사용자 인터페이스 패키지입니다. tkinter를 사용해 간단한 버튼식 사용자 툴 외 여러 가지 사용자 인터페이스를 만들 수 있습니다.
xlrd, xls_writer, XlsxWriter	xlrd, xls_writer 그리고 XlsxWriter 파이썬 모듈을 사용하면 엑셀 파일에 있는 내용을 읽고 변경할 수 있습니다. 데이터 관리를 SQL 서버를 사용하지 않고 간단한 로컬 엑셀 파일을 사용할 경우 유용하게 사용할 수 있습니다.

5.6.2 파이썬 가상 환경 이해하기

파이썬을 사용하다 보면 현재 설정돼 있는 시스템을 변경하지 않고 파이썬과 관련된 모듈들을 실험해야 될 때가 자주 발생합니다. 현재 설정돼 있는 시스템 세팅에 어떠한 설정도 변경하지 않고 또 다른 서버를 사용하지 않으면서 실험할 수 있도록 파이썬에서는 가상 파이썬 환경^{Virtual Pyton Environment} 기능을 제공합니다. 파이썬 안에 파이썬 가상 환경을 임의로 만들어 새로운 파이썬 패키지, 코드 및 툴들을 편리하고 안전하게 실험해 볼 수 있습니다. 실험 결과에 만족할 경우 실무에 사용되는 파이썬 서버에 설치해 검증받은 모듈과 툴들을 사용하면 됩니다. CentOS 7.5에서의 파이썬 3 가상 파이썬 환경설정은 다음과 같습니다.

다음 설정은 CentOS 7.5 서버에서 가상 파이썬 환경을 설치한 후 실행한 예입니다. 우분투 서버의 virtualenv 설치 방법은 다음 내용과 조금 다를 수 있습니다.

01 이미 '3.3.4.6 CentOS 7.5에 파이썬 3 설치하기' 부분에서 파이썬과 관련된 pip 과 개발 툴을 CentOS 7.5 서버에 설치했습니다. 만약 설치하지 않았다면 다음 명령어들을 이용해 설치합니다.

```
[root@localhost ~]# yum install -y https://CentOS7.iuscommunity.org/ius-
release.rpm

[root@localhost ~]# yum install -y python36u python36u-libs python36u-devel
python36u-pip
```

02 다음 작업하고 있는 디렉토리를 확인한 후 가상 파이썬 환경 설치용 디렉토리를 다음과 같이 생성한 후 새로 만든 디렉토리로 이동합니다.

```
[root@localhost ~]# pwd
/root
[root@localhost ~]# mkdir environments
[root@localhost ~]# cd environments/
[root@localhost environments]#
```

03 'python3.6 -m venv [가상 환경 이름]' 명령어를 사용해 가상 파이썬 환경을 설치한 후 생성된 디렉토리를 확인합니다. 다음 예에서는 이름을 'test_env1'이 라고 붙여봤습니다. **파이썬 3.6 명령어를 사용할 때 꼭 '-m' 핸들을 붙여서 가상 파 이썬 환경을 실행합니다.**

```
[root@localhost environments]# python3.6 -m venv test_env1
[root@localhost environments]# ls
test_env1
```

```
[root@localhost environments]# ls test_env1
bin  include  lib  lib64  pyvenv.cfg
```

04 다음 'activate' 명령어를 사용해 가상 환경을 실행합니다. 아무런 장애없이 가상
환경이 실행되고 다음과 같이 '(test_env1)'이 활성화됐다면 이제 가상 환경에서
파이썬을 사용할 준비가 됐습니다.

```
[root@localhost environments]# source test_env1/bin/activate
(test_env1) [root@localhost environments]#
```

05 이제 본인이 실험해 보고 싶은 파이썬 모듈을 가상 환경에 설치합니다. 다음 예
에서는 데이터 분석에 유용하게 사용되는 pandas라는 패키지를 설치해 다운로
드 받는 모습입니다. pandas와 관련있는 numpy라는 모듈도 함께 설치되는 것
을 확인할 수 있습니다. pandas, numpy 등은 파이썬에 추가로 설치해 데이터
와 관련된 작업을 할 때 유용하게 사용할 수 있습니다.

```
(test_env1) [root@localhost environments]# pip3 install pandas
Collecting pandas
  Downloading https://files.pythonhosted.org/packages/19/74/e50234bc82c55
3fecdbd566d8650801e3fe2d6d8c8d940638e3d8a7c5522/pandas-0.24.2-cp36-cp36m-
manylinux1_x86_64.whl (10.1MB)
    100% |████████████████████████████████| 10.1MB 89kB/s
Collecting numpy>=1.12.0 (from pandas)
  Downloading https://files.pythonhosted.org/packages/c1/e2/4db8df8f6cddc
98e7d7c537245ef2f4e41a1ed17bf0c3177ab3cc6beac7f/numpy-1.16.3-cp36-cp36m-
manylinux1_x86_64.whl (17.3MB)
    100% |████████████████████████████████| 17.3MB 59kB/s
Collecting python-dateutil>=2.5.0 (from pandas)
  Downloading https://files.pythonhosted.org/packages/41/17/c62faccbfbd163
c7f57f3844689e3a78bae1f403648a6afb1d0866d87fbb/python_dateutil-2.8.0-py2.
py3-none-any.whl (226kB)
    100% |████████████████████████████████| 235kB 4.8MB/s
Collecting pytz>=2011k (from pandas)
```

```
    Downloading https://files.pythonhosted.org/packages/3d/73/fe30c2daaaa0713
420d0382b16fbb761409f532c56bdcc514bf7b6262bb6/pytz-2019.1-py2.py3-none-any.
whl (510kB)
    100% |████████████████████████████████| 512kB 2.3MB/s
Collecting six>=1.5 (from python-dateutil>=2.5.0->pandas)
    Using cached https://files.pythonhosted.org/packages/73/fb/00a976f728d0d1
fecfe898238ce23f502a721c0ac0ecfedb80e0d88c64e9/six-1.12.0-py2.py3-none-any.
whl
Installing collected packages: numpy, six, python-dateutil, pytz, pandas
Successfully installed numpy-1.16.3 pandas-0.24.2 python-dateutil-2.8.0
pytz-2019.1 six-1.12.0
```

06 만약 여기서 파이썬 가상 환경에서의 실험을 끝내고 싶다면 'deactivate' 명령어
를 사용해 가상 파이썬 환경을 종료할 수 있습니다.

```
(test_env1) [root@localhost environments]# deactivate
[root@localhost environments]#
```

07 만약 다른 패키지를 더 실험해보고 싶다면 표 5-6에서 소개한 파이썬 라이브러
리 중 하나를 더 가상 환경에 설치해봅니다. 다음은 연습을 위해 'test_env2'라
는 새 가상 파이썬 환경을 만든 후 파이썬에서 expect 코드를 실행할 수 있는
pexpect 패키지를 설치하는 예입니다.

```
[root@localhost environments]# python3 -m venv test_env2

[root@localhost environments]# ls
test_env1  test_env2

[root@localhost environments]# source test_env2/bin/activate

(test_env2) [root@localhost environments]# pip3 install pexpect
Collecting pexpect
    Downloading https://files.pythonhosted.org/packages/0e/3e/377007e3f36ec4
2f1b84ec322ee12141a9e10d808312e5738f52f80a232c/pexpect-4.7.0-py2.py3-none-
```

```
any.whl (58kB)
     100% |████████████████████████████████| 61kB 6.1MB/s
Collecting ptyprocess>=0.5 (from pexpect)
  Downloading https://files.pythonhosted.org/packages/d1/29/605c2cc68a999
2d18dada28206eeada56ea4bd07a239669da41674648b6f/ptyprocess-0.6.0-py2.py3-
none-any.whl
Installing collected packages: ptyprocess, pexpect
Successfully installed pexpect-4.7.0 ptyprocess-0.6.0

(test_env2) [root@localhost environments]# deactivate
[root@localhost environments]#
```

08 파이썬 가상 환경을 더 이해하기 위해 'test_env3'을 생성합니다. 앞에서 만들었
던 'test_env1'과 'test_env2'와는 별개의 파이썬 가상 환경이 만들어집니다.

```
[root@localhost environments]# python3.6 -m venv test_env3
[root@localhost environments]# ls test_env3
bin  include  lib  lib64  pyvenv.cfg
```

09 만든 'test_env3'을 'activate' 명령어를 사용해 활성화시킵니다.

```
[root@localhost environments]# source test_env3/bin/activate
```

10 이번에는 엑셀 파일에 사용되는 'xlsxwriter' 모듈을 다음과 같이 'test_env3' 가
상 환경에서 설치합니다.

```
(test_env3) [root@localhost environments]# pip3 install xlsxwriter
Collecting xlsxwriter
  Downloading https://files.pythonhosted.org/packages/3f/1c/d6d90eb4e94b3
2b8558296ef197445fb1faca71d747e28ee3ef56f2cfac2/XlsxWriter-1.1.8-py2.py3-
none-any.whl (139kB)
     100% |████████████████████████████████| 143kB 1.7MB/s
Installing collected packages: xlsxwriter
Successfully installed xlsxwriter-1.1.8
```

```
You are using pip version 9.0.3, however version 19.1.1 is available.
You should consider upgrading via the 'pip install --upgrade pip' command.
```

11 다음 파이썬을 실행한 후 'import xlsxwriter'를 사용해 정상적으로 실행되는지를 확인합니다.

```
(test_env3) [root@localhost environments]# python3.6
Python 3.6.5 (default, Apr 10 2018, 17:08:37)
[GCC 4.8.5 20150623 (Red Hat 4.8.5-16)] on linux
Type "help", "copyright", "credits" or "license" for more information.
>>> import xlsxwriter
>>>
>>>quit()
```

12 확인한 후 'test_env3'을 'deactivate' 명령어를 사용해 비활성화시킵니다.

```
(test_env3) [root@localhost environments]# deactivate
```

13 현재 시스템에 설치돼 있는 파이썬 3.6.5를 실행해 방금 'test_env3'에 설치했던 xlsxwriter를 불러옵니다. 다음과 같이 시스템에는 설치가 안된 것을 눈으로 확인할 수 있습니다. 'test_env1'과 'test_env2'에서도 같은 결과가 나올 것입니다.

```
[root@localhost environments]# python3
Python 3.6.5 (default, Apr 10 2018, 17:08:37)
[GCC 4.8.5 20150623 (Red Hat 4.8.5-16)] on linux
Type "help", "copyright", "credits" or "license" for more information.
>>> import xlsxwriter
Traceback (most recent call last):
  File "<stdin>", line 1, in <module>
ModuleNotFoundError: No module named 'xlsxwriter'
```

5.6.3 회사 내 프록시 서버로 필요한 파이썬 모듈 설치하기

4장에서는 파이썬이 설치된 리눅스 서버의 패스워드 변경과 SSH 접속 포트 변경 등을 통해 리눅스 서버 보안 하드닝을 간단히 배웠습니다. 이 책에 나온 모든 내용은 윈도우 10 운영체제에 설치돼 있는 VMware 워크스테이션을 사용해 가상 리눅스 머신을 설치해 랩을 진행했습니다.

현재 본인의 랩톱에서 동작하고 있는 리눅스 서버에서는 인터넷과 바로 통신할 수 있도록 4장에서 설정했습니다. 하지만 실제 네트워크에 배치돼 있는 실무 리눅스 및 윈도우 서버들은 보안 강화를 위해 일반적으로 회사에서 지정해 놓은 프록시 서버를 통해서만 인터넷과 통신할 수 있도록 구성됩니다.

이 경우 파이썬 자동화 서버에서 추가 패키지를 설치해 파이썬 프로그램을 실행해야 한다면 파이썬 패키지 설치 과정에서 장애가 날 확률이 매우 높습니다. 그 이유는 파이썬 패키지들은 설치되는 과정에서 하나의 패키지만 설치되는 것이 아니라 앞서 소개한 패키지들에서 봤듯이 설치과정에서 연관성 있는 다른 패키지들도 함께 설치된다는 것을 알 수 있었습니다. 하지만 대부분의 회사 프록시 서버는 파이썬이 이 연관된 패키지들도 함께 설치해야 완벽한 설치가 끝난다는 것을 인식하지 못할 때가 많습니다. 이런 실제 상황에서 발생한 문제를 해결할 방법은 없을까요? 다음 실제 사례를 예를 들어 문제해결 방법을 한번 알아보겠습니다.

시나리오 2 - 현재 한 대의 우분투 18.04 LTS 서버를 실제 네트워크에서 파이썬 자동화 서버로 사용하고 있습니다. 평소에 안면이 있는 다른 부서의 네트워크 엔지니어가 본인이 사용하고 있는 랩톱에서 수백 대의 무선 액세스 포인트 상태를 점검하고 설정할 수 있는 ansible play-book 스크립트를 ansible 2.7과 파이썬 3.7을 사용해 개발했는 데 실제 우분투 서버에서는 동작이 안 된다며 도움을 요청해 왔습니다. 그 엔지니어의 랩톱에서 사용하는 개발 환경은 파이썬 3.7과 ansible 2.7 버전이었지만 네트워크에 설치된 우분투 서버에서는 파이썬 3.6.5와 ansible 2.6 버전을 설치해 사용하고 있었습니다. 이와 같은 경우 파이썬 3.7로 업그레이드한 후 ansible2.7도 설치해 줘야 다른 버전에서 만든 코드를 사용할 수 있습니다.

여기서 문제점은 첫째, 우분투 서버가 회사 내의 프록시 서버로 통해서만 인터넷으로 연결된다는 점과 둘째, 우분투 서버에 설치돼 있는 파이썬 3.6.5와 관련된 설정을 변경하지 않고 업그레이드를 해야 한다는 점입니다. 이 두 가지 문제를 어떻게 해결하는지 그 설치 방법을 한번 들여다봅니다.

[주어진 정보]

- **회사 프록시 서버 주소**: https://proxy.italchemy.com:8080/
- **리눅스 서버 버전**: Ubuntu 18.04LTS Server x64
  - **파이썬 디폴트 버전**: 3.6.5
  - Ansible 버전: 2.6
- **사용자 파이썬 요구사항**
  - **파이썬 버전**: 3.7.x
  - Ansible 버전: 2.7

01 가장 먼저 회사 프록시 서버 정보를 사용해 리눅스 서버 상에 프록시를 설정해야 합니다.

우분투 서버에서 '/etc/environment' 파일을 열어 다음 내용을 파일 내용의 가장 하단부에 복사한 후 저장합니다.

다음 반복된 내용을 두 번 입력하는 것 같지만 아래 나온 프록시 내용을 자세히 보면 1~4행은 http_proxy로 시작을 하고 5~8행은 HTTP_PROXY로 시작한다는 것을 알 수 있습니다. 프록시 서버를 사용하는 대부분의 인터넷 서버들은 대소문자를 구분하므로 이렇게 같은 내용을 대소문자로 만들어 입력해줘야 합니다.

```
http_proxy="https://proxy.italchemy.com:8080/&#8221;
https_proxy="https://proxy.italchemy.com:8080/&#8221;
ftp_proxy="https://proxy.italchemy.com:8080/&#8221;
no_proxy="localhost,127.0.0.1,localaddress,.localdomain.com"
HTTP_PROXY="https://proxy.italchemy.com:8080/&#8221;
```

```
HTTPS_PROXY="https://proxy.italchemy.com:8080/&#8221;
FTP_PROXY="https://proxy.italchemy.com:8080/&#8221;
NO_PROXY="localhost,127.0.0.1,localaddress,.localdomain.com"
```

02 /etc/apt/apt.conf.d 디렉터리로 이동하고 새로운 파일 '95proxies'를 생성한 후
다음 내용을 복사해 파일을 같은 위치에 저장합니다. 이와 동일한 이름을 가진
파일이 없다면 다음과 같이 생성해 사용하면 됩니다.

```
root@ubuntu18s1:/# cd /etc/apt/apt.conf.d
root@ubuntu18s1:/etc/apt/apt.conf.d# nano 95proxies

Acquire::http::proxy "https://proxy.italchemy.com:8080/&#8221;;
Acquire::ftp::proxy "ftp://https://proxy.italchemy.com:8080/&#8221;;
Acquire::https::proxy "https://https://proxy.italchemy.com:8080/&#8221;
```

이로써 우분투 서버에서 프록시 서버 설정을 완료했습니다. **변경한 내용을 서버
에 적용시키기 위해 살짝 서버에서 한 번만 로그아웃한 후 다시 로그인해 줍니다.**

03 기본적으로 우분투 18.04 LTS 서버 버전에는 파이썬 3.6.5가 이미 설치돼 있습
니다. 리눅스에서는 이 디폴트 파이썬과 연동돼 있는 시스템 프로그램들이 많으
므로 이 버전의 파이썬을 지우고 재설치를 할 경우 시스템 상에 큰 문제를 야기
할 수 있습니다. 이 문제는 제가 여러 번 시험하고 얻은 결과입니다. 이 경우 간
단하게 파이썬 3.7을 추가로 설치하면 됩니다. 'apt install python3.7' 명령어를
사용해 파이썬 3.7을 설치합니다.

```
root@italchemy-python-01:~# apt install python3.7
Reading package lists… Done
Building dependency tree
Reading state information… Done
Suggested packages:
python3.7-venv python3.7-doc
The following NEW packages will be installed:
python3.7
```

```
0 upgraded, 1 newly installed, 0 to remove and 220 not upgraded.
Need to get 0 B/272 kB of archives.
After this operation, 404 kB of additional disk space will be used.
Selecting previously unselected package python3.7.
(Reading database … 160541 files and directories currently installed.)
Preparing to unpack …/python3.7_3.7.1-1~18.04_amd64.deb …
Unpacking python3.7 (3.7.1-1~18.04) …
Processing triggers for mime-support (3.60ubuntu1) …
Setting up python3.7 (3.7.1-1~18.04) …
Processing triggers for man-db (2.8.3-2) …
```

04 이제 서버에는 파이썬 3.6.5와 3.7을 함께 사용할 수 있습니다. 파이썬 3.7에 'python3.7 -m pip install ansible' 명령어를 사용해 ansible 2.7을 설치합니다.

```
root@italchemy-python-01:~# python3.7 -m pip install ansible
```

05 Ansible 설치가 끝나면 'python3.7 -m pip list'를 사용해 설치돼 있는 파이썬 모듈을 확인한 후 파이썬 3.7을 실행해 정상적으로 동작하는지 'import ansible' 명령어로 확인합니다.

```
root@italchemy-python-01:~# python3.7 -m pip list
ansible (2.7.10)
…[생략]

root@italchemy-python-01:~# python3.7
Python 3.7.1 (default, Oct 22 2018, 11:21:55)
[GCC 8.2.0] on linux
Type "help", "copyright", "credits" or "license" for more information.
>>> import ansible
>>>
```

위와 같이 문제없이 오른쪽 화살표 세 개가 나타난다면 정상적으로 동작한다는 뜻입니다. 이로써 파이썬 3.7과 ansible 2.7을 회사의 프록시 뒤에서 설치해 봤습니다.

5.7 랩과 책을 마무리하며

5장의 마지막 랩까지 완벽하게 구성해 실행한 모든 분들께 축하의 말씀을 드리고 싶습니다. 아직 마지막 랩까지 실험해 보지 못했다 하더라도 연습할 기회는 많습니다. 이 책을 구입해 파이썬 네트워크 자동화를 공부한 모든 분들께 축하를 드립니다. 이 책에서 다룬 기술과 키워드를 간략하게 정리해보면 **자동화, 가상화, 파이썬, 코딩, 네트워킹, 리눅스 설치 및 관리, 윈도우 설정 및 관리, GNS3 설치 및 설정 등 매우 다양한 기술들을 책 한 권에서 경험했었리라 믿습니다.**

파이썬은 현재 가장 각광받고 있는 프로그래밍 언어 중 하나지만 여러 가지 IT 분야를 전체적으로 이해하면서 공부해야 실무에 사용할 수 있는 파이썬 프로그램을 만들 수 있습니다. 다시 말해 파이썬 개념과 구문만 연습하고 이해한다고 네트워크 자동화를 파이썬을 사용해 이뤄낼 수는 없다는 말입니다.

파이썬뿐만 아니라 시스템에 대한 전반적인 이해 그리고 그 시스템에서 소프트웨어적으로 동작하고 있는 여러 종류의 애플리케이션에 대한 이해 그리고 만약 네트워킹을 다루는 전문가의 경우 전반적인 네트워킹 기술 또한 정확하게 이해하고 있어야 가능합니다. **쉽게 말해 파이썬을 사용해 본인의 손으로 한 기업의 네트워크 자동화를 실무에서 이루려면 파이썬 코딩뿐만 아니라 다방면의 IT 기술력을 이해하고 습득하려는 의지와 노력이 장시간에 걸쳐 투자돼야 가능하다는 말입니다.**

더불어 세상에서 하루 아침에 쉽게 얻어지는 지식은 없다는 것을 말씀드리고 싶습니다. 사실 파이썬은 겉으로 보기엔 공부하기 쉬운 언어로 보이지만 그 사용 활용도가 매우 광범위한 만큼 파이썬에서 사용되는 기술의 모든 것을 이해하는 것 또한 매우 힘들다고 봐야 할 것입니다. 하지만 확실한 것은 파이썬은 현재 본인이 몸담고 있는 분야에서 조금만 노력하면 현재와 미래 업무를 손쉽게 자동화로 대체해줄 기술이란는 것은 분명합니다. 즉 최소의 인원으로 최대의 효과를 내는 것이 프로그래밍 언어를 사용한 IT 기술의 자동화이며 미래라고 결론을 내 볼 수 있습니다.

이 책의 특성상 책을 구입해 모든 내용을 읽으며 랩을 직접 구성해가며 공부를 한 독자들 한분 한분의 생각은 본인의 경험과 취향에 따라 많은 차이를 보일 것입니다. 어떤 독자들은 이 책으로 공부하면서 매우 유용한 정보와 배움을 얻었을 수도 있으며 어떤 독자들의 경우 이 책이 본인을 힘들고 괴롭혔다고 생각할 수도 있을 것입니다. 만약 본인이 모든 것을 직접하는 것을 좋아하는 독자라면 매우 유익한 정보와 실질적인 기술들을 익혔으리라 믿습니다.

이 책의 집필과정에서 책의 내용을 더 알차게 꾸미려고 여러 가지의 노력과 고민을 수없이 많이 했습니다. 또한 수많은 새로운 아이디어는 책을 쓰는 필수 조건 중 하나지만 가끔 너무 넘쳐나는 아이디어는 과욕을 불러 일으킬 수 있다는 것을 이 책을 집필하는 과정에서 절실히 느꼈습니다. 한 권의 책에 모든 IT 기술을 함축해 담아낼 수 없듯 한 가지 IT 기술을 심도있게 풀어서 글로 담아내는 일 또한 무척 힘든 일이라는 것을 이 책을 쓰면서 새삼 깨달았습니다. 이 한 권의 책에 저의 마음을 담았지만 파이썬을 완벽하게 다루는 법 또는 네트워킹을 완벽하게 공부하는 방법, 리눅스를 완벽하게 다루는 방법을 모두 담아내지는 못했습니다.

이 책에서는 다수의 IT 기술을 조금씩이나마 소개했습니다. 이를 통해 지금까지 독자들이 체험해보지 못한 IT 분야에 관심을 가지고 눈을 뜰 수 있게 됐다면 이 책의 궁극적인 목적을 어느 정도 달성했다고 볼 수 있을 것입니다. **이제 파이썬을 이용한 네트워크 자동화에 첫걸음을 내딛었으니 파이썬을 이용한 네트워크 자동화를 현실화하는 것은 독자 한분 한분의 노력에 달려 있습니다. 감사합니다.**

찾아보기

파이썬 네트워크 자동화

가상화 랩 만들기를 통한

발 행 | 2019년 7월 25일

지은이 | 최 병 철

펴낸이 | 권 성 준
편집장 | 황 영 주
편 집 | 이 지 은
디자인 | 박 주 란

에이콘출판주식회사
서울특별시 양천구 국회대로 287 (목동)
전화 02-2653-7600, 팩스 02-2653-0433
www.acornpub.co.kr / editor@acornpub.co.kr

한국어판 ⓒ 에이콘출판주식회사, 2019, Printed in Korea.
ISBN 979-11-6175-318-8
http://www.acornpub.co.kr/book/python-network-automation

이 도서의 국립중앙도서관 출판시도서목록(CIP)은 서지정보유통지원시스템 홈페이지(http://seoji.nl.go.kr)와
국가자료공동목록시스템(http://www.nl.go.kr/kolisnet)에서 이용하실 수 있습니다.(CIP제어번호: CIP2019027629)

책값은 뒤표지에 있습니다.